上海市档案馆藏近代中国金融变迁档案史料汇编

机构卷

上海证券业（影印版）

刘志英 编选

上海远东出版社

目录

一、上海的证券交易所

二、企业股票、债券的发行与上市

三、政府债券的发行与上市

四、证券市场交易制度、行情演变情况

五、证券经纪人、证券经纪人公会及其活动

六、政府的证券监管

一、上海的证券交易所

(一) 汪伪上海华商证券交易所

副本

公司重行登記申請書

為組設上海華商證券交易所股份有限公司，申請重行登記事。竊商
公司設於上海九江路四二九號，以經營各項有價證券之買賣為業務，於
民國二十二年七月二日正式成立，額定資本國幣壹百貳拾萬元，曾經呈
奉　前國民政府實業部核准登記，頒給股份有限公司設字第六九三號執
照在案。茲已將資本總額改為中儲幣陸拾萬元，遵照修正公司補行登記
及重行登記暫行辦法規定，繕具申請書，登記事項表，檢同章程等件，
暨登記執照費五十元，貼照印花稅四元，呈請
鈞部鑒核，俾准登記給照。再商公司現因理監人數不齊，無法共同署名
蓋章，具呈人願負全部簽署責任，合併聲明。謹呈

實業部

附件　　　　具呈人　上海華商證券交易所股份有限公司

一公司章程二份　　　　理事長　張文煥

二股東名簿二份　　　　常務理事　沈長賡

三理事監察人名單二份

四原領執照相片二張

五民國卅年度決算報告二份

六執照費五十元印花稅四元

中華民國三十一年十一月二十五日

國民政府行政院實業部訓令　商字第1467號

令上海特別市經濟局

案據上海華商證券交易所股份有限公司理事長張文煥等呈稱：竊商公司曾經呈准登記，領有登記執照，茲特遵照公司補行登記及重行登記暫行辦法規定，繕具應備文件暨費款，申請公司重行登記等情，附呈件款到部。查該公司理事監察人之任期均已逾期，業經批飭重行改選，並呈報本部備案在案。其餘章程等件，經核大致尚合，准予重行登記，除換發股份有限公司重字第二三七號登記執照外，合行檢發申請文件，令仰該局即便遵照備案。

此令

計發申請書、登記事項表、公司章程、股東名簿、理事監察人名單、決算報告、原領執照已經本部存作

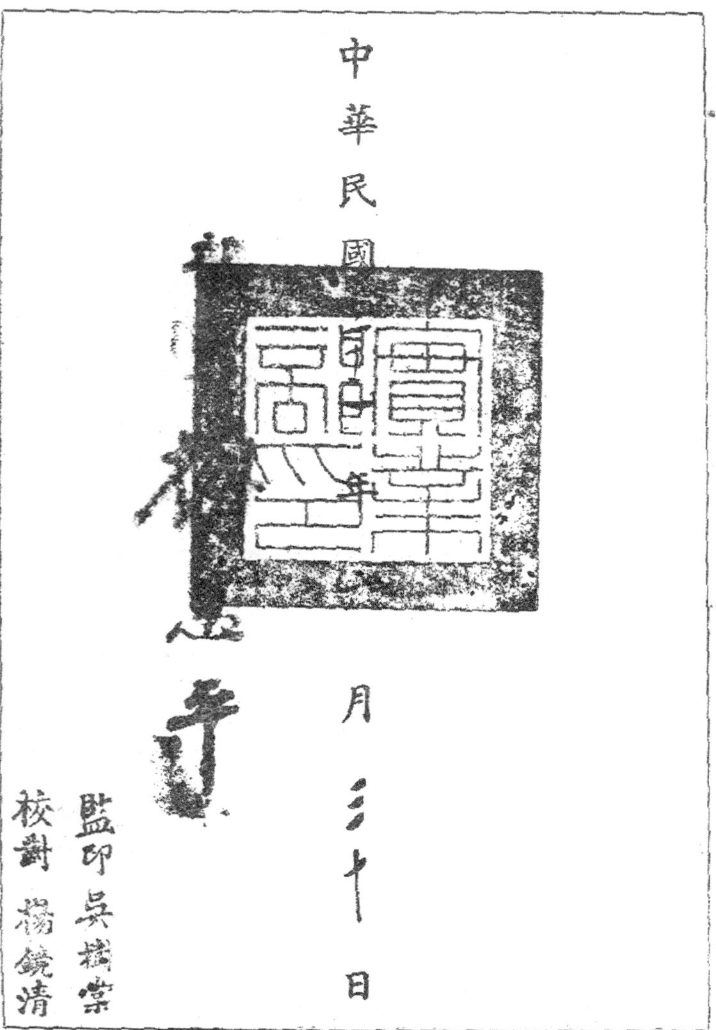

上海華商證券交易所股東臨時會決議錄

日期　民國三十二年七月二十四日下午二時

地點　香港路銀行公會俱樂部

出席股東人數三百六十三人共計四九七七八股四四三七二權

主席　理事長張文煥

實業部駐滬辦事處處長蒞會指導

開會如儀

主席致開會詞　今日到會股東人數股數均足法定數額可以開議查本所自事變後營業停頓迄今已達六年茲奉財政實業兩部商字一四四八號會令令飭早日籌備復業以調整證券流通及穩定金融茲經自不得不遵令復業又本所在上海交易證券調劑金融具有悠久歷史爲維持已往聲譽於不墜亦不能不從事復業且本所爲各種證券之公開市場對於工商界新舊企業

之復興及發展無不息息相關本所復業使游資集中投入證券免除囤積抑平物價其利溥非特證券同業希望本所復業得有公開市場可以合法交易即買賣證券之顧客亦渴望本所復業正軌可循而不致盲目投資是擬請實際情形更不容不早日復業故本席自奉令後即依法進行先開理事會決定召集本會之日期地點及議題分別登報通告暨發信通知今日本會所應決議之議題即增加資本修改章程及補選缺額理事現實業部代表駐滬辦事處章處長蒞會指導先請致詞俾資遵循

實業部代表駐滬辦事處章處長致詞　略謂關於政府希望交易所復業之主要原因及所負使命(一)調劑證券流通(二)穩定金融基礎最後復述應行注意之點有三(一)復業後專營各種合法企業公司之股票以現貨爲主種類繁複如何穩定其價格責任重大(二)現係戰爭時期交易時更應公正慎重取締操縱(三)各股東應了解政府意旨認清時代環境努力合作毋負期望

監察人王本滋報告帳略

主席起答　本所六年來營業停頓故監察人報告帳略均屬簡單祇收支兩項如各股東有不明瞭處請隨時諮詢可也

各股東均無異議通過

主席繼答　現先商議增加資本本所原來資本總額爲舊法幣壹百貳拾萬元折作中儲券六十萬元目前本所財產估計約值國幣六七千萬元理事會決定折衷辦法增資爲國幣二千萬元原股份每壹股應與新股份十一股增資之後在各股東名下爲國幣一千四百四十萬元其餘國幣五百六十萬元分配本所職員及所員作爲酬報及酬勞

朱股東允中提議　本席以爲因升資所得利益發給各股東可以現金不必改爲股票更不可折作股份分配職員及所員

孫股東鼎鈞附議

主席起稱　目前各公司增資通常情形勞資雙方四六分派現在理事會所擬辦法因股份增加湊成整數便於計算起見資方所得數額已略越本所章程規定勞資雙方三七分派純益之成數勞方所得實不過鉅本席以爲勞資合作對於本所前途進展利益至鉅理事會所擬辦法實稱平允

朱股東允中提議　折作股份分配本所職員及所員是否合法請實業部代表章處長發表意見

章處長起稱　交易所自事變後停業以來所中職員及所員保管財產修濬維持直至今日可以復業揆諸情理不無勞績且實業部爲交易所監督機關理事會所擬辦法尙須經部核定現在不妨詳細討論總以全體股東之意見爲解決本議題之樞紐

吳股東麟坤提議　本席對於理事會所擬增資並不反對但對於分配職員及所員之部份實不贊同本席認爲可由各股東提出三成認股全額分配職員及所員不必折作股份

潘股東長春提議　本席以爲討論已久雙方爭持理由不能不有解決請將理事會所擬辦法及吳股東所提意見均以投票表決

主席起稱　先以理事會所擬辦法投票表決皆表同意

主席指定朱允中蔡國鈞馮坤甫潘長春四股東爲檢票員

開票結果　可決權數二六五〇一否決權數七〇四九到會總權數四四三七二理事會所擬辦法通過

主席起稱　本所章程略加修正現將原文及修正文逐條宣讀二次如各股東並無異議即行通過

宣讀本所章程

議決修正案通過

主席起稱　此次奉令復業各理事監察人均照舊蟬聯惟內有理事尹韻笙楊

介眉二人因病故出缺又理事俞寰澄辭職[illegible]共補選理事三人及候補理事二人即爾投票公決

徐蓉記股東提議　原來理事監察人任期已滿不如重選

主席續稱　原來理事監察人經股東常會選定後即因事變營業停頓未曾行使職權其任期亦即停止此次復業自不妨延續其原有任期故本所奉令籌備復業召集股東臨時會之議題列爲補選理事並呈報實業部在案

主席指定監察人王本滋彭杏生及股東胡伯年顧雄飛四人爲檢票員

開票結果　李思浩得三三〇六六權邵寶華得三二三七四權陳子培得三〇三七八權當選爲理事

朱如堂得二一九四六權張長春得二〇三三七權當選爲候補理事

六時散會

主席　張文煥　印

民國三十一年七月廿四日股東臨時會通過

上海華商證券交易所股份有限公司章程

第一章　總則

第一條　本所遵照交易所法及公司法股份有限公司之規定組織之定名曰上海華商證券交易所股份有限公司簡稱上海華商證券交易所

第二條　本所設於上海漢口路四二二號即以上海市區域爲營業區域

第三條　本所存立年限定爲十年限滿得經股東會之決議呈請實業部核准續展之

第四條　本所公告方法登載於上海新聞紙

第二章　營業

第五條　本所營業範圍如左

(甲)各項證券之現期買賣

(乙)各項證券之定期買賣

第六條　本所禁止事項如左

(一)非營業所需收買或受押不動產

(二)收買或受押本所股票但因清償債務而收受之本所股票應於四個月內處分之

(三)以本所名義爲人擔保

第三章　股份

第七條　本所資本總額定爲國幣二千萬圓分爲一百萬股每股國幣二十圓一次收足

第八條　本所股票分爲一股五股十股五十股一百股五百股一千股七種由理事長常務理事及理事二人簽名蓋章編號塡發股東以有中華民國國籍者爲限

第九條　本所股票概用記名式股東以本人名義或以堂記團體名義爲戶名者應將其本人或代表人之姓名住址及印鑑送交本所存查遇有變更時亦同

第十條　股份轉讓時應照本所所立書式由授受雙方連署通知本所過戶其因繼承關係取得股份所有權時應提出相當證件方得過戶

第十一條　股票汚損時得向本所請求掉換但汚損程度至不易辨識時本所得拒絕掉換或令覓具妥保

第十二條　股票遺失或燬滅時應即覓具妥保二人以上向本所聲明理由經本所公告後滿六十日如無第三者提出異議方可補給新股票其公告費須由失票人擔任股東存有印鑑之圖章遺失或燬滅時亦同

第十三條　股票過戶掉換或補給每張應徵收印紙費及應貼用之印花稅費

第十四條　股東常會開會前一個月內臨時會開會前十五日內均停止股票過戶

第四章　股東會

第十五條　股東(分)會常會臨時會兩種常會於每營業年度總決算後三個月內由理事會召集之臨時會於必要時由理事會或監察人或有股份總數二十份之一以上之股東聲明理由請求時由理事會召集之

第十六條　股東常會之日期地點及議題應於一個月前通知各股東臨時會應於十五日前通知之

第十七條　股東每一股有一表決權但一股東而有十一股以上者其十一股以上之股份概以九折計權零數不計

第十八條　股東因事不克到會時得具委託書委託其他股東代理之

第十九條　股東會會議以理事長為主席理事長缺席時由出席股東公推理事一人代之

第二十條　股東會之決議除公司法有特別規定者外應有股東人數三分之一代表股份總數三分之一者之出席以出席股東表決權過

半數之同意行之可否同數時取決於主席

第二十一條　股東會議決事項應記入決議錄由主席簽名蓋章連同出席股東簽名簿代表出席委託書一併保存之

第五章　職　員

第二十二條　本所設理事十五人監察人三人均由股東會選任之凡有本所股份一千五百股者得被選爲理事有五百股者得被選爲監察人

第二十三條　選舉理事依照名額選出後就權數次多者三人爲理事候補人選舉監察人亦就權數次多者一人爲監察人候補人以備各該職員缺額時之補充

第二十四條　理事監察人任期均爲三年連選均得連任凡補充缺額之理事或監察人均以補足本屆未滿之任期爲止

第二十五條　理事組織理事會由理事中互選理事長一人常務理事二人常駐本所辦理各種事務

第二十六條　理事會每月舉行常會一次遇有重要事項得召集臨時會

第二十七條　理事會職權如左

(一)議訂及修正各規則

(二)議決營業方針及買賣證券之種類

(三)議決本所物業之購置及財款之處理但以不抵觸本章程第六條爲限

(四)議決證據金經手費轉讓費及其他款項徵收之數額

(五)議決經紀人之承充及轉讓

(六)議定本所預算決算及營業報告

(七)處理本所財產物業及經紀人交存之證據款項或證券

(八)股東會之召集及提出於股東之議案報告表冊

(九)議定本所重要所員之任免員額俸給

(十)本所對外行爲

第二十八條　理事會會議以理事長爲主席理事長缺席時就常務理事中公推一人代之其決議以全體理事過半數出席出席理事過半數同意行之可否同數時取決於主席凡所議事項涉於理事個人者該理事無表決權

第二十九條　理事會決議事項應記入決議錄由主席簽名蓋章保存之

第三十條　監察人監察理事會及所員所執行之事務得隨時檢查各項財產帳冊文件如有不合應糾正之認爲必要時並得要求理事會召集股東會或自行召集之但不得兼任本所理事會及所員

第三十一條　監察人得列席於理事會陳述意見但無表決權

第六章　評議會

第三十二條　本所設評議會其評議員應以商業上具有經驗及資望且非爲本所經紀人者由理事會議決敦聘之

前項評議員除以本所理事長及理事會中公推之理事一人爲當然評議員外其餘評議員之名額由理事會議決之

第三十三條　評議會之職權及議事細則由理事會另定之

第七章　會計

第三十四條　本所營業帳目於每年六月終爲上半年結算期十二月終爲下

半年結算期並以年終爲總決算期

第二十五條　每屆總結算應由理事會造具各項法定書表交監察人查核提出股東會請求承認

第二十六條　本所每年總決算所得純益應先提出十分之一爲法定公積金次提應繳之所得稅及股息周年一分並得酌提特別公積金其餘依照左列各款分配之

（一）股東紅利百分之六十

（二）職員酬報百分之二十

（三）所員酬勞百分之二十　由理事會議決分配之但所員因故而被開除者不得享受此項利益

第八章　附則

第二十七條　關於經紀人交易證據金經手費市場開閉日期公定市價暨關於交易上一切事項另以業務細則詳定之

第二十八條　本章程未盡事宜悉照交易所法公司法及關係各法令辦理如有修改應經股東會議決呈請　實業部核准

呈爲增加資本、變更章程、仰祈　鑒核事。竊商公司原定資本總額
舊法幣壹百貳拾萬元、折合中儲幣陸拾萬元、於本年六月卅日呈准重行
登記、領有股份有限公司重字第二三七號執照在案。茲因奉令籌備復業
、爲適應現時環境、及强化業務機構計、自非增加資本、不足以資運用
、爰經股東臨時會議決、資本總額增爲中儲幣貳千萬元、分爲壹百萬股
、每股仍爲貳拾元、並修正章程及補選理事、除將股東會議決事項另文
呈報外、理合檢具登記事項表及修正章程等件、隨繳增資登記執照費壹
萬伍千元、印花稅費四元、呈銷舊照、備文呈請爲增資之登記。欲冀早
日完成登記手續、便於進行起見、爲特逕行呈請
鑒核、仰祈　迅賜登記、換給新照、實爲德便。謹呈

實業部

具呈人　上海華商證券交易所股份有限公司

理　事　張文煥

沈長賡

杜　鏞

錢永銘

吳麐修

袁崧藩

周守良

吳蘊齋

鄔鶴白

鄭筱舟

葉扶霄

瞿季剛

李思浩

邵樹華

陳子培

監察人　孔頌馨

王本滋

彭杏生

登記事項表

公司名稱	上海華商證券交易所股份有限公司
本店所在地	上海漢口路四二二號
所營事業	甲、各項證券之現期買賣　乙、各項證券之定期買賣
資本總額	中儲幣貳千萬元
股份總數及每股銀數	分爲壹百萬股每股中儲幣貳拾元
已繳股銀	繳足
公告方法	登載於上海之新聞紙
解散之事由	章程訂定之存立年限屆滿未得股東會續展之決議時

理事姓名住址：

張文煥	沈長賡	杜鏞	錢永銘	吳震修	袁履登	周守良	吳蘊
蕭	鄒鵬白	鄭筱舟	葉扶霄	嚴季聞	李思浩	邵樹華	陳子培

均住漢口路四二二號本所

監察人姓名住址：

孔頌馨　王本逵　彭杏生

均住漢口路四二二號本所

備

考

中華民國三十二年八月九日

國民政府行政院實業部　咨　字第943號

案查上海華商證券交易所復業一案，前經本部會同財政部令飭該所遵照去後，本部據該所呈復略稱："本年七月二十四日下午二時假座香港路銀行公會召集股東臨時會，出席股東共計三六三人，股數合計四九七七八股，權數併計四三七一二權，實業部、財部、經濟部辦事處處長蒞會指導，仰見鈞長重視證券流通暨扶植工商企業之至意。當日開會決議事項計有二點：（一）本所原有資本總額爲舊法幣壹百貳拾萬元，分爲六萬股，每股二十元。此次改以儲幣制度更換，折爲國幣陸拾萬元，核與原有資本總額已不相符，又本所資產比因經濟變動，價值激增，估計約值六七十萬元，此次復業爲適應戰時經濟及諸凡事

務机構起見自非增加資本不足以資運用理事会擬定增資办法本所資本
升為國幣二十萬元分為壹百萬股每股二十元原股份每壹股贈與新股份十
一股照此办法增資以後各股东名下總計股份七十二萬股即國幣一千四百四
十萬元其餘國幣五百六十萬元折作股份二十八萬股分配與本所職員及所
員作為酬报及酬劳列会各股东對於上述增資数額均無異議惟對於分配
與本所職員及所員之部分有少数股东未表同意嗣經投票表決理事会所
擬办法全部通過(二)本所章程自民國二十二年七月二日以後迄未修訂經濟
情形今昔迴異倘仍率由舊章遇事必多柄鑿且此次復業資本增加章程内
容頗有变動不如全部修訂較合時宜爰由理事会預先擬具章程修正案提
經股东臨時会討論通過(三)本所原有理事尹韻笙楊介眉葉均病故理事俞

震澄函請辭職依照交易所法暨本所章程各規定應補選理事三人併附選候補
理事二人以符定額當經股东臨時会依法補選結果李思浩得三三〇六六權邵樹華
得二二三七四權陈子培得三〇三七八權當選為理事宋如堂得二一九四六權張長春
得二〇三三七權當選為候補理事所有以上議決各点均記明股东臨時会決議錄除
當選理事及候補理事之履歷書另行添具呈請核准註冊外理合先將此次召集股
东臨時会決議經過據実陈明檢同決議錄原有章程及修正章程各一份一併
備文呈报仰祈鑒核示遵、実為公便等情、并繕具股东臨時會議決議錄一份、
請予備案前來、經即以准予備案、仍仰速將籌備計劃具报核奪等語批
復各在案、惟查該券交易所營業、関係金融至鉅、監督稍有未周、易滋流
弊、茲依據修正交易所監理員暫行規程第一條第二項之規定、會同財政

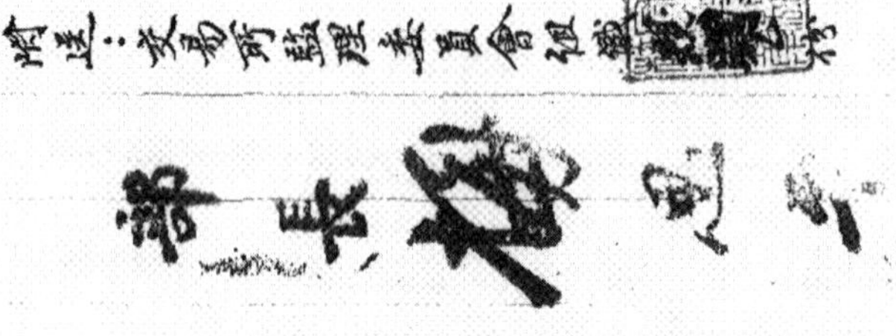

部於上海設置交易所監理委員會，負責專司其事，并擬具交易所監理委員會組織規則十七條，以利推行。除會銜公布暨呈咨函令外，相應檢同前項組織規則一份，咨請

查照，為荷！

此咨

上海特別市政府

計附送：交易所監理委員會組織規則

部長 [illegible]

國民政府行政院實業部訓令　商字第2073號

令上海特別市經濟局

案據上海華商證券交易所股份有限公司理事張文煥等呈稱：「茲因奉令籌備復業，為適應現時環境，及強化業務機構計，並經股東臨時會決議，增加資本為國幣弍千萬元，按其依款，申請變更登記」等情，附呈條款到部。查本部前為調節券債流通，穩定金融基礎起見，經會同財政部令飭該交易所籌備復業，並經核准章程登記，令仰該局備案在案。茲據呈報增加資本申請變更登記前來，經核尚無不合，除准予變更登記並換發股份有限公司營業字第五十六

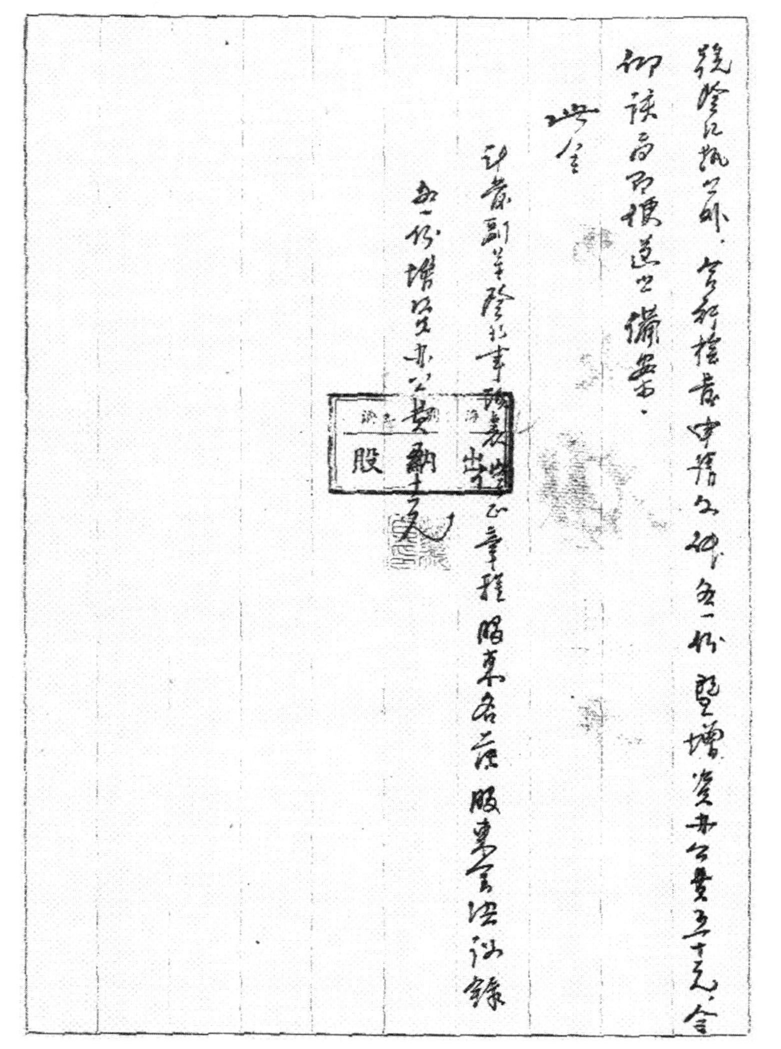

中華民國三十二年 月 十六日

部長

監印

校對

（二）上海证券交易所

財政部
經濟部 訓令

中華民國廿五年六月二日發

事由	案奉行政院訓令為設立上海市證券交易市場以徐寄廎等九人為籌備委員案仰遵照辦理並將辦理情形隨時呈核由
擬辦	
批示	02

令上海市證券交易市場籌備委員會

案奉行政院本年五月二十四日節京伍字第九二九號訓令為設立上海市證券交易市場以徐寄廎等九人為籌備委員案令仰遵照辦理具報並擬具上海市證券交易市場籌備委員會規程及該會應行辦理事項呈核茲復奉五月三十一日節京伍字第一二六五號訓令略開上項規程業經酌予修正除指請國防最高委員會備案外合行抄發原件令仰遵照辦理具報為要此令等因奉此合行抄發原件並開列該會委員名單仰即遵照辦理並將辦理情形隨時呈核為要此令

抄發上海市證券交易市場籌備委員會規程該會應行辦理事項及該會委員名單各一份

部長

校對 蔣祖漢

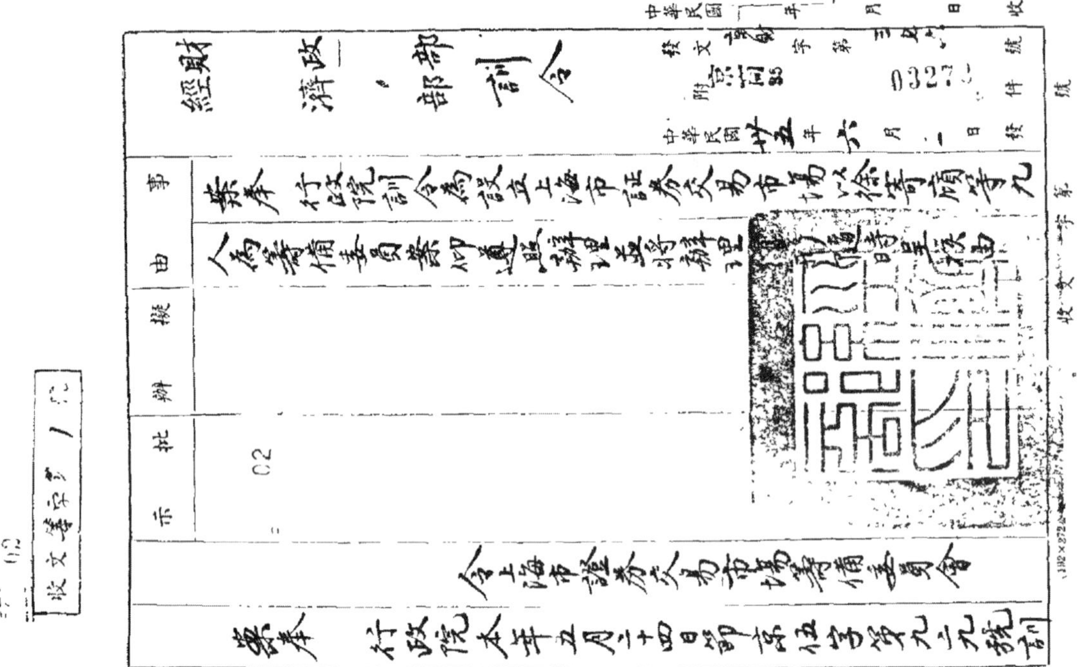

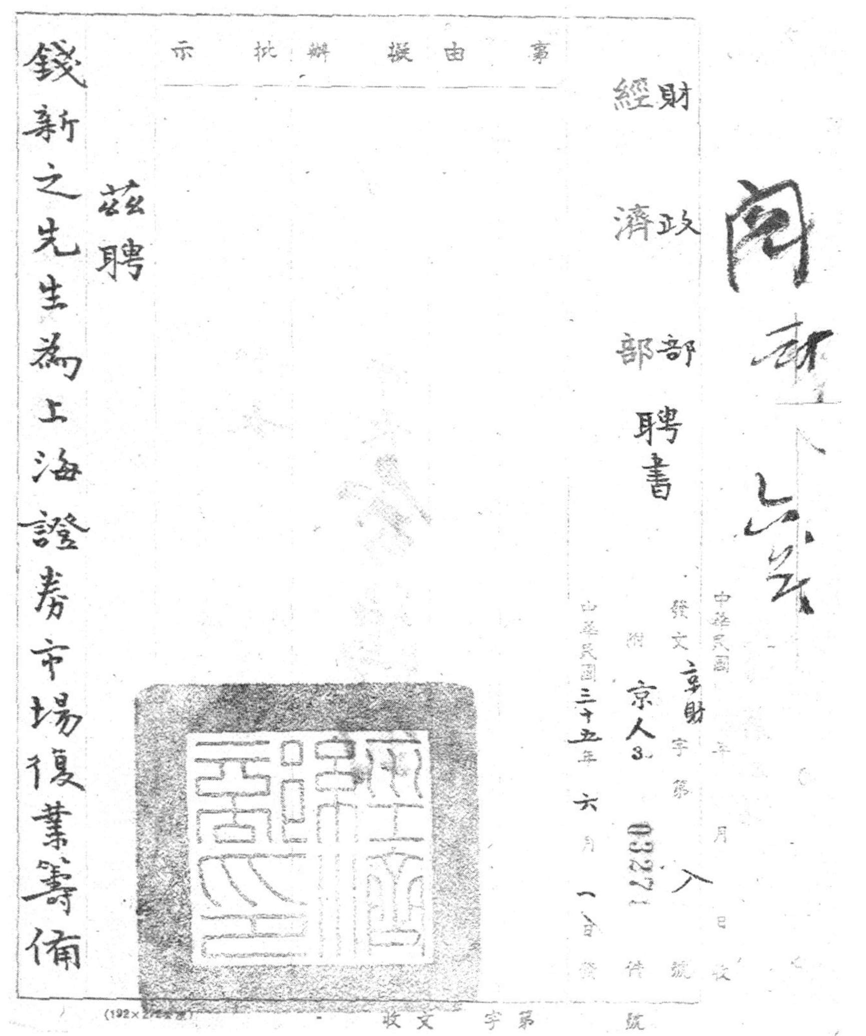

財政部
經濟部
聘書

茲聘
錢新之先生為上海證券市場復業籌備

中華民國三十五年六月一日
發文京人3字第03271號

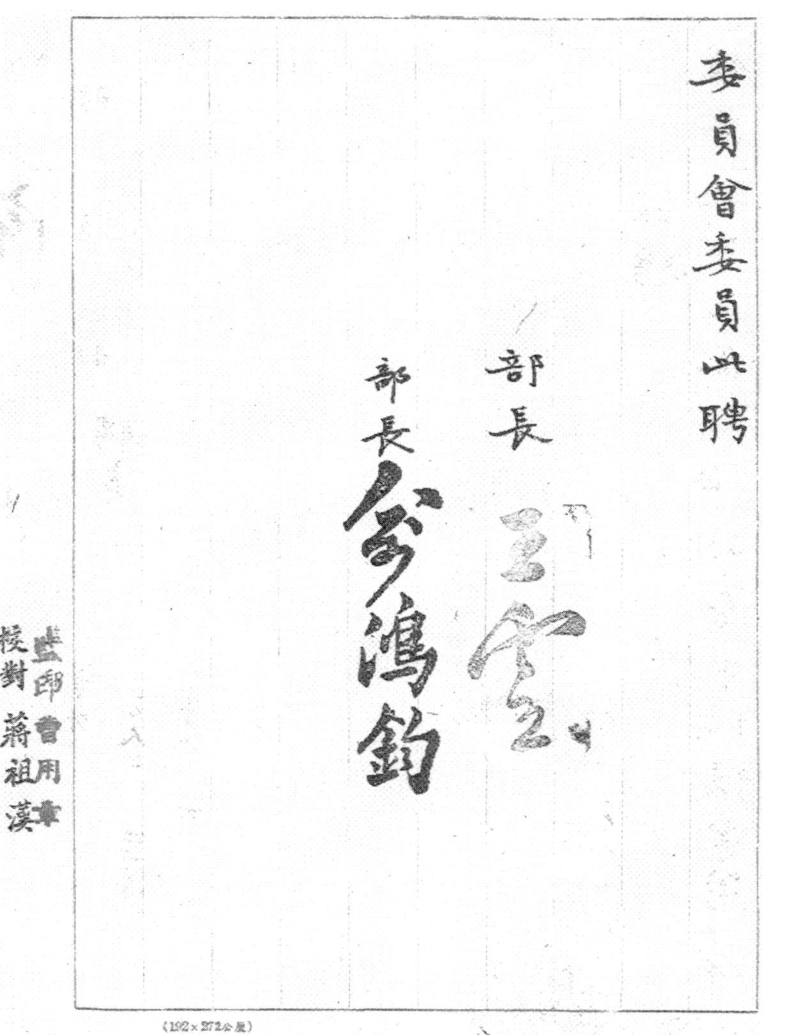

委員會委員此聘

部長 王雲五
部長 俞鴻鈞

監印 曾用章
校對 蔣祖漢

第 全 頁

逕啓者茲定於本月四日上午十時在上海證券交易所

會議室召集上海市證券交易市場籌備委員會首次會議屆

時務希

准時出席與議為荷此致

錢委員新之

上海市證券交易市場籌備委員會

主任委員杜 鏞啓

中華民國卅五年六月三日

逕啓者本會經於本月四日首次會議議决另設「議定上市證券標準並審定上

市證券小組委員會」推定錢新之徐維明[illegible]為該小組委員會委員並由錢

新之為召集人相應函達即希

查照為荷此致

錢委員新之

上海市證券交易市場籌備委員會

中華民國卅五年六月四日

副本

南京行政院院長宋勛鑒屬會業於六月四日組
織成立並已積極進行一切有關事項茲此電陳
上海市證券交易市場籌備委員會主任委
員杜鏞副主任委員王志莘全叩微

地址上海漢口路四二二號

卅五年六月五日

三等急電

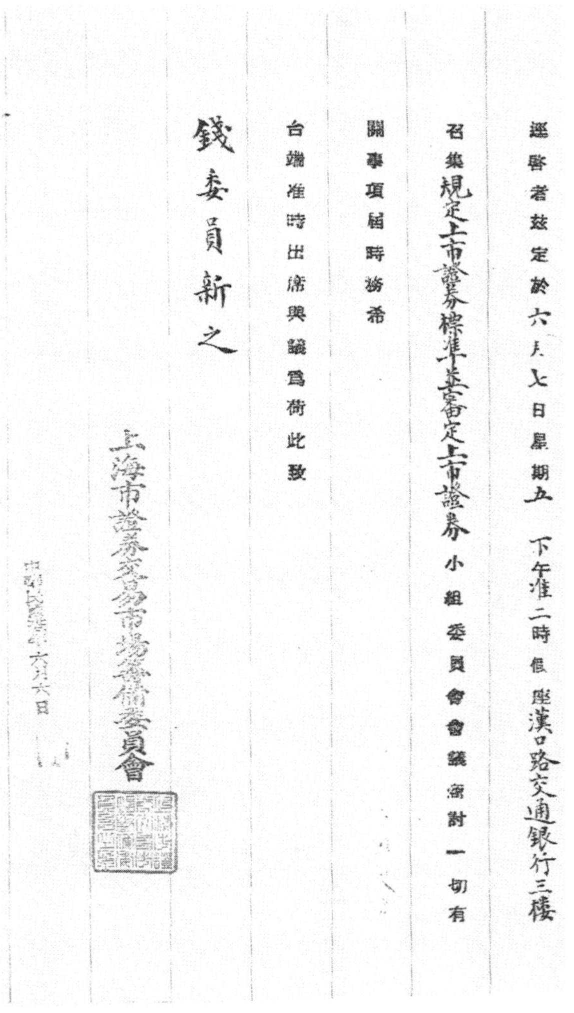

逕啓者茲定於六月七日星期五　下午准二時假座漢口路交通銀行三樓
召集規定上市證券標準並審定上市證券小組委員會會議商討一切有
關事項屆時務希
台端准時出席與議為荷此致

錢委員新之

上海市證券交易市場籌備委員會

中華民國卅五年六月六日

上海市證券交易市場籌備委員會委員名單

主任委員　杜鏞

副主任委員　王志莘

委員　徐寄廎　俞寰澄　夏屏芳　徐維明　顧善昌　瞿季剛　錢新之

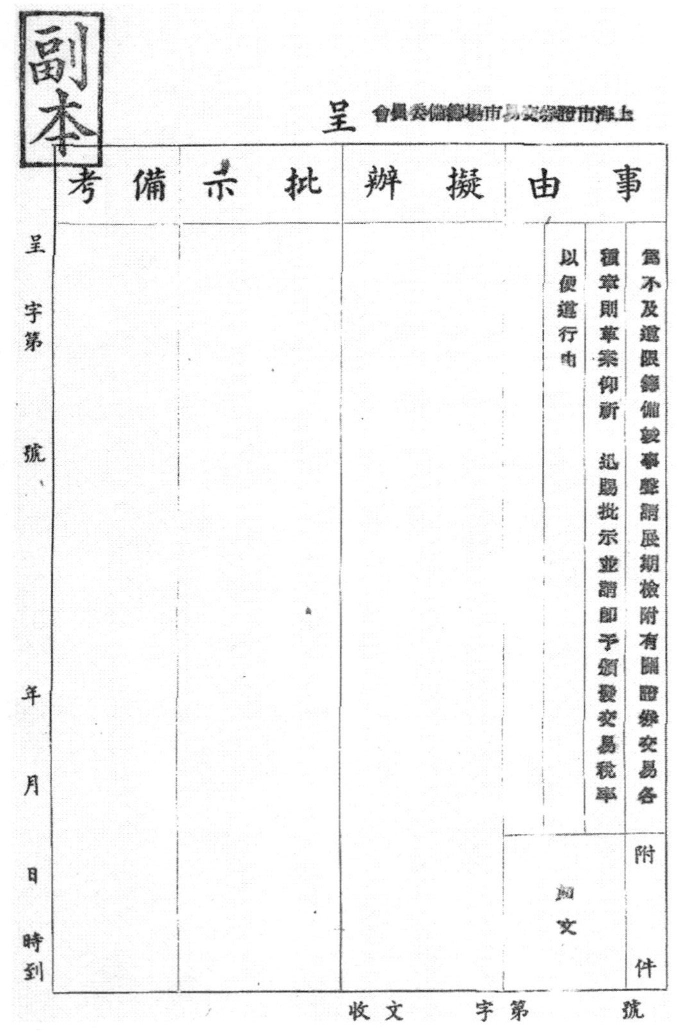

副本

呈　上海市證券交易市場籌備委員會

事由	為不及遵限籌備就緒擬請展期檢附有關證券交易各種章則草案仰祈　迅賜批示並請即予頒發交易稅率以便進行由
附件	如文
擬辦	
批示	
備考	

呈　字第　號　年　月　日　時到

收文　字第　號

呈為呈請鑒核示遵事竊屬會自奉令成立以後當即分組研討計議擬訂經紀人資格擬訂上市證券標準暨起草章則籌備復業各小組凡有關證券交易應行興革之處均經慎審考量並酌採各國先例兼顧我國情況因地制宜統籌並重以期組成健全之資本市場藉副政府發展工商之至意因交易市場以經紀人與買賣標的為其要素故於籌備開始首先擬訂經紀人資格上市證券標準營業細則等草案以資運用惟滬市收復未久一切尚難適合理想為顧全事實期速推進起見擬於合法原則之下量於變通草案內有下列數項應請特予

核定茲並將籌備復業有關事項一併分陳於左

甲、關於暫行章則方面者

(一)規定上市證券通則第二條第二項「合於前項規定之中國公司因調整資本依收復區各種公司登記處理辦法呈請變更登記尚未確定者其已依變更章程而發行之股票以及合於前項規定而呈請認許尚未確定之外國公司股票其上市買賣認售轉讓之預約由賣方保證於該公司登記或認許確定時實行過戶此項預約轉讓之買賣除於前項上市買賣之股票同樣交割外並應依本會定式附加買契載明移轉利益及危險之意旨及保證過戶之方法　前項預約轉讓之買賣自交易所開業之日起以六個月為施行期間非經主管官署核准不得延長」按上海各大商廠股份在抗戰時期多數均已增加資本現正依收復區各種公司登記處理辦法變更登記而登記多未確定此種股份如許即時轉讓於法似有未合若待至數月之久則交易籌碼實感缺乏既未能暢展游資亦無補於國家稅政為適應事實計擬暫行為

買約轉讓之買賣關於外國公司凡已呈請認許而未確定之股票類亦一例

辦理

(二)規定經紀人通則第四條丙項「凡同營證券業務之外商曾在本區域內營

業五年以上依法登記取得中國法人資格者得申請為經紀人其在交易所

開業以前尚未取得法人資格者申請為經紀人如審查合格應認為臨時經

紀人限於六個月內依法取得中國法人資格逾期即撤銷之」

按欲獎勵外資輸入俾國際資金交流則合法外國公司股票在國內市場

必須許其流通因此凡外商如呈請登記取得中國法人資格者自可許其以

法人資格承充經紀人用作溝通媒介在未經取得法人資格前擬准其先充

臨時經紀人

(三)營業細則第四十四條「經紀人於委託人開戶時必須訂立開戶契約載明

委託人之真實姓名住址不得用堂名記號替代　前項開戶契約並須載明

經紀人與委託人之權利義務關係認定以本所章程本規則及其他各種規

定並經紀人公會規約與前規定為其契約之一部」

按交易所法施行細則第二十九條之規定經紀人在交易所買進賣出其通

知書非由交易所蓋章證明不生效力惟證交開業伊始祇做現貨買賣次日

即行交割請求為手續簡捷計故擬暫不規定如經紀人需要交易所證明時

准予臨時照辦

乙、關於籌備復業事項者

(一)市場設計　按經紀人名額比照原額增加數倍因此原有市場及設備均不

敷應用現準備分設股票債券二市場交涉租戶遷讓購買周章且裝設電話
電氣以及各項裝修設備工程尤需時日
(二)人事訓練　預計今後交易所必將較前擴大故此次規劃交易方式與前迥
異因此關於內部所員暨經紀人及代理人等必須俟市場佈置完竣必須先
行訓導以資熟練
(三)審查經紀人資格暨審核上市證券　按上開二者申請填表手續業經屬會
調查公司內容嚴擇經紀人人選必要慎重審核以期品格提高內容詳確
基於上列各點一係管理上應須縝密研討者一係籌備上不能草率從事者均屬關
係證券交易所業務前途至為重大決難於極短期間完全竣事擬請酌予展緩希冀
能於七月中開業除將工作進行情形隨時呈報外當將籌備經過並檢同擬訂之規
定上市證券通則規定經紀人通則暨營業細則各一件專文呈請
鈞核是否有當仰祈
迅賜批示俾得次第實施以期從速推進實現公便再交易所既已迅籌復業交易
稅率擬請即予頒發以便遵行合併陳明謹呈

上海市證券交易市場籌備委員會主任委員杜　鏞

附呈規定上市證券通則規定經紀人通則暨營業細則各壹件

中華民國三十五年六月二十二日

上海市證券交易市場籌備委員會規程

第一條 行政院為提倡企業投資促進經濟復員及恢復證券市場之正常交易起見特設上海市證券交易市場籌備委員會

第二條 本會設主任委員副主任委員各一人委員七人均為名譽職由行政院核定財政經濟兩部會同聘任之

第三條 本會職掌如左

（一）規定及審查經紀人之資格

（二）規定上市證券之標準及審定上市證券

（三）釐訂有關證券交易之各項章則

C3

（四）籌備證券交易所營業之一切有關事項

（五）處理主管官署交辦事項

第四條　本會決議事項分呈財政部及經濟部核准但關于公司登記事項應依法專呈經濟部核辦

第五條　本會於證券交易所理事會成立時裁撤之

上海市證券交易市場籌備委員會應行辦理事項

（一）發起人人數不得超過三百人籌備委員會審查合格後仍應呈報財政經濟兩部核准註冊

（二）證券交易所之資本額不得低於拾億元

（三）資本之分認辦法參照上海華商證券交易所理事會二十六年之決議於增資後由原股東合認百分之六十其餘百分之四十由國家銀行分認但兩年後國家銀行所認之部份可酌量轉讓於外界

（四）營業範圍

（一）公債及公司債

（二）本國公司股票

（三）外國公司股票

暫時均以現期交易為限

（五）上市證券應組織審核委員會嚴加審核後呈財政經濟兩部核准

（六）交易所應設置經理人負責辦理一切事務該經理人由理事會遴任之

（七）證券交易所應於籌備委員會成立後三星期內籌備就緒復業

(192×272公厘)

上海證券交易所發起人會議

日期　三十五年九月三日下午三時

地點　漢口路四二二號

出席發起人四十三人

計壹仟萬股合壹仟萬權

杜月笙

徐寄庼

吴稼门

公推杜發起人鏞為主席

行禮如儀

一、主席報告出席發起人（股東）人數及其所代表之股數權數均已足法定數宣告開會

二、主席報告籌備經過情形　本年六月間奉財經兩部訓令派王志莘、顧善昌、徐維明、錢永銘、瞿季剛、徐寄廎、夏屏方、俞震澄諸君及本人共九人為籌備上海市證券市場委員會委員，隨頒發籌備委員會規程及應行辦理事項，當即遵令着手籌設上海證券交易所股份有限公司，並依照委員會規程辦理各項事務，現在籌備已告就緒，所定資本總額國幣拾萬萬元，分為一千萬股，每股一百元，業已全數由發起人認繳足額，託由新華、國信兩銀行代收取具證明書及清單，特於今日召開發起人會議，並報告籌備會奉令辦理之經過概略如上

眾無異議

三、訂立公司章程草案　主席提出本公司章程草案分為八章共計三十一條，並將印本分發於各股東，當眾逐

条宣讀畢共商公決
議決　修改通過
四、選舉理事監察人　主席請各股東推定莊叔豪徐維明二君為監票員華文煜張禎三沈稔三三君為檢票員旋經各股東投票選舉畢檢票結果
√顧善昌　得九百八十九萬權
√楊蔭溥　得九百八十九萬權
√徐寄廎　得九百七十四萬五千權
√王志莘　得九百七十二萬權
√李道南　得九百七十二萬權
√李馥蓀　得九百七十萬零五千權
√鄭筱舟　得九百七十萬權
√鄔[illegible]白　得九百七十萬權
√俞寰澄　得九百六十九萬權
√徐維明　得九百六十八萬權
錢新之　得九百六十五萬權
√來崧蓀　得九百六十四萬權
√陳光甫　得九百六十三萬五千權
√王伯天　得九百六十萬權
√莊叔豪　得九百五十八萬權

李叔明　得九百五十八萬權
杜　鏞　得九百五十七萬五千權
駱清華　得九百五十七萬五千權
沈　鏡　得九百四十八萬權
瞿季剛　得九百四十六萬權
劉達華　得九百三十八萬權
以上二十一人當選爲本屆理事
傅沐波　得一百六十三萬權
杜維藩　得一百四十三萬五千權
吴麟坤　得一百十九萬五千權

沈熙瑞　得一百十九萬五千權
以上四人當選爲候補理事
顧克民　得九百六十三萬權
孫祖瑞　得九百八十四萬權
周守良　得九百七十三萬權
王本滋　得九百七十二萬五千權
趙棣華　得九百七十萬權
胡忠春　得九百六十八萬權
彭杏生　得九百六十二萬五千權
以上七人當選爲本屆監察人

張東三。得八十九萬五千權

宋美揚。得七十四萬五千權

吳禮門。得六十二萬權

以上三人當選為候補監察人

五、散會

主席 杜月笙

上海證券交易所股份有限公司暫行組織大綱

（卅五年九月十四日第一屆第二次理監會議決通過）

第一條 本組織大綱依照本所章程訂定之

第二條 本所設理事會以理事二十一人組織之理事互推一人為理事長六人為常務理事以理事長為公司對外代表

第三條 本所設監察人七人除各依法執行職務外並互推常駐監察人一人

第四條 本所設總經理一人秉承理事長綜理本所所務協理一人至三人輔助總經理處理所務

第五條 本所設秘書室辦理本所人事與文書事宜並秉承總經理辦理機要及指定事項

第六條 秘書室設主任秘書一人主持本室事務設秘書及助理秘書若干人助理本室一切事務

第七條 本所設左列四處

業務處 財務處 調查研究處 事務處

第八條　各處設經理一人秉承總經理辦理各該處職務必要時得設副經理襄理助理之

第九條　業務處設左列三科

場務科　計算科　稽核科

第十條　財務處設左列三科

出納科　會計科　保管科

第十一條　調查研究處設左列三科

統計科　徵信科　編輯科

第十二條　事務處設左列三科

庶務科　購料科　股務科

第十三條　各科均設主任一人分掌各科職務必要時得設副主任助理之

第十四條　各科設辦事員練習生若干人分司各項職務其名額視工作繁簡酌定之

第十五條　本所得設稽核專員若干人秉承總經理辦理指定事項

第十六條　本組織大綱經理事會議決施行修改時亦同

上海市證券交易市場籌備委員會首次會議紀錄

一、開會如儀

二、全體就職杜主任委員爲主席

三、報告事項

(一)主席報告遵奉財經兩部訓令組織上海市證券交易市場籌備委員會即日宣告成立

四、討論事項

(一)籌備證券交易所事項應如何進行案

議決　甲、名稱　定名爲「上海證券交易所股份有限公司」依照公司法暨交易所法之規定進行籌組

乙、資本　總額定爲國幣拾億元由前華商證券交易所原股東合認百分之六十其餘百分之四十由國家銀行分認

丙、地址　設於上海漢口路四二二號租用前華商證券交易所原址其租賃辦法另由雙方洽商定之

丁、營業範圍　遵照交易所法及部令附件規定辦理

、所有草擬章程及準備一切有關事項設立小組委員會統籌進行

(二)本會爲規定及審查經紀人資格另設小組委員會討論案

議決 推定徐寄廎俞寰澄夏屏芳爲小組委員會委員由徐寄廎召集之

(三)本會爲規定上市證券標準並審定上市證券另設小組委員會討論案

議決 推定錢新之徐維明瞿季剛爲小組委員會委員由錢新之召集之

(四)本會爲釐訂有關證券交易各項章則另設小組委員會討論案

議決 推定俞寰澄夏屏芳顧壽昌爲小組委員會委員由俞寰澄召集之

(五)本會爲籌備證券交易所復業一切有關事項另設小組委員會討論案

議決 推定杜鏞王志莘顧壽昌爲小組委員會委員由杜鏞召集之

(六)聘請各小組委員會顧問案

議決 由各小組委員擬定人選請由本會聘請之其人選如左

一、規定及審查經紀人資格小組委員會聘請秦聯奎徐士浩爲顧問

二、規定上市證券標準並審定上市證券小組委員會聘請駱清華秦聯奎爲顧問

三、釐訂有關證券交易各項章則小組委員會聘請蓋文煜楊蔭溥徐永秦聯奎爲顧問

四、籌備證券交易所復業一切有關事項小組委員會聘請鄒筱舟王叔和陳績孫繆子中爲顧問

(七)關於證券交易所復業後之交割事項擬委託銀行代理案

議決 俟請示政府當局再行決定

(八)本會爲處理會務擬聘請秘書案

議決 聘請陳績孫爲本會秘書

五、散會

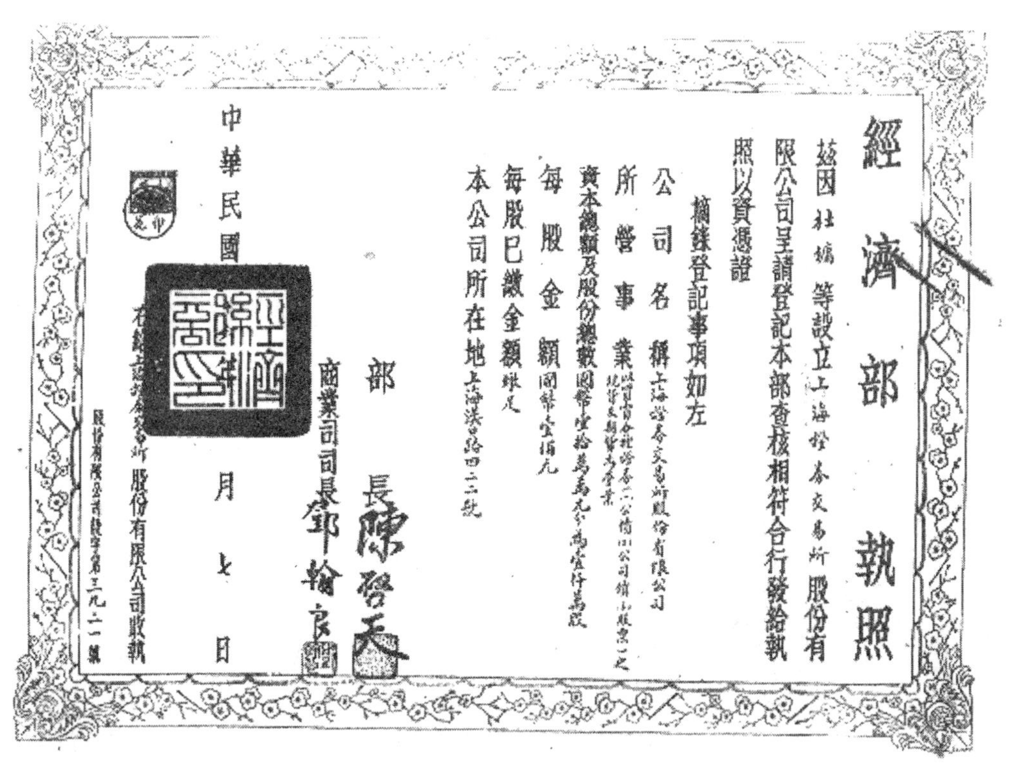

經濟部執照

茲因杜鏞等設立上海證券交易所股份有限公司呈請登記本部查核相符合行發給執照以資憑證

摘錄登記事項如左

公司名稱　上海證券交易所股份有限公司

所營事業　以買賣有價證券（一）政府債券（二）公司債（三）公司股票之現貨交易為營業

資本總額及股份總數　國幣壹拾萬萬元分為壹仟萬股

每股金額　國幣壹佰元

每股已繳金額　繳足

本公司所在地　上海漢口路四二二號

部長　陳啟天

商業司司長　鄧翰良

中華民國　年　月　七　日

右給上海證券交易所股份有限公司收執

股份有限公司執字第三九二一號

上海證券交易所三十五年度工作概況

一、籌備經過

三十五年五月，行政院為引導社會游資，促進經濟復員，扶植企業發展，建立現代資本市場，訓令籌設上海證券交易市場。組織籌備委員會，指定杜鏞為主任委員，王志莘為副主任委員，徐寄廎、俞佐庭、李馥蓀、徐維明、顧季高、吳蘊齋、錢新之等七人為委員。租用漢口路四二二號前上海華商證券交易所原址，積極進行籌備工作。擬定各項章則，審核經紀人資格，及審核上市證券。一切秉承財政經濟兩部之指示辦理，呈部核准後，公告執行，從恢復停市場，佈置人事等，先後就緒。於同年九月九日正式開幕，定名為上海證券交易所。(The Shanghai Securities Exchange. Ltd.)

二、組織

該所遵照「交易所法」之規定，採用股份有限公司組織。資本額定為國幣拾萬萬元，由前上海華商證券交易所股東，認百分之六十，其餘百分之四十，由中國銀行、交通銀行、中國農民銀行、中央信託局、及郵政儲金匯業局等五國家行局分認。

九月三日，該所依法召開公司創立會，通過章程，選舉理事二十一人，組織理事會。其職權為決定該所業務方針及一切重要事項。設理事長一人，常務理事六人，由理事互推之。理事長對外代表該所。又選舉監察人七人，由監察人互推常駐監察人一人。第一屆理監人選如左：

理事長 杜鏞

常務理事 徐寄廎 王志莘 徐維明 莊叔豪 瞿季剛 鄔筱舟

理事 顧書園 楊蔭溥 李道南 李馥蓀 鄔駕白 俞寰澄 錢新之 袁崧藩 陳光甫 王伯天 李叔明 駱清華 沈鏡 劉建華

常駐監察人 趙棣華

監察人 顧克民 孫祖瑞 周守良 王本滋 胡惠春 彭杏生

該所為政府特許設立之機構，政府為便利監理起見，由財政部派監理員吳宗燾，經濟部派監理員王鰲堂，會組財政經濟部上海交易所監理員辦公處辦事。

該所內部編制，設總經理一人，秉承理事長總理全所所務。設協理一人至三人，輔助總經理處理所務。下設秘書室及業務、財務、事務、調查研究等四處。秘書室辦理人事與文書及機要事宜，設主任秘書及秘書。各處設經理，必要時，得增設副經理襄理。處下設科：業務處分設場務、計核、稽核三科。財務處分設會計、出納、保管三科。事務處分設庶務、購置、服務三科。調查研究處分設統計、徵信、編輯三科。科得視需要設主任，亦得增設副主任。此外並得酌設稽核專員等，辦理查帳及其他指定事項。現任重要職員如左：

總經理　常務理事王志莘兼代

協理　楊蔭溥、顧善昌

主任秘書　華文煜

秘書　薛福田

業務處經理　楊蔭溥兼

副經理　張積三、沈臻三、汪治

財務處經理　顧善昌兼

副經理　呂濬代

事務處經理　陳續孫

調查研究處經理　楊蔭溥兼

三、經紀人

在該所市場交易者，限於經該所審查後呈部核准註冊之經紀人，分個人及法人兩種。除法律另有規定外，應具左列資格：

甲、個人經紀人

(一) 中華民國人民年齡滿二十歲以上；

(二) 高中畢業或有同等學力；

(三) 品行端正、信譽優良；

(四) 曾經營進出口或經理儲存報關業務；

(五) 須有銀行、信託投資公司或大公司擔保二百萬元之信用；

(六) 具有財產五十萬元以上，但個人經紀人之擔保品如係公司股票者，其資本須在五十萬元以上。

乙、法人經紀人

(一) 銀行、信託投資公司、投資或合營公司、擔保公司，須經依法設立，取得中華民國法人資格，並在港埠營業五年以上；

(二) 投資或合營公司、擔保公司，如為股份有限公司或有限公司，其資本須在一千萬元以上，如為無限公司、兩合公司或股份兩合公司，其資本須在五百萬元以上。

丙、外商法人經紀人

(一) 凡經營進出口業務之外商，曾在本國境內營業五年以上依法登記，取得中國法人資格者，得申請為經紀人；

(二) 其在本所開業以前而未取得法人資格者，申請為經紀人時，如審查合格，應認為臨時經紀人，限六個月內依法取得中國法人資格，逾期即撤銷之。

該所經紀人名額規定至多不得超過三百名，在該所開業前經呈部核准註冊發給營業執照者，共計二百三十四名。均照章辦妥入所手續，在年度終，因營業清淡，或其他原因，申請廢業，經呈部核准撤銷註冊原案，繳銷執照者十五名。續奉部令核准註冊並照章辦妥入所手續者一名。（附卅五年底該所經紀人名單）

經紀人得買賣該所上市之債券或股票，並得就兩項中選擇一項專營或兼營之。每項營業，應繳納保證金五千萬元。其中百分之四十，即二千萬元，須繳納現款。其餘百分之六十，得以有價證券或房地產充之。此項代用品之種類，經該所擬定呈部核准，暫以上市證券為限。其代用價格，按市價七折計算。在該所開業之初，曾奉部批准變通辦理，由中央銀行指定滬市會員銀行，由各經紀人自行接洽銀行書面保證，以充抵代用品。經中央銀行業務局指定滬市銀行業同業公會理監事、銀行浙江實業、中國企業、中匯、國華、浙江興業、中國通商、上海新華、中國墾業、中國工礦、四明、中南、中國實業、中國國貨、大陸、江海、中國農工、上海綢業、金城、中華、浙江建業、廣東、中貿、鹽業、聚興誠及國信二十六家承辦書面保證事宜。

協助經紀人在市場處理業務之職員，有代表人、代理人、電話生。代表人為法人經紀人之代表。代理人為協助經紀人在市場從事買賣者，俱須經該所核定呈部備案。外商法人經紀人之外籍代表人，照章不得上市場者，得另派代理人一人。電話生須預向該所[illegible]，專司各經紀人向外直接通話之責，按照經紀人之編號在指定處位供職。此外，經紀人得就業務上之需要，雇用營業員，承接業務，但不得入場交易。

經紀人為增進其營業上共同利益及矯正一切弊害起見，組織經紀人公會，於三十五年十月十九日，召開成立大會。凡該所經紀人均為公會會員，由全體會員通過章程，選舉理事及監事。現任理事長陳靜民，常務理事俞明時、林崇靖、吳耀門、史久載、袁良、王沈光行、胡敦秋、楊錫卿、理事楊元愷、朱鳴舞、俞明岳、蘇佩瑞、董兼蘇、袁虬、胡曾懋總、徐振清、鄭樂諧、吳國英、朱傳漢、龔禮達、金誦甘、盧穗鋑、周漢卿、穆壯武、常駐監事阮公純、監事楊長和、吳志康、俞子毅、韓戀湘、王仕丹、汪一鶚。

四、證券上市

上市場交易之證券，非經嚴格選擇，流弊滋多。故該所對上市證券之審核甚為嚴格。由該所理事會組織上市證券審查委員會主持其事。除政府發行之公債，經政府指定即得開拍外，普通企業公司所發行之股票或債券，其上市皆格必須合於左列各款規定：

（一）依中國公司法完成登記之中國股份有限公司、股份兩合公司，或依外國法完成登記並依中國公司法取得認許之外國公司，其營業在中國境內者；

（二）該公司有殷實之資產及獲利之能力，其事業與中國國民經濟有密切之關係；

（三）該公司內容有充分翔實之公開報告；

（四）該公司股票及債券之過户手續，依合法之規定；

（五）所發行債券經經濟部登記有案，具有可靠之擔保品確實之基金，及健全之保管機關。

公司股票及債券之上市，須經上市申請手續。申請時應具左列各項文件，並均須經公司監察人及律師或會計師審查出具證明書：

（一）上市申請書及登記事項表；

（二）公司核准登記或公司債核准發行之證明文件，或其攝影本；

(三)關於申請上市之董事會決議錄；

(四)公司章程及組織系統表或組織規程；

(五)最近五年來依公司法第二六條規定之各項表冊及目前情形之報告；

(六)公司債依公司法第二三八條規定應呈送之報告書，暨提出募集之說明書及與保證機關所訂之契約或其謄影本。

證券交易所對公司上市申請書應先予調查核公司之實際情形，提請上市審議委員會作初步審查，如認為合於上市標準者，提出理事會核定之。呈報轉呈財政部證券管理委員會核准方得訂約上市。在訂約上市期間，公司必須以有關書類證明其上市資格，並能切實履行交易所業務細則第四十條之條件，照復經審查，呈部核准正式上市。

公司股票及公司債之上市，應繳上市費於交易所。分初次上市費及每年上市費兩種，現擬呈部核定之計算方法如左：

(甲)初次上市費　由申請公司於接得證所呈准上市通知後三日內繳納之。

(一)股票初次上市費，每股金額面值國幣十元至五十元者，定為國幣一角；五十元以上至一百元者，二角；一百元以上至一千元者，五角；一千元以上者，一元。但每種股票之初次上市費，至多為國幣五十萬元。

(二)公司債初次上市費，每面值國幣一百元，定為國幣五分。但每種公司債之初次上市費，至多為國幣五十萬元。

(乙)每年上市費　股票定為國幣五分，公司債每面值國幣一百元，定為國幣二分五厘。以總股數或總面值為計算根據，每年六月及十二月分二次繳納。

其第一次當年上市費，依照實際上市月數計算。

(丙)變更上市登記費　上市證券如發行額有增減或變更權利時，發行公司應另行繳納變更上市登記費。

(一)增加發行額時，其增加部份照上市費之定率加收；

(二)減低發行額時，其減少部份照上市費之定率減半收費；

(三)變更權利時，股票每股面值十元至二十元者，國幣七分半；二十元以上至一百元者，一角五分；一百元以上至一千元者，三角五分；一千元以上者七角五分。公司債每面值國幣一百元收費國幣三分七厘半。

該所股票市場於三十五年九月十六日開始，債券尚未上市。在開業前呈准試行上市之股票，計二十種，續奉部令核准試行上市者計六種。各上市股票公司名稱、設立年月、地址、現任董事長、總經理、資本額、發行股數、每股票面金額、申請上市股數、成交單位及開始試行上市日期詳附表。

五、業務

一、交易種類　現分「現期交易」「遲延交割交易」及「套利交易」三種。

甲、現期交易　當日成交各買賣，應於次日交割清楚。買方至遲應於次日上午十二時前，將價款繳所；賣方至遲應於次日下午三時前，將現貨繳所。買方則憑證於繳款次日上午，向所方取貨。

乙、遲延交割交易　交易所為活潑股市，特擬訂遲延交割辦法。交易成交後其交割最長有一星期之遲延。每期交易，自每星期四前市起至下星期三前市止，期內成交各買賣，均於星期五辦理交割，閱做遞交之股票，暫定永紗、信和、勤興、新光、景福、美亞、永公及華豐等八種。成交單位與現期交易同。每筆成交交易，買賣雙方，均應按照成交金額，繳納百分之三十本證據金。其中百分之十，以現金繳納，其餘百分之二十，得以上市證券代用之，或以指定之銀錢業之書面保證抵充之。每日存帳如因市價漲跌，依據當日記帳價格計算之金額與原成交總金額，發生損差時，即照損額征收追加證據金。賣方如以現品提交者，得免繳各項證據金。於卅五年十月後市起，已公告試行開做。

丙、套利交易　此為利用現期與遞交價格之差額套取利息之交易。一方便利握有剩餘資金者，買進現貨，同時賣出遞交，以套取利息，而不負市價漲落之風險；此為順套。另一方面，便利證券投資人有所緩急時，得以放出現貨，同時買進遞交，以吸收流動資金，除負擔額定之利息外，亦不負市價漲落之風險，此為倒套。卅五年十二月十二日前市起，公告試辦。套利交易之股票種類，初定永紗、信和兩種，十八日起增加新光、華豐兩種。成交單位，永紗、信和與新光定為五萬股，華豐定為十萬股。交易時，祗須叫明貼進或貼出現貨價格與遞交價格相比之差額。成交價格以當時現期買進價格為根據，即以現期買進價格加套利差額，為遞交價格。成交後，分別為現期交易與遞交交易處理之。

二、價格升降單位及限度　價格升降單位，又名“叫價單位”，即交易時討價還價最小增減之單位。現定股票市價不滿一百元者，升降單位一角；一百元以上不滿二百元者，五角；二百元以上不滿一千元者，一元；一千元以上者五元。

又為防止短時間內價格有過度漲跌起見，對於每種股票每日市價漲

跌限度之規定，照舊公佈。倘價格漲達限度或跌達限度時，即不能以高過

或低於所規定之限價繼續買賣。其規定標準，乃依前一日之收盤價為根據，

其限度訂定如下：

1. 股票市價在一百元以下者，其漲跌限度為百分之二十；

2. 一百元以上至五千元以下者，為百分之十五；

3. 五千元以上者，為百分之十。

三、交易費用

甲、佣金　經紀人於代客買賣成交後，須向委託人收取一定之佣金，其數額由經

紀人公會擬定，報由交易所轉報核定。現定佣金為價值千分之三。

乙、經手費　為交易所向買賣雙方經紀人所收取。現定各收成交值千分之〇.五，如交

易買賣雙方為同一經紀人時，祇收一方千分之〇.五。

丙、交易稅　為政府向賣方所課徵，由經紀人所徵收。現定規則無退還者為萬分之

五，由所方代征。

四、交易過程

甲、相對買賣　股票市場設於大廈底層，市場中部設一交易櫃，座位

為半圓形，木櫃所構成。各種股票，分配於指定之交易櫃前開拍。排

由有派定之場務員主持交易事宜。欲買賣某種股票之經紀人，集合相

定交易櫃前，相對叫價，如雙方數量及價格相合時，交易即告成立。由買

方經紀人填製成交單據一式四份，經買方經紀人簽字後送賣方，

各執副張一份，待查明貨物時，再將正張及副張各一份，經紀人將設本綱內，或交手續

所去完成。如此相對式交健得行之，有一次成交，即可有一價格。場務員即

要該遵知紀錄員，將每一價格，計價或通價，照錄於市場行市板上。市場

內經紀人所派遣之記錄員，每日將市場電話轉知其營業所，俾市況得以迅

速傳播。

市場每日集會，分前後兩市。前市自上午九時半起至十二時止，後市自下

午二時起至三時半止，星期六祇開前市。

乙、結價對帳 經紀人於市場內每日所買賣之證券，或通過之期交易之

成交，應於次日向交易所辦理交割手續，或辦理結帳事宜。各經紀人每日交

割前應繳之證券與金額，以及相互間成交數量證券與金額之紀錄，是

否相符，均須於買賣當日核對清楚，以免日後糾紛。又若同日發生糾紛，以何日發

為標準之案，經紀人數之多，及每日成交之繁，對於對帳辦法，如無

理不斷變化，勢將無法於買賣當日，核對清楚。該所現採用經紀人集

體對帳辦法，於所內指定人員辦理，開辦已歷十年。

丙、計算 經紀人每日成交買賣，應計算其每種證券之收付額，各帳額，價款之

應收應付額，以及應繳本證據金，追加證據金，經手費，與代收交易稅之

金額。此項計算工作，均由交易所負責處理。即根據經紀人集體對帳

之紀錄及各帳紀錄，分別計算。此項計算工作，前日後市與本日前市為

一計算區域，即將前日後市交易，與本日前市交易，合併計算。每一

經紀人次日應收應付之證券與金額，均須於當日計算清楚，並分

別填製通知單，於次日上午九時以前，通知各經紀人辦理。

丁、交割：交割即為交易之了結，依照暫行營業細則規定，買賣之交割雙方，應將交割證券及貨價備齊，在中央銀行或其委託銀行行之。經中央銀行委託中國銀行上海分行及交通銀行信託部，聯合辦理。兩行組織聯合辦事處於交易所，辦理證券交割及其有關事宜。現期交易次日交割，遞延交割交易於每星期五交割。

五、三十五年度市況概述

股票市場自九月十六日開業至年度終之市況動態，大體言之，始終在平疲狀態中，成交不旺，價格盤低，推原其故，約有下列數端：（一）初創之際，各方存心觀望，經紀人對新頒規章尚未習慣；（二）場外黑市猖獗；（三）適值工商業凋敝之際，倒閉或擱淺頻傳；（四）市面拆息甚高，股市無厚利可圖；（五）游資活動於金鈔紗布，不入股市；（六）政局悲觀，直至歲末，政府核放生產貸款，並公佈運輸工礦事業重估固定資產價值，增加資本辦法，以及大票發行，物價波動等因素之刺激，股市漸有轉機。（附卅五年九月十六日至十二月卅一日之營業統計表）

六　結論

上海證券交易所設立之目的，既為提倡企業投資，建立現代資本市場，令該所營業範圍，即以企業發行之股票或公司債為中心，以活潑企業之資金。與過去證券市場之偏重於政府公債或外商股票，迥異其趣，實為建立現代資本市場之發軔。其特點一；該所基於前華商證券交易所之組織，擴大範圍，由國家五行局投資經營，成為上海唯一之合法證券市場。組織統一，基礎健全。其特點二：該所經紀人包括前華商證券交易所之經紀人，外商衆業公所之會員，經營或管理證券投資業務富有經驗之個人，以及銀錢信託各業之法人，兼收並蓄，陣容整齊。其特點三：該所營業方針與管理技術，均參証學理，適合國情，力求有利經紀人之發展，及資本市場之建立，不墨守成規，謀不斷改進。其特點四。

該所開幕甫經四月，業務雖未開展，初基業已奠定。各項措施，均在引導投資者以穩妥途徑，以鼓勵人民投資興趣，納游資於正軌，減物價之壓力，從而扶助公業，促進復員。假以時日，必能成為現代化之資本市場，以協助政府推行工業化之國策，無疑。展望前途，任務綦重，但賴政府安定建設，開始該所必可負起其應有之使命也。

上海證券交易所營業辦法

第一條 政府為誘導游資穩定經濟特准上海證券交易所營業

第二條 上海證券交易所上市之証券暫定左列各種

一、政府債券

二、國營事業股票

三、民營公司股票

前項第一二兩種証券之上市由財政部工商部另以命令定之

第三條 上海証券交易所開拍証券除政府債券得酌做一天期付外均以現貨為限

第四條 各種證券之交易辦法由上海証券交易所擬訂呈報財政

部工商部核定之

第五條 上海證券交易所現有之經紀人其資本應重行調整并不得少於五十萬金圓

第六條 經紀人保証金分債券股票兩種各為卅萬金圓其百分之四十為現金其餘百分之六十得以上市之政府債券或國營事業股票抵充

第七條 前經呈准上市之民營公司股票未依營利事業資本額折算金圓變更登記辦法呈准變更登記或經呈請登記尚未確定者其上市買賣認為轉讓之預約依照上海證券交易所營業細則第卅七條辦理買賣手續並於該所

從業之日起於三個月內完成變更登記程序

第八條 經紀人接受客戶買賣應填明客戶真實姓名及住址不得隱匿并不得接收訪員或交易所職員所委託之買賣

第九條 經紀人經營場外交易經查實後除移法院依法究辦外并應由財政部工商部撤銷其營業執照

第十條 上海證券交易所暫行營業細則與本辦法抵觸者無效

第十一條 本辦法自公佈日施行

上海證券交易所股份有限公司資本總額偽法幣拾億元於三十三年七月收齊股東共法人大戶計(甲)上海華商企業股份有限公司(即前上海華商證券交易所股份有限公司改組)投資六億元(乙)中國銀行一億元(丙)交通銀行一億元(丁)中國農民銀行八千萬元(戊)中央信託局八千萬元(己)郵政儲金匯業局四千萬元

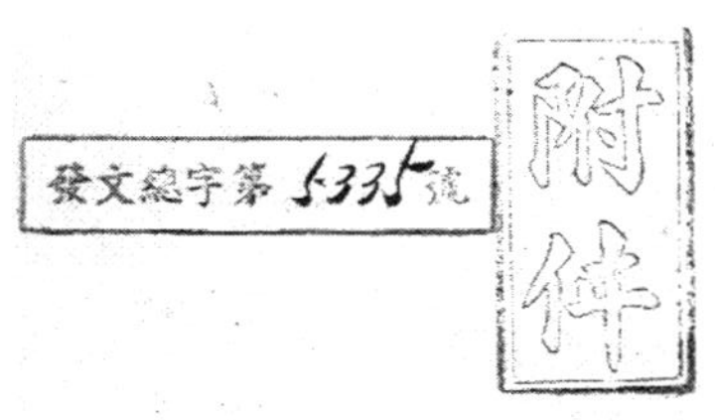

上海證券交易所股份有限公司股東名冊

股東	户名	代表人姓名	地址	發行時每股法幣金額	股數	合法幣金額	備註
中國銀行	中工記	徐維明	外灘二十三號	一〇〇元	叁拾萬股	叁仟萬元	乙
仝	中海記	孫祖瑞	仝	一〇〇元	拾陸萬股	壹仟陸百萬元	乙
仝	中中記	宋[illegible]楨	仝	一〇〇元	拾陸萬股	壹仟陸百萬元	乙
仝	中國記	蔣[illegible]	仝	一〇〇元	拾陸萬股	壹仟陸百萬元	乙
仝	中銀記	吳興[illegible]	仝	一〇〇元	拾壹萬股	壹仟壹百萬元	乙
仝	中行記	顧[illegible]	仝	一〇〇元	拾壹萬股	壹仟壹百萬元	乙
交通銀行	天記	錢新之	外灘十四號	一〇〇元	拾陸萬股	壹仟陸百萬元	乙
仝	地記	趙棣華	仝	一〇〇元	拾陸萬股	壹仟陸百萬元	乙
仝	元記	湯筱齋	仝	一〇〇元	拾肆萬股	壹仟肆百萬元	乙
仝	黃記	莊叔豪	仝	一〇〇元	拾萬股	壹仟萬元	乙
仝	宇記	楊[illegible]熊	仝	一〇〇元	拾萬股	壹仟萬元	乙
仝	宙記	李道南	仝	一〇〇元	拾萬股	壹仟萬元	乙
仝	洪記	潘啟章	仝	一〇〇元	捌萬股	捌百萬元	乙
仝	荒記	屠用中	仝	一〇〇元	捌萬股	捌百萬元	乙
仝	日記	陳靜民	仝	一〇〇元	捌萬股	捌百萬元	乙

(一)

中國農民銀行	甲戶	李叔明	漢口[illegible]號	一〇〇元	念萬股	貳仟萬元	乙
仝	乙戶	羅運炎	仝	一〇〇元	念萬股	貳仟萬元	乙
仝	丙戶	王伯天	仝	一〇〇元	念萬股	貳仟萬元	乙
仝	丁戶	夏[illegible]	仝	一〇〇元	念萬股	貳仟萬元	乙
中央信託局		沈熙瑞	國[illegible]路[illegible]號	一〇〇元	念萬股	貳仟萬元	乙
仝		何[illegible]	仝	一〇〇元	念萬股	貳仟萬元	乙
仝		[illegible]祖同	仝	一〇〇元	拾萬股	壹仟萬元	乙
仝		羅[illegible]	仝	一〇〇元	拾萬股	壹仟萬元	乙
仝		錢[illegible]	仝	一〇〇元	拾萬股	壹仟萬元	乙
仝		[illegible]	仝	一〇〇元	拾萬股	壹仟萬元	乙
郵政儲金滙業局		[illegible]	九江路[illegible]號	一〇〇元	拾萬股	壹仟萬元	乙
仝		曾[illegible]	仝	一〇〇元	拾萬股	壹仟萬元	乙
仝		何[illegible]	仝	一〇〇元	拾萬股	壹仟萬元	乙
仝		方[illegible]生	仝	一〇〇元	拾萬股	壹仟萬元	乙
上海華商企業公司	上記	杜鏞	漢口[illegible]號	一〇〇元	[illegible]股	[illegible]萬元	丙
仝	[illegible]記	錢新之	仝	一〇〇元	[illegible]股	[illegible]萬元	丙
仝	華記	[illegible]	仝	一〇〇元	[illegible]股	[illegible]萬元	丙
仝	商記	[illegible]	仝	一〇〇元	[illegible]萬股	[illegible]萬元	丙

（二）

上海華商企業公司	證記	鄭[illegible]	漢口[illegible]號	一〇〇元	[illegible]萬股	[illegible]萬元	丙
仝	券記	俞[illegible]	仝	一〇〇元	[illegible]萬股	[illegible]萬元	丙
仝	交記	戴[illegible]	仝	一〇〇元	[illegible]萬股	[illegible]萬元	丙
仝	易記	陳光甫	仝	一〇〇元	[illegible]股	[illegible]萬元	丙
仝	所記	李[illegible]	仝	一〇〇元	[illegible]股	[illegible]萬元	丙
仝	股記	駱[illegible]	仝	一〇〇元	[illegible]股	[illegible]萬元	丙
仝	份記	徐寄廎	仝	一〇〇元	[illegible]股	[illegible]萬元	丙
仝	有記	王[illegible]	仝	一〇〇元	[illegible]萬股	[illegible]萬元	丙
仝	限記	[illegible]	仝	一〇〇元	[illegible]	[illegible]萬元	丙
仝	公記	[illegible]	仝	一〇〇元	[illegible]仟股	[illegible]	丙
仝	司記	[illegible]	仝	一〇〇元	[illegible]萬股	[illegible]	丙
仝	投記	傅[illegible]	仝	一〇〇元	[illegible]萬股	[illegible]萬元	丙
仝	資記	杜維藩	仝	一〇〇元	[illegible]仟股	[illegible]萬元	丙
仝	理記	吳麟坤	仝	一〇〇元	拾萬[illegible]仟股	[illegible]萬元	丙
仝	經記	顧克民	仝	一〇〇元	[illegible]萬股	[illegible]萬元	丙
仝	事記	胡[illegible]	仝	一〇〇元	[illegible]萬股	[illegible]萬元	丙
仝	[illegible]記	張秉三	仝	一〇〇元	陸萬伍仟股	陸百伍拾萬元	丙
仝	表記	吳[illegible]	仝	一〇〇元	捌萬股	捌百萬元	丙

（三）

發文總字第5335號

附件

上海證券交易所理事監察人暨高級職員名冊

職別	姓名	地址
理事長	杜鏞	華商企業公司轉
常務理事	徐寄廎	華商企業公司轉
	王志莘	華商企業公司轉
	徐維明	中國銀行轉
	莊叔豪	交通銀行轉
	瞿季剛	華商企業公司轉
	鄭筱舟	華商企業公司轉
理事	顧善昌	中國銀行轉

上海證券交易所

理事	楊蔭溥	中央信託局轉
	李道南	交通銀行轉
	李馥蓀	華商企業公司轉
	鄒篤白	華商企業公司轉
	傅沐波	華商企業公司轉
	錢新之	華商企業公司轉
	王伯天	中國農民銀行轉
	陳光甫	華商企業公司轉
	駱清華	華商企業公司轉
	李叔明	中國農民銀行轉

理事	錢祖齡	中央信託局轉
	方根生	郵政儲金匯業局轉
	俞寰澄	華商企業公司轉
常駐監察人	趙棣華	交通銀行轉
監察人	孫祖瑞	中國銀行轉
	胡惠春	華商企業公司轉
	彭杏生	華商企業公司轉
	張東三	華商企業公司轉
	王本滋	華商企業公司轉
	宋美揚	中國銀行轉

上海證券交易所

總經理	盧澗泉	中國銀行轉
協理	楊蔭溥	山陰路興業坊三三號
協理	陳彭孫	華商保險公司轉
秘書室主任秘書	王懋章	中正路六四弄二二號
業務處經理	楊蔭溥兼	
財務處經理	盧澗泉兼	
事務處經理	陳彭孫兼	
業務處副理兼場務科主任	張穎三	武定路一九〇弄五三號
業務處副理兼計算科主任	沈棣三	泰興路五〇七弄二〇號
業務處副理兼稽核科主任	汪治	林森中路大德里一號

財務處副理	阮毅仙	中國銀行轉
財務處代副理兼出納科主任	王子厚	復興中路一六〇弄三三號
秘書室秘書	瞿福田	南昌路二七二弄二一號
〃	許澄鑑	山陰路大陸新村五號
〃	陳劍白	中正東路一四六弄二七號
秘書室助理秘書	孫志生	十六鋪大達碼頭德興里四三號
〃	孫志民	江寧路七三四弄八號
〃	孫用禎	大西門樹坊北弄七四弄五號
〃	孫光治	梵王渡路中行別業二六號
財務處保管科主任	劉奠廷	中華新路三五弄四九新村一號

財務處會計科副主任	許[illegible]	中正北一路新華里六號
業務處證務科主任	姚[illegible]	[illegible]路[illegible]坊三號
業務處買賣科主任	朱[illegible]	鳳陽路[illegible]弄四[illegible]號
業務處證務科主任	陳[illegible]	[illegible]路七九弄九號
業務處證務科副主任	曹[illegible]	西[illegible]路三三七弄一[illegible]號
業務處場務科副主任	李[illegible]	中正東路[illegible]里八號
業務處計算科副主任	陳[illegible]	山陰路[illegible]坊六〇號

（三）上海证券交易所的结束

收文總字第6041號

上海市軍事管制委員會財政經濟接管委員會金融處用箋

上海市軍事管制委員會財經接管委員會金融處令 金字第[illegible]號

令證券交易所

自即日起上海證券交易所勒令停止營業

此令

處長 陳穆

副處長 謝壽天

一九四九年五月三十日

事

钧会一九四九年五月三十日金字第一号训令开，自即日起上海证券交易所暂行停止营业，此令等因。查本所前以市场交易失常，业经第一届第十四次理监事联席会议议决，自本年五月五日起暂停市场集会，奉令前因，除遵照公告暂行停止营业外，理合具文呈复，敬祈

鉴核。谨呈

上海市军事管制委员会财经接管委员会金融处

上海证券交易所理事会

公告 第六八九号

案奉上海市军事管制委员会财经接管委员会金融处一九四九年五月三十日金字第一号训令开：自即日起上海证券交易所暂行停止营业，此令等因。自应遵照。特此公告。

收文總字第6042號

上海市軍管會財經接管委員會金融處用箋

上海市軍事管制委員會財經接管委員會金融處訓令

令上海市證券交易所

(一)本處為明瞭證券交易所情形，希即按以下規定據實報

董監事高級職員名册：

一、所內之股東董監事高級職員必須填明真實姓名，詳細地址。

二、上列各種股東户名應分別為下列三点：

甲、屬於偽党政軍特務機関四大家族及其以各種化名出現者。

乙、屬於偽党政軍特務機関重要人物及与甲項有関但一時不能判明確屬於甲項或其他可疑者。

丙、不屬於上列二項者。

(二)必須切實保証不得故意將屬於甲乙兩項列入丙項企圖矇蔽，并具切結，備以後發現有故意矇蔽致使官僚資本逃避者，除令負賠償責任外，並按情節輕重論處。

(三)上述各項報告限五日內填送到本處以憑核办，不得延緩，在未经本處批覆之前，不得擅自移動及過户。

以上各点仰即遵照為要！

附具結書式樣壹份

處長 陳穆

副處長 謝壽天

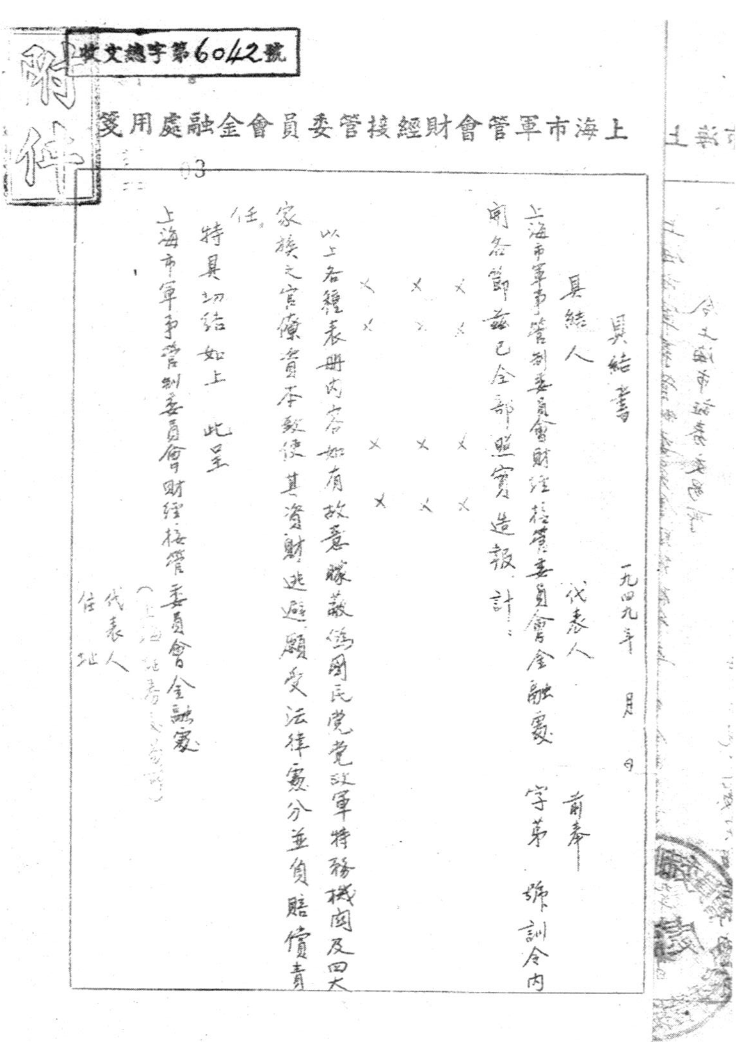

附件

收文總字第6042號

上海市軍管會財經接管委員會金融處用箋

具結書

具結人 代表人 一九四九年 月 日

前奉上海市軍事管制委員會財經接管委員會金融處 字第 號訓令內開各節，茲已全部照實造報，計：

× × ×

× × ×

× × ×

× × ×

以上各種表册內容如有故意矇蔽偽國民党党政軍特務機関及四大家族之官僚資本致使其資財逃避，願受法律處分並負賠償責任。

特具切結如上 此呈

上海市軍事管制委員會財經接管委員會金融處

(上海證券交易所)

代表人

住址

事

鈞處金字第二號訓令，飭列報本所股东董監事高級職員名冊，並指示三點，附發具結書式樣一份，自應遵办。查本所資本總額偽法幣拾億元，於三五年七月收齊，股東共六户，計(一)上海華商企業股份有限公司（原称上海華商證券交易所股份有限公司）投資六億元，(二)中國銀行投資壹億元，(三)交通銀行投資壹億元，(四)中國農民銀行投資八千萬元，(五)中央信託局投資八千萬元，(六)郵政儲金匯業局投資四千萬元。上開股東名冊所列代表人姓名，均係分別代表各投資法人者，謹遵令列具本所股東名冊壹份，理事監察人暨高級職員名冊壹份，並依式出具具結書壹紙，一併具文呈報，敬祈

鑒核。謹呈

上海市軍事管制委員會財經接管委員會金融處

附呈股東名冊一份 理事監察人暨高級職員名冊一份 具結書一紙

發文[illegible]號

具結書　一九四九年六月一日

具結人上海證券交易所代表人顧〇〇　為事

上海市軍事管制委員會財經接管委員會金融處金字第二號訓令內開各節，業已全部照實造報計

上海證券交易所股份有限公司股東名冊　壹份

上海證券交易所理事監察人暨高級職員名冊　壹份

以上各種表冊內容如有故意隱蔽偽國民黨黨政軍特務機關及四大家族之官僚資本，故使其資財逃避，願受法律處分，並負賠償責任

特具切結如上　此呈

上海市軍事管制委員會財經接管委員會金融處

上海證券交易所
代表人顧〇〇
住址 上海中國銀行信託部

上海證券交易所呈

查本所係屬股份有限公司組織以買賣有價證券為業務所用營業
及辦公處所（坐落證券大樓底層大市場二樓一部分及三樓全部）均係向業主
華商企業公司租借自去歲大樓四樓起由業主另行出租滬市開放前本所理監
會因鑒於市場交易未奉准許自五月五日起暫停市場集會另有員工一百
八十六人除酌留主管及保管人員卅六人留所辦公外其餘全部疏散辦公室
除三樓開放五間外亦全部封閉迨滬市解放後本所遵奉
上海市軍事管制委員會財經接管委員會金融處金字第一號訓令飭暫
行停止營業當經分別公告市場通知經紀人遵照並呈復有案本月十日
上海市軍事管制委員會在證券大樓查禁金鈔銀元投機當將本所底層

上海證券交易所

上海證券交易所

及二三樓辦公室房屋一併封閉當經留所人員陳明實情奉准由各人交出
所執管之辦公室及庫房鑰匙後先行撤所惟辦公室迄今尚未開放致本所
留守人員無法入內工作深為焦慮查本所係屬公司組織所有組織內容股
東及高級職員名冊均經遵奉
上海市軍事管制委員會財經接管委員會金融處金字第二號訓令呈報在
案本所絕未經營金鈔銀元等違法投機買賣所使用之辦公室及營業處
所亦無閑雜人等在內進行違法交易當日
上海市軍事管制委員會所派工作同志業將各室逐一開啟視察時確實
無人在內可為證明至四樓以上各租戶所經營各種違法交易絕對與本所
無涉本所亦無權加以干涉茲敢陳明實情仰懇

鈞局准將本所使用辦公室部分解除封閉准本所留守人員進入辦公並准
予發還前文之鑰匙及文件實感公便除呈報
上海市軍事管制委員會財經接管委員會金融處外理合呈請
鑒核示遵
謹呈
上海市人民政府公安局
上海證券交易所總經理顧善昌謹呈

[illegible]

中華民國三十八年六月十三日

上海證券交易所

收文總字第6066號

最速件

上海市軍事管制委員會財經接管委員會金融處用箋

上海市軍管會財經接管委員會金融處訓令 銀錢字第四十三號

令上海證券交易所

查該所停業已久應即結束員工遣散其遣散辦法迭經本處召集該所職工代表來處洽商茲將洽商結果核示如後：

一、該所職員遣散費按一九四九年二、三、四三個月所發薪津折成米數以平均每人一個月所得為遣散費數額工友計算辦法亦同計職員遣散費每人一律米五石九斗三升工友遣散費每人一律米二石四斗七升上項米數概依發給第一日解放日報所載南北市場中白粳之平均價折發人民幣

二、該所停業後辭職員工一律不發遣散費

三、該所主任以上重要職員及留所辦理結束員工之遣散費須俟移交清楚後方得領取

四、遣散費定於一九五〇年二月十日至廿八日為領取日期員工應於規定限期內向該所具領逾期即作自願放棄論不得再有任何要求

五、員工自領取遣散費之日起即與該所解除僱用關係自願放棄遣散費人員亦同

六、駐衛警察遣散費按照上海市公安局所訂辦法辦理

以上發給遣散費辦法仰即遵照通告並依限辦理並上項遣散費所需款項除該所持有之港幣應

上海市軍管會財經接管委員會金融處用箋

即如數向中國銀行依法兌換人民幣繳發外其不足部份姑准由新華銀行以放款方式暫爲借款?所
並應將存有之洋股委託新華銀行運滬代售(?)其售得之款即以償還該行借墊款項統仰遵辦具報爲
要

此令

處長 陳穆

副處長 項克方 謝壽天

東管字第1802號

一九五〇年二月八日

收文總字第6069號

查本處接管各單位交來公司企業股票等件業經本處指定交通銀行業務整理內中有
貴處登記股票(股據)茲將原交發關名單戶名票面金額及號碼等項繕附清單一份即希
查明迅將該項股票(股據)予以凍結在未經洽准本處同意以前任何人不得向貴處申請掛失補發又
貴處資本如有增減或發給股東息紅利贈品或其他權益時以及召開股東會或有關股東之一切通知會決議
紀錄等概請通知交通銀行代表本處辦理特函
洽照登記并希
見復爲荷

此致

上海證券交易所

附件

東會字第〇六七六號 一九五〇年2月28日

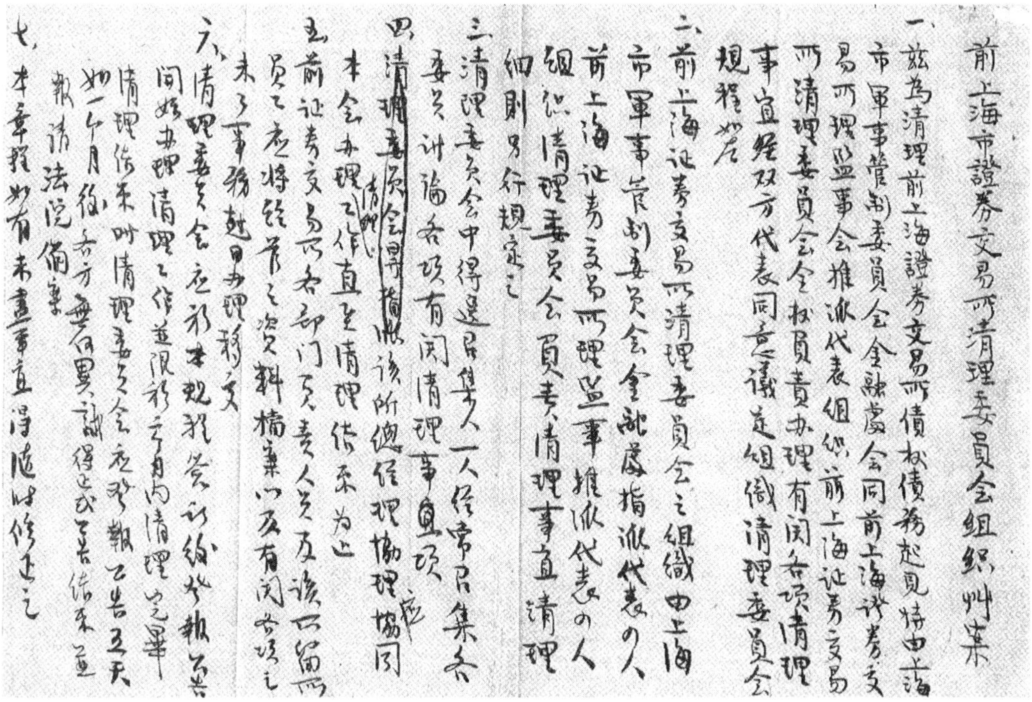

前上海市證券交易所清理委員会組織草案

一、兹為清理前上海證券交易所債权債務起見，特由上海市軍事管制委員会金融處会同前上海證券交易所理監事会推派代表組織前上海证券交易所清理委員会，全权負責办理有关各项清理事宜，經双方代表同意議定組織清理委員会規程如左

二、前上海证券交易所清理委員会之組織由上海市軍事管制委員会金融處指派代表○人、前上海证券交易所理監事推派代表○人組織清理委員会，負責清理事宜，清理細則另行規定之

三、清理委員会中得選召集人一人，經常召集各委員討論各项有关清理事宜

四、清理委員会開会指派後，所總經理、協理应協同本会办理清理工作，直至清理結束為止

五、前证券交易所各部门負責人員及該所留用人員应將經常之資料檔案以及有关各项之未了事務趕早办理移交

六、清理委員会应於本規程公佈於報[illegible]開始办理清理工作，並限於二个月内清理完畢，清理結束時清理委員会应登報公告五天，如一个月後，各方無有異議，得正式宣告結束並報請法院備案

七、本章程如有未盡事宜得隨時修正之

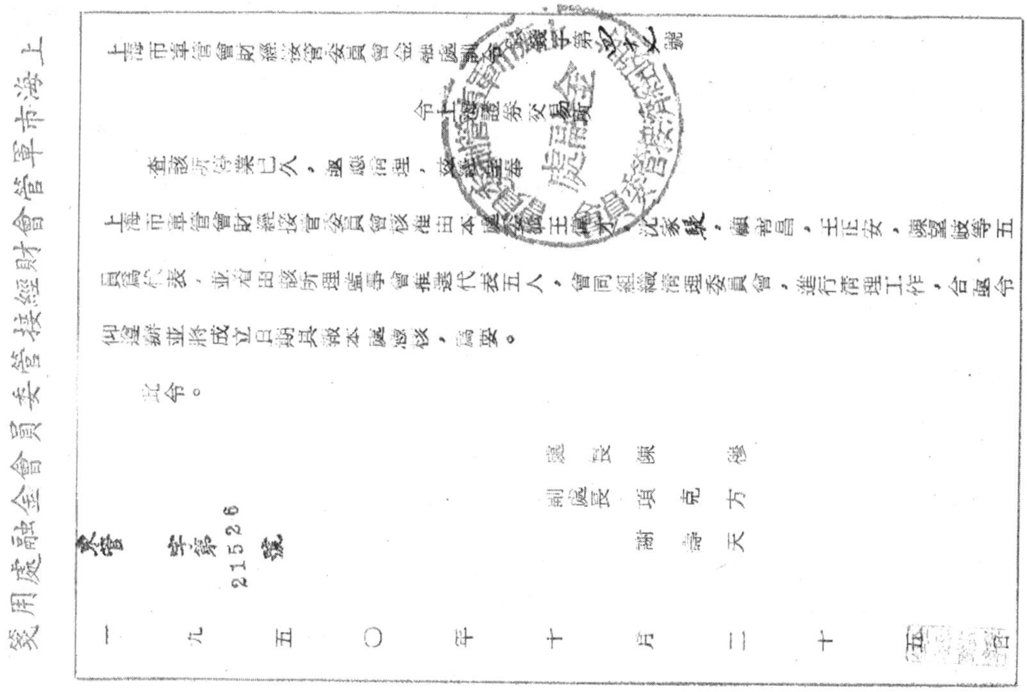

上海市軍事管制委員會財政經濟接管委員會金融處用箋

上海市軍管會財經接管委員會金融處訓令[illegible]字第[illegible]號

令上海證券交易所

查該所停業已久，亟應清理，茲經呈奉

上海市軍管會財經接管委員會核准由本處派王偉才、沈家駿、顧耆昌、王正安、陳望岐等五員為代表，並着由該所理監事會推選代表五人，會同組織清理委員會，進行清理工作，合亟令仰遵辦並將成立日期具報本處憑核，為要。

此令。

處長 陳穆

副處長 項克方

謝壽天

一九五〇年十月二十五日

財管 字第21526號

清字二第[illegible]號　　一九五〇、十一、三發

事由：為呈報前上海証券交易所清理委員會業經組織成立並已編訂組織規程及清理細則擬自十一月五日登報公告開始辦理清理請予鑒核示遵由

謹呈者前奉

鈞處銀錢字第[illegible]號令組織前上海証券交易所清理委員會負責辦理清理前上海証券交易所債權及債務事宜本委員會業於十月廿日由

鈞處指派之王偉才陳望岐王正安沈家瑞顧善昌等五員與前上海証券交易所理監事會推派之王志莘張東三鄭筱舟彭孝生鄭儀白等五員組織成立公推王偉才委員為主任委員並已編訂「前上海証券交易所清理委員會組織規程」及「前上海証券交易所清理細則」擬於十一月五日登報公告開始辦理清理理合呈請

鑒核示遵　謹呈

上海市軍事管制委員會
財經接管委員會金融處

[illegible]謹呈

附件：

一、前上海証券交易所清理委員會組織規程一份

二、前上海証券交易所清理細則一份

前滬●証券交易所清理委員會組織規程

茲為清理前滬証券交易所債權債務起見，特由上海市軍事管制委員會金融處會同前滬証券交易所理監事會指派代表組織前滬証券交易所清理委員會全權負責辦理有關各項清理事宜，經雙方代表同意議定組織清理委員會規程如左：

(一)前滬証券交易所清理委員會之組織由上海市軍事管制委員會金融處指派代表五人，前滬証券交易所理監事會指派代表五人組織清理委員會負責清理事宜，清理細則另行規定之。

(二)清理委員會委員中得推選主任委員一人，經常召集各委員討論各項有關清理事項。

(三)清理委員會之重要議案應呈報金融處核准施行

(四)前証券交易所總經理、協理應負責辦理清理工作，直至清理結束為止。

(五)前証券交易所各部門負責人員及該所留所職工應將經管之資財檔案以及有關各項未了事務赶日辦理移交。

(六)清理委員會應於成立後登報公告開始辦理清理工作，●限於二個月內清理完畢，並公告清理結束呈報請法院備案

(七)本規程呈報金融處核准施行，修改時亦同。

前上海证券交易所清理细则

一、本细则依照前上海证券交易所清理委员会组织规程第一条之规定制定之。

二、前上海证券交易所之截至一九五〇年十月卅一日止支付状况，应造具资产负债表及财产目录提交清理委员会。

三、前上海证券交易所所有对外债权债务应即公告登记清理。

四、前上海证券交易所所有生财器具车辆物资及有价证券等资财应点交清理委员会接收处理。

五、前上海证券交易所所有文卷档案书籍资料等应移交清理委员会接收保管。

六、前上海证券交易所原在证券大楼租用之办公室所内及其所添置之一切装修设备，由清理委员会接管处理之。

七、自一九五〇年十一月一日起前上海证券交易所所存现金及行庄存款应由清理委员会接收开具银行专户存储，所有一应收入及开支均由该户统一收付。

八、清理委员会于清理工作结束后，应即将清理经过呈报金融处。

九、本细则经清理委员会通过后施行，并呈报上海市军事管制委员会财经接管委员会金融处备案。

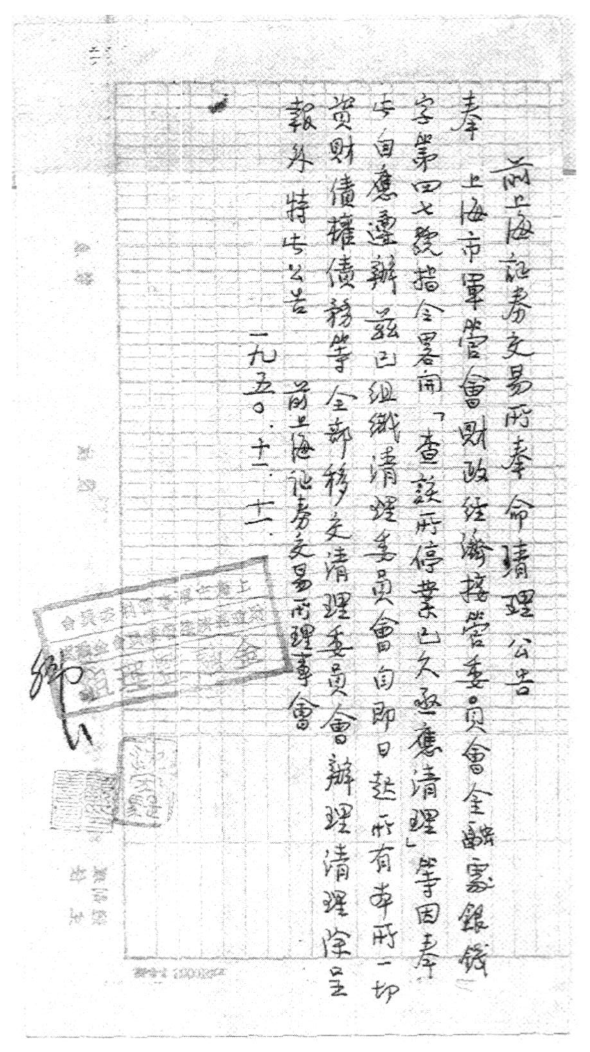

前上海证券交易所奉命清理公告

奉 上海市军管会财政经济接管委员会金融处银钱字第四七号指令略开「查该所停业已久亟应清理」等因奉此自应遵办兹已组织清理委员会自即日起所有本所一切资财债权债务等全部移交清理委员会办理清理除呈报外特此公告

一九五〇.十二.十一 前上海证券交易所理事会

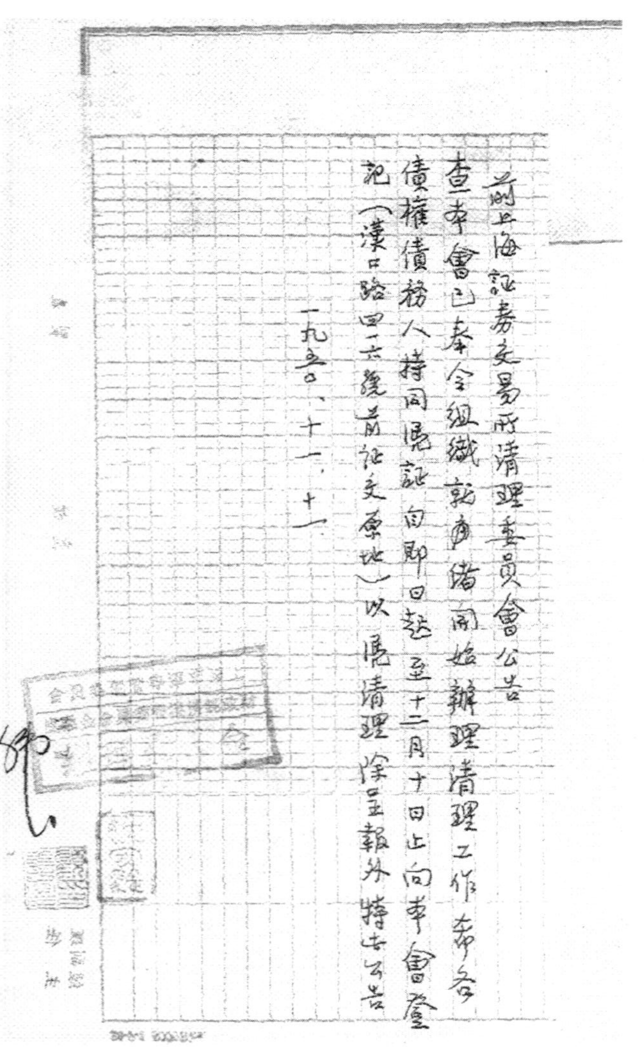

前上海证券交易所清理委员会公告

查本会已奉令组织就绪开始办理清理工作本所各债权债务人持同凭证自即日起至十二月十日止向本会登记（汉口路四二二号前证交原址）以凭清理除呈报外特此公告

一九五〇、十一、十一

交通部郵政總局儲匯局清理處公函

上海南京西路八〇六号

儲清字第二三一號

中華民國（公元）一九五〇年十一月十三日發

收文者	前上海証券交易所清理委員會	鈔送	北京郵電部財務司
事由	函請查示前上海証券交易所之公股如何清理由	附件	
相關文件			

頃閱報載前上海証券交易所已由金融處指派公股代表五人會同私股理監事五人組織清理委員會，進行清理。查前郵政儲金匯業局對於該所投資計偽法幣四千萬元，佔總資本額百分之四。將來　貴會对於公股如何清理，擬請　查示如有應办手續并希隨時函知為荷。

郵政儲金匯業局清理處（上海）

[D.G.—52]

33.000/30. xi. 37

檔案號碼：

接准

贵處儲清字第二三一號公函，查詢前上海証券交易所之公股如何清理。

查該所於解放前早經停業，解放後奉上海市軍管会命令停業，目前軍管会金融處以該所停業已久，命令办理清理，由金融處指派王伟才、沈家騏、王正安、郭秀昌、陈望岐等五人為代表，会同商股推定之代表王志華、鄒微舟、彭孝先、張東正、鄭驾白等五人組織清理委员会，業經成立開始工作。承詢公股如何清理一節，據該處与金融處接洽，相應檢同原会組織規程及清理細則各一份，復請

查照為荷。此致

郵電部郵政總局儲匯局清理處

上海市軍事管制委員會財政經濟接管委員會

金融處用牋

上海市軍管會財政經濟接管委員會金融處 訓令 銀錢字第九二號

令前上海證券交易所清理委員會

查該所清理工作，現已結束，該會應自文到日起，着予解散，合行令仰遵照辦理，爲要。

此令

處長 陳穆

副處長 項克方

謝壽天

公元一九五一年一月廿七日

滬金字第06882號 1161

地址：上海外灘二十四號 電話：一五四七〇

前證交清理委員會工作報告

前證交清理委員會係奉軍管會金融處命令由金融處派代表王偉才，沈家騠，顧善昌，王正安，陳望馥五同志爲公股代表，另囑由前證交理監事推選鄒筱舟，彭杏生，張秉三，王志莘，鄒蔭白五人爲私股代表組織之。並在一九五〇年十月三十日正式成立，並由是日舉行第一次會議，在會議中由臨時主席王志莘先生宣讀了，軍管會金融處清理證券交易所的指示。（附件一）。同時，通過了㈠前上海證券交易所清理委員會組織規程。（附件二）㈡前上海證券交易所清理細則。（附件三）。推選了王偉才同志爲主任委員，沈家騠同志爲駐所委員，負責進行清理工作。並由王偉才委員建議通過的組織了稽核清點總務三小組以利清理工作之推行。

在上項通過的辦法與細則中，清楚的說明了以下的數點；

1.委員會的組織係呈奉軍管會金融處的指令而由公私股代表共同組織的；

2.委員會的重要決議應呈報金融處審核施行；

3.委員會負責該所全部清理工作；

4.自委員會成立之日起，應切實進行清理中的具體工作，並指定前證交行政負責人員負責的清點一切物資，器材，帳目，等事務。

自十月三十日成立清理委員會後，即由沈家騠同志會同齊紹穟張復初等十一位工作同志，和前證交工作人員十八人，在清理委員會領導下，組成稽核，清點，總務三小組自十一月二日起開始工作。

前上海證券交易所於一九四九年五月五日自動暂停市場集會後，事實上已入停業狀態，介放前中國銀行曾向證交借地辦公處，中國銀行遷移營業未會實行，而該所傢具物件因匆忙遷移以致一度紊亂，以後亦未加整理，滬市解放後，該所奉軍管會金融處訓令，暂停營業。六月十日，當局因取締投機場所，封閉證券大樓，事前因未明瞭該所性質，當時亦將該所一併封鎖，經瞭解情況後，發還三層南部合室。所有移往北部及原存北部之傢具、物件，並撥出一部份至南部以供辦公之用，目前北部駐有公安總隊司令部同志，同時該所房東上海聯商企業公司，亦因房屋被封，暫借三樓南部一〇八室辦公。

目前該所留用南部房屋有十室共十五間，又庫房三間，在證交負責保管器材人員共計十六人。

清理工作主要分三方面進行：

在總務小組方面：

1.在一九五〇年十月三十日清委會指示前證交清理對外債權債務應予登報公告，當於十一月十、十一兩天，登解放新聞二報公告，宣佈清理委員會業已成立，如有關對外債權債務清理事宜。至十二月九日止，共來所登記者有經紀人八一家，及電話公司一家。

同時在十二月十八日再行登報公告，限定十二月廿五日為債權債務之最後截止日期，來所辦理之經紀人計七十七家，其未了部份呈請金融處代為保管，已由總務小組處理。

2.關於房租問題的處理：根據第一、二次清委會決議中指示，

一、房租與華商協商處理並以前付押租抵租若干月；

二、北部房屋可代華商企業轉租部份；

三、房屋之裝修設備待將來房屋處理確定時再議；

四、房租當以一角九分為基數乘限〇．八單位核計十一個月押租暫抵六個月已由華商協議依付給，並函致南部房屋至一九五一年一月底全部退租，其事項已由總務小組付給執行。

3.人事處理問題：

一、根據第一次清委會決議，按照職工生活起見，自一九五〇年十一月起至清理結束為止，逐月發給生活津貼一百個單位，工友以八折付給，計八十個單位，在清理工作期間加發津貼百分之五十，於清理結束後，員工均發給遣散費。

二、行政部門人員不發給生活津貼及遣散費，主任以上遣散時，仍發給遣散費。

三、自一九五〇年十二月廿一日和一九五一年先後兩次遣散員工，並照規定辦法發給遣散費用。

茲因前證交物資器材大部在北部，當由本會函呈請金融處轉知公安總隊司令部協助清理工作之展開，當與司令部王參謀長楊處長王吳二科長取得聯系，同時指定田振田參謀負責協助，此次清理工作完成，很多得力部隊同志之幫助。

清點小組工作：

清點工作之目的，是查點前上海證交所留存之全部物資，進行清查核對後，對官僚資本之財產歸人民所有，私股部份則分配給私股。

為了對工作負責，使全部物資不論巨細多寡，新物舊貨，均予分別處理，務使涓滴歸公，絲毫入帳，為達到這個要求，在工作上共分五個步驟進行。

一、清點與協助編造清冊：自十一月二日起至十二月三日止，協助前證交人員編造各種清冊，清點了南部及北部之全部物資。

二、查核：主要方法系將前證交行政編造之移交清冊，與會計部門之年終決算的帳目核對，並將全在南部的北部移來之物資清查，並清點擺放，發現如下的情況：

(1)前證交開辦迄今，從未辦理盤點，其間，所有業已損壞之傢具，仍在帳面目錄內未予註銷，以致短缺數較多。

(2)發現少數物資未轉入清冊，

(3)編造清冊名稱不同，方法不同，因此產生了差額，有些名稱混淆。

三、整理工作：

對前證交之器材物資名稱，將同樣同類的使之劃一，並將所有物資進行整理分類，做好分配準備工作。

四、物資之估價：該經本會前往上海信託局進行了解，拍賣工作情況後，經該公司介紹，由亞復初張德三兩同志為公私股代表接洽，委託大華公證拍賣行，將全部物資作價估值，全部點見之器材傢具，估值達七億四千〇八十八萬七千五百元，其估值之價格，業經第三次清委會決議，即以大華公證拍賣行之估價為作價之依據。

五、物資之分配：在第三次清委會決議中指示，所有缺少之物資，由於歷年未辦報損手續，實存實物與帳冊不符等情，所有缺少之物資列作報耗約值六千餘萬元。

(1)部隊須用物資劃歸金融處核結，共值三〇，九二九，〇〇〇元。

(2)公私股雙需用之物資先提請分配。

(3)餘存物資則可依估值之價格由其他機關團體認購，在一月廿二日以前第一期之物資分配業已完成，尚存有物資達三億餘元，敘現有如下情況：

1.經本會先後向公營機構，如貿易信託公司，日用品公司，交通器材公司，等十餘家接洽，均對本會所存物資全部無興趣，不擬購買。

2.近因年底將屆，本會所存物資頗多係電扇，冷氣機冰箱之類，在拍賣時，恐不能以適當價格出售。

3.留存物資似可再行分配。

鑒於以上三點情況，為對工作負責起見，特再呈請第四次清委會討論，並作出決議，凡留存之物資，統由公私股全部協商分配，不再拍賣。於是，全部物資都經公私雙方協商，於一九五一年一月卅一日，分配完畢。計公股分配物資值四〇七，一九五，三〇〇元。私股分配物

1.前證交之帳簿資料，繼續沿用，以憑清理。

2.前證期貨之保證金，則設立「清理費用」，「交易所保證金」兩科目。下設子目，對於清理前尚未了結之費用及押金，則於此兩科目下設立，「清理前費用」，「清理前押金」，兩子目。

3.關於歷屆未清之內部科目，分別轉入損益。

四、關於稅款：經與稅局洽妥，

1.因前證交所係於解放前即行停業，故清理稅免繳。

2.變賣未經使用之財產，應繳納營業稅，及臨時營業稅。稅局同意於物資處理完畢後，一次付繳。計共付出十一萬八千八百四十元。

五、關於估價分配：

1.所有物資由上海信託商行介紹大華公證拍賣行估價。

2.前證交之國營機器資料，及未用印刷品等，因營商業實無所用，無法估價，即以解繳證交公股。

3.證券則按四六比例分配，惟新股票業能設票，現暫不能過戶，已委託人民銀行上海分行信託部，代辦過戶手續。已出託管證交公私股股票，待辦妥過戶手續後通知雙方掉換股票，分配費用。公私股各自負擔。

4.全部物資現金股票分配詳細數字另列總表。

(四) 上海证券交易所大事记(1946年9月～1949年5月)

上海證券交易所大事記 中華民國三十五年份

九月三日　上海市證券交易市場籌備委員會在上海漢口路四二二號本公司召開本公司發起人會議由籌備委員會主任委員杜鏞主席報告籌備經過情形關於資本總額定為國幣拾萬萬元分為壹千萬股每股壹百元已全數由發起人認繳足額主席提出公司章程草案經修正通過分八章共計三十一條嗣依法選舉理事及監察人推定莊叔豪徐維明二君為監票員華文煜張績三沈揆三三君為檢票員選舉結果顧善昌楊蔭溥徐寄廎王志莘李道南李馥蓀鄭筱舟鄔駕白俞寰澄徐維明錢新之秦崧蕃陳光甫王伯天莊叔豪李叔明杜鏞駱清華沈鏡瞿季剛劉達華等二十一人當選為第一屆理事顧克民孫祖瑞周守良王本滋趙棣華胡惠春彭杏生等七人當選為第一屆監察人傅沐波杜維藩吳麟坤沈熙瑞等四人為候補理事張秉三宋美楊吳禮門等三人為候補監察人公司正式成立委託徐永祚會計師辦理登記手續

第一屆第一次董監聯席會議開會公推杜理事鏞為臨時主席經依照公司章程由理事互推杜鏞為理事長徐寄廎王志莘徐維明莊叔豪瞿季剛鄭筱舟為常務理事由監察人互推趙棣華為常駐監察人決議要案如次

(一) 聘請王常務理事志莘兼代總經理

(二) 聘請楊理事蔭溥顧理事善昌為協理

(三) 聘任陳績孫為理事會秘書

(四) 聘秦聯奎律師為法律顧問徐永祚會計師為會計顧問

九月八日　奉財政經濟兩部批准試行上市股票二十種計(一)大通紗廠(二)中國
紡織公司(三)永安紗廠(四)信和紗廠(五)統益紗廠(六)榮豐紗廠(七)中國內衣公司
(八)勤興內衣公司(九)景福衫襪廠(十)景綸衫襪廠(十一)勤興衫襪廠(十二)五和織造廠
(十三)美亞織綢廠(十四)中國絲業公司(十五)新亞藥廠(十六)大中華火柴公司(十七)華豐搪
瓷廠(十八)中國水泥公司(十九)永安公司(二十)麗華百貨公司

奉財經兩部頒到本所營業執照為字第一號

假上海市商會大禮堂開辦經紀人會計人員訓練班

九月九日　舉行開幕典禮經濟部王部長雲五上海市吳市長國楨中
央銀行貝總裁祖貽等相繼蒞臨由杜理事長及王志莘總經理親自招待並分
陪全體理監事及來賓參觀請各長官訓話後開會由杜理事長致歡迎
詞王部長吳市長貝總裁暨銀行公會徐理事長寄廎理事李馥蓀先後致詞
最後王志莘總經理致謝詞散席後來賓參觀市場及各處設備時來賓熙來攘
往車水馬龍盛況空前本市各日報均出有本所開幕特刊本所印有上海證券
交易所概況及杜理事長致各界同胞書分贈來賓並於十時宣告禮成

九月十四日　第一屆第二次理監聯席會議開會決議要項如次
(一)通過公司暫行組織大綱
(二)股票市場於九月十六日起試行開拍
(三)經紀人營業員以五名為限
(四)各經紀人公會成立依照規定手續決定開拍後暫定經紀人佣金包括經
手費在內公債按實價取千分之二公司債股票取千分之三

開始演習市場交易方式及集體封帳制度

九月十五日　招待本市新聞記者茶會由王兼代總經理致歡迎詞楊協理報告本所籌備經過及交易封帳交割辦法

九月十六日　股票市場各項手續準備就緒本日正式開始對外前市集會時間午前十時至十二時首批試行上市股票分配於六個交易櫃二號櫃為七中華大同呈福永光公司四號櫃為嘉新亞中國紡業六號櫃為台綸新光中紡七號櫃為統益大通勤興中國內衣九號櫃為五和永紗中國水泥十二號櫃為新亞信和榮豐華豐民九時五十分杜理事長親自到場協洋樓參開業王兼代總經理暨各董監事職員均到場照料十時正敲鑼大作三響交易櫃七中華大同紀念開幕股票開做紀盤五分鐘後紀盤開始敲鑼二響

起正式交易開始二小時內成交四三五七四〇〇股成交金額二四七四一七〇〇〇〇元收入經手費三六八一五〇元

公告本所暫行營業細則分開市閉市及休假日經紀人代理人與營業員經紀人公會證券上市證交易保證金及證據金經手費及佣金計算交割違約處分及賠償責任公斷制裁附則等十四章共計條文九十四條

公告二百三十四名經紀人名單內個人經紀人一百八十三名法人經紀人五十一名

公告試行上市股票名稱簡稱及成交單位並通知各發行公司查照計

(一)成交單位壹千股者：中國內衣永紗華豐臺新光嘉新亞東福大同中國水泥勤興永紡新亞統益信和

(二)成交單位五百股者：台聚中紡五和七中華昊綸

(三)成交單位壹百股者：美亞中國綵業

公告股票買賣經手費之征收率暫定双方經紀人各收價值千分之〇・七五每筆交易買賣經紀人為同一人時祇收一方千分之〇・七五

公告股票買賣價格升降限度暫定價格一百元以下者升降限度百分之二十價格一百元及一百元以上迄五千元以下者升降限度百分之十五價格五千元及五千元以上者升降限度百分之十

公告交割時間收款上午九時至十一時收貨上午十一時半至下午二時发貨次日上午九時半至十一時半付款次日下午一時至三時

中央銀行指定中國銀行上海分行與交通銀行信託部代理交割工作由兩行組織駐所聯合辦事處負責辦理証券之交割及過户事宜

招待記者入場參觀交易情形

經紀人保證金代用品部份奉財經兩部批准變通辦理由中央銀行指定滬市會員銀行若干家由各經紀人自行接洽銀行書面保證以免抵代用品但應於本所開業一個月內仍具備代用品掉回之

九月十七日　召開第一屆第二次理監聯席會議決議案摘要如次（本次會議日期應為十月八日）

(一)違約經紀人應從嚴處分授權總經理辦理

(二)推錢永銘瞿季剛徐寄廎彭杏生王志莘五理事為上市證券審查委員會委員由王常務理事召集審查第二批申請上市股票

(三)十月十六日起開做後市交易經紀人保証金限十五日繳齊屆時未繳齊者暫停入場

(四)聘美玉書為會計顧問

公告美亞綢廠股票改支單位自九月十八日起改定為五百股

九月十九日　永安紗廠股票改支單位自本日起改定為五千股

九月二十日　中央銀行業務局指定下列上海市銀行業同業公會各理監事銀行二十六家承辦經紀人保証金代用品部份書面保証事宜

浙江實業銀行　中國企業銀行　中滙銀行　國華銀行

浙江興業銀行　中國通商銀行　上海銀行　新華銀行

中國墾業銀行　中國工礦銀行　四明銀行　中南銀行

中國實業銀行　中國國貨銀行　大陸銀行　江海銀行

中國農工銀行　上海綢業銀行　金城銀行　中華銀行

浙江建業銀行　廣東銀行　中貿銀行　鹽業銀行

聚興誠銀行　國信銀行

九月二十四日　召開第一屆第一次常務理事會決議案摘要如次

(一)經紀人保証金代用品部份除以現金繳納外可繳上市股票按市價七折計算呈部備案

(二)改訂交易時間

(三)重訂買賣升降單位呈部備案

(四)零股經紀人暫定五家由總經理指定之

呈財政部請示開拍公債種類並檢具條例樣張

宴滬英商會代表 H. H. Lennox 於華懋飯店談外股申請上市事

加入中國徵信所為基本會員

九月二十五日　遵照政府最近頒佈之證券交易稅條例開始代徵證券交易稅

其稅率如左

(甲)各種有價證券現貨交易萬分之五　交易期限在七日以內者萬分之十五　逾七日者萬分之三十

(乙)政府發行之公債現貨交易免稅　交易期限在七日以內者萬分之五　逾七日者萬分之十

公共事業股票買賣價格升降單位價格不滿一百元者升降單位壹角　一百元以上不滿二百元者伍角　二百元以上不滿一千元者壹元　一千元以上者伍元

九月二十六日　繳存中央銀行國庫局之經紀人保證金五百萬元移存業務局由本所另立專戶洽提並請優給利息

九月三十日　上海華商證券交易所推鄭拔中都鴻白兩君來所面洽關於租賃所址租付之建築物保證金租金及裝修器具估價等事

十月一日 財政經濟兩部上海交易所監理員辦公處本日啟用兩部刊發關防監理員吳宗燾王鼇堂同時到職視事並轉飭修正交易所監理員暫行規程

十月二日 第一屆第二次常務理事會開會決議案摘要如次

(一) 重訂證券上市暫行辦法呈部備案

(二) 呈部請政府改處修改證券交易稅條例

(三) 暫行營業細則第七條規定經紀人不得兼營同類業務同類業務一詞解釋甚難修正時再呈請明令

(四) 推顧理事善昌晉京向部方請示待決事件

顧協理夜車晉京請示要公

十月四日 通知各室處擬辦事細則

十月八日 召開第一屆第三次理監聯席會議決議案摘要見第四頁

十月九日 財政部直接稅署署長王撫洲來所參觀市場

監理員辦公處派稽核徐美熙等調查本所場務計算稽核各科之工作情形

十月十五日 召開第一屆第三次常務理事會決議案摘要如次

(一) 通過關於公債各項規定呈部備案

(二) 通過遞延交割暫行辦法呈部

(三) 通過上市證券審查委員會核定試行上市公司股票計九種[illegible]中法藥房中國國貨公司新華百貨公司聯華地產公司永業地產公司及商務印

書館共七樁呈部

(四)當日後市交易與次日前市交易併為一個計算區域同辦交割

十月十六日　本日起市場集會時間分前後兩市，前市自上午九時三十分至十二時，後市自下午二時至三時，星期六祇做前市。後市交易與次日前市交易併為一個計算區域。本日兩市成交額九八九四八〇〇股

公告下列十六家經紀人因保證金繳納不足停止入場交易

第六號新豐公司　第二十三號沈調笙　第三十四號蔣紘麟

第三十四號光中商業銀行　第三十五號馮仲卿　第六十四號梁暢民

第一九號王琥生　第一二八號吳　正　第一四五號彭雲舫

第一二三號劉亮疇　第一三九號魏足卿　第二〇九號秦鶴齡

第二〇八號符榮貴　第二二二號周倫棣　第二一五號楊啓綸

第二二九號陳　傲

嗣第三十五號馮仲卿、第二二九號陳傲當日繳足保證金，即行公告恢復入場交易

十月十七日　呈請財經兩部核示三事：(一)經初審核定之七家中請上市股票(二)遴選交割暫行辦法草案(三)關於公債各項規定呈文，均由顧協理携帶晉京面呈

財政部上海直接稅局第六科科長桂省吾等來所接洽征收證券交易稅事

第三十三號經紀人沈調笙、第一四五號經紀人彭雲舫、第二一五號經紀人楊啓綸繳足保證金，公告恢復入場交易

十月十八日　杜理事長、王兼代總經理在本所宴吳王兩監理員、監理員辦公

處人全體、稽核、秘書及直接股、署主任、署長、標洲、直接股、局挂牌長、稽查

第二九號經紀人王濟生、第二三號經紀人周儒康、緣足保證金已補、復入

場交易

十月十九日　經紀人公會本日召開成立大會、本所理事長、總經理、協理、監察人

全體、全員人均被邀出席、杜理事長因事未到、演詞由王兼代總經理代讀

十月二十日　造具經紀人名冊呈報上海市社會局

奉財政經濟兩部批核准證券上市買賣暫行辦法

奉財政經濟兩部令經紀人保證金代用品有價證券部份、准以本所上

市股票及政府發行之公債各半充之、其價格按市價七折計算

十月二十二日　第一屆第四次常務理事會開會、決議並摘要如次

(一) 部批經紀人保證金代用品有價證券部份、准以上市股票與公債各半代用

一節、呈請俟公債市場開市後遵辦

(二) 經紀人出租出頂營業權、經查有實據者、應呈部請予處分

(三) 修正通過中交兩行聯合承辦交割事務之合約及實施辦法

(四) 通過所員薪津標準等

下午一時、王兼代總經理召集全體所員訓話、因勉三事、(一) 應以本所事

業為終身職業、應視本所為第二家庭、應愛護本所如愛護自己之家庭

(二) 應共守本所內部秘密、勿洩漏他人之事、得禍尤而涉足市場交易 (三) 應一律勤勞奉公、勿

逸、稍職位而有損害本所名譽之任何行為、請查出者、開除勿容

十月二十三日　決定編印證券市場刊物向社會局登記

十月二十五日　代電財經兩部請呈行政院轉令上海市政府協同取締證券
黑市交易同時並請駐證理員辦公處依法取締

蘇聯駐華商務代表處一等秘書 A.A.Panteleimonov 君等一行三人偕同譯
員來本所參觀

奉財部批示請修正證券交易稅條例一節核無必要

十月二十七日　第七號經紀人新豐公司繳足保證金公告核准入場交易

十月二十八日　奉財經兩部批為擬呈改定股票價格升降單位一節應准
備案

十月二十九日　經紀人公會函送該會暫行章程請核轉財經兩部備案

召開第一屆第五次常務理事會議決請會計顧問徐永祚審核經紀人
公會暫行章程並簽具意見等事

中午奉代總經理宴 Mr. Ellis Hayim 于國際飯店談外股上市事

十一月五日　第一屆第四次理監聯席會議開會議決授權王叢代總經理開做遞延交割交易俟財經兩部公文到後斟酌辦理及通過加聘吳麟坤律師為本所法律顧問等案

十一月六日　奉財經兩部批(一)經紀人保証金現金部份准由中央銀行國庫局改存業務局但不給息(二)保證金代用品跌價時其差額准以代用品補繳(三)交易證據金由本所收納後每月彙存中央銀行(四)為擬修改暫行營業細則第六十六條及六十七條

函吳國楨市長詳陳取締黑市緊急處置辦法

十一月七日　公告修正暫行營業細則第六十六條及六十七條，修正全文如左

第六十六條　經紀人應繳納保証金於本所轉存中央銀行本所認為必要時得令其繳納交易証據金由本所彙存中央銀行

第六十七條　經紀人保証金照第四條分債券股票兩種每種定為五千萬元其百分之四十須繳納現金其餘百分之六十得以有價証券或房地產充之但房地產不得超過百分之三十有價証券或房地產之代用價格由本所擬定呈奉核定公告之

前項有價証券或房地產跌價滿二成時經紀人應得本所通知後每次應於限向本所補繳代用品轉存中央銀行其漲回原價時由本所分別通知發還之

第三四號經紀人光中商業銀行繳足保証金公告恢復入場交易

十一月八日　公告第二八號經紀人韓潤卿聲請撤銷註冊業經呈部批准

十一月十一日　公告第二〇五號經紀人周孝銓請求註銷註冊業經呈部批准

十一月十三日　王秉代總經理飛赴華北

十一月十四日　公告自本日後市起改定下列試行上市股票之成交單位

中紡、雲綸改定成交單位一千股

新光、景福、勤興、新亞、華豐、中國水泥、永公、紡織、大信和改定成交單位五十股

遠期交割交易籌辦經月餘奉財經兩部令准試辦三個月行有成效可行常態經辦理公告自本日後市起試行開做其試行辦法如左

一、股票種類　暫以永紗、信和、美亞、景福、新光、永公、大信先行試做其成交單位與交易方式同現期交易

二、交割期限　暫定每星期五為交割期每期遠期交割交易於星期四後市起開做至次星期三前市止星期三後市及星期四前市停做現期交易與同期遠期交割交易同日交割如遇放假日依次提前行之所有交割辦法同現期交易

三、本證據金　按照成交金額征收百分之三十其一部分[illegible]以現金繳納其餘[illegible]上市證券[illegible]作價以[illegible]交[illegible]清楚後全部[illegible]

四、追加證據金　如因市價漲跌於據當日記帳價格計算其之金額與原成交總金額相差之損益已超過證據金額征收之如某種交易發生損益而抵補交易有盈餘時得依於清後之淨損益數納之在交割清楚後或損益回復時

發還之
五、現品提交　賣方以供交割用之証券提前交與本所者得免繳各項証據金
如遇賣買數量軋平時得於翌日發還之惟中途不得換繳証據金
前項現品提交之收據如作為其他交易之証據金代用品時該証券作現
貨論
六、經手費　同現期交易
七、交易稅　暫照現貨交易稅率徵收
八、對帳辦法　同現期交易惟須另製買賣報告單每種證券一份送交本所
本日後市現期交易與遞延交割交易之開收盤價格及成交數量列左

種類	現期 開盤價	現期 收盤價	遞交 開盤價	遞交 收盤價	後市成交數
永紗	六一三	六〇七	六四〇	六二三	一、〇四〇、〇〇〇
信和	三一三	三〇四	三二二	[illegible]	一〇〇〇
新光	二三[illegible]	二二	二	二三〇	九五、〇〇〇
景[illegible]	二一二	二〇	一一	二一七	一五、〇〇〇
美[illegible]	三、〇九〇	三、〇六	三、二〇〇	三、一五〇	一二、〇〇〇
永公	二三一	二二五	二四〇	二四〇	五、〇〇〇

委託人得要求經紀人出具經本所核對証明之成交單經紀人應在成交單上載明場帳號碼於成交翌日上午九時至十一時向本所稽核科辦理本日公告
實行
十一月十五日　上午十時本市警察社會兩局奉吳市長手諭選派幹員協

同盟經理員轉公處並由本所稽核科派員偕同公會職員出動并查本所經紀人差
異乎交易之非經紀人字號興昌、萬隆、協慶、永泰、康恒、泰豐、茂利、福康、源昌
及協興、永孚九家，亦將在場人員一律問話，並詢明經紀錄內股開錄人並證立抄明
對講電話號碼，隨將本户名送請公司查核，除所有帳冊由經理員轉公
處帶回檢查

一、指定第十八號經紀人國孚銀行信託部、第三十號經紀人交通銀行信託
部、第四十五號經紀人利華銀行信託部、第七十八號經紀人上海銀行信託部、
第一八一號經紀人國信銀行等五家為交易買賣股票之特約經紀，公告如左
一、成交手續：經紀人接受客户之委託買賣股票者，可向指定買賣股票之
經紀人經同一方面接洽成交，成交後仍由賣方填製場帳，經買方簽章將第
一第二兩聯交與指定買賣股票之經紀人，憑送本所計算科
指定買賣股票之經紀人直接辦理客户之委託買賣時，亦由其填製
場帳，將第一第二兩聯送交本所計算科
二、交割方法：無論買方或賣方之經紀人，概須至指定買賣股票之經紀人營業
所內辦理交割，股票之移轉權利之責任由賣方經紀人負擔之
委託交割書要合併或分割時，可託本所財務處代為辦理，財務處辦理上
項手續，於必要時所出之臨時收據，於有效期間內得供交割之用
指定買賣股票之經紀人由客户直接買入股票時，於證明該股票之權利，可
以將轉時付交割款
三、交易稅：依照現行稅率向賣方征收萬分之五

四、經手費 向買方或賣方經紀人收千分之〇・三七五 指定買賣零股經紀人免收

內轉帳之零股交易收一方之千分之〇・三七五 指定買賣零股經紀人免收

指定買賣零股經紀人間之零股交易向主動者收千分之〇・三七五

五、佣金 向委託人收千分之三

十一月十五日 第二〇六號經紀人秦鶴齡繳足保証金公告恢復入場交易

十一月十八日 第一二八號經紀人吳正繳足保証金公告恢復入場交易

十一月二十日 時約戴遠如醫師為醫藥顧問

十一月二十一日 自本日前市起遠近交割交易加做華豐與勤興兩種股票全日

現期與遠交開收盤價格及成交數量如左

種類	現期			遠交		
	開盤價	收盤價	成交數	開盤價	收盤價	成交數
華豐	七四	七五・二	五、〇五五、〇〇〇	七六、五	七七・一	三、六一五、〇〇〇
勤興	一三五	一二〇	三一五、〇〇〇	一四〇	一二五	四〇五、〇〇〇

第二批申請股票上市之公司七家除聯華地產公司登記手續未竣外其餘

六家奉部批照准

公告第一九四號經紀人陳翼祖聲請撤銷註冊業經呈部批准

訂定所員婚喪送禮辦法公布施行

十一月廿三日 第二十四號經紀人蔣毓麟繳足保証金公告恢復入場交易

奉財經兩部批繕正証券上市費暫行辦法准予備案

奉財政部批為據呈請示開拍公債各節茲奉行政院令暫緩從議

函中央銀行請將經紀人所繳債券市場保証金一律由本所具函轉發

十一月十九日　召開第一屆第六次常務理事會議決議案摘要如次

(一) 奉部複審核准經紀人中之涵子號與一六四號經紀人沈錫蓀等違約等有關應呈部核銷註冊

(二) 遵照支割交易證據金按月寄解中央銀行以前應半數分存中交半數分存上次議決金城等十二家銀行及其他商業銀行

(三) 交易證據金代用品得以銀行存款保信代用存款辦法十家由財務處提出已繳之保證金與交易證據金性質不同不得挪用備文呈部

(四) 保證金二十萬元現金部份得存指定銀行保證金代用品仍以上市證券為準事關變更章則須呈部核示

(五) 證券業小學校校董會函請派員接辦該校由總經理與經紀人公會商酌辦理

十二月二十六日　召開第一屆第七次常務理事會議決議案摘要如次

(一) 經紀人辦理入所手續[illegible]

(二) 提請核[illegible]試行上市股票[illegible]開始三十日期

十二月三日　第二九號經紀人王瑞生聲請恢復營業呈部批准公告撤銷

註冊

十二月五日　華豐呢廠股票成交單位自本日前市起改定為一萬股

公告第三十六號經紀人孫師古辦妥入所手續准予入場交易

十二月六日　接駐經理員辦公處函為暫停第五十一號經紀人沈芸周入場營

業公告辦理

十二月十二日　本日前市起試辦套利交易公告暫行辦法如左：

一、股票種類　暫定永紗信和兩種

二、交易地位　雙方均為套利交易時在指定之交易櫃前作中交易，如對方為

普通交易時仍在各交易櫃前依原有買賣方式與之交易。

三、成交單位　暫定五萬股

四、叫價單位　暫定一分

五、叫價方法　私叫現貨價格與遠交價格相比之差額

六、成交價格　以當時現交買進價格為根據，例如套利叫價八元成交而當時

現交買進價為四二〇，即現交[illegible]以五〇元，一交價為四五〇[illegible]

七、[illegible]格為標準，以[illegible]為套利之交[illegible]

八、買賣[illegible]以[illegible]之進出為準，例如買進現貨賣出遠交[illegible]同時賣出

現貨買進遠交者手[illegible]同[illegible]

九、填製場帳　即用現在所用之場帳分別現交遠交由賣方依式填製經買方

簽字後投入交易櫃內

十、其他各項 本證據金現品提交之追加證據金經手費交易稅及交割手續

交割期限均依照定有現交及遞交辦法辦理對於表單亦一併計算等

備另刊填製

十二月十三日 公告第一三九號經紀人周莘之業投資公司辦事人付手續准予

入場交易

·證券市場半月刊創刊號出版

十二月十四日 公告第四〇號經紀人夏濟璜第一三一號經紀人房承祿第二〇八號

經紀人付業員辭職請撤銷登記冊業經呈部核准

奉兩部核准本所呈報遞延交割交易開始日期限暨名稱及更改交割期

限並依交易稅率照點照呈由監理員轉公告於本日起遵行辦理准予備案

十二月十六日 本日起後市集會時間改為二時至三時三十分星期六下午市停止

奉兩部核准恢復經紀人所繳債券市場保證金

十二月十七日 公告第九五號經紀人周嘉琛辦事人付手續准予入場交易

為配合年終結帳及新年休假公告調整遞延交割交易起訖及交割日期

規定本年末期遞交自二十八日前市開始至三十日前市為止次年一月三日交割又現

期交易亦做至三十日前市止即行停市所有現貨交割及遞交證金概須於三

十一日照解清訖

十二月十八日 本日前市起新光內衣及華豐搪瓷兩股票開始准許交易其成

交單位新光暫定五萬股華豐暫定十萬股

本日前市起九福製藥廠及永業地產公司兩新股票試行上市九福成交

單位暫定五千股永業暫定一千股

奉兩部批准撤銷潘子熊註冊

公告第六四號經紀人梁暢民第一五〇號經紀人康登公司第一五三號經紀人劉亮疇第一五六號經紀人魏足卿聲請撤銷註冊業經呈部批准

經紀人股票市場現金保証金撥中央銀行國庫局並已於本月十四日撥轉業務局

十二月二十日　王兼代總經理自華北及東北考察返滬

十二月二十三日　第三七號經紀人藍維德聲請廢業經呈部批准公告撤銷註冊

十二月二十四日　奉兩部批復遊交本証據金代用品部份准予變通暫繳指定之銀行或錢莊書面保証期限至明年一月底為止

奉兩部批復所請發還經紀人現金保証金礙難照准關於代用品部份變通辦法准續展至明年一月底為止

十二月二十六日　公告第二三五號經紀人郃長春辦妥入所手續准予入場交易

奉部令吊銷第一六四號經紀人沈錫棠營業執照公告辦理

十二月二十九日　第五十八號經紀人胡其超因怠辦交割不清公告停止入場

十二月三十日　公告第五號經紀人鄭學詰第一一三號經紀人黃聚龍聲請撤銷註冊業經呈部批准

十二月三十一日　召開第一屆第五次理監聯席會議議決要案如左

(一) 第二批呈准試行上市之股票尚有新華中法商務及中國國貨四家上市手續未全應函限三七年一月十五日前上市否則須重經審查

（二）第二批核准經紀人二十五家尚未入場交易者應函限三十七年一月底辦妥入所手續否則須重經審查

（三）經紀人保証金代用品暫用銀行書面保証通融辦法奉两部批姑准續展至三十七年一月底止應再行呈請續准仍舊辦理

（四）第五十六號經紀人胡其趣交割不清應依法予以除名處分

（五）第一三〇號經紀人陸布堯函知暫停營業即發還現金保証至書面保証仍存本所俟交易轉機當再申請復業事查與章程不合復函拒絕

（六）第四十三號經紀人陳安祿為証券號內部改組歸其獨資經營函請備案事呈部備案

（七）各經紀人之合夥議據經紀人呈報者應通函合夥人取得證明

（八）證券業小學董事名額定六名推定杜月笙彭杏生楊蔭溥顧善昌華文煜陳績孫六君担任

（九）暫定理事監察人伕馬費金額俟股東會議時提請追認

（十）議定理事長總經協理公費金額

上海證券交易所大事記 中華民國三十六年份

一月四日 商務印書館股份有限公司股票簡稱「商務」本日前市起試行上市成交單位定為十股

第二三六號經紀人黃起予辦妥入場手續公告准予入場交易

第一三〇號經紀人陸希堯未依限繳足保證金代用品公告暫停入場、交易

一月六日 第二三七號經紀人杜維屏辦妥入所手續公告准予入場交易

一月七日 召開第一屆第八次常務理事會決議案如次

(一)第二三九號經紀人陳僦出頂牌號經奉部令吊銷執照，自請廢業不能照准

(二)華商證券交易所房租及轉讓生財案根據本日交換意見與之洽商

一月八日 第二三九號經紀人陳僦有轉讓牌號情事於一月四日奉兩部令准即吊銷營業執照以儆效尤本日公告執行

部令續予核准之個人經紀人楊誠恕辦妥入所手續抽定第一五六號公告准予入場交易

一月九日 第一號經紀人胡昌元第一三七號經紀人程澤臨聲請廢業呈部批准公告撤銷註冊

一月十四日 召開第一屆第九次常務理事會決議

(一)新亞藥廠擱淺証實呈經濟部商業司及上海工商輔導處請示辦法並供給資料

(二)應付華商証券交易所各款照交換意見撥付除已付款外不敷之數向中

交兩行洽同賬備

據上海市錢商業同業公會函為參加承辦經紀人遲延交割交易

本證據全代用呈部估之書面保證事宜開示十家會員錢莊名單計存誠、福源、全源、均泰、福利、安裕、寶豐、順康、同潤及福康。

一月十六日　大通紗廠辦理增資本日後市起暫停交易

一月十七日　第七號經紀人曹龍昇第一〇一號經紀人戴盛文勤聲請歇業呈部核准公告撤銷註冊

一月二十日　本日為舊曆小除夕市場後市及次日前後市均全部停止以清收付。二十二日循例休假，二十三日起至二十五日市場前市集會時間暫行改為上午十時至十二時，後市交易暫停，二十七日起恢復原定時間照常交易

一月二十七日　中國國貨公司股票調換新國貨，本日前市起試行上市，成交單位定為六千股

一月三十一日　第三十三號經紀人王志宏因聲請歇業呈部核准公告撤銷註冊

二月三日　准經理局轉公眾函，為第一二三號經紀人董慕蓮擅營場外交
易，呈奉部令，准移送法院依法處理，並通告在案。

二月七日　第五八號經紀人胡其超、第一六六號經紀人永成銀行上海分行申
請合併呈部，批准公告撤銷註冊。

二月十日　本日前市起加做遠期交割，交易一期為星期一前市開始，星期
六前市為止，下星期二交割，各項辦法概與原有遠交辦法同。

二月十三日　部令續予核准之個人經紀人，請暫且請保出辦之人，可予續
請暫且撤出第一六四號、六三號，請保出撤出第一三一號、一三二號，公告准予入
場交易。

近日市況動盪，上項規定，特公告各經紀人經營交易務須特加審慎，
並規定遠交證據金所有現金及代用品之繳納，提早至十時，均應於翌日十一
時一刻以前繳納清楚。

二月十五日　第二四號經紀人高士源請准歇業，經呈部批准公告撤銷
註冊。

二月十七日　中法藥房股份有限公司股票簡稱"中法"，本日前市起試行上市，
成交單位定為一萬股。

奉財經兩部批復，遠交本證據金代用品暫停保證辦法准予續展至四
月底止，又保證金現金部份仍應維持交等，代用品暫停保證，此准續展
至四月底止。

第九二號經紀人趙梅章、第一八三號經紀人永德證券公司、第二三號

經紀人計數人經手請求簽章經呈本所批准以昭慎重此佈

第三一九號經紀人吳文卿來函為客戶委託賣出永久紗後避不見面不得已代為買進了結請予証明備案

二月十九日　據四聯總處秘書處函為所請准以証券押款或充作貼現之担保品各行莊礙難照辦

二月二十日　近日股票價格波動較巨經紀人有於價格到達非常限度時超越限度叫價者有違營業細則特令各切實注意

函永安紗廠為該股票交易總額有時與該行上市股數距離頗近請增加上市股數得復上市股額毋須變更

王志莘總經理自華南考察返滬

二月二十二日　為防止經紀人利用代客套利辦法吸收存款起見訂立管理証券代客套利辦法通告經紀人遵照辦理辦法如下

一、本所個人經紀人接受客戶委託套利之交易應於場內成交不得以內轉帳方式成交並應於交易成交後將成交單或清單向本所業務處備核請核並呈單証明

二、本所個人經紀人之帳冊對於代客套利有關之科目應獨立表示並註明代客套利字樣不得與其他科目混雜

三、本所個人經紀人代客套利時應將每期帳目公告於各委託人

四、本所個人經紀人代客套利對委託人支付之本金除套利所得利息外不得有保息或紅利之支付

為保障委託人權益起見公告成交單證明辦法如左：

一、客戶要求經紀人取得經本所證明之成交單，經紀人不得拒絕，經紀人拒絕為證明時，客戶得逕請本所證明；未繳本所證明之成交單，倘發生糾葛，客戶不得向本所為對該經紀人繳所證金主張優先權之請求

二、經紀人有答復本所每一成交單相當之場帳號碼及其價格之義務

三、凡確有相當場帳之成交單，本所蓋具證明圖章及經紀人私章（印鑑式樣可來所索取）

四、成交單證明事務由本所稽核科辦理

五、證明時間於成交日（包括上一日之後市）之次日上午九時開始

奉財經兩部批復（一）逾近交割交易期滿准予繼續辦理三個月（二）逾交交易稅，牽候財部另案核示（三）所請暫緩辦理期貨一節姑准存案

二月二十四日　部令續予核准之個人經紀人陳德宗王紹均辦妥入所手續，陳德宗抽定第一五三號，王紹均抽定第二〇五號，定號公告准予入場交易

大通紡織公司辦理增資手續業經完成，本日前市起恢復股票開拍成交單位改為五千股

二月二十五日　新華股份有限公司股票簡稱「新華」，本日前市起試行上市成交單位定為一萬股

二月二十七日　財經兩部批據二月一日呈經紀人韓繼湘陳安祿合夥組織改為獨資一節准予備案

第一三九號經紀人謝錦文二十二日函稱據客戶函告買進已掛失之永紗

五千股查該股係由交割處發給請速予解決經查明後函囑掛失前
最後一次經手出售之一七八號經紀人楊元愷從速負責理楚並由本所
先行出具收據函送謝錦文）
二月二十八日　第九號經紀人劉韞礎第六五號經紀人毛家華第一三八號經紀
人俞子穀聲請廢業經呈部批准公告撤銷註冊

三月一日　續奉部令核准之經紀人唐珊等十名未據依限一律理入所手續
者六日呈請財經兩部撤銷註冊本日奉批照准
第一二八號經紀人吳正聲請廢業經呈部批准公告撤銷註冊
三月三日　自政府頒行經濟緊急措施方案禁止金鈔買賣以後游資湧
入證券市場加以黑市對敵從中作祟造成股票市價扶搖直上引起當局
注意上午市府調查處長王新衡派代表王仲青會同警察局人員至証
券大樓抄錄營業較盛之經紀人交易紀錄被調查者有第二號經紀人周
瀠鄉八四號胡靜秋一四五號彭雲舫一九〇號呂濂敬二〇四號穆壯武二三一號
楊長和等人心不免驚惶市價雷急遽下瀉午後仍復正常
三月四日　當局派武裝人員進入市場視察交易情形本所深恐引起經紀

人誤會經解釋後即行離去又奉上海市政府函為據報証券大樓內有數家經紀人擬後場外黑市對敵七樓走廊且有公債黑市交易囑密切注意嚴經役函請市府協助取締

召開第一屆第十次常務理事會議議決案摘要如次

(一)經紀人請求交割當日取償俟研究妥善辦法後再議

(二)自三六年一月份起所有交割處職員薪津由本所負擔

(三)永祥印書館及鼎新染織廠函催上市俟調查後定期召集上市審查委員會與其他申請上市之股票同付審查

令函外商經紀人請依限完成法人登記否則撤銷註冊

三月五日　警備司令部及市政當局繼續派員調查証券大樓若干証券字號之帳目查出第十六號經紀人龔懋德八四號胡靜秋及一九〇號呂應欣三家有利用對衝電話私營對敵交易情事當經社會局莊叔賢查封對衝電話同時七樓走廊之公債交易市場被拘捕掮客一名因引起紛擾旋經糾察放惟股票市場因此頗形混亂

連日取締黑市工作因事前與本所缺少聯繫故取締步驟與同樣不免稍亂特具呈警備司令宣鐵吾有所建議下午王五代總經理偕同楊頌雨協理及華主任祕書走訪市政府調查處王新衡處長有所洽商

各方對於取締事甚為關注不明真相者難免滋惶疑慮王五代總經理特發表書面談話送刊次晨各報說明三點(一)本所一切業務措施悉照政府核准之規章辦理因嚴格執行價格升降限度之規定市價變

動恤度不失正常(二)當局舉動在決心消滅非法黑市確為賢明措施
對本所合法市場再三表示不加干涉(三)本所當與當局及經紀人密切
合作鼓勵合法交易及維護投資人之利益

前項管理証券套利辦法僅適用於個人經紀人為使法人經紀
人亦同受約束特公告修正辦法如左：
一、本所經紀人接受客戶委託套利之交易應於場內成交不得以內轉帳方
式成交並應於交易成立後持成交單或清單向本所業務處稽核科
請求蓋章證明
二、本所經紀人之帳冊對於代客套利有關之科目應獨立表示並註明
代客套利字樣不得與其他科目混雜

三、本所經紀人代客集團套利時應將每其帳同公告於各委託人
四、本所經紀人代客套利對委託人交付之本金除套利當得差額外不得有
保息或紅利之支付但銀行錢莊信託公司之法人經紀人不以經紀人名義
受託套利者除外

三月六日　為防止經紀人經營場外交易而以內轉帳朦蔽情事特公告內
轉帳之義規定凡同一經紀人同時接受兩個以上客戶之委託其所做交易
之種類及買賣價格均屬相同者始得以內轉帳報所

部令續予核准之個人經紀人呂信生葉[illegible]辦妥入所手續抽定第一二九
號室號公告准予入場交易

三月七日　核定參加巨額交易櫃枱之經紀人三十九家用抽籤法決定席次

三月十二日　近日股市不斷上漲常違限度各方極為關切深恐引起不良後果對於過度激漲現象輿論力主遏制甚至對於遲延交割方式加以非議為正社會視聽起見王益代總經理再度發表書面談話送刊次晨各報列舉股市有關問題發表正確意見可歸納為五點(一)股市之向上漲有其客觀原因不宜輕加干涉且股市活潑後游資集中證券市場足減輕其對物價之壓力(二)股市過度激漲時有效遏制辦法為征收特別證據金征收交割準備金限制過夜存帳額及增加股票流通籌碼至於縮小價格升降限度一法恐少效果反多流弊(三)套利交易運用得法有吸收剩餘資金調劑短期金融與平抑利率之作用(四)遲延交割不致助長投機(五)增設巨額交易櫃枱便利巨額成交以消弭黑市對敲(五)希望經紀人及客戶守法又審慎交易共同維護資本市場

接郵政儲金匯業局上海分局函為該局前經理沈鏡業已辭職所遺本所理事一職由新經理方根生擔任請查照。

三月十三日　監理員辦公處為奉財經兩部電令轉商本所設法遏制股市漲勢經召開常務理事會臨時會議決定自本日後市起徵收遲交買方特別證據金現金一成徵得監理員之同意後即時公告施行當日後市股價受此限制後即起回風

監理員辦公處函知本所加做週二遲交一期已奉部令核准備案

三月十四日　首批核准之經紀人秦偉業海維公司億佳公司及好華公司迄未依限辦妥入所手續二月十九日呈請財經兩部撤銷註冊本日奉批照准

三月十五日　每星期二交割之遞延交割交易因每期成交甚少公告自
下期起暫停辦理
警察局第四科傳詢第二三一號經紀人楊長和一九〇號呂滙敔及
林樂畊胡鉅卿等
三月十七日　第一四號經紀人葛吉生為受客户委託買進遞交永紗一萬
股價三四一〇元後避不見面乃代了結價三〇五〇元函請證明
召開第一屆第十一次常務理事會議議決案摘要如次
(一)關於徵收買方特別証據金暫維現狀俟市面穩定時取銷之以遏制烈
變動再有徵收之必要時可向買賣雙方徵收之
(二)郵政儲金匯業局經理沈鏡辭職所遺本所理事依照新公司法規定可
由現任經理方根生擔任
(三)巨額交易櫃枱開做日期暫定四月一日
三月十八日　上海市政府調查處處長王新衡為查獲一四五號經紀人彭
雲舫有場外對敲行為奉宣司令官檢同帳單函請議處到所該項
帳單經與場帳核對後查明確有未經報所之場外交易除函復王處長
查照外並分別函報監理員辦公處及上海直接稅局查照議處
宴經紀人公會全體理監事商談穩定市價及防止場外黑市事宜
三月十九日　公告自三月二十日後市起加徵遞交賣方特別證據金現金一
成事前經監理員會商決定並由楊協理電徵各位常務理事同意
杜理事長前赴港養病昂近乘輪返滬本日抵埠

三月二十日　上午常務理事會爲特別證據金事召開臨時會議當經決定征收遞交買方特別證據金現金一成及擬徵遞交賣方特別證據金現金一成之辦法自三月二十日後市起暫行取消即時公告施行

自本所開業六個月經紀人有迄未入場交易者五家分別函嘱查復理由又所繳經手費平均每月不滿三十萬元者十七家分別函嘱補繳足額

三月二十一日　第二六號經紀人孫師方聲請廢業經呈部批准公告撤銷註冊

奉財經兩部通知爲防止股票投機操縱起見規定辦法七項飭遵照辦理其款(一)遞交縮短期間至多不得超過五天(二)價格升降限度照原規定縮小三分之一(三)巨額交易櫃台足助長投機暫緩開做(四)切實取締場外交易(五)從速增加上市股票(六)以書面擔保之二成本證據金改繳現金(七)開徵特別證據金以現金繳納成數由監理員會同交易所決定辦理仍呈部備案

下午七時假麗都宴上市股票各公司負責人交換意見

三月二十二日　證券大樓各字號私裝對講電話者經調查後造表送請監理員辦公處轉商當局依法勒令拆除

三月二十三日　爲財經兩部所頒防止投機操縱七項辦法事上午十時在杜理事長公館召開常務理事會臨時會議認爲市面已趨穩定七項辦法中之(三)(四)(五)各項已經切實執行或在繼續辦理中外其餘(一)(二)(六)(七)各項實有暫緩施行之必要當晚由杜理事長暨王兼代總經理攜呈赴京向兩部面陳種切請求暫緩施行俾資圓滿

三月二十七日　中國繅業公司因辦理增資手續公告自本日後市起其股票

暫停交易

奉財經兩部電為預防投機操縱辦法七項以市況緩和除場外交易仍應嚴格取締外其餘應由本所商承監理員斟酌情形妥為運用並非必要暫勿全部實行隨時報核

四月一日　本所暫行營業細則第三十七條但書規定預約轉讓之買賣施行期間屆滿特呈請兩部延長六個月又試行上市股票公司辦理增資未確定前其新股票買賣併請准於援用預約轉讓辦法呈文由顧協理攜京面遞

四月二日　景福衫襪廠辦理增資手續該公司股票自本日後市起現交遞交均暫停交易所有已做成之交易均以該公司之老股票連權連息交割

社會局警察局公用局財政局會同派員分組至證券大樓各經紀人字號勘查私裝對講電話線並出據收去電話機

四月三日　召開第一屆第十二次常務理事會議決案摘要如左

(一)運用本所資金委託套利

（二）本所經紀人雇用營業員修正暫行辦法擬徵詢經紀人意見後再核

（三）行員子女在學補助金辦法修正通過

四月四日　奉財經兩部通知為案據監理員陶公度呈報第一二號經紀人

毛蓮英記經營場外交易，自應依照本所暫行營業細則第六十七條規定之制裁

著即令停業兩星期以示懲儆，仰於文到次日切實執行，經公告自四月五日開市

起至四月十八日後市止停止該經紀人營業

四月七日　案准秘書科辦理增資手續，該公司股票自本日後市起暫停

交易

據監理員陶公度函知通紡織公司增資股票兩相日期及成交單

位一律經轉奉部令准予備查，轉達查照

第一三〇號經紀人陸帝堯繳足保證金代用品，公告自即日起恢復

入場交易

四月八日　奉財經兩部通知為中國信託公司等十二家臨時經紀人仍未辦

理公司登記，應責令限期辦理，逾期予繳執照，其已完成登記者應飭繳

呈原執照以憑換發

四月九日　監理員陶公度呈奉部令核定查訂股票價格升跌限度以本

所每日最高成交以前日收市平均數為標訂價格升跌限度之百分

四月十日　中國絲業公司完成增資新股，自本日前市起開做成交單位

改定為五十股

四月十一日　上午十時半召開經紀人聯會會同監理員吳昌沂、南武裝人員四人就

入市場據稱奉警備司令部命令查禁場外交易及非法抬價經婉告本所市場以内無場外交易價格非除有政府核准之限度限度内之交易均係合法似無入場必要以免驚擾吳君等仍欲入場經電告警備部李主任秘書錚名回

四月十四日　景福衫襪廠完成增資新股自本日前市起開做現期交易並定十七日前市起開做遞交交易成交單位均改為一萬股

　第二〇七號經紀人之代理人陸徵據於四月十日紊亂市場秩序照章飭令退職

四月十六日　新光内衣公司及勤興襪衫廠辦理增資手續各該公司股票自本日後市起現交遞交均暫停交易

　接監理員辦公處函為常務理事會決議暫行取消加徵遞交買賣雙方特別証據金現金一成辦法經轉奉部令准予備案

四月十八日　監理員辦公處為第一九八號經紀人童仲周變更資本未經呈報且違法收存款經呈奉部令處予吊銷營業執照函囑本所執行經公告自本日起停止該經紀人入場交易並函知該經紀人繳銷執照

四月二十一日　奉財經兩部通知迅向國庫繳納營業保証金三萬三千四百萬元本所擬用美金債券抵繳呈請兩部核示

四月二十二日　新光内衣公司完成增資新股自本日前市起開做現期交易並定二十四日前市起開做遞交交易成交單位均改定為一萬股

四月二十四日　聚安百貨公司辦理增資手續該公司股票自本日後市起暫停

交易

奉財政部代電本所及經紀人陳燕謀營利事業所得稅外並應依

法徵收特種過分利得稅

本月八日據上海地方法院裁定以第三三一號經紀人楊長和漏繳稅款

依法應課本所罰鍰四十萬元准本所得轉責於該經紀人嗣據楊長和分函

稱係屬紀帳筆誤並非漏稅於十二日具狀地院抗告因逾時限地院批駁

已喪失抗告權本日已由楊長和繳到罰鍰轉解地院了案

四月二十五日　景綸衫襪廠完成增資新股自本日前市起開做成交單位

改定為五千股

第二十一號經紀人鄭慶元聲請廢業經呈部批准公告撤銷註冊

四月二十八日　勤興襪衫廠完成增資新股自本日前市起開做現期交易並

定五月一日前市起開做遞延交易成交單位均改定為一萬股

函監理員蔣公慶為經紀人章仲周吊銷執照一案據經紀人公會議決

函請收回成命並據該經紀人函陳實情附抄原函請查照辦理

四月二十九日　召開第一屆第十三次常務理事會議議決案摘要如左

(一)經紀人分設營業所暫行辦法草案暨經紀人雇用營業員修正暫行辦法

草案連同經紀人公會意見併送秦顧問聯奎研究後再付討論

(二)上海市錢兌業商業同業公會函請准該會會員加入本所為經紀人一節

擬俟本所經紀人名額暫不增加

(三)遞延交割交易即將到期呈部請續展期

(四)銀行書面保証暫行辦法擬經紀人公會函請轉呈仍准照舊辦理决議
擬情轉呈
(五)暫准美金債券十足抵用代用品
(六)奉財部代電本所應繳納營利事業所得稅及過分利得稅送由秦顧
問聯奎研究後再付討論
四月三十日　中國國貨公司辦理增資手續該公司股票自本日後市起
暫停交易
　前奉上海市政府通知認繳三十三年同盟勝利公債四千萬元經於本
日解繳國庫
四月九日　召開第一屆第六次理監聯席會議議决(一)追認通過本所
房屋租約及(二)監察人周守良病故遺缺照章由次多數張秉三先生
遞補

五月一日　呈請兩部遞交試辦期滿後准予繼續辦理又經紀人保證金代用品部份及遞交本證據金代用品部份以指定行莊書面保證辦法限期展滿呈請展延施行

五月五日　中國內衣公司辦理增資手續該公司股票自本日前市起暫停交易

中法藥房辦理增資手續該公司股票自本日後市起暫停交易

第十三號經紀人鄭則寬未能於期辦理交割特予警告

五月六日　召開第一屆第十四次常務理事會議決議案摘要之次

（一）第九十三號法人經紀人川鹽銀行上海分行迄未入場交易亦未照繳經手費函詢飭照繳抑自動放棄

（二）六個月經手費不足規定最低數額之經紀人計第六號新豐公司一〇八號董璇笙二二六號蔡慕真前經函知補足迄未照繳再行函催如仍不補繳照章辦理

（三）暫停營業中之第三十八號經紀人吳文會改組就緒准予復業

（四）撤銷第十三次會議決議暫准經紀人得以美金公債十足抵充代用品案改照部批按面額七折計算

五月七日　華豐搪瓷公司辦理增資手續該公司股票自本日後市起現交遞交均暫停交易

五月九日　第一九二號經紀人張鑑生昨日交割未清公告自本日後市起暫停入場交易

五月十日　第一九二號經紀人張鑑生交割已清本日准其恢復入場交易

五月十三日　台灣第一屆第十五次常務理事會議決案摘要如次

(一)經紀人設置分營業所暫行辦法草案及雇用營業員暫行修正辦法草案係由奉顧問函交各點修正通過呈通告實行

(二)函知久未入場之經紀人限期入場以本年五月底為止逾期依照營業細則第八十九條第九項之規定處理之

(三)新上市股票及增資後上市新股之開盤價格改以第一市開盤期間之實際成交行市之平均數為準

(四)勸募美金債券委員會請本所認購美金庫券代幣十億元已購

第一〇六號經紀人大陸銀行信託部為買進已掛失之美亞股票五百股函請轉向賣出經紀人追查經查明原始賣出人為第九十一號經紀人龔禮達之並囑其理楚

據監理員稱公處正為奉電令飭設法增加上市股票種類以增稅源、請查照辦理

徐恩曾等二十餘人函邀參觀市場交易留午餐後舉行座談會交換意見

五月廿日　五和織造廠辦理增資手續後公司股票自本日後市起暫停交易

新上市股票及增資後之新股上市時其價格之漲限跌限暫無標準特訂定開盤辦法公告實行

一、開盤鈴响後各經紀人開始交易將場帳立即交與本所第二次鈴响後(一)

即開盤完畢之鈴聲）暫停交易同時停收場帳
二、本所將已收到之場帳算出平均價格作為開盤行市依照原訂標準公佈
漲限跌限後再行繼續交易
前項收到之場帳如有極少數價格與其他多數價格相離過遠者本所不
予平均在內以防止故意虛偽情事
三、在公佈漲跌限度前所作成之交易其價格如有高於漲限或低於跌限
者概以漲限跌限計價雙方即向本所更正雙方不得異議

五月十五日　奉財經兩部批復所有經紀人保證金代用品部份及進交本
證據金代用品部份均應改用美金債券繳納並按票面額以七折計算至
原訂書面保證辦法應即於文到之日廢止本所以茲事體大立即會商
監理員辦公處該處因尚未奉到部令未作決定
　麗安百貨公司增資完成該公司新股自本日前市起開做成交單
位改定為一萬股
　第四五號經紀人彭金勝前經查明有經營場外對敲情事經監理
員辦公處呈報兩部後奉令核示又次以漏稅部份由直接稅局查明後送
法院依法辦理以違反交易所法部份即送法院辦理但在法院審理期間暫
停營業俟法院判決確定後再行議處並為本所章程第三項核示遵辦
當經公告彭金勝自即日起暫停入場交易
　招待本市大學教授及作家二十餘人參觀市場交易留午餐後舉
行座談會對於以證券市場吸收游資問題及以物價與證券行市問題

文換意見

五月十六日　下午監理員辦公處通知陶於代用品改辦美金債券一案應遵照部令公告辦理當經通告各經紀人及公會議會即晚舉行常務理事會議經紀人亦相率集議市場推舉代表楊長和吳國英尹秉昇龔禮達周漢卿張興鏞等隨同公會常務理事九人午夜進謁王兼代總經理陳述意見嗣於深夜三時同往杜公館進謁理事長經紀人方面提出兩點意見（一）保証金代用品部份之三千萬元領訂期認購美金債券（二）過去本証據金代用品部份准請依照現行營業細則之規定得將有價証券（即同前上市之股票）與美金債券（按照票面全額）並行繳納抵充理事長允將經紀人困難設法解決惟盼望交易不能停頓

五月十七日　據經紀人公會處王將昨晚口頭提出之意見用書面正式提出本所所即行召開臨時常務理事會議予以討論決定將公會意見函監理員辦公處請轉呈兩部核示在未奉部令批示前仍照舊辦法辦理本日為週六僅開前市但經紀人為防止劇跌並未開拍十一時三刻杜理事長親蒞參觀聽向場內經紀人說明本所常理會之決議表示願以全力協助解決經紀人之困難希望照常交易市場即於十二時恢復開拍特公告延長集會時間至十二時三十分惟以昨日之收盤價格開盤後因喊價紊亂未有成交

經濟部商業司王詢郵載本所舉行座談會消息是否確實及其動機並囑檢寄座談會紀錄

五月十九日　市場交易照常開做市價正常

五月二十日　本會第一屆第十七次常務理事會議決要案摘要如次

(一) 新舊經紀人代用印鑑改用新式印章一案，將經紀人名冊送會核具之意見並由本所呈行轉文呈部核示

(二) 最近交易數額擴大，各價動盪甚鉅，為減少本所責任與風險，自五月二十二日起每日格做前市集會，時間暫改自上午九時半起至下午十一時止，星期六照舊至上午十二時止。又依本所暫行營業細則第三十二條規定，凡經紀人所做遠近交易存帳額超過國幣六十億元者，自五月二十二日起，不得超過該額之交易，但現品交割者不在此限，即以資市場之計劃變更

計劃區域經會核准

(三) 經紀人已入場交易所付經手費平均每月不滿三十萬元者，准照同樣交易之做交易以同本年二月十五日起六個月內所付經手費平均每月仍不滿三十萬元者，按照本所營業細則第八十九條之規定予以制裁

財政經濟兩部批准聯華房地產公司股票試行上市

奉兩部批交本所試做營業保證金依法酌以國幣繳存

五月二十二日　依照理事會決議公告自今日起限制經紀人所做遠近交易存帳額不得超過國幣六十億元，現品交割者不在此限。又市場集會時間暫改為上午九時三十分起至十一時止，星期六照舊至十二時止

中紡華廠增資完成新股自本日起開做交易單位仍並為一萬股

中國國貨公司增資完成新股自本日起開做交易單位仍並為一萬股

據監理員辦公處函為第四號經紀人吳仕森有擅營場外交易
及漏税嫌疑呈部後奉令核示以(一)漏税部份即送法院依法辦理(二)
有無違反交易所法行為一併請法院處理(三)暫停營業六星期函囑本
所轉知該經紀人暫停營業經公告自即日起至七月二日止吳仕森暫停
入場交易
五月二十四日　華豐搪瓷公司函陳普通股與優先股之區別但上市交割
向不分歧辦理仍請視同一律辦理交割當經函知經紀人公會查照
本所營業保証金國幣叁萬叁千肆百萬元遵令解繳中央銀行
國庫局
五月二十八日　華豐搪瓷公司增資完成新股自本日起開做現貨交易自
二十九日起開做遠期交易成交單位均仍為一萬股
第九十四號經紀人劉慧生為收進掛失作廢之永紗五千股之股款收
據起向最初賣出經紀人第二三〇號張裕昆追查
財政經濟兩部核准發給南洋企業公司經紀人執照
經紀人公會為會員蘇佩璐據上海市財政局通知前往登記請
領營業牌照函請本所呈部請示
五月二十七日　中國內衣公司增資完成新股自本日起開做成交單位改定
為一萬股
召開第一屆第七次理監聯席會議議決案摘要如左
(一)已掛失上市股票在市流通者賣方經紀人應負責理楚其核對掛失號

碼房往由業務處與交割處商量後提常理會核示

（二）王孟代總經理王清辭職一致挽留原函退回

五月二十九日　美亞織綢廠辦理增資手續該公司股票自本日起現交

進交均暫停交易

五月三十日　昨接上海市參議會函爲參議員陳公達提議「呈請中央

撤銷上海各交易所杜絕投機以安民生而維法紀」案定本晨召開社會

財政兩委會聯席會議共同討論請王孟代總經理屆時列席說明總經

理因事不克前往由楊協理碩協理及華主任秘書代表列席對於各

參政員有關證券交易之各項問題均經逐條解釋後即行退席

奉財經兩部批示函請候辦進交一節應予照准其期限暫定爲

自交割之日起一個月屆滿後再行呈報候核

五月三十一日　奉財政經濟兩部通知經紀人保證金代用品部份及進交

本證據金代用品部份改用美金債券繳納一節仍准照以前令辦理惟

舉辦之初手續方面或有準備不及情事特規定關於保證金代用品改

繳美金債券部份准以本所所擬限於本年五月底前一律辦理完竣仍按

票面金額七折計算至進交本證據金代用品在美金債券尚未洽購

以前得暫以現金繳納抵充仍限於六月十五日以前洽購完妥自十六日起

概須以美金債券繳納絕不再事通融同時接監理員辦公處函案

同前由並以保證金代用品部份限五月底改繳美金債券不及辦理速

知展限至六月廿日以前辦竣當經通函經紀人及公會遵辦

六月二日　據經紀人公會來函關於代用品改繳美金債券事請求(一)保證金代用品部份三千萬元改繳美金債券展延至六月十五日為止(二)本証據金代用品部份准以美金債券現金或上市證券並行抵繳(三)美金債券得按票面十足抵用

右開第一屆第十七次常務理事會議決案摘要如左

(一)代用品改繳美金債券一案經紀人公會函陳各點先与監理員洽商再行晉京據情面陳

(二)分營業所辦法參照監理員意見修正通過營業員辦法暫從緩議

(三)營業細則第卅七條關於預約轉讓辦法再行呈部請求(一)已接收復區各種公司處理辦法呈請變更登記確定之上市公司因換發股票手續不及辦齊及外國公司呈請證許尚未確定者請准仍用預約轉讓辦法賣買並割展期以六個月為限(二)上市公司按工鑛運輸事業重估固定資產價值調整資本辦法辦理增資足額者請本獎勵生產事業之旨准予援用預約轉讓辦法(三)上市公司現金增資收繳足額者以同前上市公司家數甚少新股已准開拍者請准備案以後不予通融

(四)通過上市證券審查委員會審查合格股票計華新水泥公司商辦閘北水電公司恒豐紗廠信誼藥廠四種呈部核示

五限臨時經紀人完成公司登記程序

每日開始對帳時間改訂為星期一二三五下午四時正星期四下午五時正星期六下午三時正

第一八九號經紀人劉柏森五月二十七日買進美亞綢廠股票五百股向該廠申請過戶時查係逆產依法不能過戶函請本府更換經查明爲第二十九號經紀人上海市興業信託社賣出函囑負責理楚

六月三日　上海市參議會撤銷交易所一案五月三十日經社會財政兩委會聯席審查審查結果對於應否撤銷問題認爲可暫保留惟應呈請政府責成交易所注意下列數點（一）對於上市股票之上市應嚴格審查其資本分使陋劣者濫竽其間（二）上市股票之種類家數宜使普遍例如紡織藥品橡膠五金印刷建築礦產及航行運輸等業之股票宜予兼容並蓄目前上市之股票僅有十餘家類別亦欠普遍自須即予寬放（三）對於上市股票廠商之資負盈虧及經營情形應隨時爲準確詳盡之宣佈使投資者知所審擇（四）對於經紀人之作風應嚴格督察予以管導保障客戶安全防止助長投機（五）對於場外黑市應嚴加取締以免因失管制而逾越軌範（六）對於復利息率應隨時設法使之穩定（七）對於遠期交易倶試辦期滿應行停止本日由七會討論決議無條件全部保留

六月四日　市場集會時間依照理事會決議自本日起改爲上午九時至十二時三十分止星期六爲上午九時至十二時止對帳時間亦經改訂爲星期一、三、五下午三時三十分星期四下午四時三十分星期六下午三時止

經紀人分設營業所暫行辦法呈部請核

六月五日　天津證券交易所籌備委員會主任委員李鍾楚派該所

各部主管人員莊恩克李家瓏秦復三蘇寶璋等四人來所見習本日到所開始參觀各處實務

六月六日　為代用品改繳美金債券問題頒協理樸呈晉京面陳

六月九日　五和織造廠增資完成新股自本日起開做成交單位改為一萬股

九福製藥公司辦理增資手續其股票自本日起暫停交易

呈部請將預約轉讓辦法展延施行六個月及各公司增資新股據得援用預約轉讓辦法上市。俐柏

六月十日　招待全國省銀行總副經理劉望蘇涂自厖程良能秦鏡夫趙文楨樓紹鈞童蒙正吳邦護徐家棣等參觀並留飯

召開第一屆第十八次常務理事會議決案摘要如左：

（一）請求展延施行暫行營業細則第卅七條一事請頒協理下次晉京時面商

（二）第九十一號經紀人盤禮達與大陸銀行為美亞綢廠掛失股票糾紛由業務處通知該經紀人到所責令負責理楚

六月十一日　徇經紀人公會請求備函介紹經紀人代表陳靜民俞明時林宗精赴京晉謁財經兩部主管陳述證據全代用品改繳美債困難

六月十二日　美亞織綢廠增資完成新股自本日起開做現交及遞交成交單位均改為一萬股

經紀人已領部頒營業執照准否再收營業牌照稅向市財政

局請領營業牌照案呈部請示

六月十三日　中央銀行國庫局函知代征交易税手續費一案准財政部國庫署函依千分之三計撥

六月十四日　接監理員辦公處函爲准經濟部商業司電詢於遠東本証據金代用品部份改用美金債券繳納一案在新辦法未核定前准以美債或現金照行繳納當經公告市場

王孟代總經理楊協理顧協理及吴王兩監理員乘車晉京

六月十六日　聯華地產公司股票簡稱聯華自本日起試行上市成交單位定爲一萬股

六月十七日　接正明會計師事務所轉到經濟部頒發本所公司登記執照設字第三九二一號一件填發日期爲三十六年六月七日

接上海地方法院裁定爲經紀人鄒慶元違反交易所法一案裁定本所不罰

六月十九日　奉財經兩部批復預約轉讓辦法准展延至本年九月底爲限各公司增資新股據併准上市買賣認爲轉讓之預約

六月二十日　經紀人公會來函爲本所責令會員張裕昆暨穰達負責理楚去年經手賣出之掛失股票似欠合理請予公允解决又來函擬請引用通知買受人限期過戶辦法並將掛失股票號碼即發交會員

接監理員辦公處函爲經紀人童仲周違法一案前經轉據經紀人公會函請予從輕處理茲奉部令核示不准所繳呈之營業執照亦奉部

令註銷

六月二十四日　台南第一屆第十九次常務理事會議決案摘要如左

（一）公告限龔禮達限裕昆在三日內理楚掛失股票糾紛否則由本所委託他經紀人代為買進償款仍應由該經紀人償付

（二）防止掛失股票流通糾紛辦法由業務處縝密修正後提會候核

（三）經紀人財務狀況惡劣經查有實據者報請監理員核示

（四）第一一五號經紀人羅啟任擅設辦事處據情報請監理員核示

（五）王蓋代總經理函請辭職事去函慰留原函退還

六月二十五日　第一〇六號經紀人大陸銀行上海信託部買進掛失美亞股票五百股迭經函促原賣主第九十一號經紀人龔禮達負責理楚延未照辦特公告限三日內理楚又不依限了結當由本所委託他經紀人代為買進新股四萬股價款應由該經紀人償付又第九十四號經紀人劉慧生買進掛失永紗股據五千股亦公告限康賣主第二三〇號經紀人張裕昆依限了結

王蓋代總經理赴台北療養

顧協理因公晉京

六月二十六日、第五十一號經紀人莊崇周應繳保証金代用品部份尚未遵令依限將原改繳美金債券手續公告自即日起暫停入場交易

六月二十八日　奉財經兩部批商辦閘北水電公司華新水泥公司恒豐紡織公司及信誼藥廠四家股票申請上市應予照准惟信誼附件未全應

飭補送

六月三十日　奉財經兩部通知(一)遞交准予延期試辦三個月(二)本證據金按交易額繳現金百分之五十(三)全部證據金以百分之七十繳存中央銀行本辦法自本年七月一日起施行關於證據金繳存銀行一節並應按週列表呈報

召開臨時常務理事會議議決案摘要如左

(一)本日財經兩部通知(一)(二)兩項即日公告市場奉令辦理第(三)項請由中交兩行與中央銀行接洽後再由本所備文呈部請予變通辦理

(二)經紀人公會函請援照前華商證券交易所成例按經手費總數百分之十五提撥經紀人獎勵金業由業務處研究商洽監理員後再核議

(三)舉辦獎學基金原則通過擬具辦法提會

(四)捐助證券業小學校基金壹億元

七月三日　政府為預防醞釀中之"七月漲風"近日加緊經濟檢查工作本
所為糾正經紀人恪遵法令起見特公告警誡切勿私營金鈔交易及證
券黑市對敲免干懲處

七月四日　接監理員辦公處函為第一三五號經紀人盧德緩擅設西區辦
事處應即勒令該處停業經函知該經紀人遵辦

七月七日　榮豐紡織公司辦理增資手續其股票自本日起暫停交易

顧協理出席第二次上海市經濟檢查會報

七月十日　中紡公司辦理增資手續其股票自本日起暫停交易

監理員辦公處函詢第七十六號經紀人協康證券號西區營業分所是
否經核准設立嗣據該經紀人王報係別人冒名私設已函復監理員辦公處請
依法取締

七月十一日　台開第一屆第二十次常務理事會議決案摘要如左

(一)停止通過防止掛出股票流通辦法公告並分函有關各方面

(二)前奉兩部通知關於證交全部證據金百分之七十繳存中央銀行一節以交割
有室礙呈部請求改存中交兩行

(三)通過上市審查委員會審查合格中興輪船公司股票呈部核定

(四)凡繳納經手費最多之經紀人自第一名至第十名各贈銀鼎一具第十一名
至第二十名各贈銀瓶一具以資獎勵

(五)第四〇號經紀人劉旦孚迄未交易限期開始入場營業

(六)經紀人公會為證交本証據金改繳現金五成後各會員營業大受打

擊由請轉呈通融照原辦法辦理俟機據情轉呈
(七)本所已被邀參加上海市經濟檢查會報關於該組織獎勵出力執行檢查人員決議之獎金原則通過備案
(八)本所申報本市營業稅原則通過由財務處商酌辦理
(九)修正通過獎學金辦法金額由理事長酌定之
(十)通過六月底結賬各項攤提辦法(1)本所投資各項有價證券均按票面面值作價(2)提存訓育基金二十億元(3)自去年開市日起迄本年六月三十日止按成交總數提存萬分之五為責任準備金計七六三、九九九、三五五元(4)營業用器具分三年攤提本屆六分之一計二四四、八七九、二〇八元(5)提存營業稅七二、九五一、〇〇〇元

七月十二日　第一二九號經紀人謝錦文買進已掛失永紗股款收據五千股一案經函促最初賣出人第一七六號經紀人楊元愷負責理楚迄未照辦茲以永紗增資在即亟照常務理事會決議公告限楊元愷於三日內了結否則當委託他經紀人代為買進所付價款仍應由楊元愷償付

第五十一號經紀人莊崇周補繳保証金代用品部份美金債券因逾限已久除暫行退回外呈部請示辦理

七月十四日　榮豐紡織公司增資完成新股自本日起開做成交單位改定為一萬股

奉財經兩部批據呈擬經紀人分設營業所暫行辦法請核定施行一節應從緩議

七月十六日　第一七六號經紀人楊元憬繳送永紗股據五十股了案

呈復財經兩部關於遞交本證據金辦理情形所有證據金繳存

辦法因交割有窒碍另由中交兩行會呈核示

奉兩部批第五十一號經紀人莊崇周保證金代用品部份美金債券

延不繳納應予撤銷註冊處分

七月十七日　永安紡織公司辦理增資手續其股票自本日起現交遞交均

暫停交易

據監理員辦公處函為第一九一號經紀人姚昌德擅設分營業所奉令

應予取締轉函該經紀人遵辦

七月十八日　上海市證券商業同業公會登報通告辦理聲請登記事本

所聲明態度與主場呈部鑒核

七月二十一日　中紡紗廠公司增資完成新股自本日起開做成交單位改定為一

萬股

七月二十二日　召開第一屆第二十二次常務理事會議決案摘要如左

(一)永安紗廠增資股款收足取具合法證明文件後其新股依照慣例公告

上市

(二)永安紗廠新股上市費照章按股十足繳納或上市三分之二始予照辦

但應抄報不上市股票號碼

(三)經紀人分設營業所辦法奉令從議其已經本所核准者呈部請求

備案

（四）第一〇五號經紀人彭雲舫違反交易所法嫌疑一案據函稱法院檢察
處業予不起訴處分申請恢復入場抄錄原函轉請監理員核示
（五）三十六年度獎學金暫以京滬兩地學校為限由訓育基金內撥付國幣五
億元指定杜月笙徐寄庼徐維明莊叔豪王志莘瞿季剛鄭筱舟顧善
昌楊蔭溥各理事為本所獎學基金管理委員會委員並推杜月笙
為主任委員領獎生審核委員會委員除上項獎學基金管理委員會
各委員為當然委員外另延聘方希孔吳開先陶百川顧毓琇李石曾
潘公展諸君為委員
第一一五號經紀人羅殿臣擅設分辦事處據監理員辦公處函應
即勒令停業經函知該經紀人遵辦後據函報該分處係冒用晉泰名
義經委託律師警告後已自動停業
七月二十三日　部令續予核准之個人經紀人劉旦孚辦妥入所手續抽定
第四〇號空號公告自即日起准予入場交易
七月二十四日　永安紡織公司增資完成新股自本日起現交進交同時開
做成交單位改定為五萬股
七月二十八日　掛失股票流通糾紛屢見疊出特訂定「防止掛失股票流
通辦法」公告施行並分發掛失股票號碼表辦法如左
一、發行公司於股票持有人申請核對印鑑及查詢有無糾紛掛失情形
時應立即受理並在股票上加蓋證明圖章註明日期
二、發行公司對股票掛失應慎重辦理股票一經掛失應立即通知本所

以便據以公告市場所有因掛失而生之任何責任皆由該公司完全負責
三、經紀人代理賣出股票須查明及保證該股票並未掛失如在交割中之股票發現掛失情事均須依民法第三百五十條及本所營業細則第七十四條之規定負完全賠償理楚之責倘屢次有類似情形發生時本所得按照營業細則第八十九條處分之
四、代辦交割之中交兩行駐証交聯合辦事處收入股票須詳加核對如發現掛失股票應立即通知本所業務處及向賣出經紀人催換之本項手續暫由本所財務處辦理
五、財務處收入現品提交之股票須全部核對如發現掛失股票應立即報告業務處並向交入經紀人催換之

七月二十九日　召開第一屆第二十二次常務理事會議決案摘要如左
(一)遵飭本証據金中交兩行會呈請求分存兩行案奉財經兩部通知仍應依照前通知辦理以資施有困難時應先洽商中央銀行報部核辦等因此案正由中交兩行與中央銀行洽商中目前仍暫分存中交兩行並推徐寄廎瞿季剛兩常務理事赴中央銀行洽商
(二)天時炎熱營業時間自本月三十日起暫改為上午九時至十二時下午停市
(三)吳孟起律師代表張成記為去年十月九日向協泰証券號購進永紗一萬股已付款而股票未蒙交出請本所按現值代為扣款案查明當日交易經過情形照復吳律師以有疑竇立囑經紀人莊崇周解釋
監理員辦公處函復關於經紀人彭重賡呈請恢復營業一節

應俟據准法院裁定書轉部核示辦理

七月三十日　第六十二號經紀人之代理人陳言於七月二十九日毆擊第二二又號經紀人之代理人紊亂市場秩序並章予以處分公告自本日起至八月十二日止停止入場交易兩星期

奉兩部批交經紀人仍應依法向市財政局請領營業牌照並納稅經交經紀人公會查並轉知辦理

七月三十日　市場集會時間自本日起暫改為上午九時起至十二時止星期六同對帳時間改自下午三時開始星期四掉期日自下午四時開始又集體對帳辦法內規定應製之經紀人相互對帳表現應交亦自本日起暫行取消俟後市交易恢復時再行製送

九福紡織公司增資完成新股自本日起開做成交單位改定為一萬股

八月四日　經濟部特派上海交易所監理員吳宗燾調任他職改派黎澍劉任接事

王蕙代總經理自台北返滬

八月六日　遵奉部令第一五二號經紀人吳國英擅設分營業所定名潤康証券號係違反交易所法部份由監理員移送法院審理外在審理期內予以暫停營業三星期公告自本日起至八月二十七日止

八月七日　呈請展延施行轉讓預約辦法俟奉部示(一)仍應責令各公司積極辦理換發正式股票手續(二)轉讓預約辦法展至九月底為止十月一日起即應以新股票上市

信和紗廠辦理增資手續股票本日起暫停現交易八日起暫停現貨交易

轉奉部令飭即擬具個人經紀人舊通增資辦法

八月九日　奉批核准中興輪船公司股票試行上市

八月十一日　設宴歡迎監理員黎澍

部令莊案周逾期欠繳五年債券一事業仍仰遵照前飭迅將原繳執照呈部核銷

八月十四日　召開第一屆第八次理監聯席會議議決案摘要如左

(一)股票上市以全部上市為原則最少不得低於三分之二其不上市部份股票歸[illegible]抄送備查

(二)核發經紀人獎勵金暫以三十七年一月至六月為限凡經紀人繳納經手

貴總數在五千萬元以上者給予百分之二獎勵，壹億以上百分之四，貳
億以上百分之六，叁億以上百分之八，嗣後另定辦法

八月十五日　大中華火柴公司及中國水泥公司辦理增資手續股票均暫
停交易

八月二十三日　信和紗廠增資完成新股上市成交單位改定為五萬股

遵奉部令第一一五號經紀人羅毅民擅允他人借用名義設立分辦事
處一案應予申斥

八月二十九日　召開第一屆第二十三次常務理事會議決案摘要如左

(一)經紀人財務狀況不穩者轉奉部令提高經紀人資本最低限額不足者一
律責令增加此舉恐足影響市場之穩定呈請仍就個別處理原則
辦理

(二)第五十一號經紀人莊崇周吊銷執照一案據情函監理員辦公處請轉
呈從寬處分

(三)劃撥訓育基金十五億元連同前撥五億元共為二十億元運用生息組
織訓育基金委員會即以獎學基金委員會委員為訓委會委員

(四)通過修正本所分行組織大綱第十一條為「調查研究處設左列四科統計
科徵信科編輯科資料科」

(五)九月十五日起恢復後市集會時間前市九時二十分至十二時後市二時至
三時三十分

(六)聘吳公魯君為本所會計顧問

八月二十七日　前經核准大家經紀人設立分營業所呈請備案奉批
照准
恒孚證券號私營對滬電話經營黑市對敲經予警察局勒令
停業在案存所查照

九月五日　統益紡織公司辦理增資手續股票暫停交易
九月八日　大中華火柴公司增資完成新股上市成交單位訂定為五萬股
九月十日　市場行市廣播設備就緒開始試播
台開第一屆第十四次常務理事會議決案摘要如次
(一)經紀人保証金所繳美金債券因外匯調整經紀人自申請取回一部份美債者
准俟政府對於各項美債作保証金之辦法確定後再議
(二)預約轉讓之買賣月底到期呈部說明困難原因請准展期限
九月十二日　大通紡織公司辦理增資手續股票暫停交易
商辦閘北水電公司股票試行上市「商辦閘北水電」成交單位定為十萬
股其優先股與普通股同樣交割

第一四三號經紀人徐有庠拒絕監理員稱公處檢查帳冊令飭停業兩星期第一二一號經紀人楊智昌經營場外交易並拒絕檢查帳冊移送法院審理在審理期間暫停營業

九月十四日 為慶祝開業一周紀念舉行同仁聯歡會

九月十五日 上海直接稅局通知轉飭各經紀人成交單上應貼用印花

九月十六日 市場集會時間改定前市上午九時三十分至十二時後市下午二時至三時三十分星期六祇做前市對帳時間亦改定星期一、二、三、五下午四時三十分開始星期四下午五時開始星期六下午三時開始

改定股票買賣價格升降單位價格二百元以下升降單位一角五百元以下五角一千元以下一元一千元以上五元

九月十七日 永安公司辦理增資手續股票暫停交易

九月十八日 改定上市股票成交單位永紗改定十萬股新光美亞景福華豐中紡榮豐勤興均改定五萬股

中國水泥公司增資完成新股上市成交單位暫定為五萬股

九月二十二日 中興輪船公司股票試行上市簡稱「中興」成交單位定為五萬股

華新水泥公司股票試行上市簡稱「華新」成交單位定為五萬股

九月二十三日 恒豐紡織公司股票試行上市簡稱「恒豐」成交單位定為五千股

九月二十四日 新光內衣公司及景福衫襪廠均辦理增資手續股票暫停

交易

台閱第一屆第二十五次常務理事會議臨時動議經紀人公會呈請轉呈兩部核減遞交證據金案據情轉呈財經兩部請予變更交易證據金辦法

九月二十日　偉益紡織公司增資完成新股上市成交單位定為五萬股。

九月二十九日　上海直接稅局函經紀人應征營利所得稅第十八號經紀人等二十八家聯名具函本所請會同公會轉呈稅局收回成命旋經公會函復已得稅局允准暫緩辦理

九月三十日　新光內衣公司及景福衫襪廠增資完成新股本日前市起開做現貨交易十月二日前市起開做遞延交易成交單位均定為五萬股。

預定轉讓辦法施行期限呈奉部批展延至本年十二月底

轉奉兩部密電關於遞延交割交易試辦期滿後請准正式辦理一案在未奉行政院指令核示前暫仍賡續辦理

十月六日　第一四五號經紀人彭雲舫經營對敵嫌疑一案經法院裁定不起訴　轉奉部令准予即日起恢復入場營業

財經兩部通知關於遞交證據金准由開各節尚未能謂為已與央行洽有成議仍應以百分之七十向央行存繳

十月七日　勤興紡織袜衫廠辦理增資手續其股票自本日後市起現遞交均暫停交易

召開第一屆第二十次常務理事會議決案摘要如左

(一)奉財經兩部通知遞交證金百分之七十仍應照繳中央銀行俟中交兩行與中央銀行再度洽商決定

(二)經紀人逾六個月不做交易者應呈知聲敘理由並補繳足過怠金或經手費按月三十萬元逕速入場交易

(三)增加補助證券業小學校基金一億元

十月八日　信誼化學製藥廠股票試行上市「簡稱「信誼」成交單位暫定為五千股

第五二號經紀人莊崇周逾期改繳保證金代用品美金債券部令准予撤銷註冊處分案本日公告執行

十月十一日　第一九一號經紀人姚昌德漏報稅款七萬七千五百二十元經監理員移公處查獲移送上海直接稅局轉送上海地方法院審理該院裁定本所應處罰鍰二百萬元但得轉責於該經紀人

十月十三日　轉奉部令關於提高經紀人資本最低限額一案仍應遵

照前令辦理

十月十六日　勤興紡織移祿敝增資完成新股於前市起開做成交單位定為十萬股

十月十七日　大通紡織公司增資完成新股於前市起開做成交單位定為五萬股

財經兩部批復遞交存證據金繳納辦法仍應維持原案辦理

十月十八日　第五十一號經紀人莊崇周撤銷註冊後屢經函催繳還營業執照據函復已具呈財經兩部申述延繳美債經過事實執照仍未照繳

十月二十日　台南第一屆第二十七次常務理事會議決案如左

(一)再行函催第五十一號經紀人莊崇周繳銷執照並將來函照轉監理員辦公處

(二)理事長及總經理辦公費調整辦法比例增加之

十月二十二日　第一九一號經紀人姚昌德照繳漏稅罰鍰二百萬元轉送上海地方法院了案

十月二十三日　經紀人公會為會員請求豁免成交單貼用印花稅票函請向直接稅局力爭免貼經轉函稅局核奪

十月三十日　商務印書館辦理增資手續股票自前市起暫停交易

台南第一屆第九次理監事聯席會議議決要案如左

經紀人公會後函陳現行遞交存證據金收現金五成辦法實施後

會員間營業困難情形請求特呈當局援從原辦法准根據上次呈
文擬具具體辦法再行呈部核示

十一月三日　遞交業務本年九月底試辦期滿呈請正式辦理一案奉財
經兩部通知該案經兩部會商決定擬仍依上次規定辦法准自本年十
月一日起再予繼續試辦三個月已轉奉行政院指令照准合飭遵辦
十一月四日　新華百貨公司辦理增資手續其股票自前市起暫停交易
永安公司增資完成新股自前市起開做現期交易五日前市起
開做遞交交易成交單位均定為十萬股
十一月五日　為據經紀人公會請減低遞交存證據金成數再度
轉呈財經兩部核示
十一月七日　上海直接稅局函復前請豁免成交單貼用印花一節核
於法令未便照准仍請轉飭照辦

十一月十一日　台開第一屆第二十八次常務理事會討論上市委員會規程草案並決定修聘委員人選案議決俟下次會議再行審議

十一月十三日　恒豐紡織公司辦理增資手續其股票自前市起暫停交易

十一月十四日　新華百貨公司增資完成新股前市起開做成交單位定為十萬股

十一月十五日　麗安百貨公司辦理增資手續其股票前市起暫停交易

　　據上海直接稅局函為奉直接稅署指令飭即抽查交易所及經紀人帳冊該局自即日起將派員辦理

十一月十七日　第一七八號經紀人邵經鴻因內部改組暫停營業

十一月十八日　一、呈財政部為開拍公債重申前請祈核示

　　呈財經兩部臚陳試辦遠交業務暨各方面情形再請准予正式辦理

十一月二十五日　台開第一屆第二十九次常務理事會議決案各如左：

（一）a.修正通過上市委員會組織規程　b.聘秦聯奎徐永祚兩顧問為上市委員會顧問　c.推定王恩經理為召集人

（二）交通大學函請認贈該校管理學院講座名額擬送訓育基金管理委員會審核辦理

十一月二十六日　信誼化學製藥廠辦理增資手續其股票自前市起暫停交易

部令僅予核准之法定人經紀人循原錢莊辦妥入所手續抽定第五號空號開始入場交易

十一月二十九日　奉財政部批所請公債上市開拍一節現正由部核擬辦法候決定另行飭遵

十二月四日　麗安百貨公司增資完成新股前市起開做成交單位暫定為十萬股

十二月六日　宴請天津證券交易所理事長李鐘楚經理鄭頌先

十二月八日　第二〇三號經紀人郭午橋擅設西區辦事處通知剋日停業撤銷具報

宴請上海金融管理局局長李立俠警察局經濟科長曹茂良

十二月十日　召開第一屆第三十次常務理事會議決案摘要如左

(一)因新年假期關係第六十期遞交改做至十二月二十七日前市止三十日交割以後遞交日程再由業務處擬定

(二)自十二月份起調整理監事公費與車馬費仍提股東會追認

財政經濟部會令核准經紀人公會章程備案

十二月十一日　昨日中央銀行發行局發行一千元二千元及五千元之關金大票政府為遏制因大鈔刺激可能引起之物價漲風派出大批軍警監查各處市場上午有軍警十數人進入本所市場對於市價上落時加干涉致交易無法進行收市後經紀人公會推舉代表俞明時林宗續及龔禮達請示監理員辦公處允負責保障合法交易後市延至二時半開盤市價仍在限度內上昇監查人員不明交易實況復予干涉並拘詢一代理人旋經解釋後釋放市場無形停市

十二月十二日　監查市場之軍警僅進入市場視察交易

十二月十三日　商務印書館增資完成前市起開做新股成交單位暫定為五萬股

十二月十五日　中國國貨公司辦理增資手續其股票前市起暫停交易

十二月十六日　新亞藥廠辦理增資手續其股票後市起暫停交易

召開第一屆第三十一次常務理事會議決

(一)上市公司股據預約轉讓辦法聯將列期由楊協理華主任秘書與秦法律顧問協商呈部核示

(二)第一九一號經紀人姚昌德私設分營業所案再予函限文到一星期內撤銷並具報轉陳

十二月十七日　晨八時清潔夫誤觸理事長辦公室警鈴警察局出動飛行堡壘到所搜查經查明後撤退

十二月十八日　因新年休假，同時調整遞交起訖日期。第五十九期自

本日（週四）前開市開始，二十三日（週二）前開市為止，二十五日（週四）交割。第六十

期二十四日（週三）前開市開始，二十九日（週一）前開市為止，三十日（週二）交割。

第六十一期二十九日（週一）前開市開始，次年一月六日（週二）交割，下場交易自

同二十九日後下午起暫行停止。

十二月十九日　具呈財經兩部，以證交業務試辦又屆期滿，請將前案

准予正式辦理，前呈減低存記保證金成數及以現金與代用品並用一案

迎賜批准，頃奉財經兩部指令，准展延試行至三十七年三月底止。

十二月二十五日　第三十八號經紀人吳文會因經理員辦公處指有私

營場外交易情事，呈准移送法院審理，在審理期間暫停營

業，即日公告執行。

奉令吊銷執照之前五十一號經紀人林崇周拒繳執照，所懸招牌亦

予除去，並報監理員辦公處核准。

十二月二十七日　信託業股份自二十九日前開市起開做新股，成交單位一律改

為十萬股。

十二月二十九日　第八十七號經紀人何經鴻營業停業內部改組就緒，本日

恢復營業。

第八十四號經紀人方□擅設分支營業所，第七號經紀人□□□擅

營業，依法停業，並報監理員辦公處核准。

十二月三十日　證券商因撤銷□□第三十六號二樓□□營業場

外交部另函呈报主请存查

十二月二十五日　召开第一届第十次理监联席会议

上海证券交易所大事记　中华民国三十七年份

一月四日　接监理员办公处转来财政部钱币司经济部商业司公函开

「查关于上海证交所违法交割交易应否正式办理一案，业经本两部呈

奉行政院核准照现行办法正式办理，除呈由两部行知外，先行函达」等

由，本日公告违法已交割交易即仍照现行办法正式办理

一月六日　中央信托局经理刘攻芸辞职，本所理事一职改派经理

钱祖龄担任

一月七日　查宏济通行证券部非法经营股票[illegible]员黄[illegible]王松监理员办公

处请依法取缔

一月九日　吴[illegible]林康辞理[illegible]手续[illegible]起其股票暂停交易

接監理員辦公處函為奉令核示取締經紀人對講電話辦法希
查照辦理
　源通行李哲斌經營場外交易嫌疑案中發見第十一號經紀人江蘇
省銀行自漏放永紗十萬股之別情事函知該行查復
一月十三日　奉財經兩部通知為呈奉行政院指令進交業務准自三十七年
一月起照現行辦法繼續正式辦理
一月十五日　第六十三號經紀人朱達君遷移營業地址暫停入場營業
一月十六日　證券市場史名資本市場呈奉市社會局核准登記
一月十七日　第二〇三號經紀人郭午樓十六日未按規定時間辦理交割清楚予
以警告

一月十九日　救濟錢莊完成公司登記手續經兩部批准為法人經紀人辦
妥入所手續抽定第一五〇號席位開始入場交易
　李哲斌案監理員辦公處已函市警察局勒令停業又第十一號經
紀人江蘇省銀行補繳帳[場]一份連同複佣到所了案
一月二十二日　市警察局來函為轉奉警備司令部通知飭查萬祥永康
等證券號有私裝對講電話經營場外交易情事請查照
　召開第一屆第二十二次常務理事會議決要案如左
(一)凡經紀人營業所有附設在酒樓舞廳者分別函令設法遷移在未遷移
之前應自行檢肅
(二)第二〇一號經紀人葉碩臣處於營業地址擅遷南京西路雪園老正興

館內又經監理員查明原營業所仍在營業顯屬違法予以勒停
營業處分至該經紀人自行糾正不合之點具報經本所查實後
恢復入場
(三) 第二〇三號經紀人郭午嬌擅設西區辦事處務經正式囑停業迄未
照辦予以勒停營業處分至該經紀人將辦事處停業撤銷具報
經本所查實後恢復入場
(四) 依約調整本所房租並自五月一日起改為每六個月調整一次
一月二十五日　奉財經兩部通知經紀人資本額一律責令增加至少應為國
幣五億元又經紀人保證金應增加國幣一億五千萬元於文到之日公告
並限於一個月內辦竣增加保證金三個月內辦竣增加資本額逾限不辦
即予吊銷執照本日遵令公告並呈復
一月二十七日　第二〇三號經紀人郭午嬌及第二〇一號經紀人葉碩臣遵照理
事會決議分別予以勒停入場交易處分
一月二十九日　奉財政經濟兩部批示預約轉讓辦法限期屆滿後六項處理辦法分
函各上市公司查照辦理
一月三十一日　中國國貨公司增資完成新股於前市起暫停股款收據開
做改定單位定為十萬股

二月二日　恒豐紡織公司增資完成新股於前市起暫憑股款收據
開做成交單位定為五萬股
　　華新水泥公司辦理債發第二期溢價增資股份股票於前市起
暫停交易
二月四日　接財政部錢幣司與經濟部商業司函為修正管理證券交
利稅法第四項核與交易所法抵觸囑詳為籌議見復
　　台開第一屆第三十三次常務理事會議決案如左
（一）經紀人公會函請轉呈兩部准予免增繳保證金並准變通辦理增
資案據情轉呈
（二）第二〇三號經紀人郭午嶠函報已撤銷櫃設之分辦事處經查明屬實
准予恢復入場
（三）第二一〇號經紀人葉碩臣函報營業所已改遷新址符合原案又原址
營業與其無涉請予取締以查其他違此情形暫准恢復入場
二月六日　第二〇三號經紀人郭午嶠及第二一〇號經紀人葉碩臣遵照
理事會決議准予恢復入場營業
二月七日　監理員辦公處來函為奉令據報經紀人有轉租牌號坐收
巨利情事希查明見復再本所除現有經紀人及以前營業經聲請尚待
補正手續者外目前尚無增加經紀人名額必要
二月九日　上海市政府第三次經濟會報決議對請電話僅限經紀人為
業務上需要而裝置又有私自裝置者即予拆除沒收並以擾亂金融

論處函知本所洽辦

二月十四日　五和織造廠信誼製藥廠及恒豐紡織公司三家辦理增資

一案未於部頒預約轉讓辦法屆滿後六項處理辦法頒達之日起半個月

內繳驗變更登記聲請證件遵照該辦法第三項規定三公司股份自

後市起暫停交易

二月十六日　恒豐紡織公司股票自前市起恢復交易

　　汪副理出席上海市證券局會議討論關於取締黑市交易事

　　前第五十二號經紀人莊崇周延不繳銷執照並有非法經營場外交

易之嫌疑据請監理員办公處核办

二月十八日　關於預約轉讓辦法限期屆滿後處理辦法之辦理經過情

形備文呈部鑒核

二月十九日　第五十二號經紀人莊達君營業所遷移該事恢復入場

營業

二月廿一日　因票據交換所變更交換辦法規定送票不得逾時本所

交割收款時間改定為上午九時至十一時止

二月二十五日　景綸衫襪廠增資完成新股自前市起開做成交單位暫

定為十萬股

　　台南第一屆第三十四次常務理事會議決案摘要如左

(一)轉奉部令核示經紀人保證金繳納辦法飭遵照前令限期辦理案即行

公告遵行

(二)三十七年下半年經紀人繳納經手費壹億元以上者給予經手費總額百分之二獎勵貳億元以上者給予百分之四肆億元以上者給予百分之六陸億元以上者給予百分之八

(三)定於三十七年三月二十九日下午四時在本所會議室召開第一屆股東常會並照章改選監察人仍提下次理監聯席會議追認

(四)改定証券價格漲降單位

二月二十七日　買賣價格漲降單位自後市起調整為貳百元以下漲降單位壹角貳百元至壹千元以下五角壹千元至伍千元以下壹元伍千元以上五元

下午二時五十分上海市警察局行政處經濟警察隊隊長程義寬率隊員七人武裝入市場監視

二月二十八日　代監理員辦公處召集一部份經紀人舉行談話會由監理員曉諭政府取締場外黑市對敵之決心

經紀人公會召開第二屆會員大會改選穆壯武楊長和沈光衍林宗靖楊錫卿盛懋德龔禮達吳禮門裘良圭周澤卿史久栽曹懋德胡靜秋王乃徐董萊蓀施子敏朱斛順鄭止偉朱玉龍黃國棟徐懋棠羅殿臣胡銘紳俞明時陳永霖等二十五人為理事陳靜民吳仕森葛慶祺張韶昆朱鼎彝周卜愚尹東昇等七人為監事

三月一日　第二十九號經紀人上海市興業信託社更名為上海市銀行總行信
託部
三月三日　新光內衣公司與景福衫襪廠股份成交單位自後市起改定為
十萬股
三月四日　第八號經紀人億中企業銀公司更名億中商業銀行
奉兩部批復經紀人保證金二億元仍應依照營業細則第六十七條
之規定以百分之四十繳納現金其餘百分之六十為有價證券匯於證券部
份仍以美金債券抵充並自四月一日指定銀行外匯牌價五折折合國幣
計算至提高經紀人資本最低限額為五億元並應依照原案辦理
未便變更通知各經紀人遵限辦理並公告市場
三月五日　經紀人公會推定王仍徐為理事長楊長和袁良圭林宗請
龔樹德周學鄉朱玉龍朱甫顧施子敏為常務理事朱鼎彝為常
駐監察
三月七日　華新水泥公司第一期溢價增資後之新股前市起上市開
做除權交易成交單位改定為十萬股選股票交割
三月八日　信誼化學製藥廠股份前市起恢復交易
三月十日　召開第一屆第三十五次常務理事會議決議要案如左
(一)每一經紀人遠近交易存賬限額暫放寬至二百億元
(二)通過更改現債計算區域呈部備案
三月十一日　公告自即日起遠近交易之存賬限額改定為國幣二百億元

三月十三日　晚宴經紀人公會第二屆理監事

顧協理赴京向財經兩部面遞更改現貨計算區域呈文

三月十六日　中紡紗廠之股份未照預約轉讓辦法屆滿後處理辦法之規定依限換發股票暫停交易

依部頒預約轉讓辦法屆滿後處理辦法規定本日起限以股票交割經紀人公會函請變通辦理商定在過渡時期凡當日現貨交割不及掉換股票者及現品提交部份得以書面委託本所代為換股暫由本所掣給臨時收據替代交割限十四日內憑收據換回股票函報監理員辦公處查照

三月十七日　華豐搪瓷公司辦理增資手續其股票後市起現遞均暫停交易

三月十八日　美亞綢廠辦理增資手續其股票前市起暫停遞交交易十九日起暫停現交交易

三月十九日　召開第一屆第十一次理監聯席會議議決(一)通過上年營業報告及盈餘分配草案提付股東會(二)追認通過第卅四次常理會議決於三月二十六日召開第一屆股東常會

監理員辦公處密函以據准財部錢幣司密函閱於本所呈請更改現貨交易計算區域請備案一案尚須從詳研討茲轉知本所俟奉部令再行定奪勿先辦理

三月二十日　奉財經兩部函知重申經紀人依法不得受公務員之委託為

買空賣空之交易如有違反情事處以罰鍰其涉及刑事者依刑法處斷連令公告市場

法人經紀人南洋企業公司辦妥入行手續抽定第六十四號營業開始入場交易

三月二十三日　為縮短公司辦理增資期間停止股票交易之期限計對於預約轉讓辦法屆滿後處理辦法第六項擬具補充辦法三點呈部核示(一)辦理增資手續時股票暫停交易(二)增資股款收足後得將股票附帶增資股款收據爲連權買賣(三)自奉准變更登記之日起一個月內換發新股票上市

三月二十六日　下午四時舉行第一屆股東常會杜理事長主席王總經理報告營業概況顧監察人報告賬略經股東議決(一)盈餘分配方案(二)定期四月一日起發給股利改選監察人結果趙棣華孫祖瑞張東三王孝廉胡惠春顧克民彭浩生均當選連任爲本屆監察人宋美揚吳禮門爲候補監察人公推趙棣華爲常駐監察人

三月三十日　恒豐紡織公司股份成交單位前市起改定爲十萬股

上市舊證券審查委員會舉行第五次會議

三月三十一日　上海市警察局函知證券大樓三七〇室鄭恩浩龔禮達有擅營場外交易情事檢附賬冊賬單經核對場帳確有缺少場帳之交易達一千餘億除將查核情形函復警局外並抄請監理員核辦

四月一日　中國內衣織染廠衫襪辦理增資手續，其股票於前市起均暫停交易。

四月二日　據本所營業局來函為據報第二十七號經紀人仇德全有經營場外交易情事，經同附件為處分。

四月四日　星期日下午八時，准監理員辦公處通知，奉財政經濟部電轉奉行政院卅七年四月三日(37)六財字第15848號訓令開：「查上海證券交易所經紀人從事之業務，係屬期貨交易，實係變相之買空賣空，與提倡投資協助生產事業之本旨，值茲動員戡亂期內，此項投機性質之交易，對於國家經濟政策及社會金融危害甚大，亟應予以取締。(一)上海證券交易所將此交割業務，自卅七年四月五日起停做，其已做未了之帳戶，准以原約定日期清結，不得再行延展。(二)證券交易所業務應以現貨交易為限，不得以任何方式變相經營期貨交易。(三)場外交易應嚴格禁止，經紀人如有違反經營場外交易者，應即吊銷其執照，並依法究辦。(四)財政經濟二部派駐證券交易所之監理員，應負責切實執行前項各規定，毋稍寬縱。除電飭上海市政府外，合行令仰遵照，即轉飭遵照辦理具報。」等因。合行電仰遵照，並轉行交易所遵照具報為要。等因。當即轉飭遵辦到所，即邀常務理事長擬具對策，商同代表杜理事長（月笙）提通同時與監理員會商以何遵行院令之辦法，直至午夜始散。

四月五日　今晨各報刊有關京電載行政院訓令，上午八時與杜理事長通長途電話，得悉尚未轉達之辦法，以告遵行，九時一刻，約請常務理事莊叔豪鄒筱冊等舉行臨時會議決定遵令辦理所有遠近交割交易自卅七年四月五日前市起停止新交易并有了結交易做至四月七日(星期三)前市為止其未結存帳仍照原約定日期四月九日(星期五)辦理交割經面商監理員同意後趕在市場開市前公告實行開市後各股價格狂漲跌達限度者現遠共有十六種下午經紀人公會開會派代表持函到所請求體恤經紀人之困難在遵行辦法內擬請將本期遠交交易列入買賣兩存帳軋過存帳仍照原辦法繳納證據金下午三時三十分再召開臨時常務理事會決定各經紀人代客户了結本期遠交原有相互軋抵部份之交易致存帳發生差額時仍照原辦法徵收本證據金現金五成每一經紀人存帳額仍以國幣二百億元為限經向商監理員同意後在當日下午四時前貼出公告

四月六日　開市後市價再稍穩定外匯牌價掛高市價回升漲達限度者多種

四月七日　准財政部錢幣司經濟部商業司會函囑從速核議關於修正管理證券交易所辦法案經本所檢討意見

四月八日　新光內衣辦理增資手續茶市起暫停遠交交易九日茶市起暫停現貨交易

四月九日　最後一期遠近交割交易辦理交割手續全部清楚

第三十六號經紀人吳文會經營場外交易違規案經法院裁定不起訴准監理員辦公處函附奉部令准予復業經公告該經紀人准予恢復

入場營業

四月十日　下午二時舉行記者招待會，到各報記者二十餘人，王蔭代總經理報告遵令停頓遞交之感想（一）說明套利交易並不足助長投機，惟自要求安全保障之穩健者及願將資金投入生產事業者始願套買套賣，決非投機家理想中之交易方式（二）同意遞交有集中游資之作用，特令工商業得所通融資金之便利，但不信套利資金悉用於囤積，更不信遞交引導物價上漲，停頓後反可引起物價普遍下落（三）指出市場利率之高低決定於資金之供求，套利利率亦不能逃此定律，故不敢苟同套利足以提高市場利率之說，根據統計套利利率通常低於市場暗息，最後申述我國今日通貨高度膨脹，物價漲無止境，人民生計困苦，實業多頹，末路投機囤積風行，種種不正常現象，其癥結別有所在，決非由於證券市場之存在，更非由於遞交之開做，遞交停頓後游資可能轉向物資市場，證券價格因無套買套賣之調節，其感應性可能更見敏銳，亦值得注意。報告後即發表辦理遞交業務經過之書面報告

　　接上海直接稅局通知，為特奉署令洽籌依法開征交易所稅，抄發條例，囑自本年三月二十三日起按月辦理報繳

四月十二日　奉財經兩部通知，為對於預約特讓辦法屆滿後處理辦法第六項批示補充規定「凡各上市公司召開股東會決議增資及經依法收足增資股款，可檢具股東會決議錄、收足新股股款證件（董事監察人出具收足新股股款之證明書）及聲敘新股上市緣由，逕行呈報本（經濟

部核准後，其增加之新股可准其以下列方式之一上市買賣：（一）將原股票附帶增資股款收據為買賣；（二）在股票上加註載明增資事項仍以原股票為買賣；（三）增資股款收據載明暫無股權，與原股票分開為除權買賣。至依公司法第二百五十四條召開第二次股東會完成增資程序，須於十五日內向地方主管官署聲請核轉變更登記，俟奉准變更登記，領得新照後，於領照之日起二十日內換發新股票上市，除轉知各上市公司查照外，並抄送秦法律顧問與徐會計顧問研究。

據市警察局函為據報第四四號經紀人中國信託公司證券部有任意場外交易嫌疑，囑查從詳報監理員辦公處核辦。

四月十四日　第六號經紀人新豐公司逾限未遵增繳保證金，遵照財經兩部批示予以吊銷執照處分。

呈財經兩部為提高經紀人資本額一案，法人經紀人是否可用增撥基金方式，個人經紀人是否可將保證金項下之美金債券或其他資產估價升值，轉作資本，請核示。

四月十七日　遵行股份預約轉讓辦法屆滿後處理辦法之規定在過渡時期現貨交割之通融辦法，准監理員辦公處函轉奉部令准予備查。

四月二十日　奉經濟部通知，為新光內衣公司增資後新股，據准照部頒補充規定第三種方式先行上市。

杜理事長在京趨台晉見　蔣主席，順便談及行政院突然命令停辦遞交業務之經過及其影響。

准監理員辦公處函以第二一號經紀人楊智昌違反交易所法罪嫌
經法院裁定不予起訴，轉奉財經部指令准予復業，惟其逃稅部份
仍應依法移送法院裁處，經公告該經紀人准予恢復入場營業

四月二十二日　接新光內衣公司函為增資完成已奉部令准予上市中請
准於四月二十九日上市並改定成交單位為五十萬股，經王處長核呈奉部
方釋示後再行核辦

四月二十三日　准監理員辦公處王轉奉部令批示經紀人申請對講電話審
核標準，應行修正各點，囑核議見復

函經濟部商業司請解釋預約轉讓辦法屆滿後第六項補充規
定第三點條文，並函電財經兩部呈請核示疑義

四月二十四日　接徐會計顧問修函，認為補充規定第三種方式增資股款收
據若股權與股票分開為除權買賣，似係指此項增資股份在未經登
記前不能過戶亦不能參加股東會行使股權，但可與老股票分開而另為除權買
賣，仍屬有背公司法第二五七條第二項「未經登記前不得為新股份之轉讓」
之規定，且既准許其上市買賣，又限制其不能過戶，不能參加股東會行使
股權，亦非事理之平，而在召開股東會時勢必發生糾紛，困難甚或為人操
縱，滋長流弊，與其以此章程規定，誠不若回復當初所定預約買賣之為愈

四月二十六日　奉財經兩部批為更改現貨計帳區域案仍准暫照現行辦法
辦理

四月二十七日　勤興棉織廠辦理增資手續，其股票自後市起暫停交易

據徐會計顧問第二次復函詳釋股權二字認為係指股東權利之界說依照公司法之規定股東對於公司之權利極為繁賾若依權利之標的分類則有自益權亦稱私益權與共益權亦稱公益權二類部批所謂暫無股權者又係指暫無全部股權而言則增資股款收據等於廢紙又係指暫無股票更換名義之請求權及出席股東會行使表決權等則部批又未明言況股東對於公司之權利為公司法明文所賦予何可使執有股份者剝奪其股權使從有股權者仍有股權實為情理所難通又部批所謂除權買賣就上文以為觀察則另除去股權之買賣與通俗所謂除去股權利之買賣及除去股息紅利之買賣亦大不相同

四月二十六日 准監理員駐公處函抄奉部令准予撤銷第五十三號經紀人莊崇周原撤銷註冊之處分

四月三十日 准監理員駐公處函抄奉部令第九十二號經紀人龔禮達經營場外交易一案呈請上海地方法院處理期間應暫停營業經公告該經紀人自即日起暫停入場交易

准財政部錢幣司經濟部商業司會函釋明增資股款收據僅足以表明款已收繳並非股票其持有人即暫無股權補充規定第三點所謂除權即在增資程序完成以前暫無股權之謂又補充規定第一點附在原股票後之新股款收據及第二點在原股票上所註明之增資事項僅可視為新股股款業已收繳之計核記載均暫無股權可言要亦同屬於除權買賣仍囑遵照原案辦理

上海證券交易所大事記 中華民國三十七年份

三十七年五月

卅七年短期國庫券上市

五月二十九日中央社電 中央銀行負責人宣示「卅七年短期國庫券經
財政部決定於卅七年五月卅一日上市開拍，買賣即據其詳細辦法呈部核示，
即於下午四時召開臨時常務理事會議決定上市辦法呈財政部俞
部長本年五月三十日施字第一號批令修正辦理，通即公告五月期國庫
券於五月卅一日開市開做，辦法如左

(一)計算方式分下列二種：甲種今天成交明天交割，乙種今天成交後天交
割，兩種均每星期四開做，下星期五交割，暫先試辦甲乙兩種。

(二)計算區域以一天之上午及下午為一計算區域（照要交易所舊章辦理）

(三)應用帳戶甲種用原有現貨帳戶，乙種用印有紅色標識之帳戶，甲種
交易與乙種交易對做，用原有現貨帳戶，在年月日下一項之上用鉛筆
寫明「對做」兩字，並在成交價格一項內寫明兩個價格，例如八〇元一
八〇、八〇元，前以表明甲經紀人賣與乙經紀人價為八〇元，後以表明乙經
紀人賣與甲經紀人價為八〇、八〇元

(四)成交單位暫定為國幣壹億元

(五)叫價單位暫定國幣壹百元

(六)價格升降單位暫定為五分

(七)漲跌限度暫定為百分之十

(八)經手費甲乙丙三種計算方式之交易應徵經手費照千分之〇·五
計算甲乙兩種對做及內轉帳交易減半徵收
(九)佣金徵收率另行公告規定之
(十)交易稅在試辦期間暫緩征收
(十一)本證據金乙種計算方式之交易徵交易額現金百分之十丙種加徵代用品百分之十以公債抵充之
本證據金必要時得由本所隨時增加之
(十二)追加證據金由損方照損額繳納之
(十三)現品提交以賣方不繳證據金准許以現品提交
(十四)保證金照本所暫行營業細則第六十七條原規定數額每一經紀人繳國幣五千萬元其中百分之四十須繳現金其餘百分之六十得以代用品充之

各經紀人向買賣兩方委託人徵收之佣金率亦經同時公告暫照經紀人公會擬具標準以千分之一徵收仍由本所報部核定

第一日成交數甲種五〇七億元乙種一九〇億元行市甲種開盤七三元收盤七二·八〇元乙種開盤七五·五〇元收盤七三·五〇元

增資新股上市問題解決

四月三十日財政部錢幣司經濟部商業司之淩玉佐抄送秦法律顧問與徐會計顧問研究關於本所遵行之責任問題副接徐顧問

五月三日復函認為「若在增資程序完成以前暫將股權且並將認股權利（蓋增資登記尚未完成而股款已經收足者亦得增加資本也）則增資股款收據所代表之權利為何，甚難索解。此項增資股款收據上市買賣，萬一買方因出賣物顯有瑕疵而要求減少價金或甚至解除契約，而致交易所發生賠償責任問題，實堪注意也」。五日奉財經兩部代電為第三種方式已飭司函復解釋，仰遵照辦理。六日常務理事會議對於適行問題有所討論，決議：關於第三種方式呈請兩部准許分開計價合併交割；關於三種方式買賣之性質，均仍應認為預約轉讓。正擬派員攜呈晉京請示，因經濟部鄭司長來滬，八日又接錢幣司商業司會函，略開：「關於收據暫充股權一點，經研究結果，似無變通餘地。對於預約轉讓辦法之恢復與否，亦擬不予考慮；至第三種方式所謂分開買賣，可解釋為股份分開而非收據與股票分開。上市公司之依照第三種方式申請上市者，股票係與收據分開為買賣（即不連作一張），而交割有困難時，可由所方着其以票據連同買賣，俾得簡便。此事部中已研慮至再，姑作如此決定，盼所方能切實遵照，不必再以公文往返，徒耗時日。」又新股上市對於廠商營運及股東利益均有關係，上市廠商已獲准以新股上市而因細節致生阻礙，其可能發生之後果亦盼考慮及之。經研究後當即公告遵辦，同時為使出賣人履行民法上出賣人之義務起見，擬照補充規定所列三種方式分別製就定式買賣約據，印發各經紀人備由出賣人依式簽用，隨同股票交割。第三種方式買賣約據十日隨同新光票

補新股之上市公告使用第一種方式買賣約據十四日隨同勸興新股之上
市公告使用第二種方式買賣約據二十六日隨同中國內衣新股之上市公
告使用均經呈部備案十五日又奉財經兩部批示「呈件均悉本案前据該
府電同前情請予核示到部經代電飭遵在案茲核附呈新光標準內
衣染織整理廠股份有限公司之股票附帶增資股款收據樣張其股據
既與股票並非分開為買賣則認為屬於補充規定之第一種或第三
種方式均無不可至註明暫無股權一節在公司增資登記未呈經本經濟
部核准擬發新股以前收據既非正式股票在收據本身自無股權可
言（在收足新股款後所召開之增資第二次股東會已繳足新股之新
股東自可出席會議蓋此時之新股東已取得股份也）故不論為補充
規定之任何一種方式均屬於暫無股權上市公司係應於呈准變更登
記後以正式股票上市始為正辦亦不致發生收據有無股權問題補充
規定係本兩部據該府請求所核定之一種臨時變通辦法業經核定並
飭由該府公告遵行有案上市公司依照補充規定呈准上市後所自應
遵照辦理毋庸多瀆」

公告經紀人增資方式

　　提高經紀人資本最低限額為國幣五億元一案關於增資方式
四日僅奉兩部批示核定（一）法人經紀人應劃撥經營證券業務之基金至
少為國幣五億元（二）個人經紀人資本五億元一律以現金增足五日公告辦

理規定之法人經紀人其因證券業務資金並不劃分無法單獨增資者應遵(一)項亦法辦理檢具證件根據個人經紀人對本業增資未以現金增足者應即以現金增足編送增資後之資產負債表暨行莊收款證件一併報所備核其已以現金增足而未送增資後之資產負債表暨行莊收款證件者應即補送同時函知經紀人公會查照轉知

參觀台發見砲彈

五月二十日晨參觀台發見砲彈一枚急電警局派員移去並偵查來歷追究結果為謹慎起見即日停止開放參觀台並加嚴出入門禁

上市公司動態

(一)美亞新光景福勤興及中國內衣增資已認繳足額均經呈奉經濟部批准依照補充規定所定方式先行上市美亞於三日起照第二種方式以原股票載明增資事項上市買賣成交單位仍為五萬股新光与景福於十日起照第三種方式以股票連同增資股款收據上市買賣成交單位新光改定為五十萬股景福改定為壹百萬股勤興於十四日起照第一種方式以原股票附帶增資股款收據上市買賣成交單位仍為十萬股中國內衣於二十八日起照第二種方式以原股票上市買賣成交單位仍為一萬股

(二)中國國貨与震安百貨辦理增資手續國貨股票自三日後市

起，眾安股票自十日前市起暫停交易，所有停市前已做之交易概以老股票連權交割。

（三）華豐搪瓷公司完成增資，一日前市起，憑新股票上市開做，成交單位改定為十萬股。

經紀人動態

第五十一號經紀人莊崇周辦妥復業手續，二十八日起恢復入場交易。

常務理事會召開例會

常務理事會五月六日召開第一屆第三十六次會議，議決各案如下：（一）試行上市公司股份嗣後應全部上市，通函現行上市各公司廠商知照。（二）通過上海市輪渡、浦東電氣公司、上海水泥公司、振華油漆公司、梅林罐頭食品公司及富安紗廠六家股票上市申請書呈部核定。（三）關於部頒股份預約轉讓辦法屆滿後處理辦法第六項之補充規定第三種方式，應請兩部准許分開計價，合併交割；關於補充規定三種方式買賣之性質，均應認為預約轉讓，即備文呈部。

二十八日召開第一屆第三十七次會議，議決各案如下：（一）經濟部商業司為奉諭查詢「現有承擬買賣之經紀人名額是否足以應付，又不敷者應又何補足現有經紀人缺額或增加名額」函囑詳擬辦法呈核，業議決函復現有經紀人無增加需要。（二）公告市場自六月一日起當日票

據不准抵用，後交經紀人於交割時交付之行莊存票應由交經紀人用存所印鑑背書並註明繳入日期

三十七年六月

公告更正增資股份「連權買賣」

美亞織綢廠與中國內衣公司增資後股份上市前經先後公告以原股票為連權買賣並呈報監理員辦公處嗣准該處函轉奉部令以公司未呈准變更登記前股款收據本身僅有股權可言不論屬於補充規定之任何一種方式除原來股票屬於有權外其第一、三兩種所附收據及第二種在原股票上所附註之增資事項均不能認為有權美亞織綢廠增資上市時所稱連權買賣當為市場上之一種術語不同於兩部令內所稱「權」之解釋為免混淆起見應由本所將「連權」字樣改正後報核又准監理員辦公處函中國內衣公司以原股票為連權買賣一節亦應依照前次部令辦

理均在於一日公告更正刪去建構字樣

個人經紀人准補辦商業登記

七月七日奉上海市社會局通知為奉經濟部訓令本市經紀人除法人經紀人業經依照規定為公司之登記外其個人經紀人而為商業行為之經營者亦應依法為商業之登記本所除轉知各個人經紀人遵辦外並函社會局重申前令對於個人經紀人申請商業登記時應以「上海證券交易所第某號經紀人某某某」之名稱登記以杜私自轉讓牌號

中交兩行設聯合收付處

中國銀行上海分行交通銀行信託部以金融管理局規定自七月一日起當日支票不得抵用兩行為便利交割款項收支起見於七月三日添設「中國、交通銀行證券交割處聯合收付處」專辦經紀人及其客戶之款項收支事務並請本所布告周知經理請由所理事會核議備案

更換經紀人入場證章

各經紀人及其代理人所佩入場證章一律經更換特另製新式新證章自七月十七日至十九日辦理換發手續二十日起所有舊證章停止使用

六底停市

六底決算期市場於二十九日下午及三十日停止交易，惟國庫券甲乙兩種交易於三十日上午仍照常開做

上市公司動態

(一)中國興業公司辦理增資手續，其股票自七月十日起暫停交易，時前已做之交易概以老股票連權交割

(二)中國國貨與麗華百貨兩公司增資認購足額，均呈奉經濟部批准依照補充規定第三種方式進行上市，國貨自七月十七日起、麗華自二十八日起進行股票及股款收據連同買賣交割，但照第三種買賣約據成交單位均定為一百萬股

(三)五和織造廠增資新股自七月二十四日起開做，成交單位定為十萬股，限以新股票交割

(四)美亞織綢廠增資業已奉經濟部核准變更登記並領到新股票，定期換發新股票，自七月二十八日起改做新股交易，成交單位改定為五十萬股，其所做交易以新股票交割，舊股係五十比一折合老股調換新

(五)大中華火柴公司增資業已奉部批核准並變更登記，領到新股票，定自七月二十五日起辦理換發新股票手續，並定八月一日起限以新股票交割

經紀人動態

(一)第四十四號經紀人中國信託公司經營場外交易嫌疑一案十一日准監理員辦公處函抄奉部令應依照向例移送法院審理在審理期間暫停入場營業經函告該經紀人自十六日起暫停入場交易

(二)接上海市警察局函為據報吳興路二百七十五號凱成證券號有經營場外交易嫌疑檢附帳單請核辦經派員查明該證券號為第一五五號經紀人吳凱氏所設審核帳單確有從事場外交易情事並有擅設分營業所之嫌疑六月廿四日特報監理員辦公處核辦

常務理事會召開例會

常務理事會六月十二日召開第一屆第三十八次會議議決要案如左：

(一)華新水泥公司增資三十五億元部份擬換發加註股票恐滋糾紛應俟股款收據調換股票後上市舊股票並應一律掉換新股票即函促該公司照辦

(二)短期國庫券成交漸增准予添設對做櫃由總經理斟酌辦理報會備案

(三)試行辦理三十七年暑期流輪休假辦法

(四)加送理監事及員工一個月車馬費公費及薪津供應費提前送給

六月二十九日召開第一屆第三十九次會議議決要案如左：

(一)通過經紀人申請對講電話審核標準修正草案函送監理員办

公處

（二）華豐擴從公司建議防止掛失股票辦法第二項以發見掛失股票或股

據由交割處加蓋掛失圖章通過照辦

（三）函稱八月底到期甲乙種短期國庫券俟中央銀行來函後照常催繳

函繳呈部備案

（四）調整員工待遇加發米貼案又擬通過

三十七年七月

電催兩部增加資本市場籌碼

七月初股市隨外圍環境連日激漲五日特召集臨時常務理事會

議商討決議電呈財政工商兩部請早日以發行股票方式出售國營

事業增加資本市場籌碼以疏導游資十二日又函經紀人公會請特知各

經紀人暨全進場人員佩帶證章及股價漲達限度後不得私做暗

盤交易

警備司令部剪拆經紀人對講電話

淞滬警備司令部為澈底消滅證券場外黑市交易對於經紀人

之對講電話不論本所核准裝置者抑屬私裝者悉予剪折此舉影響經紀人業務匪淺紛紛函報本所七月七日經紀人公會來函請本所轉呈警備司令部對於合法對講電話早日恢復經函報監理員辦公處請轉洽保障

防止經紀人逾期交割

七月十四日上午交割經紀人未能依時辦理清楚者有六家經寬限後始陸續理楚惟第二十七號經紀人馮壽康迄至下午五時其應解貨款猶未繳清經公告自十五日起暫停入場交易至十六日始補行交割清楚而連日復繼續發生交割逾期情事十六日召開臨時常務理事會議商討對策議決

(一)通過修正暫行營業細則第八十六條條文報部備案

(二)經紀人辦理交割延至下午二時尚未清楚口頭通知當日後市停止入場倘迄至下午五時尚未办楚應予公告處分

(三)第二十七號經紀人交割逾期依據營業細則第八十九條規定課以交割違約款百分之二遲延金並嚴加警告後准恢復入場交易函報監理員辦公處備案

依照上項決議對於第二十七號經紀人課以遲延金並予告誡後准自十九日起恢復入場交易

經營場外交易業務之監理員撤銷

第廿八號經紀人鄧毓麟所設上海證券號，經上海市警察局查獲有場外交易嫌疑，並違章收帳，所經營者確有隔帳內轉帳之易及逃稅情事。又第一九〇號經紀人呂德及第一九三號經紀人張鑑生均經法院判處有期徒刑，查明確有經營場外交易嫌疑，以上三號分別撤銷監理員職務撤銷。

呈請修正營業細則條文

增訂營業細則第六十七條之規定，對經紀人發生違約事件，僅限制其不得入場，並因違約事件而發生之損失，又須經紀人所繳保證金不足彌償時，則全體負擔之責任，因虞實有加重違約處分之必要。七月二十二日呈奉財、工兩部核准修正營業細則第六十七條條文為：「經紀人發生違約事件時，除令違約者負擔第八十條規定負擔之款外，得按情節輕重處以一個月以上六個月以下之停業處分，或呈請撤銷其執照。」

工商部派監理員沈雲龍就職

工商部派駐上海交易所監理員趙爾昌另有任用，經部方改派沈雲龍接任，七月二十四日就職視事。

減低國庫券經手費率

七月十六日奉財政部訓令，為准中央銀行代電略稱：據國庫券買賣經手費數額過高，擬請改為十萬分之〇·二五計算一節，業已呈准照辦，仰即遵照辦理等因。當經公告所有國庫券甲乙丙三種期貨方式之交易，其經手費自同月十九日起一律改為十萬分之〇·二五計算征收。三十日據中國交通兩行信託部函呈，請將內轉賬交易經手費仍減半征收，已征經手費並請保留退還之權等情，經呈准並自廿一日起准照理事會公決。

「上海水泥」與「梅林食品」試行上市

七月三日奉財經兩部批准上海水泥公司與梅林罐頭食品公司股票試行上市，經交易所公告上市手續，核上海水泥公司股票，簡稱「上海水泥」，於十二日起試行上市，成交單位暫定為十萬股；梅林罐頭食品公司簡稱「梅林食品」，於十九日起試行上市，成交單位暫定為五萬股。

九月底到期國庫券上市

七月底起行九月底到期之三十七年短期國庫券，自七月三十日起上市，開做甲乙兩種方式之交易，簡稱「九甲」與「九乙」。又七月底到期之「七甲」與「七乙」均做至二十九日後停止為止。

上市公司動態

中國地產公司增資案呈奉經濟部批准，依照部頒預約轉讓

辦法屆滿後處理辦法第六項補充規定第三種方式上市買賣核定該
公司新股自七月五日起上市成交單位暂定为二十萬股交割時應加具
第三種買賣約據

大通紡織公司增資變更登記呈奉經濟部核准並頒給新照從
開始換发新股票核定自七月十九日起該公司股份交易限以新股票交
割

景福彩林紡織增資變更登記呈奉經濟部核准並頒給新照定
於七月二十八日起開始換发新股票核定自八月四日後市起該公司股份
交易限以新股票交割

常務理事會台開例會

常務理事會七月十三日台開第一屆第四十次會議議決(一)通過核
定世界書局股票試行上市呈部核准(二)擬具本年上屆結帳各項
提付提存方案提下次會議決定

二十二日台開第一屆第四十一次會議議決各案如左：

(一)修改七月十七日臨時會議關於經紀人交割不清之議決案「凡經紀人
不按時交割情節輕者應即予警告或通知暂停交易其情節嚴重者
應即公告予以處分公告市場

(二)中交兩行信託部呈請減征國庫券內轉帳交易經手費業經復兩行
說明經紀人向委託人收取佣金可依照定率收取

（三）本所三十七年上期結帳所有基金及盈餘項下除（甲）提付經紀人獎勵金（乙）提
付股東特捐五十億元（丙）提訓育基金二百億元（丁）提責任準備六百八十
四億三千六百七十三萬一千零廿八元（戊）提所同仁福利金二百億元外（己）墊付
股東預支股利二百五十億元並於本月二十五日同時發給墊付預支同仁紅利
一百七十三億七千九百十六萬零五千元墊付預支理監紅利三十八億元均於
本月二十五日發給其墊付股利紅利部份一併由預付款項出帳俟年終
決算時調整之

（四）三十七年一月至六月經紀人繳納經手費滿下列各規定者分別給予獎勵
金其標準如下（甲）股票部份滿三億元者按百分之一，五億者百分之二，十
億者百分之四，廿億者百分之六（乙）庫券部份五億元者百分之〇·七五，十
億者百分之一·五〇，廿億者百分之二，四十億者百分之三·五

三十七年八月

政府改革幣制本所全部暫停營業

八月十九日下午六時接中央銀行代電，准財政部巧電開：茲定於本年八月廿日為全國銀錢業臨時休假日期，即本埠上海、天津兩地證券交易所應照同時休假。等由，特電希照辦理。本所遵於廿日臨時休假兩日，暫停市場交易。二十日政府頒佈財政經濟緊急處分令，其整理財政及加強經濟管理辦法第廿條規定上海天津證券交易所應即暫停營業，非俟呈經行政院核准後不得復業。二十三日接監理員訓令，奉經濟、財政兩部電令本所除依照通告臨時休業兩天外，自八月二十三日起應即遵照政府命令暫停營業，其以前所做之交易應限於二十三日起陸續了結，所有了結辦法由監理員轉飭本所妥擬辦理，仍將經過及了結情形呈報備查。又接中央銀行業務局函以本月十八、十九兩日上下午短期國庫券成交未交割者均照例假日順延辦理，甲乙丙種均按成交行市每日照加七角計算等語。同日下午五時召開第一屆第四十二次常務理事會討論本件，依照人已做成交易之交割辦法議決辦理，其辦法如左：

一、股票　八月十八日下午及十九日上午之交易於同月廿三日交割，八月十九日下午之交易於同月廿四日交割。

二、庫券　八月十八日乙種交易及八月十九日甲種交易於同月廿三日交割，八月十九日乙種交易於同月二十四日交割。

（二）前項交割價銀概依法幣三百萬元折合金圓一元收付

（三）股票交割價銀收付雙方均加遞延利息三天按月息二角一分計算庫券

交割價銀甲乙兩種交易均按日加遞延利息法幣七角三天共加法幣弍

元一角折合金圓一併交割清楚

二十三日起遵令暫停營業辦理停業前已做成交易之交割手續

至二十四日全部交割清楚並報監理員辦公處備案

通知經紀人勿作遠期交易

八月二十四日通知各經紀人在本所暫停營業期間勿作遠期交易

以免影響復業前途

改訂市場夏季集會時間

市場集會時間自八月十一日起至卅一日止暫定上午九時三十分至十一時

三十分下午二時三十分至三時三十分

奉批修正暫行營業細則第八十六條

八月二十一日奉財工兩部批准修正本所暫行營業細則第八十六條條

文為「經紀人違反遠期事件時除合遠期者應遵照第八十一條規定負

擔責任外得按情節輕重呈請予以三個月以上六個月以下之停業處分或

呈請撤銷營業執照在呈請處分期間並得由本所先行停止其入場交易等

因自應遵照[illegible]時[illegible][illegible]

新股票三種核准試行上市

八月十三日奉財政部批復浦東電氣公司與世界書局股票准予試行上市公函，又該公司派員洽辦上市手續。三十日上海市輪渡公司股票奉批核准上市，並知該公司俟本所復業時辦理上市手續。

上市公司動態

五和織造廠與梅林罐頭食品廠辦理增資手續，五和股票自八月十一日起，梅林股票自十二日起暫停交易，所有已做之交易概以該公司之老股票連權交割。

新光內衣廠辦妥增資變更登記手續，自八月十六日起開始換發以染字編號之新股票，其股份交易核定自二十五日後市起限以新股票交割。

台開第十二次理監聯席會議

八月十日台開第一屆第十二次理監聯席會議議決：

(一)經紀人公會函請停做後市一案，議決自八月十一日起至廿日止市場集會時間更改爲上午九時三十分至十二時三十分，下午二時三十分至三時三十分。

(二)袁理事菘藩因病故出缺，由候補理事傅沐波君照章遞補。

(三)通過三十七年上屆決算及支配案，並發股東股利，併予追認。

三十七年九月至十二月

振華股票核准上市

振華油漆公司股票申請上市，業經補正手續呈奉財工兩部批准，予照准，九月一日轉知該公司，俟本所依章將辦理上市手續。

發還華昌號三種掛失股票等

第八十五號經紀人華昌號三於本年七月十七日將已掛失之華商電股票一百萬股送所交割，經本所發交第六十五號經紀人美全華號經手送過戶，逕本所據五八十五號經紀人負責撥據注入處理，十一月二十日召開常務理事會臨時會議討論決議，若與六十五號經紀人接洽辦理並發還八十五號經紀人，從速理楚，旋據華昌號送到華商電一百萬股，換回掛失股票，經本所轉發六十五號經紀人。

市商會呈請政府恢復證交業務

上海市商會依據十一月三十日第十一屆會員大會之決議，建議政府恢復證券交易所業務，以代電呈請財政部核轉，奉財部批復，准予陸續十二月二十三日該會函達本所查照。

監理員人事更調

財政部派駐上海交易所監理員王鰲堂呈准辭職，部令遺缺由監

理員辦公處秘書王傳福暫行兼代十月二十三日該處正咨本所查照
工商部派駐上海交易所監理員沈雲龍呈准辭職部令遺缺由杜俊
東繼任十二月六日杜監理員就職視事

經紀人動態

第一九〇號經紀人呂慶敦前任淞滬警備司令部查獲擅營場外交易嫌
疑一案移送到府經部准監理員办公處轉奉部令准予吊銷執照並移送
法院究办該經紀人營業執照經繳回轉呈財經兩部註銷旋該案經上海
地方法院判決無罪十一月二十七日該經紀人正請本所轉呈兩部撤銷原處
分發還經紀人營業執照附來地院刑事判決書抄本十二月六日本所抄
同該項判決書呈請監理員辦公處查照核辦

第二三七號經紀人杜維屏為八月十九日陳君揭密拋空證券一案經有
關機關查明有違法經營場外交易情事移送法院審理九月二十八日奉財
工兩部通知應即吊銷該經紀人營業執照經遵照辦理已奉令註銷

第九十一號經紀人龔禮進經營場外交易嫌疑一案經上海地方法院
裁定不起訴處分經准監理員办公處轉奉部令應准恢復營業九月四日公
告該經紀人於本所恢復營業時准予恢復入場交易

第四十四號經紀人中國信託公司經營場外交易嫌疑一案經上海地方
法院裁定不起訴處分報准監理員辦公處轉奉部令俟本所恢復營業時准予
恢復營業十月一日遵令公告

常務理事會召開例會

常務理事會於九月三十日召開第一屆第四十三次會議決議各案如左

(一)經紀人保證金代用品郵行徽存美金債券通知各經紀人說明原由

本行匯合集中代擇全國公債並咨復經紀人公會

(二)經紀人公會電懇本行早日復業並開拍國營事業股票案暫緩

(三)理監事公費夫馬自十月起暫停各項開支注意節省同人待遇暫照舊

維持

十二月十日召開第一屆第四十四次會議討論本行復業無期維持甚感

拮据應如何處理案決議員工資遣及留職其原則如下

(甲)凡員工願意資遣者所員支資遣費最低金圓券三千元最高四千五百

元工役最低二千元最高三千元

(乙)員工一律照十一月份待遇支給不必扣所

以上辦法授權總經理辦理

辦理員工資遣

十二月二十七日遵照常務理事會決議員工資遣及留職原則規定施

行辦法通告辦理辦法如下

(一)所員自願資遣者其資遣費按照下列標準支給

底薪壹百元以下者一次支給金圓券叁千元

底薪壹百元至四百元以下者一次支給金圓券叁千捌百元

底薪四百元及以上者一次支給金圓券四千五百元

(二)工役自願資遣者其資遣費按照下列標準支給

底薪三十元者一次支給金圓券貳千元

底薪三十一元至三十五元者一次支給金圓券貳千五百元

底薪四十一元至五十元者一次支給金圓券叁千元

(三)職員自願資遣者限卅七年十二月卅日前向本人服務室處主管簽註意見

呈請處長核准資遣支部核收者一式三份填送後以其中一份連同證書

送交總署人事部於三十七年十二月三十一日領取資遣費

(四)工役自願資遣者限三十七年十二月三十日向本服務處主管簽註三十七年

十二月三十一日領取資遣費

(五)員工備不及期簽註資遣者即照十一月份待遇支給不必到所

通告下午後員工推舉代表七人會見總經理陳明員工生活艱苦情況請

求改變資遣及留職辦法總主任代總經理轉陳杜理事長當補發員工

因請指示將本年理會決議原則予以修正:(甲)項修正為:凡員工願意資遣者

所員一律支給資遣費金圓券八十元,工役一律支資遣費金圓券五十元;(乙)項

仍為:「員工一律照十一月份待遇支給不必到所」,三十日總經理通告停止辦理後員工

以吾時物價上漲波動請將資遣辦法再予變通總經理杜理事長指示凡自

願資遣者另行加給車旅費其金額以十一月份待遇為限員工即要照

辦理三十一日起分別辦理手續計自願資遣支部者所員七十人工役三十五

人留職不支薪俸者留用員三百零七人工役六十二人經就留職人員中指定部員三十二人工役四十二人照支半薪以辦理日常事務及保管事宜

上海證券交易所大事記 三十八年份

一月八日

據監理員辦公處函為該處派員查核第一三九號經紀人國華工業投資公司各戶往來存摺均有結息之記載對於各戶積欠之交割金並結付存息違反銀行法及本所營業細則之規定已呈奉部令就中關於違反營業細則部份應予申飭營業執照為對該經紀人此將原領執照繳還注銷轉呈核備請經呈照辦理

一月二十二日

主任秘書王文煜呈請辭職照准

召開第一屆第四十五次常務理事會議決要案如下

(一)留職員工下學期子女教育補助金照舊辦理

(二)經紀人保證金代用品仍託中國銀行信託部暫行保管

(三)王惠代總經理籌備本所以迄成立綜理三年倚著勞績前以體弱迭函請辭正值時艱難容高蹈茲再懇切函辭挽留未獲准予辭去兼職所遺總經理一職聘請顧理事善昌擔任提理監會追認

(四)楊協理蔭溥函請辭職案議決挽留

二月五日

奉財政部訓令開「查上海證券交易所復業辦法業經行政院第四十二次會議決議通過除咨工商部外茲檢發原辦法一份令仰遵照辦理具報」復業辦法原文如下

第一條 政府為疏導游資穩定經濟特准上海證券交易所復業

第二條 上海證券交易所上市之證券暫定左列各種

(一)政府債券

(二)國營事業股票

(三)民營公司股票

前項第一二兩種證券之上市由財政部工商部另以命令定之

第三條　上海證券交易所開拍證券除政府債券得暫做一天期貨外均以現貨為限

第四條　各種證券之交易辦法由上海證券交易所擬訂呈報財政部工商部核定之

第五條　上海證券交易所現有之經紀人其資本應重行調整并不得少於五十萬金圓

第六條　經紀人保證金分債券股票兩種各為三十萬金圓其百分之四十為現金其餘百分之六十得以上市之政府債券或國營事業股票抵充

第七條　前經呈准上市之民營公司股票未依營利事業資本額折移金圓變更登記辦法呈准變更登記或經呈請登記尚未確定者其上市買賣認為轉讓之預約依照上海證券交易所營業細則第卅七條辦理買賣手續並於該所復業之日起於三個月內完成變更登記程序

第八條　經紀人接受客戶買賣應填明客戶真實姓名及住址不得隱匿並不得接受公務員或交易所職員所委託之買賣

第九條　經紀人經營場外交易經查實後除移法院依法究辦外並應由財政部工商部撤銷其營業執照

第十條　上海證券交易所暫行營業細[illegible]本[illegible]、[illegible]治安[illegible]

第十一條　本辦法自公布日施行

二月七日

據監理員辦公處函開「案奉工商部二月四日滬臨字第二十三號代電開「查

上海證券交易所復業辦法業經提奉行政院會議通過除將法令文及指定黃
金公債上市暨關於保證金之繳納日期經由財政部逕函該所外仰即知照並轉
行遵照 復奉同日滬臨字第二十四號代電開"茲依據上海證券交易所復業辦法
第二條規定指定國營招商局中國紡織建設公司台灣糖業公司台灣造紙公司
股票上市買賣除函達中央銀行外仰即轉行遵照"各等因奉此相應函達查照

台灣第一屆第四十二次常務理事會議決要案如下

(一)三十七年下屆決算照章辦理俟決算表冊造具後提理監會

(二)員工子女教育補助金標準甲大學一萬五千金圓乙高中一萬二千兩初中一萬
丁小學八千

(三)遵照部令籌備復業甲復業日期暫定為二月二十日乙股票市場集會時間
暫做前市自上午九時半至十二時半丙黃金公債上市辦法俟財部令到遵從依
照前定短期庫券交易辦法辦理丁國營事業股票依照民營事業股票上市例
辦理手續分別通知各公司戊已核准而未上市各公司股票上市費以上市開盤價
格合該公司發行之總股數由經理酌量征收上市費部會備案己股票成交
及升降單位由業務處擬具意見提會核定庚經紀人增資及增繳保證金日
期定為二月十六日辛留職各部門職員工回[illegible]陸續通知

副[illegible]事

二月十日

奉財政部訓令規定(一)根據復業辦法第二條第一款規定三十八年黃金短期
公債准予上市其上市辦法由本所依照復業以及營業細則之規定擬具報核

(二)經紀人應繳之身份保証金應於本所復業前三日一律繳足，報核逾期不繳者
以自願放棄營業論，撤銷其執照及登記，除業經分告並函知經紀人公會

二月十一日

經紀人公會函商關於應繳之保證金現金及代用品均應酌予延期繳納，經商
定現金部份仍應依照常理會之決議於二月十六日前一律繳齊，代用品部份之經
紀人承購不及，得遵照部令復業前三日繳足之規定，最遲應於二月十九日前繳清
函復公會查照

分別通知留職不必到所所員於指定日期報到並開始工作

二月十二日

函各經紀人為每一經紀人之代理人及不兼營債券者暫定以二人為限，其超過
人數請即到所註銷

函各試行上市公司為復業後股票買賣概以正式股票交割

二月十五日

試行上市公司三十七年度常年上市費函知繳納

二月十六日

經紀人來所繳清現金保証金者共計二〇四家，其中經營股票者五五家，經
營債券者一家，兩家兼營者一四八家

二月十七日

第二〇九號經紀人中國建設銀公司為限定業務範圍結束信託業務，來函
繳銷經紀人執照，同請停業，已為報部註銷執照並發還保證金

二月十八日

午后開第一屆第四十七次常務理事會議決要案如左

(一) 新股東上手續業已開始，開股價十分之○·三合股之同收付從限起收至六十萬金圓為止收領

(二) 通過黃金之價上市辦法

(三) 黃金之價之交易時間定為上午九時半至十二時半，下午二時至三時

(四) 經紀人辦理對帳之有延誤，酌予處分：第一次警告，第二次罰款，第三次停業一天

(五) 通過紗業交易辦法

(六) 通過行員待遇標準

(七) 監察人某氏因病故遺缺由次多數某某先生遞補

(八) 提存員工津貼費用授權總經理辦理

(九) 理監事費未另支費，比照現定行員實支車馬待遇十分之一為標準，支送理事長常務理事及監察按個別借款支送之

二月十九日

上午十時招待經紀人公會理監事交換紗業意見，下午二時招待本市新聞記者報告本所本年之紗業經過

下午四時半開第一屆第十三次理監聯席會議議決各案如左

(一) 第四十三次常務理事會議決之五代總經理，準予辭去本職，所遺總經理一職聘請[illegible]理事長[illegible]擔任案追認通過

(二) 理事長提請總經理之請提名本所事務處經理陳[illegible]為副總經理仍為本所協理仍兼

事務處經理案通過

（三）追認通過經理暨事曾貴夫馬貴調整標準案

（四）追認通過宋美揚先生遞補為監察人案

（五）追認通過有關本所復業各項辦法案

（六）追認本所復業日期案

前任王孟代總經理與新任顧總經理辦理交接手續竣事

二月二十日

遵令復業重行規定交易辦法原訂辦法其不相抵觸者仍予適用

一、開盤辦法　開盤價格之決定依照已往新上市股票之開盤辦法辦理鳴鐘開市時尚未公布漲跌限度先依各交易櫃證券排列之地位逐一開始交易迨第二次鳴鐘全部交易暫時停止將已成交之場帳交與場務科按種類計算平均價格作為開盤行市再依規定公布漲跌限度繼續交易前項場帳之成交價格若有特大或特小不合市情者得不予平均在內

開盤時所成交之證券將開盤後成交之場帳送交場務科參照前二項之規定辦理

漲跌限度公布前成立之交易其價格若有越出漲限或跌限者應依限度更正雙方不得異議

（二）叫價單位　公債部份另行公告股票仍以一股之價值叫價左列各股因目前市值較小暫行訂定如下

景綸衫襪　美亞綢廠　新光內衣　景福衫襪　華豐搪瓷　新華百貨　均按十股

之價值叫價

(三)成交單位　公債部份另行公告股票除左列各種調整如下外其餘悉照原定單位辦理

中國水泥　十萬股　景綸衫襪　五十萬股　華新水泥　五十萬股

上海水泥　五十萬股　新華百貨　五十萬股　中法藥房　十萬股

新光內衣　一百萬股

(四)升降單位　一元以下一厘十元以下一分百元以下一角千元以下五角五千元以下一元五千元及五千元以上五元（公債部份另行公告）

(五)漲跌限度　一百元以下百分之二十　五千元以下百分之十五　五千元及五千元以上百分之十

(六)計帳區域　以每日之交易作為一個計帳區域

(七)對帳時間　暫定每日下午三時半

台灣糖業公司股票上市開做簡稱「台糖」成交單位定為十股叫價單位定為一股

振華油漆公司掛牌上市手續股票簡稱「振華」上市開做成交單位定為十萬股叫價單位定為十股憑股票交割

勤興紡織衫襪廠已完成增資手續並換發正式股票新股上市開做成交單位定為五十萬股叫價單位定為十股

新亞化學製藥廠完成增資手續並已換發正式股票經核定新股上市開做成交單位定為十萬股叫價單位定為十股

中國絲業麗安百貨中國國貨及中國內衣四公司上年辦理增資案内未按照部頒預約轉讓辦法屆滿後處理辦法第六項之補充規定依限掉換新股票者掉換新股票前暫停上市

第七號經紀人莫杏生因病不能調度該業事宜除繳納保證金外自請暫停入場交易

頃總經理暨陳協理就職視事主任秘書王鑑老同時到任

二月二十八日

上海水泥公司股票成交單位改定為十萬股

三月一日

奉財政部批示卅八年黃金短期公債經核定准自本年三月四日上午開拍囑擬具該項公債上市辦法呈部備核并將每日交易數額及最高最低價格逐日列表報核

三月二日

准招商局輪船公司函為該公司股票已奉交通部批示轉奉行政院令暫緩出售

公告經紀人及其代理人與電話生在市場內均應依照規定佩用證章於顯明之處以明身份而利查察

三月四日

三十八年黄金短期々價買賣之上市，兩相集會時，間規定為上午九時三十分至十二時三十分，下午二時至三時，星期六下午停市，其上市辦法規定如左

一、交易期限　分現貨及一日期貨兩種，現貨今天成交明天交割，一日期貨今日成交後天交割

二、計算區域　以一天之交易為一計算區域

三、成交單位　暫定為壹市兩黃金壹兩

四、叫價單位　以壹市兩黃金壹兩合金圓券之數叫價

五、價格升降單位　暫定為五十元

六、漲跌限度　暫定為百分之十

七、經手費　按成交價額千分之〇·五徵收，現貨一日期貨兩種對敲及內轉帳

交易減半

八、交割準備金　一日期貨交易按交易額徵收交割準備金百分之四十，概以現金繳付之交割準備金得由本所隨時調整，視情勢之必要時並得追加徵收

九、現品提交　如賣方以現品提交者得不繳交割準備金

開盤辦法照原定，自本日行市：現貨開盤一五五〇〇〇元，最高一六一〇〇〇元，最低一五七〇〇〇元，收盤一五九四〇〇元，成交九四九兩，一日期貨無市

三月六日

金商第一屆第四十八次常務理事會議決要案如左

一、上海市金融管理局為限定各業黃金上市價格，規定每日上午一點鐘後交時期放出所管黃金兩，說明本所以前交易限定上午交易辦法

(二)黄金短期公債上市办法內對本行經收經手費規定為「按成交價銀千分之〇
五徵收現貨一日期貨兩種對做及內轉帳交易減半」內轉帳為交易所專用
名詞業外人不易瞭解刪去「及內轉帳」四字呈部備案
(三)本行上年度決算表冊連同正明會計師查帳報告提理監聯席會議
(四)三十七年十二月終決算盈餘照章支配先行墊付(所有三十七年六月底結帳墊發
部份應予扣除)股東官利每股金圓〇·〇〇〇三三厘紅利〇·八厘(已墊發每股
法幣一千五百元折合金圓半厘淨付紅利每股〇·七五〇三三厘)獎勵金項下
理監部份計金圓一六四三一·七〇元(已墊付一二六六·六六元)職員部份計金圓四九
二九五·〇九元(已墊付五八三〇·四一元)均定於三十八年三月十七日起發給並提交
股東會追認

三月七日

擬具三十八年黄金短期公債大額債票分割时分割办法呈請財政部核示

麗安百貨公司增資後新股上市開做成交單位定為一百萬股叫價單位定為十股憑正式股票交割

台灣糖業公司股票成交單位定為十股而其股票面額頗多在十股以上者交割困難經徵得該公司同意以開始由本行於交割时先行出給分割收據俟將原股票向該公司掉換小額股票後通知憑據掉換股票

准中國紡織建設公司函為該公司股票上市價格尚待工商部與董事會同意請暫緩開拍

准監理員办公处函為奉財政部令開「查國營事業上市股票前經指定在

據中紡公司拋售國營事業公司股票四種現除中紡股票已上市外其餘中紡公
司拋售國營事業公司股票擬即依照運輸上市時間之順序股票及卅六年美金公
債卅七年美金短期公債價格漲跌限度應一律改為百分之三十以便利證券
市場之運用除分函上海市財政局中央銀行總行暨外合行令仰轉飭遵辦具報此令
等因並請據此遵辦見復並卅七年美金短期公債業經規定之漲跌限度擬為
指定上市請即於本年三月八日正式開拍

三月八日

三十七年美金短期公債上市開拍上市辦法規定如左

一、交易期限　本公債第一期及第二期兩種同時開做現貨及一日期貨現貨
今天成交明天交割一日期貨今天成交後天交割

二、計算區域　以一天之交易為一計算區域

三、成交單位　掛牌票面美金一百元

四、計價單位　以票面美金一元合金圓券之數計價

五、價格升降單位　依照本所第64號公告所定股票升降單位同樣辦理

六、漲跌限度　定為百分之三十

七、經手費　按成交價額千分之〇・五徵收現貨一日期貨兩種對做交易減半

八、交割準備金　一日期貨交易按交易總額之記帳價額徵收交割準備金百分
之四十概以現金繳納之交割準備金得由本所隨時調整但遇必要時並
得追加徵收

九、現品提交　公債賣方以現品提交者得不徵交割準備金

上市國營事業股票及債票其價格漲跌限度一律改為百分之二十

奉財政部通知派上海金融管理局局長畢德林為上海交易所監理員

五和織造廠增資後尚未換發正式股票前來函請求憑增資股款收據除權分開按照部頒預約轉約辦法屆滿後處理辦法第六項補充規定之第三種方式先行上市買賣經分呈財政工商兩部核示後奉財政部批准照前規定憑正式股票上市買賣

三月九日

中國國貨公司增資後新股上市開做成交單位定為一百萬股叶價單位定為十股憑正式股票交割

奉財政部批復卅八年黃金短期公債目前尚不至發生大額債票交易分割問題呈擬分割辦法容後再議

工商部新任監理員楊慶簪就職

三月十日

呈財工兩部為民營公司上市股票漲跌限度擬援照國營事業股票及債票之規定一律改為百分之二十請核示

三月十四日

世界書局股票上市開做簡稱「世界」成交單位定為十萬股憑股票交割

三月十五日

第七〇號經紀人莫吉生恢復入場營業

三月十六日

准台灣紙業公司函為奉准資源委員會紙業組批示該公司股票售出為數不多暫緩上市

三月十七日

中國內衣公司增資後新股上市用做成交單位定為十萬股憑正式股票交割

三月二十四日

奉工商部通知為據梅林罐頭食品公司呈稱該公司辦理增資收足股款時適值幣制改革故尚未召開增資完成之股東會及辦理變更登記手續茲為顧全股東利益起見除另案呈請准予資本變更登記外呈請依照股份預約轉讓辦法屆滿處理辦法第七項補充規定之第三種方式核准該公司增資股款收據先行上市買賣等情本部業已批復照准除飭令上市手續暨函達財政部查照外通知遵辦

三月二十五日

台甫第一屆第四十九次常務理事會議決要案如左

(一)通過經紀人證券買賣集體核對辦法自四月份起實行

(二)暫行營業細則第八十九條第十款關於經紀人最低額經手費之規定修正為經紀人每月所付本所經手費不滿當期出席指數計算之基數一百五十元者其所繳款額不足時由該經紀人於下月初補繳足數自四月一日起實行

(三)經紀人獎勵金改為按月核發凡經手費合基數(一)三百元以上者核給百分

之一（二）四百元以上者百分之二（三）六百元以上者百分之四（四）千元以上者百分之六（五）超

三千元者百分之八 佣金该月份同中月底清缴于下月初发给

（四）通过经纪人设置封账请审核准

（五）通过本所职位候补人员办法

（六）本所储蓄银行增资后为手续费改正式股票并请发增资股据除核定开始

新股须补足规定第三项方式先行上市 该时呈明新股票以原本时新批示不

准抛补各号上次同样情形建呈主管部 奉主管部函知准予照股据上市

买卖两部请予分别办理二部请示

（七）上海市地方保安捐委员会函知证券业保安捐征收办法孙乃征佣金征收

百分之五等由经纪人公会洽商办理

（八）经纪人公会函请从下星期二交易所等决议自三十八年三月二十八日起恢复后市

交易方经纪人号因客户之请求对应同价之新交易并请在下午了结者得向

本所申请办理了结手续

三月二十八日

恢复后市交易规定有关事项如左

一、集会时间 前市上午九时半至十二时止 下午二时至三时半 星期六后市

下午二时至三时止

二、封存区域 当日后市至次日前市止

三、交割保证金 按后市新作交易金额征收交割保证金百分之五十 其中

现金百分之二十 代用品百分之三十 必要时本所得随时增减之

後市交易之賣方得以原種類預繳現貨或有相抵部份亦得以餘額預繳現貨代替交割準備金

前項預繳現貨概按後市收盤價計算經紀人應於對帳時通知本所業務處計核辦逾時不再受理

四、對帳時間　下午六時半

本日起各經紀人為因客户之請求對預備交割之交易委託在下午了結者得向本所申請辦理了結手續暫以永安紗廠美亞綢廠新光内衣景福衫襪四種先行試辦其餘亦得臨時申請為之倘了結交易與現貨交易有同種類同數額買賣相抵者雙方經手費减半征收交易税則仍舊

四月六日

試行上市民營事業股票之漲跌限度呈奉工商部批准一律改為百分之二十本日起實行

本市行莊日昨停止當日票據抵用銀根驟緊本所為審慎計規定各經紀人應繳交割價銀限以票據交換所第六十號以前之交換行莊本票交付並勸告各經紀人於執行業務時須恪守法令謹慎從事藉以安定市場

第二四號經紀人張渭佩自請歇業呈奉工商部批准註銷營業執照

四月十一日

浦東電氣公司股票試行上市，同樣浦電成交單位定為十萬股，景倫、美亞、新亞、華豐、振華、新華六公司股票叫價單位改定為一股叫價

四月二十四日

召開臨時常務理事會決議案如左

(一)日來市場動盪，改以每日上下兩市為一計算區域

(二)經紀人逐日軋存交易，徵收交割準備金百分之五十，其中百分之二十五以本所指定之代用品充之，百分之二十五以上市證券充之，由經紀人於交易之當日下午三時前繳所，上項交割準備金本所得隨時增減之

(三)滬市已宣布入戰時狀態，并以適應緊急措施，授權總經理隨時商同理事長或常務理事議決辦理之

四月二十五日

交易計算區域改以當日前市及當日後市為一計算區域，星期六下午停市

四月二十六日

遵照常理會決議，按經紀人逐日軋存交易餘額徵收交割準備金，由經紀人於交易之當日自行匡計數額，于下午四時前繳所，倘賣方預繳現貨得免繳

四月二十九日

第一五三號經紀人葛慶祺自請暫停營業

五月三日

召開臨時常務理事會議決為適應目下環境本所暫停市場集
會定於五月四日下午四時假座銀行俱樂部召開理監聯席會議討論

第八二三號經紀人林宗輝第一七九號經紀人史久裁自請暫停營業

五月四日

第五十三號經紀人蔡啟章自請暫停營業

召開第一屆第十四次理監聯席會議議決議案如左

（一）通過本所上年度決算表冊及上期會計師查帳報告書

（二）三十七年十二月份決算純益除業已遵照本年常理會決議以四厘年支配至於三十
八年三月十七日提交股東會通過

（三）近日本所市場交易已無其本身業務狀況已停頓依照交易所法規定於停
市場集會期間呈報主管官署並公告市場

所員工友自五月九日起毋須到所工作五月上半月薪津即日發給至於
七日前再發給所員生活費並三個月薪津作為（四月三十日止）
清補數計算以人數平均分配工友生活費照所員七折計算俟本
所恢復市場集會時再行通知到所繼續工作

本所於停市場集會後除總經理協理主任秘書仍照到所
外其餘各處室酌留員役少數人員負責保管由總經理決定之

五月五日

市場暫停集會

三月七日

本处职员工共计员，除由张经理选定酌留少数人员办理结束清理

及保管工作外，其余人员回家，自三月九日起毋须到行。

二、企业股票、债券的发行与上市

(一) 企业股票的发行与上市

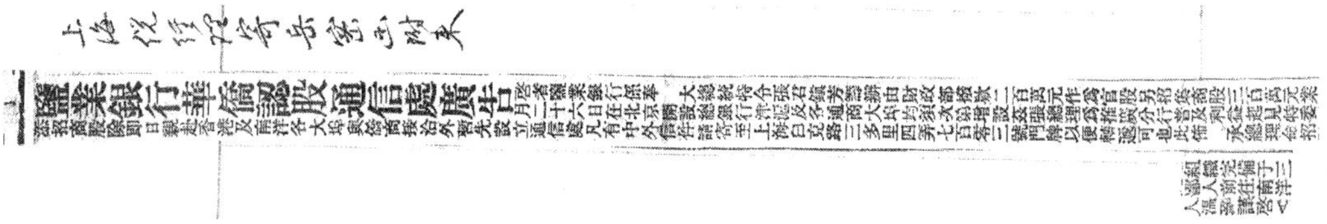

鹽業銀行華僑認股通信處廣告

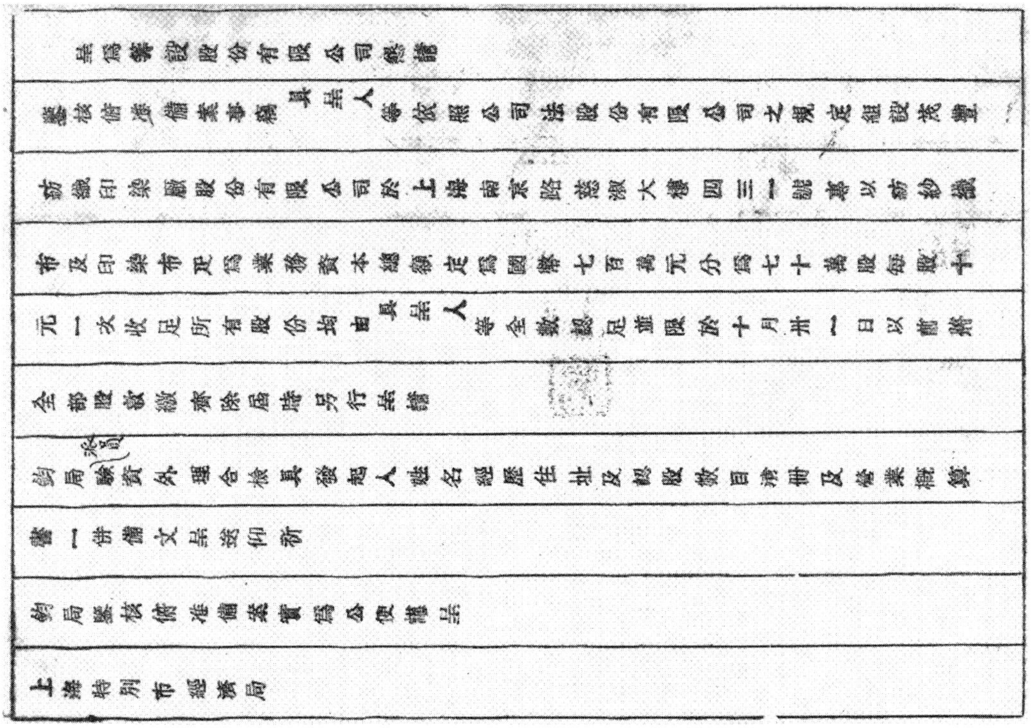

呈為籌設股份有限公司懇請

鑒核俯准備案事竊具呈人等依照公司法股份有限公司之規定組設茂豐

紡織印染廠股份有限公司於上海南京路慈淑大樓四三一號專以紡紗織

布及印染布疋為業務資本總額定為國幣七百萬元分為七十萬股每股十

元一次收足所有股份均由具呈人等全數認足並限於十月卅一日以前將

全部股款繳齊除屆時另行呈請

鈞局派員驗資外理合檢具發起人姓名經歷住址及認股數目清冊及營業概算

書一併備文呈送仰祈

鈞局鑒核俯准備案實為公便謹呈

上海特別市經濟局

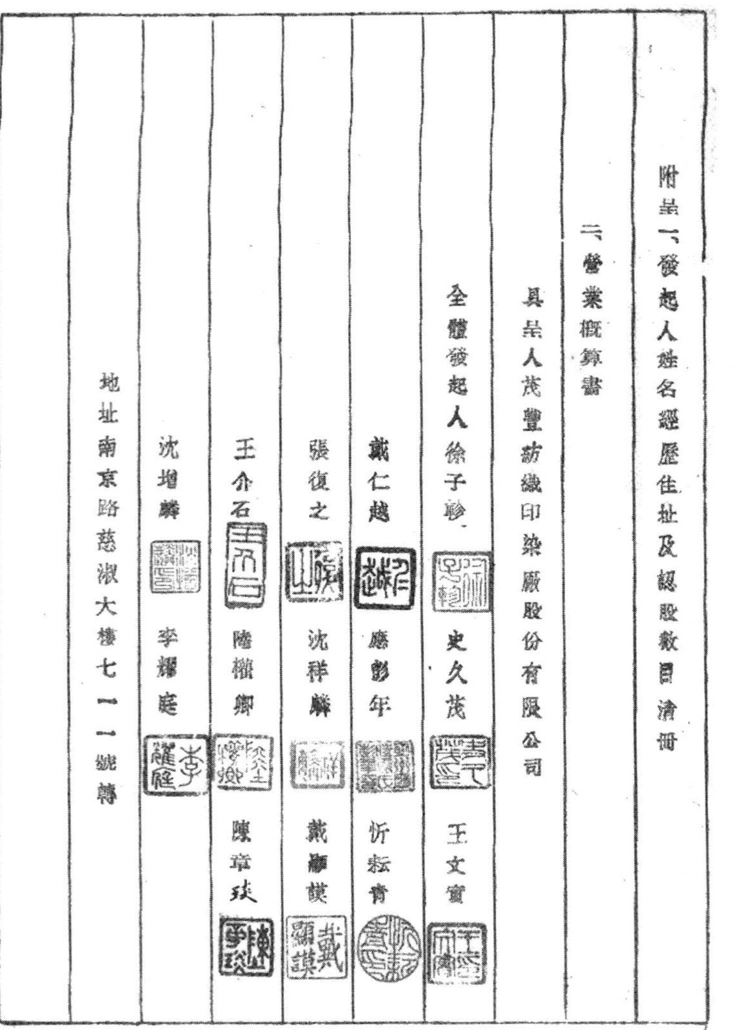

附呈一、發起人姓名經歷住址及認股數目清冊

二、營業概算書

具呈人茂豐紡織印染廠股份有限公司

全體發起人 徐子鈔 史久茂 王文寶

戴仁越 應彭年 忻耘青

張復之 沈祥麟 戴耀祺

王介石 陸權卿 陳章鈇

沈增麟 李耀庭

地址南京路慈淑大樓七一一號轉

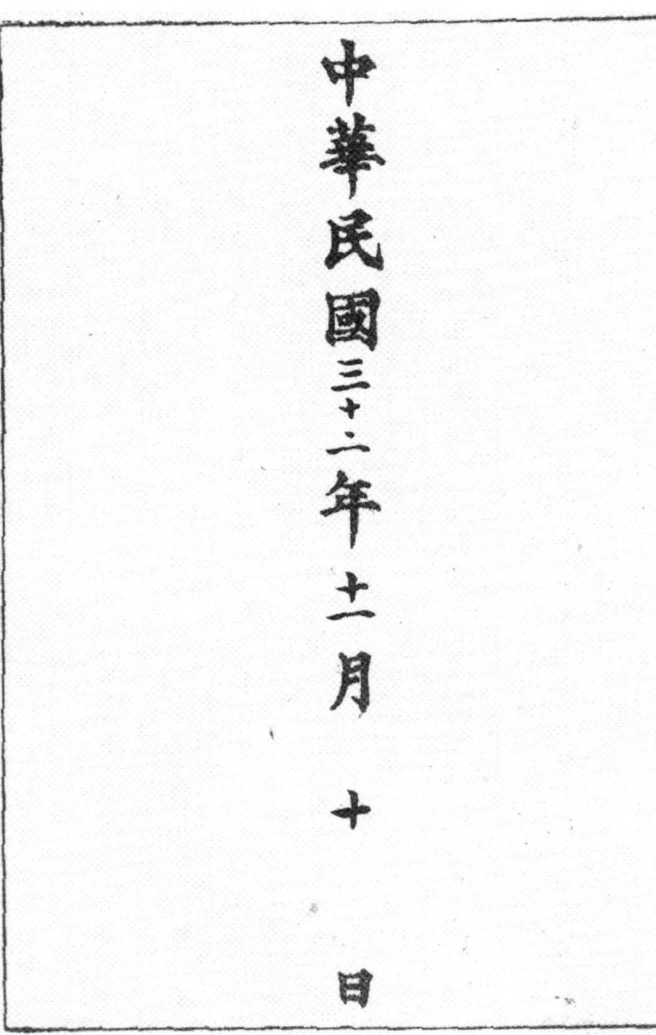

中華民國三十二年十一月十日

上海特別市經濟局公司調查報告 第二科公函

一、公司名稱 茂豐紡織印染廠股份有限公司 地址 南京路慈淑大樓四三一號

二、來文日期 卅二年十一月十一日

三、調查日期 卅二年十一月廿二日

四、調查報告

(甲)公司名稱地址是否相符 符

(乙)所營之事業是否相符 符

(丙)股份總額及每股金額是否相符 符

(丁)發起人姓名資格是否相符 符

(戊)申請手續是否合乎公司法施行法第二十三條規定 合

(巳)調查意見 查核尚符擬准備案 職顧振華 十一、廿三

五、科長簽核 擬照准 十一月廿三日

六、局長批示 如擬 月 日

附呈原卷

茂豐紡織印染股份有限公司營業概算書

甲 資本總額 國幣七百萬元

乙 資本支配

一、機器設備 國幣三百萬元

二、房屋裝修 國幣一百二十萬元

三、生財 國幣三十萬元

四、流動資金 國幣二百五十萬元

以上共計國幣七百萬元

丙 營業收支概算

一、營業收入毛利年計 國幣三百八十萬元

二、營業支出年計

子 銷售費用 國幣五十七萬元

丑 管理費用 國幣一百三十五萬元

寅 財務費用 國幣十八萬元

以上全年支出共計國幣二百十萬元

收支相抵淨計盈餘國幣一百七十萬元

丁　盈餘分配

一、法定公積金　　國幣十七萬元

二、所得稅　　國幣十二萬二千四百元

三、股息　　國幣七十萬元

四、股東特別紅利　　國幣四十二萬四千五百六十元

五、董事監察人酬金　　國幣七萬〇七百六十元

六、總經協理及全體辦事人員獎金　　國幣二十一萬二千二百八十元

以上共計國幣一百七十萬元

茂豐紡織印染股份有限公司發起人會議決錄

日　　期　民國三十二年十一月五日下午三時

地　　點　假座上海寧波路鄉航廬飯店

出席股東　十四人計七十萬股合六三〇〇一四〇權

公推徐子彭先生爲主席

一、主席檢查出席股東人數股數及權數均係全部當即宣佈開會

二、籌備主任史久茂先生報告籌備經過情形

三、訂定公司章程案

由主席將章程草案逐條宣讀經各股東討論修改後一致通過

四、檢查資本案

公推張復之王介石二先生爲檢查人當場依法檢查資本並提出調查報告書

向衆宣讀衆無異議一致通過

五、推舉董事監察人案

公推徐子彭史久茂王文書戴仁越應彭年忻[illegible]青張復之沈祥麟戴[illegible]謨王介石陶穗熙等十一人爲第一任董事陳章玦沈增麟李錫庭等三人爲第一任監察人

六、茶點

七、散會

主席徐子彰簽印

檢查人調查報告書

具調查報告書張復之王介石茲依照公司法第一〇三條之規定業已將本公司股款檢查竣事特將所得結果報告於次

一、本公司資本國幣七百萬元計分爲七十萬股確已如數認足

二、本公司資本國幣七百萬元確已如數以現金繳足

三、本公司所收股款中並無以金錢外之財產作抵者

以上各項俱屬實在並無冒濫情事　鄙人等願負一切法律上之責任此致

茂豐紡織印染股份有限公司發起人會

檢查人　張復之簽印

　　　　王介石簽印

中華民國三十二年十一月五日

茂豐紡織印染股份有限公司董監名單

職別	姓名	住址	選任日期
董事長	徐子彰	上海安南路慶隆里一六四號	三十二年十一月五日選任
董事	史久茂	上海池浜路維華新村一四號	仝右
	王文賓	上海江西路六〇號	仝右
	戴仁越	上海梅司非而路二九弄二號	仝右
	應彭年	上海北京路五九六弄四五號	仝右
	忻耘青	上海四川路企業大樓八一一號	仝右
	張復之	上海小沙渡路永安新邨四號	仝右
	沈祥麟	上海愚園路六六八弄二七號	仝右
	戴蹈謨	寧波大河路一二四號	仝右
	王介石	上海北河南路景興里二四號	仝右
監察人	陸權卿	上海金神父路餘興坊一八號	仝右
	陳章琰	上海南京路香粉弄同康號	仝右
	沈壇麟	上海南京路四七九號	仝右
	李雄庭	上海江西路一四弄四號	仝右

茂豐紡織印染股份有限公司股東名簿

戶名	代表人	股數	金額	通訊處	繳款日期
忠記	徐子彰	四萬股	四十萬元	上海安南路慶隆里一六四號	三十二年十月廿八日
福記	沈祥麟	八萬股	八十萬元	上海愚園路六六八弄二七號	仝右
湘記	忻耘青	四萬五千股	四十五萬元	上海四川路企業大樓八一一號	仝右
王明記	王文賓	三萬股	三十萬元	上海江西路六〇號	仝右
李雄庭		二萬股	二十萬元	上海江西路一四弄四號	三十二年十月二十九日
陳章記	陳章琰	四萬股	四十萬元	上海南京路香粉弄同康號	仝右
碩記	張復之	四萬股	四十萬元	上海小沙渡路永安新邨四號	仝右
仁記	戴仁越	六萬股	六十萬元	上海梅司非而路二九弄二號	仝右
熙記	戴蹈謨	五萬五千股	五十五萬元	寧波大河路一二四號	仝右
明記	王介石	二萬股	二十萬元	上海北河南路景興里二四號	三十二年十月三十日
史久記	史久茂	五萬股	五十萬元	上海池浜路維華新村一四號	仝右
壇記	沈壇麟	七萬股	七十萬元	上海南京路四七九號	仝右
卿記	陸權卿	三萬股	三十萬元	上海金神父路餘興坊一八號	仝右
應彭年		十二萬股	一百二十萬元	上海北京路五九六弄四五號	仝右

合計七十萬股 國幣七百萬元

茂豐紡織印染股份有限公司章程

第一章 總則

第一條 本公司依照公司法股份有限公司之規定組織之定名爲茂豐紡織印染股份有限公司

第二條 本公司以紡紗織布及印染布疋爲業務

第三條 本公司設於上海並設製造廠於浙江省鎮海縣但必要時得設分廠或辦事處於其他地方

第四條 本公司之公告以登載滬甬當地日報或通函行之

第五條 本公司之存立期爲三十年

第二章 資本股份及股票

第六條 本公司資本總額計國幣七百萬元分爲七十萬股每股計國幣十元皆一次繳足

第七條 本公司股票概用記名式由董事五人簽名蓋章並加蓋本公司圖記發行之

第八條 本公司之股東應將其姓名住所及印鑑式樣留交本公司備查股東向公司領取紅利股息或轉股及對本公司行使一切權利時均以此項印鑑爲憑

第九條 股東欲轉讓股票時應加蓋原存印鑑於股票背面向本公司過戶登載股東名冊方爲有效如因繼承或發生其他法律關係須更改戶名時應由各關係人備具書面證明經本公司核查確實方可照辦在必要時並得令其覓具妥保但每屆股東常會前三十日內臨時會前十五日內停止過戶

第十條 股票污損或須分合時得向本公司請求掉換但污損程度至不易辨識時本公司得令其登報公告或兼令覓具妥保方可換給

第十一條 股票如有遺失或毀滅等情事應即報告本公司掛失並自行登載滬甬日報各一份自公告日起經過二個月後別無糾葛發生方准覓具妥保向本公司補領新股票

第十二條 股票如因過戶或掉換及補領等情事應繳手續費每張國幣五元並須附繳應貼之印花稅費

第三章 股東會

第十三條 本公司股東會分爲常會及臨時會二種常會於每年決算後三個月內由董事會召集之臨時會之召集按照公司法辦理之

第十四條 常會之日期地點及議題應於一個月前通知各股東臨時會應於十五日前通知之

第十五條　股東常會之主席由董事長任之股東臨時會之主席由股東臨時推定之

第十六條　股東會除公司法有特別規定者外應有代表股份總數過半數之股東出席方得開會其決議以出席股東表決權過半數之同意行之可否同數時取決於主席

第十七條　股東表決權每股一權但一股東之股份超過十股者其超過之數以九折計權零數不計

第十八條　股東會時股東如有議題應於開會前十日將意見書提出於董事會列作議題交付股東會議決之

第十九條　股東因事不克出席時得出具委託書加蓋原存印鑑委託他股東爲代表但其代表之表決權連其本人所有之表決權不得超過全體股東表決權五分之一

第二十條　股東會決議錄應由主席簽名蓋章連同出席股東簽到簿及代表出席者之委託書選舉票一併交由董事會保管之

第四章　董事監察人及職員

第廿一條　本公司設董事十一人監察人三人由股東中選任之但董事應有股份千分之三以上監察人應有股份千分之一以上方得被選如被選權數相同時以抽籤法定之並以原選舉票次多數者二人爲候補董事一人爲候補監察人

第廿二條　董事及監察人當選後須將其資格股票交由監察人封存於本公司俟退職時發還

第廿三條　董事任期二年監察人任期一年連選均得連任之任期內遇有缺額未及補選而有必要時得以次多數之被選人代行職務其任期以補足前任未滿之任期爲限

第廿四條　董事缺額達總數三分之一時應即召集股東臨時會補選之其任期以補足前任未滿之任期爲限

第廿五條　本公司董事組織董事會公舉董事長一人常務董事二人負責執行公司一切事務

第廿六條　董事會議之主席董事長任之如董事長缺席時由其他董事推任之

第廿七條　董事會議非有全體董事過半數出席不得舉行其決議須以出席董事過半數之同意行之如遇可否同數時取決於主席

第廿八條　本公司設總經理經理協理各一人由董事會聘請之其他辦事人員由總經理任免之

第廿九條　董事及監察人之報酬由股東會決議之並由董事會根據股東會之決議分配之

第五章　會計

第三十條　本公司每屆國曆年終爲決算期董事會應造具左列各項表册於股東常會開會前三十日送交監察人查核副署後提出於股東常會請求承認

一、營業報告書

二、財產目錄

三、資產負債表

四、損益計算書

五、盈餘分配案

第卅一條　本公司股息訂定按年一分每屆結算時有盈餘除先提存法定公積金十分之一次按應繳所得稅及股息如尚有盈餘照下列百分率分配之但如公司無盈餘時不得以本作息

一、股東特別紅利得六十分

二、董事及監察人酬金得十分

三、總經理協理及全體職員人員獎金得三十分

第六章　附則

第卅二條　本章程未盡事宜悉依照公司法股份有限公司之規定辦理之

第卅三條　本章程經股東會議決並請主管官署核准施行修改時亦同

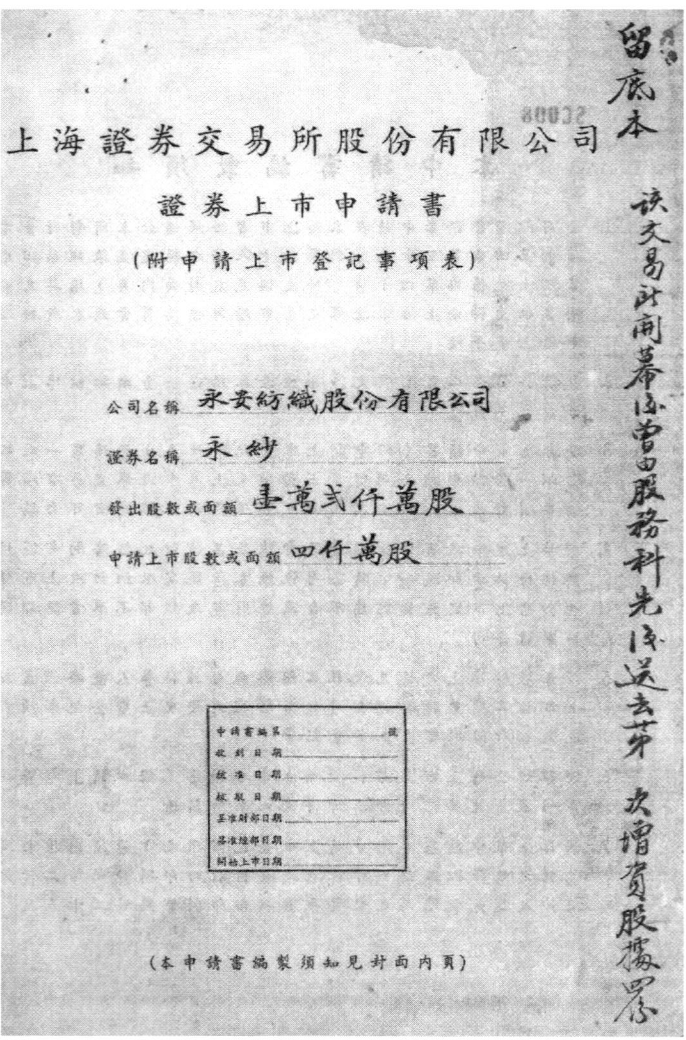

留底本

上海證券交易所股份有限公司

證券上市申請書

（附申請上市登記事項表）

公司名稱　永安紡織股份有限公司

證券名稱　永紗

發出股數或面額　壹萬貳仟萬股

申請上市股數或面額　四仟萬股

申請書編號	號
收到日期	
核准日期	
核駁日期	
呈准財部日期	
呈准經部日期	
開始上市日期	

（本申請書編製須知見封面內頁）

該交易所開幕時當由股務科先後送去第一次增資股據[illegible]

上海特別市經濟局批　　字第　　號

具呈人　[illegible]

呈一件　[illegible]

呈悉。准予備案。仰即知照。此批。件存

十一[illegible]

申請公司名稱 永安紡織公司 證券名稱 股票 申請上市股數或票面額 四仟萬股 共 頁 第一頁

永安紡織公司 永紗 證券上市申請書

具申請書 永安紡織 公司今願將行將發行或已經發行之 永紗 股 票 四仟萬 股 照

公司債票面＿＿＿＿元

貴交易所規章附具下列申請上市登記事項表及其他附件送請 審查俾得在 貴所上市交易並自願聲明下列各項

(一)敝公司分設上項證券過戶及註冊機關于上海市區並當遵照 貴所定章迅速辦理過戶手續

(二)敝公司送存 貴所之上項證券樣張印鑑等如有變更當在發行或使用前十日報告 貴所

(三)每屆營業年度終所造具公司法規定之各表冊當按時送陳 貴所並按期公開發表

(四)遇有增減資本變更票面金額發行優先股發行公司債出售營業用重要資產等情之一時當隨時報告 貴所

(五)敝公司發給股息紅利或其他權利時當于停止過戶前十日通知 貴所

(六)敝公司當遵守 貴所公布之決議案及一切規章包括繳納上市費在內

(七)敝公司當隨時答覆 貴所之一切諮詢

(八)敝公司業務種類或組織變更時當于十日內通知 貴所

附申請上市登記事項表

(I.) 1. 公司名稱	永安紡織公司	2. 何種公司	股份有限
3. 地址	南京東路六二七號	4. 電話	九〇一一九
(II.) 1. 創立年月	民國十一年九月	2. 核准登記官署	工商部
3. 證件名稱字號	公司註冊第三類三一三號	4. 頒發日期	民國十九年六月 日
5. 其他關于登記事項	最近增資登記現正向主管官署申請中	6. 變更登記計劃	

申請公司名稱 永安紡織公司 證券名稱 股票 申請上市股數或票面額 四仟萬股 共 頁 第二頁

(III.) 1. 總公司所在地	南京東路六二七號	2. 總廠所在地			
3. 分公司所在地		4. 分廠所在地	第一廠 楊樹浦西湖路 第二廠 吳淞蘊藻浜 第三廠 滬安路四九一號 第四廠 吳淞蘊藻浜		
(IV.) 1. 營業種類	棉紗棉布漂染印花	2. 員工人數	職員	350人	
			工役	5000人	
(V.) 1. 專營權說明					
2. 專營權執照字號		3. 專營權期限			
(VI.) 公司資本：普通股 1. 核准總額及股數	壹拾弍萬萬元分為壹萬弍仟萬股				
2. 實收總額及股數	全數收足	3. 記名或不記名	記名		
4. 每股面值	國幣拾元	5. 如實溢價發行則按何價發行		6. 溢價款入何帳	
7. 承募或承銷機關名稱					
8. 承募或承銷金額及辦法					
9. 過戶機關名稱及地址	永安紡織公司股務科 南京東路六二七號四樓				
10. 如委託代辦過戶則委託過戶股數佔實發股數之百分數					
11. 註冊機關名稱及地址	工商部（現增資登記向經濟部申請）				

12. 過去五年最高市價最低市價	最高	最低	13. 過去五年每股純益（如虧損寫明「損」若干）	金額
三十年			三十年度	C.R.B.$116.35
卅一年			卅一年度	C.R.B.$27.04
卅二年	老股2450新股205	老股310新股110	卅二年度	C.R.B.$2.61
卅三年	620	107	卅三年度	C.R.B.$4.62
卅四年	7700	365	卅四年度	C.N.C.$28.49

申請公司名稱 永安紡織公司 證券名稱 股票 申請上市股數或票面額 四仟萬股 共　頁 第三頁

14. 過去五年每股股息紅利升股贈與金等項		股息	紅利	升股	贈與金	合計
	三十年度	五厘	壹分五厘			20元
	卅一年度	八厘	二厘	四股（每股一百元）		410元
	卅二年度	八厘	二厘	一股（每股十元）		11元
	卅三年度	八厘	一分二厘			2元
	卅四年度	壹分	二分			3元
15. 股票之權利與義務						

(VII.) 公司資本：優先股 1. 核准總額及股數	壹拾貳萬萬元分為壹萬貳仟萬股		
2. 實收總額及股數	全數收足	3. 記名或不記名	記名
4. 每股面值	國幣拾元	5. 如曾溢價發行則按何價發行	6. 溢價款入何帳
7. 承募或承銷機關名稱			
8. 承募或承銷金額及辦法			
9. 過戶機關名稱及地址	永安紡織公司股務科 南京東路六二七號四樓		
10. 如委託代辦過戶則委託過戶股數佔實發股數之百分數			
11. 註冊機關名稱及地址	工商部		

12. 過去五年最高市價最低市價		最高	最低
	三十年		
	卅一年		
	卅二年	老股2450 新股205	老股310 新股110
	卅三年	620	107
	卅四年	7700	365

13. 過去五年每股純益（如虧損需明「損」若干）		金額
	三十年度	C.R.B.$116.35
	卅一年度	C.R.B.$2704
	卅二年度	C.R.B.$261
	卅三年度	C.R.B.$462
	卅四年度	C.N.C.$29.09

申請公司名稱 永安紡織公司 證券名稱 股票 申請上市股數或票面額 四仟萬股 共　頁 第四頁

14. 過去五年每股股息紅利升股贈與金等項		股息	紅利	升股	贈與金	合計
	三十年度	五厘	壹分五厘			20元
	卅一年度	八厘	二厘	四股（每股一百元）		410元
	卅二年度	八厘	二厘	一股（每股十元）		11元
	卅三年度	八厘	一分二厘			2元
	卅四年度	壹分	二分			3元
15. 股票之權利與義務						

(VIII.) 申請上市股票（如係申請公司債上市VIII項1.到4.可勿填）	1. 名稱	永紗
2. 申請上市股數 四仟萬股	3. 佔實發股份總數之百分率	33.33%

4. 股份分配表	股東戶數	股份數	持股最多十人 姓名	持股數	姓名	持股數
持有一百股及一百股以下者			香港永安公司	8,000,000	振泰	3,787,000
持有一百股以上未滿一千股者			廣州永安公司	2,200,000	明記	450,000
持有一千股以上未滿五千股者			上海永安公司	7,304,000	吳寶鈞	325,000
持有五千股以上未滿一萬股者			郭樂	2,058,000	源記	506,000
持有一萬股以上者			郭禮安	200,000		
總數			李鴻滋	5,188,000	總數	

(IX.) 增資減資之詳細經過：

本公司於民國卅一年十二月以前原有資本一千二百萬元分為十二萬股每股壹百元隨於是年十二月一日增加資本為六千萬元分為六十萬股每股仍為壹百元又於民國卅二年九月間增加資本為壹萬二千萬元分為壹千二百萬股改為每股十元近於今年五月間經股東會議決將資本總額恢復民國卅一年十二月以前之舊幣同時議決增加資本為十二萬萬元分為一萬二千萬股每股十元業經一次收足

本公司於民國卅一年十二月以前原有資本一千二百萬元分為十二萬股每股壹百元隨於是年十二月一日增加資本為六千萬元分為六十萬股每股仍為壹百元又於民國卅二年九月間增加資本為壹萬二千萬元分為壹千二百萬股改為每股十元卅四年底時資產估值增資之偽幣股本沖銷回復民國卅一年以前之舊股本法幣壹千二百萬元卅五年五月間經股東會議決增加資本為十二萬萬元分為一萬二仟萬股每股十元業經一次收足

申請公司名稱 永安紡織公司 證券名稱 股票　申請上市股數或票面額 四仟萬股　共　頁　第五頁

(X.) 公司債 1. 名稱		2. 發行日期	
3. 核准發行總額		4. 政府核准日期	
5. 實發數	6. 發行價格		7. 利率
8. 面額種類		9. 記名或不記名	
10. 過戶機關名稱地址			
11. 註册機關名稱地址			

12. 担保品之種類，數額，價值，保管機關，保管地點及保管方法：

（如地位不夠，請加用數頁，標明續 X 12）

13. 基金劃撥辦法：

（如地位不夠，請加用數頁，標明續 X 13）

14. 還本付息地點及辦法					
15. 還清日期		16. 現負額		17. 本息曾經延付或停付否	

申請公司名稱 永安紡織公司 證券名稱 股票　申請上市股數或票面額 四仟萬股　共　頁　第六頁

18. 承募或承銷銀行名稱金額及辦法：

（如地位不夠，請加用數頁，標明續 X 18）

19. 有無掉換股票特權，如有，辦法如何：

（如地位不夠，請加用數頁，標明續 X 19）

(XI.) 申請上市公司債（如係申請股票上市XI項 1. 到 3. 可勿填）	1. 名稱		2. 申請上市總面值	

3. 債權分配表

	戶　數	持　有　面　額
持有票面 十萬元及十萬元以下者		
持有票面 十萬元以上未滿五十萬元者		
持有票面 五十萬元以上未滿一百萬元者		
持有票面 一百萬元以上未滿二百萬元者		
持有票面 二百萬元以上未滿五百萬元者		
持有票面 五百萬元以上未滿一千萬元者		
總　數		

(XII.) 公司歷史資產及業務概況：

（如地位不夠，請加用數頁，標明續XII）

申請公司名稱 永安紡織公司 證券名稱 股票 申請上市股數或票面額 四仟萬股 共　頁 第七頁

(XIII.) 最近五年之生產數量與金額，或銷售數量與金額，及開支數字：

	生產金額	銷售金額	開支
卅 年度	C.N.C. #51,224,733 元	C.N.C. #53,676,609 元	C.N.C. #9,088,544 元
卅一 年度	C.R.B. #71,498,811 元	C.R.B. #18,939,185 元	C.R.B. #3,682,542 元
卅二 年度	C.R.B. #16,429,185 元	C.R.B. #13,369,700 元	C.R.B. #9,198,852 元
卅三 年度	C.R.B. #18,667,031 元	C.R.B. #35,170,607 元	C.R.B. #88,884,180 元
卅四 年度	C.N.C. #47,593,724 元	C.N.C. #91,238,384 元	C.N.C. #232,218,949 元

(XIV.) 附屬公司情形：

公司名稱					
所在地					
創設及登記日期					
營業種類					
資本總額					
實收資本					
股份總數					
每股面值					
每股已收金額					
本公司所佔股數					
其他					

(XV.) 進行中之重要訴訟事件及其現狀：

申請公司名稱 永安紡織公司 證券名稱 股票 申請上市股數或票面額 四仟萬股 共　頁 第八頁

(XVI.) 公司會計年度自每年 一 月 一 日起至 十二 月 卅一 日止

(XVII.) 每年股東大會約期 六月

(XVIII.) 董事監察人及廠長以上重要職員表：

職務	姓名	住址	職務	姓名	住址
董事長	郭樂	靜安寺路1418號	董事兼廠長	郭植芳	靜安寺路1400號
董事兼總經理	郭順	靜安寺路1400號	董事	駱乾伯	淮安路四九一號
董事兼副經理	郭棣活	南京東路627號	〃〃	郭幹勲	香港永安公司
董事	郭琳爽	南京東路627號	董事兼廠長	郭琮	靜安寺路479弄12A號
〃〃	郭瑞祥	四川北路永安里136-7號	監察人	劉生初	愚園路579弄32號
〃〃	郭禮安	南京東路627號	〃〃	吴三省	鳳陽路卡爾登公寓105號
〃〃	李孝植	永福路119號			
〃〃	郭泉	香港鳳輝台14號			
〃〃	李偉先	新閘路1051弄27號			
〃〃	李業宗	牯嶺路158號			
〃〃	林海籌	愚園路四明別墅19號			

(XIX.) 重要發起人表：

姓名	履歷	住址
上海永安公司		南京東路一六三五號
香港永安公司		香港德輔道中
雪梨永安公司		澳洲雪梨正埠
廣州永安公司		廣州市抗日東路七十號

申請公司名稱 永安紡織公司　證券名稱 股票　申請上市股數或票面額 四仟萬股　共　頁 第九頁

(XX.) 備考：

此致

上海市證券交易市場籌備委員會（或）
上海證券交易所股份有限公司　台照

具申請書 永安紡織股份有限公司（簽公司名稱並蓋章）

董事長 郭乐（簽名蓋章）

經理人 郭棣活（簽名蓋章）

中華民國三十五年八月十五日

申請公司名稱 永安紡織公司　證券名稱 股票　申請上市股數或票面額 四仟萬股　共　頁 第十頁

附件：（所列附件中如有不能繕附者請于附件名稱括弧内填一「缺」字）

申請證券上市時應加下列附件：

(✓) 1.經公司有權簽字之職員簽章之公司章程三份
(　) 2.經公司有權簽字之職員簽章之公司組織規程或組織系統表三份
(✓) 3.經公司有權簽字之職員簽章之申請上市證券之樣張三份
(✓) 4.證券上簽章之印鑑三份
(　) 5.經公司有權簽字之職員簽字之董事會授權簽章之決議抄本三份
(　) 6.過戶代理人之報告書三份（或經公司有權簽字之職員簽字之股東名簿三份）
(　) 7.註册人之報告書三份
(　) 8.經公司有權簽字之職員簽字之董事會關于證券申請上市之決議錄抄本三份
(✓) 9.公司核准登記或取得認許證件之攝影本三份
(　) 10.專營權執照攝影本三份
(✓) 11.經會計師審查證明之過去五年之資產負債表三份
(✓) 12.經會計師審查證明之過去五年之損益計算書三份
(✓) 13.經會計師審查證明之過去五年之盈餘分配表三份
(✓) 14.最近財產目錄三份
(　) 15.經公司有權簽字之職員簽字之最近營業報告書三份
(　) 16.公司與担保品基金保管機關契約攝影本或抄本三份
(　) 17.公司監察人及律師或會計師審查證明之担保品基金說明書三份
(　) 18.歷次招股章程各三份
(　) 19.發行公司債章程三份
(　) 20.應歸公司負担之設立費用及發起人得受報酬之數額表三份
(　) 21.創立會決議錄三份

附錄：暫行營業細則有關證券上市之規定

第三十七條　依中國公司法完成登記之中國股份有限公司股份兩合公司或依外國法完成登記並依中國公司法取得認許之外國公司所發行之股票其合於下列各款規定者經審定呈奉核准得予上市買賣但以該公司在中國境内營業者為限

（一）該公司有殷實之資產及獲利之能力其事業與中國國民經濟有密切之關係

（二）該公司内容有充分翔實之公開報告

（三）該公司股票之過户手續依合法之規定

合於前項規定之中國公司因調整資本依收復區各種公司登記處理辦法呈請變更登記尚未確定者其已依變更章程而發行之股票以及合於前項規定而呈請認許尚未確定之外國公司股票其上市買賣認為轉讓之預約由賣方保證於該公司登記或認許確定時實行過户此項預約轉讓之買賣除與前項上市買賣之股票同樣交割外並應依本所定式附加賣契載明移轉利益及危險之意旨及保證過户之方法

前項預約轉讓之買賣自交易所開業之日起以六個月為施行期間非經主管官署核准不得延長

第三十八條　合於前條第一項暨二三兩款規定之公司其所發債券經經濟部登記有案具有可靠之擔保品確實之基金及健全之保管機關而債券過户手續依合法之規定者得申請本所審核呈奉核准上市買賣

第三十九條　公司股票或債券申請上市應具下列各項文件

甲　公司股票

（一）上市申請書及登記事項表

（二）公司核准登記之證明文件或其攝影本

（三） 關於申請上市之董[illegible]議錄

（四） 公司章程及組織系統表或組織規程

（五） 最近五年來依公司法第二二六條規定之各項表冊及目前情形之報告其開業不及五年者所具表冊應自開業之年開始新設立之[illegible]係發起設立並應具依公司法第三三七條甲項及第一五一條規定之文件如係招募設立並應具依公[illegible]三三七條乙項之文件

上列文件均須經公司監察人及[illegible]師或會計師審查出具證明書

乙 公司債券

（一） 甲項一，二，三，四，五各款之文件

（二） 公司債核准發行之證明文件或其攝形本

（三） 依公司法第二三八條規定各款之報告書暨擔保品基金之說明書及與保管機關所訂之契約或其攝形本

上列文件均須經公司監察人及律[illegible]或會計師之審查出具證明書

第四十條 公司股票或債券申請[illegible]應具申請書表明遵守下列規定

甲 公司股票

（一） 申請公司應設立股票之過戶機關於上海市區並應迅速辦理過戶手續不得逾兩星期

（二） 申請公司應將股票之樣張號碼及過戶申請書之樣張連同簽名董事印鑑及董事會授權簽字之決議錄送交本所存驗如式樣或印鑑有[illegible]須在發行或使用前報告本所備案股票上所載之文字須符合公司法第一五九條及二五八條之規

（三） 申請公司應將每届營業年度終所造具公司法第二二六條規定之各表冊送交本所

（四） 申請公司遇有下列情形時應即報告本所

1. 增減資本
2. 變更股份票面金額
3. 發行優先股
4. 發行公司債
5. 出售營業用重要資產

（五） 申請公司發給股息紅利或其[illegible]利時應於停止過戶期前十天通知本所

（六） 申請公司應接受及遵守本所[illegible]之決議案

（七） 申請公司應隨時答覆本所一切[illegible]詢事項

乙 公司債券

（一） 申請公司應適用同條甲項[illegible]六第七各款規定

（二） 申請公司應設立債券之過戶[illegible]於上海市區並應迅速辦理過戶手續不得逾兩星期

（三） 申請公司應將債券之樣張號碼及過戶申請書之樣張連同簽字董事印鑑及董事會授權簽字之決議錄送交本所存驗如式樣或印鑑有變更時須在發行或使用前報告本所備案債券上所載之文字須符合公司法第二四一條之規定

（四） 申請公司遇有下列情形時應立即報告本所

1. 變更擔保品或保管機關
2. 增減資本
3. 發行優先股
4. 加發債券

（五） 申請公司發給債券本息時應於停止過戶前十天通知本所

關於決算報告書說明：

(1) 民國三十年 卅一年係在日寇盤據舊公共租界時期本公司且曾一度受日軍管理一切均不自由故該兩年對外未刊佈決算報告書

(2) 又民國三十三年會計年度終了後翌年即是三十四年春夏之間上海時局動盪人心恐慌股東會無法召開故三十三年亦無決算報告

收文 字第1432號

事由	擬辦	決定辦法	財政部 經濟部 上海交易所監理員辦公處
為奉電令飭設法增加上市股票種類以增抵押品請查辦見復由			文別：呈
附件			中華民國

監

案奉

財政部錢乙知1041號代電開：「據銘滬市未[illegible]

書局、世界書局、南洋烟草公司、閘北水電公司、[illegible]第一電氣公司、大中[illegible]廠、大中華

三廠、五洲藥房等華股及怡和、英聯會德豐、業廣、紙業、怡和啤酒、航業、鋼業、

電話、墾植等外股，雖商人仍有買賣相交易，惟因法令規定上項抵除迄

今案寡耳。茲據查原報告所列各項股票均未呈經核准在上海證券交

易所上市，各該股票在市場之交易，並非不法，惟查現在上海證券交易

所上市證券種類既少，數額亦小，前經本部會同經濟部令飭該所

設法增加各種股票上市，有案。茲報告所列各種股票如有合於規定

可申上市者，應會商經濟部駐所監理員轉洽交易所積極設法使之

正式上市，合行令仰遵照辦理具報為要」等因。應請

貴所分向各該書局、公司、廠商迅予洽辦上市手續，

查照辦理見復為荷。此致

上海證券交易所

監理員 王鰲堂

吳宗燾

逕

案奉 監字第三二八號公函，附示

財政部代電，為據報滬市未加入交易所開拍之證券，有中華書局等華

股，係私份股等外股，飭令開設依法正式上市，并分向各該商洽辦

等由。查部電列示各華股，本所早經注意，據該查詢，有股權未清，不能

上市者，亦有股數過少，股東不多，無意上市者，亦有延聘會計，亦曾多次接

洽，或以未經政府核准登記手續尚未辦竣，或因股權不清者不願申

請上市者。本所自當隨時函知，督促申請，使之依法上市。相應函復，

即希 查照為荷。此致

財政 經濟 部上海交易所監理員辦公處

[illegible]

收文號 3662

事由	奉令飭籌劃於一月內增加上市股票多種乙案錯述 查[illegible]	附件
擬辦		
決定辦法		

財政 經濟 部上海交易所監理員辦公處

文別 公函

中華民國 監(37)

案奉

財政 經濟 部本年三月十九日 財錢乙 京商(37)字第 四二三三 七五六三 號訓令開：「查上海證券交易所開業年餘，而上市股票實際僅二十六種，為數有限，非惟無以發揮吸收游資之力量，抑且易滋集中操縱之弊。上海為我國工商業中心，近來游資麕

集亟應增加股票上市籌碼藉期利導游資納入正軌以促生產事業之發展
並以減輕游資對於物品市場之壓力茲着由該處督促該所妥為籌劃凡滬
市規模較大之工商業其業務之股票有合於上市之條件者應設法勸導參加
上市其已申請上市者應迅予核轉務於一二個月內增加上市股票多種俾應
市場需求惟上市條件仍應從嚴審核以杜浮濫統仰遵辦具報」等因;奉此,
相應函達即希
查照遵辦見復以憑轉報為荷　此致
上海證券交易所

監理員　[illegible]鰲堂　蔡澍

准

貴處監(37)字第九〇五號函,以奉財部電,於一二個月內增加上市股票多
種一案,轉示部令,囑遵辦見復等由。查增加上市股票,本所向所注
意,前曾以此案擬請轉[illegible]
經濟部依據公司法所頒條,擇其規模較大而內容充實者,勸令依法
以資分類勸導,於三十五年十月廿二日以德字第二一三號函達在案。現就本所
收到之上市申請書而論,各申請公司規模[illegible]不甚大,適合上市條件者不
多。其規模內容適合條件者,則以股份轉讓辦法,[illegible]
為保護股東,新上市公司以股票上市,其[illegible]
本所又已促進行認可手續,是以近數月中,未有新公司股份上市。茲准前由,

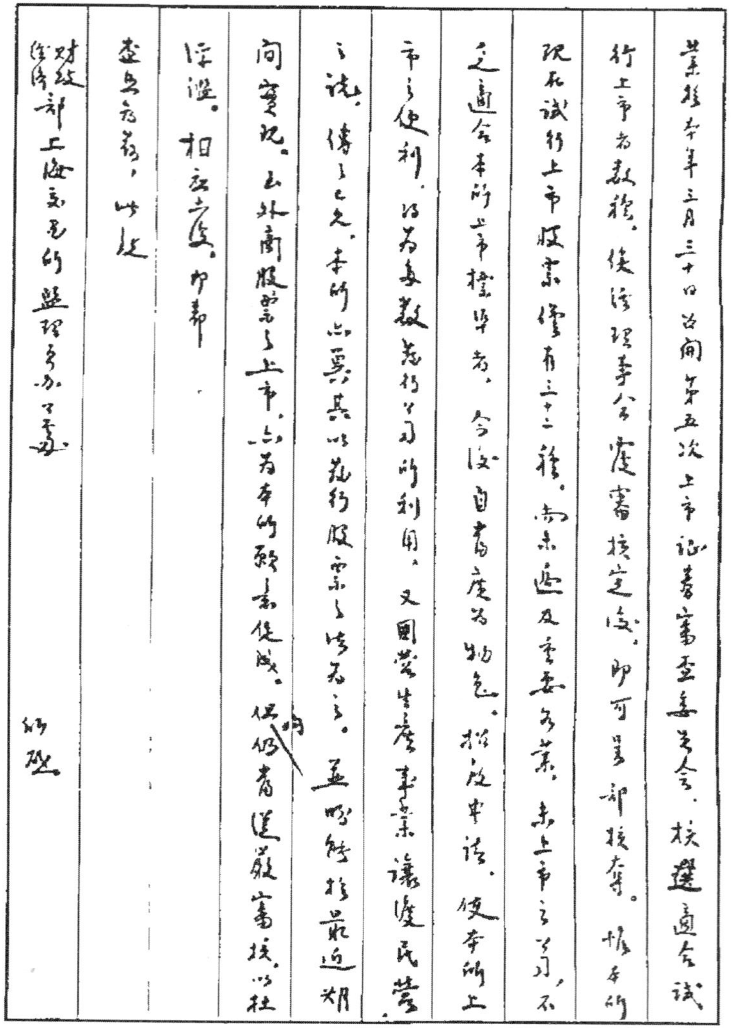

业经本年三月三十日召开第五次上市证券审查委员会，核选适合试
行上市者数种，俟经理事会复审核定后，即可呈部核备。惟本所
现在试行上市股票仅有三十二种，而未遍及重要各业，未上市之公司，不
乏适合本所上市标准者，今后自当广为物色，拟放申请，使本所上
市之便利，以为多数发行公司所利用。又因发生产事业议价民营
之说，传之已久，本所亦要其以旧行股票之将者之。并明验于最近期
间实现。至外商股票之上市，亦为本所所配合促成，俾仍有从严审核，以杜
流弊。相应函复，即希
查照为荷，此致
财政部上海金融管理局办事处

中国纺织建设公司代电　建秘(37)字第一八八三六号　中华民国三十七年九月十七日
事由：为检附本公司员工承购本公司股票办法电达查照并转知由
上海第一纺织厂　查本公司前以公司变更登记改组为
股份有限公司并以百分之三十股票出售提请保留一部
份股票以供本公司从业员工认购提请第三届董事第
一次联席会议决议(1)保留肆拾万股(即肆仟万金圆)
由公司同人分购限定五九月廿以前……清缴款逾期由
公开徵……排……参加……会……即照新公司章程办理
登记录在卷嗣经议定本公司员工承购本公司股票办
法一份随电附发即希查照并转知员工为荷总公司申篠建秘印
附办法一份

中國紡織建設公司代電　（37）建秘字第一三三八八號　中華民國三十七年九月廿日

事由：為本公司員工承購本公司股票展期一個月至十月廿八日止電達查照並轉知由

上海第一紡織廠：查本公司員工承購本公司股票辦法經以建秘（37）字第一二八三六號代電達在案，茲因限期迫促，各地員工不及承購，復經提請董事會議通過展期一個月至本年十月廿八日止，各方應將所購股款依照辦法第五條之規定於十月廿八日前將所購股數及股款即具報，希查照轉知員工為荷。總公司（印）

本公司員工承購本公司股票辦法

一、本公司董事會為令所屬單位員工對于承購董事會撥交本公司暫行保存之股票

二、本公司暫行保存之股票票面最小者為五股最大者為壹百股總額共四拾萬股每股壹百金圓

三、本公司每一員工得以本人名義承購五股并得以本人名義轉讓承購權與其他同人

四、承購股票之員工同人應於九月廿五日以前將款交由所屬單位會計處（課股）取得所屬單位之臨時收據以憑掉換股票

五、各單位收受款項後應即列冊連同股款於九月廿八日以前解繳總公司

六、各單位員工如個人資力不能購足五股者得聯合同人合購五股并自行推定何人保存股票何人代表股權（本公司股票均系記名式員工若聯合購買五股或五股以上者祇須推一人出名）

七、本公司員工承購股票後如何行使股東權須俟股票購集相當數量再行徵詢各方意見辦理

（完）

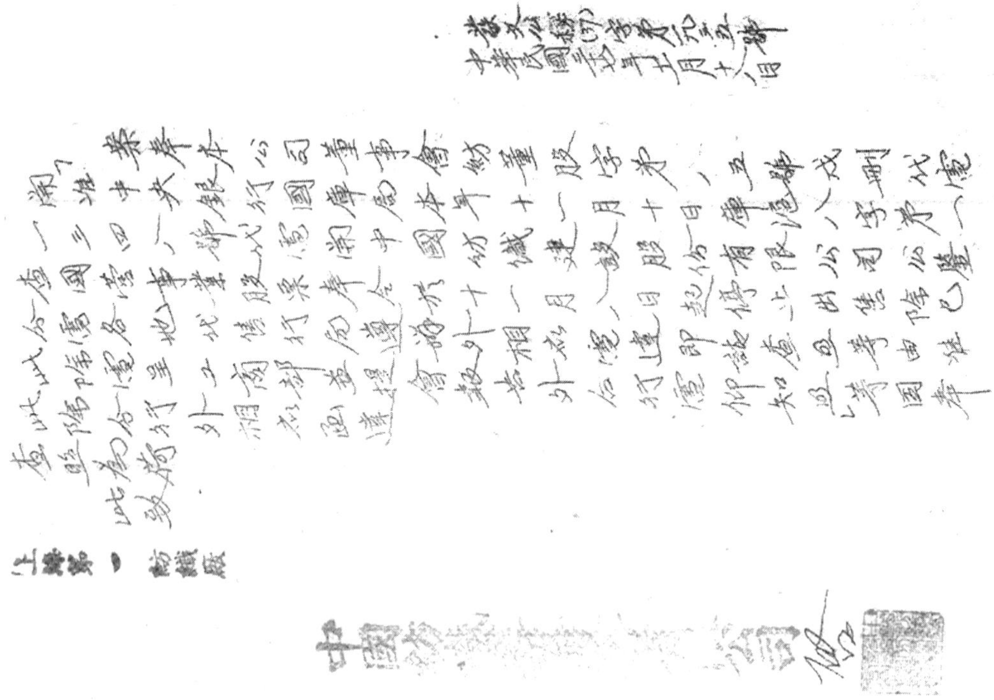

蘇文公稼(37)字第九三五號
中華民國三十七年十一月十八日

案奉本公司董事會紡董股字第八五號戌刪代電開：「准中央銀行國庫局本年十一月十日庫滬八字第一一三四八號代電開：中國紡織建設股份有限公司公鑒：查國營事業股票奉令於十一月八日起停止出售，除已分電各地代售行局遵辦外，相應電達，即請查照等由，准此，除電呈工商部並提會報告外，相應電達，仰知照」等因，奉此，除分行外，相應函達
查照為荷
此致
上海第一紡織廠

中國紡織建設股份有限公司啓

（二）企业债券的发行与上市

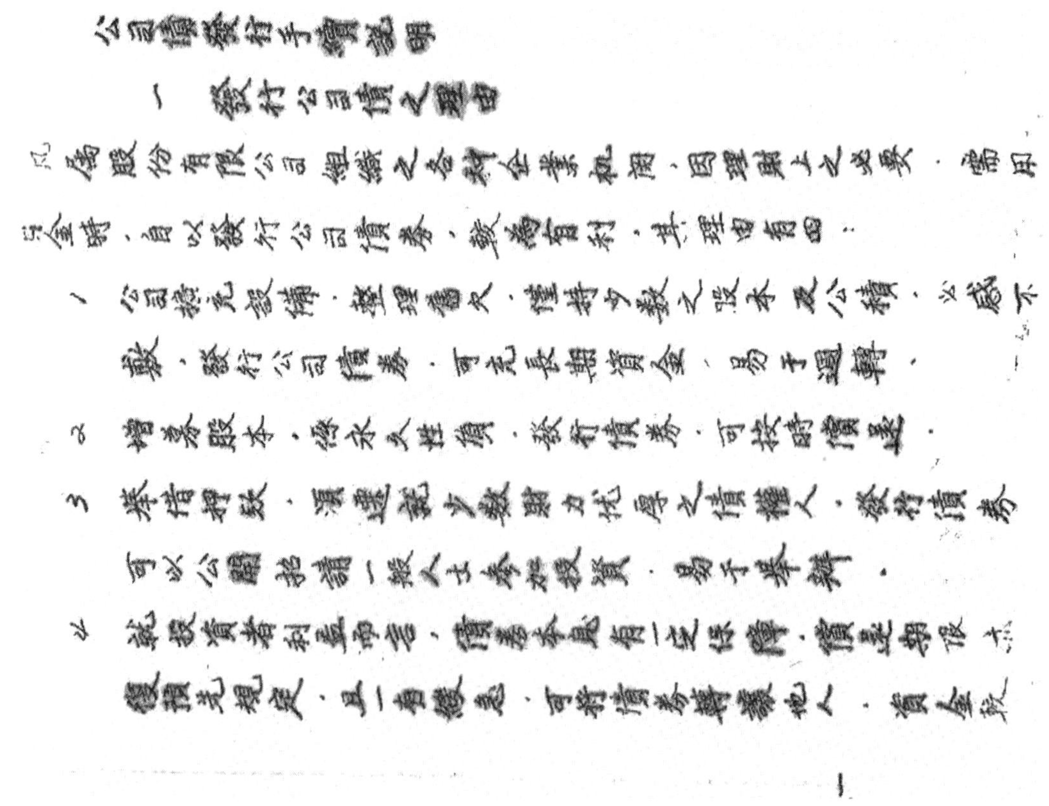

公司債發行手續說明

一 發行公司債之理由

凡屬股份有限公司組織之各種企業机關，因理財上之必要，需用資金時，自以發行公司債券，較為有利，其理由有四：

1 公司擴充設備，整理舊欠，僅持少數之股本及公積，必感不敷，發行公司債券，可充長期資金，易于週轉。

2 增募股本，係永久性質，發行債券，可按時償還。

3 舉借押款，須還就少數財力优厚之債權人，發行債券可以公開招請一般人士参加投資，易于舉辦。

4 就投資者利益而言，債券本息有一定保障，償還期限亦復預先規定，且一有緩急，可將債券轉讓他人，資金較

一

為要注。

二、公司債之种類

公司債之主要种類，可分為二：一為以財產為担保之公司債（Bonds Secured by property）。一為以信用為担保之公司債（Bonds Secured by Credit），茲分述之如次：

1 以財產為担保之公司債可分四种：

甲：第一抵押公司債（First mortgage Bonds）以房產土地、倉庫、碼頭、鉄道、礦場等之一部或全部為抵押而有第一優先受償權之公司債。

乙：續抵押公司債（Juniar mortgage Bonds）以前述各項產業抵押而有第二以下優先受償权之公司債。凡以整理債務或收買合併他公司債之合併公司債（Consolidated Bond）及換新公司債（Refunding Bond）可歸入此類。

丙：担保公司債（Collateral Trust Bond）以其他担保品交信託人保管由其出面担保而發行之公司債。

丁：設備公司債（Equipment trust Bond）以公司購入之機件之設備為担保之公司債。此种債券，發行於美國，先以為鉄道公司所用，故亦稱為 Car Trust Certificate。此公司欲購買新設備，先与信託公司商定，由信託公司出款購入，租与公司，一面由信託公司代理公司發行公司債券，俟該債券本息償清以後，將該設備之所有权讓与公司，故亦為公司購買分期付款之另一方法。

2 以信用為担保之公司債，可分四種：

甲．承保公司債 Assured Bonds 甲公司擔買乙公司全部資產因而担保其已發行之公司債之本息，即為担任公司債，故乙公司債之担保，除原有之抵押品外，尚有擔負甲公司之信用担保

乙：保證公司債 Guaranteed Bonds — 由第三者（或為政府，或為母公司）担保還付本息而發行之公司債．

丙：聯合公司債 Joint Bonds — 數公司聯合發行而相互担保還付本息之公司債

丁 信用公司債 Debentures —純由公司信用為担保而發行之公司債。

此外尚有二种公司債，係介乎以財產為担保及以信用為担保二者之間。一為收益公司債 Income Bond 其本金則可由財產為担保，按時償還，利息之支付，則以公司收益多少為依歸，一為分紅公司債 participating Bond or profit Sharing Bond，其本息可由財產為担保，惟於規定利息之外，尚可享受紅利之分配，至於轉換股票公司債（Convertible Bond.），公司得規定以股票換回之，其轉換條件得預先於公告中規定之，或隨兩者之時價以決定之。

前述六種公司債，於歐美各邦，均已盛行，我國公司發行公司債之舉，極為少見，且社會信用，亦較薄弱，如民國二十三年上海閘北水電公司，二十四年民生實業公司，二十五年上海永安有限公司所發之公司債，皆為第一抵押公司債，就目前情形而論，發行時亦以財產為担保之公司債為宜，至如分紅公司債，或轉換股票公司債，以條件較優，發行時或較易受一般投資者之歡迎也．

三　發行公司債之方式

公司債之發行方式，可分直接間接二种，直接發行，係由發行公司，不經第三者之手，直接以債券向社會公衆推銷，間接發行，係由發行公司委託銀行，信託公司，或若干由銀行組織之銀团，推銷其一部份或全部債券，惟間接發行，復可分為二種，一為銀行取代理發行地位，從事公司債之募集，其應募之足與不足，不負任何責任，一為銀行取承銷地位，預先與公司協定發行價格，投价購入，至購入後以何種价格出售，公司在所不問，且債券銷售之是頻与否，銀行負全部責任，我國過去如閘北水電公司所發之公司債，皆由銀團代銷，即如去年上海華生電器公司新亞藥廠所發行者，亦由銀行代為承銷，蓋銀行信用，自較一般公司為昭著，由其出面募集，不特發行手續較為簡便，且可多一重信用保障，使投資者樂於承購，故間接發行，自較為有利。惟我國以産業証券市場尚未完成，銀行承受公司所發債券以後，大都全部自行購入，或將少數分售於銀行熟稔之顧客，其與英美各國之承銷業務，略有出入，就目前後方環境言，公司發行債券，亦祇得倣諸過去成例，由銀行或銀團分攤認募而已。

四　發行公司債之手續

公司發行公司債之手續，大致可分為左列各種步驟：

四

1、由股東會召開大會，以代表股份總數過半之股東出席，經出席股東表決权三分之二以上同意，通過發行公司債。惟須依法遵守左列各條：

A、公司債之總額，不得逾已繳股欸總額，及公司現存財產少於已繳股欸之總額時，不得逾現有財產之額。（惟於特殊情形下，可呈請財部，擴張其發行數額，不受該條限制）

B、公司債券，每張金額不得少于二十元。

C、公司債如預定償還金額超過票面金額時，於同次發行之各种債券，應有同一之超過率。

2、由公司負責人士，与銀行界接洽，為其承銷或代銷全部或一部債券，並將公司章程、預算書、營業計劃，公司董監事之履歷，賬目表册及其他一切有関文件，送交銀行審查，訂立承銷或代銷合同，詳載各種委託权限。

3、由公司与銀行洽商，根據公司法一八〇條所載各欸，以公司及銀行名義，對外發表公告或發行說明書。

4、由公司備就联單式之認券書，載明公告上各欸，及印就之債券送交銀行，以便对外辦理推銷。（係銀行推銷之類，或一部份由銀行自行承受後）十五日內，公司全体董事監察人應向主管官署声請登記，惟亦可委託銀行代辦之。

右述為間接發行之程序，其間債券推銷之手續，全由銀行代辦，公司可不必顧問；至直接發行，尚須備就認股書、債欸催繳書等文件，各種手續，自較為繁複也。

五　公司債之登記

公司債之發行，其返本付息，既負有担保品之保障，於其付本息之際，債券人可將其担保品加以處分，惟公司債之債權人，即為各持券人，均分散各處，遂不相識，難謀執行其權利，故往往由發行公司與銀行或信託公司訂立信託契約，由後者為全體持券人之受託人，保管其抵押財產，並要時並得代表全體持券人行使抵押權及質權，惟設受託人，以介乎發行公司與持券人之間，故公司債之承受及推銷，本息之支付，可一併委託受託人執行，因之公司債契約上之受託人，即為發行承銷業務之承銷人，而所謂信託契約，亦即為承銷契約，惟承銷與信託，係屬二事，公司方面，自可委託兩個機關辦理也。

六、公司債券之形式

按公司法一八○條第二項規定，公司債券內應記載之事項，可分列左：

1 發行債券公司之名稱
2 公司債之總額及每張債券之金額
3 公司債之利率
4 公司債之償還方法及期限
5 發行債券之年月日

除上列各項外，公司方面通常可將發行公司債之章程或公告，摘要列入，以昭信實。如須列入債券持有人之姓名及住址，背面可列入債券登記事表，以便轉讓人及受讓人雙方簽押之用，至於利息之支付，如發行者規定憑息票支付者，須于債券下面，附有分期支取利息之息票。

七 發行公司債之計算方式

1. 公司債發行價格之決定

公司發行債券，或按面值發行，或折價或溢價發行，其發行價格之決定，端視債券票面利率與市場上實際投資利率之高下而轉移。如票面利率低於投資利率，則公司須以發行價格低於票面價值；票面利率高於投資利率則反是。惟公司對于償還債券之方法，或係一次還本辦法，或係分期還本，或用每期償還數額一律之年金法，故發行價格之決定，計算方式，均不相同，茲述之如次：

A 一次還本者：

$$A = 100\{1+(R-i)(a_{\overline{n}|} \text{ at } i)\}$$

A = 債券市價或發行價格

R = 每期票面利率

i = 每期投資利率

n = 債券尚在市上流行期數（單位計息期）

$a_{\overline{n}|}$ at i 查年金表即得

實例：假設債券票面1000元，期限5年，每年付息一次，債券利率5厘半，投資利率6厘，其發行價格應為

$$A = 1000\{1+(5\tfrac{1}{2}\% - 6\%)a_{\overline{5}|} \text{ at } 6\%\} = 978.94\text{元}$$

B 分期還本者：

$$A = \frac{100}{n}\left(1-\frac{R}{i}\right)(a_{\overline{n}|} \text{ at } i) + \frac{100R}{i}$$

A = 債券市價或發行價格

n = 債券尚在市上流行期數

R = 每期票面利率

i = 每期投資利率

$a_{\overline{n}|}$ at i 查年金表即得

实例：例如票面100元債券利率6厘本金按十年平均償還每年付息還本一次投資率當時為7厘，其發行價格應為：

$$A=\frac{100}{10}\left(1-\frac{0.06}{0.07}\right)(A_{\overline{10}|}\ at\ 0.07)+\frac{100\times0.06}{0.07}=95.73元$$

乙 按年金法將每期所還本息一律看：

$$A=\frac{a_{\overline{n}|}\ at\ i}{a_{\overline{n}|}\ at\ r}\times 100$$

A＝債券市價或發行價格

n＝債券尚在市上流行期數

i＝每期投資利率

r＝每期票面利率

$a_{\overline{n}|}\ at\ i$ 查年賦金表即得

实例：例如票面100元債券利率6厘分10年償還發行公司每年支付本息總額相等，設投資利率為5厘半，其發行價格為：

$$A=\frac{a_{\overline{10}|}\ at\ 5.5\%}{a_{\overline{10}|}\ at\ 6\%}=102.80元$$

3 公司債償還金額之計算

至於公司發行債券，其每期應付債付金額，亦須於發行時加以計算。如係一次還本者，公司得於發行期限內，每期提存定數之償債基金，用以積成巨額，以備公司償還到期時，將此項基金全部償還；如係分期還本者，則每期還本付息，既有定額，作一簡單之償本付息表即得；如係按年金辦法償還者，則每期償還本息之數，須事先推算，求其一律，兹列償債基金及年金計算公式如左：

A 償債基金公式

$$R = C\left(\frac{1}{S_{\overline{n}|}}\ at\ i\right)$$

R = 每年應提金額

C = 債券票面額

n = 債券到期付款期數

i = 投資利率

$S_{\overline{n}|}$ at i 查年賦金表即得

实例：公司債券100,000元投資利率八釐每年複利一次於十年後一次還本每年應提存金額為

$$R = 100,000\,\frac{1}{S_{\overline{10}|}}\ at\ .08 = 6902.9\text{元}$$

B 年金計算公式

$$R = \frac{C}{\dfrac{1-\dfrac{1}{(1+r)^{n}}}{r}}$$

R = 每期付還本息數

C = 債券票面額

n = 債券到期付款期數

r = 票面利率

实例：公司債券一百元，票面利率六釐，分五年還清本息，每半年付還本息一次，每次應付本息為：

$$100 \times \frac{1}{\dfrac{1-\dfrac{1}{(1+.03)^{10}}}{.03}} = 11.72\text{元}$$

請暫守秘密

通泰鹽墾五公司債票發行條件

一名稱　通泰鹽墾五公司債票

二總額　五百萬元由銀團分兩期推銷發行第一期發行三百萬元自本年七月一號起至十月三十一號止為發行期間在發行期內認購債票者按照繳款日期算至發行截止之日預付利息第二期發行兩百萬元其發行日期由公司與銀團商定之

三此項公司債款專充公司清還舊欠及推廣工墾之用其分配數目由五公司自行支配報告銀團得其同意彼此以信面聲明作為附件

四此項公司債票自十年十一月一號起分五年還清每年還五分之一

五利息　常年八釐每半年付一次

六此項公司債票第一期發行之三百萬元以五公司未經分派股東之地產劃出五分之三計　畝作為擔保其劃定區域應用信面聲明作為附件

七五公司未分地租及公司其他收入當儘先充此項公司債票還本付息之用設有不敷應以已分地畝之收入補足之再有

餘款聽凭公司支配

八每屆還本付息時應在一個月前由公司如數籌備於期前息存銀團以備應付設遇青黃不濟或有不敷得由公司商請銀團暫時接濟公司有款即先清還如為數過多得由銀團會同公司展分一部分之擔保品其銀團墊款利息隨市定之

九在此項公司債票未經還清期內公司如有分地與股東之舉亦未經指充擔保之地畝及因債本減少解除擔保之地畝為限

十此項公司債票未期還清時每債額千元得分酬獎红地十二畝此項地畝大段工程歸公司圍築地質以可墾草地為度並由五公司在任何一公司境內劃一大整區請銀團派員檢定後仍由公司管理至第五年還清方交由銀團自行支配

十一銀團公推稽核五員分駐五公司監察賬目所有五公司款項出入應由稽核員審查其五稽核之薪水歸公司銀團各半支給

十二此項債票十足發行銀團得手續費百分之五

十三各公司除第八條規定應付本息於一個月前交存銀行外所有款項出入至少應以半數分存銀團內之各行利息隨市定之

辛酉年夏歷四月十九日下午就城南別業舉行華成大晉大豫大有晉大豐五公司董事聯席會

到會董事

周扶九先生　宋丞先生代表到

余壽平先生　張退庵先生代表到

沙健菴先生　到

周薇閑先生　到

徐靜仁先生　到

諸貞長先生　到

韓奉持先生　到

汪魯門先生　陳懋之先生代表到

王慕莊先生　吳寄塵先生代表到

姚文甫先生　周季誠先生代表到

王一亭先生　吳寄塵先生代表到

徐積餘先生

張作三先生　到

馬敷五先生　到

劉梯青先生

束劭直先生　到

賈斌臣先生　陳懋之先生代表到

江知源先生　到

劉聚卿先生　到

李壽卿先生

曹秉仁先生　到

顧伯言先生　陳明輝先生代表到
吳寄塵先生　到
章靜軒先生　到
張佐虞先生　到
王已勁先生　到
公推沙健菴先生爲主席
提議事件如下
一定名爲華成大賚大豫大有晉大豐五公司籌集社債聯合會
二本會受五公司股東委託以全體董事組織之
三社債進行方法由聯合會協議至發行社債數目多寡由五公司各自負責
四公推徐靜仁吳寄塵兩先生向銀行團先行接洽有緒報告總理再行召集聯合會議決辦理

二

五酬報地畝擬指定一處由雙方察看定奪至酬報數目前此張君公權在通有要求每千元酬報十畝之說現在公司地畝假定時値每畝二十元連同債票利息計算須合一分六七厘比較公司調欵未免吃虧能否商減應由徐吳二君磋議
主席沙健庵
書記魏挹周
辛酉年夏歷五月二十六日下午三時華成大有晉大豫大賚大豐五公司就城南別業續開董事聯席會
到會董事
大有晉董事
余壽平先生
周扶九先生　宋丞代表到
江知源先生　到

徐靜仁先生　到

韓奉持先生　到

李壽卿先生　束勛直代表

徐陶安先生　到

大豫董事

沙健菴先生　到

周薇閣先生　宋丞代表到

諸貞壯先生　束勛直代表

余壽平先生

徐靜仁先生　到

江知源先生　到

李壽卿先生　束勛直代表

大賚董事

韓奉持先生　到

周宋丞先生　到

姚文甫先生　周季蕺先生代表到

王慕莊先生

汪魯門先生　陳懋之代表到

曹秉仁先生　到

顧伯言先生　華繹青代表到

華成董事

張退庵先生　到

周扶九先生　宋丞代表到

劉烈卿先生　到

章靜軒先生　到
韓奉持先生　到
程齡孫先生
溫欽甫先生　三君均張退庵代表
王采臣先生
張作三先生　到
張佩嚴先生
林昧書先生
大豐董事
周扶九先生　李承代表到
劉梯青先生
賈斌臣先生　周叔梁代表

張作三先生　到
束劭直先生　到
王一亭先生　吳寄塵代表到
馬敷五先生　到
徐積餘先生　到
徐靜仁先生　到
韓奉持先生　到
劉聚卿先生　韓代
公推沙健庵先生主席
提議事件
一審議發行債票草合同
公議第三條第一期三百萬元句第一期下加一之字第五條第二期二百萬元

發行時句上加一俟字餘均逐條通過

二分配五公司第一期三百萬元債額

公議大豫一百萬元　大豐一百萬元　大有晋四十萬元　華成二十萬元

大賚四十萬元各以信面通告銀團

三劃定第一期擔保地畝

各以圖表信函通告銀團

四審議正式合同及債票簽名問題

公議五公司董事計有四十三人全體簽名不勝其繁議決由五公司董事會各推一人代表全體董事會同總理在正式合同簽字其債票簽字手續亦由總理及五公司代表董事各自署名付印再各逐票蓋章（推定代表董事列後）

五議定第一期酬紅地域

公決在華成公司北餘區內購出地三萬六千畝爲五公司第一期三百萬元債

票酬紅地通告銀團派員勘定

六第二期債票發行時期

公議第二期之二百萬元俟必要時須經五公司股東會同意方得發行之

推定代表董事

大有晋　徐靜仁先生　大豫　沙健庵先生　大賚　周宋丞先生　華成　韓奉持先生　大豐　張作三先生

徐靜仁先生提議此次銀團條件有擬於五公司內擇一相當地畝辦一公共試驗場延聘外國專家主持其事每年經常費用約需三萬元須五公司擔任十分之九銀團擔任十分之一在銀團爲改良種植起見用意良佳惟鄙人與吳寄塵先生以爲此舉謀公益則可爲發行社債條件則不可爭持再三結果由五公司每年津貼一萬元茲將往來信函報告請公決

公議贊成惟所設試驗場將來無論在何公司劃地進行五公司既出資一萬元與

銀團合辦則試驗場每年收入亦應按出錢多寡平均攤派此事仍請二君代表向銀團以書面聲明

銀團代表秦潤卿錢新之君來訊及五公司代表徐靜仁吳寄塵君去訊附存

銀團代表致五公司代表徐靜仁吳寄塵二君函

此次貴公司委托敝團發行公司債票五百萬元全爲提倡公司債票及改良農事起見實業金融兩受其利顧中國農事經營尙屬萌芽而世界農學進步日新月異參合學理以求事實之改良實爲當務之急前商閣下於五公司內選擇相當地點設立中央試驗場延聘專門技師研究一切農事改良計畫備公司之諮詢已荷贊同深佩卓見並承允所有試驗場應用辦公房屋及住宿處所得向公司借用房屋並由五公司每年貼助試驗場經費一萬元試驗研究時各公司並與相當之助力敝團深爲感荷尙祈覆示叙明俾資遵守再此項試驗場經費敝團亦願年助經費五千元聊盡綿薄合應奉聞云云

六

五公司代表復銀團代表秦潤卿錢新之二君函

奉示以貴銀團代通泰五鹽墾公司發行公司債票全爲提倡公司債票及改良農事起見擬向五公司選擇相當地點設立中央試驗場延聘專門技師研究一切農事改良計畫備公司之諮詢除試驗場應用辦公房屋及住宿處得向公司借用外由五公司每年貼助試驗場經費一萬元等因弟等當遵來意商之五公司已允俟貴銀團自專門技師聘定任事之日起如數按年津貼矣云云

通泰鹽墾五公司債票銀團稽核處組織大綱

一 本銀團根據合同第十一條設立稽核處附設於上海銀行公會

二 稽核處設主任稽核一人稽核四人由銀團聘任之

三 主任稽核秉承銀團之意旨綜理本處稽核報告一切事宜并隨時赴各公司調查並指揮稽核秉承主任稽核依照本處稽核辦法分駐各公司履行稽核職務

四 就各公司地域上分為下列四區每區駐一稽核由主任稽核指定之

(一) 第一區　大有晉大豫兩公司

(二) 第二區　大豐公司

(三) 第三區　大賚公司

(四) 第四區　華成公司

五 本處稽核辦法由銀團規定經各代表同意施行之

六 主任稽核每月支給薪水壹百伍拾元稽核四人每月各支薪水洋壹百元歸公司銀團各半支給

七 本處稽核上應支川資旅費紙張印刷郵電等

一切費用歸銀團負擔由本廠核實報銷

八本廠俟通泰鹽墾五公司債票全數還清之日

經銀團聲明取消之

經募通泰鹽墾五公司債票銀團廣告

通泰鹽墾五公司債票十一年十一月一日到期本息因狀

況短絀且租花期遲不及脫售當由五公司商請銀團

展緩兩個月付款並經各持票人分頭催收本季所收租

花已悉數抵售得價計劃到二十三萬六千元查本屆應

付本息七十二萬元加計兩個月利息四萬元共七十六萬元

除花價之外另由五公司籌還二十三萬四千元淨缺三十

萬元業由銀團公司開會集議決定本屆付還利息

全數十六萬元償本半數三十萬元於十二年元月十五號

起至二十號止每日上午十時至十二時下午二時至四時假
上海香港路四號銀行公會憑債票如數發給凡持有
此項債票者屆期携帶債票連息券前往領取爲
要至其餘債本半數三十萬元由鹽墾管理處另提墾
地部照六萬畝暫存銀團作爲擔保一面由鹽墾管理
處負責趕速脫售得價陸續歸還但至遲不逾一年
全數清償未經償清以前按月利一分計息先此布
告其餘詳細辦法另刊報告此白

經募通泰鹽墾五公司債票銀團謹啟

上海藝學社製

通泰鹽墾五公司債票還本付息辦法

一按各公司墾種收入春熟須在陰歷五月中秋熟
須在陰歷十一月中方能變賣得價原訂債票
還本付息之期係五月一號十一月一號訂期過促
不及應付自本屆起上半年付息改爲陽歷
七月一號下半年還本付息改爲陽歷一月一號

一本屆應付債本六十萬元利息十二萬元加付兩
個月利息至十一年十二月三十一號計四萬元共計
七十六萬元除已實收本季花價二十三萬六千

一

元五公司另行籌還二十二萬四十九元外淨缺三十
萬元茲決定利息全數照付債本付還半數
一上項付還利息全數十六萬元債本半數三十
萬元訂於十二年元月十五號起至元月二十號
止每日上午十時至十二時下午二時至四時假
上海香港路四號銀行公會憑債票如數發
給
一其餘到期未還債本半數三十萬元由鹽墾管
理處另提下列墾地部照共萬〇九百七十四畝〇五

上海鹽墾公記 八

釐暫存銀團作為擔保由鹽墾管理處負責
趕速出售得價歸還至遲不逾一年全數還清
在未經還清以前按月一分計息一併付還茲
將墾地部照細數列下(另單)
一本屆息付全數本還半數債票所附息券概
不截留但加蓋戳記文曰本屆利息四十九元如付
兩個月利息十三元三角三分並第一年債本半
數一百元一併付還清訖其餘債本半數一百元
由鹽墾管理處負責以墾地部照暫抵按月一

二

分計息限一年還清此註

一續繳第一期債票餘額四十七萬元查一條十一年七月十號繳款此項債票利息五公司特加優待自十一年七月一號起算其號碼已經銀團刊印紀實公布在案

一續繳第一期債票餘額四十七萬元按續訂合同附件每千元應得加酬優待紅田八畝至第五年債票還清交付紅地時憑領田証分地此項領田証業已印齊經公司銀團代表會同

發字卅次通同本息港幣一律發給

一本屆付還本息實數四十六萬元應於十二年元

月一號照付因一切手續必須預備故訂於元月

十五號起至二十號止支付自元月一號至十五號

計十四天利息按週年八厘照數補給

三

董事會以無款可籌墊不肯對（旁改：商請暫行墊借）敝處未便與華成公司
單獨談判故仍數促鹽墾管理處從中籌繳除由鹽墾
管理處及各公司另函迅速銀團外特先將敝處催收利息
經過情形撮要奉告務祈
共同主持以維債信為幸此略

經募通泰鹽墾五公司債票銀團稽核處具

上海藝學社製

錄華成鹽墾公司董事會來函

逕復者接奉 大緘以第一期應還債票本金六十萬元除撥期
還三十萬元外其餘三十萬元展期一年顯係違反契約云云查敝公
司去年因天災為厄致於顆粒無收然尚竭蹶將息金如數付
清並將第一期本金歸還三萬元尚欠三萬元實係無力并非違
約不特去年尚欠三萬元轉瞬本年六月底付息之期又到雖為
數僅九千六百元然在山窮水盡之時除懇 貴銀團將此項息金
作為敝公司借款計日起息外仍無其他可籌之款此乃 貴銀
團所派稽核員所見之實情非敝公司有款而不儘先提還 貴

銀團之見全該失信用也又 大誠用大豐大豫地畝轉售事面稱
諸君於一公司發難他公司均無言之查該公司售地雖早經股東
會議決而至今未得售主倘得售主之日所得地價必先償還
貴銀團債款請 勿過慮合併聲明此致
通泰五鹽墾公司債票銀團

華成鹽墾公司董事會謹啟

六月二十八

上海銀行公會製

錄南通鹽墾管理處來函

逕啟者本年大有晉等五公司股東常會經於夏曆三
四月先後在本公司南通城舉行會議時有各住在滬
股員在滬者[illegible]語焉不詳 貴銀團與該公司
事關係密切理合將會議情形摘要以告備照
僉注意以各公司除各負 貴團經募第一期未還公
司債額外尚各負有一部份另債雖為數多寡不一
而息金壹期償還亦難預定於會議時先後提出結
果各公司股東一致為尊重債權之表示各就銀團
一

一

內籌備清還債款以為保本之計緣公司成立各以所有地畝為基本股東投資目的均在得地原章各有規定從前債輕故僅以收入抵還辛酉奇災又增一部份急債第二期公司債票亦未能發行各股東鑒於情勢均願縮減原章應得之地以備清還債務第以情形不同債權各別故所籌議方法亦不一致此本為各公司股東對內議決能否辦到此時殊不可必縱必股東有此議決各公司董事會辦事人籌辦還債方有依據而各公司董事會辦事人

上海藝學社製

辦理債務亦必顧及各方債權契約分別審慎從事可斷言也敝處以貴團與五公司均有債權關係爰總括各股東會決議要點以最誠摯之意向

貴團鄭重声明如左

(一)五公司論無何一公司如未經另議與

貴團協商妥洽一切仍照原合同及附件履行

(二)五公司無論何一公司凡已經劃作第一期公司債票担保地畝在未經解除年度仍舊担保設有售出情事必以該項地價儘數劃交(或按期指交)

二

貴團據此准以該公司所欠未還債本及付款時

准付息緩爲度爲此據同五公司股東會議事

錄各一份送請

查閱爲荷此致

通泰五鹽墾公司債票銀團

南通鹽墾管理處 處長張 謇
主任江導岷

附議事錄五份 七月二十二日

上海藝學社製

謹呈者前通泰鹽墾五公司本年股東會議情形據大豫

大豐兩公司開會在前已於六月一日先行具報外茲將

五月初十三十三等日續開大賚華成大有晉三公司股東

會議情形據實報告如左

(一)大賚公司 原議股本八十萬元(內大幾七萬係先年撥明股額)

負債七十二萬元(內公司債三十萬六千元)擬大通下可以收回一部

分計淨負債六十五萬元實召股東已分墾地七萬八千

畝未分草地及灘地約十三萬餘畝(內債已抵押地八萬餘畝)

該公司茲當會員提議由股東退還一部分已分地售

償債債分甲乙兩說(甲)說大意以北區(股東已分地)一萬八千八百畝每畝作價二十元售得三十七萬六千元抵償公債出售富亨區西區(股東已分地)八千畝每畝亦作二十元售得十六萬元連本年花息等項償還其他債務(乙)說大意從各股東已分熟地中每股提五十畝而以利勇兩區未分之草地四萬餘畝(債票担保地)抵補所提之地及其他餘地一併作價出售還債就中以富元區熟地一萬畝作價每畝二十元以草地一萬畝作價每畝十三元計售價三十三萬元還公司債原擬就股東會討論解決乃臨時董事意見

上海藝學社製

不一故未曾提出遂議決推舉股東八人先行查明再定辦法

(二)華成公司　股本一百二十五萬元負債三十餘萬元(內公司債廿七萬元)實存地約四十餘萬畝前屆議決出售西北餘區以清償債務至今未得受主而進行需款爲数尚鉅本屆股東會議決除仍將西北餘區八萬餘畝每畝作價四元出售外募由公司股東每股讓出五十八畝計七萬餘畝約當第五鄉之地(債票担保地之一部)定價每畝七元連同出售兩共可得價八十萬元即以之償還債務進行墾工

二

(二)大有晉公司　原議股本五十二萬八千元上年續收新股二十萬六千元負債計股東特别調款二十三萬元其他債務七十萬元(內公司債十八萬元)實存已分地十萬四千餘畝(內已繳者八萬六千餘畝)未分地約十三萬餘畝(內可留歸銀團紅地四萬畝債票担保地七萬餘畝餘留地二萬餘畝)上屆股東會曾經議決以大東區一萬四千畝抵償股東特别調款乃事逾一年股東應者寥寥本屆董事會議由董事會擬具三項辦法聽股東採擇(一)仍照上年原議以款購大東區之地不足則由公司另劃他區之地補足

三

(二)如調款股東不願以款購地則俾公司以大東區出售價還(三)上年添招新股三十萬元尚餘九萬四千元未曾招足自特别調款二十三萬元內如數撥歸新股餘分三年歸還云云乃到會意見不一結果仍交董事會討論解屆又本屆股東會以債務太重每年收入除經常開支折息外實無餘力清償債務舍售地别無他法遂議決除各股東已分地及銀團指定紅地外所有未分地共計九萬九千餘畝(包括債票担保地在內)無論何區完全出售得價清償債務每畝通扯以八元為標準付權董

三

事會隨時據洽辦理

據各公司近因收入短絀積虧日重就股東會籌商辦法要皆以售地還債為主惟出售地畝間接即削減債票保障茍無相當代價抵補銀團未便承認同人等雖已將此旨為各公司說明仍祈銀團從事實上有所主張庶早定公司責任盼切盼切

此啓

經募通泰鹽墾五公司債票銀團諸執處具

上海藝學社製

一

逕啟者昨日銀團已集團員會討論擬提出要求公司條件之際對於稽核同人頗有微詞同人不敏無任惶愧在銀團諸公關懷持票人之利益不厭責備求全原寓有一番精意能無感佩惟同人經歷情形未蒙諒察實有不能已於言者查稽核之設乃在債款既劃數月之後憑藉已失情勢窮袛以職責所關不得不勉效綿薄一方漸得公司之諒解一方謀保銀團之實權上年各公司股

二

東會開會以前同人訪知各公司因經費支絀有
出售地畝之議其地雖非銀團擔保地但既屬公
司資產即關係債權者保障當即建議於銀團交
涉曾經銀團於四月廿六號提出意見書供公司
參考公司亦曾復函允為隨時報告同人當時復
建議停發股息節省開支收束鹽業以減虧耗
進行工墾以廣利源均經銀團據情提出公司亦尚能
虛衷采納此上年春夏間事也及至秋間收花之

三

際同人以此項收入有僅先還本付息之關係不能
不詳慎盤算以昭鄭重實曾擬具辦法五條旨議
花以全上棧均經陸續規定由銀團於十月七日
通函鹽墾總管理處照行上年十二月間五公司以
收入不足函請銀團先墊債本半數債款展期
一節同人鑒察當時情勢曾於十二月廿六日提出
說帖六條分致各團員以冀銀團斟酌進行就中
第五條有云

四

此項公司債票第一期三百萬元按照合同以五公司未經分派股東之地產劃出五分之上計一百零四萬八千二百畝作為擔保早經各公司劃定區域繪圖聲明在案惟五公司擔保地畝多寡不均地質腴瘠懸絶若聯帶負責擔保地價值猶可彼此挹注倘分別負責則價值高低恐與債額多寡不能相抵竊以為估計價值有不足者宜要求公司另

五

提相當追加抵押品維持價值此應注意者一也又鹽墾各公司墾地定章按畝繳價領取部照執業債票既以地畝擔保理應按照畝數填取部照交存銀團方足以昭信守同人屢以為言奈各公司經費支絀無款繳價擔保地部照迄今猶未領齊銀團為保障債權起見曾於本年秋間先將擔保地地段畝數登報公布惟部照未經領到法律

六

上手續究屬未備應請銀團要求五公司信趕速填領部照交付銀團不得久稽時日以臻妥慎

蓋同人深知此層關係重要即使債票本息按期如數照付尚須乘機解決何況第一期債本即未能如數歸還尤應根本救濟不料銀團中竟寂寂無聞稽核負報告之責銀團對於此種重要報告不加垂察是稽核在銀團方面已

七

不啻虛設稽核對於公司權限本已薄弱自此更無發言之餘地然同人猶隱忍維持者蓋因既已擔任稽核職務此種重大問題若不解決實無以自解夙夜以思冀得一當本年各公司股東會開會售地抵債之議乃大噪蓋亦積漸而發同人難安緘默乃將各公司議決案并售地情形先後詳敘説畧請銀團主張一面復往返傳達銀團公司雙方困難實情以冀從事實上得一解

八

決上月乃有聯席會議之約連日討論條件雖尚未正式提出傳聞公司銀團趨勢已近倘能藉此謀一兩全辦法則此後債票保障當可日固此雖銀團諸公盡籌碩畫有以玉成同人一年以來奔走呼號圖報涓埃之私衷亦可以稍慰惟念前此風雨飄搖之際銀團於重要報告猶不加深察幾視稽核如虛設此後鳥盡弓藏更無見重之處稽核之職似可秉此時一律裁撤庶免虛

九

糜費經費倘尚須存此名目同人自斷菲薄不敢尸位素餐則請另選信任之人接充俾可言以人重於事有濟同人約定儘九月內結束一切除再行報告外先此奉

聞愚戇下忱尚希

鑒察此致

同啟

翁亮業
王鉉夔

李積新
沈籟清
姚伯華

十二　九　十三

隸入大豐卷

合同

立合同 經募通泰鹽墾五公司債票銀團（以下簡稱通泰）
　　　大豐鹽墾公司（以下簡稱公司）
　　　興豐銀團（以下簡稱興豐）今公司因整理通泰興豐兩銀團債務經三方共同議決訂立正式合同其條件如左

一 公司所欠通泰債款結至十八年六月三十日止共計本息洋八十七萬八千元利息按年息八厘計算（過期本息按月息一分計算）每六個月結算一次其抵押品業經該公司於民國十八年五月廿三日股東臨時會議決指定北段草地三十七萬四千一百三十七畝八分六厘及股東已分熟地七萬七千七百畝作爲該債款之担保品（並連同區房及未收押租在內）其各區熟地數目地段由通泰會同興豐向公司查明繪圖確定以上七萬七千七百畝熟地之新驗契紙公司應俟查明地段繪圖確定後檢交通泰執管

二 公司所欠興豐債款結至十八年六月三十日止共計本息洋八十五萬七千元利息按月息九厘計算每六個月結算一次其抵押品業經該公司於民國十八年五月廿三日股東臨時會議決指定股東已分熟地十一萬六千六百畝作爲該債款之担保品（連同區房及未收押租在內）其各區熟地數目地段由興豐會同通泰向公司查明繪圖確定以上十一萬六千六百畝熟地之新驗契紙公司應俟查明地段繪圖確定後檢交興豐執管

三 公司全部管理權自本合同成立日起由通泰興豐及公司三方共同組織維持會接辦維持會組織法另訂之

四 公司在維持會期內所有常年開支應開立豫算由維持會籌墊在每年全部收入項下儘先提還

五 通泰興豐全部抵押地上草熟地之收入除按照豫算應派常支外餘款由通泰興豐雙方按成分配

六 通泰興豐兩方各個抵押地上之局部歲修工程應歸各該銀團代替公司單獨墊認仍由公司負責歸

還

七 公司所有其他債務及剩餘之草熟地（指通泰興豐以外之債務及不在兩銀團範圍以內之抵押品）應如何支配及抵還方法統由該公司董事會負責自理但在維持會管理期內公司股東如不自行分管應照代管地畝數目攤派常支設代管地上收入除常支有餘或不敷常支統歸公司董事會負責與維持會處理之

八 公司已經指定抵押於通泰及興豐之股東已分熟地十九萬四千三百畝其中部照有已交給股東者公司董事會應責成股東遵照民國十八年五月廿三日股東臨時會議決之繳款領地辦法辦理至遲須在民國二十年十二月三十一日即公司與通泰第二次雙方所訂新合同到期之日以前如數繳清領回應分地畝倘期內不將股東應繳債款每股壹千元繳出者其已領部照當全數交付銀團聽憑處分如踰所限股東既不照繳債款又不繳回部照該公司董事會應呈請官廳將上項股東已領部照宣布作廢另領新照准由銀團不限價自由處分爲償還債款之唯一辦法

九 通泰及興豐雙方各個抵押品項下售地收入之地價應歸各自收回債本所有售出地上之收入自應在通泰興豐各個債額項下按成扣除（例如通泰名下售得一部分抵押品地價十萬元以後收入按通泰興豐各個債權餘額比例支配）

十 此項合同草議業經通泰興豐兩銀團代表及公司董事三方聯合會審議通過訂此正式合同

十一 此項正式合同繕寫三分三方各執一分

經募通泰鹽墾五公司債票銀團報告 民國二十二年八月

總報告

本團經募通泰鹽墾五公司債票，其已往情形，以及各公司狀況，前載本團所輯債票紀實及經營概況兩刊之中，無俟贅述，時閱多年，各公司日趨窳敗，其間經過，有可得而述者，爰將各公司最近狀況，本團辦理情形，暨今後整理計劃，撮要報告於次。

查各公司負債過重，雖得本團第一期債本三百萬元之接濟，僅敷償還舊債一部份，而對於經營地畝各項工程，仍未有所設施，且當債票發行之年，各公司驟遭災歉，故訂定償付之本息，即多數未能按約履行，本團本維持實業初衷，乃爲之改訂新約，並展寬年限至二十年止，原冀予以相當時期，俾得從容整頓，以維債信，詎又迭遭匪共水旱之災，收成歉薄，支用浩繁，各公司益陷困頓，甚至經常費用亦難籌措，主持無人，各事停頓，不復顧惜信用，更無論清理債務，本團鑒此情形，認爲抵押地畝雖有契約規定，今公司失敗至此，書面協約將自動失效，是有抵押之名而無抵押之實，爲保持持票人利益，鞏固債票信用起見，非實行執有部照，不足以資保障，遂自十八年起，幾經交涉，且爲之籌墊款項，始將所有部照領齊保管，較之徒恃契約，似聊勝一籌，其後各公司情況日非，不獨對本團債票本息無所措理，甚有私將原爲本團抵押地畝，擅自轉抵，或出賣，冀得現金周轉者，種種違約舉動，不一而足，雖經本團一再嚴重交涉，亦無適當解決辦法，此則各公司已至山窮水盡，縱欲顧全債信，亦不可得矣。本團代表諸公僉以抵押地畝，雖執有部照，而無管理實權，任憑措置，於債奚益，則非謀進而實行執管地畝不爲功，遂於十七年間先將紅地四萬畝接收，組倉自管，十八年聯合南通興豐銀團組織維持會，共管大豐公司，去年該會期滿，又各劃地自管，同年又與華成公司訂定代管協議，十九年復組委員會執管大豫公司，至大賚公司交涉經年，始於本年協定執管担保地辦法，其中惟大有晋債額最少，現以實產作抵，似可結束，自執管以來，略事整理，已獲相當成效，但綜合各公司担保地畝全年收入，雖豐稔之年，亦所餘有限，苟逢荒歉，便形支絀，常此保守，而不求進取，則公司勢必破產，而債權亦有動摇之虞，矧多數地畝均屬草蕩，如不設施工程，則天然進步固微，而鹹潮衝擊爲害尤鉅，非謀積極進行，難收桑榆之效，所慮者担保地雖經執管，而地權仍屬公司，進行因多窒礙，籌款亦自不易，地權不能解決，工程亦無由而實施，茲者大豫大賚兩公司執管均將期滿，曾來函要求割地了債，此項建議，亦屬實情，蓋公司捨割地無以了債務，而本團爲維護債權計，與其長此遷延，不如直捷了當，較有希冀，惟事關全體持票人權利，是否有當，殊有深長計議之必要，爲此提請團員會公決，以定進止，至於各公司担保地畝均經實地查勘，茲按實際情形，視其緩急，分其先後，擬具計劃，詳述於後，惟希

鑒督。

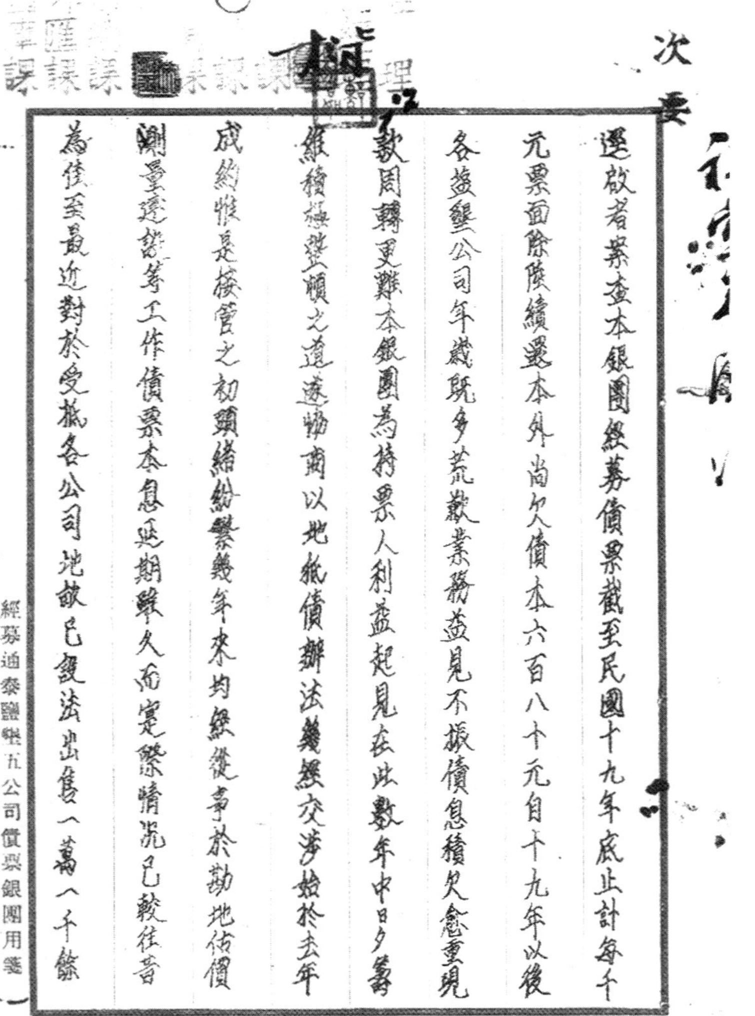
次要

逕啟者，案查本銀團經募債票截至民國十九年底止，計每千元票面除陸續還本外，尚欠債本六百八十元，自十九年以後各鹽墾公司年歲既多荒歉，業務益見不振，債息積欠愈重，現款周轉更難，本銀團為持票人利益起見，在此數年中日夕籌維，積極從事磋商，以地抵債辦法幾經交涉，始於去年成約，惟是接管之初，頭緒紛繁，幾年來均經從事於勘地估價測量造冊等工作，債票本息延期雖久，而實際情況已較往昔為佳，至最近對於受抵各公司地畝已設法出售一萬一千餘

經募通泰鹽墾五公司債票銀團用箋

歉得價弍十四萬餘元並經本團代表會議決先行撥還債本弍十四萬元計每張票面壹千元還本八十元定於二月一日○○○○起請各持票人攜帶全張債票向香港路五十九號銀行業公會六樓本團稽核處憑票領取○至持票人應得債息須俟債本全部還清如有餘款再行分配查十九年還本之籤早經通告在案應併帶聲明亦希察及為荷此啟

經募通泰鹽墾五公司債票銀團

二十六年一月二十五日

經募通泰鹽墾五公司債票銀團用箋

立契約 永利製鹼公司
永利債券經理銀行團（中國、浙江興業、鹽業、中南、金城銀行）（以下簡稱公司、銀團）雙方議定由公司委託銀團經理發行公司債券特訂立契約如左

第一條 公司依據民國十九年八月三十日股東會議議決發行公司債券總額國幣貳百萬元委託銀團經理發行一切手續雙方應依照債券章程辦理

第二條 每月應將基金撥交銀團存儲一俟銀團收足是數還本付息[illegible]基金时方得再為支付本息

第三條 銀團收到基金時應分立專戶處理每屆還本付息
時由銀團在撥存基金項下分別支付並將收付數目按
期作成報告通知公司

第四條 銀團應得酬金如左

(甲)由銀團代募之債券依照每次售出總額給予千分之
三酬金一切費用已括在內

(乙)由公司自行招募之債券由公司給予銀團千分之三手
續費

第五條 還本付息基金應在天津撥存銀團代為存備其利
息按收存日起給予公司年息六釐

第六條 此項債券印成後交由銀團保管隨銷隨發無論
公司自銷或銀團代銷其所收款項均照交銀團收公司往

來戶賬以憑撥用

第七條 本契約如有未盡事宜得隨時以書面協定與本契約有同一效力

中國棉業中南[illegible]

[illegible]

中華民國十九年九月二十五日

8

附檔

永利債券經理銀行團議事錄 十九年九月廿四日

一、債券基金應由公司按月平均分存在團各行
無論遇存付息時遇有數目不均情事應由公
司於次日平均補撥

二、在團各行經理撥付無論何行經理數目多寡
所有應得手續費平均分給各行如有郵費亦
由各行平均分任之

三、公推金城銀行保管文件及擔保契據

四、應與公司接洽事件如下

甲、公推周寄梅君為公司處長所有會計
處辦事員應長得按照章程薦充

乙、公司所有收支款項應交由在團各銀行經

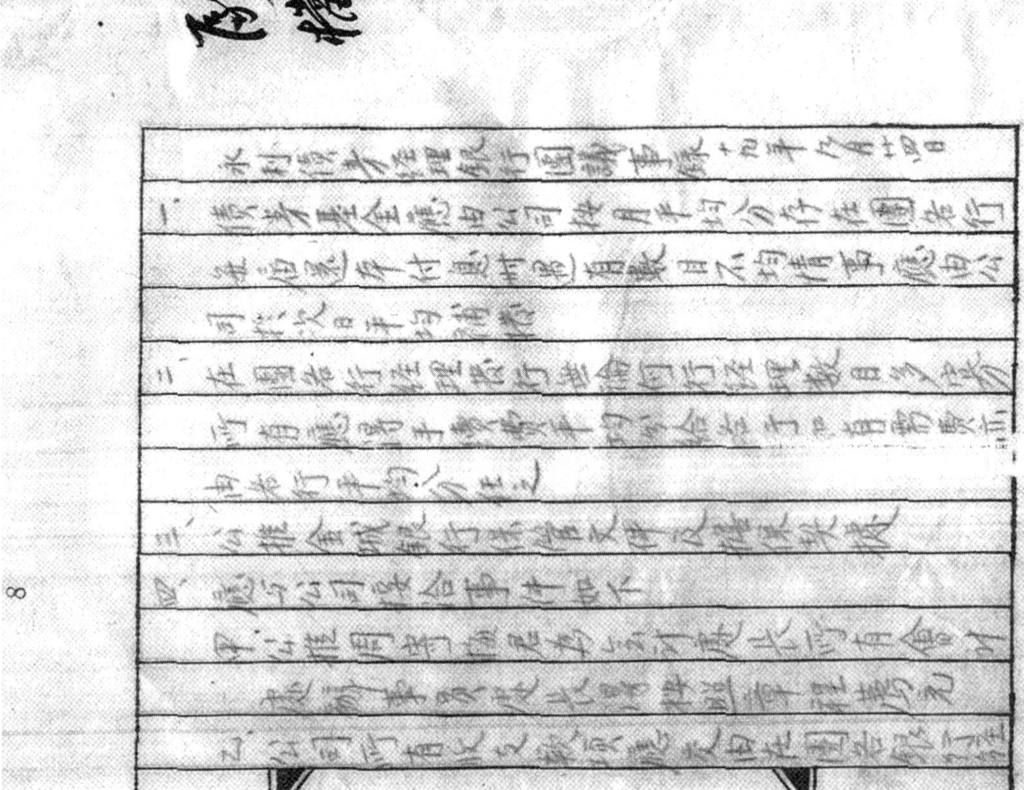

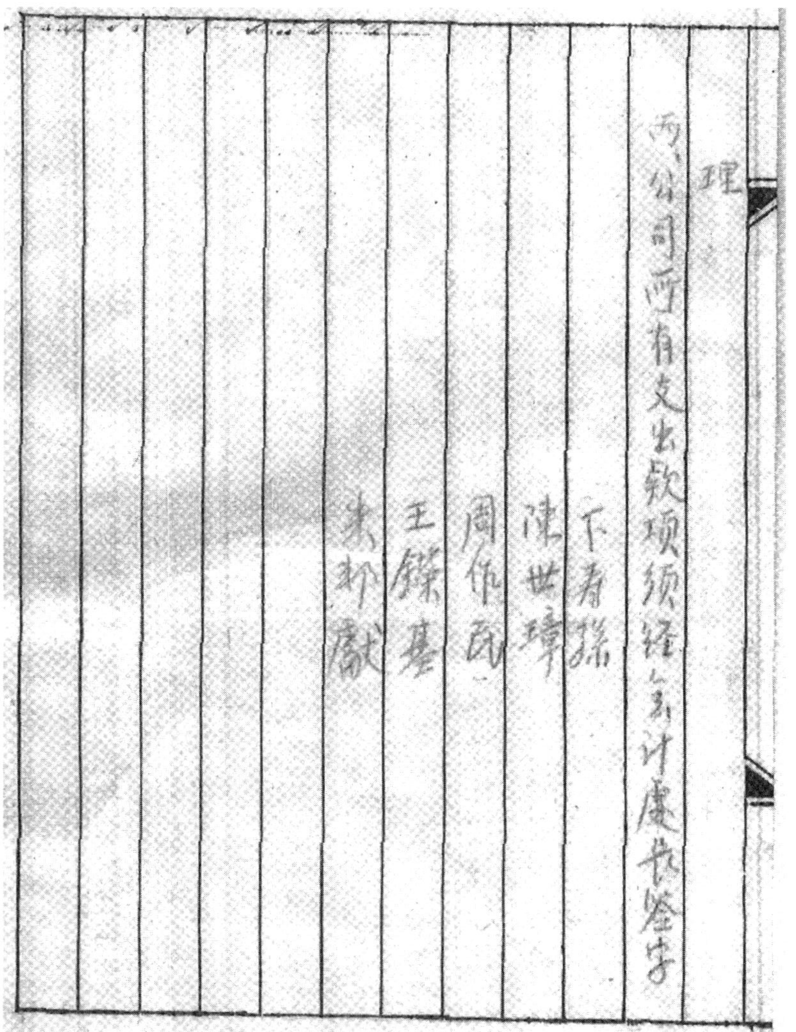

理

兩公司所有支出款項須經會計處長簽字

丁春孫　陳世璋　周作民　王鍾基　朱邦獻

本公司爲完成擴張工事償還債務經十九年八月三十日股東緊急會議決募集公司債二百萬元其發債章程業蒙　工商部批准備案茲定十月一日起開始發行其有發債條件幷爲摘出於次

一、價格　按票面定額九八收款一次收足

二、利息　年息一分二厘每六個月付息一次

三、期限　先二年還息自第三年起本息幷還憑抽籤法還本定期八年還清

四、票額　本債券票額分爲萬元千元兩種

五、抵押　以公司全部財產作抵俟公股交出隨時贖還

六、代理發行機關　中國　浙江興業　金城　鹽業　中南　五銀行

查本公司債券擔保確實利息優厚還本年限又極短促且會計公開由銀團派員執行管理投資穩妥實空前所未有如荷　認購即請就近與代理各銀行或本公司總經理處面商函洽均所歡迎統希　鑒察無任感幸

永利製鹼股份有限公司謹啓

永利製鹼股份有限公司信牋

永利製鹼公司發行公司債章程

第一條　永利公司爲增加產額整理債務起見經民國十九年八月三十日股東會議議決募集公司債並委託中國浙江興業鹽業中南金城各銀行經理發行定名曰永利債劵

第二條　此項債劵總額定爲國幣貳百萬元

第三條　此項債劵按票面定額九八收款一次收足

第四條　此項債劵概爲不記名式憑劵還本付息如有燬失概不掛失補給

第五條　此項債劵票額分爲萬元千元兩種

第六條　此項債劵逐張編列號數附印息票由公司董事長總經理署名蓋章并加蓋圖記以昭信守

第七條　此項債劵定爲月息壹分自發行日起每半年付息一次

第八條　此項債劵定爲八年還清自發行日起其最初二年祇付利息自十九年十月起每屆六個月期滿按另表用抽籤法還本一次至二十七年十月還清惟公司業務發展收入較多時得提前加籤還本但須於三個月前公告之

第九條　公司應自此項債劵發行日起至二十七年十月止按照還本付息表每月提撥現金交存經理銀行作爲基金備付本息

第十條　此項債劵以公司全部房地產機器原料出品及附屬財產爲担保品公司應造具詳細財產目錄連同保險單交存經理銀行收執

第十一條　經理銀行得推薦一人爲公司會計部長遵照公司章程執行會計職務

第十二條　此項債劵還本付息由公司委託經理銀行代爲支付其每屆還本付息日期由公司於抽籤後卽時公告之

第十三條　此項債劵在有效期間內得以代繳本公司保證金所有本公司及附屬機關均應一律收受

[illegible]十四條　如違背本章程時經理銀行爲保護持劵人利益起見得隨時向公司交涉並會商持票人將所有担保品自由處分不足時公司[illegible]定之

第十五條　中籤債劵應將原劵連同附帶未到期息票憑向經理銀行支取本金其附帶息票如有短少應在本金內扣除

第十六條　中籤債劵經過三年後如不向經理銀行支取爲結束計所有債劵本金連同息票應卽取消作廢

第十七條　此項債劵經理合同另行商定之

第十八條　本章程未盡事宜應適用公司法之規定

第一實例：

閘北水電公司發行之第一批押公司債，由五銀行合組之銀團包銷，並推定一銀行負保管抵押品及付償收付之責。該公司發行公債之章程及與銀團訂立之契約於左：

閘北水電股份有限公司發行公司債章程

第一條　閘北水電股份有限公司（以下簡稱公司）為償還舊債擴充設備，經民國二十二年二月二十六日第八屆股東會議決發行公司債。

第二條　公司依據公司法及電氣事業條例之規定，以該公司已繳股款六百萬元又民國二十二年十二月底固定資產一千三百六十

六萬九千元（千以下從略）之比例規定公司債總額六百萬元，視公司需要情形分期募集。

第三條　公司第一期先募集債券四百五十萬元，定于民國二十三年一月三十一日募足，第二期債券募集日期臨時公告之。

第四條　本債券之持券人以中華民國國籍為限，非中華民國國籍者持有本券一律認為無效。

第五條　公司債以民國二十二年年底公司資產負債表及財產目錄所列之固定資產全部共值銀元一千三百六十六萬九千元（千以下從略）作為債券之共同擔保，設定第一抵押權及質權，附列目錄並同契據移

交經理債券銀行保管遇公司不能償付債券本息至兩期時經理債券銀行經持券人代表債券額過半數之要求得將担保品處分全部分或一部份。

第六條 公司委託交通銀行四行儲蓄會浙江興業銀行金城銀行勸工銀行（以下簡稱銀行）經理發行債券并保管債券之担保品

公司與銀行經理合同另訂之

第七條 銀行代表持券人利益有权審查公司財政營業工程狀況調閱簿冊各項文件單據并得提供意見於公司董事會

銀行指定會計師一人代表銀行常駐公司審核各項賬目

第八條 債券利息週年八厘自發行日起每滿半年付息一次

第九條 債券照票面定額九八發行即每百元實收九十八元.

第十條 債券定期八年自發行日起算每滿半年按已發行債券之數用抽籤法償還十六分之一為一期至滿足八年之第十六期止一律還清

第十一條 債券分為百元千元兩種概用不記名式但因持券人之要求得改為記名式之債券轉讓時須經過戶手續但為記名債券

不記名式之債券純憑債券收取本息如有滅失概不補給

第十二條 債券每屆應付之本息公司就收入項下儘先撥交銀行存儲以備屆時發付

第十三條　債券中籤後，持券人應將原券連同附帶未到期之息票，憑向銀行支取，如附帶之息票有短失時，應在本金內照數扣留

第十四條　中籤債券及到期應付息票，應於二十四个月以內向銀行領取，如逾期不領，應即取銷

第十五條　本章程未盡事宜，適用公司法及其他關係法令之規定

第十六條　本章程呈由上海市公用局轉呈上海市政府核轉全國建設委員會及實業部核准備案

閘北水電公司與銀團訂立之契約

立合同　閘北水電股份有限公司（簡稱公司）　甲

交通銀行、四行儲蓄會、浙江興業銀行、金城銀行、新華銀行（簡稱銀行）　乙

茲公司於民國二十二年三月二十六日經第八屆股東會議決發行公司債券，委託銀行經理發行並保管債券之抵押品，經雙方議定條款如左：

（一）公司委託銀行經理發行債券並保管債券之抵押品，銀行承允承受之，一切依照公司債發行章程及本合同辦理

（二）銀行合組債券經理委員會，公同經理並推定銀行一家担任保管及收付，仍由委員會負責監督。

（三）公司將債券全數繳交銀行保管，每期發行數額及日期由銀行與公司商定辦理，其未發行部份仍由銀行保管

（四）公司第一期先發行債券額爲四百五十萬元，其中分甲乙兩部份，甲部份三百万元，備償還舊欠銀團債務，乙部份一百五十万元，備償

還其他債務并擬充設備此項債券除依法公募外由銀行担
任承銷債券之利率發行折扣還本付息期限概照章程規定办
理公司对于甲部份債券之募集另給予銀行手續費百分之四，
(即每百元四元)对于乙部份債券之募集另給予銀行手續费
百分之三(即每百元三元)
債券公募所需廣告印刷品等費用由公司認付

(五)第一期債券應于民國二十三年十月三十一日以前募足銀行于
十一月一日繳款除扣除手續費外全數撥存公司往來帳上

(六)公司募集債券收取之款除撥充第四條列舉各項用途外对于未提
用部份暫存銀行銀行允給存息週年七厘

(七)債券第二期募集日期及承銷手續費由公司與銀行書面商定之

四

四

(八)公司固定資產截至民國二十二年十二月三十一日止共值銀圓一
千三百六十六万九千元(千以下從略)作為全部債券之共同担保
開列財產目錄連同契據移交銀行保管銀行对担保品中之不動
產依法登記動產[illegible]估[illegible]司[illegible]

(九)公司应将担保品中之土地繳足錢粮捐税水電各項設備建築物
及器具等隨時修理完固并保足火險(雙方認為必要時并加
保水險或兵險)倘公司不即照辦銀行得向催告并代為辦理所
需費用由公司付還并按週息八厘計算上項承保之保險公司須
得銀行同意其保單及保費收據移交銀行保管如遇失慎
或其他災變以致燬壞資產之全部或一部時应得保險賠款由
銀行領取之
倘保險公司無論如何原因不允賠償致担保品受有損害時公司对于

債券本息全部義務不能免除

(十) 公司到期不能償付債券本息銀行應正式通告并加祘延期利息週息八厘倘公司不付債券本息至兩期時除催告並加祘愆期利息外銀行經持券人代表債券額過半數之要求得將担保品處分全部分或一部分

(十一) 銀行代表持券人利益有權考查公司財政營業工程狀況調閱關係各項文件單據并得提供意見於董事會銀行指定會計師一人代表銀行常駐公司審核各項帳目

(十二) 每屆還本付息到期前十日公司將應付本息撥存銀行以便屆期發付銀行撥付完畢將收付專賬報告公司

(十三) 公司如欲將債券提前還本應先將本金撥存銀行再行登報公告

(十四) 債券未印成前得以臨時券代之俟債券印成再憑持券換發行預約券辦法由雙方再以書面商定之

(十五) 債券本息全部還清後本合同應即作廢銀行應將担保品交還公司交還担保品所需費用由公司認付

(十六) 本合同共簽訂同式六份公司執一份銀行執五份

(十七) 本合同未盡事宜隨時以書面商定雙方互換之書面與本合同有同等效力

第二案例：

民生實業公司發行之第一期公司債，由銀團包銷，並由銀團組織委員會，負保管抵押品及經理收付之責。茲將公司發行公司債之章程及與銀團訂立之經理契約如左：

民生實業股份有限公司發行第一次公司債章程

第一條　本公司為確定並整理業務發行公司債定名曰民生實業股份有限公司第一次公司債

第二條　債券總額定為上海通用銀幣一百萬元

第三條　本公司債按票面額十足發行

第四條　本公司債得用記名式或無記名式其用無記名式者亦可

六

六

凡本債券息票本付息如有遺失概不補給

第五條　本債券分為一萬元者五十張一千元者五百張每張均編列號數并附本息票蓋有本公司印章并由董事長常務董事四人及總經理會署蓋章

第六條　本債券之還本以八年為期自發行日起一年內祇付利息自第二年起至第七年止每屆六个月付息之日隨還本金票面額百分之七第八年內兩屆付息之日各還本金百分之八但本公司亦得提前還本

第七條　本債券利率定為年息一分自發行日起於每年六月三十日及十二月三十一日各付息一次并與還本繳利隨本減

第八條　依前二條之規定本公司還本之期以還本息將編還本付息數額表附載於後遇提前還本時表載利息亦隨之應減

逕本付息如有延期應按原利率加付複利

第九條　本債券募集及還本付息事宜委託上海金城銀行中國銀行交通銀行中南銀行上海商業儲蓄銀行重慶聚興誠銀行川康殖業銀行四川美豐銀行經理

第十條　本公司債本息以本公司現有全部船舶及其運費并關于船舶之一切收益為担保由本公司抵押與各經理銀行所組織之民生实業公司第一次公司債持券人代表委員會關于保全債權行使抵押權方法及抵押品目錄均詳本公司與經理銀行所訂之經理契約上述持券人代表委員會為永久機關不論債券係轉与何人代表委員會之組織不得变更除本債券本息還清撤消之

第十一條　本債券得代以繳納本公司各種保証金其已到期之本息券亦得視同現金繳付本公司之運費

第十二條　本債券每屆到期本息應憑原券連同附帶本到期本息票持向經理銀行支取本息其附帶本息票如有缺少應按額扣除到期本息逾期三年不向經理銀行支取者其逾期部份均应視為失效不得再請付款

第十三條　本公司債係照公司法之規定呈請實業部登記

民生实業股份有限公司第一次公司債經理契約

立經理契約民生实業股份有限公司本店設在四川重慶在上海設有支店（下稱甲方）為一方與上海金城銀行中國銀行交通銀行上海商業儲蓄銀行中南銀行重慶聚興誠銀行川康殖業銀行四川美豐銀行（下稱乙方）為他方

緣甲方為籌充並整理業務經股東會之議決按照發行第一次公司債章程發行第一次公司債上海通用銀幣一百万元委託乙方募集並經理還本付息指定担保品設定質權以乙方所組織之持券人代表委員會代表全体持券人為抵押权人及質权人經乙方同意雙方締結經理契約並訂定條款如下：

第一條　甲方依據第一次公司債發行章程發行公司債上海通用銀幣一百万元統歸乙方經募乙由乙方各銀行分别認募計上海金城銀行認募四十万元中國銀行認募二十万元交通銀行認募十万元中南銀行認募十万元上海商業儲蓄銀行認募五万元重慶聚興誠銀行認募五万元四川美豐銀行認募五万元川康殖業銀行認募五万元。

八　八

第二條　前項債券在由乙方于民國二十四年七月一日以前招募足額其未經募足者届期由各認募之銀行分别自行承購之購買此項債券概用上海通用銀幣交款届期還本付息亦用同幣在上海支付其在他埠購券交款者應按交款日該埠對滬電匯行市合算

第三條　甲方發行債券統交乙方各銀行依認募額分别保管隨銷隨發債券未印成以前得發行預約券俟債券印成後換發

第四條　乙方募銷債券所得現金均分存乙方各銀行由甲方隨時提用其提用款額應經本契約所規定總稽核之審核

第五條　甲方發行債券依發行章程還本付息事宜亦委託乙方經理

第六條　此次發行債券由甲方按照票面額給付乙方百分之五之經理費於募得後由乙方扣除之每屆還本付息期甲方應給付乙方所經還本息額千分之二五之手續費

第七條　乙方代甲方經付本息以甲方經由持券人代表委員會擔存於乙方各銀行之現款為限乙方不負代墊之責

第八條　甲方為担保本債券本息之清償指定其現有全部船舶為抵押品目錄附後并就甲方現有全部船舶或其代替物所生之一切收益設定質權以持券人代表委員會為代表全體持權人之質權人

第九條　為執管供債券担保之財產并保全債權行使抵押权起見乙方在上海設置一委員會定名曰民生實業股份

九

九

有限公司第一次公司債持券代表委員會或簡稱代表委員會

第十條　前條代表委員會之委員由乙方各銀行派其在滬之重要職員充之設主席一人由經募債券額最多数銀行所派之委員任之

第十一條　代表委員會每年至少集議一次由主席召集之代表委員會之決議以权数表決每經募債券一千元有一表決权代表委員會為便利處理事務計亦得將應議事項用通知單轉遞表決經多数可決時即生效力主席得隨時召集臨時會議

主席為對外代表并執行代表委員會之決議

第十二條 代表委員會得在重慶設置分會其分會之委員及主席
由代表委員會就與債券有關係之當地銀行經理人員
中選任之分會與甲方處理公事應隨時報告代表委員會

第十三條 代表委員會之職權如下 甲、選定委託各經理銀行發售
上項債券借款之紀錄及關於物權法律保障並代理與甲方 乙、
依本契約第十六條之規定分配總額甲方按月往來存款總
額應付數額 丙、依本契約第十六條之規定收受並保管甲
方按月解繳之信託基金 丁、遇必要時對於指定各地之款
項行使債權 戊、依照行政院及本契約行使一切處分權並
執行其他一切有關之事務

代表委員會應選任總稽核一人常川駐在甲方本店

第十四條 審核總稽核處理事務如左

一、稽核第十三條第一項甲款代表委員會依前已有擔保再
出組與甲方全部抵押借款事項並代表代表委員會與
甲方簽訂組約

二、代表代表委員會委託各銀行長及經理以本人資格為本
會保管抵押取得各銀行長及經理之承諾書書內須據
任負責保管外并訂明各款之抵押及其決數應遵照審核
代表委員會如遇本契約第十八條事項發生有須處分各
該抵押之必要時各銀行長經理等必須聽命於代表委員會
遇有銀行長經理補換時該項承諾書亦須更換之

三、調閱甲方一切收支之帳目參加審核甲方本店之預算并
注意(甲)非經該本委員之核准不得代表委員會書面之同
意一概停止進行以相當中發展本業(乙)重慶本店一切付款

單據應由總稽核根據預算複核副署之(丙)除各支店
按照預算支付之款項應就地留用外如有臨時設計及
購置之支出於其隙請本店核定時必須經總稽核之審
核此項審核應以甲款所定原則為準
四、查閱甲方逐月收支如有疑問時甲方應釋明之
五、根據甲方帳冊按月製一甲方本支店全部收付總報
告代表委員會及董監會

第十五條

本契約第八條抵押品中之船舶應有全部噸數百分之六十
以上以上海及漢口為該船舶之船籍港并應將全部船舶及
其一應設備在各該船籍港聲請該管航政官署以代表委
員會為登記權利人為設定船舶抵押權之登記
前項全部抵押船舶應由乙方驗收承受移轉占有於取

十一

十一

得占有後仍出租與甲方使用其危險責任由甲方自負
租金定為全部船舶每年銀一元

第十六條

甲方本店及支店(辦事處代辦處在內)就現有全部船舶或
其代替物所生之一切收支除零星現款外悉應經由乙方在
各地之各行辦理其存息按當地往來存款利率計算之此
項存款之分配甲方應斟酌以乙方各經理銀行分募債券
額為比例就每滿一整年之通盤計算前後分地分存之除每
屆月終應由甲方按照甲方公司債章程所定之債券還本
付息額按月攤提解交代表委員會外其他收支聽甲方
自由至各存款機關應由甲方委託其於每一個月結具收
支報告一次送代表委員會甲方按月攤提解交代表委員
會之款應由代表委員會用自己名義開立基金户視乙方

各行分募額隨時比例分存各行就該項存款應照上海市拆給息届期由代表委員會支出付還甲方代表委員會實存各行之基金每月月底積存之總數得由代表委員會公告之

前項乙方各行經辦甲方收支存款甲方已向乙方設定質權并由甲方授權代表委員會如遇甲方應逐月歸還之還本付息基金有不敷或短少等情甲方受催告後仍未照解時代表委員會得就其質權之款項逕電各地存款機關電解或由乙方任何經理銀行對於其他甲方之存款行使抵銷權

第十七條

抵押之船舶應保船壳險其保額至少為實欠債額再加銀幣三十萬元抵押品之全部或一部經乙方認為必要時并應

十二

十二

加保其他兵盜等各險保險公司以代表委員會認可者為限保險單或保費收據均歸代表委員會執管并應由甲方請求保險公司在保險單上為出抵與代表委員會之批註如有賠款應歸代表委員會收存作為現金擔保品擔保品之中如有發生損失而未經保險或雖已保險而未受賠款者甲方應按其價額另以他項財產補充之

保險單滿期時甲方應於滿期之先一日取具繼續之新保單及保費收據交與代表委員會如逾期甲方不照履行代表委員會有權代為繼續保險其保費應照甲方於接到乙方通知後即行償還否則代表委員會得准照前條第二項辦理如有應行加保兵盜等險之必要而甲方怠於履行時亦同

如遇出險代表委員會不負與保險公司交涉賠款之責如保險公司拒絕賠款或賠款不敷一切損失概由甲方自負

第十八條 遇付息還本愆期或其他違約經代表委員會催告逾一個月而仍未履行時代表委員會得逕處分一部分供擔保之財產如遇本息愆期逾六個月時代表委員會得協商甲方選出代表委員會自己或委託第三者管理營業或協議增進保障持券人債權之辦法如協商或協議不諧即由代表委員會視所有未到期之債額一律到期由代表委員會對於供擔保之財產行使全部處分權求一次之清償

第十九條 甲方對於供擔保之財產如得代表委員會之書面同意時亦得將擔保物處分之但須保持原有價值或以同等價值之擔保物代替之甲方對於擔保物設定第二物權時必須商

十三

十三

得代表委員會之書面同意後方得為之并應訂明本次債券之本息及其他款項有優先受償權

第二十條 代表委員會酌設辦事員其薪水與辦公費每月以二百元為限及總稽核之薪給食宿川資等均由甲方支付又乙方關於本契約內所發生事項之費用連同律師公費在內均歸甲方負擔之

第二十一條 凡因本契約一切事項所發生之任何爭議而致涉訟者雙方合意以上海公共租界內之本國法院為管轄第一審法院及其各上級法院為上訴法院

第二十二條 本經理契約式九份甲方及乙方各行各執一份契約內條款得由甲乙雙方協議變更或增加之但應作成書面粘附本契約為憑

第三實例：

永安有限公司發行之第一抵押公司債，由中國建設銀公司承銷，并以中國銀行為信託人。所有保管抵押品及還本付息事宜，均由信託人辦理之。該公司發行公司債說明書於左：

中國建設銀公司徵購上海永安有限公司七釐公司債券

說明書

上海永安有限公司（一九一六年十二月二十三日依香港公司條例註冊成立）收足資本一千萬元，分十萬股，每股一百元，發行公司債券，總額五百萬元，年息七釐，至民國三十五年十月一日本息清償，茲特公開徵購。

受託銀行　中國銀行

擔保品　上海永安有限公司茲發行七釐債券五百萬元，由該公司於本年七月十五日與中國銀行訂定信託合同，特指定土地房屋及機器設備等為擔保品，經由香港主管官署登記。上海土地房屋，一部份由司派克君於本年五月估值六百六十萬零二千四百三十九元，一部份由通知洋行於去年十月估價一百五十六萬九千二百九十三元，機器設備等前為永安紡織股份有限公司所有，即裝置於其第三廠內者，由前怡和洋行機器部工程師士本仙君於去年十月估值二百十萬零九千二百九十五元。以上擔保品共估值一千零二十八萬一千零二十七元，超過發行債額一倍以上。

依信託合同，受託銀行得隨時將上項特定擔保品重行估價，如重估價值，不及本債券未付本金總額百分之一百五十時，則受託銀行得令該公司另提供擔保品以補足之。

公司債之用途　發行債款，仍為償還貸入銀行短期借款及其他債務，并作發展該公司事業之用。除本次所發行債券外，該公司并未發行其他債券。

債券種類　債券為記名式，每券額定一千元，還款轉讓，均依定式辦理。

利息　債券利息規定週年七釐，於每年之四月一日十月一日分付之。首次付息期定本年十月一日，自公開徵求購買停止日起付息。

還本辦法　信託合同訂定該公司應自民國二十七年至三十五年止，每年於七月三十一日以前撥交受託銀行現款或本債券面額二十五萬元。上項債券，得由該公司向市場按票面或較低之市價，外加利息購買，撥交受託銀行註銷。如所交債券面額，不足二十五萬元之數時，其現款之部份，應隨即由受託銀行用抽籤法決定應還債券，連同應付利息於每年十月一日十足償還，使與購交註銷之債券面額，每年合成本金總額二十五萬元。餘欠二百七十五萬元，係至民國三十五年十月一日以後，按票面額多付百分之二，另加利息，於每付息日清償未還債券之全部或一部。

查帳員報告　該公司查帳員為香港德勤利域[illegible]會[illegible]依公司條例第四章第三節應具之報告如下

年份	全年盈利（港幣）	派給股東之股息（港幣）	派給股東之紅利（港幣）
民國十五年	1,159,643.12	1分 250,000.00	5釐 125,000.00
民國十六年	701,698.33	8釐 400,000.00	
民國十七年	1,464,514.43	8釐 400,000.00	2釐 100,000.00
民國十八年	2,058,414.68	8釐 400,000.00	4釐 200,000.00
民國十九年	2,377,555.29	8釐 400,000.00	4釐 200,000.00

民國二十年	2,075,125.91	8釐 600,000.00	
民國二十一年	1,973,929.13	8釐 800,000.00	
民國二十二年	1,676,921.84	8釐 800,000.00	
民國二十三年	1,622,254.79	8釐 800,000.00	
民國二十四年	1,411,823.61	8釐 800,000.00	

「為報告事，本會計師審核上海永安有限公司帳目，查得該公司自民國十五年起至二十四年止，每年所獲之盈利及派給各股東之股息紅利如下：除上項派給股東之股息紅利外，民國十六年，該公司從準備金項下撥出港幣二百五十萬元，派給各股東以作新股。民國二十年，復撥出港幣五百萬元，派給各股東以作新股。民國二十四年終結帳時，公司之總準備金計港幣三百萬零二千七百六十六元八角六分，還有特別準備計港幣六十萬元，滾入下年度損益港幣三十五萬七千九百十九元一角九分。公司房產土

十四

十四

地等之估價，自民國十五年起至二十年止各年之損益計算書內，均照計算。本年度之帳目尚未結算，特此報告是實。」

香港會計師[illegible]具　民國二十五年七月八日」

謹啟　上項公司債券之全部，已由本銀公司以九三五折購足。本銀公司茲特公開發行認購，定價九四折，另合年息八釐。關於本債券一切法律手續，中國銀行方面經委請托吉法律師公證及證[illegible]公司方面經委托士打律師事務所為查、本司是證[illegible]村[illegible]律[illegible]為查。

所有信託合同、付償本息、債券式樣[illegible]本年[illegible]月二十二日上海永安有限公司與中國建設銀公司訂立之[illegible]合同，及該公司章程，得於該公司駐滬事務所及此銀行內閱覽之。

凡願購買者，應填寫認購書，附具開交本銀公司之支票，抵

每面額千元付九百四十元之實價，於民國二十五年八月十四日下午二時前將聲請書一併送達本銀公司。凡聲請書上具有上海眾業公所經紀人之簽名者，應另給通常之佣金。

本債券擬請上海眾業公所正式開盤買賣。

本說明書所列數額，除特別標明外，均為中華民國國幣。

本說明書經由香港公司註冊官備案。

中國建設銀公司董事 胡筆江 宋子良 啟

上海永安有限公司董事 郭泉 杜澤文 啟

民國二十五年八月十二日

十五

三、政府债券的发行与上市

（一）北京政府时期的政府债券与上海金融业

上海商業公團聯合會用箋

第一頁

敬啟者安福禍國舉世皆知近聞該系以軍餉缺乏
又私發元年公債二千萬在滬以至低之價出售收
吸現款以我國民汗血之資供彼國賊造逆之用我
國民豈甘承認除已電告政府否認外議决
貴業同人未明底蘊代為發行用敢竭誠奉告須知
此項債票為安福系私自發行豈能發生效力設若
偶為貪買將來損失必至不堪設想敢望
貴公會迅即通告　貴業同人將此項債票一律拒

中華民國　年　月　日

上海商業公團聯合會用箋

第二頁

絕盡我國民良心免致日後損失誠一舉而兩得之
矣區區之忱惟希
公鑒[illegible]
大安不備此上
銀行公會　　上海商業公團聯合會謹啟

中華民國九年　七/六月　二十三/初八日

致總稅務司電

近日報載外交團提出節畧以外債總期擬向政府要求移動內國公債基金抵付外債等情雖傳聞之詞未盡可信而上海商市已為震動今日票價奇跌銀拆飛漲人心皇皇不可終日查政府所欠外債莫不有相當之抵押品載在合同政府果有失信情事應由債權人就原抵押品向政府理論不能牽涉合同以外之其他收入之鹽餘關餘況鹽餘關餘為整理內債之基金煌煌明令行之有年一般人民信仰執事保管有方故能票價日高流通市面若將內債基金忽為外債攫奪以去侵奪權利孰有過於此者敝會等與商業前途金融大局關係至為密切若如報載各節必至激起全國金融恐慌商業危險將來受其害者不獨華商已也總之政府[illegible]外債自應設法整理以維國信但不能奪此予彼重外輕內其已經指定之關鹽餘款為內國公債基金者關係四萬萬人民生命絲毫不能移動貴總稅務司保障內債責有攸歸敝會等敢進忠告務請

上海藝學社製

錄內國公債局養日來電

上海銀行公會鑒近日銀根奇緊債票跌價人心惶惑實則公債本息関於人民權利至巨本局與總稅務司責任所在自應切實維持茲特声明整理[illegible]公債[illegible]支還[illegible]三年利息三年債十二[illegible]四[illegible]三十一日起開始還本並付利息七[illegible]短期公債十二月十日抽籤三十一日起開始還本並付利息七年長期公債十二月三十一日照章付息以上本息共計

力踐前言保持信用勿稍偏徇以慰衆望至爲盼禱並希惠復

上海總商會
會長[illegible]

一千四百十七萬九千三百七十七元八角四分均
查照原案屆期照付毫無延誤特此電
達希廣為宣布俾各周知藉安市面而利
金融至為禱盼內國公債局養 廿三日

十年十一月廿三日

7.57 A.M. 到

上海藝學社製

上海銀行公會函電稿

致復 國務院財政部

事由

北京分呈國務院財政部鑒自政府十
年公債條例發佈群情異常驚懼
蓋舊債整理方始就緒人民痛苦尚
未回復基礎甫經籌定忽有十年公
債之發行担保既不確實用途亦未
宣布經公眾承認實與銀行公會
馬[illegible]用[illegible]蘇至[illegible]七[illegible]會從前
以決[illegible]必何實[illegible]十年債絕
端不能[illegible]認應請[illegible]人停止發行以維
債信而保大局上海銀行公會叩

十年七月廿五日

上海銀行公會通告

公債失信激盪社會人民恐慌遍及全國此

次政府動議發行新債各報喧傳復由本會

電達請京公會婉陳公債未見整頓人民

受累已非淺鮮向政府痛哭陳詞亟望政府

停止續發新債以紓民困近聞報載政府對

於新債仍復積極進行茲已頒布條例是政

府既不愛我人民我人民亦惟急謀自衛爰經

敝會公同議決此後政府如有新公債發行凡

我銀行界予概不經受抵押並請告各地證券交

易所勿再代為買賣藉杜發行庶致民困得蘇不

特金融不致擾亂商業亦得安寧務請各報

天良一致奮勵以維民脈而挽危局特電全國

各法團分請查照通告

上海書畫社製

快郵代電

各省軍政長官各團體各報館公鑒頃上國務院財政部電
電曰[illegible][illegible]查自民國九年公債整理案宣布後信用始著流
通日廣迄至今日計先後發行之債額未償還者尚在三萬
萬元以上有作為慈善事業宗教及其他公益機關之基本金
者有作為人民之生活費者有為外人所有者有在市面
流通周轉者是關係於國家內外之信用及個人社會之
經濟至密且大萬一失信何以為國查整理公債案第九
條規定保管基金辦法內有銀行方面推舉代表會同
辦理等語故銀行界對於公債之維持實義無可辭責

查

無奈公債近鑒於政局靡定謠言紛起公債價格因之跌落
現聞全國銀行公會聯合會公同議決鞏固公債信用辦法
如下一凡各公債條例指定由鹽餘項下撥付者應請政
府如期照撥並由本會函請稽核所總會辦根據政府條
例如期辦理二凡各公債條例指定由關餘項下撥付者
除由關餘內應付賠款借款外應全數作為基金政府將
來不得指已收回之俄德賠款作為他用並由本會函請
總稅務司根據條例按期催收合併關餘如期發放三
各公債條例指定由交通部款撥公債局及其他項下撥付
者按鹽關兩項辦法後基金雖已確定而因財政府之

條例維持公債之信用起見仍請政府[illegible]
除基金辦法外關於發行事項更有請者一現有發生
額外公債之事查究額外債票是否政府發行如有
偽造應嚴行查辦如係政府發行其作押品者或已
流通市面者應迅以相當之有價證券换回銷燬或
迅籌的實基金撥交基金處併案辦理作為正式發
行二將政府歷來發行之公債分別種類數目號碼
造列詳表一面登報公布一面印刷成册分配各地銀
行公會廣為傳布其餘未經正式發行之債票一律銷
燬永杜重發而釋疑慮三明訂禁條以後非經指定確

實基金不再發行債票並不得以未經發行之債票
作借款之押品如是則債票永無有效無效之別而
持票人或購票人亦均無種種意外之慮矣所有本
屆銀行公會聯合會議議決辦法理合呈請
採納施行事關國信民生不勝急切待命之至謹呈
維布[illegible]全國銀行公會聯合會咨

已發

全國商教聯合會駐滬辦事處

逕啓者本會為政府有動搖整理內國公債一案於今
特電呈北京國務院財政部艾文日以政局不寧公債益
落全國銀行公會聯合會已議決舉國信用緊急電呈
請在案乃近忽盛傳民國十年整理內國公債案有動搖之
說商民驚惶愈甚以內國公債自整理案成立以來國民信
用與國家財政交相利賴正宜盡力維持設有動搖全國
金融根本破壞危險有不忍言者惟是謠傳或非無因究
竟該案有無動搖事關大信應請切實審復宣布真

全國商教聯合會駐滬辦事處

相以釋群疑不勝跂盼等語相應錄電奉達即希
查照此致
上海銀行公會
盛竹書先生
全國商教聯合會駐滬辦事處啓
四月二十一日

北京財政部鍾部長鈞鑒敝聯合會議議決鞏固公債基金一案昨曾電陳諒邀明察乃又謠傳京中有人因財困建議將鹽餘移用變更各項債案消息所至市情惶駭債價又復銳跌社會投資公債以為生活者甚衆全體譁然紛紛來會質詢其勢洶洶若欲得而甘心者銀行界根據條例有會同辦理基金之責當即告以條例所定基金辦法即政府與人民之契約人民所有物何至強奪變更鉄案如山誰肯犯衆怒而蹈於不法勸令毋切勿信謠自擾但敝公會同人雖深知此種謠傳盡屬無稽且以經濟名家總綰度支必能毅力維護無庸鰓鰓過慮然當此時局紛紜人心浮動還乞貴部主持基金原案並根據本聯合會議每電迅賜電復明白宣示俾大衆咸曉貴部對於基金原案力圖鞏固絕無變更庶謠言息而人心安債信幸甚國信幸甚全國銀行公會叩養

為建議整理內國公債并籌善後方策事查民國十年春間銀行界因鑒於財政現狀之不良對於內國公債之整理視為要圖因此有內債整理計畫建議於政府其後幸能實行於是紊亂無緒之內債總算有一辦法吾同業方望政府不再蹈以前之覆轍孰知整理之效未舉而又濫發私售較昔尤甚此善後方法亟應加以研究按財政整理之必要識者殆皆知之然財政整理與內債整理尤要在相輔而行方有效果比年以來每年所有之歲入均不敷歲出除向銀行借款及變賣官產與增加捐稅之三種方法以外悉賴發行內國公債及國庫券以為填補因此弊害叢生財政更加紊亂乃近來傳說內國公債票竟有溢額及重號等情可知財政當局其於內債之信用非但無能力以為保障且從而自行破壞使不速謀善後方策則執有債票之人民固難望還本付息之安全且時有意外之損害直接足以妨碍人民之資產間接

足以影響市價之跌落而我銀行事業尤不免受其
牽累也關於公債整理之根本方策且前姑不深論
為急則治標之計今就管見之所及提議如後

(第一)所有已發行之公債票其由財政部正式發行
者究共幾何理應要求財政部詳細公布如此則號碼
重複與額外溢發之兩種事情不難辨别在執有債
票者可以此為對照之根據并藉此防止政府以後再
有此項含混情事

(第二)所有已發行之公債票在當時政府為取信
於人民計均皆指定還本付息之財源以為保障同時
并聲明專款儲存決不挪用乃查近来還本付息有
尚確實者有稍虛浮者究竟此項專款是否實在
年来有無挪移情事是則應向政府切實清查以
免含混

以上二者自屬要圖此外對於重號溢額之兩種情事尤
需要求政府有切實之聲明其理由如左

(第一)所有正式發行之債票號碼應由財政部列表

送交銀行公會公布於各地報紙俾安人心并
釋疑慮

（第二）今後發行債票當發出時除由財政部將號碼起迄公布於政府公報外同時并應抄送各地銀行公會代為公布

（第三）所有已發行之債票每期領取利息時應另蓋特別記號以杜冒濫并示慎重

綜前所陳本公會共同討論關於內國公債僉謂非籌後方策難謀補救是否有當敬候
公決

上海銀行公會提出

全國商教聯合會駐滬辦事處

逕啓者前日録奉致財政部馬電諒邀
鑒及茲得財政部復電其文曰馬電悉整理公債應撥基金已由本部按月照撥並無動搖之事希代為宣布等因相應函達即希
查照此致
上海銀行公會
盛竹書先生

全國商教聯合會駐滬辦事處啓 五月二日

5/5/1

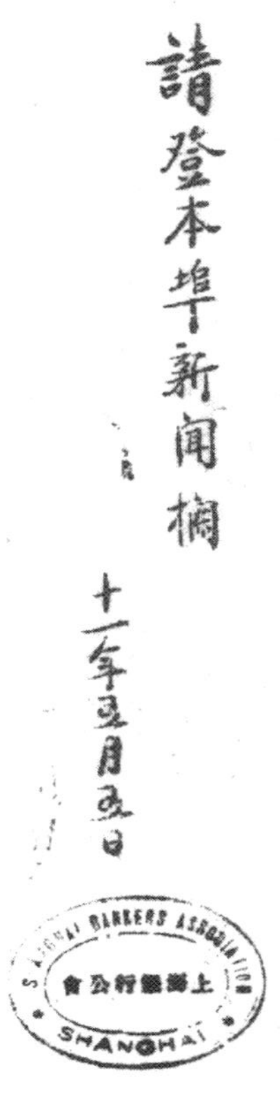
銀行公會鑒哿養兩電均悉整理公債基
金已由本部按月照撥並無變更之事聯
合會所陳鞏固公債信用各節均屬切
要辦法自應由部採擇施行財政部支

請登本埠新聞欄

十一年五月五日

北京銀行公會來電 五月九日

上海銀行公會鑒前准聯合會電鞏固
基金一案正在竭力進行不料本月放回
四月份鹽餘除撥近畿軍警餉百五十
萬外所有餘數均由鍾部長挪作他用
致基金無着公債益呈險象并聞意
尚欲停付基金一年現預計此後鹽餘
即按月照撥應付各債本息本年尚短
四百萬之譜倘竟不撥不但還本無着
并付息亦無着落情急勢迫務希
共同設法力爭無任企禱京公會青

上海銀行公會函電稿

致復

事由

北京大總統國務院鈞鑒：自接財部支電，整理公債基金已由本埠按月照撥，並無變更之事等語，當即登報通告，次日債票驟漲，人心大定，足見公債基金關係社會金融人民財產實非淺鮮。今接京公會來電，鍾部長竟敢將基金挪用，並有停付基金一年之計畫，如果屬實，一經風傳，不特債市搖動，勢必全國人心瓦解。現在政府正在籌備善後，固結民心，維持國信為當務之急，務懇迅飭財部根據銀

十一年五月十日

上海銀行公會函電稿

致復

事由

行公會職會會所呈陳理事周公債信用辦法切實施行，不勝急切待命之至。上海銀行公會叩

十一年五月十日

致
安格聯電

總稅務司鈞鑒：敝會前接財部支電
整公債基金已由本部按月照撥並無
變更之事等語，務請貴司按照財部
支電根據條例切實辦理，至紉公誼。上
海銀行公會、錢業公會

請登本埠新聞欄

五月十一日

上海銀行公會函電稿

致復

事由

大總統、國務院、財政部、鹽務署、鹽務稽核
總所、總稅務司、交通部、菸酒事務署鈞
鑒：伏讀財政部真電宣布撥付公債基金
情形，仰見政府尊重信用、鞏固內債之至
意，曷勝佩慰。但基金為公債根本，公債為
人民汗血，根本動搖則血資喪失，民無以存，
國何以立？務懇政府切實履行宣言，將公債
基金照章如期撥足，毋臨渴掘井，責墊
款於銀行，毋藉以支配於各方之推諉，並請
由撥放基金之各方面機關，如鹽務稽核

十一年五月　日

上海銀行公會函電稿

事由	

總所總稅務司菸酒署交通部等通電声明担保按期照撥絕無延誤並自本年四月份起於每次撥放後登載政府公報公布以堅人民信仰倘蒙俯納芻蕘並照敝聯合祭電辦理則持票人到期本息有着得以保全血資浮言自息於國信民生兩有裨益謹請電懇伏候施行公會文

十一年五月　日

逕啓者近日公債以基金問題致價格一落千丈市面動搖群情惶惑各界函電紛馳籲請維持迄今尚無切實辦法查整理基金內有烟酒一項與關餘鹽餘交通事業三者同為基金的款[illegible]烟酒[illegible]有收支向不公[illegible]無從[illegible]悉惟查本埠現有紙烟印花稅局係政府派有專員在滬辦理上年初辦之除收入已達百萬本年整理之後約可增加至四百餘萬且聞該局入款係屬直解公府專充　大總統之用如此辦法實非正當伏查公府用項自有預算定額而烟酒入款既已指定列入基金則紙烟收

高三益監製

入當竝為基金之一部分除此金融恐慌之交即將此項盡數撥
解尚虞不足何竟緩急倒置轉以充無限制之府用 商等投貲
購債視同財産血本所關難安緘默風諗
貴會為金融重要機關擬請據情電請 國務院財政部稅務
司會同查明飭將該紙烟稅局稅收全數截歸基金項下備充
各項公債付息籤償之用不致延期庶國家信用賴以維持人民財
産得所保障大局幸甚此致
上海銀行公會
三馬路[illegible]
上海證券同業七十五家暨現有債權人全體公啟
高三益監製
十一年六月廿六日

上海銀行公會
[illegible]一日特種庫券上月本付本金券價
日跌市面恐慌應請飭知稽核所查照原定辦法按月扣
撥基金交由兩行照付以維市面而固信用否則各項庫
券既已等於廢紙獨率此項特券有稽核所關係尚可
維持國信若再失信嗣後政府遇有急難更何所恃以
資挹注敝會[illegible]金融因上月券本停付凡執有該券
人驚惶失措不可終日除電稽核總所請其切實負
責外特此電陳伏希鑒察並盼電復上海銀行公會
文

文

上海銀行公會致北京鹽務稽核總所電

北京鹽務稽核所史會辦鑒一千四百萬特種庫券發行之始曾由貴所甘會辦致函中交聲明在每月財部應得鹽餘內扣撥其辦法與前三次特種庫券暨上海造幣廠庫券無異故能堅人信用流通市面乃上月庫券本金迄今未付道路傳聞謂貴所未能按照原定辦法扣撥基金人心異常恐慌蓋該券以萬元為本位人民何能受此鉅大損失況輾轉抵押為數甚鉅設或停本糾葛必多貴所信用貽著中外一旦失信恢復極難敝會為金融樞紐目覩券本停付以後市面搖動券價低落凡此損失誰負其責茲後懲前擬請貴會辦查照原定辦法力負責任將該項庫券每月應撥基金無論如何必須照撥並將以前財部挪用基金如數補足俾堅信用而維大局並盼電復上海銀行公會文

十一年七月十二日

財政部來電

天津銀行公會鑒本日接載北京銀行公會青日通電內稱本月敬日四月分鹽餘除撥還鐵軍發餉一百五十萬元外所有餘數均由鍾部長挪作他用致基金無著公債票價益受影響並聞錢系尚欲停付基金一年等語查原電所稱各節純係揣測之詞事關內債信用不得不將實在情形詳細宣布以免誤會查上年三月間呈准整理公債基金原案係以關餘為主不足之數以鹽餘補充上年四月以後所有應撥鹽餘按月照撥本年一月間因十年底尚存關餘銀元一千四百餘萬元足敷基金之用商明總稅務司暫停撥付基金四個月自本年四月分起繼續照撥業由本部於四月初所收鹽餘項下提撥銀元一百五十萬元由總稅務司收存在案其五月分應撥基金一百五十萬元早經規定在五月初所收鹽餘項下照撥本年四月二十九日近畿戰事忽師震動北京為首都重地當由參陸辦公處臨時召集緊急會

議僉以軍餉積欠甚多維持目前辦法首在籌款維持地方之軍警餉糈俾得盡力服務應需餉項一百五十萬元待用方急即由鮑張兩總長入府面陳大總統並出席國務會議報告此形請總理責成財政部迅速籌撥經本部多方籌撥別無辦法惟查有關稅餘款春季結餘帳已達四百萬元目下整理基金已為有着暫緩撥付鹽餘一個月亦屬有例可援且四月分整理基金一百五十萬元甫經撥足緩撥一個月與到期應付本息並無妨礙本部根據斯意商請總稅務司暫緩一個月收撥並經聲明自六月分起繼續照撥一面商由銀團先在鹽餘項下將四月一百五十萬元撥交北京軍警當局以應急需此次因發生非常事變緩撥基金勢非得已該項基金自六月份起繼續照撥既經聲明自應照辦至存電內所請緩付基金一節尤為國庫之困無其本部職司所在對于歷年公債不極力維持斷無自行破壞之理用特電聞希鑒察財政部具

總稅務司來電

天津銀行公會真電悉四月分鹽餘應撥公債基金者業已如數撥入總稅務司矣

復總稅務司電

總稅務司鑒文電敬悉查財政部真日通電公債基金業由四月初所放鹽餘項下撥百五十萬其五月初所放鹽餘項下應撥基金百五十萬因京師軍警餉糈需急且查閱部春季結帳已達四百餘萬目下基金已為有着商明貴總稅司暫緩一個月收撥并聲明自六月分起繼續照撥等語並未言所云已撥到之四月分鹽餘項下應撥基

金應即為部,俟所存四月初所放盐修內撥存者其
五月初所放之四月分盐修項下應撥基金完竟已否撥
到,仰即部覆,所存所收貴總税務司暨繳一千月收款尚
急查照電示。又閱滬報,整理公債基金除貴總税務司認
為國債足專撥用之時外,另列:無論協修庶酒通事
業等項下應撥基金,欲須務請照從堅持原案,按期備
以免為政府挪作他用,是所感禱。天津銀行公會宥

頃得京訊總税務司安格聯對於公債基金擬以
關餘撥抵提交國務會議顏總理以外交部經
費關係尚未贊同本會擬電致顏總理促其贊
成以固債信等得電 司照 同

擬致顏總理電

北京國務總理鈞鑒:比閱滬報載總税務司安格聯
為保全內國公債信用上説帖於財政部擬以關餘全
部充作公債基金並由財政部提交國務會議等語
公債市價日益低落良由基金不固國信不立有以致

此商民奔走呼號聲嘶力竭曾不聞執政者建一議設一策安稅務司客卿也而拳拳以國信為言殆皆貴總理歷掌邦交誠信所孚故亦樂為勖助或者謂外交經費有在關餘內暫撥者貴總理兼領外交利害相權未必遽邀鑒納敝會則以為我公秉國之鈞宜務遠大當不至以一局部之關係而置國家信用商民痛苦於不顧曠觀斯世賢者發人國難方殷民瘼俱屬敬求力予主持將安稅務司前項說帖量加採用國信商途實利賴之上海銀行公會○

十一七廿四

上海銀行公會函電稿

致

事由

頃得京訊總稅務司安格聯對於公債基金擬以關餘撥抵提交國務會議顏總理以外交部經費關係尚未贊同本會擬電致顏總理促其贊成以固債信茲將電稿送閱諒荷同意

擬致顏總理電

北京國務總理鈞鑒比聞總稅務司安格聯為保全內國公債信用上說帖於財政部擬以關餘全部充作公債基金並由財政部交財政部提交國務會議等語

十一年七月廿五日

政財部代號電稿

財政部鈞鑒自公債失信人民受累敝所營業大
受影響此次政府續發新債無論擔保如何確
實前車可鑒何能取信於民敝所為證券流通
唯一機關必須政府將已發行之公債按期發息
還本不再失信庶使續發債票得以暢銷否
則恐敝所市場碍難流通理合仰懇
大部俯卹商艱先行顧全已發各債之信用再
為新債推行之計不勝迫切待命之至上海
華商証券交易所叩

十一年九月卅日

錄洛陽未電

北京天津上海漢口各銀行公會鑒張孤
發行九六公債禍國營私全國反对僉不承
認有效鄙人陳請大總統取消公債罷黜
張孤交付法庭嚴遣吞欵按律徵治以儆
官邪迭次宥陽各電諒邀鑒及惟念銀
行諸公既為經濟大家莫非商界鉅子愛
國之心具有同情必不讓弦高專美於前
豈能與張孤狼狽於後特與諸公鄭重宣

言凡張弧發行之鹽餘公債一概無效即以後
無論何人繼張弧為財長者亦認此項公債以
張弧個人違法行為與政府債款無涉凡
我銀行諸公固夙以謀倖利為營業尤應
以愛國為天職國家已瀕於破產銀行更何
忍分肥傳曰皮之不存毛將安傅凡有行氣
莫不尊親諸公以義為利當不河漢斯
言吳佩孚庚 八日

十一年三月九日

上海藝學社製

安徽省議會通信箋

逕啟者吾皖許世英省長於本年五月間曾以未經法
定機關通過之八釐債票密派王衛瑋羅奏凱等潛攜
赴滬意圖押借鉅款比由敝會函達
貴會幸未成為事實詎許之心未戢近聞復勾結滬上
華義銀行經理金慰農議以公債票九十萬元押借若
干萬並以保全任皖財政廳長為條件道路轟傳聞者
惶駭查舉行省債須由省議會表決方為有效誠以地
方有擔負償還之責故有可否舉借之權今許省長壹

民國 年 月 日

安徽省議會通信箋

意孤行未經地方人民之同意如各界誤予接洽則吾皖
人民誓不負償還之責也
貴會握金融界之樞紐務希正告華義并通知各銀行
概予拒謝幸勿自誤以誤人焉為此聲明請予
查照為荷此致
上海銀行公會

安徽省議會啟 七月廿四日

民國 年 月 日

孫傳芳
陳陶遺六電

中國銀行公會公鑒頃由傳芳陶遺致國務院許俊人兄
一電文曰民國以來中樞失當之事不止一端而借債度
日賣國喪權斂錢到手一事未辦小之厲民肥己競為
奢侈大之抑紙揭此引起戰爭此尤吾民所椎心泣血
不能忘者也自公私政擷期滌盪瑕穢與民更始乃道
路傳聞復有募集十五年公債二千萬元之舉又有變計
發行金庫券八百萬元之說是重人民之怒而動各方
之兵也請即明白宣示如果有其事全國人民恐難

承認希即取消以安人心等語查公債基金專為整理各債之用鐵案如山斷難移動倘以他項作抵則此數金庫券發行不止一次市值幾何勢必流動金融與銀行界影響甚大該公明達必能辨此如果實行愈請貴會拒絕承募我東南各省亦決無一人肯行使此項債券也特聞

孫傳芳 陳陶遺 漾

年一月廿五日 時 分
年 月 日 時 分發

張英華來電

北京財政部嚴次長上海天津漢口各銀行公會均鑒近聞北京有發行國庫債券之說擾亂金融為全國人所否認業經吳聯帥暨各省軍民長官電阻茲由敝處致安總稅務司一電文曰北京安總稅務司鑒近聞北京當局忽有發行國庫債券強指未滿期之金融公債基金繼續償還本息仍由貴司管理並以九六公債併案辦理為條件之說查發行券債券上關國家大信下係人民負担必俟正式政府成立始能通盤籌畫全

部整理即以九六一項而言亦祇在通盤整理元中豈能單獨先行辦理現值國事蜩螗正應力除紛擾若因一地一時之需忽發新債且牽舊債謂為紛擾誰曰不宜今日反對之聲已遍全國他時息爭之責果屬何人此望特為注意者一貴司服官我國匪伊朝夕不特卓著勤勞抑且洞燭民隱新債雖屬傳聞各省長官已代表人民紛電勸阻足見公論昭然決非一方私見苟徇數人之請求而失全國之信用聲譽因之或損寧不可惜此望特為注意者二上列二端一層忠於為人一層明以害已彰彰利害惟貴司圖之特明電達並候明教聯軍總司令部財政處處長張英華叩政等語特此電達諸希亮察張英華叩支

十五年二月五日一時 分到
年 月 日 時 分發

漢口張英華君來電

北京天津上海漢口銀行公會均鑒吳總司令於感日致安總稅務司一電文曰北京安總稅務司鑒報載非法政府當此朝不保夕之際猶有以馬克餘款發行公債之舉其為攫款謀亂顯而易見實為全國人所不容倘遽代為保証將來合法政府成立對於此項債票斷難承認執事久官中土素重民意幸勿為其所動致損令譽用布區區尚希亮照云云特電布達幸勿誤購張英華感

奉天張作霖來電

北京各機關軍民長官各總司令銀行公會各報館均鑒近聞北京有辦理十五年公債以關稅作抵情事當以現值討赤時期北京現政府係赤黨所組織此項公債直接贊助赤軍不啻助長我國內亂曾經函致安格聯聲明否認在案現在赤軍雖經潰散而此項公債聞尚秘密進行用再通電聲明凡我全國同胞在正式政府未成立以前對於此項公債絕對不能承認其國內外銀行團如有承銷此項公債者即以接濟敵

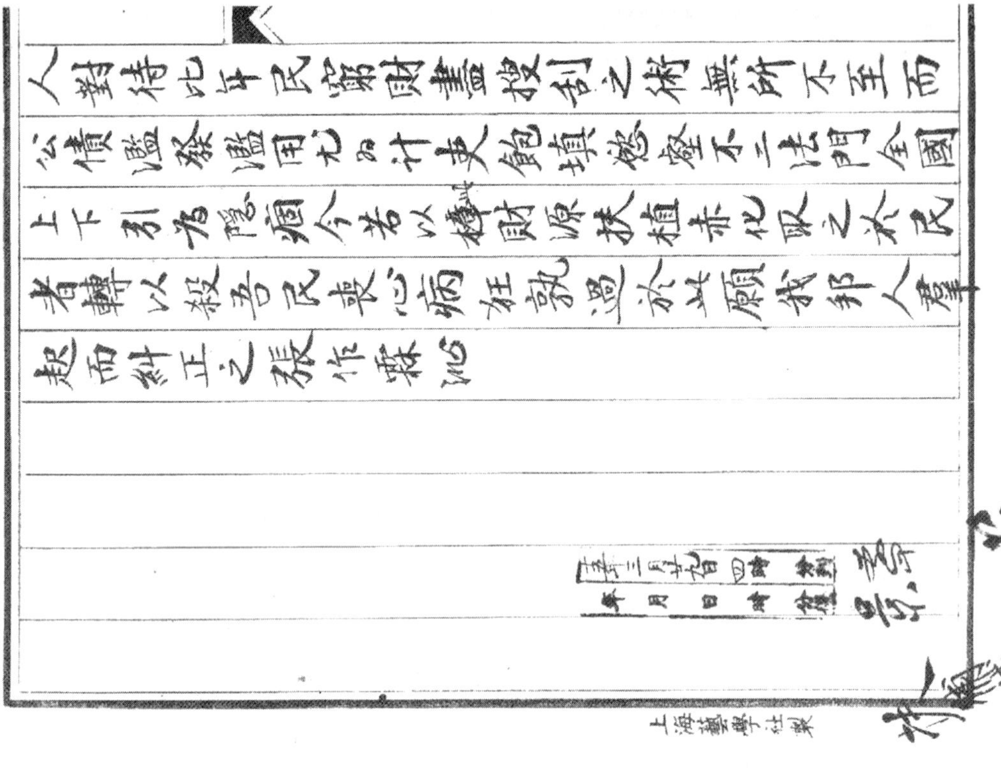

人對待北平民窮財盡搜刮之術無所不至而
公債濫發濫用尤為甚夫能填慾壑不二法門全國
上下引為隱痛今若以搾財源扶植赤化取之於民
者轉以殺吾民喪心病狂孰過於此顧我邦人群
起而糾正之張作霖沁

上海藝學社製

（二）南京国民政府时期的政府债券发行与上海金融业

國民政府財政部快郵代電

全國各報館各團體各銀行公鑒現據報載北方軍閥迭向北國公使
商擬以北國退還庚子賠款作為基金發行美金公債五百萬元並在積存
比庚款餘數內先借現款一百十萬元由中國自由支配利息審核公債條例
及利率表請抵進行且北方意欲以舊約延長若干年為交利條件等語
查國民革命係為民眾謀利益現殘餘軍閥將次肅清豈可任其再發
鉅額公債據此軍備以阻革命進行且延長舊約成立交利條件係屬增
訂不平等條約尤應據理力爭不使實現除由本部洽請外交部迅即
嚴重警告北門中西封於北方軍閥謹商以此庚款發行公債一節立予拒絕
以重邦交外合亟通告全國各界暨內外國銀行萬勿承受該項公債倘有
私自押借購買情事國民政府概不承認統希注意財政部長孫科江印

中華民國十九年十一月 日

十九年十一月七日 時 分到
年 月 日 時 分發

國民政府財政部

逕啟者本部發行善後公債肆千萬元業將條例及發行簡章公布並委託江海關二五庫券基金委員會保管基金第一批先發行弍千萬元其保管基金辦法亦經核定在案此項公債海外僑商應募極為踴躍惟缺額尚鉅亟應推銷國內藉濟裁兵及各項善後之用政府對於國債信用盡力維護此次金融公債及十四年五年公債均已抽籤還本而第一次庫券還本亦已過半社會經濟足資流轉益以

國民政府財政部

貴會協贊迭相提倡使國家財政得以調劑公私均極
感紉現在北伐業已告成善後更不可緩茲特請
貴會擔任推銷肆百萬元（擬中交兩行貳百萬元其他各銀行
貳百萬元）務希
查照即日認募足數見復無任企禱之至此致
銀行公會

宋子文
張壽鏞 啟 九月四日

十七年九月五日 時 分到

上財政部

敬啟者昨奉 大部函示發行善後公債四千萬元
業將條例及發行簡章公布並委託二五庫券基金
委員會保管基金第一批先發行二千萬元囑令敝會
各行莊分任推銷等情敬悉種切敝會等當於本月
六日召集聯席會議僉以銀錢兩業年來擔任借墊各
款數額已鉅流通資金日漸枯竭 大部對於舊欠能
從陸續撥還然以庫券攙轉為多各行莊收回債本遠
在數年之後若再擔任巨數銀款實屬力有未逮祇能

向各處盡力勸銷俟集有成數當即隨收隨繳或由敝
兩會登報公布凡認購上項公債者得向敝兩會接洽
領購是否可行敬祈
賜示以便遵辦此上
財政部

上海銀行錢業公會謹啓

九月七日

國民政府財政部

逕啟者現准
貴會函開以勸募善後短期公債祗能向各處盡力勸銷集有成數
隨收隨繳等由查此項善後公債係為建設善後要需前經函請擔
任募集肆百萬元並請即日認募足額在案原以
貴會各同業為金融樞紐週轉較為靈活勸募自不至為難甚望體念時
艱力為臂助
諸君素著熱忱對於此項擔保確實之公債必能踴躍從事使國家善
後建設事務得以早日完成至於舊欠款項已經分別抵還現在第一次

國民政府財政部

江海關二五庫券本息業已付還十四次續發二五庫券付息亦已經過八期捲菸庫券還本付息五次其餘如整理金融短期公債及五年六厘公債十四年八厘公債本月起還本一千餘萬証之各項庫券現在市價已有超過額面者信用既已昭著此次發行善後公債以煤油特稅全部撥作基金本年十二月即抽還總額十分之一於金融流通允無窒塞之慮政府責任維持信用人民義務在完成大業務希

貴會鼎言勸導竭力認購期在依額募足迅速收款報解以便核發債券幸勿遲延是所盼禱此致

國民政府財政部

上海銀行公會

宋子文

張壽鏞

十七年九月十四日

送外委閱

第648號

第　頁

逕啓者查去歲各省旱蝗為虐致成灾荒灾情之重與灾區之廣為數十年来所僅見政府職責所在迭經設法救濟顧以庫款支絀籌撥無多杯水車薪為效殊寡非募集大宗賑款不足以資分配而救灾黎特發行十八年灾賑公債一千萬元現為趕辦急賑起見經財政部先行印就預約券茲由賑務處及賑款委員會派員携券来滬廣為勸銷

中華民國　年　月　日

國民政府行政院牋

第　頁

貴會薈萃金融信用素著辦理公益久具熱忱對於此預約券務希提倡贊助盡力推銷期以衆擎共襄善舉能得迅集鉅款[illegible]

此致

上海銀行公會

譚延闓

行政院啓

中華民國十八年二月二十日

國民政府行政院牋

國民政府賑災委員會公函　字第　號

敬啟者查各省災情奇重待賑孔急前奉
國民政府發行十八年賑災公債一千萬元因債票尚未印就現由財政
部先發預約券茲由本會商請中國銀行暫行押借十萬元交通銀行
押借五萬元共十五萬元已荷允許素仰
貴會慈善為懷對於本會辦理賑務尤多匡助擬請將此項公債預約券
暫向
貴會押借現金三十五萬元連中國交通兩行押款湊足五十萬元以便分别
散放各省急賑此項借款以三月為期月息八厘一俟前項公債募集後即行
取贖相應函達敬希

查照見復為荷此致

上海銀行公會

委員會討論

提交會員大會討論 [illegible]查閱

十八年三月十九日 時 分

第一五七三號

逕啟者准國民政府賑災委員會來函以上海為商埠中心各項有價證券均有行市銷售賑災債票係以關稅為基金自應與各項債券一律辦理請轉函上海銀行錢業兩公會及證券交易所請其特長維持查照有價證券辦法規定行情等由到部相應照錄原函送請

貴會查照辦理為荷此致

上海銀行公會

附抄件一件

財政部啟 五月十六日

十八年五月十七日 時 分

財政部用牋

民國十九年捲菸稅庫券發行簡章

一、總額　額面貳千四百萬元

二、種類　萬元千元百元十元四種

三、利息　月息捌厘

四、發行　本庫券十足發行但自發行之日起於三個月內繳款者得按九八實收即每額面百元實收銀行九十捌元

五、還本付息辦法　本庫券分三十六個月償還本息自民國十九年四月起至二十一年一月止每月還本百分之二自二十一年二月起至二十二年三月止每月還本百分之四並按月付息一次利隨本減

六、發行機關　各地中央中國交通銀行及其他指定之代銷機關認購人交款時由收款銀行填給預約券註明券額種類張數並所繳實銀數目俟正式庫券印就再行通告換發

七、基金　本庫券應付本息基金以財政部所收捲菸稅除撥付民國十七年四月所發捲菸稅庫券及十八年四月所發捲菸稅庫券基金本息外之餘款為擔保按照還本付息表撥足之

八、基金保管　本庫券基金由財政部委託江海關二五附稅國庫券基金保管委員會兼代保管並指定中央中國交通三銀行經理還本付息事宜

九、交付本息辦法　本庫券本息到期交付應先由江海關二五附稅國庫券基金保管委員會將應撥之款分交中央中國交通三銀行[illegible]所[illegible]券[illegible]種須[illegible]照券人等原券[illegible]經理銀行[illegible]經理處驗明截下本息票領取本息倘有[illegible]甲兌其百元十元兩種即將是月本息票截下領取本息

十、收付款項　此項庫券收付悉以通用銀元為主

十一、扣除本息金辦法　本庫券按照第五條還本付息辦

法如在十九年四月以內應募者即連第一期本息票交與應募人如在五月以內應募者應截去第一期本息票其繳納現金每百元抵第一期本金二元以後照此類推即於預約券經募機關所發印收上註明以憑分別給券

十二、經募用費　經募本庫券手數料定為百分之一無論個人與機關凡募集券款交庫者均得享受此項利益以昭激勸惟解款如有貼現滙水等項均不得另行開支

十三、交款期限　各經募機關承募此項庫券均須當日交付經理銀行如本地無經理銀行應按五日彙繳一次不得延擱否則延期利息應由承募機關負担

十四、收付報告　各銀行收入券款及付出本息每旬列表分報承募機關暨財政部備核其各銀行經付本息亦應按月列表具報並將付訖之本息票送交江海關二五附稅國庫券基金保管委員會彙齊轉送財政部核銷

0002

十三號

民國十九年建設委員會電氣事業長期公債條例

十八年十二月二十三日國民政府公布

第一條　建設委員會為收辦戚墅堰電廠事業，發行長期公債，定名為民國十九年電氣事業長期公債。

第二條　本公債定額為國幣一百五十萬圓。

第三條　本公債年息定為六厘。

第四條　本公債票面定為千圓百圓十圓三種，均為無記名式。

第五條　本公債定於每年六月三十日十二月三十一日為付息期。

第六條　本公債指定以首都及戚墅堰兩電廠現有地基房屋機器及兩廠營業盈餘為担保品，並於每月[illegible]照還本付[illegible]表所載數目，撥出基金，交由基金保管委[illegible]會[illegible]行[illegible]

對於前項担保品，本[illegible]有優先權。

基金保管委員會，由債權人代表三人，及銀行公會，商會，建設委員會代表各一人組織。其章程另定之。

第七條　本公債定於民國十九年一月一日發行，期限十五年。第一年祗付利息；自民國二

00046

十年六月三十日起，每年六月三十日及十二月三十一日各還本一次。最初八次，每次還本國幣五萬三千五百圓；第九次以後，每次還本國幣五萬三千六百圓；至民國三十三年十二月三十一日全數還清。

前項還本，以抽籤法行之，並定每年六月一日十二月一日爲抽籤期。

第八條　本公債按照票面十足發行。

第九條　本公債還本付息，委託各地中央中國交通三銀行經理。

第十條　本公債債票，得自由買賣抵押，並充首都及戚墅堰兩廠電費之保證金。凡其他公務上須繳納保證金時，得作爲担保品。

第十一條　對於本公債債票，如有僞造及損毀信用之行爲者，由法院依法懲辦。

第十二條　本條例自公布日施行。

民國十九年建設委員會電氣事業長期公債還本付息表　年息六厘

年	月	日	負債數	還本數	付息數	本息總數	每月提存基金款 每月提存應在前 六個月預存
十九	六	三十	1·500·000		45·000	45·000	7·500
	十二	三十一	1·500·000		45·000	45·000	7·500

財政部訓令　錢字第20081號

令上海銀行公會

為令遵事案奉

行政院第二○九一號訓令開為令飭事案准

國民政府文官處第三五五四號函開現奉

國民政府令開閻逆錫山背叛中央破壞統一

前經政府明令通飭拿辦現在國法未伸該逆

盤踞太原對於晉冀察綏各省橫征暴斂肆意

搜刮蹂躪所及諸如加收[illegible]捐預借田賦截留

國稅刦奪賑款擄掠強徵軍實之事日有所聞從前山西一省濫發紙幣多逾六千萬元貽害商民群情咸憤政府正擬設法為之救濟不圖整理晉省金融公債條例甫經頒發該逆即挾以謀叛一面藉名籌餉增發鈔票一面吸收現銀悉數輦晉遂致平津暨北省金融愈形紊亂人民更增痛苦近以日暮途窮仍復罔卹民怨數月以來續發紙幣之數益益增加並發行大宗軍用票以為囊括淨盡之計似此喪心病狂誅求無已窮黎無斃其何以堪政府軫念

冀晉豫陝甘察綏各省人民久在水火之中咸切來蘇之望現該逆屢戰屢敗逃亡之期已不在遠搜括現款以為遠颺之計自今以往當視前日為尤甚誠恐商民無知既受軍閥之愚復陷從逆助亂之罪爰特申令剴切勸導嗣後對於該逆所發種種紙幣債券及各項票據務各懲前毖後一律拒絕以遏兇氛而長正義此令等因奉此相應錄令函達查照轉飭通行遵照等由准此合行令仰該部即便轉行全國商聯會及銀錢公會轉知各該地方商民一體遵照

財政部訓令

公字第20135號

令上海銀行公會

為令遵事案奉

行政院訓令第二零九五號開案奉

國民政府文官處第三五八四號公函內開現奉

國民政府令開閻逆錫山稱兵叛亂前經明令通飭嚴行

拿辦在案所有該逆叛變以來用偽總司令及所屬逆各

機關名義發行之一切內外公債及締結合同政府一概不予

承認其有以官款抵押向銀行商號透支之各種款項一經查

仍將遵辦情形具報此令等因到部除分

令外合亟令仰該會迅即遵照轉知在各該地

方之各分支行號一體遵照仍將遵辦情形具報

本部以憑查考此令

十九年六月九日

出具為各該銀行商號[illegible]等因奉此相應錄令函達查
照轉飭遵照辦理等由准此除分令工商外交兩部遵照外合
行令仰該部即便遵照轉飭全國商聯會及各地銀錢業公會
通知各銀行錢莊商號一體知照此令等因奉此除分令外合
亟令仰該會遵照並通知各地銀行一體知照為要此令

八 批

十九年六月十四日

上海特別市社會局　訓令　字第三四三號

令銀行公會

為令行事案奉

工商部訓令商字第一零六七八號內開案奉

行政院第二〇九五號訓令內開案准

國民政府文官處第三五八四號公函內開現奉

國民政府令開[illegible]

金融機關所有發行之鈔票以來因總司令及所屬機

各機關各業發行之一切內外公債及擔保金國政府一

中華民國全國商會聯合會

國字第三三七號第 一 頁

逕啓者本年六月九日奉
工商部商字第一〇六七八号訓令内開為令行事案奉
行政院第二〇九五号訓令内開案准
國民政府文官處第三五八四号公函[illegible]奉
國民政府令開閻逆錫山稱兵叛亂前經明令通飭嚴行拿辦在案所有該逆叛變
以來用偽總司令及所屬從逆各機關名義發行之一切内外公債及締結合同政府一
概不予承認其有以官欵抵押向銀行商号透支之各種欵項一經查出定為各該
銀行商号是問此令等因奉此相應錄令函達查照轉飭遵照辦理等由准此除分

中華民國　年　月　日

電報掛號 五零五零
電話 三二〇六三

會址上海派克路十二號

概不予承認其有以官欵抵押向銀行商號透支之各
種欵項一經查出定為各該銀行商號是問此令等因
奉此相應錄令函達查照轉飭遵照辦理等由准此
除分令財政外交兩部遵照外合行令仰該部即便遵照
轉飭全國商聯會及各地銀錢業公會通知各銀行
錢莊商號一體知照等因奉此自應遵照辦理除呈
復并分行外合行令仰該局迅即轉飭當地銀錢業公會
通知各銀行錢莊商號一體知照并具報察核此令等因
除呈復並分令外合行令仰該公會分別轉函知照此令

收 六月十一日 時 分到

中華民國全國商會聯合會

國字第　　號第二頁

令財政外交兩部遵照外合行令仰該部即便遵照轉飭全國商聯會及各地銀錢
業公會通知各銀行錢莊商号一律知照等因奉此自應遵照辦理除呈復并分
函外合行令仰該商聯會迅即轉飭各地商會通知各銀行錢莊商号一體知照并
具報察核此令等因到會奉此六月十一日奉
財政部公字第二〇一三五号訓令文同前因六月十日奉
財政部錢字第二〇〇八一号訓令内開為令遵事案奉
行政院第二〇九一号訓令開為令飭事案准
國民政府文官處第三五五四号函開現奉

中華民國　　年　　月　　日

電報掛號　五零五零
電話　三二〇六三

會址上海派克路十二號

000 5

中華民國全國商會聯合會

國字第　　號第三頁

國民政府令開閻逆錫山背叛中央破壞統一前經政府明令通飭拿辦現在國法未
伸該逆盤踞太原對於晉冀察綏各省橫征暴斂肆意搜括蹂躪所及諸如加收特捐
預借田賦截留國稅刦奪賑糧攤購煙土強徵軍實之事日有所聞攏前山西一省
濫發紙幣多至六千萬元貽害商民群情感憤政府正擬設法為之救濟不圖該
理晉省金融公債條例甫經頒發該逆即挾以謀叛一面藉名籌餉增發鈔票一面
吸收現銀悉數輦晉遂致平津暨北省金融愈形紊亂人民更增痛苦近以日暮
途窮仍復罔恤民艱數月以來續發紙幣之數益增加并發行大宗軍用票以為
囊括淨盡之計似此喪心病狂誅求無已窮黎奎艷其何以堪政府軫念輩晉

中華民國　　年　　月　　日

電報掛號　五零五零
電話　三二〇六三

會址上海派克路十二號

00 6

中華民國全國商會聯合會

國字第　　號第四頁

豫陜甘察綏各省人民久在水火之中咸切來蘇之望現該逆壘戰屢敗逃亡之
期已不在遠搜括現款以為遠颺之計自今以往當視前日為尤甚誠恐商
民無知既受軍閥之愚復陷從逆助亂之罪爰特申令剴切勸導嗣後對
於該逆所發種雜紙幣債券及各項票據務各懲前毖後一律拒絕以遏兇氛
而長正義此令等因奉此相應錄令函達查照轉飭通行遵照等由准此合
行令仰該部即便轉行全國商聯會及銀錢公會轉知各該地方商民一体遵
照仍將遵辦情形具報查考此令等因到部除分令外合亟令仰該會遵
即遵照轉知各該地方商民一体遵照仍將遵辦情形具報本部以憑查考

中華民國　年　月　日

電報掛號五零五零　電話三二〇六三

會址上海派克路十二號

中華民國全國商會聯合會

國字第　　號第五頁

此令等因到會奉此除分函外相應函請
貴會查照希即遵令轉行遵照辦理仍希函復過會以憑呈復至紉公誼此致
上海銀行公會

全國商聯會

收文 六月十六日 時 分

中華民國十九年六月十三日

電報掛號五零五零　電話三二〇六三

會址上海派克路十二號

上海特別市商人團體整理委員會用牋

遲致者本月十七日接准
全國商會聯合會函開本年六月九日奉
工商部商字第一零六七八號訓令內開爲令行事案奉
行政院第二零九五號訓令內開案准
國民政府文官處第三五八四號公函內開現奉
國民政府令開閻逆錫山稱兵作亂前經明令通飭嚴行拿辦在案
所有該逆反動以來用僞總司令及所屬從逆各機關名義發行之
一切內外公債及締結合同政府一概不予承認其有以官款抵押

上海特別市商人團體整理委員會用牋

向銀行商號透支之各種款項一經查出定爲各該銀行商號是問
此令等因奉此相應錄令函達查照轉飭遵照辦理等由准此除分
令財政外交兩部遵照外合行令仰該部即便遵照轉飭全國商聯
會及各地銀錢業公會通知各銀行錢莊商號一體知照等因奉此
自應遵辦除呈復并分行外合行令仰該商聯會迅即轉飭各地商
會通知各銀行錢莊商號一體知照并具報察核此令等因到會奉
此六月十一日奉
財政部公字第二零一三五號訓令文同前因六月十日奉

上海特別市商人團體整理委員會用牋

財政部錢字第二零零八一號訓令內開爲令遵事案奉
行政院第二零九一號訓令開爲令飭事案准
國民政府文官處第三五五四號函開現奉
國民政府令開該逆所發種種紙幣債券及各項票據務各懲前毖
後一律拒絕以遏兇鋒而長正義此令等因奉此相應錄令函達查
照轉飭通行遵照等由准此合行令仰該部即便轉行全國商會
及銀錢公會轉知各該地方商民一體遵照仍將遵辦情形具報查
考此令等因到部除分令外合亟令仰該會迅即遵照轉知各該地

上海特別市商人團體整理委員會用牋

方商民一體遵照仍將遵辦情形具報本部以憑查考此令等因到
會奉此除分函外相應函達貴會查照希即遵令轉行遵照辦理仍
希函復過會以憑呈復等由到會用特錄函轉達即希
貴會轉飭同業一體遵辦並希
見復爲荷此致
上海銀行公會

上海特別市商人團體整理委員會啓

十九年六月十七日

七年六厘公債發現假票

逕啟者查前財政部所發民國七年六厘公債現據報有發現偽造假票流行各處市面冀圖冒領本息情事如果屬實殊為不法此項債票前由北平財政部印刷局承印紙質甚佳印刷精良並有七年等字樣暗記在內真偽最易辨別如有假造偽票亟應嚴行查緝按法懲辦除分函各省政府各衛戍司令飭屬嚴密偵查緝拿究辦外相應函達

貴會煩為查照布即特別注意遇有此項偽票發現銷流市面或持票冒領本息者立即扣留並於偽造假票面上加蓋偽票無效戳記送部銷燬以維債信而昭績密為荷

此致

上海錢業公會

財政部啟 十七年十二月一日

發閱

中華民國十七年十二月

國民政府財政部用牋

第922號

催整七抽籤

敬启者：案查整理六厘及七厘兩種公債，因爲民十
政府整理內債時所發行，初時還本付息尚能如
期舉行，其後因基金不足，整六第六次起即未能
按期還本，整七抽籤雖較整六加多一次，然截至
目前還本亦已愆期兩年。茲查整六業經
大部於十月六日補行抽籤，而對於整七抽籤尚無
明文，須俟一般持票人以爲既屬同一整理案內債
票，似宜同樣辦理。敝兩會爲顧全持票人利益
起見，應請大部迅即公布抽籤，以維債信。伏
乞鑒核賜復爲荷。此上
財政部

上海銀行公會
上海錢業公會

十八年十月十五

（一三）

財政部善後公債先行推銷以商抵押

財政部駐滬辦事處用箋

逕啟者本部發行善後公債肆千萬元業將條例及發行簡章公布並委託江海關二五庫券基金委員會保管基金第一批先發行弍千萬元其保管基金辦法亦經核定在案此項公債海外僑商應募極為踴躍惟缺額尚鉅亟應推銷國內藉濟裁兵及各項善後之用政府對於國債信用盡力維護此次金融公債及十四年五年公債均已抽籤還本而第一次庫券還本亦已

001

財政部駐滬辦事處用箋

過半社會經濟足資流轉益以貴會協贊迭相提倡使國家財政得以調劑公私均極感紉現在北伐業已告成善後更不可緩茲特請貴會担任推銷壹百伍拾萬元務希查照即日認募[illegible]

錢業公會

宋子文
張壽鏞 啟 十七年九月 日

中華民國十七年九月四日到

電話分機 中五二一一二 至三二一一五

文牘委員

執行常務委員

中華民國十九年九月五日發

財政部用箋

附預約券乙紙

券送交潤卿先生收存

中華民國十九年十月二十二日

財政部啟 九、十、二十一

逕啟者前由

貴會繳來善後短期庫券借款壹百伍拾萬元業由中央銀行照收出具臨時收據交

貴會來員帶回在案茲將庫收乙聯送請

查收並將前出之收據檢還為荷此致

錢業公會

附庫收乙聯

財政部國庫司啟 九、十、二十五

司長

0000002

民國三十六年短期庫券美金公債各地募銷委員會組織規則

第一條 中央銀行依據民國三十六年庫券公債募銷收款領票規則第二條之規定在各地設立募銷委員會

第二條 各地委員會稱為民國三十六年短期庫券美金公債某地募銷委員會

第三條 各地募銷委員會辦理左列事項

一、募銷之推進及宣傳

二、募銷團體行莊之約定

三、募銷手續之簡化及流弊之防止

四、募銷數額及勸募之分配

五、對於本國庫券公債信用事項之建議

第四條 各地募銷委員會設委員十一人至十七人除以中央銀行代表一人或二人為當然委員外由左列當地人士担任之

商會代表二人至三人

銀行商業同業公會代表二人至三人

錢商業同業公會代表二人至三人

其他各界領袖四人至七人

上海募銷委員會委員中應有財政部代表一人

第五條 各地募銷委員會設主任委員一人由委員會就代表商會之委員中推定之設副主任委員二人由委員會就代表中央銀行及銀錢業同業公會之委員中推定之設執行委員二人至四人由委員會就其他委員中推定之

第六條 各地募銷委員會之開會應有全體委員過半數之出席其決議應以出席委員過半數之同意行之

第七條 各地募銷委員會委員均為名譽職委員會之事務費用由中央銀行撥付之

0000003

第八條　各地募銷委員會應設辦公處於各當地中央銀行內，其文書計算及庶務事宜均由中央銀行酌派職員兼辦

第九條　各地募銷委員會重要決議事項應隨時報告中央銀行總行備查

第十條　各地募銷委員會於本庫券公債第二期發行庫券債票募銷期限屆滿時辦理結束並造具報告送交中央銀行總行彙轉財政部備查

第十一條　本規則由中央銀行訂定施行並報財政部備案

0000005

最速件

呈閱

中央銀行用牋

滬央秘字第914號　第　頁　卅六年四月三日

民國三十六年短期庫券美金公債上海募銷委員會訂於本月四日（星期五）下午四時在本行外灘十五號會議室商討進行事宜，相應函達，即請查照，屆時出席為荷。

此致

錢主任委員新之

中央銀行總裁張嘉璈

四月四日上午九時收到（未列備忘錄）

公二中（文）35-1-50000

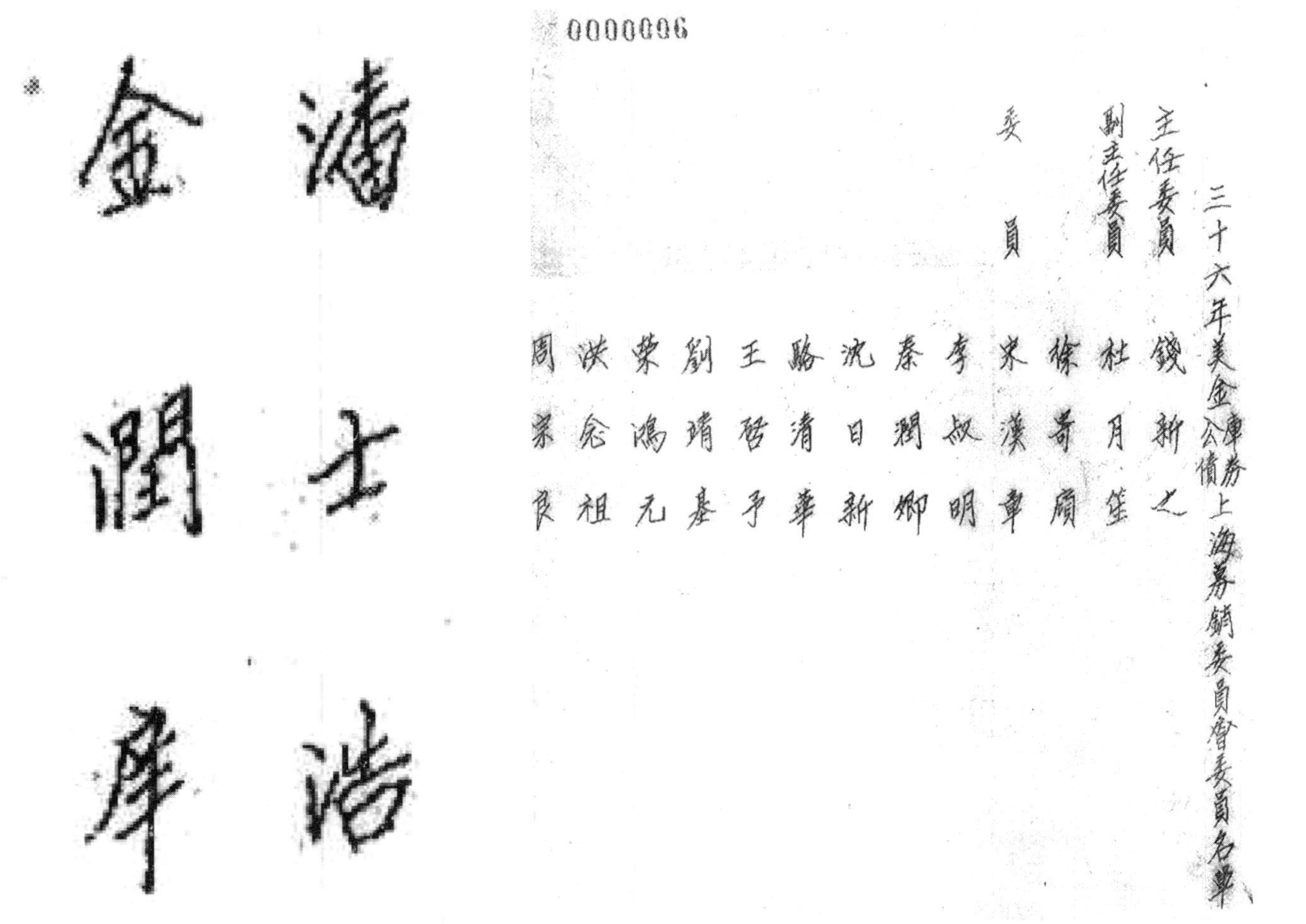

0000096

三十六年美金公債庫券上海募銷委員會委員名單

主任委員 錢新之

副主任委員 杜月笙

委　　員 徐寄廎 宋漢章 李叔明 秦潤卿 沈日新 駱清華 王啓予 劉靖基 榮鴻元 洪念祖 周宗良

民國三十六年短期庫券美金公債基金監理委員會組織規程

第一條　財政部依據民國三十六年短期庫券美金公債條例第十九條之規定設立民國三十六年短期庫券美金公債基金監理委員會於上海辦理本庫券公債基金之監理事項

第二條　基金監理委員會於監理範圍內得獨立行使其職權在本庫券公債本息全部清償前其監理權限不得變更

第三條　基金監理委員會設委員十五人以左列人員組織之

財政部代表二人

審計部代表一人

全國商會聯合會代表二人

全國銀行業同業公會代表二人在全國銀行業同業公會未成立前由上海市銀行業同業公會推舉之

全國錢業同業公會代表二人在全國錢業同業公會未成立前由上海市錢業同業公會推舉之

財政部聘請之其他機關社團代表六人

上列委員任期定為一年但經原機關社團繼續選任或財政部繼續聘請者得連任

第四條　基金監理委員會設常務委員五人由委員中互選之其中一人應為財政部代表並由常務委員互選一人為主任委員

常務委員及主任委員任期均為一年連選得連任

第五條　基金監理委員會每屆委員暨所推選之主任委員及常務委員人選應報請財政部備案

第六條　財政部及中央銀行暨其他有關機關應將本庫券公債之基金依照條例所規定按時預先撥交基金監理委員會保管監理

第七條　基金監理委員會對於指作本庫券基金担保之國營生產事業及敵偽產業得延聘專家為獨立之調查估價並得監理此項事業及產業之出售及出售前之經營

第八條　基金監理委員會對於鞏固政府債信維護持票人權益事項得隨時向財政部建議之

第九條　本庫券公債基金存放機關由基金監理委員會指定之但應報請財政部備案

第十條　基金監理委員會對於本庫券公債之收支存放每月結算一次報請財政部備查

第十一條　基金監理委員會所收本庫券基金如不敷支付時應於每次還本付息到期前一個月報請財政部撥款補足之

第十二條　本庫券公債每次還本付息到期前基金監理委員會應於各該基金內按照應付數額撥交經理銀行備付並登報公告之

第十三條　本庫券公債本息票付訖後由經理銀行打孔作廢送交基金監理委員會核點轉送財政部核銷

第十四條　基金監理委員會經費由基金存放所得利息項下開支

第十五條　基金監理委員會應訂定會議規則基金監理規則暨辦公處組織規則及辦事細則報請財政部備案

第十六條　本規程如有未盡事宜得由基金監理委員會提請財政部修改之

第十七條　本規程自公布日施行

查本會自擴大招待各業人士展開募銷工作以来除銀錢業認購庫券叁仟萬美元公債壹仟萬美元紡織業認購公債壹仟萬元外其他各業或認購少數或迄未認購為早日達到預期之目的起見似應集中時間心力積極向主要各業同業公會發動勸募工作茲擬招待各同業公會領袖辦法如左

(一)每星期招待工商同業公會領袖二次或三次每次一業為限俾可詳細討論使該業領袖與本會共同向同業廠商勸募債券

(二)每次招待會之方式可以酒席或茶點行之

(三)每次招待會由本會主任委員副主任委員聯名發柬但主任委員或副主任委員祇須有一人或二人出席秘書長副秘書長暨秘書等須出席

(四)前項招待會亦可由各主要工商業理事長出面召集事先函知本會由主任委員或副主任委員參加秘書長副秘書長秘書等隨同參加

(五)本會于每次招待會舉行時提出希望各該業認購之數請其當場認購如須另行開會向各廠商勸募應由本會派員商請該業理事長同意辦理

(六)請各業公會將各廠商認購債券數目及繳款期限列表通知本會並由本會派員分訪各該業廠商催繳債券款

以上所擬是否有當敬乞

民國三十六年短期庫券美金公債 上海募銷委員會

0000053

鈞奪謹呈

主任委員錢

副主任委員杜 徐

職 奚倫 范鶴言 謹簽 三十六年六月四日

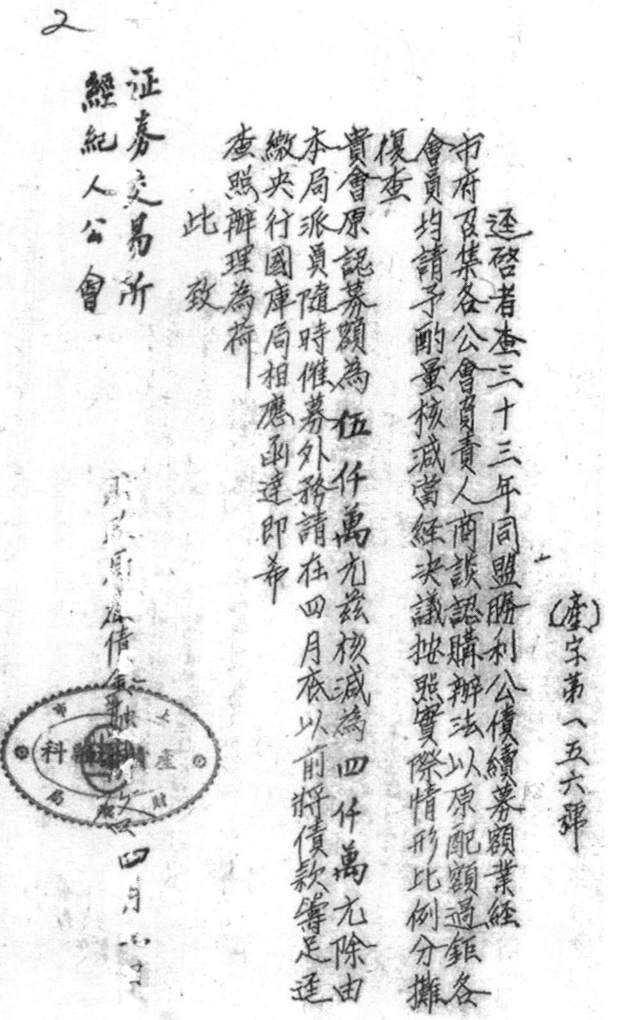

(產)字第一八五六號

逕啓者查三十三年同盟勝利公債續募額業經
市府召集各公會負責人商談認購辦法以原配額過鉅各
會員均請予酌量核減當經決議按照實際情形比例分攤
復查
貴會原認募額為伍仟萬元茲核減為四仟萬元除由
本局派員隨時催募外務請在四月底以前將債款籌足逕
繳央行國庫局相應函達即希
查照辦理為荷
此致

証券交易所
經紀人公會

四月

收文

上海市政府訓令

事由	擬辦	批示
為檢發同盟公債四千二百元繳款通[illegible] 底以前向國庫局繳款換取債票由		

令上海市證券交易所

查續募卅三年同盟勝利公債一案,本府於三月廿八日召集各同業公會代表茶會共同商討,分配募額,該所代表王志莘即席承認向各經紀人勸募四千二百元,茲檢發繳款通知單滬字第三〇二號一紙,仰即勉力勸募,務於四月底以前募足,債款逕繳中央銀行國庫局換取債票,以期共赴事功。

此令(附發繳款通知單一紙)

市長 吳國楨

監印 校對

校對宋允文

中華民國 年 月 日收

收文 字第 號

敬啟者：查各行莊應以存款準備金之半數撥購三十六年美金債券一部，即各行莊中尚有未曾辦理者或已辦而未足數者，擬請貴會轉飭從速解繳，並將撥購日期代收行莊暨數目列單擲下，以利進行。特此函請察照，尤紉見復，無任公感。

此致

錢業商業同業公會沈理事長日新

民國卅六年短期庫券美金公債上海募銷委員會

總字第似號 第全頁 卅六年上月十

民國三十六年短期庫券美金公債上海募銷委員會第四次會議記錄

時間：三十六年八月十二日下午四時

地點：靜安寺路中國墾業銀行二樓

出席：錢永銘 徐寄廎 周宗良 郭琳爽 葉鴻九（徐善祥代）
沈日新 陳炳章（程吉白代） 宋漢章（趙棣華代） 沐念祖
潘士浩 秦潤卿（趙□□代） 劉靖基

列席：[illegible]

主席：錢主任委員

記錄：李樂廷

報告事項：

主席報告：

（一）自四月七日至八月九日本市售出三十六年美金公債九三九六〇〇美元

第一頁

三十六年短期庫券二三九二四二一〇美元總計三三三〇三一〇美元報請
鑒洽

二、徵求百萬市民認購短期庫券愛國運動一案自經第三次會議決議通過後即積極進行其可述者計有：(一)擬定徵求百萬市民認購庫券愛國運動辦法(二)擬定請各社會團體協助勸募辦法(三)徵求百萬市民認購庫券愛國運動分隊勸募辦法及分隊名單(四)徵求百萬市民認購庫券宣傳辦法(五)擬定宣傳標語(六)關于百萬市民購券徵歌辦法報請
鑒洽

三、經中央銀行設計委員會迭催調回專員若干人又以奉准展開徵求百萬市民購券運動原有組織及各部分人員不得不重新予以調整爰自八月一日起將呂其哲、程仕孚、趙粟、馬幹超、董昌熾、張鳴鐸、許育英、鄧梓良等八員調回

0000096

中央銀行設計委員會，并將本會總務處職掌確定為專辦庶務事宜而將其原管文書部分及辦稿繕校各員劃出另成立秘書處接辦並負責聯絡各處以宣傳委員會。

四、本會七月份開支情形。

討論事項

一、本會自八月一日起發動上海百萬市民認購短期庫券運動除以本會名義向社會團体接洽認購及分隊勸募外擬請本會各位委員出而領導所屬團体及事業單位踴躍認購以竟全功當否提請　公決

決議：由本會委員各先認購短期庫券二萬美元以示提倡。

二、查本市銀錢業認購債券四千萬美元為期數月迄未繳齊如何積極催促早日繳清提請　公決

第二頁

決議：一、請各行莊撥六月底存款準備金總額全數認購先函徵財部同意二、各行莊同人以一個月薪津購買庫券一案催請速辦。

三、本會成立迄今已四閱月截止八月九日止共售出庫券一千二百餘萬美元公債一千九百餘萬美元兩者合計三千二百餘萬美元距離預定配額尚遠擬請由本會各位委員擬定積極推動具體辦法以便遵行當否提請　公決

決議：(A)紗廠認購者全為美金公債除已繳者外其餘悉以棉紗抵繳在短期內可湊足一千萬美債(B)本會方面除水理事長祥雲為大隊長外並多聘若干有領導力量者為大隊長(C)函請六大百貨公司仿照銀錢業職員以一個月薪津認購庫券辦法辦理(D)函請各隊長將分隊長名單迅賜填送(E)聘請吳市長夫人担任婦女隊長積極發動婦女界認購庫券

四、本會經常費用前由中央銀行撥付五億元自八月份起因發起徵求百萬市民認購庫券運動關于宣傳印刷及添用工作人員薪給等費為數甚大原存經費為數無多擬請由會函請中央銀行續撥兩億元應用當否敬請

公決

決議：通過照辦

徵求百萬市民認購庫券愛國運動分隊名單

隊名	主持人	地址	電話
國楨隊	吳市長國楨	上海市政府	
鐵吾隊	宣司令鐵吾	淞滬警備司令部	
日新隊	沈日新先生	山西路[illegible]號	
月笙隊	杜月笙先生	中正東路中滙銀行	
漢章隊	宋漢章先生	中國銀行總管理處	
叔明隊	李叔明先生	中國農民銀行	
潤卿隊	秦潤卿先生	福源錢莊	
清華隊	駱清華先生	福建路417弄5號	
啓宇隊	王啓宇先生	寧波路349號	
靖基隊	劉靖基先生	安達紗廠	
鴻元隊	榮鴻元先生	中新紗廠	
念祖隊	洪念祖先生	大中華橡膠廠	
宗良隊	周宗良先生	周宗記泰記弄3號	
士浩隊	潘士浩先生	永興棉布號三馬路石路	
潤庠隊	金潤庠先生	寧夏路26弄3號	
琳爽隊	郭琳爽先生	永安公司	
宗俊隊	蕭宗俊先生	新新公司	
公權隊	張嘉璈先生	中央銀行	
開先隊	吳局長開先	上海市社會局	
希孔隊	方主任希孔	上海市黨部	
紹澍隊	吳紹澍先生	上海市三民主義青年團部	
曉籟隊	王曉籟先生	外灘中國人壽保險公司	
叔平隊	俞局長叔平	上海警察局	
志莘隊	王志莘先生	南京路慈淑大樓713室	

正模隊	傅司令正模	上海師管區司令部	
沐波隊	傅沐波先生	中國實業銀行	
任滄隊	吳任滄先生	中央信託局	
棣華隊	趙棣華先生	交通銀行	
小初隊	梁小初先生	博物院路基督教青年會協會	
文淵隊	陳文淵先生	中滙大樓中華慈幼協会陳鐵生先生轉	
竹軒隊	顧竹軒先生	天蟾舞臺轉	
一珊隊	陶一珊先生	警備司令部稽查處	
學禹隊	徐學禹先生	招商局	
墨林隊	萬墨林先生	金陵中路94號	
蘊初隊	吳蘊初先生	順昌路330號	
西園隊	胡西園先生	北京路492號	
耀秋隊	顧耀秋先生	南市外馬路1076號	

光運隊	吳團長光運	憲兵第三團三營	
良鑑隊	查院長良鑑	上海地方法院	
祥雲隊	水祥雲先生	上海市總工會	
嘯天隊	楊嘯天先生	環龍路199號	七三九一一
紹增隊	范紹增先生	杜美路11號	七八七一六
炳章隊	陳炳章先生	中信局財政部公債司辦事處	
維熾隊	劉維熾先生	陳委員君樸轉	
寄廎隊	徐寄廎先生	上海市商會	
曾鈺隊	趙曾鈺先生	上海市工用局	
雲青隊	齊雲青先生	中國勸工銀行	
北辰隊	羅北辰先生	中央信託局	

隊分隊隊長名單

姓名	通訊處	電話

徵求百萬市民認購庫券愛國運動辦法

一、以本市各社會團體及一般市民為對象，發動百萬市民認購卅六年短期庫券。

二、由本會函商各社團協助勸募庫券工作，此函必須由主任委員副主任委員簽名，由本會秘書長或副秘書長持函前往與各社團主持人面洽。

三、檢同認購庫券申請書函請各社團轉發全體社友自行認購，並轉勸親友認購，分別填具申請書，隨時送交本會募銷處。

四、募銷處接獲各社團彙送申請書後，即行派員携帶預約券送交認購人並收取款項。

五、認購人如一時缺乏款項，可改約日期，由募銷處派員收款付券，其折合率按交款日中央銀行牌價計算。

六、本會特製榮譽証一種，贈給各認購人佩帶，以示榮譽。

七、認購庫券數額最鉅之社團由本會呈請財政須給獎狀並登報宣揚之。

八、認購庫券數額最鉅之個人除贈予榮譽証外並由本會呈請財政部頒給獎狀。

九、本會特設櫃檯歡迎愛國市民購買不記名短期庫券預約券。

十、募銷處收款付券後應將收款付券總數及全部收款當日分別解送中央銀行國庫局核收。

十一、募銷處主任幹事應負責督導收款付券事宜防止一切流弊。

十二、在開始發動百萬市民認購庫券運動以前責成宣傳委員會擴大宣傳以資激勵愛國熱忱引起市民興趣。

十三、市民認購者如有新聞資料應由宣傳委員會儘量宣傳。

十四、徵求期限定為三十六年九月二十日止。

徵求百萬市民認購庫券愛國運動
擬請各社會團體協助勸募辦法

一、各社團接到本會公函後，即請於短期內召集會議，討論協助勸募辦法，並希先期通知本會，以便派員列席報告。

二、各社團理監事及其他幹部負責人並請首先認購，以資倡導。

三、本會當按照各社團會員數目檢發認購書，請各社團在認購書上加蓋社團名章後，備函分發各會員，每人至少五張，如不敷，隨時向社團索取。

四、每一會員接到社團通函及認購書後，盼立即填寫認購書一張（至少認購短期庫券美金十元）逕送外灘十五號本會，並請徵求愛國親友四位以上同樣填寫送會，多多益善。

五、本會接到認購書後，當於次日派員攜同認購書及短期庫券預約券，依照各位所指定之地點時間，直接遞交，一面請將現款或支票交來員帶回，如係支票，須俟收到款項後，方能遞交預約券。

六、各社團發出認購書後，本會對於各社團會員認購及其勸購數目逐日均有記錄，如未見踴躍，當隨時通知各社團請繼續催認。

七、各社團如能因勸募債券特開會員大會或游藝會以資號召時，本會願力助其成，並派員協助布置會場，或請名人演講。

八、各社團或個人成績特優者，由會呈請財政部特給獎狀，並登報公告。

0000103

徵求百萬市民認購庫券愛國運動分隊勸募辦法

一、為發動百萬市民踴躍認購三十六年短期庫券起見，除請各社團協助勸募外，並組織徵求大隊若干隊，每一大隊各設五至十分隊，以期普遍。

二、各大隊隊長由本會聘請上海市各界名人担任，分隊長由各大隊長保舉，由本會聘任。

三、每大隊徵求市民以一千人為最低限度，認購三十六年短期庫券總額以美金五萬元為最低限度。

四、各大隊募得三十六年短期庫券數額及徵得愛國市民人數均於每週末公佈一次。

五、各大隊或各分隊每日於下午二時以前，將徵得愛國市民認購書逕送外灘十五號本會募銷處。

六、本會募銷處收到各隊彙送認購書後，即於翌日派員攜帶預約券送交認購人，並洽取款項。

七、認購人如一時缺乏款項，可改約日期，由本會募銷處再派員收取款項交付短期庫券預約券，其折合率按交款日中央銀行牌價計算。

八、徵求期限至本年九月卅日截止，必要時得延長之。

九、徵求成績特優之各隊，由本會函請財政部頒給獎狀，並登報宣揚。

0000091

百萬市民認購庫券運動宣傳辦法

一、宣傳要點

1. 百萬市民認購庫券運動之意義
2. 百萬市民認購庫券運動之實施辦法及認購人可能獲得之利益

二、宣傳對象

1. 各社團領袖及其所屬會員社員
2. 一般市民
3. 外僑

三、宣傳方法

甲、報紙宣傳

1. 發動青年學生及應徵論文獲獎學生撰寫文字交各報發表稿費酌給

〤.招待新聞界由募銷處説明百萬市民認購庫券運動意義並解答記者詢問

〥.商請各報義務刊登小型廣告

乙.廣播宣傳

〡.函請吳市長李石曾王正廷沈日新劉維熾陳副總裁秦潤卿駱清華郭琳爽蕭宗俊榮鴻元王啓宇劉靖基洪念祖周祖良潘士浩金潤庠楊蔭溥程滄波諸先生廣播

〢.徵求勸請百萬市民認購庫券新歌製請交各明星及專門滑稽彈唱家在各電台歌唱

〣.編製新聞稿宣傳詞送請本會約定電台及其他各電台在每播音節目完畢時義務廣播

〤.函請各游藝會（包括評話彈詞研究會）及越劇研究會等）轉知所屬在電台播音會員經常代表本會宣傳

〥.在各電台為本會播送特別節目期間由募銷處攜帶預約券在電台發售作為點唱點講之交換條件

〦.各電台報告員及義務宣傳員播音員由本會比照其所勸募酌給獎金百分之四至百分之五作為酬勞

〧.各游藝會協助本會宣傳五次確有成績者由本會贈送獎狀或銀盾等紀念品

丙.奏演宣傳

〡.函請市府交響樂團輪流在各大公園奏演名曲由募銷處派員攜帶預約券當場勸募

0000093

徵求百萬市民認購短期庫券愛國運動標語

一、大家起來響應百萬市民購買庫券愛國運動
二、購買庫券是上海市民的愛國表現
三、擁護債券政策建立經濟長城
四、購買短期庫券就是愛國精神的具體表現
五、市民的榮譽要從購買短期庫券上表現出來
六、上海每一市民都應該購買短期庫券
七、上海市民應該購買短期庫券給全國人民作榜樣

0000094

民國三十六年短期庫券美金公債上海募銷委員會徵歌競賽簡則

第一條　本會為喚起全滬市民踴躍認購債券起見特舉辦上海市民美金債券募銷徵歌競賽

第二條　應徵歌詞内容限於激發市民愛國熱忱踴躍認購債券藉以平衡國家預算穩定人民生活

第三條　應徵歌詞須附歌譜

第四條　應徵歌詞歌譜自即日起至八月底止須用掛號寄交外灘十五號本會

第五條　應徵歌詞歌譜彙集後由本會邀請音樂專家評定於九月十五日星期二公開發表

第六條　獎金第一名一人獎金壹佰萬元第二名一人獎金伍拾萬元第三名一

人二十三萬元，以求統一。經本會條政後，即將本會所有之紀錄及簿
全部退還，應繳之資料，詳明詳細通訊地址。

第七條　美金債券發行條例及認購債券詳細辦法由本會條紀訂呈致
請政府外匯平準本會核准。

0000101

短期庫券
美金公債 募銷數額分類統計總表

單位美元　　民國36年4月1日至8月9日止

第全頁

分類名稱	短期庫券			美金公債			總額			備考
四行兩局	1	482	370	15	650	000	17	132	370	
商業銀行	2	889	340		287	850	3	177	190	
錢莊		763	000					763	000	
銀號		15	000					15	000	
信託公司		108	000					108	000	
外商銀行		495	000					495	000	
外商公司行號		632	600		54	400		687	000	
各公司行號廠家		768	640		210	500		979	140	
紗廠		7	900	2	618	850	2	626	750	
證交及經紀人		365	240					365	240	
政府機關		75	100					75	100	
學校團體		33	120					33	120	
四行兩局仝人		277	700					277	700	
商業行莊仝人		215	440					215	440	
國營事業	1	410	050				1	410	050	
保險公司		19	100					19	100	
個人及不記名	3	366	610		574	500	3	941	110	
合計	12	924	210	19	396	100	32	320	310	

0000015

購買三十六年短期庫券美金公債各種外幣外匯及黃金種類折率單

(一)種類

甲、美鈔

乙、美金電匯或匯票

丙、港鈔

丁、港幣電匯或匯票

戊、英金電匯或匯票

己、黃金以倫赤及中央造幣廠廠條為限雜金暫不予折收

(二)折合率

甲、美鈔按國幣壹萬貳千元折合美金一元

乙、美匯與美鈔同值

丙、港鈔四元八角折合美金一元港匯與港鈔同值

丁、英匯一鎊折合美金三元三角三分

戊、黃金每兩合美金五十元成色按九九〇作標準

附註：上項折合率如有變更由本行隨時通知

收文[illegible]5471號

財政部訓令

發 財錢[illegible]字第三〇[illegible]號　附件

中華民國卅八年二月九日發

事由：卅八年黃金短期公債應先予上市証交經紀人保証金應予復業前三日一律繳足令飭遵照

令上海証券交易所

查該所業經行政院核准復業，經已由部核發復業辦法一份令飭遵照並呈報在案，茲為迅赴事機，特規定：(一)根據上海証券交易所復業辦法第二條第一款規定，卅八年黃金短期公債應予上市，其上市辦法由該所依照上海証券交易所復業辦法及該所營業

中華民國　年　月　日收

收文 21 字第 [illegible] 號

细则之规定，拟具报核；（二）该所经纪人应缴之身份保证金，应于该所复业前三日一律缴足报核，逾期不缴者，以自愿放弃营业论，撤销其执照及登记。原案除咨工商部查照外，合行令仰遵照，并转知遵照为要。此令。

部长 徐堪

財政部

36.10.地20000

案查本所前奉令复业，关于经纪人应缴之身份保证金等，

财政部（三十八年二月九日财钱沪字第三四〇号训令），饬将本所复业前三日一律缴足报核；逾期不缴者，以自愿放弃营业论，撤销其执照及登记原案等因。当经公告并分知各在案。查本所原有经纪人截至本年一月底止，计二百零八家，大部份均已遵照上项规定，依照业务规则第六条规定办理；迄至二月十九日止，计缴足保证金者二百零四家，内转营债券者一家，转营股票者五十五家，兼营债券暨股票者一百四十八家；其未缴保证金者四家，内中国建设银公司及张佩绅二家，均自请废业，已另案分别报请撤销注册；尚有第一二七号大润及第一三二号广东银行，逾限未缴保证金。应如何办理之处，理合具文呈报，敬祈核示祗遵。谨呈

财政部部长徐

工商部部长刘

全衔理事长杜○

三十八年黃金短期公債上市辦法

(一)交易期限　分現貨及一日期貨兩種現貨今天成交明天交割一日期貨今天成交後天交割

(二)計算區域　以一天之交易為一計算區域

(三)成交單位　暫定為票面黃金壹兩

(四)叫價單位　以票面黃金壹兩合金圓券之數叫價

(五)價格升降單位　暫定為五十元

(六)漲跌限度　暫定為百分之十

(七)經手費　按成交價銀千分之〇。五徵收現貨一日期貨兩種對做及內轉讓交易減半

(八)交割準備金　一日期貨交易按交易額徵收交割準備金百分之四十擬以現金繳納之交割準備金得由本所適時調整增減之必要時並得追加徵收

(九)現品提交　如賣方以現品提交者得不繳交割準備金

案奉

財政部本年三月六日財京錢戊字第〇〇一一二號訓令內開：「查國營事業上市股票前經指定台糖中紡台紙招商局等公司股票四種現除台糖股票已上市外其餘中紡台紙招商局等公司股票應卽洽催儘速上市所有各項股票及三十六年美金公債三十八年黃金短期公債價格漲落限度並應一律改為百分之二十以便利證券市場之運用除分函工商部及中央銀行查照外合行仰轉飭遵辦具報」等因

相應函請

查照遵辦見復至卅六年美金公債此奉部令規定漲跌限度應屬指定上市請卽於本年三月八日上市買賣除呈報財政部備案外

查照為荷　此致

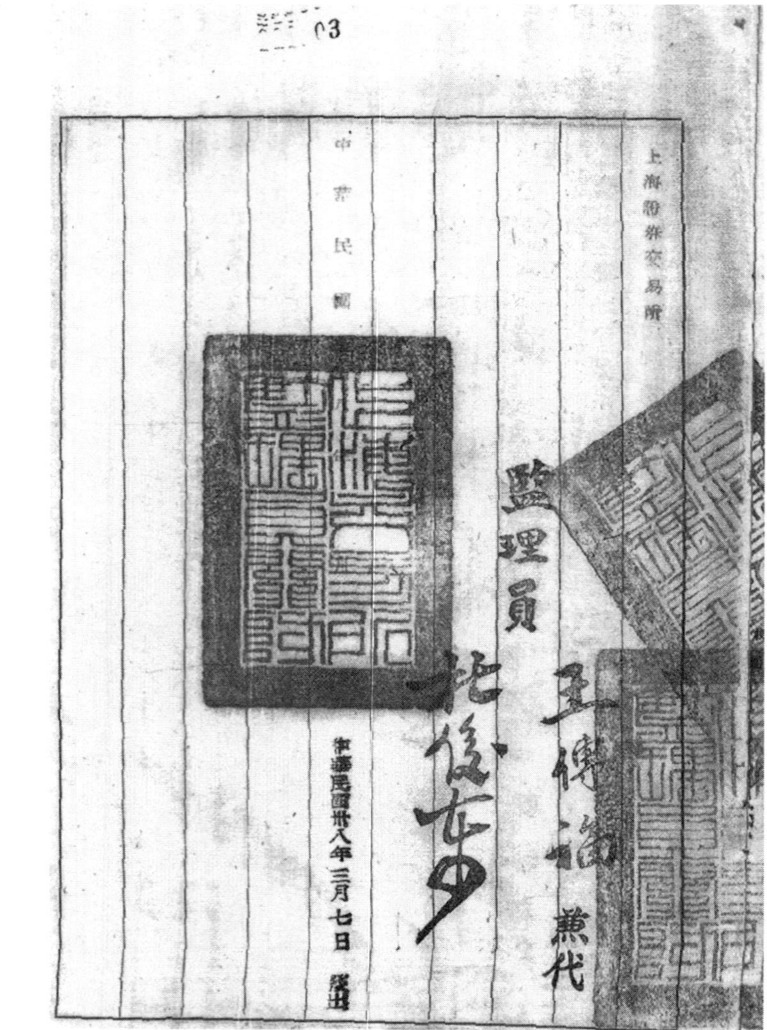
上海證券交易所

中華民國

監理員 王傳論 兼代

中華民國卅八年三月七日 發出

公告 第二三八號

關於三十六年美金公債上市買賣一案，業經公告定於本年三月八日上市開拍。茲規定上市办法如左：

(一)交易期限 該公債第一號及第二號兩種，同時開做現貨及一日期貨，現貨今天成交，明天交割，一日期貨今天成交，後天交割。

(二)計算區域 以一天之交易為一計算區域

(三)成交單位 暫定票面美金壹百元

(四)呼價單位 以票面美金壹元合金圓券之數呼價

(五)價格升降單位 依照本所第六一六號公告所定股票升降單位同樣办理

(六)漲跌限度 暫定為百分之二十

(七)经手费　按成交价额千分之〇．五徵收　现货一日期货两造計徵　交易减半

(八)交割準備金　一日期货交易按(交易所规定標準價格)每成交额徵收交割準備金百分之四十概以

现金缴纳之交割準備金得由本所随时调整增减之必要时並得追加

徵收

(九)现品提交　如卖方以现品提交者得不缴纳交割準備金

附件了表

上海证券交易所

四、证券市场交易制度、行情演变情况

(一) 1912～1937年的上海证券市场

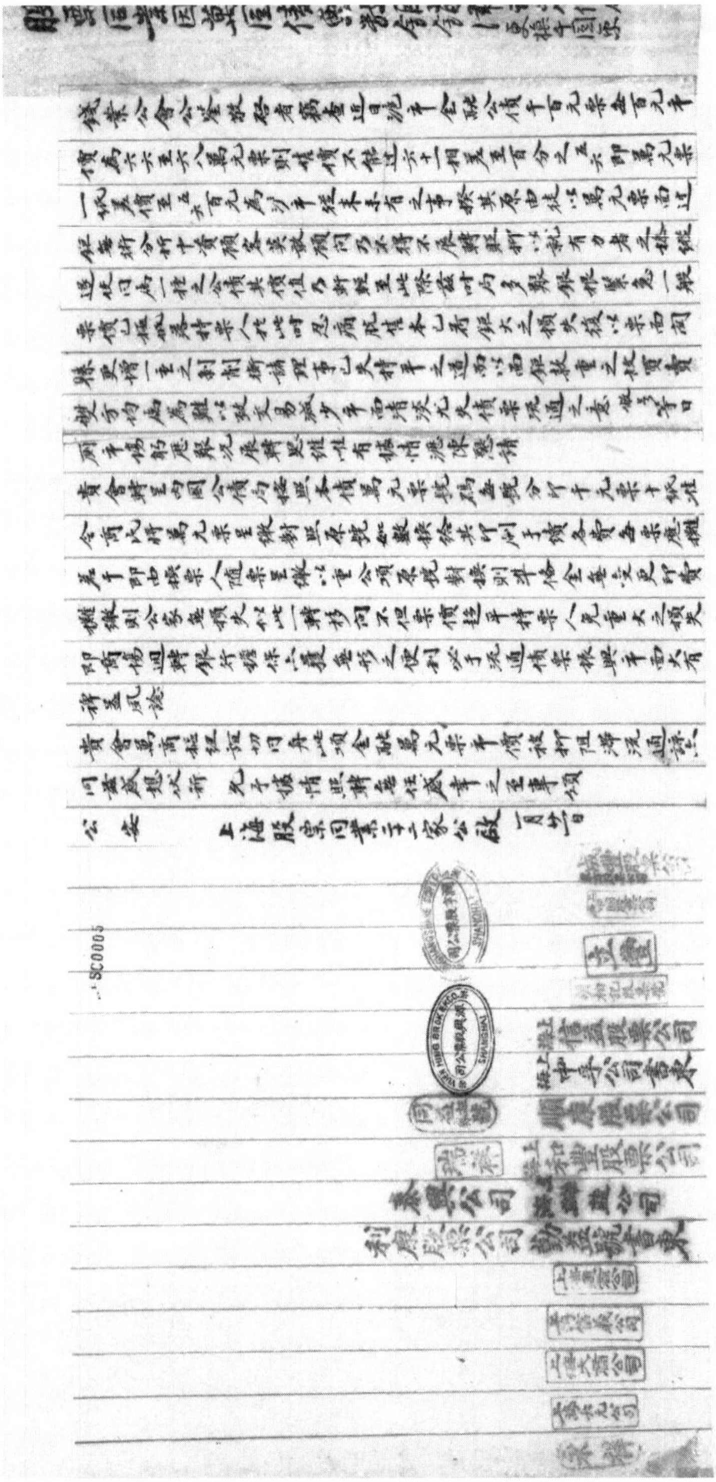

錢業公會公鑒 敬啟者 竊查近日滬市金融公債千百元票每百元市價為六六至六八 萬元票則時價不能過六十一 相差至百分之五六 即萬元票一紙差價至五六百元 為滬市從未有之事 推其原由 徒以萬元票面過鉅 每於分析中資顧客莫敢顧問 乃不得不展轉貶抑以就有力者之[illegible] 遂使同為一種之公債 其價值乃軒輊至此 際茲時局多艱 銀根緊急 一般票價已極低落 持票人於此時忍痛脫售 本已有鉅大之損失 猶以票面關係更增一重之剝削 衡諸理事已失持平之道 而以面鉅款重之故 買賣雙方均感為難 以致交易減少 市面清淡 尤失債票流通之意 敝會等日睹市場船(?)歷艱況 展轉思維 惟有據情瀝陳 懇請

貴會轉呈兩國公債局 按照本債萬元票號碼 每號分印千元票十紙 准令商民將萬元票呈繳 對照原號 如數換給 其印刷手續各費 每票應攤若干 即由換票人隨票呈繳 以重公項 原號對換 則準備金無變更 印費攤繳 則公家無損失 似此一轉移間 不但票價趨平 持票人免重大之損失 即商場通轉 銀行押保 亦獲無形之便利 必于流通債票 振興市面 大有裨益 夙(?)諗

貴會為商務經濟 誼切同舟 此項金融萬元票市價被抑 阻滯流通 諒亦同茲感想 伏祈 允予據情照轉 無任感幸之至 專頌

公安

上海股票同業十二家公啟 一月廿日

信益股票公司 中孚公司書柬 順康股票公司 和豐股票公司 勤益號書柬 泰興公司 利康股票公司

上海股票同業諸公均鑒　逕復者昨准
大函以金融公債萬圓票票面數鉅銷售滯鈍擬請
内國公債局换給千圓票以資通流函囑敝公會轉
達等由查
尊論各節甚係實情惟敝公會既非同業又非機關
擬同一再籌度雖出越俎之謀語云愛莫能助此之謂
也相應備函奉復尚祈
鑒諒一切另行設法為荷此頌
公綏
上海錢業公會啓　一月廿三日

中華民國一年一月廿三日

[illegible]

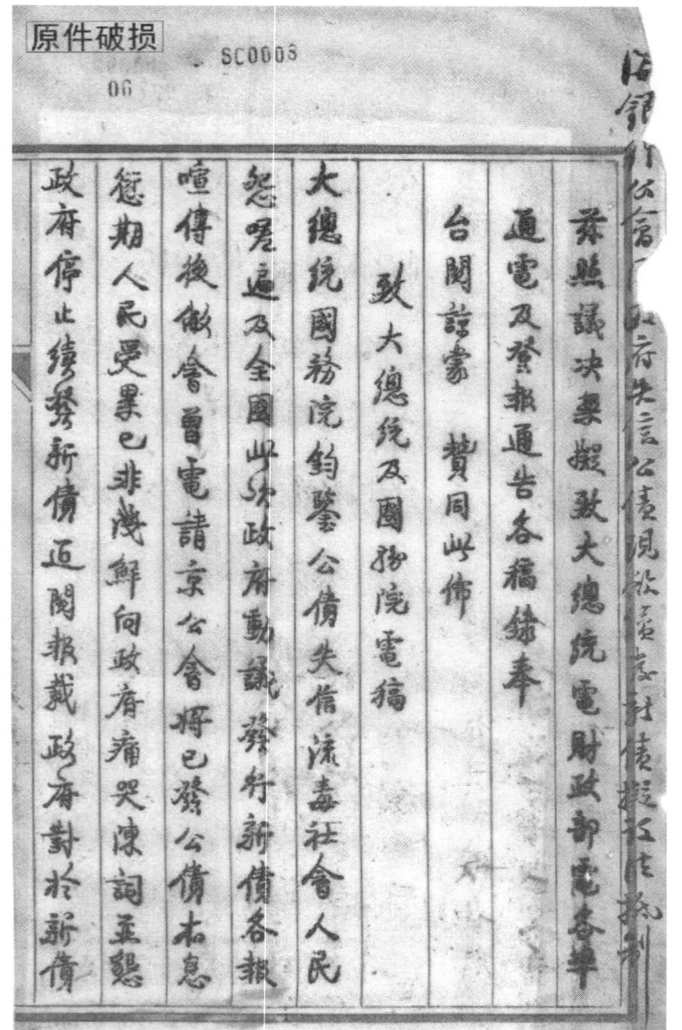
原件破损

SC0008

06

滬銀行公會[illegible]

茲照議決案擬致大總統電財政部電各華
通電及登報通告各稿錄奉
台閱諒察 贊同此佈

致大總統及國務院電稿

大總統國務院鈞鑒公債失信流毒社會人民
怨嗟遍及全國此次政府動議發行新債各報
喧傳後敝會曾電請京公會將已發公債本息
懇期人民受累已非淺鮮向政府痛哭陳詞並懇
政府停止續發新債迺閱報載政府對於新債

SC0009

仍復積極進行並有不日須布條例之說滬上全
市驚動人民異常憤激群籌抵制之法伏念
我大總統復任伊始公債價格驟增足見公
債關係政府非常重大此次若再發新債貽害
人民殊違大總統體卹民艱之意務懇迅飭財
部停發新債速籌鞏固已發公債信用以收民
心而固邦基臨電不勝悚惶待命之至上海銀行
公會宥

上海銀行公會
十一年九月廿六日

致財部電稿

財政部總次長鈞鑒公債失信流毒社會人民怨嗟遍及全國此次大部動議發行新債各報喧傳後敝會曾電請京公會將已發公債本息愆期人民受累已非淺鮮向政府痛哭陳詞亟懇政府停止發行以紓民困近閱報載大部對於新債仍復積極進行滬上全市騷動人民異常憤激各法團連日會議群籌抵制之法伏念大部握財政根紐當謀金融安寧若祇救燃眉之急不顧噬臍之患竊恐國信喪失殆盡挽救更無良策惟有仰懇大部尊重民意速籌鞏固已發公債信用保障未經償還各債然後再謀續發計畫政體改革共和與專制不同民碞可畏近今與上古一轍謹為芻獻伏希採納臨電不勝悚惶待命之至

上海銀行公會感

十一年九月二十七日

上海銀行公會通告

公債失信流毒社會人民怨嗟遍及全國此
次政府動議發行新債各報喧傳後敝會
曾電請京公會將已發公債本息應顧人民
受累已非淺鮮向政府痛哭陳詞並電政府
停止籌發新債以紓民困近聞報載政府對
於新債仍復積極進行業已頒布條例是政
府既不愛我人民我人民亦惟急謀自衛爰經
敝會公同議決此後政府如有新公債發行凡

我銀行界予概不經受抵押並警告各地證券交
易所勿再代為買賣庶發行無效民困得蘇不
特金融不致擾亂商業亦得安寧務請各埠
天良一致行動以維民脈而挽危局特此電全國
各法團外特再登報通告

致各埠通電稿

各埠商會銀行公會鑒：公債失信，流毒社會，人民痛苦，遍及全國。此次政府動議發行新債，各報喧傳後，敝會曾電請京公會迅與政府交涉，並請轉咨安稅總司阻止進行。詎知政府違反民意，各方運動，竟意孤行，京公會無力抵抗，並經敝會邀全體會員集議，僉謂政府既不愛我人民，我人民亦惟急謀自衛，公決此後政府如有新公債發行，凡我銀行界概不收受抵押，並警告各地證券交易所勿再代為賣買，庶幾新無效，民困得蘇，不特金融不至擾亂，商業亦得安寧。務乞各發天良，一致行動，以培民脈而挽危局。除登報通告外，電全國各團體外，特此電達，伏希垂詧。上海銀行公會感

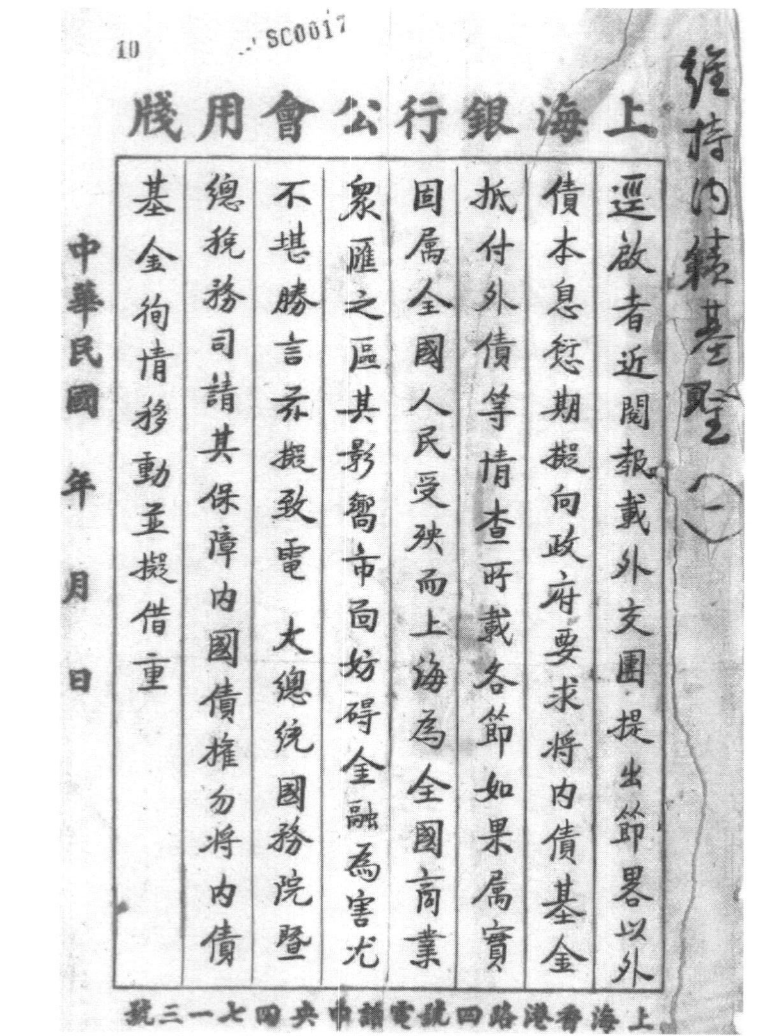

10　SC0017

維持內債基金（一）

上海銀行公會用牋

逕啟者近閱報載外支團提出節略以外
債本息愆期擬向政府要求將內債基金
抵付外債等情查所載各節如果屬實
固屬全國人民受殃而上海為全國商業
聚匯之區其影響市面妨碍金融為害尤
不堪勝言茲擬致電　大總統國務院暨
總稅務司請其保障內國債權勿將內債
基金徇情移動並擬借重

中華民國　年　月　日

上海香港路四號電話中央四七一三號

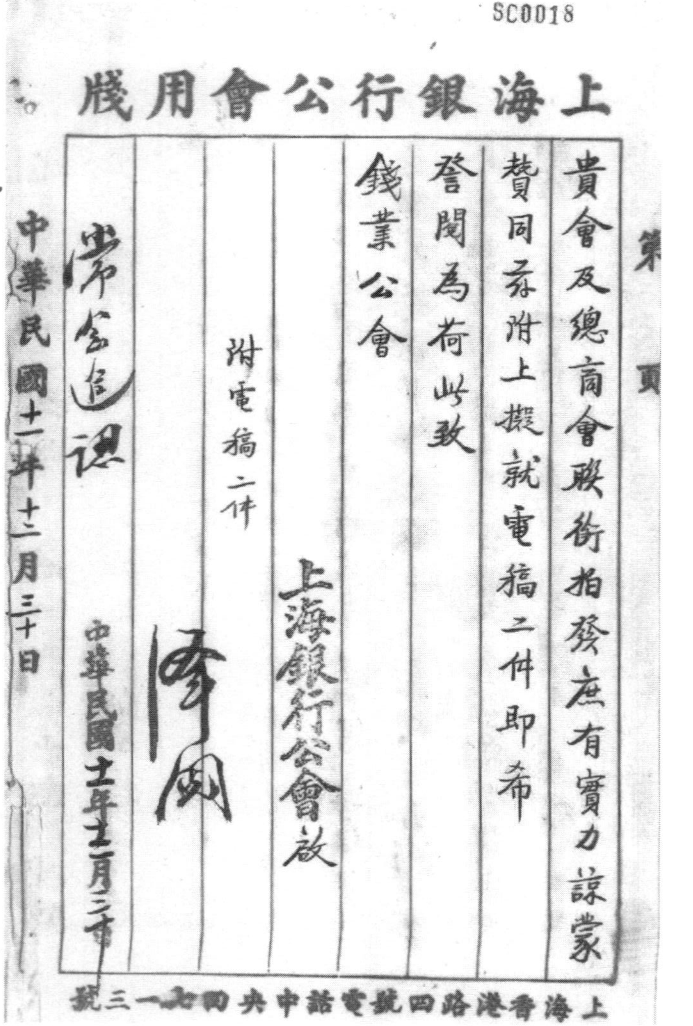

SC0018

上海銀行公會用牋

第　頁

貴會及總商會聯銜拍發庶有實力諒蒙
贊同茲附上擬就電稿二件即希
詧閱為荷此致
錢業公會

附電稿二件

上海銀行公會啟

中華民國十一年十二月三十日

常會通過

中華民國十一年十二月三十日

上海香港路四號電話中央四七一三號

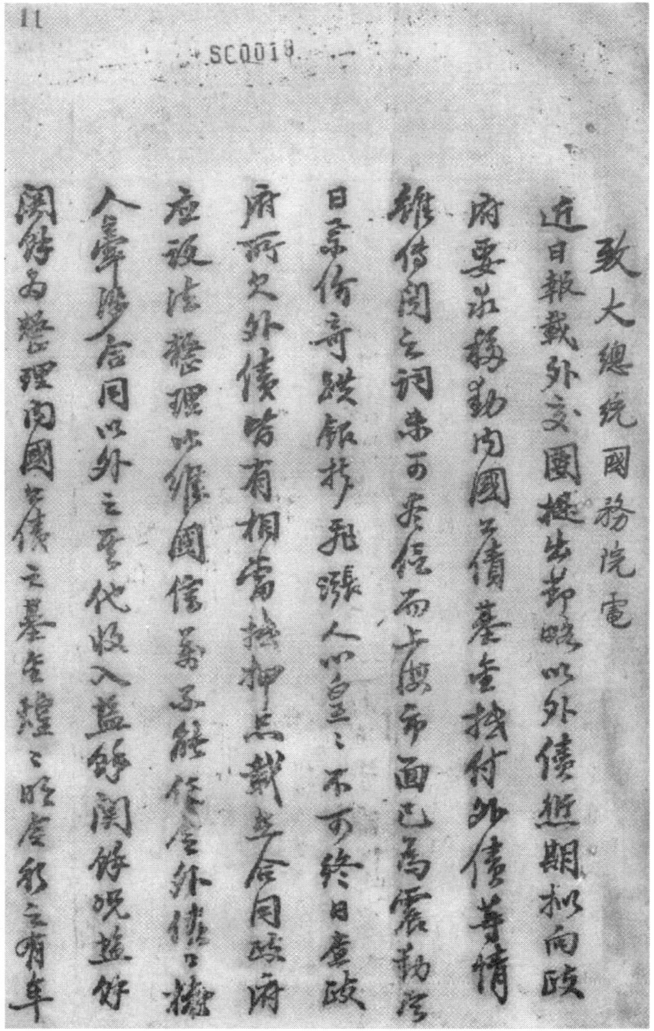

11

SC0019

致大總統國務院電

近日報載外交團擬出節略以外債逾期相向政府要求務勒內國公債基金撥付外債等情雖傳聞之詞未可盡信而上海市面已爲震動容日來傳奇銀行擠兌人心皇皇不可終日查政府所欠外債皆有相當抵押且載在合同政府應設法整理以維國信萬不能任令外債口據人違反合同以外之要代收入鹽餘關餘既盡好關餘爲整理內國公債之基金煌煌明令有年

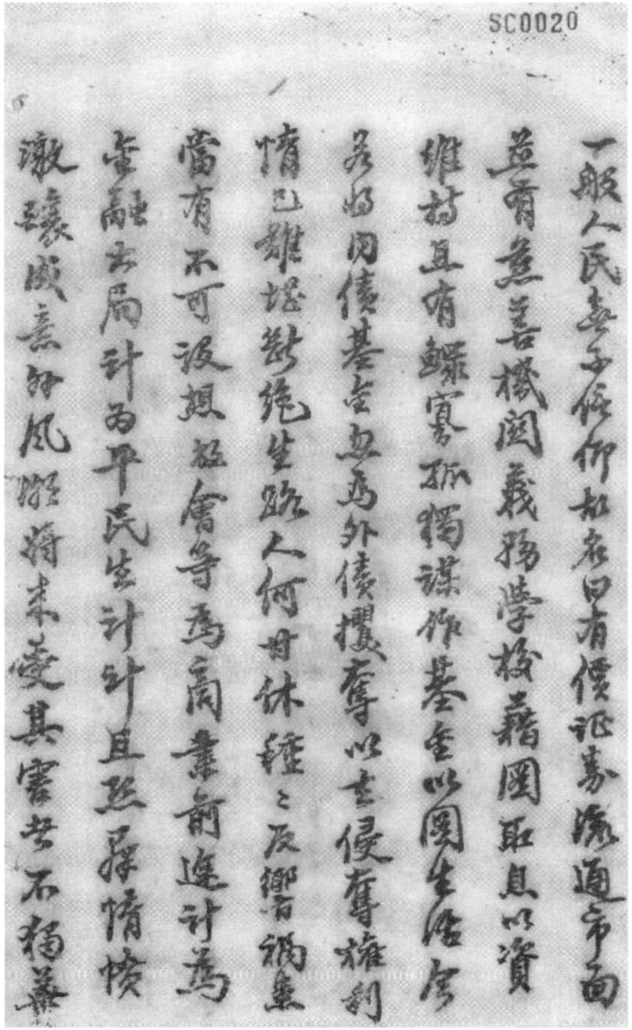

SC0020

一般人民安全所仰如存日有價証券流通市面並有慈善機關義務學校藉圖取息以資維持且有鰥寡孤獨謀作基金以圖生活者若以內債基金與爲外債攫奪以去侵奪權利情已難堪斷絕生路人何以休纏之反響禍患當有不可設想總商會等爲商業前途計爲金融大局計爲平民生計計且恐群情憤激釀成意外風潮將來受其害者不獨華

12

SC0021

商已也仰懇
大總統國務院迅飭外部拒絕外交團之要求
至外債應如何整理政府自當速籌辦法但內
國公債為四萬萬人民生命關係至已經指定之鹽
餘關係作為基金者斷無絲毫不能移動情勢迫急
披瀝上陳伏乞
鈞鑒並求賜復

SC0022

致總稅務司電

近日報載外交團提出節畧以外債愆期擬向政
府要求移動內國公債基金抵付外債等情雖傳
聞之詞未盡可信而上海商市已為震動今日票
價奇跌銀拆飛漲人心皇皇不可終日查政府所欠
外債莫不有相當之抵押品載在合同政府果有失信
情事應由債權人就原抵押品向政府理論不能牽涉
合同外之其他收入之鹽餘關餘況鹽餘關餘為整理
內債之基金煌煌明令行之有年一般人民信仰執

13

事保管有方故能票價日高流通市面若將内債
基金忽爲外債攫奪以去侵奪權利孰有過於此
者潎會等與商業前途金融大有關係至爲密切
若如報載各節必至激起全國金融恐慌商業危險
將來受其害者不獨華商已也總之政府所欠外
債自應設法整理以維國信但不能奪此予彼重外
輕内其已經指定之關盐餘欵爲内國公債基金
者關係四萬萬人民生命絲毫不能移動貴總税務
司保障内債責有攸歸潎會等敢進忠告務請

力踐前言保持信用勿稍偏徇以慰衆望逕爲盼禱
並希惠復

字第不列號第全頁

華商證券交易所經紀人公會

敬啓者近日償還八厘公債每百元驟跌至十餘元之鉅持票人恐慌益甚社會金融咸受重大影響亟盼救濟為此函懇

貴會務請迅賜電懇財政部速予維持籌付延期債息并宣佈還本日期以期平息風潮保持國債信用至為感禱此致

上海銀行公會

華商證券交易所經紀人公會

歸公債案

中華民國十五年十二月十九日

十五年十二月十九日 時 分

閱

抄農商部來電 十六年一月廿四日

上海銀行公會鈞鑒查本部于上年十二月間准財政部函稱九六公債市價漲落無定影響市面實非淺鮮請核辦等因當經飭令北京上海證券交易所將九六公債一部分暫行停止并派關參事文彬前往上海查辦嗣據特派人黃士杰等先後呈請停止交割復經飭令暫行停止十二月分交割并查明核辦各在案茲據關參事查稱上海華商證券交易所於停板後任意抬高價格該所職員兼營證券買賣停止營業後復將九六公債賣出買回并於

公債案

00010

場賬內設法掩飾經紀人各項賬冊抗不繳驗等情該
所通同經紀人操縱市價擾亂公安既經查明違法証據
本應將成交之各買賣作為無效惟因此次九六公債
價格暴跌於市面金融關係甚鉅如果取締過嚴或
恐轉多阻礙所有該所十二月分及一月分九六公債期貨
交割應由該公會等查明雙方買賣額數及奉令停止
營業以前所成交之公定市價會同妥商公平了結辦
法呈候核定務遵照該所違法情事應由本部另案依
法核辦除分電外仰即遵照辦理農商部敬印

上海銀行公會總商會錢業公會諸位執事先生台鑒數月以來各項
公債價格日趨低落而其中尤以九六一債為
最商等暗中虧耗為數非細此關係於國計民
生者至深且鉅當局若不早為設法救濟則商
等持票人破產雖不足惜其如將來牽動金
融醸成絕大恐慌致不堪設想何且關係於
將來發行公債信用影響亦鉅事情重大應
請 政府熟籌審度早謀救濟之策而於

九六延不付息一層擬請在鹽餘內每月撥存二十萬元約全國鹽餘收入十分之一以備發付一俟積有成數即明定付息日期先行宣示人民藉示　新政府維持金融之至意查九六日人部份其還本付息向在鹽稅內按月扣除而吾華人部份則久延不付事之不平莫甚於此或謂九六在日人手中者則事屬外債應作別論然同一公債應一視同仁不應厚彼薄此有中外之別否則於民黨先總理三民主義平等待遇之旨相背且於發展國民經濟之意亦相背商等困手中存票將處於絕地渴望九六付有息辦法　貴會領袖羣商一言九鼎可否懇請將上述苦情轉達　政府請聽想　政府諸公洞達情勢必能

體恤商艱顧全民命為謀萬全之法也愚見如此可否由貴會轉請之處敬祈卓裁為荷無任感禱之至敬頌

公安

商人徐繼起等謹上

七月三日

逕啓者近來公債庫券市價狂跌國民經濟幾有破產之虞銀行基金亦呈動搖之象

貴會領袖上海各行有救濟維持之責不容旁觀坐視任其沉淪茲特提出緊要救濟辦法四條即請赴日開会協商實行是所至盼

一、電請國民政府轉電上海證券交易所凡賣出期貨者均須預繳現貨於交易所作為担保品所有保證金無庸再繳其無力預繳現貨者以投機賣空論拒絕其賣出而現貨預繳與否應由政府派員專駐證券交易所查核以杜弊混

二、電請財政部速飭總稅務司及二五庫券委員會將債券基金按旬宣布廣登各報一面於每月應付本息並飭總稅務司按旬預撥二五庫券委員會分存各銀行保管以息政府提用基金之謠

三、與上海各銀行協商凡政府樓

期償還本息並未愆期之各項
債券不論關稅編遣裁兵庫券
分別折扣承做押款不得藉詞
拒絕致妨國信但如各該行資
本未足不能做押款時應令
登廣告聲明因資本未足任
何押款自某月起至某月止一律
不做方准將債券免予抵押者

00042

做別種押款而獨拒絕債券者
應以破壞債券信用向法院告
訴藉儆效尤
四、債券本息票兌現應由代理
國庫之中央中交三銀行遵照
實行凡持有本息票者准予
以月息四釐貼現三個月後三行
實行兩星期後凡發行鈔票

00043

各銀行均須繼續實行再過兩星期後即未有引動零分銀行亦應一律辦理不准拒絕一面函請財政部商於公債基金酌量分撥存備藉資協助上述四條辦法如果實行則政府提用基金停付本息之謠不攻自破債券利息極為優厚

月息均在一分以上二分左右以現金過剩之上海詎不願爭先認除乘時購進又孰願拋賣出自取損耗預料一個月以內就裁兵編遣均可回漲至七折以上此事關係社會金融銀行本身至重且鉅用特提出辦法迅請實行至紉公誼此致

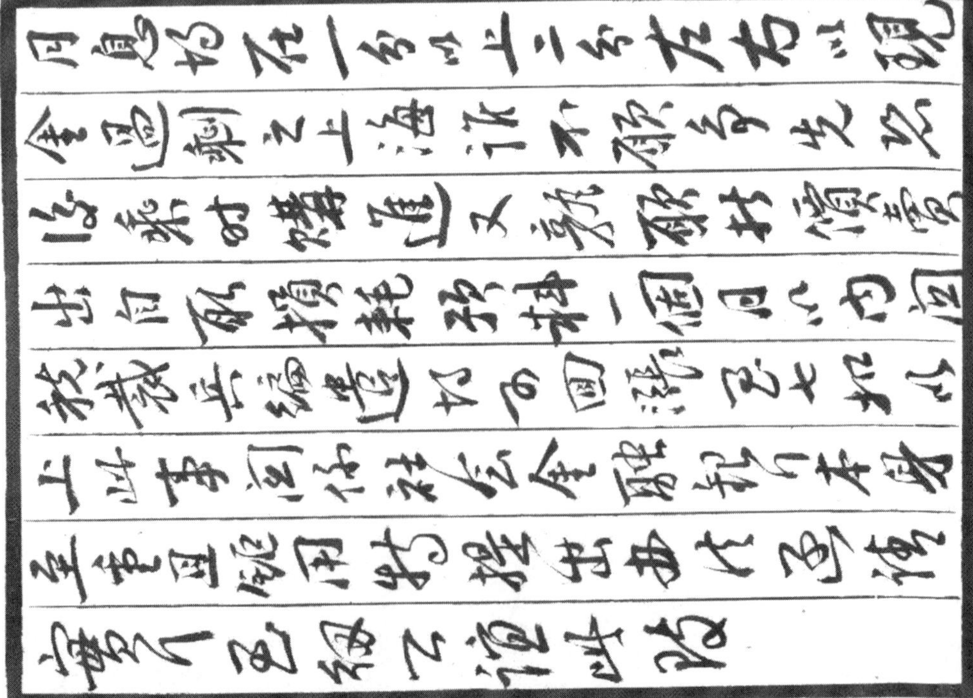

上海銀行公會 啓

提交執委一示

十九年七月廿一日 時 到

00046

財政部公函

部字第33號

逕啟者：查本部前以債市狂跌，鑒於金融前途深堪顧慮，特規定以上月二十四日收盤價格為最低價格，以維債市，當經令飭監理員轉令華商證券交易所及證券物品交易所遵照在案。旋據華商證券交易所迭次呈請前來，以為長此限制，買賣失其平衡，且交割時期恐多糾紛，並歷陳困難情形，請予取消最低價格。查此事關係金融至鉅，擬請

貴會召集各會員銀行會同兩證券交易所妥擬辦法，以期無負本部維護金融之本意。相應函達，即希

查照辦理為荷此致

銀行同業公會

財政部長

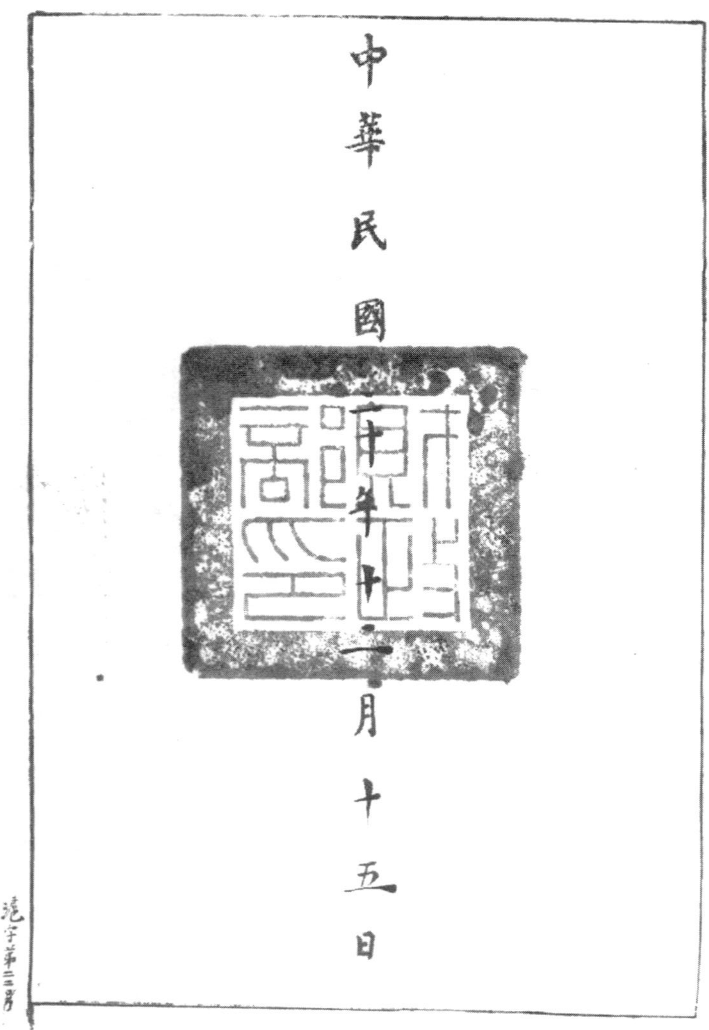

中華民國廿年十一月十五日

中華民國內國公債庫券持票人會公函

逕啓者，敝會由中華民國內國公債庫券持票人所組織，以維持國家債券信用，保護持票人利益爲宗旨，租定上海香港路四號四樓三百零四號房間爲辦公處所，業於本年十二月二十一日開始辦公，並啓用木質鈐記，文曰「中華民國內國公債庫券持票人會」，相應函請

貴會查照，轉知有關係者，一律參加，共策進行，以維國信而保法益，爲荷。此致

上海市銀行業同業公會

中華民國內國公債庫券持票人會

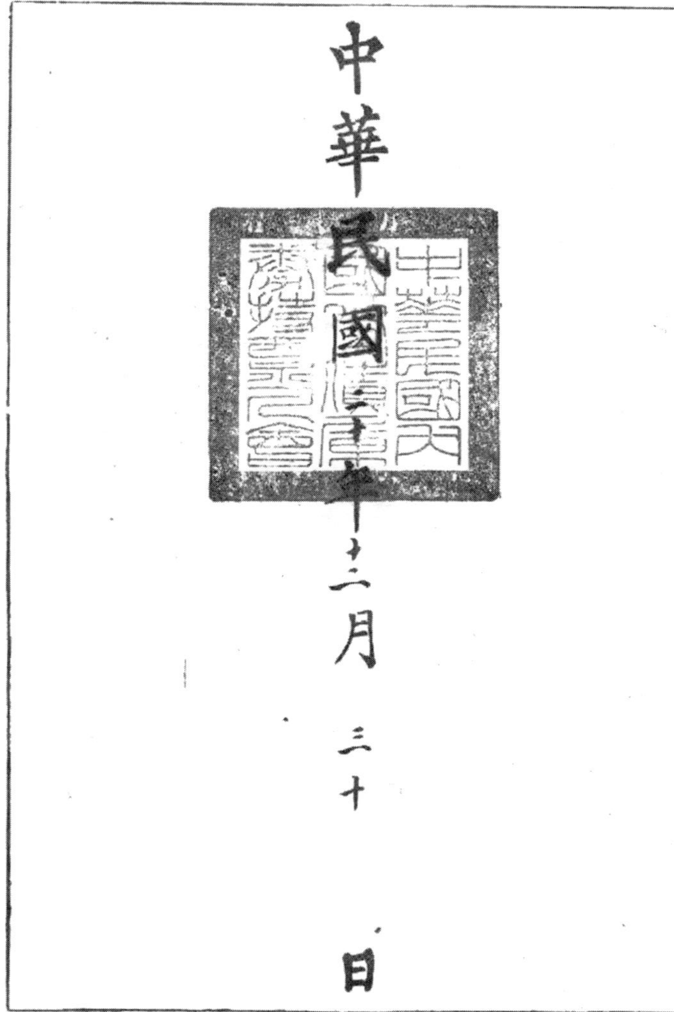

中華民國　年十二月三十日

一件　為催促參加內國債券持票人會由　　第　　號

致/復　各會員銀行（除新華、中實）

逕啟者，查本會前接中華民國內國公債庫券持票人會來函，略稱：該會由內國債券持票人所組織，以維持國家債券信用，保護持票人利益為宗旨，已租定房屋，開始辦公，並希轉知有關係者一律參加，共策進行，以維國信而保權益等語。當經本會於去年十二月底轉知全體會員銀行一律參加在案，諒均邀　詧及。查各銀行大都執有內國債券，自必樂予參加，以利進行。惟閱時旬餘，未見　示復。為特再行函達，務希　於本月三十日內見復過會，以憑彙覆，轉知該會為荷。此致

上海市銀行業同業公會稿

中華民國廿一年一月十一日

主席　　常務委員

書記　　會計

秘書長

上海市銀行業同業公會稿紙

SC0160

中華民國內國公債庫券持票人會

逕啓者頃讀一月十四日
貴會與銀行業同業公會會銜致政府當局元電對於政府停付債券本息之擬
議予以明白反對痛陳利害畢盡纖遺態度堅決足醒庸懦而電末之「否則敝
會等爲維持國家信用計爲維持社會安寧計爲維持平民生活計爲維持教育
機關計惟有盡其力之所及集合全國各公團不惜犧牲一切採取種種方法以
爲保管基金委員會之後盾以圖自衛而保命脈」一尤見宗旨鮮明關懷全局此
後一切政治財政得
貴會之堅決主張各公團一致風從定能措國家於磐石出人民於水火敝會對

SC0161

中華民國內國公債庫券持票人會

於保全國家債信人民生計贊與
貴會取一致態度爲保管債券基金委員會之後盾相應函達希煩
查照爲荷此致
上海市錢業同業公會

中華民國內國公債庫券持票人會謹啓

中華民國二十一年一月十四日到

SC0167

第　頁

逕啟者頃讀
貴會與銀行業同業公會會銜致國民政府元電為反
對債券本息停付之議其堅決勇往精神殊堪欽仰敝
會忝為商人集團之一有會員四十萬絕對追隨
貴會之後採取一致態度為債券基金保管委員會
之後盾惟觀政府當局負責者逍遙四方置國難於
不問
貴會雖大聲疾呼恐未能發其仁念然固馨香禱

上海各路商界總聯合會啓事牋

會址新閘路鴻祥里電話九四六一五

SC0168

第　頁

求敝會言係過分而不中也萬一竟成
貴會元電否則之意應請
貴會深知財政與政治絕對相連則種種辦法之中請
當道返政於民俾自解救國難亦其一法戇憨直之見敬
希
採納相應函達希請
查照為荷此致
上海錢業同業公會

中華民國二十一年一月十六日

上海各路商界總聯合會 一十六

上海各路商界總聯合會啓事牋

會址新閘路鴻祥里電話九四六一五

逕啟者一月十三日各報載中國銀行充實鈔票發行整備特標按語一則曰時價跌落之內債券概行剔除再則曰鈔票持票人可以高枕無憂並表列準備物品縷舉折價仰見該行長袖善舞手腕靈妙當此國難緊張中樞空虛財政無辦法金融杌棿之交該行獨能迎合人心表示充實歆佩無量惟發行為該行業務之一部內國債券尤該行資產之大宗充實於此必空虛

第二頁

於彼未知其何術而能兼顧也況該行為代理國庫經手還本付息之一值此時局搖動內債跌落之際應如何連絡各界調劑金融穩定基金乃不此之圖而反屏棄內債於發行準備之外其自為計則得矣亦嘗為國家社會民生着想耶執券人硜硜之愚竊有質疑者四點

貴會領袖群倫有指導糾正之責應請將下列各點通知該行逐款答復宣布報端以釋群疑

第三頁

(一)內國債券條例均有得充保證金之規定毀損債券信用並有依法懲治之明文該行於謠言正盛價格低降之秋居代理國庫地位而首以剔除內債為充實準備之號召一若內國債券已失之供保證之效力則夫其他發行鈔票銀行仍以債券供準備者明係相形見絀是不特有毀損債券信用之嫌疑且有累及他行發行信用之傾向此應質疑者一也

(二)該行認內國債券不堪保證則此剔除下之債券

第四頁

不知如何處置將視同廢紙一律燒燬耶抑賤價出售吸收現金耶否則概行封存姑作懸賬耶抑概歸營業部份應償以待耶由前之說則血本攸關由後之說則厚於發行準備而薄於營業資金竊恐持票人高枕無憂之日正存款人寢食難安之日此應質疑者二也

(三)準備物品本應隨市作價價高則減少物品之數量價落則增加之以適合準備金額為止內國債券為法定保證品價跌亦可增加其數量發行準備之充實

第五頁

與否當視其準備品作價高下以為斷初無內債外債價漲價落之別以同一本國發行之債券內債有時而跌外債亦難保其不跌況外債因國別而異其價幣本位更有金銀滙兌漲落之危險內債祇單純漲跌外債將有兩重變動查該行表列各金債之折價與近日市價相若本無充實不充實之可言至美國股票年來跌落甚鉅有達百分之二百以上者尚可充作準備品何獨跌落百分之五十左右之法定準備品必須剔除意者外債

第六頁

外股之市價熟習者少乘入金銀滙兌計算不易耶抑揣摩商家心理以外債外股為較有信用也此應質疑者三也

（四）準備物品國家本無特別指定法令隨時調換該行亦自有權衡惟今偏於債市不定人心惶惑之時特加按語公然揭櫫於報端意或別有作用耶以剔除內債為充實則未剔除者將如何設影響所及發生意外風潮將誰任其責乎抑猶有進者內國債券消納於各

第七頁

銀行準備項下者為數頗巨萬一各行同一趨向群
舉所有債券傾銷於市場市面上驟添可驚之額數
恐債市前途不知何底必演成金融恐慌之局覆巢
之下寧有完卵該行縱不為全國上下計獨不為自
身計乎此應質疑者四也
綜上四端祇就犖犖大者社會上議論紛紜執券
人利害切身尤難緘默不言
貴會為各行總樞倘認剔除內債為正當應請

第八頁

召集會員一律仿辦否則亟應明白糾正以免
淆惑人心而維債券信用高希
詧核辦理毋任公感此致
上海銀行公會

內債執券人會 張木公一千
李景山
王勵
趙伯匡

廿二年一月廿三日

中華民國內國公債庫券持票人會對於內債之宣言

國民政府歷年發行公債人民信仰政府踴躍購買還本付息從未愆期自上年九月間奉日佔據遼瀋債券市價驟跌幾至...還本付息亦如故至本年一月二十八日日軍在上海開釁滬會戰後市面停頓...人心恐慌...未幾...不得...以前...之公債基金...由...法...人...有...政府...各...在平日...國家...國...不...百業停頓...大...之...政府...不...今之計...由持票人與政府共同...各種公債基金...持...政府...力...維持...一方...件...此...一步之...持票人...之一...國家之...人民之...國家之持票人...以...之目的...政府...不可不...持...國家之決心...人...持...列於左

（一）每月所需基金不得少於還本付息之半數（即每月八百六十萬元）

（二）各種債券照原定每月應撥之數目以折半撥付其各項債券以每月五厘計算（例如二月份應撥...九十四元本息...一元七角五分今照本折半...五角...月照五厘計算四角七分共...九角七分約五六折...）...之...四二十...月...二十元者今...四十...月...二十元...四年以內...每月基金...八百六十萬元...分配...本金...五...月...五厘之...本金...四年以後...每月基金八百六十萬元分配...年...不...五...

（三）各項公債除整六整七裁兵治安另案規定外其餘均按照原條例辦法改為年息六厘...年數並改為三個月抽籤一次四年之後將每月基金八百六十萬元與各債券一律分配...

（四）整六整七治安裁兵十七年金融短期金融長期六種公債除整六原定年息六厘金融長期年息二厘外...均改為年息六厘金融短期金融長期...四年內僅付利息自第五年起...治安分三年...外...分十二年...

（五）照此次更變辦法之計算標準應將所有債券...撥出之基金...應付未...之債券本息其還本付息辦法另定公佈之

（六）在未換新票以前舊票一律有效但按照新定辦法支取本息將來換給新票即本上述辦法及另案規定之標準按照數計算換給之

（七）基金保管委員會改組為國債基金管理委員會以...委員其委員會條例由國民政府頒佈之

（八）前項辦法既定所有應付基金應...有之...及...關稅項下由總稅務司...撥付基金管理委員會由該會全權管理如有不足由政府於各項中央稅收中指定一種稅款撥足之基金管理辦法由基金管理委員會另行詳細規定

（九）持票人既因國難犧牲個人利益竭誠擁護國家自此次減息展本之後無論政府財政如何困難不再牽動基金及變更所定此次辦法...由國民政府

命令公佈並分飭行政院永遠遵守並交立法院立案暨命令撥發基金之徵收官吏及總稅務司將每年應還債券本息總數每月分二次於十五日及二十五日將各項如數撥付至還本付息償清之日爲止不得挪移別用及稍有延誤並由總稅務司切實宣言負撥付基金之責任至各項公債庫券還清爲止以昭大信

（十）政府與人民休戚相關應將財政徹底整理完全公開財政委員會由各團體參加力求節縮主義現在收入範圍內確定概算不得稍有逾越

（十一）政府不再向各商業團體舉債爲內戰及政費之用

（十二）舊債券調換新債券應另設機關由基金管理委員會管理之新債券條例應載上列各條範圍並定由政府早日公佈施行

（十三）前政府按月撥付上海兵災善後基金五十萬元以十年爲度將來即以此項基金發行長期善後公債以復興被災區域之各項事業

（十四）財政部於三年之內應另撥基金償還九六及二次整理兩債票本息其辦法由財政部定之

中華民國二十一年二月二十六日

上海國民內債債權團

反對發行長期公債宣言

近日政府以財政困竭擬將從前所發短期公債改爲長期公債並減少利息以便騰出基金應付現在之軍政費聞此種辦法已有具體決定云云此事如果屬實本團當竭力反對舉其理由如次

(一) 吾人目前所要求的政府爲信用政府而非欺騙政府國民政府前所發行之債券共有十萬萬以上除金融長期公債外其期限最多者不過六七年其月息年息大都爲七釐八釐一切條例早經公布所有基金早經指定政府所公布之條例卽對於國民所訂之債務契約也政府所指定之基金卽對於國民所給之債務抵押品也在此條件之下人民始合意而認購國民政府在今日只有遵守條例保障基金到期償還本息的義務絕無自行取消債務契約自行動用基金的權利政府既以國家堂堂的法令訂條例擔基金發行鉅額之公債吸收人民血汗之金錢迨售出公債後政府忽欲自行撤銷其信用改短期爲長期改利息爲低利不得債權者之同意而强制執行此種辦法完全以欺騙手段詐取人民之財產人民對於人民如遇有詐欺取財行爲有控訴於法庭之權利人民對於政府如遇有詐欺取財行爲只有出之以忠告忠告不聽則人民爲保護債權計不得不採非常之手段矣此應請政府注意者一也

(二) 吾人目前所要求的政府爲愛民政府而非害民政府本年自粵變以來公債逐月步跌裁兵竟由八十元而跌至四十元以下其餘各債已均至三折左右人民損失已達五萬萬元以上其所受公債之慘害不下於瀋陽之兵災武漢之水災人民之傾家蕩產流離失業以及憤而自殺者何止千百計及今設法鞏固債信拾高債價已覺其晚若再下井投石違反自頒之法令改期減息實行移用基金的手段我恐此法實行國信淪亡公債益將暴跌人民受害更加慘酷怨憤所結必有起而食政府諸公之肉者此應請政府注意者二也

(三) 現在吾人民之積極要求 (一)爲取消發行長期公債之提議 (二)爲用明令保證過去之公債期限與利息絕對不變更 (三)爲以法律規定基金絕對不准財政部提用 (四)爲有以延期還本付息之提案貢獻於政府者以破壞公債信用論交法院按刑事起訴 (五)部院長官再有提議延期還本付息破壞國信者卽向監察院提出彈劾並實行罷免

(四) 望人民速起爲債權之自衛運動因爲政府背國信拆爛污到了這緊急關頭還要希望其自己覺悟恐無效力也亟應由銀行界錢業界經紀人商會以及各內國債權團趕速組織强有力之國民內債債權團協會對政府提出强項之抗議不達上項五條目的決不休止以誓死一致之精神擁護信用政府打倒欺騙政府擁護救國政府打倒害民政府

原件多页破损

SC0137

第一頁

逕啓者近閱政府因暴日侵掠金融停滯各項税收大爲短絀而抗日軍費急於星火不能不設法支應於是提出減付公債本息之議以便挹彼注此應付國難并聞本埠金融同業對于此業已爲相當的贊成本會自維爲上海八十餘正式團体組織而成對於救國重任責無旁貸爰確認減付公債本息一事其影響于軍事民生至爲重大于此危急存亡之秋自應力持正當之主張以爲全國之倡導查國民政府成立五年先後發行公債已達十萬萬元凡此收入胥爲我四萬

SC0138

萬人民之血汗乃政府將此十萬萬金錢非用于爭權奪利之國内戰爭即耗于毫無勤用之黨政機關我全國人民本已痛心疾首今乃欲將全國人民所賴以維持生活之債券減削其支付凡我國民本應表示極端反對惟念國難當前軍需孔急既寄紓難義不容辭故仍使所減公債之本息確係移充抗日軍費凡我國民自應一致贊同不過照以前政府浪費情形實不能使我今日之民衆加以澈底的信任兹有中華民國國難救濟會維持公債宣言對于此事主張下列四項辦法

(一)政府應將現在財政收支实况公告國人由各公團推舉财政專家詳细審查通盤籌劃实行監督財政

(二)公債本息祇能展期緩付一部份應付國難事后補償不能由政府任意变更原案等于賴欠

(三)緩付之本息一部份應專款另儲設特别會計(由各公團組織)管理之专供抵抗外侮之用不能由政府將其靡费于非抵抗之軍隊及無效用之機關(如党部经费等)

(四)政府此后如未得正式民意機關之同意不得再發一纸公

債加重國民負担金融界更有為政府濫發債券者尤棄之

本會業经叠次開會討論承認上提四項辦法對于國難民生確係兼籌并顧且為切实可行深望　貴會一致主張促其实現俾我國民無痛思死所節餘之血汗金錢不致再被政府浪擲于毫無效用之機関及專事私鬪之軍隊倘使政府不照上述四項辦法擅將公債本息款項移用凡我國民均應誓死反抗除電陳國府當局切实履行外特再專函奉

SC0141

上海各團體救國聯合會用箋

逕即祈 查照辦理爲荷此致

上海市錢業同業公會

上海各團體救國聯合會啓

常務理事褚輔成

中華民國廿一年二月廿日

存查不覆 [illegible]

地址靜安寺路靜安別墅九十一號

SC0142

上國民政府電

南京國民政府林主席行政院孫院長陳副院長財政部黃部長鈞鑒竊維内國公債庫券乃國信民脉攸關故二十年來每發公債庫券商民無不竭力擔負非惟維持政府亦以維持社會乃聞政府忽有停付債券本息之擬議市面震驚社會動搖幾於不可揞拄查今歲水災迭見外患暴侵商場凋敝情形已屬十分危急若債券本息不能照舊履行財全國財政將淪于萬刧不復之地步爲此迫切電陳務乞打消提用公債基金之自殺政策並即堅決表示以全國信而顧民脉不勝傍徨待命之至鎮江錢業同業公會叩篠

上國民政府電

南京國民政府林主席行政院孫院長陳副院長財政部黃部長公鑒頃聞政府有停付内國公債庫券本息之擬議為特請補國市震動查國民政府歷年所發各項公債庫券為數至鉅其昭示於人民者無非基金確實信用鞏固還本付息悉照條例履行向無愆誤凡我國民愛護國家不惜以汗血之資購買或以之為教育基金或以之為慈善基金或以之為日常生活之資或以之為營業運用之資其他積於上項債券本息者幾遍全民一旦基金動搖恐慌頻起影響所至全國騷擾請公皆黨國柱石關懷民瘼當不忍出此自殺政策致陷全民於破產況孫院長黃部長就職之始一再宣言對於公債基金國信誓必竭力維持口血未乾夫豈或忘務請明白表示以釋羣疑否則敝會等為維持國家信用計為維持社會安寧計為維持平民生活計為維持教育機關計惟有盡其力之所及集合全國各公團不惜犧牲一切採取種種方法以為保管基金委員會之後盾以圖自衛而保民命脈掬誠上達務祈鑒督上海市銀行業同業公會錢業同業公會全叩元

留底 存案

截留稅款之反響

銀錢業公會分電各方當局

今日本市銀錢業公會為各方截留關稅鹽稅特分電中央暨各方當局呼籲茲探得原電如次

致國民政府行政院電　南京國民政府行政院鈞鑒近聞各省截留關稅之事報章騰載道路喧傳事果屬實殊堪駭異鹽關兩稅本以擔保外債果有違約之舉動必召外人之責言際此國事阽危外交緊迫實急務應敵國以口實失友邦之同情關係時局甚為重大此就外交現狀言之不可有一也國之道首重信義現行之烟酒印花統稅暨關鹽兩稅均為公債庫券之基金設會保管載在條例基金苟有動搖債券即成廢紙一切作俑各省效尤國信掃地此後中央地方緩急不時之需凡百建設之資絲毫無從措注此就財政前途言之不可有二也政府頻年舉債人民信任

政府一般遊資咸集於是持券之人幾徧全國苟債券一朝失信則國內金融不免紊亂小民生計咸告破產斯其危害有不堪設想者此就國民經濟言之不可者三茲事重大屬會等既有所聞難安緘默除分電北平山東湖北廣東各當道外伏乞鈞鑒嚴令制止以昭統一而恤民生不勝惶悚待命之至上海市銀行業錢業同業公會同叩文

SC0145

國債基金管理委員會公函

字第　　號

逕啟者案查江海關二五附稅國庫券基金保管委員會移交卷內准貴會函開頃准內國公債庫券持票人會函稱查貼現為銀行重要業務之一而貼現公債庫券本息又為最可靠之放款乃自九一八一二九以來各銀行對於持票人將該項本息票向銀行貼現每感困難是亦環境使然現聞貴會為鞏固金融起見特組聯合準備專營拆放事宜凡屬持票人對於貼現前途莫不欣然有復活之望為特函請貴會向各銀行商准對於持票人將到期前九十天之公債庫券本息票向之貼現者一律承受其要求不特持票人

金融得以週轉社會經濟深資利賴而銀行本身亦有所獲正所為一舉而數善備焉除函江海關二五附稅國庫券基金保管委員會外相應函達希煩查照見復等情准此查[illegible]國債券貼現相應轉函奉達至希查照見復為荷等因當經轉函中央中國交通三銀行兹准三銀行復函均允照辦相應函達即希查照為荷此致

上海銀行業同業公會

主席

廿一年五月十三日

上海華商證券交易所

上海漢口路

敬啓者自財部提議徵收交易稅以來上海各交易所經紀人紛紛請求政府體恤商隱分別緩免旋由立法院審核修改惟於國債一項並未特別提出蠲免敝所經紀人等迭次開會討論以公債交易政府若與普通公司股票同一征稅非特涉及苛細開東西各國未有之創例而於今日經濟奇絀之際復於國債推行之途加之束縛聰念國計其危害實有不忍言者為此不揣檮昧瀝陳種種謹乞

貴會據情呼籲另附詳稿尚希

中華民國廿四年二月　日　第一頁

上海市商會用牋

逕啟者本月八日奉
財政部錢字第四五六四號批開據轉呈上海華商證券交易
所暨該所經紀人公會函請將交易稅法中之國債證券一項無論
現貨期貨概予免稅按照立法修正手續迅賜辦理由據轉呈
上海華商證券交易所暨該所經紀人公會函請將交易稅法
中之國債證券一項免予徵稅等情并據該商會與上海銀
行業同業公會電同前情查核所陳各節不無理由除由本部
提請

中華民國　年　月　日　字第　號第一頁

上海華商證券交易所

上海漢口路

卓裁并望即日
賜予代遞實爲
公便敬致
上海市銀行業同業公會
上海華商證券交易所啓
上海華商証券交易所經紀人公會啓

中華民國廿四年二月廿三日第二頁

廿四年二月廿三日 時到

上海華商證券交易所

上海漢口路

逕復者：接准

貴會九月十一日函開：疊據各會員銀行函稱：

會員等向上海華商證券交易所所做八月份

公債交易，照該所定章，應於八月三十日交割，乃

屆時該所並不實行交割，至今時閱兩星期，於

八月份交易如何辦法，亦無隻字通知。查會員

等此項交易，多係買進七月份，賣出八月份，原

為套利營業，並非投機買空賣空，當七月份

中華民國　年　月　日　第一頁

上海華商證券交易所

上海漢口路

交割時，時局業已緊張，以素信交易所對於

交易有確實保障，均如期備現收貨。今該所

於八月份交易，既未責令買方收貨，又未別籌办

法，坐令失契約之時效，喪商場之信用，該所似

不能不負其責，應請公會函催該所即日實行

交割等語。查核所稱，係屬實情，相應函請貴

所迅予查明辦理，並盼見復等情。查敝所八月

份公債交易掉期至九月份，係奉　財政部令

中華民國　年　月　日　第二頁

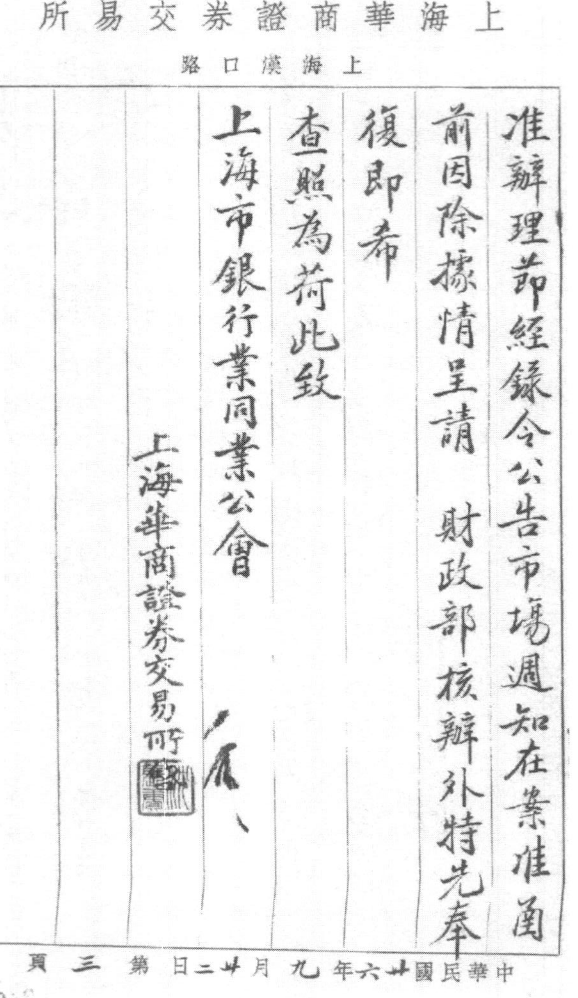

上海華商證券交易所

上海漢口路

准辦理節經錄令公告市場週知在案准函
前因除據情呈請 財政部核辦外特先奉
復即希
查照為荷此致
上海市銀行業同業公會

上海華商證券交易所

中華民國廿六年九月廿二日 第三頁

呈財政部文 廿六年九月二十五日發

呈為呈請事竊查上海華商證券交易所對於八月份公債買賣交
易未能依照契約履行交割前經該所呈准
鈞部援照一二八滬戰事變辦法延期交割原屬事非得已但一二
八滬戰事變爲時甚暫今則我政府決定長期抗戰爲時未可預期
當此國難金融極度嚴重之時該所倘能按照成例將買賣交易一
律結價了結俾各方直接可弗因長期抗戰而使此項交易無期遲
延間接使各方資金長久呆擱不能活動轉於市面金融多所影響
本埠其他各交易所處理期貨買賣交易不乏先例乃閱九月十七
日各報載有該所經紀人公會啓事略稱八月期交易經本所公告
奉 財政部令准照八月十三日記帳價格掉至九月期並由該會
擬定辦法一、按月息一分掉期一個月照收佣金更換成單二、自願
了結得向所軋帳三、一律照收本特證據金等語依其所定辦法祇
圖片面利益絕未顧及事實法理試舉其理由一、際此長期抗戰不
能預期何日終了轉瞬九月將終自必再請變更該所買賣交易既
未能顧全契約信用每月反須辦此繁重之手續似屬無謂二、交易
所收取佣金原爲業務應得今僅恃此一筆交易而收取買賣雙方
無數次之佣金該所只須每月掉換成單計算利息不負其他一切

022

實任每月即有優厚之佣金收入實爲不當利得三、八月期交易數
額甚鉅該所平時所收本特證據金未知如何處理今向買賣雙方
收取巨數本特證據金在此悠久之長期中有何保障[illegible]管理之辦
法基於上述各節該所雖有公告聞買賣雙方仍多未照實行屬會
會員亦深以此事與同業關係甚多且爲交易所買賣雙方多數人
之重要問題關涉金融更鉅紛請召集會議當經屬會於本月廿一
日召開全體銀行業會議詳爲討論僉以該所公告辦法顯有因緣
爲利之嫌似非有以糾正不足以昭公允同時並認此事解決之方
不外結價了結與延期交割兩途如結價了結則一切即不成問題
否則八月期交易即應遵照當初
鈞部召集各關係方面討論時原議一律延期至認爲可以交割時
再行交割所有買方應貼於賣方按月一分之利息自八月份交割
日起至實行交割前一日止在交割日一併算給原成單繼續有效
不必另辦手續如買賣雙方有自願軋帳了結者即照報載該所經
紀人公會所定第二條辦法辦理總之延期交割辦法仍係暫時性
質究應如何統籌解決之方以免長此拖延素仰
鈞部高瞻遠矚定必早籌及此區區一得之愚無非聊供
採擇是否有當理合呈請
督飭施行謹呈
財政部 具呈人上海銀行業公會主席委員

財政部批

滬錢字第34號

批上海市銀行業同業公會

呈一件為上海華商證券交易所對於八月份公債買賣交易未能依照契約履行交割究竟應如何統籌解決之方呈請察核施行由

呈悉查此案業據華商證券交易所呈請核示到部經部查核為履行契約免除糾紛批令該所將掉期至九月份全部交易如期辦理交割在案仰即知照

此批

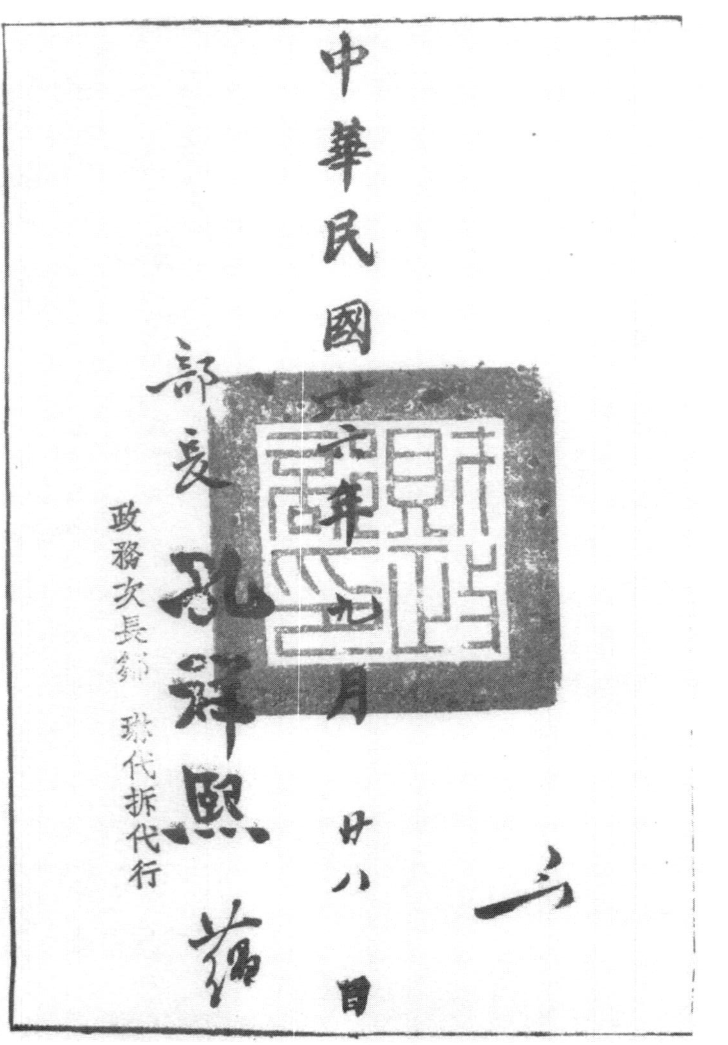
中華民國廿六年九月廿八日

部長孔祥熙

政務次長鄒琳代拆代行

逕啟者：前因八月分公債交易華商証券交易所延不交割，業由公會函催該所迅予交割。據聞該所尚未答復，日来突見报載上海華商証券交易所經紀人公會呈奉署稱：八月期交易經本所公告，奉財部令准照八月十三日記帳價格掉至九月期，並由該會擬定办法：(一)按月息一分掉期一個月，照收佣金，吏換成單；(二)自願了結得向所劃帳；(三)一律照收本特証據金等語。殊深詫異。查此次滬戰發生，八月份公債交易交割困難，日前由財政

019

部召集開係方面討論辦法經決定由交易所具
文呈部請求延期交割俟時局稍定再行辦理收
交事語當討論時會員等亦有在座以該所不能
履行契約情有可原延期交割亦屬無可如何詎
料報載該所公告延期交割已一變而為掉期況大
背討論時原議且查所定辦法尤屬祇顧片面利
益不符事實法理茲列舉如下
一際此長期抗戰不能預期何日終了每月須辦此無
謂而且繁重之手續有何必要

二交易所收取佣金原為業務應得今僅此一筆
交易而收取買賣雙方無數次之佣金該所僅須
每月掉換成單計算利息不負其他一切責任每
月即有優厚佣金收入實為不當利得在該所自
計誠為得矣其如無此情理何
（三八月交易數額甚鉅該所平時所收本特証未知
如何處理今在此國難金融極嚴重時期再向買
賣雙方收取巨數本特証在未能顧全契約信用
之該所在此悠久之長時期中有何保障管理之

·020

辦法

試閱畢舉上述三點，掉期辦法已屬絕對不能照辦，會員等爲犧牲

財政部當時討論原議意旨及昭示公允起見，應由

公會函請

財政部迅賜將該所原定處理買期交易辦法予以糾正，一面另籌妥允辦法，令該所遵辦，至會員等之意，一併畧陳於下，藉供採擇。

一、所有買期公債交易照財政部討論時原議一律延期至認爲可以交割時再行交割，賣方應得價款自八月份交割日起至實行交割前一日止按月息一分計算，在交割時一併算給，原成單繼續有效，不必另辦手續。

二、照第一條辦理後，有買賣雙方自願軋帳了結者，即照根據經紀人公會所定第二條辦法辦理。

以上不過爲補偏救弊起見，雖屬公允，而一時不獲解決，倘爲免於拖延，必須求一公允解決起見，應請

大會另行議定。

021

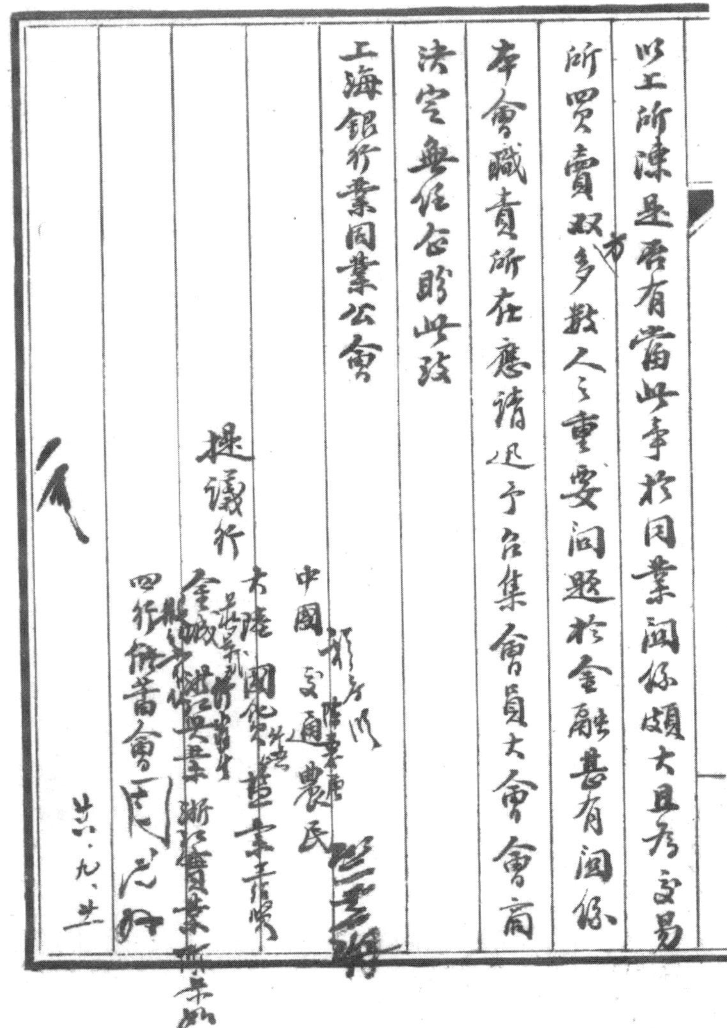

以上所陳是否有當此事於同業關係頗大且為交易
所買賣雙方多數人之重要問題於金融甚有關係
本會職責所在應請迅予召集會員大會會商
決定無任企盼此致
上海銀行業同業公會

提議行
中國 交通 農民
大陸 國貨 中國實業
金城 鹽業 浙江興業 浙江實業
四行儲蓄會

卅六、九、廿

上海華商証券交易所

呈為懇依經紀人交割困難情形懇從延期仰祈
鑒核示遵事竊奉
鈞部滬錢字第卅二號批令開呈悉並據上海市銀行業
同業公會及該所經紀人公會請示到部查所請各節尚屬實情
茲除分別批示外仰即遵照辦理具報此批等因奉此遵
即函知經紀人公會並公告市場定九月廿九日辦理交割去後
各經紀人以抗戰時期金融停滯戰區及外埠委託人或因
離去所或道阻而錢款經會商困難實多無法遵期遵此停
頓旋經銀行公會提議由該商銀行各推代表五人與本所及
經紀人代表各五人會商處理本所派理事尹韻笙沈長賡
鄒篤向經紀人推朱達君吳禮門楊叔獻為代表出席報告
幷於本月十三日十五日由銀行公會秘書長林康侯先生函送

第　頁

在銀行公會業經就金業等代表本所及經紀人參加會議先由
經紀人代表就交割困難之點詳細陳述銀行代表深為諒解
允將各銀行應交之款約九千萬元左右照部定限價收回
而其餘約五千萬元尚無着落乃就其他適當辦法係量交
換意見僉認一部交割既屬不宜全部交割實無辦法惟有全
部償價可以解除各方責任不過交易所法無此規定本所亦無
先例可援因係金融機構之前途信用尚有待於交通二部之諒
諭其次為延期交割將現存交易延期至卅七年二月一日交割一
月卅一日應收之息票歸賣方收取找足五千月之延期利息（八月
底至一月底約合月息八厘）至二月一日以前為場外轉手隨時提前
辦理其利息照月息一分計算即以此兩項辦法留待經紀人全
與本所商決後於十月十七日召集經紀人全體會議將兩次會商

經過情形向眾報告並以交割問題經紀人首當其衝無論如何困
難總宜商決辦法不應議論紛紜再事延宕嗣經多經紀人發表
意見一致表決延期至二月一日交割會后報告林康侯先生請其
轉商各銀行代表之諒解並約期會議具體辦法昨蒙商處已經
分別轉達不日再行會商務轉告本所根據經過情形呈請
財政部核奪此款並等代表本所出席會議及商決延期交
割之經過情形也惟本所對於經紀人之八月份交易已經照八月
十三日之記帳價格以月息一分掉期至九月份而經紀人對於委託人
之掉期手續尚未完全照辦債權者是月期不一如果統籌以本月
期之債息要求延期利息不但計算不便後患無窮糾紛似應
規定適當利息以後其同道等情據此查九月份現存交
易自應遵令辦理交割為所多方設法努力進行困難無端造

未就備而經紀人所指環境困難亦係實情勉強辦理轉多糾紛
既經銀行界及各方之詳細酌量展延似尚合理並與
鈞部体恤商艱免除糾紛之旨意亦適符合將交割困難
及商決延期經過情形備文轉呈
鑒核所有延期利息計算方法另单附陳伏祈
批示祗遵 謹呈
財政部
上海華商證券交易所理事長張〇〇
中華民國廿六年十月廿九日

上海華商証券交易所

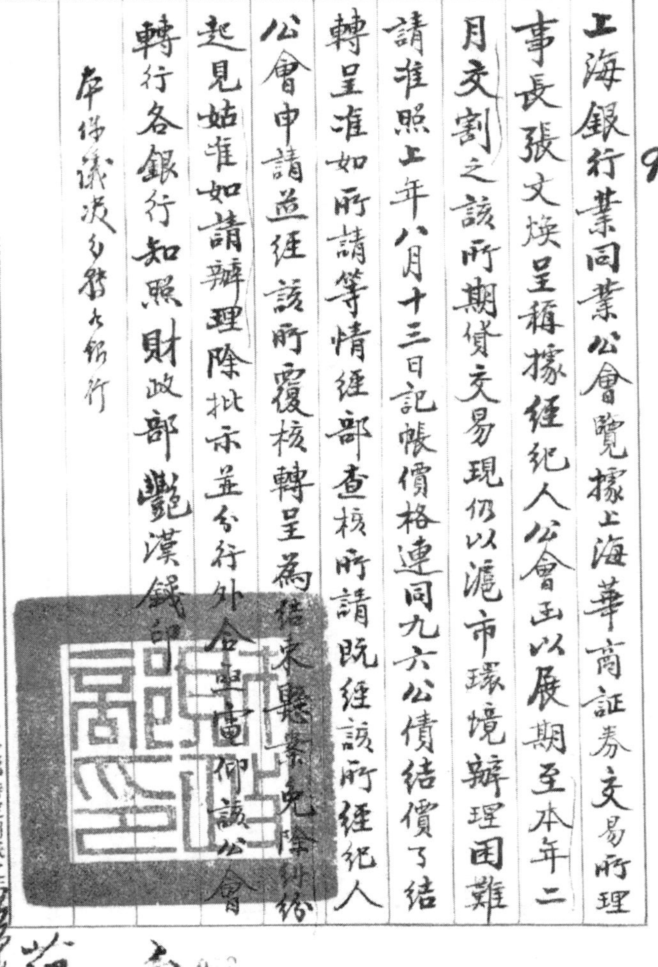
快郵代電 9119
上海銀行業同業公會覽據上海華商証券交易所理
事長張文煥呈稱據經紀人公會函以展期至本年二
月交割之該所期貨交易現仍以滬市環境辦理困難
請准照上年八月十三日記帳價格連同九六公債結價了結
轉呈准如所請等情經部查核所請既經該所經紀人
公會申請並經該所覆核轉呈為結束懸案免除糾紛
起見姑准如請辦理除批示並分行外合亟電仰該公會
轉行各銀行知照財政部艷漢錢印
本件議決分發各銀行

財政部特定用紙之二

一件為　　　　　　　　　　　　　　　　　　　第　　號

上海市銀行業同業公會決議案　執行委員會　三六、卅下午二時

吳常委蘊齋主席

主席報告查關於上年八月份原期至本年二月交割之公債期貨交易現奉部令准照上年八月十三日紀帳價格結價了結，刻正由經紀人公會籌理結價手續，惟該會曾議有籌措款項並擇其與銀行業有關係者三點（照錄於次）提出討論，請公決一致籌措

一、佣金　八月份交易照了結計算兩面收佣

二、墊付證金利息　經紀人代客戶所墊付每萬元票面證六百元按月五厘計息算收

三、領回套利中證紅票　應仍請代表會盡力向各銀行設法掉回

議決

一、八月份交易佣金本會各銀行准照中交農已定辦法一律以一二五算給

二、墊付證金計息及領回套利中證紅票兩項本會各銀行未便承認辦理礙難照辦

附帶議決一項

查此次八月份公債期貨交易既遵照部令結價了結，經紀人對於本會各銀行經手交易有未能如期了結者，應由該銀行逕予訴追以重功令

本日大會議決通過結價了結辦法如下
佣金、八月份交易照了結計算兩面收佣
墊付證金利息、經紀人代客户所墊付每萬票面
特証陸百元按月五厘計息算收
墊款手續及盖章、由經紀人具函請公會收付歸
還墊款並覆函證明
墊款商墊、經紀人因在非常時期金融緊縮對
于墊款得向委託人商墊
未來抽還事宜、向交易所商辦每經紀人過户時
加用經紀人公會入會志願書一份過户介紹人須負
責解釋墊款義務
套利墊款、墊款不敷再由套息交易之經紀人加
墊之數請大會追認加入前墊之款合併計算償還
計算辦法、九六自八月至一月照五月計算按月貼壹角
統一照八月十三日記賬價格結價兩前八月至九月交易所
向經紀人收付差金照數找回
關於套利中扦紅票領回一事、應仍請代表會盡力
向各銀行設法掉回並將各號中扦數額抄示公會
以便彙集

SC031

九、上場股票價格（過去二年內每月初最高最低及平均價格）

民國三十年	最高	最低	平均價格
一月份	一九七、五〇元	一九〇、〇〇元	一九三、七五元
二月份	一八七、五〇元	一七五、〇〇元	一八一、二五元
三月份	一七五、〇〇元	一七〇、〇〇元	一七二、五〇元
四月份	一七二、〇〇元	一七〇、〇〇元	一七一、〇〇元
五月份	一七六、〇〇元	一七〇、〇〇元	一七三、〇〇元
六月份	一八二、五〇元	一七六、〇〇元	一七九、二五元
七月份	一九七、五〇元	一八〇、〇〇元	一八八、七五元
八月份	一八五、〇〇元	一八二、五〇元	一八三、七五元
九月份	二二七、五〇元	一八七、五〇元	二〇二、五〇元
十月份	四一七、五〇元	三七五、五〇元	三九六、五〇元
十一月份	五〇〇、〇〇元	四二五、五〇元	四六二、七五元
十二月份	四七五、五〇元	二八五、五〇元	三八〇、五〇元
民國卅一年			
一月份	五三〇、〇〇元	四七〇、〇〇元	五〇〇、〇〇元
二月份	五三〇、〇〇元	四七〇、〇〇元	五〇〇、〇〇元
三月份	五三〇、〇〇元	四七〇、〇〇元	五〇〇、〇〇元
四月份	五三〇、〇〇元	四七〇、〇〇元	五〇〇、〇〇元
五月份	五三〇、〇〇元	四七〇、〇〇元	五〇〇、〇〇元
▲六月份	五三〇、〇〇元	四七〇、〇〇元	五〇〇、〇〇元
▲七月份	三三〇〇、〇〇元	二二〇〇、〇〇元	二七五〇、〇〇元
▲八月份	二〇〇〇、〇〇元	一二三〇、〇〇元	一六一五、〇〇元
▲九月份	一八〇〇、〇〇元	一〇七五、〇〇元	一四三七、五〇元
▲十月份	二〇八〇、〇〇元	一六一〇、〇〇元	一八四五、〇〇元
▲十一月份	一九八〇、〇〇元	一七三〇、〇〇元	一八五五、〇〇元
▲十二月份	二〇二〇、〇〇元	一八〇〇、〇〇元	一九一〇、〇〇元

▲中儲券價格

001

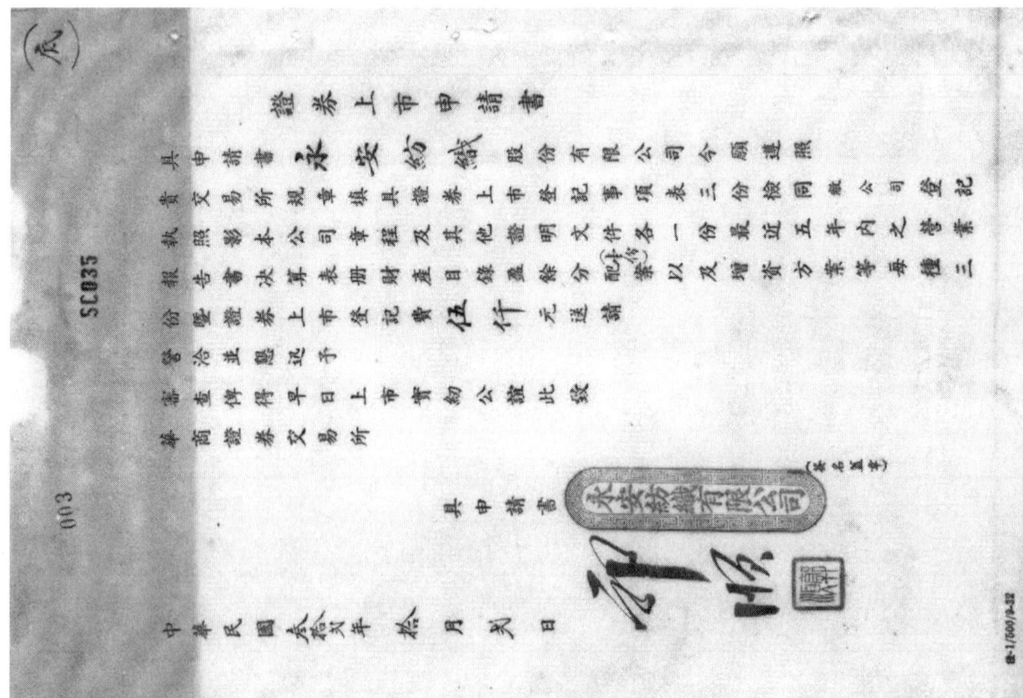

底

003

SC035

證券上市申請書

具申請書永安紡織股份有限公司今願遵照
貴交易所規章填具證券上市登記事項表三份檢同敝公司登記
執照影本公司章程及其他證明文件各一份最近五年內之營業
報告書決算表冊財產目錄盈餘分配案(十份)以及增資方案等每種三
份暨證券上市登記費伍仟元送請
鑒洽並懇迅予
審查俾得早日上市實紉公誼此致
華商證券交易所

具申請書 永安紡織有限公司 郭順（簽名蓋章）

中華民國叁拾弍年拾月弍日

會-1/500/9-32

證券上市登記事項表（甲）股票

SC036

1. 公司名称　永安纺织股份有限公司
2. 创设　民国10年6月　日
3. 登记：（甲）设立登记：12年[illegible]月13日　（乙）最近登记：31年10月3日
（丙）最近登记执照：重字第11号
4. 总公司所在地：上海南京路627号永安新厦四楼
5. 总工厂所在地：第一厂上海杨树浦　第二厂吴淞蕴藻浜　第三厂上海麦根路　第四厂吴淞蕴藻浜
6. 营业范围：纺纱织布印染
7. 专营权：（甲）执照　字第　号（乙）期限　年
8. 资本：（甲）总额：国币120,000,000元（乙）实收数：120,000,000元
9. 股份总数：12,000,000股　10. 额定股息：年息　分　厘
11. 每股面值：（甲）额定：10元　（乙）已收金额：　元
12. 递作发行：（甲）发行：　年　月　日　（乙）股份数　股（丙）每股递作金额　元
13. 优先股：（甲）名称　（乙）资本：（一）总额　元（二）实收数　元
（丙）股份：（一）总数　股（二）每股面值　元（三）每股已收金额　元
（丁）发行年份：　年　月　日　（戊）额定股息：年息　分　厘
（己）优先权利
14. 公司之历史：本公司於民国九年冬间开始招股，十年六月开创，十一年十月[illegible]
注册，十二年十一月正式开车，~~[illegible]~~ 所属工厂有四，并附设大华印染厂於
杨树浦
15. 资本增减之经过：本公司资本总额最初为六百万元，至民国十[illegible]年增为一千二百万元，
三十一年增为六千万元，三十二年增为一万二千万元[illegible]

SC037

16. 附属事业
（甲）公司名称　（己）股份总数
（乙）所在地　（庚）每股面值及已收金额
（丙）创设及登记日期　（辛）本公司所持股数
（丁）营业范围　（壬）附记
（戊）资本总额及实收资本
17. 最近五年之生产量及/或销货净额
18. 最近五年之股息记录
19. 会计年度：自每年1月1日起至同年12月31日止
20. 分公司或分厂所在地
21. 董事监察人及重要职员：
董事：郭乐　郭泉　郭琳爽　郭礼安　郭顺　李孝桂　郭林保　欧[illegible]伯　郭隆祥
林海年　[illegible]　李仲芝　杜泽之　郭植芳　郭锦坤
监察人：刘生初　吴三官
总监督郭乐　总经理郭顺　副经理郭林保
22. 股东持有股份数之分配状况：上海、广东、香港各省及各埠华侨多数投资
为本股股东

股票交易收費原則

一、收費定名　所收費用擬專為促進本市市政之用故名稱擬定為「上海特別市附徵華商股票交易證明費」

二、征捐根據　擬以各股票業商所製之買賣股票成交單為根據並規定成交單格式飭各股票業商填製

三、捐　　率　初征收時擬暫定為萬分之五按成交實際金額每千元為單位不滿千元亦作千元計俟推行至相當時期再酌予增加

四、納捐人　擬責令股票賣出方納捐股票業商代客買賣或自營者均同

五、監督機關　擬由市經濟局嚴密稽查並規定處罰辦法由該局切實執行

六、捐收預計　假定全市股票業商每日交易股票實際金額平均為一萬萬元按萬分之五捐率征收則每日收捐平均為五萬元每月約為一百五十萬元如捐率增至萬分之十每月約可收捐三百萬元＝

（三）1945～1949 年的上海证券市场

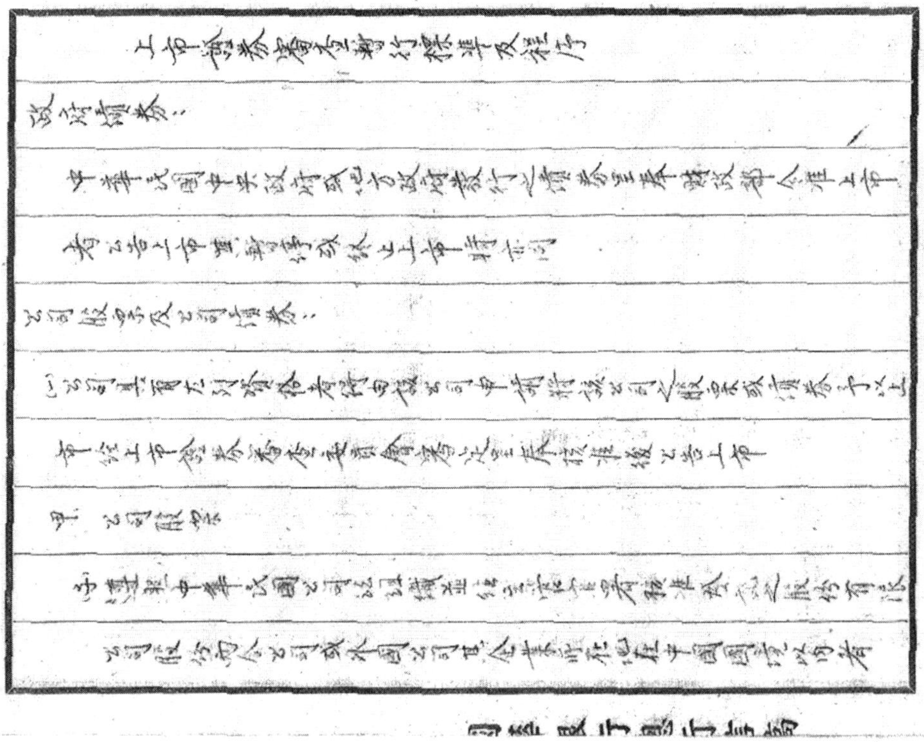

上市證券審查暫行標準及程序

政府債券：

中華民國中央政府或地方政府發行之債券呈奉財政部令准上市

者，不需上市審查，即得列入上市牌告

公司股票及公司債券：

(一)公司具有左列條件者得由該公司申請將該公司之股票或債券予以上

市，經上市證券審查委員會審查認可，呈奉核准後予以上市

甲、公司股票

子、遵照中華民國公司法[illegible]之股份有限

公司股份[illegible]公司或外國公司[illegible]在中國國境以內者

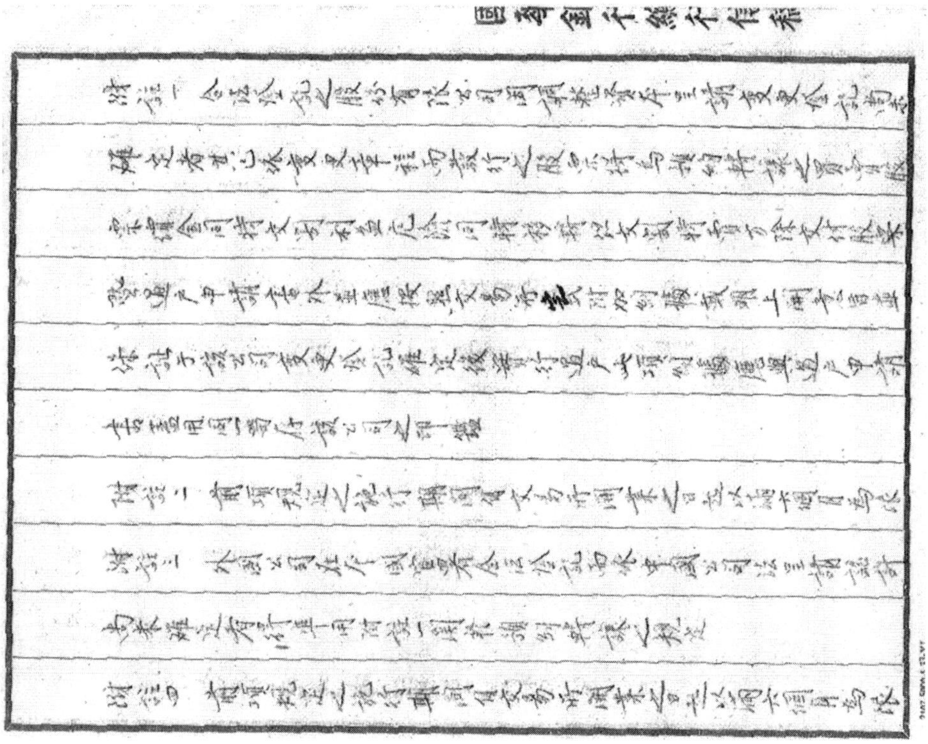

附註一 合法登記之股份有限公司[illegible]

[illegible]

[illegible]

[illegible]

[illegible]

[illegible]公司之第一類

附註二 有價證券之發行[illegible]

附註三 外國公司在中國[illegible]

[illegible]

附註四 有價證券之發行[illegible]

(丑)有股票之資產及獲利之能力其企業本身與國民經濟有密切關係者
(寅)公司内容有充分翔實之公開報告
(卯)股票之過户手續合符規定者
乙、公司債券
(子)甲項子丑寅三款均適用於債券
(丑)有可靠之担保品維持之基金及健全之保管機構
(寅)債券之過户合符規定者
(二)申請上市之程序
(子)應具備左列各項文件
甲、公司股票

國營銀行總行信稿

(一)上市申請書及登記事項表
(二)公司核准登記之證明文件或其攝影本
(三)關于申請上市之董事會決議録
(四)公司章程及組織系統表或組織規程
(五)最近五年來按照公司法第二三八條規定之各項表冊及目前情
形之報告(不滿五年者遞減之)
新設立之公司如係發起設立者按照公司法第一三三條甲項及
第一五一條規定之文件如係招募設立者按照公司法第一三七條
乙項規定之文件
上項各文件均須經執業之律師或會計師審查並出具證明書
乙、公司債券

2101-5000 YL

上海市證券交易市場籌備委員會公告 第二號

關於證券上市業經本會訂立規則呈 部核准在案凡依中國公司法取得法人資格之中國股份有限公司股份兩合公司或在中國境內營業之外國公司依中國公司法取得認許者其所發行之股票或公司債如合於營業細則證券上市之規定（簡則備索）可向本會領取證券上市申請書及登記事項表（每份收回印刷費二十元）依式填就連同全部證明文件送交本會審查經審定並呈 部核准後得予上市買賣特此公告

中華民國三十五年七月十五日

地址：本市漢口路四二二號

上海市證券交易市場籌備委員會規定上市證券通則

第一條 中華民國中央政府公債或地方政府公債呈奉財政部令准上市者為上市之公告其奉部令停止或終止上市者為停止上市或終止上市之公告

第二條 依中國公司法完成登記之中國股份有限公司股份兩合公司或依外國法完成登記並依中國公司法取得認許之外國公司所發行之股票其合於左列各款規定者經審定呈奉核准得予上市買賣但以該公司在中國境內營業者為限

㈠該公司有殷實之資產及獲利之能力其事業與中國國民經濟有密切之關係

1

㈡該公司內容有充分翔實之公開報告

㈢該公司股票之過戶手續依合法之規定

合於前項規定之中國公司因調整資本依收復區各種公司登記處理辦法呈請變更登記尚未確定者其已依變更章程而發行之股票以及合於前項規定而呈請認許尚未確定之外國公司股票其上市買賣認爲轉讓之預約由賣方保證於該公司登記或認許確定時實行過戶此項預約轉讓之買賣除與前項上市買賣之股票同樣交割外並應依本會定式附加買契載明移轉利益及危險之意旨及保證過戶之方法

前項預約轉讓之買賣自交易所開業之日起以六個月爲施行期間

非經主管官署核准不得延長

第三條　合於前條第一項暨一二兩款規定之公司其所發債券具有可靠之擔保品確實之基金及健全之保管機關而債券過戶手續依合法之規定者得予上市買賣

第四條　公司股票或債券申請上市應具左列各項文件

甲公司股票

㈠上市申請書及登記事項表

㈡公司核准登記之證明文件或其謄影本

㈢關於申請上市之董事會決議錄

㈣公司章程及組織系統表或組織規程

(四)最近五年來依公司法第二二六條規定之各項表冊及目前情形之報告其開業不及五年者所具表冊應自開業之年開始

新設立之公司如係發起設立並應具依公司法第三三七條甲項及第一五一條規定之文件如係招募設立並應具依公司法第三三七條乙項之文件

右列文件均須經公司監察人及律師或會計師簽查出具證明書

乙、公司債券

(一)甲項(一)(二)(三)(四)(五)各款之文件

(二)公司債核准發行之證明文件或其攝影本

(三)依公司法第二三八條規定各款之報告書暨擔保品基金之說明書及與保管機關所訂之契約或其攝影本

右列文件均須經公司監察人及律師或會計師之簽查出具證明書

第五條　公司股票或債券申請上市應具申請書表明遵守左列規定

甲、公司股票

(一)申請公司應設立股票之過戶機關於上海市區並應迅速辦理過戶手續不得逾兩星期

(二)申請公司應將股票之樣張暨碉及過戶申請書之樣張連同簽名董事印鑑及董事會授權簽字之決議錄送交本會存驗如式樣或印鑑有變更時須在發行或使用前報告本會備案股票上

所載之文字須符合公司法第一五九條及二五八條之規定

(三)申請公司應將每屆營業年度終所造具公司法第二三六條規定之各表册送交本會

(四)申請公司遇有左列情形時應即報告本會

1 增減資本

2 變更股份票面金額

3 發行優先股

4 發行公司債

5 出售營業用重要資產

(五)申請公司發給股息紅利或其他權利時應於停止過戶期前十天通知本會

(六)申請公司應接受及遵守本會公佈之決議案

(七)申請公司應隨時答覆本會一切諮詢事項

乙 公司債券

(一)申請公司應適用同條甲項第三第六第七各款規定

(二)申請公司應設立債券之過戶機關於上海市區並應迅速辦理過戶手續不得逾兩星期

(三)申請公司應將債券之樣張號碼及過戶申請書之樣張連同簽字董事印鑑及董事會授權簽字之決議錄送交本會存驗如式樣或印鑑有變更時須在發行或使用前報告本會備案債券上

所載之文字須符合公司法第二四一條之規定

(四)申請公司遇有左列情形時應立即報告本會

1 變更擔保品或保管機關

2 增減資本

3 發行優先股

4 加發債券

(五)申請公司發給債券本息時應於停止過戶前十天通知本會

第六條　申請公司之證券經核准上市者應準時繳納上市費與交易所上市費額另定之

第七條　上市之公司股票或債券有左列情事之一時得停止或撤銷其上市

一、第四條所列文件發現有不實之記載

二、公司遇有公司法第一九五條規定情形之發生

三、公司解散停業或破產

四、上市股票或債券不能保持自然之流通性或發現有操縱之情形

五、違反本會公布之決議

六、公司內容或組織與營業範圍有重大變更而不合上市之標準

七、公司不準時繳納上市費

八、本會基於其他原因認爲有停止或撤銷上市之必要

副本

發文 籌字第69號

呈爲呈送擬具上海證券交易所證券上市費暫行辦法經手費證券升降單位
及限度草案仰祈
鑒核示遵事竊查上海證券交易所暫行營業細則第四十一條規定「申請公
司之證券經核准上市者應准時繳納上市費與交易所其費額由本所擬定呈
奉核准施行之」又第五十六條規定「本所交易證券之價格升降單位價格
升降限度及成交單位由本所擬定呈奉核准施行之變更時亦同」又第六十
九條規定「本所得向買賣雙方經紀人征收經手費於交割時繳納其數額由
本所擬定呈奉核定公告之變更時亦同」現該所籌辦成立開業日期亦至迫
切所有上市費暫行辦法經手費證券升降單位及限度茲已擬具隨文呈送除
分呈　部外仰祈
迅予鑒核批示俾便施行謹呈
部部長

上海市證券交易市場籌備委員會主任委員杜　鏞

附呈擬具上海證券交易所證券上市費暫行辦法經手費證券升降單位
及限度草案一件

擬具上海證券交易所證券上市費暫行辦法經手費證券升降單位及限度草案

證券上市費暫行辦法

(一)本辦法依據本所暫行營業細則第四十一條訂定之

(二)本所證券上市費分初次上市費、年上市費及變更上市登記費三種

(三)本所證券初次上市費之計算方法如下

甲、股票初次上市費每股本千元定為國幣壹角但每種股票之初次上市費至少為國幣壹百萬元

乙、公司債初次上市費每面值國幣百元定為國幣五分但每種公司債之初次上市費至少為國幣五拾萬元

(四)本所證券初次上市費由發行公司於接得本所之准上市通知後三日內繳

納之

（五）本所證券常年上市費股票每股定為國幣五分公司債每面值國幣百元定為國幣二分半以總股數或總面值為計算根據年分二次繳納於每年六月及十二月內繳納之其第一次常年上市費依照實際上市月數計算

（六）凡在本所上市以後之證券如有增加發行額減低發行額或變更權利時發行公司應即行繳納變更證券上市登記費增加發行額時其增加部分股票每股國幣壹角公司債每面值國幣百元國幣五分減低發行額時其減少部分股票每股國幣五分公司債每面值國幣百元國幣二分半變更權利時股票每股國幣七分半公司債每面值國幣百元國幣三分七厘半

（七）本辦法經上海市證券交易市場籌備委員會呈准後施行

經手費

按暫行營業細則第六十九條規定「本所得向買賣雙方經紀人征收經手費於交割時繳納其數額由本所擬定呈奉核定公告之變更時亦同」茲擬定本所經手費之征收率如下：政府公債買賣經手費雙方經紀人各收貨值之千分之○·七五每筆交易相同部份買賣經紀人為同一人時及內轉帳交易祇收一方千分之○·七五 股票及公司債買賣經手費雙方經紀人各收貨值千分之一每筆交易相同部份買賣經紀人為同一人時及內轉帳交易祇收一方千分之一

每月月初本所應將上月各經紀人交易額公佈其交易額特多者得酌予獎勵

擬定升降單位為國幣壹角

擬定升降限度

股票價格	升降限度
一百元以下	百分之二〇
一百元以上至五千元以下	百分之一五
五千元以上	百分之一〇

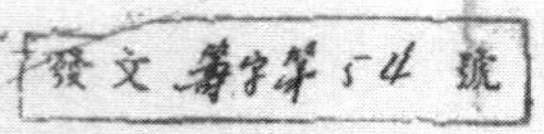

發文 字第54號

呈營業須修正暫行營業細則內事實困難款點恐於實施之時不無窒碍當此
減原意見繕具說帖仰祈
鑒核俯准彙通飭遵照案奉
鈞部與財政經濟部京錢巳五三〇京商38五七九八號指令內開「呈件均悉並經
行政院秘書處奉交到部查原呈甲項關於暫行章則所列一至三款核尚可行
應准照辦乙項關於籌備復業在市場設計人事訓練及其他事項之進行既多
有時間上之準備應准展至本年七月中開業又交易稅率本財政部劃正當手
續訂不久即可施行至原有營業細則經紀人通則證券通則等應予修正備案
除呈復行政院外合行抄發修正章則條文仰即遵照修正，並將修正後各該章
則全文繕報備查此令」等因並附抄營業細則等應行修正條文一份奉此自

審議並詳加審查暫行營業細則修正條文中內有數點經屬會斟酌至再認爲如不
變通辦理將來實施之時與事實相離窒礙殊多除將暫行營業細則內有關各
項章則遵令修正另繕修正本呈請備案外理合將修正暫行營業細則內有數
點實施困難情形繕具說帖備文呈請仰祈
鑒核俯賜採納准予變通藉符法規而利營業實爲公便謹呈
財政部部長俞
經濟部部長王

上海市證券交易市場籌備委員會主任委員杜 鏞

附呈暫行營業細則修正本一份說帖一份

中華民國卅[illegible]月拾叁日

發文籌字第54號

附件

上海證券交易所股份有限公司暫行營業細則窒礙難行各點說帖

上海證券交易所股份有限公司暫行營業細則窒碍難行各點說帖

一、第一條但書「本所認爲必要時得呈請變更集會時間」第二條但書「本所認爲必要時得呈請另定休假日或於休假日開市」擬請分別改爲「本所認爲必要時得變更集會時間並呈報備案」與「本所認爲必要時得另定休假日或於休假日開市並呈報備案」

查市場情形瞬息變幻變更集會時間另定休假日或於休假日開市當爲緊急措施不及事前呈准擬請准予事後呈報備案

二、第八條第卅項後段「經紀人應于領到執照後卅日內向中央銀行繳納保證金并取具存證收據填具本所定式志願書辦理入所手續并由本所公告之」擬請改爲「經紀人于接得領照通知後一星期內應依第六十七條之規定向本所選定之殷實行莊繳清保證金並填具本所定式志願書辦理入所手續領取執照并由本所公告之」

前項殷實行莊由本所選定後呈部核准辦理之

查經紀人營業執照似應在經紀人照章繳納保證金後方行頒發方可杜絕執照發出以後經紀人不繳或延交保證金情事

三、第二十二條「本所認爲必要時得呈請分別限制經紀人買賣數量」擬請改爲「本所認爲必要時得分別限制經紀人買賣數量並呈報備案」

查經紀人在場之買賣係由交易所擔保如買賣之數量太大與其實力信譽不相適應時交易所自應隨時予以限制事前呈請恐失時效因擬請准予將辦理經過呈報備案

四、第二十四條第一項「經紀人在市場從事買賣得設置代理人但須先經本所審核報請該管登記方爲有效」擬請改爲「經紀人在市場從事買賣得設置代理人但須經本所審核該管登記方爲有效本所並應呈報備案」

同條第二項「代理人之名額每市場每經紀人以一名爲限但如營業發達得報由本所呈准增加之」但書部份擬請改爲「但如營業發達得由本所核准增加並呈報備案」

同條第三項「代表人按照第六條乙項三款規定不得上市場者得報由本所呈准另派代理人一人」擬請改爲「代表人按照第六條乙項三款規定不得上市場者得由本所核准另派代理人一人並呈報備案」

同條第七項「本所認代理人爲不適當時得呈請命其辭職或停止入場」擬請改爲「本所認代理人爲不適當時得命其辭職或停止入場並呈報備案」

查代理人爲經紀人之雇員其在市場之行爲均由經紀人本人負責經紀人既經嚴格甄選呈准註册代理人之登記增加另派解職或停止入場似無事前呈准辦理之必要且因代理人之登記更換及處分爲時有之事隨及時辦理如須先經呈准方得辦理殊有困難擬請准予辦理後呈報備案

五、第三十六條「爲上市之買賣……爲停止上市或終止上市之買賣」查該不明擬請解釋

六、第四十三條「上市之公司股票債券有左列情事之一時得由本所呈准停止或撤銷其上市」擬請改爲「上市之公司股票債券有左列情事之一時得由本所停止或撤銷其上市並呈報備案」

查本條所列情事中有關於緊急性質者爲保障公衆利益計擬請准予將辦理經過呈報備案

七、第五十六條第三項「證券價格升降如逾前項升降限度時本所得呈准停止一部或全部證券之買賣」擬請改爲「證券價格升降如逾前項升降限度時本所得停止一部或全部證券之買賣並呈報備案」

查價格升降限度係參呈奉核准施行（見同條第一項）則升降逾前項限度時自應停止買賣似無庸事前呈准擬請准予辦理後呈報備案

八、第六十六條「經紀人應繳納保證金于本所轉存中央銀行本所認爲必要時得令其向中央銀行繳納交易證據金」擬請改爲「經紀人應繳納保證金于本所指定之殷實行莊本所認爲必要時得令其繳納交易證據金」

查經紀人保證金現金部份估計約一百億爲調劑本市金融起見擬請由本

所選定殷實行莊呈經核准後分存之
保證金代用品地產及證券時有更換需要亦需由本所擬定保管行莊呈
準核定後辦理之
九、第六十七條末段「向中央銀行補繳現金」字樣擬簽改為「向本所選定
之殷實行莊繳納現金」
查前條第六十六條已修改故連帶改正如上文
十、第七十三條「本所買賣之交割雙方應將交割證券及貨價備齊在中央銀
行或其委託之銀行行之」擬請改為「本所買賣之交割雙方應將交割證
券及貨價備齊交本所證券交割處行之」
「證券交割處之組織由本所擬定章程呈財經兩部核定施行」
查證券交割買賣雙方應將證券及貨價在同一時間內交割清楚一遇錯誤
必須與交易所核對銀貨如由中央銀行或其委託銀行代辦則經紀人一方
面須在市場交易一方面須至銀行交割手續既繁往返時間尤感不及且攜
帶證券或貨價往返諸多周折且易發生意外經詳佔商討之後擬請准予由
本所另組證券交割處辦理交割事宜庶時間及手續均屬簡捷而安全
十一、第七十三條「交割證券如須分割時由中央銀行或其指定銀行代為辦理
分割過戶手續」擬請改為「交割證券如須分割時由本所證券交割處代
為辦理分割過戶手續」
查本條因前條修正連帶關係擬請一併修正
十二、第八十八條「本所遇有左列事項得呈請停止集會之全部或一部或限制
入場」擬請改為「本所遇有左列事項得停止集會之全部或一部或限制
入場並呈報備案」
查本條所列事項有關緊急措施不及事前呈准擬請准予辦理後呈報備案
且所列第一項似無庸事前呈報理由見(七)項
十三、第八十九條「本所對於經紀人及代理人遇有左列事項得呈請停止其交易
或限以繳存金或停止其營業或撤銷其註冊或施行除名處分或令其退職」

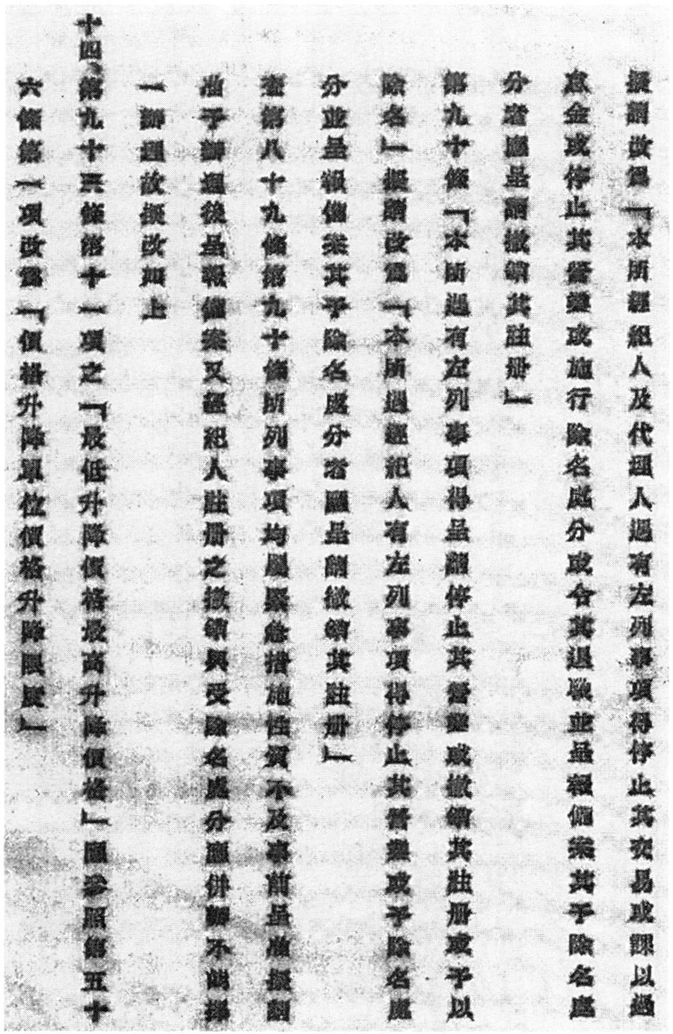
擬酌改為「本所經紀人及代理人遇有左列事項得停止其交易或課以過
怠金或停止其營業或施行除名處分或令其退職並呈報備案其予除名處
分者應呈請撤銷其註册」
第九十條「本所遇有左列事項得呈請停止其營業或撤銷其註册或予以
除名」擬酌改為「本所遇經紀人有左列事項得停止其營業或予除名處
分並呈報備案其予除名處分者應呈請撤銷其註册」
查第八十九條第九十條所列事項均屬緊急措施性質不及事前呈准擬酌
准予辦理後呈報備案又經紀人註册之撤銷與受除名處分應併辦不必擬
一節刪改擬改如上
十四、第九十三條第十一項之「最低升降價格最高升降價格」應參照第五十
六條第一項改為「價格升降單位價格升降限度」

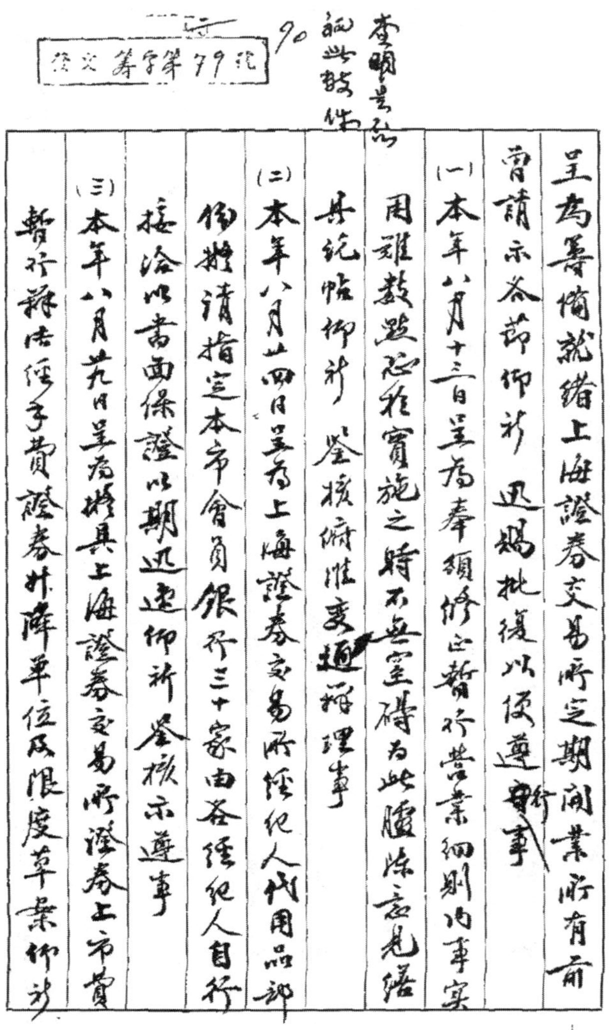
發文 籌字第79號
90
呈為籌備就緒上海證券交易所定期開業所有前
曾請示各節仰祈 迅賜批復以便遵辦事
(一)本年八月十三日呈為奉頒修正暫行營業細則內事實
困難數點恐於實施之時不無窒碍爲此臚陳意見繕
具說帖仰祈 鑒核俯准變通辦理事
(二)本年八月廿四日呈為上海證券交易所經紀人代用品部
仰懇請指定本市會員銀行三十家由各經紀人自行
接洽以書面保證以期迅速仰祈 鑒核示遵事
(三)本年八月廿九日呈為擬具上海證券交易所證券上市費
暫行辦法經手費證券升降單位及限度草案仰祈

簽核示遵事

以上各節為該時間業者急待解決者，除分呈經濟財政部外，仰祈

鈞部迅賜簽核批示，以資遵守而利進行。謹呈

經濟部〇部長王

財政部部長俞

逕啓者，查為套利交易成交便利起見，規定套利交易暫時辦法如左：

並定於本月十二日（星期四）前市起試辦。

(一) 股票種類　暫定永紗、信和兩種。

(二) 交易地位　進方均為套利交易時在指定交易柜前集中交易（其對方為普通交易時仍在原交易柜前依原有買賣方式四處交易）

(三) 成交單位　暫定五萬股。

(四) 叫價單位　暫定壹角。

(五) 叫價方法　祇叫現貨價格與遠交價格相比之差額，例如八元壹角、九元三角等。

(六) 成交價格　以當時現交買進價格為根據，例如套利叫價八

元成交而當時現交買進價為四五〇元即現交價為四五〇元遞交
價為四五八元。

(七)升降限度 以現貨價格為標準(限於雙方均為套利之交易)

(八)買賣手數 以遞交之進出為準例如買進現貨賣出遞交者手
心向外賣出現貨買進遞交者手心向內

(九)填製場帳 即用現在所用之場帳分別現交遞交仍由賣方依
式填製經買方簽章後投入交易柜內。

(十)其他各項 本證據金現已提交遞加證據金經手費交易稅及
交割手續交割期限均依照原有現交及遞交辦法辦理對帳
表平市一併計算毋庸分列填製

上列辦法除公告市場外用再函達即希
查照為荷此致
貴經紀人

附啓

收文 善字第36號

上海市證券交易所籌備委員會 第三十六號（善字）

來文機關	中中交農四行聯合辦事總處秘書處
文別	函
附件	
事由	為據中央信託局函請承辦證券之交割及代理證券之過戶登錄事項一節，轉請查照惠示意見以憑辦理由
復本所發文第 號	

主任委員　副主任委員　常務委員

擬會

中華民國卅五年八月十五日收到

此係緊急之件，限 日辦訖

處長　秘書　主任　組長

歸檔　類　項

收文 善字第36號

中中交農四行聯合辦事總處秘書處 函

事由

准中央信託局七月卅一日總信戌字第六九〇四號函，略以上海證券交易所正在積極籌備，不日即可復業，為任事業範圍內籌劃擴展起見，所有該交易所股份似應儘先由本局參加，至證券之交割及代理證券之過戶登錄，係屬信託代理業務，在歐美各國向由信託公司辦理，將來該交易所成立後，對于上列交割及過戶登錄事項，似

中華民國卅五年八月八日 3073

收文 字第 號

均應由本局承辦，是否可行，相應函請查照轉陳核示見復，等由，相應轉請

查照，迅予惠示意見，以憑辦理為荷。

此致

上海證券交易所籌備委員會

秘書長徐 [印]

收文 籌字第60號

上海市證券交易市場籌備委員會收文籌字第六十號		復本會發文籌字第 號
來文機關	中中交農四行聯合辦事處	
文別	函　附件	
事由	為關于中信局前請允准該局对貴交易所股份有優先參加權並承辦證券交割事項一案希迅予查照見復由	
主任委員	論	
副主任委員	提會　九.廿.	
秘書	陳　九.十六	
此係緊急之件限於 日辦訖		
中華民國卅五年　九月　十一日收到		
歸檔	類	項

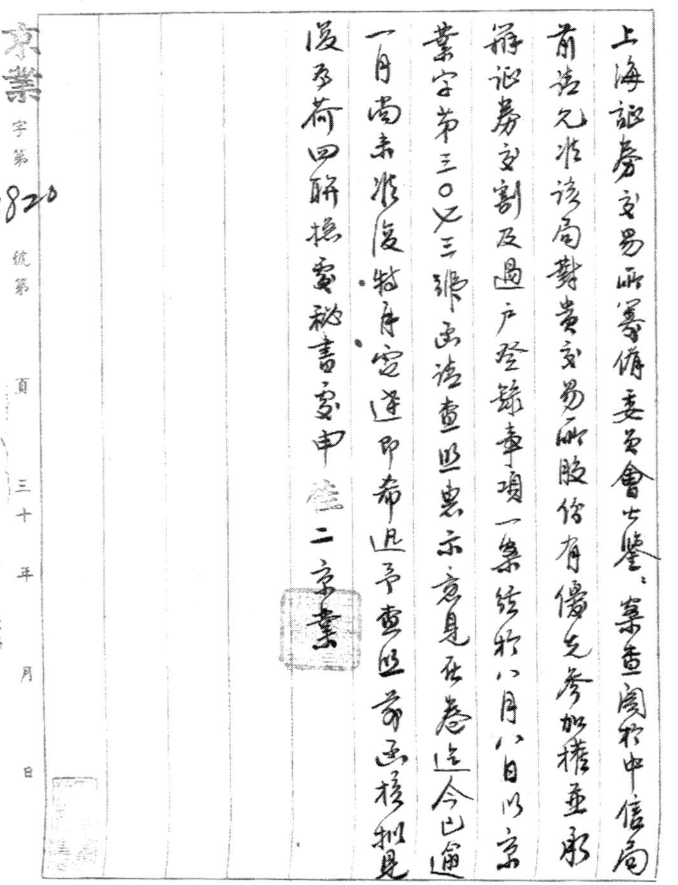

收文 籌字第40號

中央 中國 交通 農民 四銀行聯合辦事總處快郵代電

上海證券交易所籌備委員會大鑒：案查關於中信局前請允准該局對貴交易所股份有優先參加權並承辦證券交割及過戶登記事項一案，經於八月八日以京業字第三〇七三號函請查照惠示意見在卷。迄今已逾一月，尚未准復，特再電達，即希迅予查照前函核剋見復為荷。四聯總處秘書處申[illegible]二京業

京業字第3820號
三十年 月 日

收文 54 號

中央銀行業務局

中華民國卅五年九月十七日　業總字第八六七四號

摘由：函爲關於證券交割事項本局經已委託中交兩行代爲辦理希查照由

茲准
財政部 二二二五
經濟部京商三十五第一〇三九七號會函節開：
「查上海證券交易所暫行營業細則業經本兩部核准備案關於證券之交割事項亦經核定在貴行或由貴行委託之銀行行之」
等由准此查關於上項證券之交割事項本局經已暫行委託中國銀行上海分行暨交通銀行上海分行代爲辦理相應函達即希
查洽爲荷此致
上海證券交易所

中央銀行

副業務局長

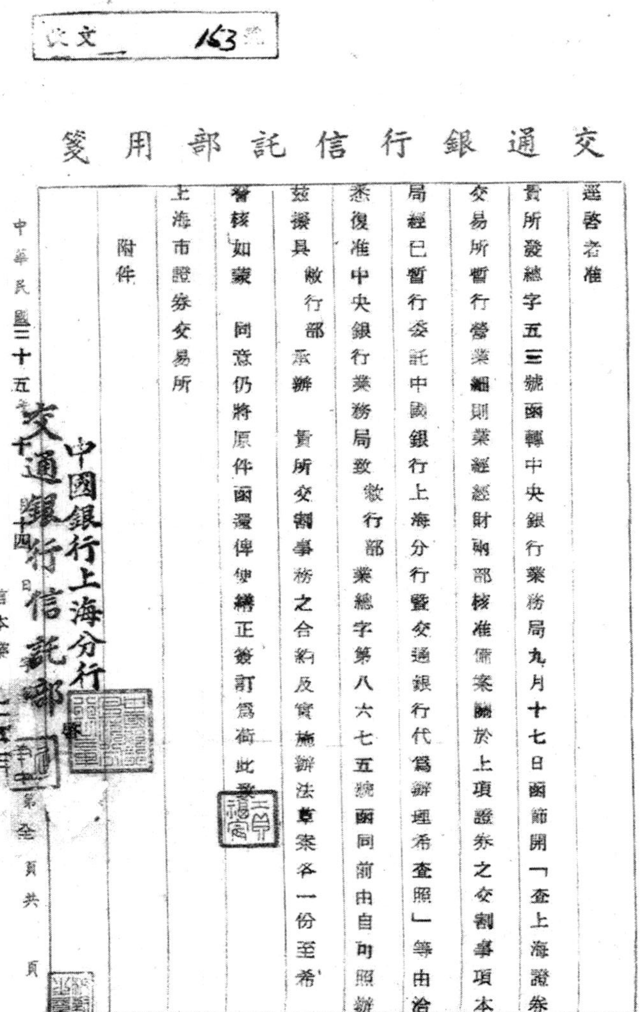

交通銀行信託部用箋

文 163

逕啓者准

貴所發總字五三號函轉中央銀行業務局九月十七日函節開「查上海證券交易所暫行營業細則業經總財兩部核准備案關於上項證券之交割事項本局經已暫行委託中國銀行上海分行暨交通銀行代爲辦理希查照」等由准悉復准中央銀行業務局致敝行部業總字第八六七五號函同前由自可照辦茲擬具敝行部承辦貴所交割事務之合約及實施辦法草案各一份至希督核如蒙同意仍將原件函還俾便繕正簽訂爲荷此致

上海市證券交易所

附件

中國銀行上海分行

交通銀行信託部

中華民國三十五年十一月四日

信本業 二五三 號

全 頁 共 頁

（總三）

立合約人上海證券交易所 中國銀行上海分行 交通銀行信託部（以下簡稱交易所 兩行）茲因中央銀行依照上海證券交易所股份有限公司暫行營業細則第七十二條之規定委託兩行共同承辦交易所之交割事宜所有交易所與兩行間規定事項如左

一、兩行之共同承辦交割事宜係受中央銀行委託代交易所執行其業務之一部份遇有經紀人不履行交割或應付價款不予付足暨其他違約行爲均由交易所逕自處理兩行不負任何責任

二、經紀人於履行交割之日如其所繳票據遇有退票以當日補足爲原則但兩行爲協助交易所完成是日全體交割業務起見必要時得由經紀人商請兩行代爲墊付期限以至次一營業日歸墊爲限

經紀人如不依限於次開業日開市前將兩行墊付款項補足時除得由兩行

臨時以口頭或書面通知交易所停止該經紀人之上市并留置其次日應領

證券以備處分外交易所應將該經紀人繳存之保證金或其他資產優先撥

付兩行以償還墊付款項如仍不足由交易所負責償還之

三、交易所應於每日營業終了後　小時內將該日各經紀人應收應付證券價

款核算清楚開具詳表送達兩行以憑洽辦關於實施交割辦法另以中國銀行上海分行交通銀行信託部承辦上海證券交易所交割事務實施辦法訂定之該項辦法附訂

於後作爲本合約之附件

上項附件另有增刪修正之必要時由交易所及兩行協議並以換文補充之

四、兩行共同承辦此項交割事宜其所生費用房租房捐水電費印刷費及員工

膳食由交易所負擔外其餘概由兩行平均負擔

（總三）

五、兩行共同承辦此項交割事宜爲辦理迅速增加效率起見得指定兩行原有

之聯合機構負責代辦屆時另以公函通知交易所洽照

六、本合約及附件均送請中央銀行備案後施行

七、本合約遇有增刪修正之必要時由交易所及兩行另以換函補充之并補陳

中央銀行備案

立合約人

見證人

中華民國　　年　　月　　日訂立

（續三）

中國銀行上海分行 交通銀行信託部 承辦上海證券交易所交割事務實施辦法

一、上海證券交易所（下稱交易所）將每日各經紀人所做交易彙算清楚，
軋成(一)應付清單(二)經紀人交割收付表(三)買賣清單(四)證券差額報告單，於
次晨十時前分送中國銀行上海分行 交通銀行信託部（下稱兩行）以憑辦理
二、經紀人向兩行履行交割其時間規定如下

甲、向兩行	繳付現款	上午九時至十一時
	領取現款	下午一時至三時
乙、向兩行	繳付證券	上午十一時半至下午二時
	領取證券	次日上午九時半至十一時半

三、為便利交割款項收付起見交易所經紀人及其營業員均向兩行開戶往來
四、經紀人存入兩行之票據由兩行酌予當日抵用如遇退票經紀人應負責於
當日備款補足倘不於當日補足或逾限者兩行得停付即又不於次開業日開
市前補足時交易所及兩行均分別照本合約第二條第二項辦理
應付款項之利率由兩行參酌市面情形隨時訂定之
五、兩行承辦交割其費用均由兩行負擔一方面兩行得依照上海一般銀行業
慣例向經紀人酌收費用按票面萬分之一·五為度以為限度
六、本辦法遵中央銀行備案後連同合約第二條一併印發經紀人照辦

未上市黑市華股分類表

1.金融業
- 中國銀行
- 交通銀行
- 金城銀行
- 大陸銀行
- 中南銀行
- 鹽業銀行
- 浙江興業銀行
- 浙江實業銀行
- 上海商業儲蓄銀行
- 浦東商業儲蓄銀行
- × 上海實業銀行(停業)
- × 阜通銀行(停業)
- × 中國漁業銀行(停業)
- × 中國茶業銀行(停業)
- 中華勸工銀行
- × 上海工業銀行(停業)
- × 五洲商業儲蓄銀行(停業)
- 大公商業儲蓄銀行
- × 大元商業儲蓄銀行(停業)
- 統原商業儲蓄銀行
- × 中貿銀行(停業)
- 大康銀行
- 國華銀行
- 中國墾業銀行

2.交易所
- 上海華商證券交易所
- 上海華商紗布交易所
- 上海麵粉交易所

3.企業公司
- 中一信託公司
- × 永是實業公司(停業)
- 益中企業公司
- 中國興仁企業公司
- × 中國聯業保險公司(停業)
- × 中國工業保險公司(停業)

4.地產業
- 新亞地產
- 新中地產
- 大安地產
- 大滬地產

5.紡織業
- 達豐染織廠
- 三友實業社
- 大生紡織第一廠
- 大生紡織第三廠
- 大番印染織造廠
- 宏豐織造廠
- 一元織造廠
- 振中織染廠
- 上海棉毛織造廠
- 華豐織印綢布廠
- 光華染織廠
- 美達染織廠
- 震新染織廠
- 大宇染織廠
- 大華呢絨廠
- 王寶染織廠
- 振豐棉織廠
- 廣勤紗廠
- 廣豐紗廠

6.新藥業
- 香港新亞化學製藥廠
- 新亞血清廠
- 新亞酵素工業公司
- 新亞衛生材料公司
- 中法血清菌苗廠
- 中法油脂化學廠
- 五洲大藥房
- 中英大藥房
- 信誼藥廠
- 光明化學製藥廠
- 同達科化學製藥廠
- 大陸生物化學製藥廠
- 正德藥廠
- 維他富化學製造廠
- 西藏製藥廠
- 唐亞氏藥廠

7.文化印刷業
- 大東書局
- 龍門聯合書局
- 中國藝林彩印公司
- 中國標準紙品公司
- 生生美術印刷公司
- 新亞林學印刷公司
- 華商印刷所
- 信權工藝廠
- 中華造紙廠
- 大陸造紙廠
- 光中造紙廠

8.百貨業
- 先施公司
- 大新公司
- 俐利綢緞百貨公司
- 中華商店

9.化學工業
- 家庭工業社
- 中國化學工業社
- 永和實業公司
- × ~~科學化工廠~~
- 昌明化學工業廠
- 中央化學玻璃廠
- 新華噴漆廠
- 中國奶粉廠
- 大豐工業廠
- 天廚味精廠
- 永利製碱廠
- 強生化工廠

10.橡膠琺瑯業
- 紅星橡膠廠
- 科學橡膠廠
- 中華琺瑯廠
- 鑄豐搪瓷廠
- 益豐搪瓷廠
- 大中華橡膠廠

11.火柴煙草業
- 華成煙草公司
- 華美煙草公司
- 大東煙草公司

12.食品酒館業
- 冠生園
- 泰康罐頭食品公司
- 梅林罐頭食品公司
- 吉美罐頭食品公司
- 偉大罐頭食品公司
- 紅棉酒家
- 康樂酒樓
- 金谷飯店
- 新都飯店
- 萬壽山酒樓
- 大加利酒樓
- 南國酒家

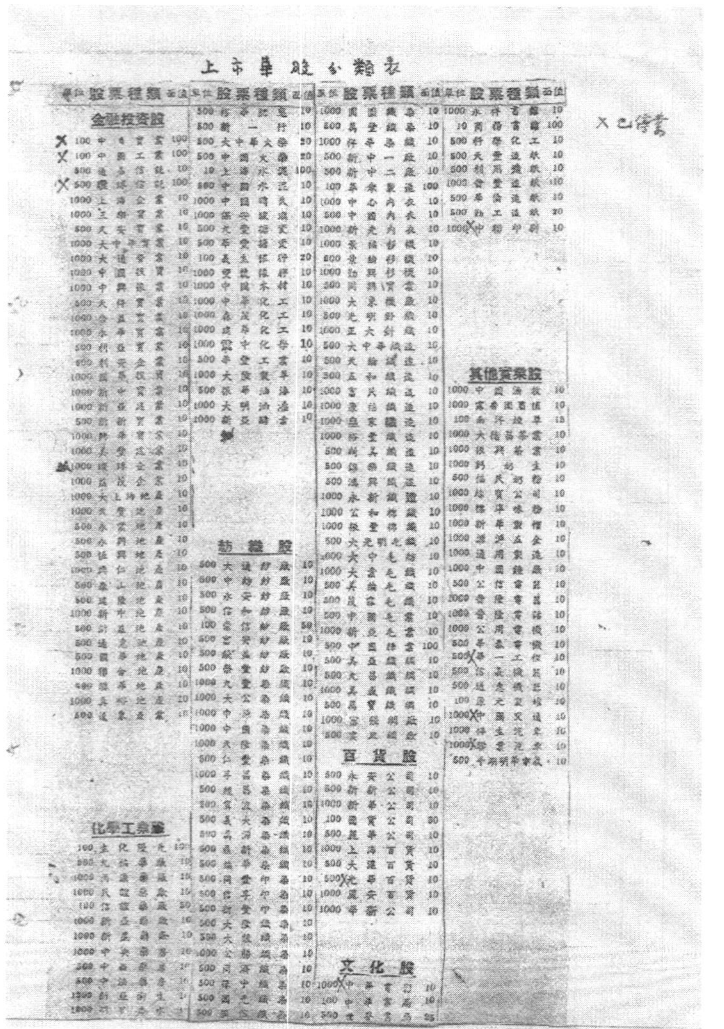

上市華股分類表

單位	股票種類	面值	單位	股票種類	面值	單位	股票種類	面值	單位	股票種類	面值
	金融投資股										
	紡織股										
	化學工業股						百貨股			其他實業股	
							文化股				

× 已停業

List of Foreign Shares in Shanghai Stock Exchange

Bank & Loan	Utilities
中 和 Central Properties	公共汽車 C.G. Omnibus Co.
中國證券 China Bond & Share	海 來 火 S'hai Gas Co.
建 業 China Finance Corp.	上海電話 S'hai Telephone
匯 豐 H. & S. Bank	電 車 Trams.(Reg.)El-
上海銀公司 S'hai Loan & Inv.	" " (Bearer)El-
匯[illegible]銀行 Union Mobiliere	自 來 水 S.W.W. "A"E-20
揚子銀公司 Yangtse Finance	" " "B"El-
X 合 業 Shanghai Securities（該公司現已清理）	" " "C"El-

Insurance	Miscellaneous
美 亞 Am.Asiatic Und.(Ord.)	利 [illegible] Auto Palace
友 邦 Asia Life Ins.	沙利文 Bakerite Co., "B"
保 太 As'ce Fr. Asiatique	正廣和 Caldbeck Macgregor
四 海 Int. Ass. Co.	祥泰木行 China Imp. & Exp. Lumber
保 安 Union Ins.	開 平 Chin E. & M. Co.
	朝鮮煤礦 Chosen Corporation
	可 的 Culty Dairy
	逸 園 Fr.Race Course F
	" " Non-F

Land	
英法地產 Anglo-Fr. Land	怡和啤酒 Ewo Breweries
華 懋 Cathay Land	福 利 Hall & Holtz
中國營業 China Realty	匯 中 H.& S. Hotels
中國建業 Fonciere & Immob.	別 發 Kelly & Walsh
恆 業 Metropolitan Land "A"	馬 迪 Mark L. Moody
" " " "B"	鋼 業 Metal Ind. of China
三新地產 San Sing Properties	美 靈 登 Millington
業 廣 S'hai Land	謀 得 利 Moutrie & Co., S.
天津地產 Tientsin Land	文 儀 Office Appliance
	紙 業 Paper Industries
	中國墾植 S'hai Exploration
	自來水用具 S.W.W. Fittings

Docks, Wh'ves, Trans	
亞洲航業 Asia Navigation	上海啤酒 Union Brewery
英聯船塢 S'hai Dockyards	
公 和 祥 S. & H. Wharf	
會 德 豐 Wheelock	

13.公用事業
閘北水電公司
華商水電公司
浦東電氣公司
內地自來水公司
~~寧紹輪船公司~~
~~中興輪船公司~~

18.輪船業
寧紹輪船公司
中興輪船公司

14.交通事業
X 飛達[illegible]公司（停業）
X 公平自由車廠（停
X 公利三輪客車廠
X 上海三輪客車廠（停業）

15.機械電器業
華[illegible]電器機械廠
中南電業機器廠
鑫泰電器廠

16.礦冶業
漢冶萍煤礦公司
中興煤礦公司
大通煤礦公司
~~遠東煤球廠~~

17.其他各業
博士[illegible]廠
同益北貨號
雙喜熱水瓶廠
永生熱水瓶廠

公司債券
Debentures

				Tls.
S'hai Mun. Council	工部局	6%	1926(10/30)	4,880,000.-
〃 〃 〃	〃	5%	1934(10/30)	$10,404,700.-
〃 〃 〃	〃	5½%	1936(10)	$5,000,000.-
〃 〃 〃	〃	5%	1937(10/30)	$9,000,000.-
〃 〃 〃	〃	6%	1940(1/10)	$16,000,000.-
French Mun. Council	法公董局	5½%	1914(10/30)	151,500.-
〃 〃 〃	〃	5½%	1916(〃)	1,125,800.-
〃 〃 〃	〃	8%	1921(〃)	1,366,700.-
〃 〃 〃	〃	6%	1923(〃)	618,000.-
〃 〃 〃	〃	7%	1924(〃)	631,000.-
〃 〃 〃	〃	6½%	1925(20/30)	2,000,000.-
〃 〃 〃	〃	6½%	1926(〃)	1,000,000.-
〃 〃 〃	〃	6%	1930(10/25)	1,760,000.-
〃 〃 〃	〃	6%	1931(〃)	3,000,000.-
〃 〃 〃	〃	6%	1933(10/30)	2,000,000.-
〃 〃 〃	〃	5%	1934(〃)	$5,000,000.-
〃 〃 〃	〃	6%	1936(10/15)	$2,500,000.-
American Club	美國總會	4%	1939(13)P	$1,040,230.-
〃	〃	4%	1939(14)P	-----
Anglo-French Land	英法地產	6%	1932(10/20)	1,000,000.-
Asia Realty Co.	普益地產	8%	1930(10/30)c	1,360,000.-
〃 〃 〃	〃	6%	1930(10/30)r	3,000,000.-
Cathey Land Co.	華懋地產	6%	1930(5/20)	3,000,000.-
〃 〃 〃	〃	6%	1932(10/20)	1,000,000.-
〃 〃 〃	〃	6%	1933(〃)	$1,500,000.-
Central Properties	中和	5½%	1934(10)	$18,000,000.-
China Transport	中國運輸公司	8%	1931(4/20)	600,000.-
City Loan	上海市政府公債	7%	1932(20)	$6,000,000.-
〃 〃	〃	7%	1934(12)	$3,500,000.-
Columbia Country Club	美國鄉下總會	7%	1933(1/12-20)	350,000.-
Country Club	斜橋總會	6%	1901(Perpl.)	122,100.-
Fonciere et Immob.	中國建業地產	6%	1930(10/15)	1,984,000.-
		6%	1933(10/15)	1,730,000.-
〃 〃 〃	〃	6%	1934(〃)	$1,925,000.-
French Club	法國總會	7%		500,000.-
Int. Invest. Trust	國際	6%	1930(10/25)	1,951,000.-
〃 〃 〃	〃	6%	1931(〃)	963,000.-
G. E. Marden & Co.	馬勒洋行	6%	1930(10/15)	415,000.-
Metropolitan Land	恒業地產	6%	1933(10/20)	$1,873,700.-

Bonds & Prefs.

美亞	Am.AsiaU. 8%($100)
〃	〃 〃 〃 7%($100)
正廣和	Calb'kMac. 8%($10)
匯眾	China Fin. 8%($ 5)
怡和	Ewo Mills 8%($100)
電力	S'hai Power Co.$6p.a.
會德豐	S'hai Tugs 7% ($50)
自來水	Waterworks 7% ($10)
〃	〃 6½% ($10)

Cottons

	怡和紗廠	Ewo Mills
×	上海紗廠	S'hai Cotton (該廠係日商，現已被接收)
×	中紡	China Cotton (該公司已改組為中國公司，股票改為華股)
×	信和紗廠	China Textile (該公司已改組為中國公司，股票改為華股)
	元誠紡織廠	S'hai Worsted Mill
×	統益紡織	Tung Yih (該公司已改組為中國公司，股票改為華股)
×	崇信紗廠	Zoong Sing (該公司已改組為中國公司，股票改為華股)

Plantations

阿爾瑪	Alma
英達區	Anglo-Dutch
英植華	Anglo Java
愛耶太華	Ayer Tawah
伯土安南	Batu Anam
標地	Bute
志摩	Chemor United
陳氏	Cheng
康沙來特	Consolidated
刀米仁	Dominion
克拉克令樓	Gula (Bearer)
植華康沙	Java Cons'ted
可太邦路	Kota Bahroe
卡派揚	Kapayang
克羅華	Kroewoek
蘭格志	Langkat
柏丁	Pedang
普馬太	Permata
里派	Repah
橡皮信託	Rubber Trust
撒嗎格格	Samagaga
西門布	Semambu
薩納王	Senawang
閩達	S'hai Kedah
加倫丹	S'hai-Kelantan(1935)
馬來	S'hai-Malay (Ord.)
〃	〃 (Pref.)
伯亨	S'hai-Pahang
森蘭班	S'hai-Seremban
蘇門答臘	S'hai-Sumatra
蘇曼奇士	Sus Manggis
生加拉	Sungala
生結茵利	Sungei Duri
大拿馬拉	Tanah Merah
地橦	Tebong
樣茂	Ziangbe

公告第五九号

查本所试行上市各公司股票其中不合成交单位之股票及股款收据为数颇多，为便利[illegible]买卖起见，特指定下列各经纪人[illegible]买卖零股自由[illegible]该项零股自由者[illegible]

列各经纪人办理，特此公告

计开

第十八号经纪人 国华银行信托部

第廿号 〃 交通银行信托部

第四十五号 〃 新华信托储蓄银行信托部

第九十八号 〃 上海银行信托部

第一八一号 〃 国信银行

SC0023

公司债券
Debentures-----Continued

				Tls.
Race Club	跑马总会	6%	1934(10/25)	$2,000,000.-
Shanghai Land Invest.	业广地产	6%	1926(20/30)	1,000,000.-
〃 〃 〃	〃	5%	1930(15)	5,000,000.-
〃 〃 〃	〃	6%	1931(10/20)	3,000,000.-
〃 〃 〃	〃	6%	1933(5/20)	1,000,000.-
〃 〃 〃	〃	5%	1934(5/40)	$3,570,000.-
Shanghai Power Co.	上海电力公司	5½%	1935(10/40)	$28,000,000.-
Telephone "A"	电话公司(A)	6%	1932(10/25)r	5,000,000.-
〃 "B"	〃 (B)	6%	1935(9/24)c	$10,000,000.-
〃 "B"	〃 (B)	6%	1935(9/24)r	
〃 "C"	〃 (C)	6%	1937(20)	$4,000,000.-
Tientsin Land Invest.	天津地产	7%	1929(12/22)	1,446,600.-
Shanghai Waterworks	自来水	6%	1932(10/30)	2,800,000.-
〃 〃	〃	5½%	1937(〃)	$2,000,000.-
〃 〃	〃	5%	1937(〃)	$725,000.-
Wing On Co. (S'hai)	上海永安公司	7%	1936(10)	$5,000,000.-

逕啓者查買賣零股之經紀人業由本所指定貴經紀人等五家為經營茲再將買賣零股之詳細辦法暨所規定如下：

(一)成交手續　經紀人接受客戶之委託買賣零股者，可向指定買賣零股之經紀人任何一家接洽成交，成交後，仍由賣方填製場帳，經買方簽章，將第一第二兩張交與指定買賣零股之經紀人，彙送本所計算科。

指定買賣零股之經紀人直接辦理客戶之零股買賣時，應內部帳辦法填製場帳，將第一第二兩張送交本所計算科。

二、交割方法　無論買方或賣方之經紀人，概須至指定買賣零股之經紀人營業所內辦理交割，交割款以本票交付，股票移轉權利之責任由賣方經紀人負擔之。

零股交割需要合併或分割時，可託本所財務處代為辦理，財務處辦理上項手續應需要時所出之臨時收據，在有效期間內得借交割之用。

指定買賣零股之經紀人由客戶直接買入零股時，於將該股票之權利可以移轉時付[illegible]交割款。

三、交易稅　依照現貨稅率向賣方徵收萬分之五

四、經手費　向買方或賣方經紀人收千分之〇．三七五，指定買賣零股經紀人免收

內部帳之零股交易收一方之千分之〇．三七五，指定買賣零

股經紀人免收
指定買賣股經紀人間之買賣股票向主動者收千分
之〇・三七五
五、佣金　向委托人收千分之三
除公告外相應函請
查照分行此致
第一八號經紀人國華銀行信託部
第三一號經紀人交通銀行信託部
第四五號經紀人新華信託儲蓄銀行信託部
第九六號經紀人上海銀行信託部
第一八一號經紀人國信銀行

1079

民治法律事務所用箋

字第　　號第壹頁

逕啟者查
貴所經紀人依照規定分個人及法人兩種遍閱各項
章則對於個人經紀人之利益似有未盡善處茲
將管見所及擬請明文增定如下
(一)個人經紀人不必定需兼為其營業字號之合夥
人對於第三者及客戶等之一切責任由該字號出
資之合夥人及特定之負責人負其責任
(二)個人經紀人之營業字號如因增資改組等事項
有變更名稱之必要時得報請上海證券交易所
同意後變更之

中華民國　　年　　月　　日

民治法律事務所用牋

SC0016

字第　號第貳頁

(三)個人經紀人之營業字號應依照公司法規定向主管官署辦理登記而以原經紀人為代表人者得變更為個人經紀人為股份有限公司或有限公司組織時其資本額須在一萬萬元以上為無限公司兩合公司或股份兩合公司組織時其資本額須在五千萬元以上

以上三點對於個人經紀人出入殊鉅貴所想能洞悉此中利害為保障個人經紀人起見實有增訂之必要是否可行應請

卓奪　此致

上海證券交易所

第一六七經紀人

中華民國卅六年叁月廿五日

發文總字第1227號

SC0022

逕啓者接

貴經紀人本年三月廿五日大函敬悉承示三點核復如左：

㈠本所審核個人經紀人資格係根據本所暫行營業細則第六條甲項之規定包含六款均以該經紀人個人為主體個人經紀人應設立營業所而「得」設立證券字號個人經紀人之證券字號當然為經紀人所組織該經紀人自係合夥人之一無經紀人參加之證券字號與交易所法第十六條相抵觸

㈡個人經紀人之證券字號如因增資改組而變更名稱須報請本所同

卅六　四　一　壹

意後變更之但應以該經紀人仍係合夥人為原則

(三)個人經紀人之證券字號所謂字號者係指獨資或合夥組織而非公司之組織本所對其資格之審查仍依其個人之各項資格為據至法人經紀人之資格則審查標準有異不能互為變更也

肆意建議各點與現行法規及本所暫行營業細則不無牴觸目前尚難採用相應函復即希

查照為荷此致

第一六七號經紀人

孫鋤風先生

啓

卅六　四　一　貳

公告第六十号

茲將關於遲延交割案內之本證據金及追加證據金之徵納辦法規定如下 特此公告

計開

(一)遲延交割案內凡因種類之買賣其相抵部份免收本證據金

(二)遲延交割案內其本證據金之現金部份及追加證據金之現金須於該案內計算日臨城之翌日上午十一時三刻前以行莊本票送繳本所財務處

本證據金之代用品及現品擔保之證券（除下開另有規

室外亦在同时交易

(三) 上次布證據金之代用品及現品提交之證券如須以該

交易計算區域內收之現貨換充者須於交割時整

成申請換充之

發文　字第　號

呈為債券市場將開業仰祈

俯賜頒示開拍公債種類並請

檢賜各該條例及說明以便進行開拍事竊查上海證券交易所業經定期開幕

股票債券兩市場均擬着手進行開拍除上市股票另行呈報請核外所有各項

公債之條例說明均尚未奉

頒發用特備文呈請仰祈

令知開拍公債種類並請

檢賜各該公債條例及說明俾便着手開拍實為公便謹呈

財政部部長俞

上海市證券交易市場籌備委員會主任委員杜　鏞

中華民國三十五年九月三日

查屬所前以籌備開業關於開拍公債種類及其條例樣張未奉頒發經由
籌備委員會於本年九月三日呈請令發尚未奉示茲以屬所開業以來股票市
場業經開拍債券市場以經紀人催拍甚急亟待開業理合備文呈請仰祈
迅賜指示開拍公債種類並請
檢賜各該公債條例及樣張俾資遵循實爲公便
謹呈
財政部部長俞

上海證券交易所理事長杜　鏞

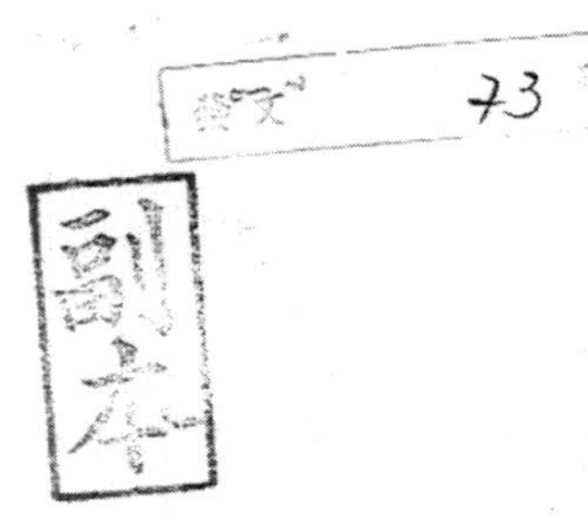

屬所茲爲準備開拍公債擬訂「開做公債各項規定」一件經第四次
常務理事會議決通過並紀錄在卷理合抄同該項規定一份呈請
鑒賜核示以便施行實爲公便
謹呈

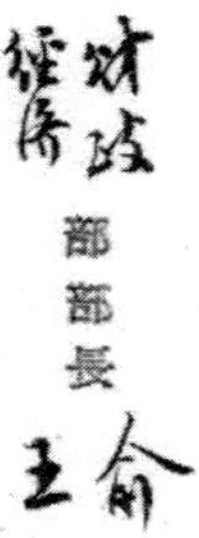

部部長俞

上海證券交易所理事長杜　鏞

附呈開做公債各項規定一份

上海證券交易所股份有限公司關於公債令買規定

一　成交單位　國幣公債以票面五十萬元為單位美金公債以票面美金五百元為單位英金公債以票面英金一百鎊為單位

二　叫價貨幣本位　無論國幣外幣公債概以國幣叫價

三　價格升降單位　依照現行股票辦法百元以下一角二百元以下五角一千元以下一元一千元以上五元

四　價格升降限度　漲落前日後市收盤行市之一成

五　交易方法　暫時利用二樓現有設備分組辦理一切手續仍照股票市場辦法

六　交割辦法　其適用遞延交割者按照另訂之「遞延交割暫行辦法」辦理其餘按照現行股票交割辦法辦理

奚文德

卅六　十一

為關於公債事業申請鑒核示由

查鈞所營業範圍以本公司證券及本國政府公債兩類本年曾先後呈請令示關於公債買賣事項並遵經列述並呈送關於公債令買規定請核示遵行各

行在案

鈞部京錢公二字第四五八七號代電令飭開已呈奉　行政院核示暫從緩議等因在卷故鈞所開業一年餘來交易僅有公司證券尚未能配合政府政策開放公債交易奉政府核示暫從緩議之原意或因國幣公債數額有限加以關於

難免操縱外幣債券又因美鈔買賣甫經取締市場投機氣氛猶甚濃烈如以外幣債券上市價格可能遠過國行匯率造成變相之外匯投機市場影響匯率但自本年八月外匯管理新辦法公布以後匯率已非固定官定市價由平衡基金會經常主動作機動性之調整美金庫券之出售及美金券債之還本付息均以當日官定市價爲準美金券債上市開拍其價格自可不出官定市價之範疇而政府亦可運用公開市場政策加以平衡故自外匯管理新辦法施行以來情形已迥不相同往昔之顧慮因素已不存在抑尤有進者目前政府銷售美金券債人民固已紛紛認購然尚有因購入後一旦需款不易轉讓而懷觀望者如在屬所上市開拍則資金易於融通以發行條件之優越自必踴躍認購無疑而於今後政府發行債券收縮通貨調節財政利便人民投資均有裨益亦符合屬所奉令設立協助政府推行國策之原意爲特重申前請仰祈

鑒核示遵謹呈

財政部部長俞

上海證券交易所理事長杜　鏞

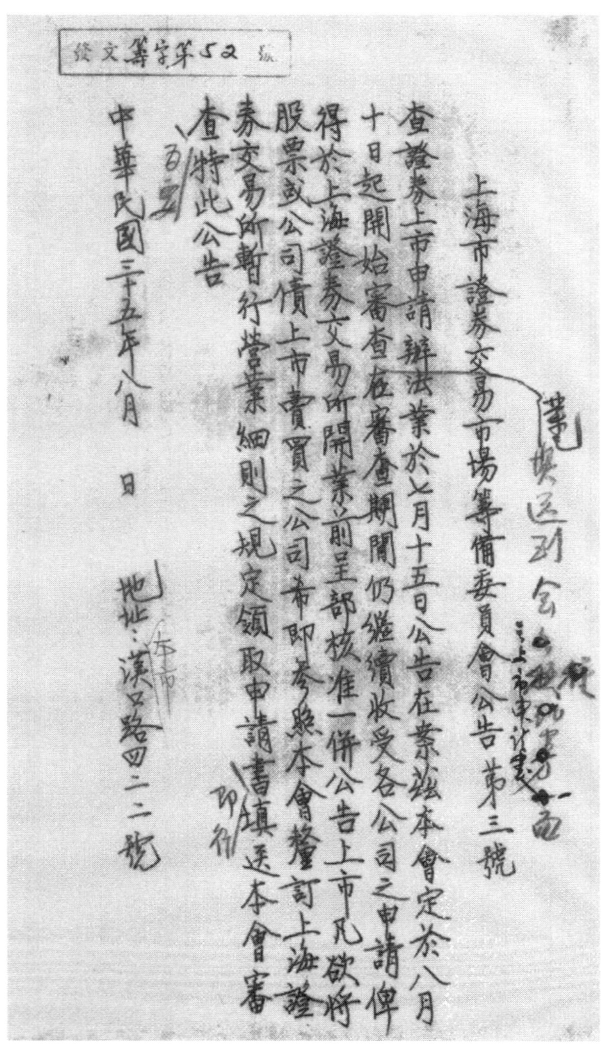

發文籌字第52號

上海市證券交易市場籌備委員會公告第三號

查證券上市申請辦法業於七月十五日公告在案，茲本會定於八月十日起開始審查，在審查期間仍繼續收受各公司之申請，俾得於上海證券交易所開業前呈部核准一併公告上市。凡欲將股票或公司債上市買賣之公司，希即參照本會釐訂上海證券交易所暫行營業細則之規定，領取申請書填送本會審查。特此公告

中華民國三十五年八月 日

地址：漢口路四二二號

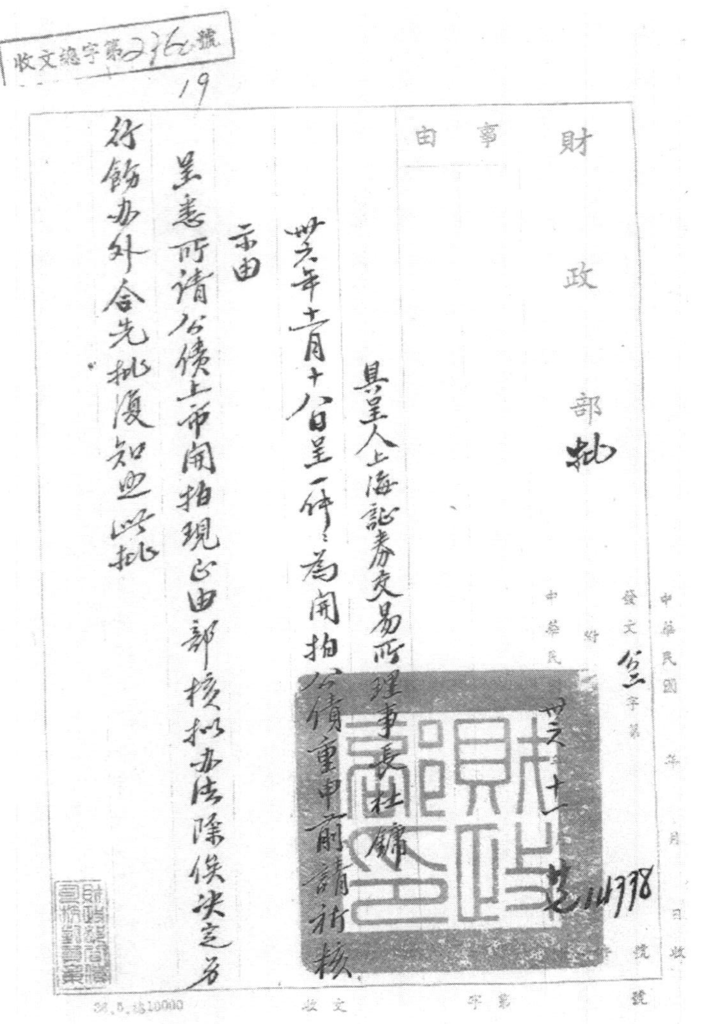

收文總字第2316號

19

財政部批

事由

具呈人上海證券交易所理事長杜鏞

卅五年十一月十八日呈一件：為開拍公債重申前請祈核示由

呈悉。所請公債上市開拍現已由部核擬辦法，陳候決定，另行飭办外，合先批復知照。此批。

發文 籌字第78號

呈爲呈送審查試行上市股票名單並檢附原申請書仰祈

鑒核示遵以便開拍事竊查上海證券交易所上市股票前經登報公告茲據各

該申請公司陸續申請到會送經屬會分組評加審查並經全體會議複查通過

計試行上市股票二十家除分呈經濟財政部外理合備文列單檢同原申請書連

同附件呈請

鑒核仰祈

迅予批示以便開拍實爲公便謹呈

經濟財政部部長 王 俞

上海市證券交易市場籌備委員會主任委員杜 鏞

中華民國卅五年九月三日

試行上市股票名单

試行上市股票名单

申請書號数	公司名稱
一	新光内衣
三	華豐搪瓷
四	五和織造
五	中國内衣
六	中紡紗廠
八	大中華火柴
九	永安公司
十	美亞織綢
十三	勤興紡織
十六	大通紡織
十九	中國絲業
廿二	榮豐紡織
廿八	永安紡織
廿九	統益紡織
三十	麗安百貨
卅五	中國水泥
卅八	信和紗廠
卅九	新亞化学

申請書號數	公司名稱
四十	景福衫襪
四十五	景綸衫襪

發文 189 號

查屬所前據新光內衣公司等二十家申請證券上市業經呈奉
鈞部黄文第二三六三/京商字一〇二七六二號指令照准在案茲續據九福製藥廠股份有限公司等
申請證券上市經屬所第三次理事會議決組織上市證券審查委員會詳加審
查茲經審核許准予試行上市證券七家除分呈財政/經濟部外理合列單檢同原申
請書暨附件各全份備文呈請
鑒核迅賜批示以便開拍實爲公便謹呈
財政/經濟部部長王俞

上海證券交易所理事長杜　鏞

附呈七家公司名單一紙及原申請書暨附件七份

續予試行上市證券名單

申請書號數	公司名稱
五八	九福製藥廠股份有限公司
六一	商務印書館股份有限公司
四九	中法藥房股份有限公司
四七	上海中國國貨股份有限公司
四六	聯華地產股份有限公司
三三	永業地產股份有限公司
二二	新華股份有限公司

上海證券交易所

核准第二次試行上市股票名單

(一)九福製藥股份有限公司

(二)商務印書館股份有限公司（仍應飭該公司於辦理卅五年度營業決算時將最近五年來依公司法第二二六條規定之各項表册補報備查）

(三)中法藥房股份有限公司（仍應飭該公司將董事會關於申請股票上市之決議錄及董事會授權簽章之決議錄補報備查）

(四)上海中國國貨股份有限公司

(五)永業地產股份有限公司（仍應飭該公司將董事會授權簽章之決議錄補報備查）

(六)新華股份有限公司

以上共六家

財政部

錢幣司核對章

發文總

卅六　六

爲核准閘北水電公司等四家申請股票上市並准

飭令檢同原申請書呈請准予試行上市由　　事由

貴所核送各公司申請股票上市經予加審查其中閘北水電有限公司、信誼化學製藥廠股份有限公司、宣豐染織股份有限公司及勝新水泥股份有限公司等四家與規定尚合擬准予以試行上市並令檢同各該公司原申請書各一份呈閱

此致示遵

部長

上海證券交易所理事長杜　鏞

附呈申請書四份

發文總字第1817號

副本

發文録

卅六 七

為據中興輪船股份有限公司申請股票上市經審查尚合擬准予試行上市由　　如文

茲據中興輪船股份有限公司申請股票上市經詳加審查與規定尚無不合擬予以試行上市理合檢具該公司原送申請書一份連同所附各件具文呈送敬祈

鑒核示遵謹呈

上海證券交易所理事長杜　鏞

附呈申請書一份（附件全）

發文總字第4143號

發文録

卅七 五

為上海市輪渡公司等六家申請股票上市擬准予試行上市由　　如文

竊所茲據各公司申請股票上市經詳核審查其中上海市輪渡股份有限公司振華油漆股份有限公司浦東電氣股份有限公司上海水泥股份有限公司梅林罐頭食品股份有限公司及富安紡織股份有限公司等六家與規定尚合擬請予以試行上市理合檢同各該公司原申請書各一份呈請

鑒核示遵謹呈

部部長　　上海證券交易所理事長杜　鏞

附呈申請書六份

收文總字第九ㄅ〇ㄣ號

財政部
經濟部 批

財錢己 三六三

原具呈人上海証券交易所

事由：本年五月十三日總字第四一四號呈一件為據上海市輪渡公司等六家申請股票上市檢呈申請書件請鑒核示遵由

呈件均悉所請一節除上海市輪渡股份有限公司浦東電氣股份有限公司富安紡織股份有限公司振華油漆股份有限公司等四家應俟遵飭補正手續再行申請核辦外其餘上海水泥股份有限公司梅林罐頭食品廠股份有限公司兩家經核大致尚合均予照准關於應行補送或改正各件仍應遵辦茲檢發核准試行上市股票名單及應飭補正手續再行核定之上市股票名單各一份仰即遵照此批

附件（如文）

財政部

87.4. 總20000

核准試行上市股票名單

(一)上海水泥股份有限公司　該公司增資至八十億元經由本經濟部於三十七年一月間核准變更登記而所送股票樣張實際仍係股份收據尚有未合應准以正式股票上市並將股票樣張及董事會授權發票之決議錄補報備查

(二)梅林罐頭食品廠股份有限公司　該公司增資至國幣三十億元經由本經濟部於卅七年一月廿三日核准變更登記應准上市惟所送股票樣張關於填發之時日載為「三十七年一月廿日」等字樣是其填發股票在核准登記之前於法未合應飭改正並將股票填發日期補報備查

以上共兩家

財政部

37.6.總80,000

應飭補正手續再行核定之上市股票名單

(一)上海市輪渡股份有限公司

該公司於卅六年四月核准登記資本為十五億元此次申請上市關於董事會授權簽章之決議錄及董事會關於証券申請上市之決議錄未據呈送應飭補送上開各件到部再行核辦

(二)浦東電氣股份有限公司

該公司於卅六年依照工礦運輸事業重估固定資產價值調整資本辦法估值增資至五十億元經本經濟部核准有案惟尚未依法声請變更登記如就調整資本前之股份上市自屬可行至以五十億資本之股份声請上市既包括新股在內應比照股

37.6.增 30,000

份須約轉讓辦法屆滿後本兩部所示處理辦法第六項補充規定三種方式之任何一種声叙新股上市係由並檢具附件(通過整資方案之股東會決議錄及董事監察人出具收足新股股款証明書)由公司逕行呈報本經濟部核定後再行上市

(三)富安紡織股份有限公司

該公司增資至三十五億元經由本經濟部於卅七年四月間核准變更登記而所送上市申請書及股款臨時收據仍列資本総額為七萬萬元计七千萬股顯與現時資本総額不符又股東名簿未

據呈送應就增資後之股份改正声請上市文件
連同股票樣張及股東名簿呈報到部再行核
辦

（四）振華油漆股份有限公司

該公司增資至三十億元經由本經濟部於卅七年
三月間核准變更登記此次申請上市仍列為一
十二百萬股十二億元顯與現時資本總額不符又閱
於董事會校推簽章之決議錄未據呈送股東名
簿亦未載列各股東股數至所送董事會決議錄
關於申請股票上市僅載稱「現先籌備登記手續
俟後再行討論」等語究竟已否決定上市無從懸
揣應就增資後之股額提經董事會決議報請上
市並改正申請文件連同股票樣張暨補正上開
各件呈報到部再行核辦

才 文 印

37.6.總80,000

發文總 004655

卅七 七 十

為世界書局申請股票上市擬請予以試行上市由

如文

鈞所

茲據世界書局股份有限公司申請股票上市經詳複審查與規定尚合擬請予以試行上市理合檢同該公司原申請書一份連同附件呈請

鑒核示遵謹呈

上海證券交易所理事長杜 鏞

附呈申請書一份暨附件

收文滬字第4757號

逕啓者查

貴公司申請股票上市一案業經呈奉

財政部財錢已字第一一二三
工商部京商87七二八九一號批示准予試行上市相應函達即希

查照並派負責人員惠臨本所業務處洽辦上市手續爲荷此致

世界書局股份有限公司

啓

卅七 八 三十

全

發文 36 號

逕啓者兹經本所第二次理監聯席會議議決股票市場定於本年九月十六日開拍暫時祇開前市經紀人對客戶徵收股票交易佣金暫按千分之三計算俟經紀人公會成立後再行依照本所暫行營業細則第七十條規定之程序決定佣金率至交易稅則俟征收辦法頒下後再行開征相應函達即希

查照爲荷此致

貴經紀人

上海證券交易所啓

中華民國三十五年九月十四日

發文 643 號

SC0053

逕啓者查本所暫行營業細則第六十二條規定交易成立後由賣方經紀人製就收據經買方經紀人簽字承認後仍由買方送交本所原爲保障雙方權益免滋糾紛近以買方經紀人屢有不遵規定手續逕將收據交與賣方經紀人其簽字與否亦不過問以致糾紛叠起賣方既無憑證本所自亦無法爲之處理在賣方經紀人何以自願放棄保障陷於不利殊不可解嗣後務望各經紀人顧全自身權益切實依照本所規定手續辦理勿再稍背自貽伊戚除公告市場並分函經紀人公會外相應函達即希

查照此致

貴經紀人

上海證券交易所啓

中華民國三十五年十二月三十日

公告第一三一号

近日市況動盪上落頗大各經紀人經營貨物須特加審慎按規定應交到應繳各種金飾首飾現金及代用品部份其繳納時間暫予提早至下午時均應於翌日上午十一時一刻以前繳納俟市況回常時再另告恢復原定時間又買賣成交單為經營戶要求審閱本所可為隨時證明以杜糾紛

特此公告

公告 第一五一号

……九月一日起經紀人同時接受兩個以上之客戶委託其所……買賣……同……內……其……

……做交易……標數、數額、及價格均應相同……

不得……非……內時……

……特此公告

公告第二一三號

茲因增資發新股上市之開盤辦法調整如下 特此公告

(一)開盤鈴響後各經紀人開始交易，將場帳立即交與本所，第二次鈴響後（即開盤完畢之鈴聲）暫停交易，同時停收場帳

(二)本所將已收到之場帳算出平均價格作為開盤行市，依照原訂標準公佈漲限跌限後再行繼續交易

前項收到之場帳如有極少數價格與其他多數價格相離過遠者，本所不予平均在內，以防以故意虛偽情事

(三)在公佈漲跌限度前所作成之交易其價格如有高於漲限或低於跌限者，概以漲限跌限計價，應立即向本所更正，雙方不得異議

公告第二一八號

茲依本所營業細則第二十二條規定，凡經紀人所做遲延交易存帳，須蓋過圖章上指定之者，自五月二十六日（星期四）起，務希須蓋過圖章上指定之存帳之遲延交易，但現品提交不在此限，特此公告

公告第四五五號

查本所第二一八號公告凡經紀人所做遞延交易之存賬額規定為國幣六百億元茲經本所第一屆第三十五次常務理事會會議議決自即日起遞延交易之存賬額改定為國幣叁百億元特此公告

公告第五二三號

自本年六月一日起各經紀人於交割時交付之行莊本票應由各該經紀人用存所印鑑背書並註明交入日期特此公告

公告第五七三號

茲經本所理事會議決：~~本所經紀人交割多拖延，足以影響市場業務，特規定~~凡經紀人不按時交割清楚者，應即予警告，或通知暫停交易；其情節嚴重者，應即公告予以處分。希各知照。特此公告。

逕啟者：查本所委託中交兩行辦理驗收證券交割事宜，向於本所收進交割證券時間，前經規定限於上午十一時三十分至下午二時止，並公告市場在案。茲以各經紀人每有逾時繳納交割證券，殊足影響交換，用特再申前項規定，函達查照，務希依時繳納為荷。此致

各經紀人

[illegible]

公告 字第二四二號

查各試行上市公司股票，因辦理增資等事項，由所公告暫停交易，在暫停交易期間，各經紀人不得自行或代客買賣該項股票。查少數經紀人不照規定仍有代客買賣上述暫停交易期間股票情事，殊屬有違定章。除分別制止外，希各注意。特此公告。

逕啓者案准財政工商部上海交易所監理員辦公處本年八月廿二日監（卅七）字第一三〇〇號公函內開「案奉財政工商部八月廿一日錢戌（六三）電開「依照政府八月十九日公佈整理財政及加強經濟管理辦法第卅一條上海天津證券交易所應即暫停營業非俟呈經行政院核准後不得復業茲特由該員會督該所切實遵辦除於遵案隨時停業兩天外自八月廿三日起應即遵照暫停營業其以前所成之交易茲規定於廿三日起分為了結所有了結辦法應由該員督飭該所妥擬辦法仍將停業及了結情形呈報備查」等因奉此相應函達即希查照遵辦並妥為了結仍將遵辦情形見覆」等由本所市場遵自本年八月廿三日起暫停營業並將各經紀人已做成交易之交割日期及辦法規定如左：

(一)股票　八月十八日下午及十九日上午之交易於同月廿三日交割八月十九日下午之交易於同月廿四日交割

(二)庫券　八月十八日乙種交易及八月十九日甲種交易於同月廿三日交割八月十九日乙種交易於同月廿四日交割

(三)前項交割價銀概依法幣叁百萬元折合金圓一元收付

(四)股票交割價銀收付總額均加算延期息三天按月息二角一分計算庫券交割價銀甲乙兩種交易均按日加算延期利息法幣七角三天共加法幣二元一角折合金圓一併交割清算

除分別公告市場並分函外相應函達即希查照爲荷此致

貴經紀人

上海證券交易所啓

中華民國三十七年八月二十二日

逕啓者本年八月十九日政府公布財政經濟緊急處分令在其附屬之整理財政及加強管制經濟辦法第三十一條規定「上海天津證券交易所應即暫停營業非經行政院核准不得復業」本所已遵於八月二十日起暫停營業並於同月廿三廿四兩日辦理交割事宜均已辦理清楚具見各經紀人僉能深體政府緊急處分之意旨籌維經營擁護合作至堪欣慰政府此次發布上項緊急處分法令目的在鞏固金融穩定物價意義重大爲安定市面防止波動起見政府命令本所市場暫停營業實屬必要之措施對於經紀人業務前途亦屬有利證券交易所在金融機構中爲重要之一環將來政府當推行公債政策鞏固發行準備並導引以前呆滯于金鈔之資金流入生產建設途徑時證交之使命更爲重大至民營企業爲配合國策促進生產其資金之來源尤需證交機構之協助故至相當時機政府必能准予迅速復業各經紀人鑒于將來責任之重要務必恪遵法令深切自愛在本所暫停營業期間勿作違法交易之行爲免召各方不良之印象與指責以致影響復業之日期本所與各經紀人休戚相共用特鄭重申言尚希

亮詧爲荷此致

貴經紀人

上海證券交易所啓

中華民國三十七年八月二十四日

公告　第六一二號

查本所奉令復業業經第六一一號公告週知並經本所第一屆第四十六次常務理事會決定遵令復業並議決復業事項如左

一、復業日期　定自三十八年二月二十一日開始

二、集會時間　股票部份暫定為每日上午九時三十分開市至下午十二時三十分收市，債券部份另定

三、經紀人資本　各經紀人應即遵照部頒復業辦法第五條規定重行調整資本，不得少於五十萬金圓

四、經紀人保證金　各經紀人應遵照部頒復業辦法第六條規定（[illegible]）繳納保證金（其他有價證券部份作為面值五折計算[illegible]）金圓限本年二月十六日止向本所財務處繳齊

五、上市證券　除開拍卅七年八月十九日本所遵令暫停營業時開拍之各該部上市股票外，遵令加拍國營事業國營招商局、中國紡織建設公司、台灣糖業公司及台灣造紙公司等股票暨政府指定之政府公債。所有國營事業各公司股票及政府公債等開拍日期及交易辦法另行公告

特此公告

通知上海證券交易所

查該所業經　行政院核准復業，依照復業辦法規定，其曾在該所為買賣之民營事業股票，應准以轉讓預約方式恢復上市，惟各該民營事業之資本額及其股票票面金額，均係以法幣列計，尚未變更調整，致列為金圓，而現時在市場為轉讓預約買賣，自應以金圓計。茲事關產業證券上市，特由本部規定：凡前經上市之股票，此次恢復上市，應由發行股東之公司擬具每一股票單位之金圓之市價格，並報明該公司半年來實際營業情形及資產負債狀況，連同有關營業報告書表，報由該所商承監理員詳予審核，擬具意見，報請本部核定後，准予上市。如為適應時機，得准由該所商同監理員先予核定上市，仍應報部查核備案。除咨達財政部查照暨令飭本部監理員遵照外，仰即遵照辦理，特此通知。

部長 劉維熾

監印　校對

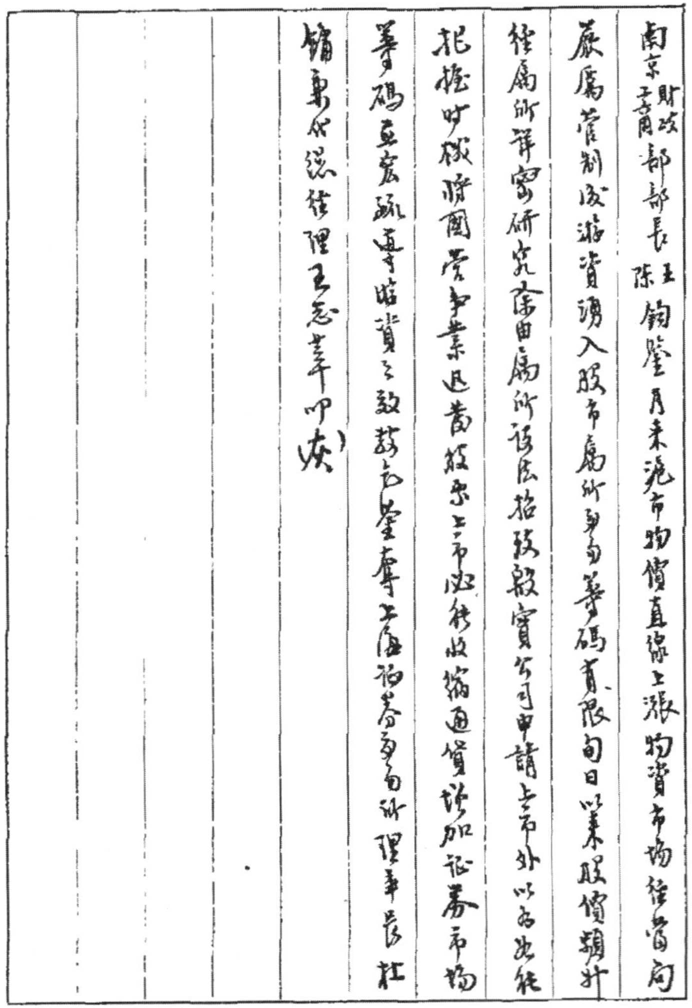

南京財政工商部部長王陳鈞鑒月來滬市物價直線上漲物資市場從前向
藏匿囤積改循遊資湧入股市爲所多有籌碼有限旬日以來股價騰升
經屬所詳密研究除由屬所設法招致殷實公司申請上市外似應迅飭
把握時機擇國營事業迅將股票上市以收緊縮通貨增加證券市場
籌碼並寓疏導遊資之效藉[illegible]上海證券交易所理事長杜
鏞東代總經理王志莘叩[illegible]

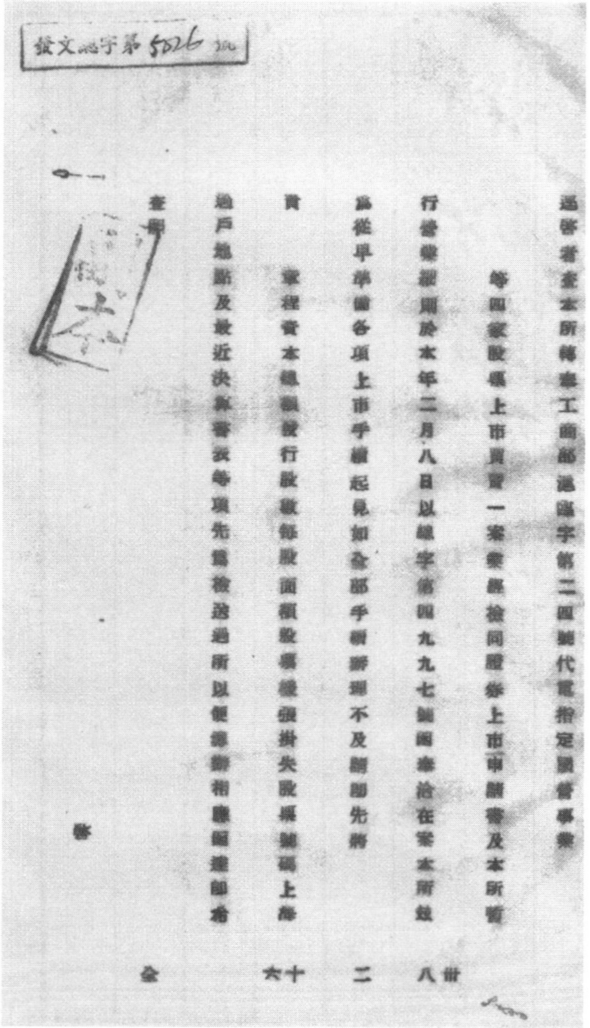

發文滬字第5026號

逕啓者查本所轉奉工商部滬臨字第二四〇號代電指定國營事業
等四家股票上市買賣一案業經檢同證券上市申請書及本所暫
行營業細則於本年二月八日以總字第四九九七號函奉洽在案本所茲
爲從早準備各項上市手續起見如全部手續辦理不及擬請先將
貴　章程資本總額發行股數每股面額股票樣張掛失股票號碼上海
過戶地點及最近決算書表等項先爲檢送過所以便參酌相應函達即希
查照爲荷

卅八　二　十六　全

收文 5642

招商局輪船股份有限公司

上海(○)廣東路二十號　電話一九六〇〇　電報掛號五三〇〇〇一

(38)滬產0613

前准

貴所二月八日發總字第四九九七號函以本公司股票業經工商部指定上市買賣囑即洽辦上市手續等由並附空白聲請書四份營業細則一份准此當以本公司股票應否上市須呈請　交通部核示前曾於二月十五日以滬產字第四七二號函復在案頃奉　交通部二月廿三日航穗字第一四五號指令開「呈悉查該公司股票業奉　行政院令暫緩出售仰即遵照」等因奉此相應函請

查照為荷此致

上海證券交易所

招商局輪船股份有限公司　啓

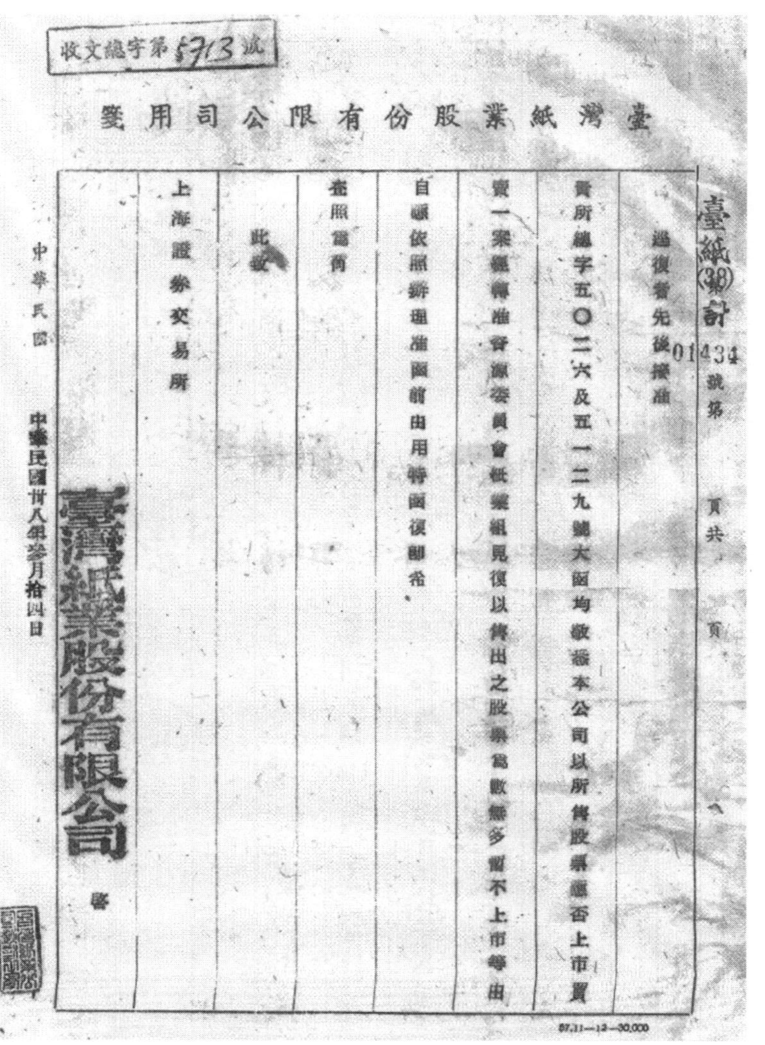

收文總字第5713號

臺灣紙業股份有限公司用箋

臺紙(38)計01434號　第　頁　共　頁

逕復者先後接准

貴所總字五〇二六及五一二九號大函均敬悉本公司以所存股票應否上市買賣一案經轉准資源委員會紙業組電復以存出之股票為數無多暫不上市等由自應依照辦理准函前由用特函復即希

查照為荷

此致

上海證券交易所

臺灣紙業股份有限公司　啓

中華民國卅八年參月拾四日

原具呈人上海證券交易所

卅六年三月七日經字第五二一六號呈一件為遵呈報招商局股票等奉院令請緩出售及其他國營公司股份上市請核辦由

呈悉。查國營事業股票上市與否應尊重其主管機關意見。本案關於招商局股票已迭經部方函達暫不擬出售，自應暫緩上市。據呈前情，仰即知照。此批

部長劉維熾

監印
校對

原具呈人上海證券交易所

卅六年三月十六日經字第五二七四號呈一件為呈擬台灣紙業公司股票資源委員會意見請示上市核奪由

呈悉。查國營事業股票上市與否應尊重其主管機關意見，前經行飭知照有案。本案該台灣紙業公司股票既准資源委員會方面函復暫不上市，自應照辦。仰即知照。此批

部長劉維熾

監印
校對

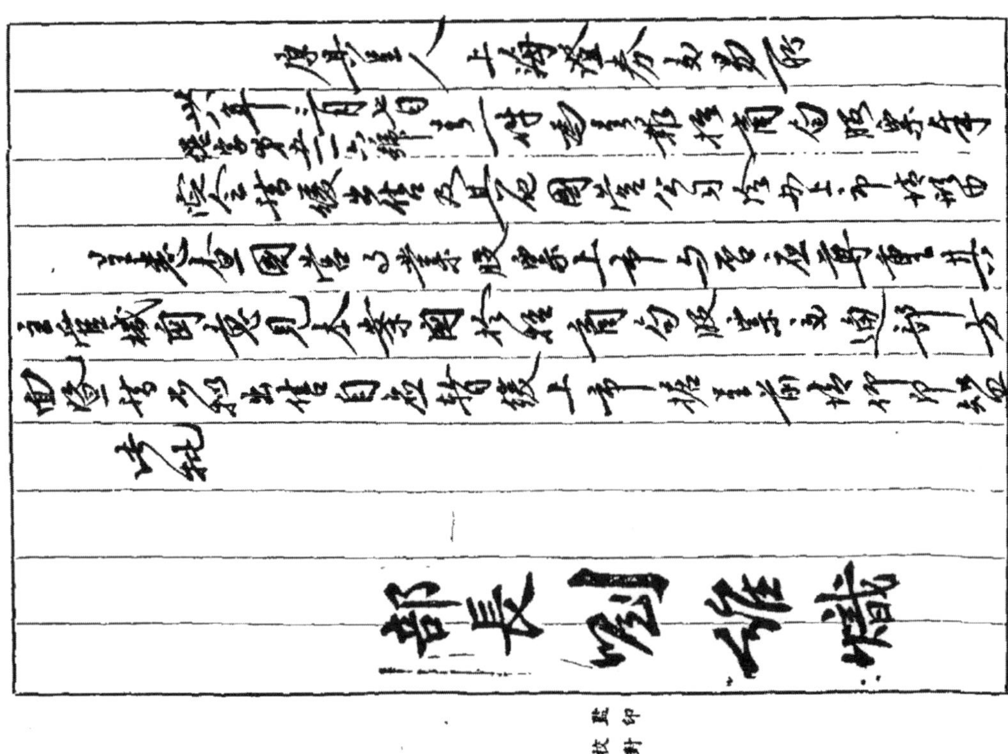

公告　字第六五九号

據經紀人公會函請從速恢復後市以利業務經提請本所第一屆第四十九次常理會決議自三十八年三月二十一日起恢復後市並將有關事項規定如次

一、集會時間　前市上午九時半至十二時　後市下午二時至三時半　星期六後市下午二時至三時止

二、計帳區域　當日後市起次日前市止

三、交割準備金　據後市軋存交易金額徵收交割準備金百分之五十其中現金百分之二十代用品百分之三十必要時本所得隨時增減之　後市交易之賣方得以原種數額繳現貨如有相抵部份亦得以該數額現貨繳代替交割準備金　前項繳現貨經紀人應於對帳時通知本所業務處計帳科逾時不得再變更

四、對帳時間　下午六時半

除登報外特此公告

公告　第六五八号

兹规定自（依本所第十届第四十九次常理会决议）本市恢复■三日起各经纪人如因客户之请求对於備

交割交易[易]记了结者（在下午）得向本所申请办理了结上项（手续）申请了结交易

暂以现行系试行上市证券交易（较）繁之永安纱厂美亚织绸景

福衫袜新光内衣四种先行试办其余仍不得临时申请前项申（有关之经纪人[illegible]）

请了结交易应用有红圈场帐以资识别備但同种类同数额

买卖二方[illegible]（相机告）双方经手买卖所减半征收（交易税仍旧）■此

项交易应仍用原用场帐并将成交作为记在同一场帐上以便查（应予报外）

核特此公告

公告　第六八七号

兹以本所市场交易为其常态业务数已停顿经本所第一届第

十四次理监事联席会议议决自三十八年五月五日起暂停市

场集会除依照交易所法规定分别呈报主管官署外特

此公告

五、证券经纪人、证券经纪人公会及其活动

(一) 战时上海的股票公司及其兴衰

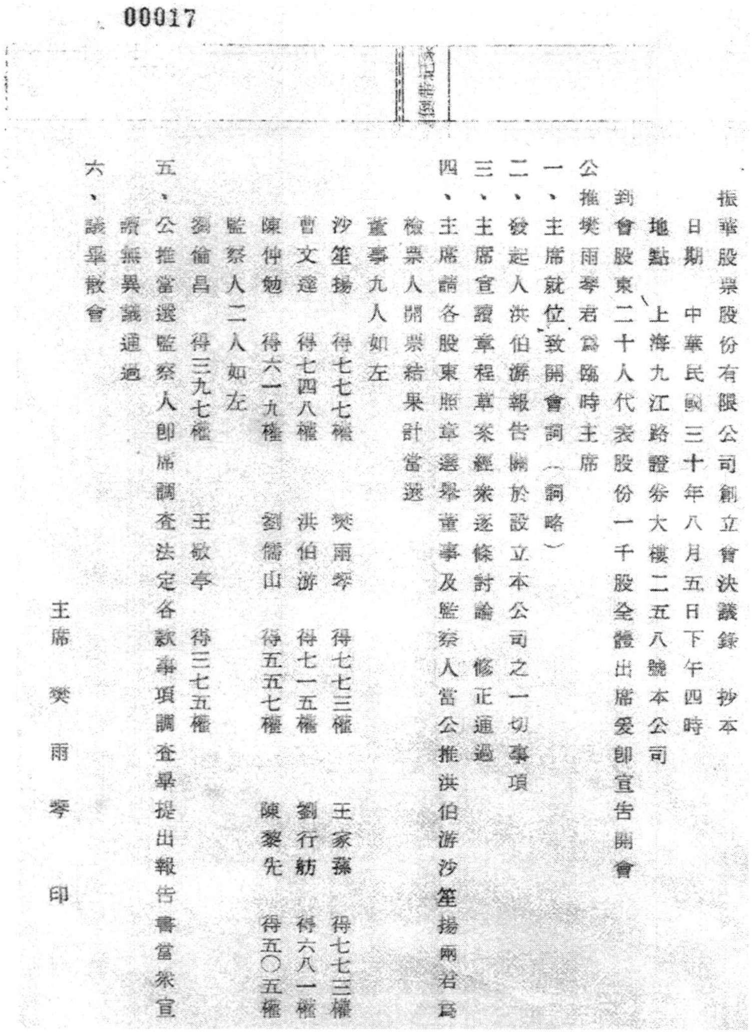

振華股票股份有限公司創立會決議錄　抄本
日期　中華民國三十年八月五日下午四時
地點　上海九江路證券大樓二五八號本公司
到會股東二十人代表股份一千股全體出席爰即宣告開會
公推樊雨琴君為臨時主席
一、主席就位致開會詞（詞略）
二、發起人洪伯游報告關於設立本公司之一切事項
三、主席宣讀章程草案逐條討論　修正通過
四、主席請各股東照章選舉董事及監察人當公推洪伯游沙雄楊兩君為
檢票人開票結果計當選
董事九人如左
沙雄楊　得七七七權　樊雨琴　得七七三權　王家蓀　得七七三權
曹文達　得七四八權　洪伯游　得七一五權　劉行楷　得六八一權
陳仲勉　得六一九權　劉錦山　得五五七權　陳鑒先　得五〇五權
監察人二人如左
劉錦昌　得三九七權　王敬亭　得三七五權
五、公推當選監察人即席調查法定各款事項調查畢提出報告書當衆宣
讀無異議通過
六、議畢散會
主席　樊雨琴　印

00017

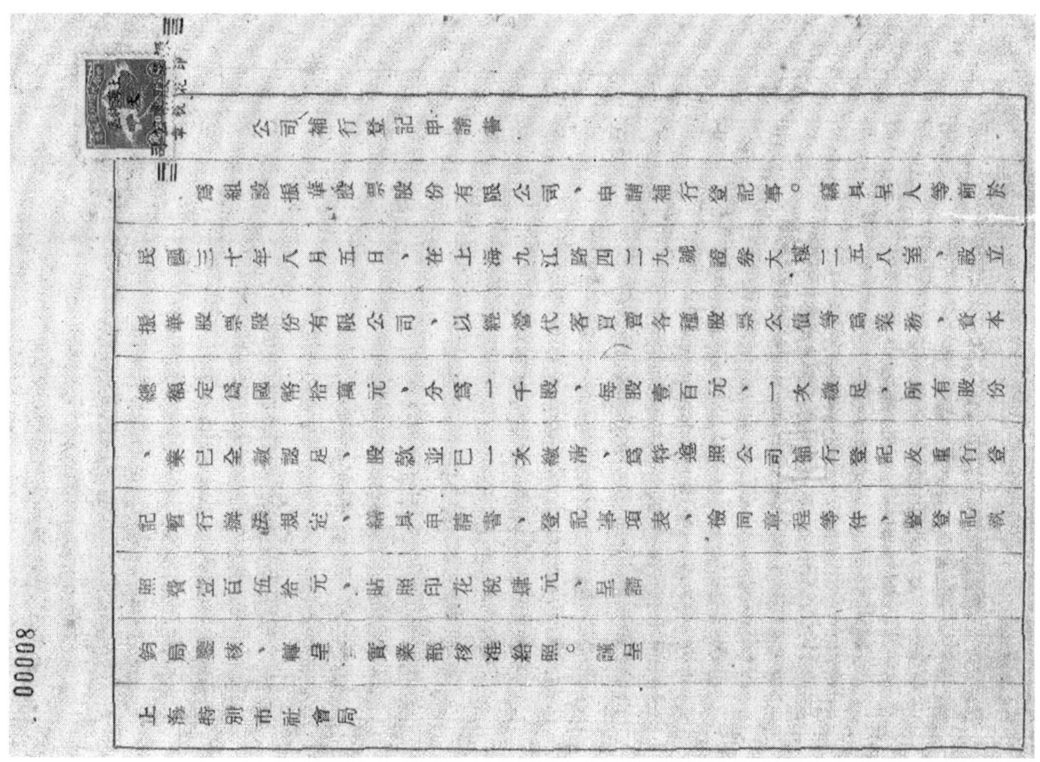

公司補行登記申請書
為組設振華證券股份有限公司、申請補行登記事。竊具呈人等前於
民國三十年八月五日、在上海九江路四二九號證券大樓一二五八室、設立
振華股票股份有限公司、以經營代客買賣各種股票公債等為業務、資本
總額定為國幣拾萬元、分為一千股、每股壹百元、一次繳足、所有股份
、業已全數認足、股款並已一次繳清、爰特遵照公司補行登記及重行登
記暫行辦法規定、繕具申請書、登記事項表、檢同章程等件、並登記費
照費並百伍拾元、貼照印花稅肆元、呈請
鈞局鑒核、轉呈　實業部核准給照。謹呈
上海特別市社會局

00008

附件

具呈人 振華股票股份有限公司

董事 沙笙揚 樂雨琴

王家驤 曹文達

洪伯游 劉行舫

陳仲勉 劉儒山

陳黎先

監察人 劉倫昌 王敬亭

中華民國三十一年十月廿日

登記事項表

項目	內容
公司名稱	振華股票股份有限公司
本店所在地	上海九江路四二九號證券大樓二五八室
所營事業	以經營代客買賣各種股票公債等爲業務
資本總額	國幣拾萬元
股份總數及每股銀數	分爲一千股每股國幣壹百元
已繳股銀	繳足
公告方法	以登報或通函爲之
設立年月日	中華民國三十年八月五日
解散之事由	

董事姓名住址	姓名	住所	選任年月日	姓名	住所	選任年月日
	沙笙揚	上海九江路證券大樓258	廿、八、五	樊雨琴	上海天津路東萊銀行	廿、八、五
	王家蓀	上海九江路一九〇號	同上	曹文達	上海南京路哈同大樓318	同上
	洪伯游	上海九江路證券大樓258	同上	劉行舫	上海九江路證券大樓258	同上
	陳仲勉	上海天津路鴻仁里一二號	同上	劉儲山	上海愛多亞路三九號157	同上
	陳黎先	上海天津路泰記弄五號	同上			
監察人姓名住址	劉倫昌	上海江西路六三號	同上	王敬亭	上海天津路永源里一四號	同上
備考						

中華民國三十一年十月廿日

00010

振華股票股份有限公司章程

第一章 總則

第一條 本公司依照公司法股份有限公司之規定組織之定名爲振華股票股份有限公司（簡稱振華股票公司）

第二條 本公司設於上海九江路證券大樓二五八號

第三條 本公司以經營代客買賣各種股票公債等爲業務

第四條 本公司之公告以登載於上海通行日報或通函爲之

第二章 股份

第五條 本公司資本總額定爲國幣拾萬元分爲壹千股每拾壹百元一次繳足

第六條 本公司股東以中華民國國民爲限

第七條 本公司股票於呈准登記後由董事五人署名蓋章編號塡發

第八條 本公司股票爲記名式股東如用堂名別號爲記名者得從其便但應將本人或代表人之姓名住所報明本公司記入股東名簿

第九條 股東轉讓其股份時應報明本公司將受讓人之姓名住所記載於股東名簿并將股票過戶否則本公司仍認原股票署名者爲股東

第十條 股票如有遺失毀滅情事股東應即報明本公司將遺失或毀滅股票號數註銷并自行在本公司所在地及失事地通行日報公告三日經過三個月如無糾葛發生始得邀同保證人出具保證書向本公司補領新股票

第十一條 股票因轉讓過戶或遺失註銷等情由本公司塡發新股票者每張收費國幣叁元及應貼之印花稅費

00011

第十二條 股東應將其圖章式樣填具印鑑交本公司存查以後行使股權時憑以存查之印鑑爲憑

第十三條 股東留存印鑑之圖章如有遺失或毀滅時股東應即報明公司并自行在本公司所在地及失事地通行日報聲明然後邀同保證人填具保證書向本公司請求更換新印鑑

第十四條 每屆股東常會前一個月內臨時會前十五日內停止股票過戶

第三章、股東會

第十五條 本公司股東會分常會臨時會兩種

甲、常會 於每年決算後三個月內由董事會召集之

乙、臨時會 由董事會或監察人認爲必要時或經執有股份總數二十分之一以上之股東請求時由董事會召集之

第十六條 股東常會之召集應於一個月前通知各股東臨時會之召集應於十五日前通知之

第十七條 本公司各股東每股有一表決權一股東而有十一股以上者其十一股以上之股份以八折計權不滿一權者不計但每股東之表決權及其代理他股東行使之表決權合計不得超過全體股東表決權五分之一

第十八條 股東會須有股東過半數代表股份總數過半數之出席方得開議其決議除公司法有特別規定者外須有出席股東表決權過半數之同意行之

第十九條 股東因事不能出席股東會時得委託本公司其他股東代表出席但須出具委託書

00012

第二十條 股東常會以董事長爲主席董事長缺席時由董事中臨時推選一人代理之臨時會之主席則由股東臨時推選之

第廿一條 股東會應備決議錄記載開會日期地點出席股東人數股數表決權數及決議事項由主席簽名蓋章連同股東簽到簿及代表出席委託書一併保存於公司

第四章、董事監察人及職員

第廿二條 本公司設董事九人監察人二人凡本公司股東均有被選資格

第廿三條 董事任期三年監察人任期一年連選均得連任

第廿四條 董事組織董事會設董事長一人由董事中互選之

第廿五條 董事會由董事長召集之須有董事過半數之出席方得開議出席董事過半數之同意方得決議可否同數時取決於主席

第廿六條 監察人得隨時調查公司財務狀況查核簿册文件并請求董事會報告公司業務情形

第廿七條 監察人對於董事會所造具之各種法定表册應核對簿據調查實況報告其意見於股東會

第廿八條 監察人對於前二條所定事務得代表公司委託會計師辦理之其費用由公司負擔

第廿九條 董事會開會時監察人得列席陳述意見但無表決權

第三十條 本公司設經理一人協理二人由董事會聘任之其他職員由經理任免之

第五章 會計

第卅一條　本公司每屆年終決算一次由董事會造具左列各項表冊於股東會開會三十日前送交監察人查核副署提請股東會承認

(一)營業報告書

(二)資產負債表

(三)財產目錄

(四)損益計算書

(五)公積金及紅利分派之議案

第卅二條　本公司每年所得淨利應先提十分之一爲法定公積金次付應繳之所得稅再付普通紅利按年率八釐計算倘再有餘分配如左

(一)股東特別紅利百分之六十

(二)董事監察人酬勞百分之十

(三)經協理酬勞百分之十五

(四)職員獎勵金百分之十五

第六章　附則

第卅三條　本章程未盡事宜悉遵公司法股份有限公司之規定辦理

第卅四條　本章程經股東會決議通過呈准主管官署後實行修改時亦同

本公司發起人姓名住址列左

王家琛　九江路一九〇號聚源錢莊

王敬亭　天津路永源里十四號

洪友犖　愛文義路福田村六號

洪伯游　九江路證券大樓二五八號

沙笙揚　九江路證券大樓二五八號

陳仲勉　天津路鴻仁里嘉昶錢莊

陳黎先　天津路泰記弄統辦公司

曹文達　南京路哈同大樓三一八號

劉行紡　九江路證券大樓二五八號

樊雨琴　天津路東萊銀行

00015

振華股票股份有限公司股東名簿

号數	姓名	住所	股數	股款	已繳股款	繳款日期	備註
1	劉儒山	上海愛多亞路39号三樓157号	120	12,000元	繳足	卅年七月卅一日	
2	王家蓀	上海九江路190号	80	8,000	仝上	仝上	
3	劉倫昌	上海江西路63号	75	7,500	仝上	仝上	
4	劉瑞燮	上海六馬路榮壽里4号	75	7,500	仝上	仝上	
5	洪伯游	上海九江路證券大樓258号	75	7,500	仝上	仝上	
6	沙笙揚	仝上	75	7,500	仝上	仝上	
7	劉行舫	仝上	75	7,500	仝上	仝上	
8	陳黎先	上海天津路泰記弄5号	60	6,000	仝上	仝上	
9	曹文達	上海南京路哈同大樓318号	60	6,000	仝上	仝上	
10	樊爾琴	上海天津路東萊銀行	55	5,500	仝上	仝上	
11	陳仲勉	上海天津路鴻仁里嘉和錢莊	50	5,000	仝上	仝上	
12	洪友峯	上海愛文義路福田村6号	50	5,000	仝上	仝上	
13	宋耀庭	上海武定路946号	45	4,500	仝上	仝上	
14	吳炎德	上海天津路東萊銀行	30	3,000	仝上	仝上	
15	劉家駿	上海南京路哈同大樓318号	20	2,000	仝上	仝上	
16	徐鉅芳	上海愛多亞路160号內504号	20	2,000	仝上	仝上	
17	王敬亭	上海天津路永源里14号	10	1,000	仝上	仝上	
18	徐元生	上海天津路東萊銀行	10	1,000	仝上	仝上	
19	陸兆年	仝上	10	1,000	仝上	仝上	
20	徐德良	仝上	5	500	仝上	仝上	
		合計	1000股	100,000元			

00016

振華股票股份有限公司選任董事監察人名單

職別	姓名	住址
董事	沙笙揚	上海九江路證券大樓二五八號
	樊爾琴	上海天津路東萊銀行
	王家蓀	上海九江路一九〇號
	曹文達	上海南京路哈同大樓三一八號
	洪伯游	上海九江路證券大樓二五八號
	劉行舫	上海九江路證券大樓二五八號
	陳仲勉	上海天津路鴻仁里一二號
	劉儒山	上海愛多亞路三九號一五七室
	陳黎先	上海天津路泰記弄五號
監察人	劉倫昌	上海江西路六三號
	王敬亭	上海天津路永源里一四號

SC0008

00007

精益証券股票股份有限公司發起人會議決議錄（抄本）

日　期　中華民國三十一年六月二十二日

地　點　上海八仙橋青年會

到會者　七人代表股份一千股核計五三五五權（全体到會）

公推發起人唐輯芳爲主席王成章爲記錄

甲、報告事項

一、主席報告本公司資本國幣五萬元分爲一千股已由發起人認足並以現金全部繳齊今日到會者七人代表股數計一千股均足法定數額可以開會

二、主席報告籌備經過及進行營業方針

乙、討論事項

一、通過公司章程　主席逐條宣讀修正一致通過（章程附後）

二、選舉董事及監察人　主席將各到會者依公司章程應有股權數目報告後經衆公推盛逸民金品潔二君爲檢票人揭曉當選董事及所得權數如後

唐輯芳君五三五權　盛逸民君五三五權　王成章君五三五權

郭文遠君四七五權　金品潔君四三〇權

陳可南君一六五權（候補）

當選監察人及所得權數如後

唐宗彥君五三五權

三、本公司設立費用計二千元應否由本公司負擔案

議決：由本公司負擔之

散會

主席　唐輯芳

記錄　王成章（章）

SC0010

00009

精益證券股票股份有限公司股東名簿

戶名	代表人姓名	股數	金額	已繳金額	繳款年月日	取得股份年月日	住址	備考
唐輯芳		貳百五拾股	壹萬貳仟伍百元	繳足	三〇.八.十四	仝	上海貝勒路吳興里十號	
盛逸民		貳百股	壹萬元	繳足	三〇.八.十三	仝	上海白克路永年里一八號	
王成章		貳百股	壹萬元	繳足	三〇.八.十四	仝	上海貝勒路恒慶里五十四號	
郭文遠		貳百股	壹萬元	繳足	三一.六.九	仝	上海西門路潤安里十五號	
唐宗彥		五拾股	貳仟五百元	繳足	三〇.八.十四	仝	上海貝勒路吳興里十號	
陳可南		五拾股	貳仟五百元	繳足	三一.六.十八	仝	上海福煦路一千另九號	
金品潔		五拾股	貳仟五百元	繳足	三一.六.九	仝	上海派克路九三弄二號	

以上股東七人代表股份壹仟股共計股銀中儲券五萬元全數收足

股東名簿　第　頁

00006

新中股票貿易股份有限公司發起人會議決錄

民國三十一年六月十四日下午二時在上海愛多亞路浦東同鄉會六樓會議室舉行計到股東六十二人股數七千八百七十股推舉股東顧文生張文魁陳周岐爲主席團股東奚方爲紀錄

行禮如儀

甲、報告事項：

一、主席張文魁君報告本日到會股東之人數及股數均已超過法定數額依法即可正式開會

二、籌備主任顧文生君報告本公司籌備經過情形及設立費用

乙、討論事項：

一、討論公司章程

決議　修正通過

00007

二、選舉董事及監察人推舉賈錦芳劉企峰二君爲檢票胡慶佩君爲唱票奚方王汝耀二君爲監票開票結果計當選董事十一人

陳周岐　六六一八權　顧文生　六八一七權　鄧啓堯　六七〇五權

賈柏馨　六六二五權　張文魁　六六九二權　陳俊明　六八九六權

劉企峰　六四一五權　韓軼羣　六二九四權　陳篤憲　六一六一權

胡慶佩　五八六五權　蔡潤汀　五七八七權

監察人三人

顧志成　六九〇〇權　賈錦芳　六八二六權　奚　方　六七一四權

散會

主席　張文魁

爲公司補行登記呈祈核准予登記給照事竊商人周啟等爲謀調劑金融

扶助實業並發展國內外貿易起見糾集同志發起組織新中股票貿易股份有

限公司額定資本國幣五十萬元分作一萬股每股五十元均由全體發起人如

數認足已於民國卅一年六月十四日在上海愛多亞路浦東同鄉會舉行發起

人會議通過章程選舉董監事嗣以營業開始尚未遵行登記手續故特遵照公司補

行登記及更行登記暫行辦法第二條之規定繕具申請書及登記事項表並隨

同各項所需件款備文呈請

鈞局俯賜鑒核轉呈

實業部准予登記給照以資證明再本公司設立尚未屆滿會計年度關於公司

設立後之資產負債營業報告書依法可以免送故並合併聲明謹呈

上海特別市社會局

附呈　公司補行登記申請書二份

登記事項表二份

章程二份

股東名簿二份

董事監察人名單二份

發起人會議決議錄二份

登記執照費二百二十五元

貼照印花稅費四元

具呈人　新中股票貿易股份有限公司

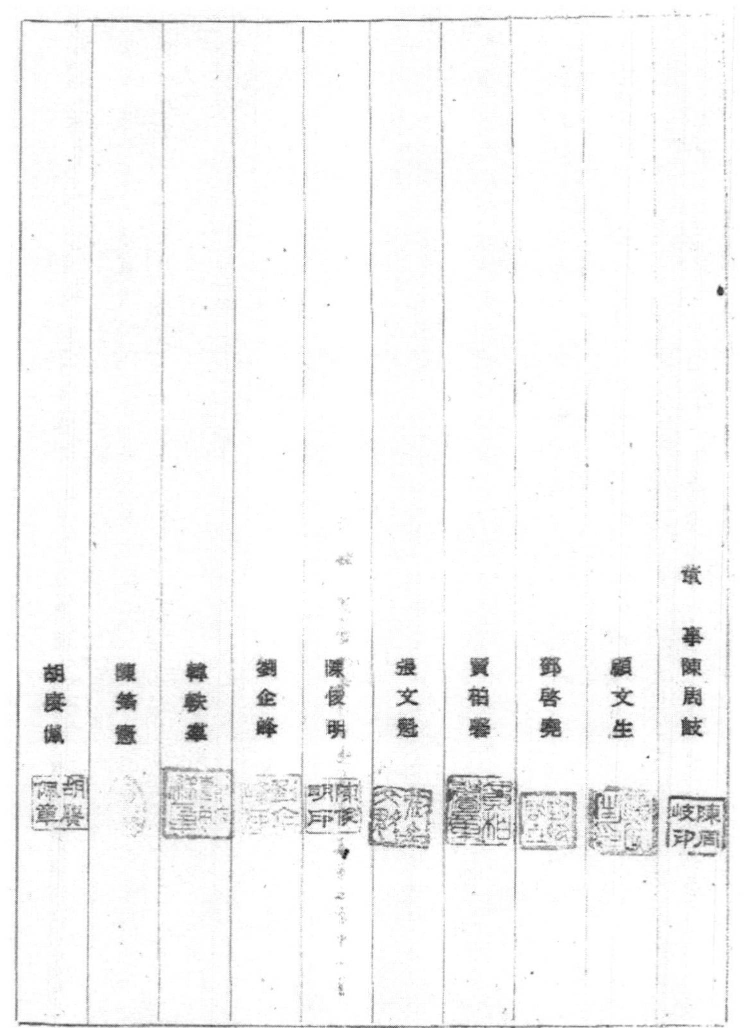

董事 陳周岐

顧文生

鄧啓堯

賈柏馨

張文魁

陳俊明

劉企峰

韓秩臺

陳錡憲

胡慶儀

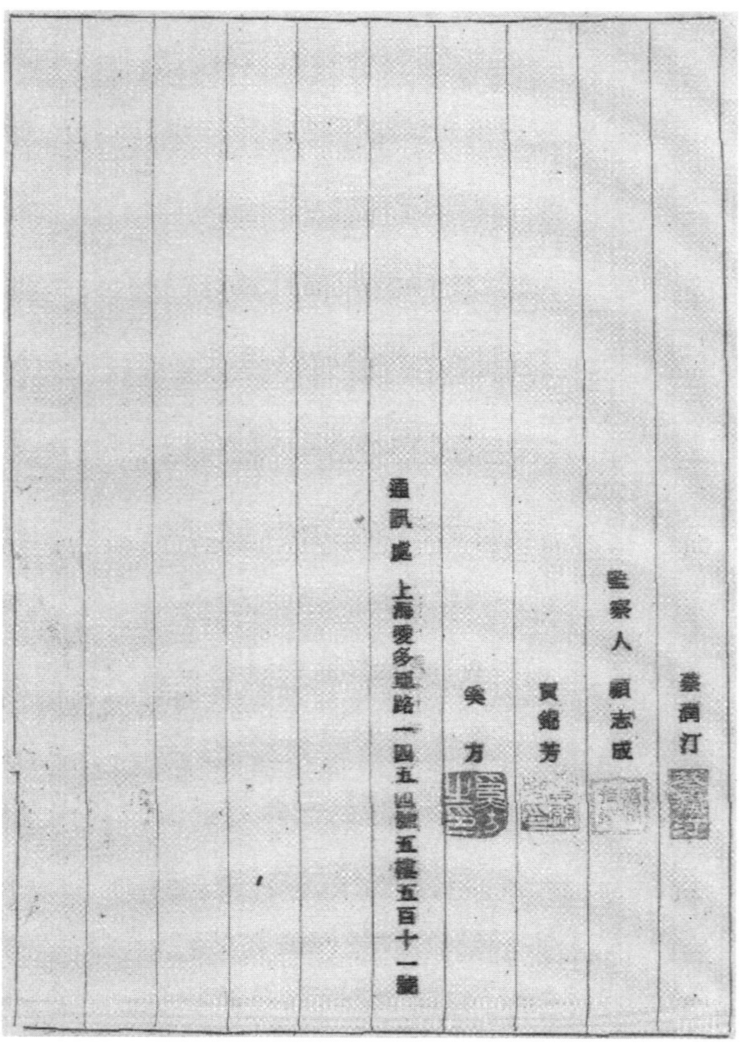

秦潤汀

監察人 顧志成

賈鏡芳

吳 方

通訊處 上海愛多亞路一四五弄五號五樓五百十一號

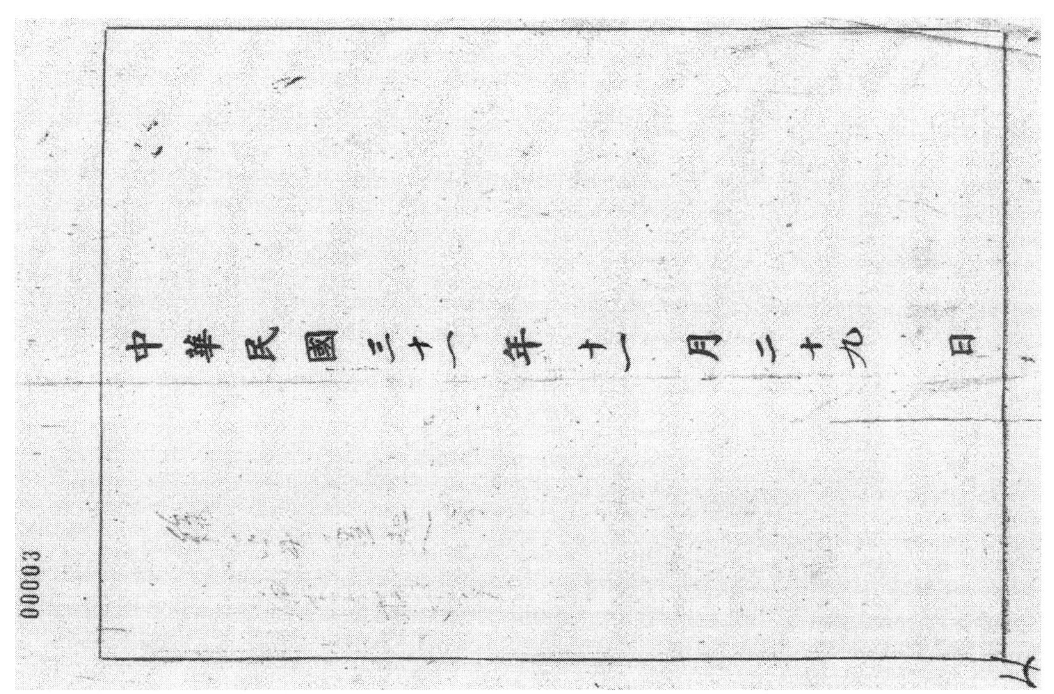

00003

中華民國三十八年十一月二十九日

登記事項表

（股份有限公司適用）

項目	內容
公司名稱	新中股票買賣股份有限公司
本店所在地	上海九江路一一三號
支店所在地	
所營事業	買賣有價證券 經營各項貿易
資本總額	五十萬元（中儲幣）
股份總數及每股銀數	總數一萬股每股五十元
已繳股銀	五十萬元
公告方法	登載本店所在地通行日報或用通信方法
設立年月日	三十一年六月十四日
原領登記執照號數及年月日（補行登記者準備填寫）	
解散之事由	經股東會之決議

董事姓名住址

姓名	住所	選任年月日
陳周岐	靜[illegible]路七八一弄十四號	三十一年六月十四日
顧文生	博物院路十五號	仝上
鄭啓堯	呂班路三德坊十九號	仝上
賈柏馨	四川路三三號二七號	仝上
張文魁	北[illegible]路福申里九號	仝上
陳俊明	愚園路中實新邨三四號	仝上
劉企峰	泗涇路廿二號	三十一年六月十四日
韓執庠	亞爾培路三五弄七二號	仝上
陳錡憲	公館馬路八號	仝上
胡慶佩	南京路茂昌眼鏡公司	仝上
蔡潤汀	江西路一四一號	仝上

監察人姓名住址

姓名	住所	選任年月日
顧志成	威海衛路二六七號	三十一年六月十四日
賈錦芳	兆豐路卜內門洋房	仝上
奚方	愛多亞路南京大廈五二一號	仝上

備考

中華民國三十一年十一月二十九日

公司補行登記及重行登記申請書

為組設新中股票貿易股份有限公司申請補行登記事（以下詳敘經過事由）

竊商人周岐等為謀扶助實業調劑金融並發展國內外貿易起見糾集同志發起組織新中股票貿易股份有限公司額定股本為國幣（中儲券）五十萬元分作一萬元股每股五十元均由發起人自行認繳經於民國三十一年六月十四日在上海愛多亞路浦東同鄉會舉行發起人會議通過章程選舉董監開始營業顧尚未履行登記手續

為特遵照公司補行登記及重行登記暫行辦法規定繕具申請書登記事項表檢同章程等件暨登記執照費二百二十五元貼照印花稅四元呈請

鈞部鑒核俯准登記給照

謹呈

實業部

附件章程、股東名簿、董事監察人名單及發起人會議決議錄各二份

具呈人新中股票貿易股份有限公司

董事 陳周岐 鄧啓堯 張文魁 劉企峰 陳筠憲 蔡潤汀 顧文生 賈柏馨 陳俊明 韓軼羣 胡賡倜

監察人 顧志成 奚方 賈錦芳

中華民國三十一年十一月二十九日

說明：

一、呈請補行登記者應在「申請」字樣下填一「補」字重行登記者填一「重」字

二、呈請人應依照公司補行登記及重行登記暫行辦法第五條規定人數簽名蓋章

三、附件應依照同辦法第二條甲乙兩款或第四條甲乙兩款及第六條各規定辦理

四、申請者應備正副各一份附件除原領執照及費款外亦各備一份申請書如呈由所在地主管官署轉呈本部者須另備呈文轉予轉呈

五、呈請人得依照此項申請書格式自行刻製繕正不得草寫及放大縮小

00005

00008

新中股票貿易股份有限公司選任董事監察人名單

職別	姓名	經歷	所有股數	當選權數	住所
董事	陳周岐	高榮洋行華經理	五百五十股	六六一八	赫德路七八一弄十四號
董事	顧文生	鍵興錢莊經理	一百股	六八一七	博物院路十五號
董事	鄧啓堯	凱利雪茄煙廠經理	六十股	六七〇五	呂班路三德坊十九號
董事	賈柏馨	賈福記運輸公司經理	一百股	六六二五	四川路三三號二一七號
董事	張文魁	恆義昇號經理	二百股	六六九二	北海路福申里九號
董事	陳俊明	晉祥紗號經理	五百股	六八九六	愚園路中實新村三四號
董事	劉企峰	魯麟洋行華經理	一百五十股	六四一五	洒涇路廿二號
董事	韓軼羣	振華織造廠經理	四百股	六二九四	亞爾培路一二五弄七二號
董事	陳錦憲	新時昌洋行華經理	一千股	六一六一	公館馬路八號
董事	胡庚佩	茂昌眼鏡公司總經理	四十股	五八六五	南京路茂昌眼鏡公司
董事	蔡潤汀	永極盛進出口貨行經理	二百股	五七八七	江西路一四一號
監察人	顧志成	美通新記電業廠經理	二百股	六九〇〇	威海衛路二六七號
監察人	賈錦芳	大新保險公司協理	一百股	六八二六	兆豐路卜內門棧房
監察人	奚　方	中華建築公司經理	二百股	六七一四	愛多亞路浦東大廈五一一號

中華股票股份有限公司發起人會議錄

日　期　中華民國三十一年七月一日下午四時

地　點　上海寧波路江西路鄧脫摩飯店

出席發起人十八人代表股份一萬股

公推金宗城先生爲主席

（甲）報告事項：

一、主席致開會詞

二、主席報告出席股東及代表股份已足法定之數正式開會

三、徐世雄報告籌備經過情形

（乙）討論事項：

一、通過公司章程草案

主席將公司章程草案宣讀通過

二、選舉董事監察人案

開票結果：

金宗城　得七九九五權

王寵誠　得七九九五權
袁履和　得七六三四權
張棠金　得七九九五權
章峻庵　得七九九五權
鄭子榮　得七九九五權
郁屏甫　得七九九五權
葉祿豪　得七九九五權
胡光瑤　得七七二四權
梁蓀實　得七六三四權
盧企勤　得六五六三權
徐世春　得六五六三權
吳適秋　得六五六三權
李康年　得七六三四權
王炳年　得六五六三權
以上十五人當選爲董事

葉子衡　得一七九三權
毛式唐　得一七九三權
以上二人當選爲候補董事
毛式唐　得六二〇二權
葉子衡　得六二〇二權
徐世春　得六五六三權
以上三人當選爲監察人
王炳年　得一四三二權
盧世勤　得一四三二權
以上二人當選爲候補監察人

散會

主席

呈為組設中華股票股份有限公司申請補行登記事竊 具呈人等於本年六
月間依照公司法股份有限公司之規定在上海設立中華股票股份有限公
司以代理買賣華商股票為專營業務並得兼營國內公債外國股票以及代
招工商企業股份代募公司債等為業務資本總額國幣伍拾萬元分為壹萬
股每股國幣伍拾元所有股份均由發起人認足一次繳足並於七月一日召
開發起人會議通過公司章程選任具呈人等為董事監察人記錄在卷爲特
遵照公司補行登記及重行登記暫行辦法規定繕具申請書登記事項表暨
同章程等件暨登記費執照費貳百貳拾伍元執照印花銀四元呈請
鑒核轉呈
實業部備案登記給照謹呈

上海特別市社會局

具呈人中華股票股份有限公司

董事金宗城

王曉籟

袁席如

張粲金

章鴻康

葛子榮

林連甫

葉蕭蘭

胡光燾

梁椿青

盧金勳

徐世春

吳涵秋

李康年

王炳煒

監察人毛式唐

葉子新

徐世雄

地址：上海九江路證券大樓四一六五號

中華民國三十一年十一月二十八日

中華股票股份有限公司章程

第一章 總則

第一條 本公司依照公司法股份有限公司之規定組織之定名為中華股票股份有限公司簡稱中華股票公司

第二條 本公司股東以中華民國國籍為限

第三條 本公司以代理買賣華商股票為專營業務並得兼營內國公債外商股票以及代招工商企業股份代募公司債等

第四條 本公司設立於上海並得由董事會之決議設分公司於本外埠

第五條 本公司之公告以登載於上海通行之日報或用通函行之

第二章 股份

第六條 本公司資本總額定為國幣伍拾萬元分作壹萬股每股伍拾元一次收足

第七條 本公司股息定為週息一分每年於舉行股東常會後發給之但無盈餘時不得提本作息

第八條 本公司股票概用記名式由董事五人署名蓋章並加蓋本公司圖記發行之

第九條 本公司股東取得股份時或用堂名別號法團名義者之代表人均應將其印鑑住所報告本公司存查遇有變更時亦同

第十條 股份因買賣贈与或抵押而轉讓時應由轉讓人填具過戶書簽名蓋章報請本公司核明過戶其因繼承關係請求變更戶名者應提出相當証據本公司認為必要時并得令其覓具妥保

第十一條 股票污損或欲分合時得向本公司請求掉換但污損程度至不易辨識時本公司得令登報公告或覓具妥保

第十二條 股票或印鑑遺失或毀滅時應即以書面報告本公司掛失并登載上海通行日報二種各三日以上自登報日起經過二個月無聲明異議經審核無訛者方得覓具妥保補領新股票或更換新印鑑

第十三條 股票過戶每張收手續費國幣壹元掉換或補領股票每張應繳手續費國幣伍元及其應貼之印花稅費

第十四條 股東常会前一個月臨時股東會前十五日內均停止股票過戶

第三章 股東會

第十五條 股東会分常会臨時會二種常会於每年結帳後三個月內由董事會召集之臨時会由董事会或監察人認為必要時或有股份總額二十分之一以上之股東以書面提出理由書請求時由董事会召集之

第十六條 股東常会應於一個月前臨時会應於十五日前通知各股東

第十七條 股東会股東因事不能出席時得具委託書簽名蓋章委託本公司其他股東為代表但代表者連其本人所有之表決权至多以全体股東表決權總數五分之一為限

第十八條 股東会主席由董事長任之缺席時由股東就董事中公推一人任之但臨

時股東会之主席得由出席股東公推股東一人任之

第十九條 股東表决权每股一權但一股東之股份超过十股者其超过數均以九折計算零數不滿一權者不計

第二十條 股東会除公司法有特别規定者外以股份總數過半數之股東出席出席股東表决權過半數之同意行之可否同數時取决於主席

第四章 董事監察人及職員

第廿一條 本公司設董事十五人監察人三人有本公司股份卅股之股東得被選任為董事有股份十股之股東得被選任為監察人均由股東会用雙記名投票選举之被選权數相同者由主席用抽籤法定之

第廿二條 董事任期三年監察人任期一年連選均得連任遇有缺額由次多數被選人代行職務以補足任期為止如缺額達三分之一時應即召集臨時股東会補選之

第廿三條 董事会設董事長一人由董事中互選之開会時以董事長任主席如因事缺席時另推董事一人任之

第廿四條 董事会須有過半數董事之出席以出席董事之過半數之同意决議之董事因事不能出席会議時得委託出席董事為代表但每人以代表一人為限

第廿五條 本公司設经理一人副经理一人均由董事会聘任之其他職員由经理任免之

第廿六條 经理執行本公司對内對外一切業務副经理輔佐之但遇重要事項須经董事会議决

第五章 會計

第廿七條 本公司以每年一月一日起至十二月底止為一会計年度每屆年終辦理總决算一次董事会應將營業報告書資產負債表財產目録損益計算書及分配盈餘議案送交監察人查核署名蓋章後提出於股東常會報告各股東

第廿八條 每年度總决算時如有盈餘先提法定公積金十分之一及應繳之税款次提付股息週息一分如再有盈餘按下列各項由董事会議决分配於每屆股東会時提出請求承認之

一、特别公積金

二、股東紅利

三、董事監察人酬金

四、经副理及職員酬金

第六章 附則

第廿九條 本章程如有未盡事宜悉照公司法股份有限公司之規定辦理之

第三十條 本章程经股東会通过後呈請主管官署核准施行修改時亦同

本公司發起人姓名住址列後

姓名	住址
金宗城	上海寧波路50號上海銀行
林笙甫	上海愛國路1385號天星糖菓餅乾廠
徐世雄	上海南京路慈淑大樓311號鴻興織造廠
王惠誠	上海江西路漢彌登大廈259號中國鐘表製造廠
鄭子東	上海漢口路124號五洲銀行
葉謀豪	上海麥特赫斯脫路72弄14號
吳福秋	上海慕爾鳴路昇平街芝瑞里11號
胡光照	上海呂班路288弄18號
李春年	上海南京路慈淑大樓中國國貨公司
張叢金	上海天津路249弄7號建昌錢莊
毛式虞	上海江西路漢彌登大廈259號中國鐘表製造廠
童義庵	上海乍浦路恒吉里北四弄後門20號
袁欣和	上海九江路證券大樓344號中信銀公司
梁楓青	上海北京路中國墾業銀行
王炯輝	上海斜橋衖天樂坊3號
嚴金勳	上海寧波路興仁里廣裕錢莊
葉子新	上海南京路慈淑大樓中國國貨公司
徐世春	上海新北城路[illegible]A字8號

滬記股票股份有限公司章程

第一章　總則

第一條　本公司依照公司法股份有限公司之規定組織之定名爲滬記股票股份有限公司（簡稱滬記股票公司）

第二條　本公司以自營或代客買賣華商股票及其他各種有價證券爲營業

第三條　本公司設於上海市必要時經全體股東過半及股份總數過半數之同意得設分公司於他埠

第四條　本公司以登載總公司所在地之通行日報一份或二份爲公告方法但亦得以通函代之

第五條　本公司股東以中華民國人民爲限

第二章　股份

第六條　本公司資本總額定爲中儲券貳百萬元分爲貳萬股每股中儲券壹百元一次收足股息週年一分自繳付股款之次日起算但無盈餘時不得提本作息

第七條　本公司股票爲記名式依照公司法第一百十五條辦理由董事五人具名簽章發行之

第八條　法人或團體爲本公司股東者應指定代表以書面通知本公司

第九條　股東應將其印鑑交存本公司股東行使權利或股份轉讓過戶時應以本公司所存之印鑑爲憑

第十條　股票如有遺失或毀滅情事股東應即以書面通知本公司并登載通告於本公司所指定之日報經過三十天後如無糾葛發生再行邀保塡具保證書向本公司補領新股票並繳納手續費印花稅費

第十一條　本公司於每屆股東常會前一個月內股東臨時會前十五日內停止股票過戶

第三章　股東會

第十二條　本公司股東會分常會臨時會兩種

一、常會於每年決算後三個月內由董事會於開會一個月前通告召集之

二、臨時會遇公司重要事項由董事會或監察人認爲必要時或有股份總額二十分之一以上之股東以書面提出理由請求時由董事會於開會十五日前通告召集之

第十三條　股東會議時須有本公司股份總額過半數以上股東出席始得開會其決議事項除公司法另有規定者外以出席股東表決權過半數之同意行之可否同數時取決於主席

第十四條　股東會開會時以董事長爲主席董事長缺席時由董事中公推一人爲主席

第十五條　本公司股東每一股有一表決權一股東而有十一股以上者自十一股起其表決權照九折計算零數未滿一權者不計

第十六條　股東因事不能出席股東會時得用原存印鑑塡具委託書委託本公司其他股東代表出席

第十七條　股東會決議錄由主席簽名蓋章連同出席股東簽名簿及代表出席委託書一併保存於本公司

第四章　董事及監察人

第十八條　本公司設董事九人監察二人

第十九條　凡佔有本公司股份二百股以上之股東得被選爲董事一百股以上之股東得被選爲監察人

第二十條　董事任期一年監察人任期一年均得連選連任

第廿一條　董事及監察人之選任由各股東於股東常會開會時用記名投票法選舉之均以得票權多數者當選

第廿二條　董事組織董事會由董事中公推三人爲常務董事并由常務董事中互選一人爲董事長

第廿三條　董事會議由董事長爲主席董事長缺席時由常務董事中互推一人爲主席

第廿四條　董事會議每二月開會一次由董事長召集之遇有重要事項或有董事三分之一以上聯名請求時均得召集臨時會議

第廿五條　董事會議須有全體董事過半數之同意方得決議

第廿六條　董事會議監察人亦得列席但無表決權

第五章　職員

第廿七條　本公司設總經理一人由董事會任免之其餘經理一人副經理二人由總經理

00007

提請董事會任免之其他職員由經理遴選任免之

第六章　會計

第廿八條　本公司賬目每年結算二次以六月底爲半年結算期十二月底爲全年決算期每屆總決算由董事會造具左列各項書表於股東會開會前三十日送交監察人查核簽署後於股東會開會時提請承認之

一、營業報告書

二、資產負債表

三、財產目錄

四、損益計算書

五、公積金及紅利分派之議案

第廿九條　本公司每屆總決算期所有收益除去一切開支外倘有盈餘時先提十分之一爲法定公積金次付應繳之國稅及股息後得酌提特別公積金外其餘作一百份分派其支配如左

一、發起人　百分之二・五

二、全體董事　百分之十

三、全體監察人　百分之二・五

四、公司職員　百分之二十五

五、股東紅利　百分之六十

00008

第七章　附則

第三十條　本公司各種規則由董事會訂定之

第卅一條　本公司章程未盡事宜悉依公司法股份有限公司之規定及其他有關法令辦理之

第卅二條　本章程自股東會議決呈請主管官署核准之日施行修改時亦同

發起人　陳樹業　程驊　陳衍成

黃兆新　蔣文藻　鄭鴻藻

陳桂沾

中華民國三十一年　月　日

辦事處　江西路二七八號美倫大廈二樓

具呈人鴻記股票股份有限公司，呈為呈請備案事。竊商等集資，遵章組設鴻記股票股份有限公司，經營代客買賣股票事宜，刻已組織就緒，開始營業，除已另呈實業部核發營業執照外，理合具文連同公司組織章程一份，呈祈鈞局鑒核備案，仍候批示祇遵，實為德便。

謹呈

上海特別市經濟局

鴻記股票股份有限公司

發起人 陳樹棠

程聯

陳衍成

黃兆新

蔣文藻

鄺鴻藻

陳桂沾

地址：江西路二七八號、二樓

00002

中華民國三十二年十一月十七日

00010

鴻記股票公司用牋

第　頁

鴻記股票股份有限公司營業計劃大綱

本公司為確定營業方針及業務發展步驟俾得公司同人有所遵循暫訂計劃如左：

一、本公司營業主旨，為代客買賣華商證券交易所審定之各種股票，及有價證券

二、本公司如遇資金多餘時，得酌量自營上項股票及證券之買賣

三、本公司如獲相當利潤，經董事會之許可，得劃

中華民國　年　月　日

地址江西路二七八號美倫大樓二樓　電話一一九八六

00011

鴻記股票公司用箋

第　頁

出資金若干，經營上項股票及證券之掮揭，以
利市面資金之流通
四、本公司遇利潤盈餘，經董事會之許可，得自行
或與金融界合作共同投資於各種生產之
工業及實業
五、本公司之營業計劃，關於業務發展步驟部門
，當以適應環境為主，經董事會之決議，得
隨時酌予修正。

中華民國　年　月　日

地址江西路二七八號美倫大樓二樓　電話一一九八六

00012

鴻記股票公司用箋

第　頁

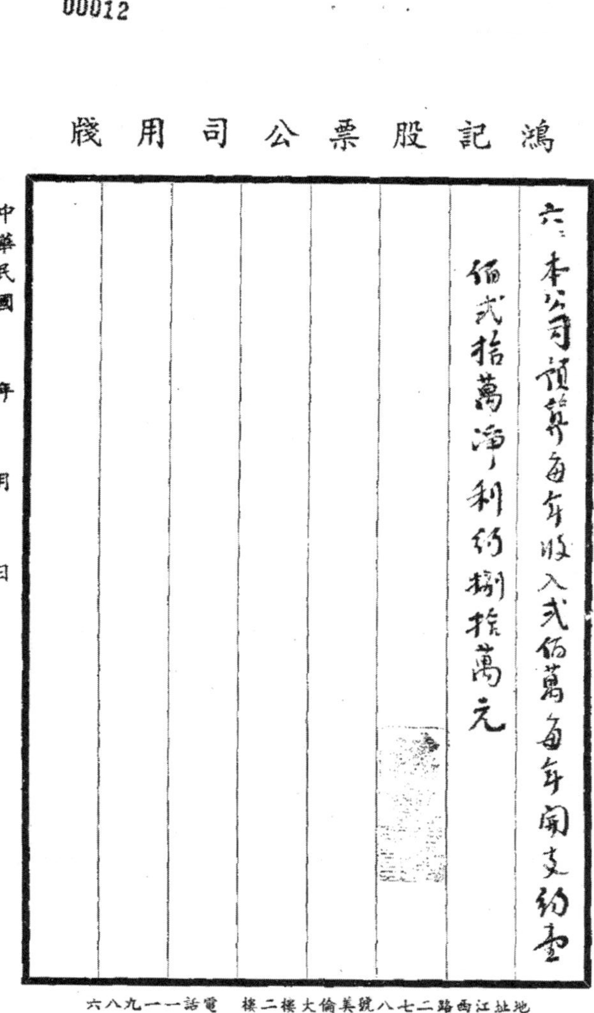

六、本公司預算每年收入貳佰萬，每年開支約壹
佰貳拾萬，淨利約捌拾萬元

中華民國　年　月　日

地址江西路二七八號美倫大樓二樓　電話一一九八六

00013

鴻記股票公司用箋

第　頁

鴻記股票股份有限公司發起人履歷表

陳樹棠　南洋商業銀行董事

陳衍成　南洋商業銀行常務董事

程　聯　前上海信託公司總經理現任南洋商業銀行副總經理

黃兆新　前保和洋行華經理義和公司副經理

蔣文藻　百佳公司董事亨茂蓬行東主

鄺鴻藻　南洋商業銀行南京分行經理

中華民國　年　月　日

地址江西路二七八號美倫大樓二樓　電話一一九八六

00014

鴻記股票公司用箋

第　頁

陳桂沾　前香港人和行經理外股經紀人

中華民國　年　月　日

地址江西路二七八號美倫大樓二樓　電話一一九八六

呈為呈請派員監督開創立會事。竊自同人等籌備鴻
記股票股份有限公司迄今，業經就緒，曾呈
鈞局備案在案。茲訂於十二月五日下午三時，在江西路二百七
十八號美倫大廈二樓敝公司籌備處，召開創立會，報告
籌備經過，並選舉董事。理合備文呈報
鈞局，伏乞
鈞局屆時派員蒞場監督，以利進行，實為德便。謹呈
上海特別市政府經濟局局長徐

鴻記股票股份有限公司發起人
陳楙宗
陳衍成
程聯
黃兆新
鄺鴻藻
陳桂沾

中華民國三十二年十二月　　二日

上海特別市經濟局批　　字第　　號

、　具呈人陳樹棠等

呈一件為籌設隆記證券股份有限公司請予備案由

呈悉，准予備案，仰即知照

此批　件存

十二　四

上海特別市[illegible]局出席監督公司[illegible]會報告

一、公司名稱	鴻記股票股份有限公司；地址：江西路二七八號麥倫大廈二樓
二、創立會日期	廿二年十二月五日四時
三、地點	江西路二七八號麥倫大廈二樓
四、主席	程聯
五、股權總數	一八〇一〇；到會股數：一二〇六七；是否已足法定：足
六、報告事項	籌備經過及業務情形
七、討論事項	修改章程
八、檢查事項	檢查資本；檢查人姓名：吳湘祥 林蒼耘
九、選舉結果	董事：陳樹棠 黃振新 程聯 陳衍成 蔣又懷 王孟森 鄭鳴濠 葉戟 陳桂洺；監察：朱沚翔 張仲博
十、出席報告人	職別：視察員；姓名：甘覺；蓋章 十二、六
十一、主任核簽	
十二、科長核簽	杜[illegible]查 十二、[illegible] 年 十二月 七 日
局長批示	年 月 日

附呈原卷

呈為籌設鴻記股票股份有限公司擬章申請登記，懇請代為轉呈

實業部，請准予登記事：竊商林棠等籌備鴻記股票股份有限公司

之始，業經呈請

鈞局備案，荷蒙

批准，感激莫名。又職公司正開創立會時，並承

指派專員蒞臨監督，指導一切，所有經過，諒蒙

鈞詧。茲者一切籌備，業經告竣，除向洋商業銀行代收資金實額證

明書業經繳呈外，理合檢備所有有關文書，各繕具二份，附呈

鈞核，並附呈登記費叁仟圓，印花費肆圓，統乞

鈞座代為轉呈

實業部，請准予登記，實為德便。謹呈

上海特別市經濟局局長徐：

鴻記股票股份有限公司董事：

陳根棠

程聯

陳衍成

黃兆新

蔣文藻

鄺鴻藻

收叁仟……號 ……九 [illegible]

中華民國卅年[illegible]月[illegible]日 收訖

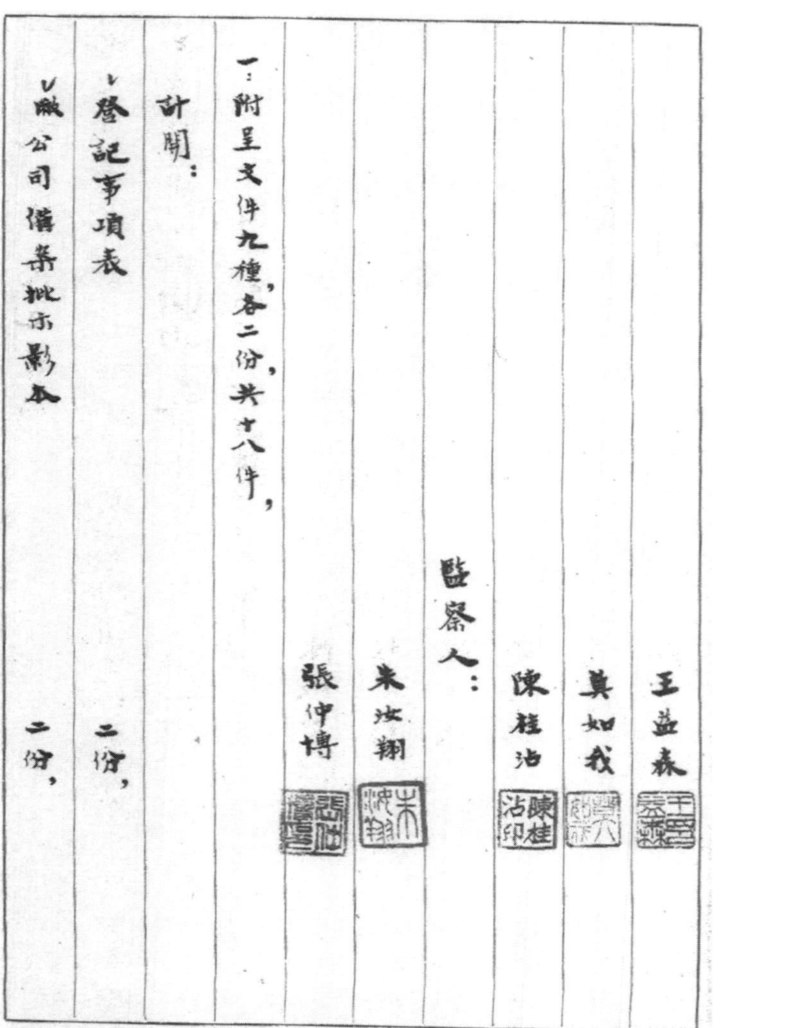

王益森

莫如我

陳桂治

監察人：

朱汝翔

張仲博

一：附呈文件九種，各二份，共十八件，

計開：

1、登記事項表 二份，

2、敝公司備案批示影本 二份，

乙、交易所經紀人執照副本　二份，

乙、股東名簿　二份，

乙、職公司創立會決議錄　二份，

乙、職公司章程　二份，

乙、股東代表檢查實收資額報告書　二份，

乙、董事及監察人名單　二份，

乙、營業概算書　二份。

二、附呈登記費叁什圓，印花費肆圓，共叁什零肆圓。

中華民國三十三年一月　日

呈為請求頒賜華股登記表全份以便登記後領取營業執照恢復營業事竊商人經營華商股票專以代客買賣為業務於二月十八日奉　令暫停營業迄今已有二月有餘損失不貲頃閱報載藉悉司向

鈞局登記核准領取執照後方可恢復營業等因茲特具呈請求

鈞長鑒核俯念商艱　懇准頒賜登記表全份俾可依法登記領取營業執照恢復營業

實為德便謹呈

上海特別市政府經濟局局長

中山股票公司盛允中謹呈　盛允中印

中山股票公司　馬路[illegible]路綢業大樓五一六號

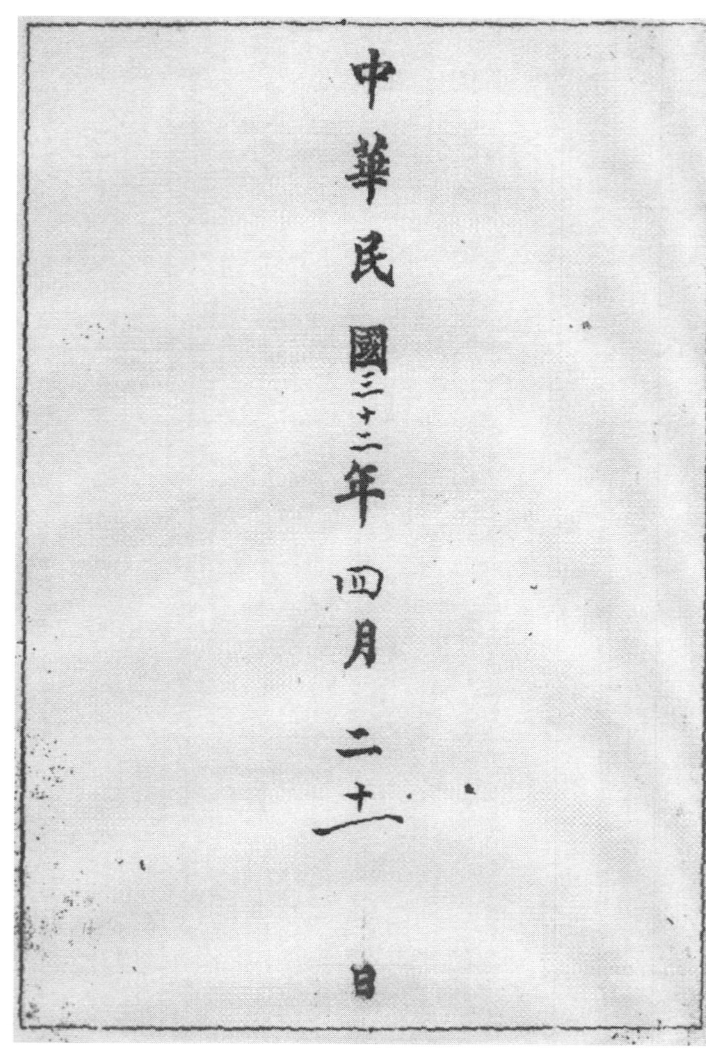
中華民國三十二年四月二十一日

長城股票股份有限公司設立登記呈請書

公司所在地　上海寧波路四七號三樓二〇二號

爲呈請登記事竊長城股票股份有限公司業經先後呈奉　上海特別市社會局核准備案及查驗給證並依照取締上海股票業商買賣華商股票暫行規則之規定呈准註册在案茲特遵照公司法第一〇九條之規定將應行聲請登記各事項另表開呈並依照公司登記規則第十條第一項乙款及第二十九條第一項甲款規定照繳執照費稅加具各項文件備文呈請

鈞局鑒核迅賜轉呈

實業部核准登記頒給執照實爲公便謹呈

上海特別市經濟局

附呈　文件及費稅

(一)登記事項表二份

(二)公司章程二份

(三)股東名簿二份

(四)選任董事監察人名單二份

(五)主管官署檢查證書抄本二份

(六)營業概算書二份

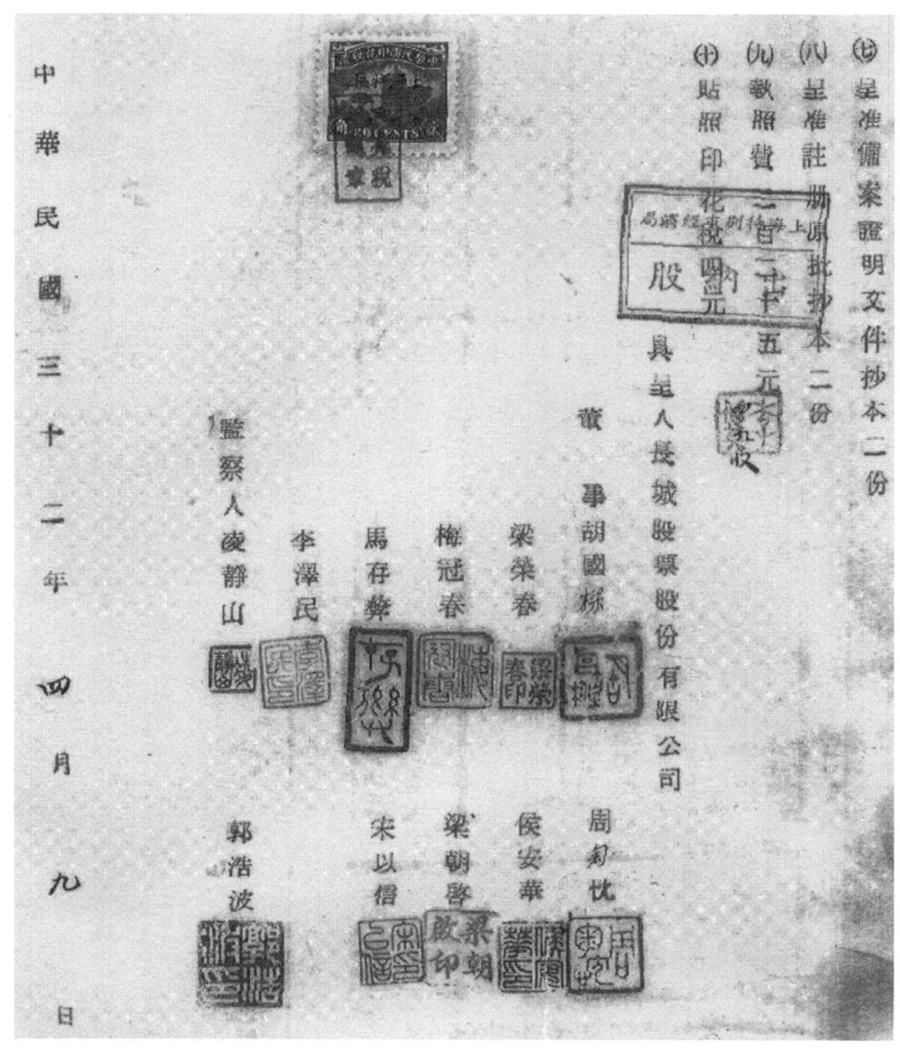

(七)呈准備案證明文件抄本二份

(八)呈准註册原批抄本二份

(九)執照費　二百二十五元

(十)貼照印花稅　四元

上海特別市經濟局

股

具呈人長城股票股份有限公司

董事胡國梁　周邦忱

梁榮春　侯安華

梅冠春　梁朝啓

馬存彝　宋以信

李澤民

監察人凌靜山　郭浩波

中華民國三十二年四月九日

登記事項表

(一)公司名稱　長城股票股份有限公司

(二)所營事業　以自行或代客買賣華商股票及其他各種有價證券暨以現貨交易爲營業

(三)資本總額　國幣五十萬元

(四)股份總數及每股金額　分爲一萬股每股五十元

(五)每股已繳金額　繳足

(六)本店所在地　上海寧波路四七號三樓

(七)公告方法　登報

(八)董事姓名住所

周[illegible]忱　上海福煦路一二五二號

侯安華　上海寧波路五二號

梅冠春　上海寧波路五九號

梁朝啓　上海寧波路四九號

梁榮春　上海江西路四〇六號

宋以信　上海霞飛路二〇〇二號

馬存犖　上海[illegible]慶路霞飛巷七號

李澤民　上海江西路漢彌登大廈

(九)監察人姓名住所

郭浩波　上海南京路六三五號

凌靜山　上海圓明園路一六九號

(十)解散事由　不預定

中華民國三十二年四月九日

長城股票股份有限公司章程

第一章 總則

第一條 本公司依照公司法股份有限公司之規定組織之定名爲長城股票股份有限
公司（簡稱長城股票公司）依法呈請登記

第二條 本公司以自行或代客買賣華商股票及其他各種有價證券限以現貨交易爲
營業

第三條 本公司設於上海市必要時經董事會議決得設分公司於他埠但須另案呈請
登記

第四條 本公司之公告登載於上海通行之日報

第二章 股份

第五條 本公司資本總額定爲國幣五十萬元分爲一萬股每股國幣五十元一次收足

第六條 本公司股東以中華民國人民爲限

第七條 本公司股票由董事五人署名蓋印加蓋本公司圖記發行之

第八條 本公司股票爲記名式股東應報明姓名籍貫住所及印鑑其有變更時亦同

第九條 股份轉讓應由讓受雙方填寫過戶聲請書連同股票向本公司聲請過戶在過
戶手續未辦竣前本公司仍認股票所載之股東爲股東

第十條 股票如有遺失或毀滅應向本公司報告經過並登報聲明經一個月後並無異

請求補發者得邀同妥保請求補給新股票

第十一條 股份過戶每張徵手續費國幣一元如欲換給或補領新股票每張應繳股票
印紙費國幣五元及其應貼之印花稅費

第十二條 本公司股東常會前一個月股東臨時會前十五日停止股份過戶

第三章 股東會

第十三條 股東會分常會及臨時會兩種
常會於每年決算後三個月內舉行之並應於開會一個月前分函通知各股東
臨時會經董事會議決或監察人認爲必要或有股份總額二十分之一以上之股東聲
請時皆得隨時召集之並應於開會十五日前分函通知各股東

第十四條 股東表決權每股一權但一股東股份超過十股者其超過股數按八折計權
零數不滿一權者不計

第十五條 股東因事不能到會時得填就委託書加蓋印鑑委託他股東爲代表但代表
連其本人所有之表決權至多不得超過全體股東表決權五分之一

第十六條 股東會之決議除公司法有特別規定者外須有股份總額半數以上之股東
出席由出席股東表決權過半數之同意方得決議可否同數時由主席決定之

第十七條 股東會開會以董事長爲主席董事長缺席時由其他董事推定一人任之

第十八條 股東會決議錄應載明到會股東人數股數權數及所議事項由主席簽印連

同股東簽名簿及代表出席委託書一併保存於公司

第四章 職員

第十九條 本公司設董事九人監察人二人均由股東會選任之董事應有股份三十股監察人應有股份十股方得被選

第二十條 董事及監察人任期均為一年連選得連任

第二十一條 董事或監察人遇有缺額時得由原選次多數當選人暫代其職務俟股東會開會時應即補選

第二十二條 董事組織董事會並互選董事長一人

第二十三條 董事會議由董事長主席董事長缺席時由董事中互推一人為主席

第二十四條 董事會議每月一次由董事長召集之遇有重要事項或有董事二人以上聯名要求時均得召集臨時會議

第二十五條 董事會議須有全體董事過半數出席出席董事過半數之同意方得決議

第二十六條 董事會議監察人得列席陳述意見但無表決權

第二十七條 本公司設經理一人副經理二人均由董事會議決聘任之其他辦事人員由經副理任免之

第五章 會計

第二十八條 本公司以國曆年底為決算期由董事會造具各項決算表冊送交監察人查核後提出股東會請求承認

第二十九條 本公司每屆決算期所有收益除去一切開支外如有盈餘應先提十分之一為法定公積金次提依法應納之所得稅其餘由董事會作成盈餘分配案提交股東會議決之

第六章 附則

第三十條 本章程如有未盡事宜悉照公司法股份有限公司之規定辦理之

本公司發起人之姓名住所如左

胡國樑 上海江西路四〇六號
梁榮春 同右
侯安華 上海寧波路五二號
梅冠春 上海寧波路五九號
梁朝啓 上海寧波路四九號
宋以信 上海霞飛路二〇〇二號
李澤民 上海江西路漢彌登大廈
郭照 上海南京路六三五號
郭浩波 同右
李道生 上海南京路七二〇號
長城企業公司 代表人鄭家駒 上海寧波路四七號
周[illegible]忱 上海福煦路一二五二號
馬存彝 上海貝禘鏖路霞飛巷七號
凌靜山 上海圓明園路一六九號
余[illegible]敘 上海康悌路仁德坊五號
金磬屏 上海寧波路四七號
梁玄青 上海寧波路四七號
鄭家駒 同右
黃育珊 同右
陳元凱 同右
陳宏亮 上海黃浦灘路一號

股東名簿

號數	姓名	住所	股數	已繳股款數	繳納股款日期
一	胡國樑	上海江西路四〇六號	一八〇〇	九〇〇〇〇元	均係民國三十一年九月十二日以前繳足
二	梁榮春	同右	四〇〇	二〇〇〇〇	
三	侯安華	上海寧波路五二號	四〇〇	二〇〇〇〇	
四	梅冠春	上海寧波路五九號	四〇〇	二〇〇〇〇	
五	梁朝啓	上海寧波路四九號	四〇〇	二〇〇〇〇	
六	宋以信	上海霞飛路二〇〇二號	四〇〇	二〇〇〇〇	
七	李澤民	上海江西路漢彌登大廈	四〇〇	二〇〇〇〇	
八	郭照	上海南京路六三五號	四〇〇	二〇〇〇〇	
九	郭浩波	同右	四〇〇	二〇〇〇〇	
一〇	李道生	上海南京路七二〇號	四〇〇	二〇〇〇〇	
一一	周幻忱	上海福煦路一二五二號	四〇〇	二〇〇〇〇	
一二	馬存彝	上海貝禘鏖路霞飛巷七號	四〇〇	二〇〇〇〇	
一三	凌靜山	上海圓明園路一六九號	四〇〇	二〇〇〇〇	
一四	余祥敬	上海康悌路仁德坊五號	四〇〇	二〇〇〇〇	
一五	金馨屏	上海寧波路四七號	四〇〇	二〇〇〇〇	
一六	梁玄青	上海寧波路四七號	四〇〇	二〇〇〇〇	
一七	鄭家駒	同右	四〇〇	二〇〇〇〇	
一八	黃育珊	同右	四〇〇	二〇〇〇〇	
一九	[illegible]凱	同右	二〇〇	一〇〇〇〇	
二〇	長城企業公司 代表人鄭家駒	同右	八〇〇	四〇〇〇〇	
二一	陳宏亮	上海黃浦灘路一號	四〇〇	二〇〇〇〇	

以上共二十一戶計一萬股每股五十元合計國幣五十萬元正

選任董事監察人名單

董事九人

姓名	當選權數	姓名	當選權數	姓名	當選權數
周劍忱	七〇七六	侯安華	七〇七六	梅冠春	七〇七六
梁朝啓	七〇七六	梁榮春	六七五四	宋以信	六七五四
馬存彝	六七五四	李澤民	六七五四		

監察人二人

姓名	當選權數	姓名	當選權數
郭浩波	六七五四	凌靜山	六七五四

以上董事監察人均係民國三十一年九月十二日發起人會議所選任

上海特別市社會局　批（抄本）　會[illegible]一六號

具呈人長城股票股份有限公司胡國樑等

呈一件爲呈請派員驗資由

呈悉經查尚屬相符仰即知照

此批

中華民國三十二年二月　日

局長　凌憲文

營業概算書

甲、全年營業收入

(一)自行買賣證券商股票及其他各種有價證券利益　國幣六萬五千元

(二)代客買賣證券商股票及其他各種有價證券佣金　國幣十二萬元

(三)利息收入及其他收入　國幣五千五百元

以上共計國幣十九萬零五百元

乙、全年營業支出

(一)房租房捐　國幣九千六百元

(二)薪工膳食　國幣八萬四千元

(三)郵電文具　國幣六千元

(四)印刷廣告　國幣一萬二千元

(五)舟車雜費　國幣五千元

(六)其他支出　國幣一千五百元

以上共計國幣十一萬八千一百元

丙、全年營業盈餘

收支兩抵盈餘數　國幣七萬二[illegible]

以上共計國幣七萬二千元

丁、盈餘分派方法

(一)法定公積金十分之一　國幣七千二[illegible]

(二)所得稅千分之三十　國幣一千九百五十四元八角

(三)照章由董事會作成盈餘分配案提交股東會議決之　國幣六萬三千二百零五元二角

以上共計國幣七萬二千四百元

呈為發起組織股份有限公司請予核准備案事竊商人孫斐君等現擬集資國幣貳拾五萬元分作五千股每股五拾元設立大公股票股份有限公司經營法令許可之買賣股票及各種有價證券等業務所有股份均由孫斐君等發起人自行認足不另招募茲謹遵照公司法施行法第二十三條之規定加具營業計劃書發起人姓名經歷及認股數目清單備文呈請

鈞局鑒核准予備案以利進行實為德便謹呈

上海市經濟局

具呈人大公股票股份有限公司發起人

孫斐君　朱海初

孫景涵　孫健行

李祖薰　胡維堅

朱荣生　樂仕瑄

鄭學詰　葉芙山

席祥貞　孫時霖

馮肇㯉　穆壯武

向宏昌　田和卿

王詠寬　田鳴皋

吳華宗　吳紀春

附呈：營業計劃書一件

發起人姓名經歷及認股數目清單一件

中華民國叁貳年陸月　日

大公股票股份有限公司營業計劃書

營業計劃書

溯自時局轉變以來峯岳擾攘萬方多難上海雖以地利人和兼擅其勝安居樂業不減曩昔惟以時局與經濟息息相關因道途之梗阻以致各業停滯遊資充斥於是羣赴投機居積之途掀風作浪此仆彼起馴至物價騰貴民生日困瞻念前途隱憂方大近以當局統制取締雷厲風行投機居積之風雖告稍戢然不將遊資導入正軌善加利用則危機潛伏仍非根本之圖同人等有鑒及此爰發起組織大公股票股份有限公司額定資本弍拾五萬元遵照現行法令經營買賣股票及各種有價證劵等業務為各界人士闢穩妥之投資途徑從而使疲憊之工商業發榮滋長重趋繁盛其有裨於國計民生當匪淺鮮茲將營

業計劃書開具於后：

甲 資本 總額弍拾五萬元

乙 資本分配

一、生財 五萬元

二、裝修 五萬元

三、流動資本 拾五萬元

以上共計弍拾五萬元

丙 收支概算

(子) 收益方面

佣金收入 拾捌萬元

以上共計拾捌萬元

(丑) 開支方面

一、薪工 陸萬元

二、房租 叁仟陸百元

三、福食 叁萬元

四、郵電 柒仟捌百元

五、宣傳 叁仟元

六、交際費 弍仟肆百元

七、營業用品 弍仟肆百元

八、什項開支 玖仟陸百元

九、折舊　壹萬元

十、舟車　壹仟弍百元

以上共計　拾叁萬元

收支相抵計盈餘五萬元

發起人姓名經歷及認股數目清單

姓名	經歷	認股數目	備註
孫斐君	中孚信託公司證券部副主任	陸萬零五百元	
朱海初	上海实業銀行總經理	壹萬五千元	
胡維堅	上海实業銀行總務主任	叁萬陸千五百元	
孫時霖	上海实業銀行副總經理	五千元	
李祖薰	科發藥房經理	弍萬元	
孫健行	聯業保險公司常務董事	壹萬元	
孫景涵	大中華織造廠董事	壹萬叁千元	
樂任瑄	華昌化學製藥廠協理	壹萬柒千五百元	

葉笑山	棉布公會秘書	壹萬玖千五百元
向宏昌	偉大罐頭食品廠經理	壹萬貳千五百元
席祥貞	前中央儲蓄會鎮江分會經理	玖千元
朱榮生	湧錦貿易公司經理	肆千五百元
王詠寬	中國股票公司營業主任	壹千元
鄭學誥	中國股票公司經理	肆千元
田和卿	天廚味精廠董事會秘書	貳千元
馮肇採	普益廣告社經理	壹萬元
田鳴皋	標準製藥廠經理	叁千元
穆壯武	永昌股票公司副經理	壹千元

吴華宗	紗廠聯合會職員	五千元
吴紀春	中國化學廠經理	壹千元

呈爲發起組織股份有限公司請予核准備案事竊商人朱博泉等現擬集資國幣肆百萬元分作肆拾萬股每股拾元在上海設立興大證券號股份有限公司專以代理有價證券買賣及相關業務爲營業所有股份均由朱博泉等發起人自行認足不另招募並業已呈准
實業部領有第七十號經紀人執照在案玆議遵公司法施行法第廿三條之規定加具營業計劃書發起人姓名經歷地址認股數目清單備文呈請
鑒核准予備案以利進行謹呈
上海特別市經濟局

具呈人　興大證券號股份有限公司

發起人　朱博泉

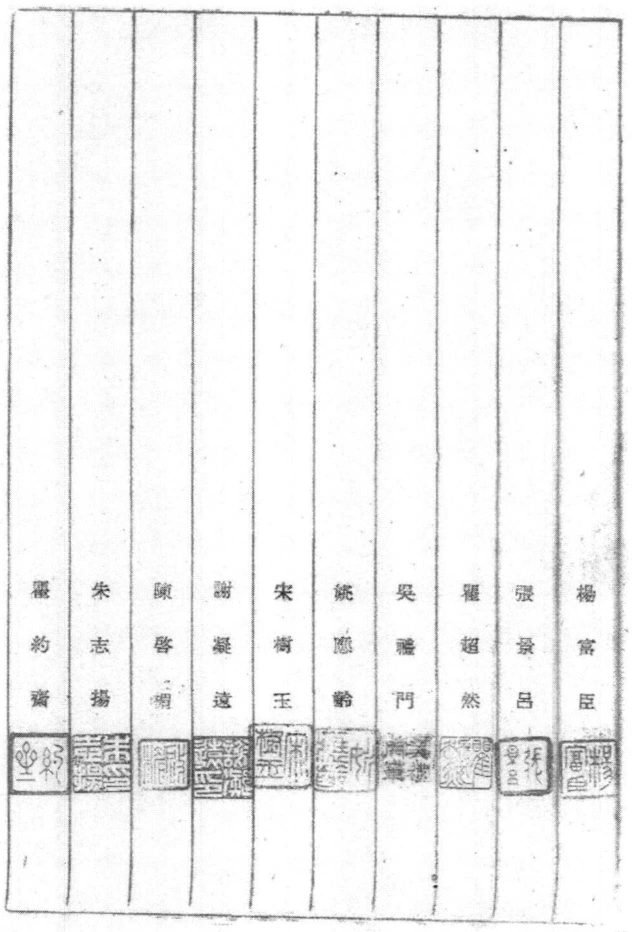

楊富臣

張景呂

瞿超然

吳禮門

姚應齡

宋椅玉

謝凝遠

陳啓明

朱志揚

嚴約齋

李信忠

裴振鏞

沈士勤

徐美鏞

徐寶裕

俞鏞運

徐新德

徐培德

徐新華

公司地點　上海江西路二六四號一一〇室

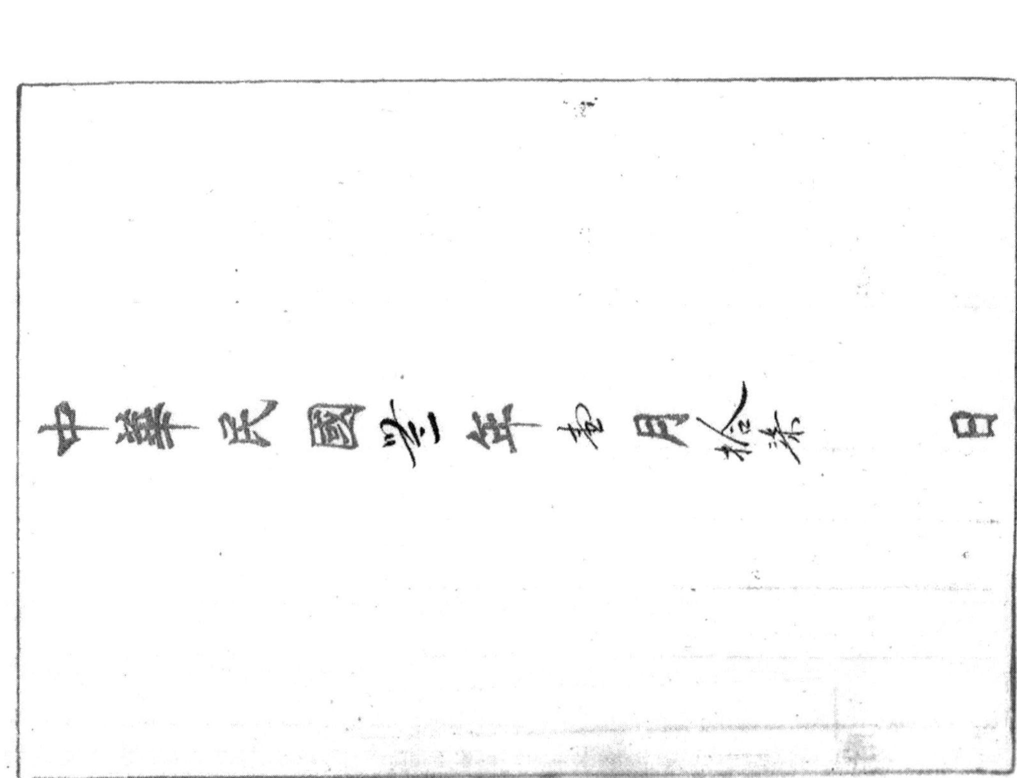
中華民國卅年十月拾柒日

00007

興大證券號股份有限公司營業計劃書

溯自戰起之後各地居民紛紛來滬避難遂造成斥資者相繼風起囤積居奇百物昂貴民不聊生蓋此項游資未入正軌運營之弊經紀人之代客買賣所以爲社會金融流通之工具導游資入正當事業之用向人等有鑒於斯乃集資組織興大證券號股份有限公司專以代理有價證券買賣及相關業務爲營業本游資移入正當事業安定社會金融爲旨是以營業之盛可計日而待茲將營業計劃資金運用之方法開列於後

甲、資本支配

資本總額國幣肆百萬元

一、裝　　修　　國幣叁拾萬元

二、押　　櫃　　國幣叁拾萬元

三、生　　財　　國幣貳拾萬元

四、流　動　金　　國幣叁百貳拾萬元

以上共計國幣肆百萬元正

乙、收支預算

收入項下

一　全年營業收入約計國幣壹百伍拾萬元正

以上共計收入國幣壹百伍拾萬元正

00008

支出項下

一、薪　　金　　國幣貳拾肆萬元

二、膳　　食　　國幣貳拾肆萬元

三、文具印刷　　國幣拾貳萬元

四、水　　電　　國幣貳萬肆千元

五、電　　話　　國幣貳萬肆千元

六、租金捐稅　　國幣叁拾萬元

七、雜　　支　　國幣拾萬元

以上共計支出國幣捌拾肆萬元正

收支相抵約計盈餘國幣陸拾陸萬元正

00028

興大證券號股份有限公司章程

第一章 總則

第一條 本公司依照公司法股份有限公司之規定組織之定名爲興大證券號股份有限公司

第二條 本公司以代理有價證券買賣及相關業務爲營業範圍

第三條 本公司設總店於上海並得斟酌情形設立分店

第四條 本公司之公告以登載總店所在地之新聞紙或以通函爲之

第二章 股份

第五條 本公司資本總額定爲國幣肆百萬元分作肆拾萬股每股國幣拾元一次收足

第六條 本公司股東以中華民國人民爲限

第七條 本公司股票爲記名式由董事五人署名盖章發行之

第八條 股東應將姓名住址報明公司記入股東名簿如用堂記別號記名者亦應將眞實姓名或代表人姓名住址報明公司

第九條 股東應將印鑑式樣塡具印鑑卡送存公司股東行使其權利時均以留存之印鑑爲憑股東須變更其印鑑時應另具新印鑑卡憑原存印鑑書面通知公司股東印章如遺失時應即登報公告並書面向公司聲明經過六十日後如無糾葛並由相當保人出具書面保證方得更換印鑑

00029

第十條 股東轉讓其股份應由讓受雙方塡具讓受書連同原股票申請過戶經公司將受股人姓名住址登載股東名簿並於股票上經本公司盖章證明後方爲有效

第十一條 股票如有遺失或毀滅股東應將其事由登報公告檢同公告書面向公司掛失經過六十日後如無糾葛並由相當保人出具書面保證方得補給新股票

第十二條 股東因股份過戶或遺失毀滅股票請領新股票時應繳納相當印刷費及應貼之印花稅費

第十三條 股東常會前一個月內股東臨時會前十五日內均停止股票過戶

第三章 股東會

第十四條 本公司股東會分常會及臨時會二種常會於每年總決算後三個月內舉行一次由董事會決定日期於一個月前公告召集之臨時會依照公司法各規定召集之

第十五條 本公司股東之表決權每一股有一權但一股東而有十一股以上者其十一股以上之股份以九折計權零數不滿一權者不計

第十六條 股東因事不能出席股東會時得出具委託書委託他股東代理出席

第十七條 股東會之決議除公司法另有規定者外應有股東代表股份總數過半數者之出席以出席股東表決權之過半數行之

第十八條 股東會以董事長為主席董事長缺席時由董事互推一人為主席

第四章 董事監察人及職員

第十九條 本公司設董事七人監察人二人由股東會選任之凡持有本公司股份總額千分之三以上者得被選為董事千分之一以上者得被選為監察人

第二十條 董事任期三年監察人任期一年連選均得連任

第廿一條 董事組織董事會主持公司業務並互選董事長一人對外代表公司辦事董事一人常川駐公司辦事

第廿二條 董事會由董事長隨時召集之會議時以董事長為主席董事長缺席時由董事互推一人代理之

第廿三條 董事會之決議應有過半數董事之出席以出席董事過半數之同意行之可否同數時取決於主席

第廿四條 監察人除依法執行職務外得列席董事會陳述意見但無表決權

第廿五條 本公司設經理一人由董事會聘任之綜理公司一切事務副經理若干人由經理提請董事會備案任用之

第五章 會計

第廿六條 本公司每年六月底辦理半年決算一次年終辦理總決算一次由董事會造具左列各項書表經監察人查核後提交股東會請求承認

一 營業報告書

二 資產負債表

三 財產目錄

四 損益計算書

五 公積金及盈餘分派之議案

第廿七條 本公司每次決算如有盈餘除去依法應提付之款項外其餘分作壹百分照下列成分由董事會作成分配案提出股東會請求承認但董事會認為必要時得將盈餘提前酌派之

股東得百分之六十五

董事監察得百分之十

經副理及同人得百分之二十

特別公積得百分之五

第六章 附則

第廿八條 本章程如有未盡事宜悉依公司法股份有限公司之規定辦理之

第廿九條 本章程經股東會決議通過呈奉主管官署核准施行修改時亦同

00038

登記事項表

公司名稱　興大證券號股份有限公司
所營事業　專以代理有價證券買賣及相關業務為營業範圍
股份總額　國幣肆百萬元分為肆拾萬股
每股金額　國幣拾元
每股已繳金額　一次繳足
公司所在地　上海江西路三六四號一一〇號
公告方法　以登載總店所在地之新聞紙或以通函為之

董事監察人姓名住址

董事

姓名	住址
朱博泉	上海香港路五十九號
瞿約齋	上海北京路國華銀行
姚慶齡	上海北京路國華銀行
張景呂	上海北京路國華銀行
宋衡玉	上海三馬路阜通銀行

00039

朱志揚	上海北京路三五六號八〇七室
徐寄裕	上海北京路聯華銀行

監察人

裴正繻	上海愛多亞路浦東銀行
楊富臣	上海南京路新新公司

00042

上海特別市經濟局批　市經二字第一八四七號

具呈人　朱博泉　等

呈一件爲興大證券號股份有限公司股款繳足請予查驗由

呈悉、據稱、該公司股款繳足、業經派員查驗相符、仰即知照

此批

中華民國三十三年三月二十一日

局長　徐天深

呈爲發起設立股份有限公司懇請
核准備案事竊商人周滋卿等原係上海華商證券交易所第一八四號經紀人恒益隆證券號之合夥人茲因業務發展原有組織不能適合經各合夥人議決增加資本改組爲股份有限公司所有股份均由商人周滋卿等自行認足不另招募茲謹遵公司法施行法第二十三條之規定加具營業計劃書發起人姓名經歷地址認股數目清冊備文
呈請
鑒核仰祈
鈞長俯察下情准[illegible]案實爲德便謹

上海特別市經濟局局長徐

附呈

副呈一份

營業計劃書二份

發起人姓名經歷地址認股數目清冊二份

具呈人 恒益隆證券股份有限公司

發起人 王道平

杜若波

杜聯義

車炳榮

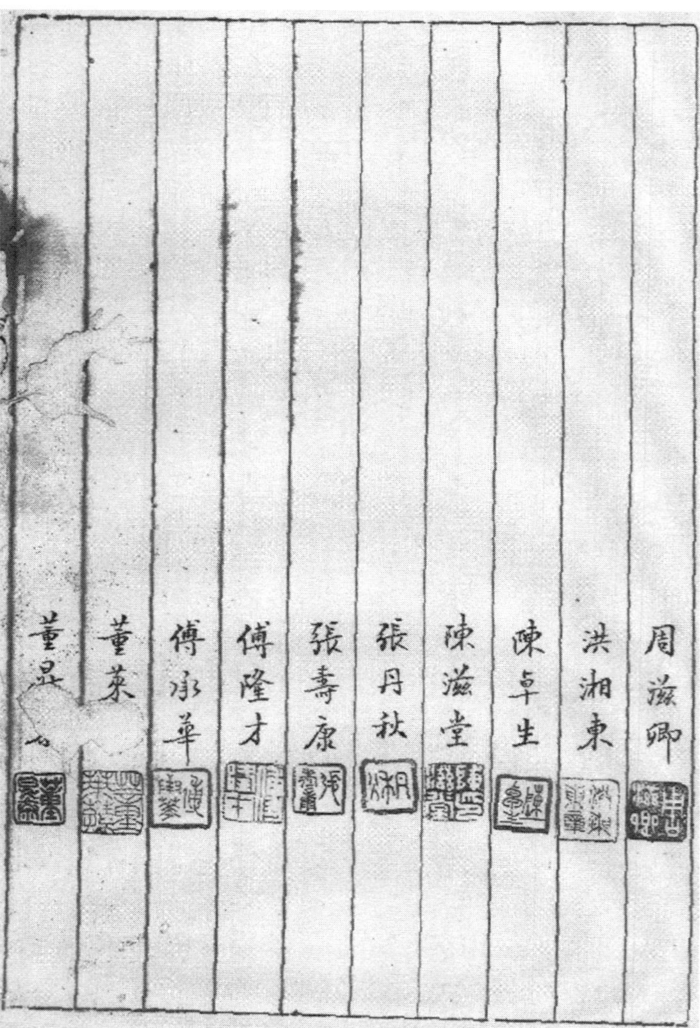

周滋卿

洪湘東

陳卓生

陳滋堂

張丹秋

張壽康

傅隆才

傅承華

董萊

董昆山

劉寶

謝文

李天壽

羅立

公司地址：上海九江路四二九號四八一室

恒益隆證[illegible]份有限公司營業計劃書

自國民政府定都以還積極提倡生產建設運動國民之有志於工商事業者莫不聞風興起上海為全國經濟中心新興實業遠較其他各埠為盛比年以來因經營有方獲利甚多而基礎極固聲譽卓著殊足引起投資者之注意本公司以經營証券交易為專業其最大使命為導游資入於正軌值茲政府提倡增產建設之際本公司在商言商自應格外努力本位工作奉行政府國策完成最大使命庶國計民生兩有裨益而本公司以從前合夥時

之信譽在此居間買賣之中必能更上一層前途希
望殊無限量焉謹將營業計劃開列於下
（甲）資本支配
資本總額國幣八百萬元一次收足
一、開辦費及生財裝修　國幣壹百五拾萬元
二、保證金　國幣念五萬元
三、流動資金（代客墊資金已括在內）　國幣六百念五萬元
共計國幣八百萬元整
（乙）收支概祘
收入項下
一、代客買賣　佣金全年約計國幣壹百四拾壹萬元
二、利息　全年約計國幣五拾七萬元
共計全年收入約計國幣壹百九拾捌萬元整
支出項下
一、薪津全年約計國幣叁拾六萬元
二、膳宿　國幣叁拾貳萬四千元
三、房租　國幣壹萬貳千元
四、電話　國幣叁萬六千元
五、水電　國幣九千六百元
六、文具　國幣六萬元

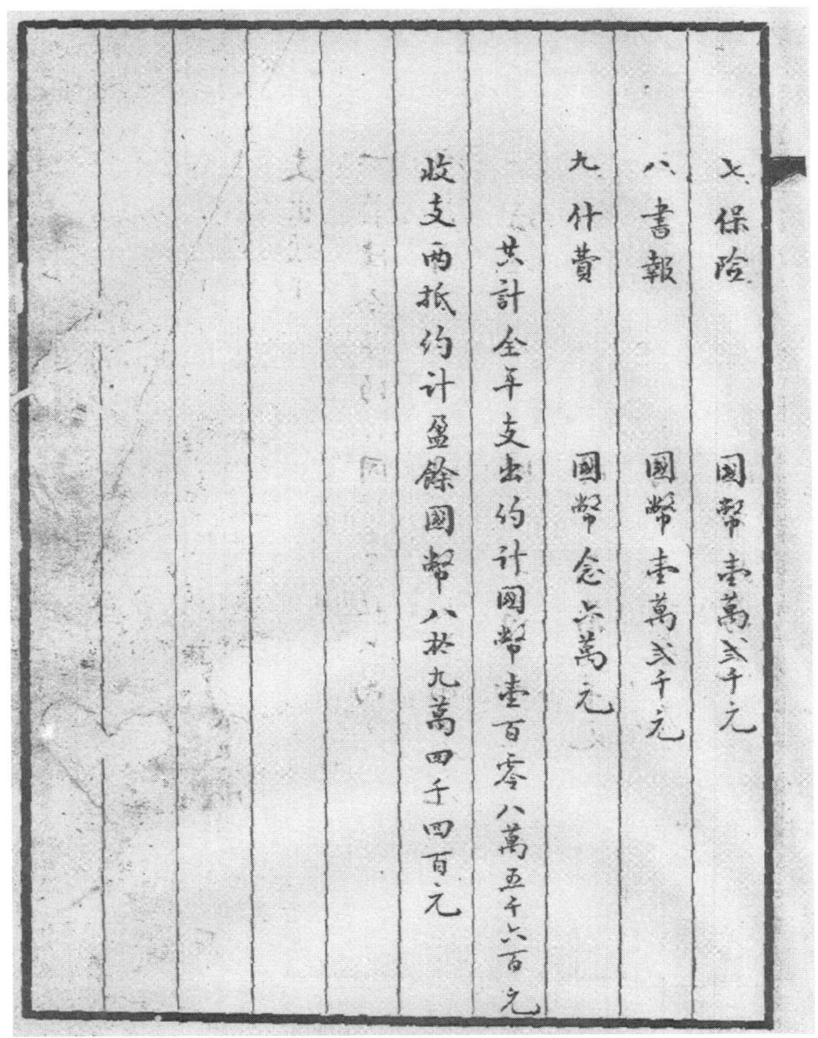

七、保險　國幣壹萬貳千元

八、書報　國幣壹萬貳千元

九、什費　國幣念六萬元

共計全年支出約計國幣壹百零八萬五千六百元

收支兩抵約計盈餘國幣八拾九萬四千四百元

00001

事由	據前上海特別市社會局轉呈 [illegible] 有限公司申請補行登記一案令仰遵照由
附件	
擬辦	
決定辦法	

實業部

文別　訓令

中華民國　年　月　日　字第　號

令上海特別市 [illegible]

案據前上海特別市社會局局長凌寫文呈，以據中國股票股份有限

公司董事蔡聲白等呈，為設立中國股票股份有 [illegible] 事，理

合檢同件數，轉呈鑒核等情，附呈件數，到部，查該公司係經營股票業務

中華民國廿三年四月廿日 收文

73

曾呈准本部核發註冊執照有案，惟查該公司資本，僅有二十萬元，核與
註冊人應有資本壹百萬元以上之數目不符，應飭增補足額，又所具副呈，
全體董監均未蓋章，核與規定不合，應加蓋印章，以符規定，據呈前情，
合行檢發原呈附件各一份，暨費款壹佰四拾四元，令仰該局轉飭該公司
遵照！
此令。
計發還副呈公司章程股東名簿董監名單發起人會議錄各乙份費款
壹佰四拾四元（裝由中儲行匯）

部長 陳君慧

監印 校對

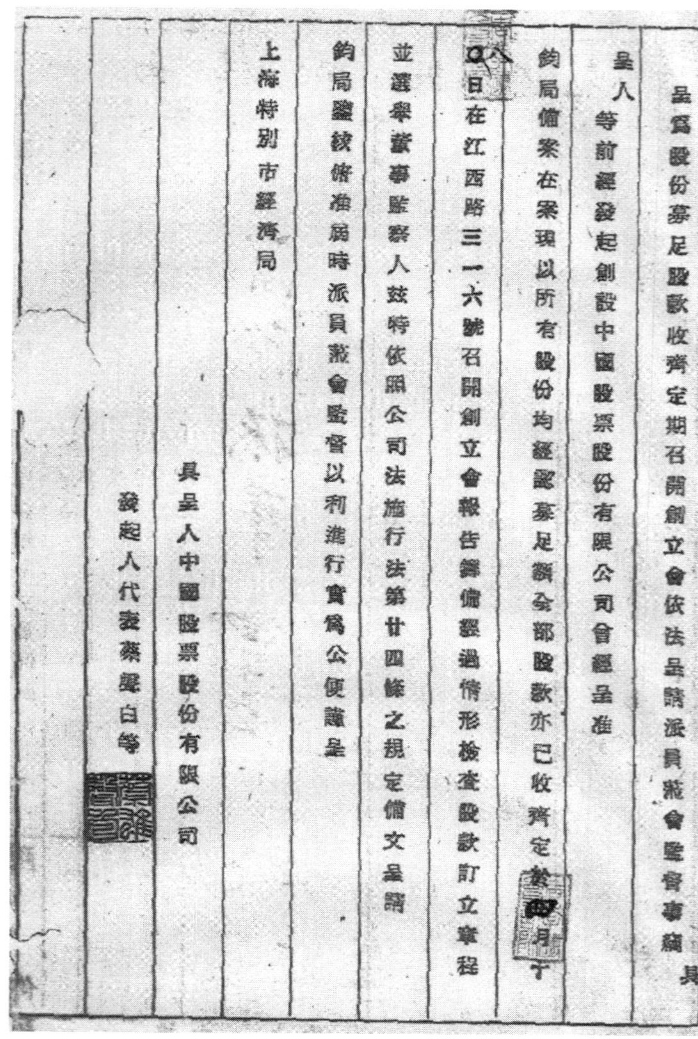

呈爲股份募足股款收齊定期召開創立會依法呈請派員蒞會監督事竊具
呈人等前經發起創設中國股票股份有限公司曾經呈准
鈞局備案在案現以所有股份均經認募足額全部股款亦已收齊定於四月十
八日在江西路三一六號召開創立會報告籌備經過情形檢查股款訂立章程
並選舉董事監察人茲特依照公司法施行法第廿四條之規定備文呈請
鈞局鑒核俯准屆時派員蒞會監督以利進行實爲公便謹呈
上海特別市經濟局
具呈人中國股票股份有限公司
發起人代表蔡羅白等

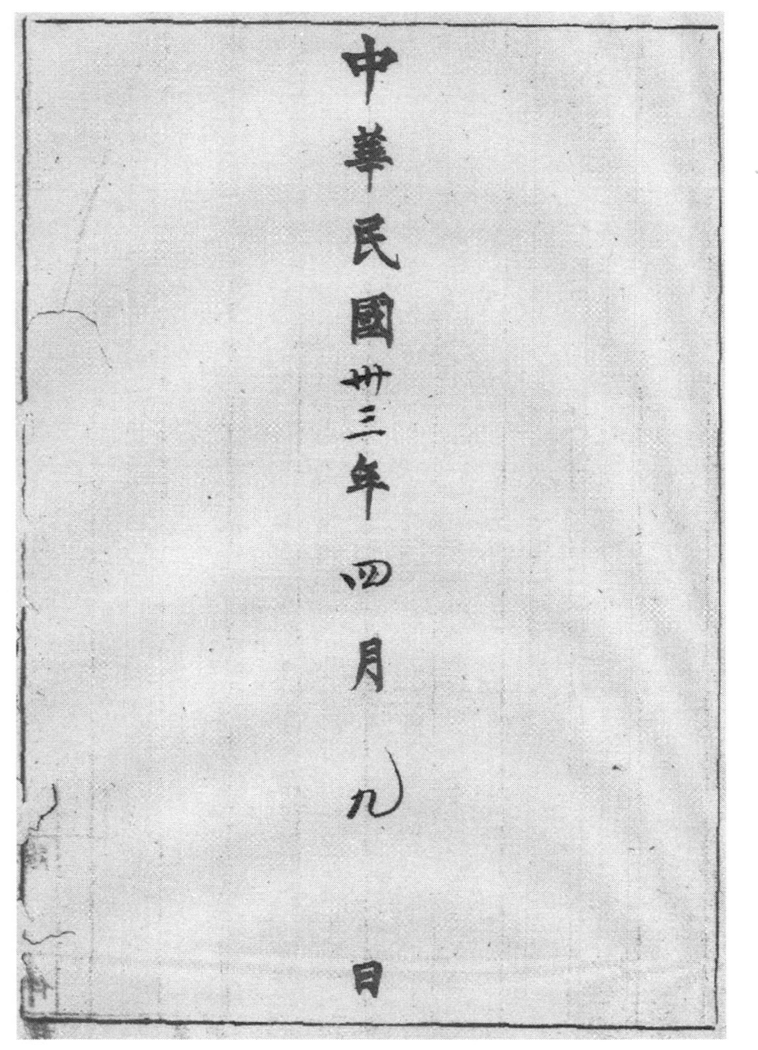
中華民國卅三年四月九日

00010

登記事項表

公司名稱	中國股票股份有限公司
所營事業	專以自己或代客買賣華商股票及其他各項有價證券為營業
資本總額	國幣五百萬元
股份總數及每股金額	分為二十五萬股每股國幣二十元
每股已繳金額	一次繳足
本店所在地	上海江西路三一六號
公告方法	以登載於上海通行之日報或通函為之

董監姓名住所

職別	姓名	住所	選任
董事	蔡聲白	上海天津路二〇七號	卅三年四月十八日選任
	許冠羣	上海新閘路新亞藥廠	仝右
	鄔學詩	上海江西路三一六號	仝右
	項康原	上海廣東路二四七號	仝右
	方劍閣	上海長白街中華琺瑯廠	仝右
	任士剛	上海大興路一二〇號	仝右

00011

黃士謙 上海漢口路五〇號 卅三年四月十八日自簽莊

戴耕莘 上海永嘉路三八〇號 仝 右

潘仰堯 上海靜安寺路四行儲蓄會 仝 右

王振芳 上海河南路如意里九號 仝 右

許懿初 上海北京路八五一號 仝 右

顧克民 上海正始路二五一弄一八號 仝 右

胥仰南 上海東棋盤街三〇號 仝 右

王性堯 上海江西路三六七號四〇一室 仝 右

唐瓊相 上海永嘉路一七弄六號 仝 右

監察人 李康年 上海南京路中國國貨公司 仝 右

沈士馥 上海永嘉路西愛村一二號 仝 右

鄭舜生 上海寧波路四七六號 仝 右

00012

中國股票股份有限公司章程

第一章 總則

第一條 本公司遵照公司法股份有限公司之規定組織之定名曰中國股票股份有限公司簡稱中國股票公司英文名稱爲(China Domestic Securities Co., Ltd.)

第二條 本公司以自行或代客買賣華商股票及其他各種有價證券爲營業

第三條 本公司設總公司於上海如有業務上之必要時得經董事會之決議在其他各地設立分公司

第四條 本公司之公告以登載於上海通行之日報或通函爲之

第二章 股份

第五條 本公司資本總額爲國幣五百萬元分爲二十五萬股每股二十元一次收足

第六條 本公司股票概用記名式由董事五人簽名蓋章並加蓋本公司圖記依次編號發行之

第七條 本公司股東以中華民國國民爲限

00013

第八條 本公司股東取得股份時其户主人或用堂記法團名義之代表人均應將其姓名住所及印鑑報明本公司存查遇有變更時亦同

第九條 本公司股份因買賣贈與或其他原因而轉讓時應由讓受人出具過戶書報請本公司核明過戶其因繼承關係請求過戶者應提出相當證據經本公司認可後方得過戶

第十條 股票遺失或毀滅時應即以書面報告本公司并由失主自行登載上海通行日報及失主所在地日報公告二天自公告日起逾過二個月無人發生糾葛方可覓具妥保補領新股票

第十一條 股份過戶及股票毀損或補發新股票均酌收相當之手續費及應貼之印花稅費

第十二條 股東存留本公司印鑑之圖章遺失或毀滅時應即通知本公司聲明緣由並登載上海通行日報公告二天而無糾葛發生方得覓具妥保填具保證書經本公司認可後方得改換新印鑑

第十三條 每屆股東常會前一個月內股東臨時會前十五日內停止股份過戶

第三章 股東會

00014

第十四條 本公司股東會分常會臨時會兩種常會於每年決算後三個月內由董事會召集之臨時會於必要時依照公司法之規定召集之

第十五條 股東常會應於開會一個月前通知或公告各股東股東臨時會則應於十五日前通知或公告之

第十六條 股東會主席由董事長任之缺席時由股東就董事中公推一人代之

第十七條 本公司股東表決權每股一權一股東而有十一股以上者自十一股起其超過股數之表決權以九折計算零數不足一權者不計

第十八條 股東會議時除公司法有特別規定者依法辦理外以股東人數過半數代表股份總數過半數者之出席方得開議其決議以出席股東表決權過半數之同意行之可否同數時取決於主席

第十九條 股東因事不能出席股東會時得出具委託書委託本公司其他股東代理出席但其代表之表決權連其本人所有者合計不得超過全體股東表決權五分之一

第二十條 股東會決議事項應作成決議錄由主席簽名蓋章連同股東簽到簿及代表出席之委託書一併保存於公司

第四章　董事監察人及職員

第廿一條　本公司設董事十五人監察人三人凡有本公司股份總數千分之三之股東得被選為董事千分之一之股東得被選為監察人均由股東會依法選舉之但政府指派者由主管機關指定之

第廿二條　董事任期三年監察人任期一年連選均得連任

第廿三條　董事組織董事會並互推董事長一人常務董事二人負責執行公司一切業務

第廿四條　董事會議之主席由董事長任之如董事長缺席時由常務董事中互推一人代之

第廿五條　董事會開會時須有全體董事過半數之出席方得開會其決議以出席董事過半數之同意行之可否同數時取決於主席

第廿六條　監察人除依法執行職務外得列席董事會陳述意見但無表決權

第廿七條　本公司設總經理一人協理一人由董事會聘任之其他職員由總經理任免之

00015

第五章　會計

第廿八條　本公司以每年十二月底為年終總決算由董事會依法造具各項表冊於股東常會開會前卅日送交監察人查核後提出於股東常會請承認

第廿九條　本公司每年決算如有盈餘除完納一切稅捐外先彌補虧損提百分之十為法定盈餘公積發付股息後如有盈餘其餘按百分率依照下列各項分配之

一、股東紅利百分之六十

二、董事監察人酬勞百分之十

三、總經理酬勞百分之十五

四、職員福利金百分之十五

第六章　附則

第三十條　本章程未盡事宜悉照公司法及有關公司之法令辦理

第卅一條　本章程自股東會決議呈經主管官署核准之日施行修改時亦同

00016

中國股票股份有限公司營業計劃書

甲　資本總額　國幣五百萬元

乙　資本支配

一、生財裝修　國幣五十萬元

二、流動資金　國幣四百五十萬元

以上共計國幣五百萬元

丙　營業收支概算

一、營業收入毛利年計　國幣三百五十萬元

二、營業支出年計

子　營業費用　國幣五十五萬元

丑　管理費用　國幣一百二十萬元

寅　財務費用　國幣三十五萬元

以上全年支出共計國幣二百十萬元

收支相抵淨計盈餘國幣一百四十萬元

丁　盈餘分配

一、法定公積金　國幣十四萬元

二、所得稅　國幣廿萬〇六千六百五十元

三、股息　國幣四十萬元

四、股東紅利　國幣三十九萬二千〇十元

五、董事監察人酬勞　國幣六萬五千三百卅五元

六、經理酬勞　國幣九萬八千〇〇二元五角

七、職員獎勵金　國幣九萬八千〇〇二元五角

以上共計國幣一百四十萬元

00023

中國股票股份有限公司

股東名簿

户名	代表人姓名	股數	股款	住址	繳納股款年月日
方剛瑾		六千二百五十股	十二萬五千元	上海南京路一五三號二〇三室	卅三年四月一日
方劍閣		五千股	十萬元	上海長白前中華琺瑯廠	仝右
方苑仙		五千股	十萬元	上海河南路二五七號	仝右
王詠霓		五千股	十萬元	上海白克路永慶里二六號	卅三年四月二日
王梅芳		七千五百股	十五萬元	上海襄陽路一五五弄六號	仝右
王性堯		七百七十五股	一萬五千五百元	上海江西路三六七號四〇一室	仝右
王逸鴻		一百五十股	三千元	上海白克路永慶里一六號	仝右
王振芳		二千五百股	五萬元	上海河南路如意里九號	卅三年四月五日
王瀛生		一千二百五十股	二萬五千元	上海[illegible]路七三號	卅三年四月三日
任士剛		五千股	十萬元	上海大興路一三〇號	卅三年四月八日
朱德隆		一千二百五十股	二萬五千元	上海北山西路四四九弄九號	仝右
李文記	李文德	二千五百股	五萬元	上海江西路四五二號	卅三年四月四日
李康年		五千股	十萬元	上海南京路中國國貨公司	卅三年四月六日
徐寄安		一千五百六十二股	三萬一千二百四十元	上海河南路二五七號	仝右
徐世雄		九百三十八股	一萬八千七百六十元	上海南京路慈淑大樓三一一號	仝右
利　禪	吳柏林	一千二百五十股	二萬五千元	上海南京路一六五號	仝右
何秀婦		一千二百五十股	二萬五千元	上海康定路三八〇號	卅三年四月三日

一

00026

中國股票股份有限公司創立會決議錄

日期　民國卅三年四月十八日下午三時

地點　上海江西路三一六號本公司

出席股東　五十一人計二三八七五〇股

上海特別市經濟局派代表顧振華先生蒞會監督

公推蔡聲白先生為主席

一、主席檢查出席股東人數及股數均已足法定數當即宣佈開會

二、主席報告設立經過情形

略謂查本公司創於民國廿九年其時資本數額微細對於公司登記未曾加以注意但自上年上海華商證券交易所復業後本公司即經呈准　實業部核發經紀人登記資文字第一五二號執照在案旋以上市流通證券日見加多所有資金不敷運用爰經擬充資本總額為國幣五百萬元分為二十五萬股每股二十元一次收足目下所有股份均經各股東如數以現金分別認繳足額今後本公司得此項資金運用營業前途當有厚望特此報告

三、訂立公司章程案

由主席將公司章程草案逐條宣讀經衆討論略加修改後一致通過

00027

四、檢查股款案

公推任士剛王性堯兩股東爲檢查人依照公司法第一〇三條之規定檢查所收股款當場提出調查報告書並將代收股款銀行單以及證明書等宣讀一遍衆無異議一致通過

五、選舉董事監察人案

公推徐世雄王振芳兩股東爲檢票員陸維宏李文德兩股東爲唱票員當場開票選舉結果列後

蔡慶白得二一四九一八權
許冠羣得二一四九一八權
鄒學詰得二〇七八七六權
項康原得二〇七一九〇權
方劍閣得二〇一九四七權
任士剛得一九九五八二權
黃士謙得一九八三二六權
戴耕莘得一九五七五一權
潘仰堯得一九一三三八權
王振芳得一八三五〇五權
許曉初得一八〇〇四七權
顧克民得一七七九二四權
胥仰南得一七四九〇一權
王性堯得一七二八三八權
居瓊相得一六八六七八權
以上十五人當選爲董事

00028

蔡蔭喬得八五二三二權
方國達得六〇七〇五權
以上二人爲候補董事
李康年得二一二四二九權
沈士誠得二〇八七〇三權
鄒舜生得一九七五三八權
以上三人當選爲監察人
葉子瀛得七四九七七權
以上一人爲候補監察人

六、散會

主席 蔡慶白 簽印

上海特別市經濟局代表 顧振華 簽印

00029

檢查人調查報告書

具調查報告書檢查人任士剛王性堯茲依照公司法第一〇三條之規定業已將本公司股款繳事所得結果報告於次

一、本公司股份總數二十五萬股確已如數以現金認足

二、本公司資本總額國幣五百萬元確已如數以現金繳足

三、並無以金錢外之財產抵作股款者

以上各項均係實在並無冒濫情事 鄙人等願負一切法律上之責任此致

中國股票股份有限公司創立會

檢查人 任士剛簽印
王性堯簽印

中華民國卅三年四月十八日

00037

中國股票股份有限公司發起人姓名經歷住址及認股數目清冊

姓名	經歷	住址	認股數目	金額
蔡聲白	美亞織綢廠董事長	上海福開森路四號	四萬股	八十萬元
許冠羣	新亞藥廠董事長	上海新閘路一〇四四號	四萬股	八十萬元
鄭學詩	大美公司董事	上海江西路三二六號	二萬股	四十萬元
項康原	康元製罐廠總經理	上海廣東路一四七號	二萬股	四十萬元
方劍閣	中國紡織公司總經理	上海老北門街中國紡織公司	二萬股	四十萬元
任士剛	五和織造廠經理	上海廣東路三四九號	二萬股	四十萬元
黃士謙	新華銀行經理	上海江西路三六一號	一萬股	二十萬元
戴耕莘	利康織造廠經理	上海康定路二五號	五千股	十萬元
湯仰堯	惠工實業公司董事長	上海四川路七六號	一萬股	二十萬元
王振芳	浦東銀行協理	上海愛多亞路二八四號	五千股	十萬元
許曉初	中法藥房董事長	上海北京路八五一號	一萬股	二十萬元
顧克民	新亞藥廠經理	上海新閘路一〇四四號	五千股	十萬元
屠仰南	德大錢莊董事	上海北山東路[illegible]四五弄四號	五千股	十萬元
王性堯	中國紙業公司董事	上海江西路三六七號	一萬股	二十萬元
唐璞相	合豐企業公司協理	上海江西路四二號	五千股	十萬元
李康年	中國國貨公司經理	上海南京路三四一號	五千股	十萬元

00038

沈士誠 永[illegible]織造廠副理 上海永嘉路二六九號 五千股 十萬元

鄭再生 大達造紙廠會計主任 上海北京路八五〇弄九號 五千股 十萬元

合計二十四萬股國幣四百八十萬元正

00041

中國股票股份有限公司招[illegible]章

一、本公司依照公司法股份有限公司之規定組織定名爲中國股票股份有限公司

二、本公司專以自行或代客買賣華商股票及其他各種有價證券爲營業

三、本公司設於上海江西路三一六號

四、本公司資本總額定爲國幣五百萬元分爲二十五萬股每股廿元一次收足所有股份除已由各發起人認定二十四萬股其餘一萬股公開招募之

五、本公司之股東以中華民國國民爲限

六、本公司之公告以登載於上海通行日報或通函爲之

七、本公司設董事十五人監察人三人凡執有本公司股份千分之三者得被選爲董事千分之一者得被選爲監察人

八、本公司股份認繳期限自即日起至三月十日止

九、本公司股款委託江西路新華銀行代收之掣給股款臨時收據

十、本公司股息定爲週年八釐自股款繳到之次日起算、

十一、本簡章未盡事宜悉依公司法股份有限公司之規定辦理之

上海特別市經濟局公司調查報告

一、公司名稱	中國股票股份有限公司	地址 江西路三一六號
二、來文日期	卅三年四月十日	
三、調查日期	卅三年四月十三日	
四、調查報告		
甲、公司名稱地址是否相符	符	
乙、所營之事業是否相符	符	
丙、股份總額及每股金額是否相符	符	
丁、發起人姓名資格是否相符	符	
戊、申請手續是否合乎公司法施行法第十三條規定	合	
己、調查意見	擬予核准 [illegible] 調查員 [illegible] 四月十四日	
五、科長簽核	擬准 [illegible] 四月 日	
六、局長批示	[illegible] 月 日	

00042

發起人

方劍閣 鄒學詰 蔡聲白 許冠羣 項康原 任士剛

[illegible]曉[illegible] 潘仰堯 黃士謙 顏耕莘 王振芳 顧克民

沈士誠 唐瓊相 胥仰南 王性堯 李康年 鄔秉生

呈為改組為股份有限公司，仰祈核准備案事。竊具呈人等集資國幣式百萬元，分為式萬股，每股一百元，一次收足，在上海寧波路四四六弄五號組設九成股票股份有限公司，專以投資及代客買賣國內各種有價證券為業務。業經呈准實業部註冊，領有實更字第柒號經紀人執照在案。茲以所有股份均經全体發起人如數認足，為特遵照公司法施行法第二十三條之規定，備具營業計劃書，發起人姓名經歷及認股數目清單，連同經紀人執照影本各二份，備文呈請鈞局鑒核，准予備案，實深公感。謹呈

上海特別市經濟局

具呈人 九成股票股份有限公司

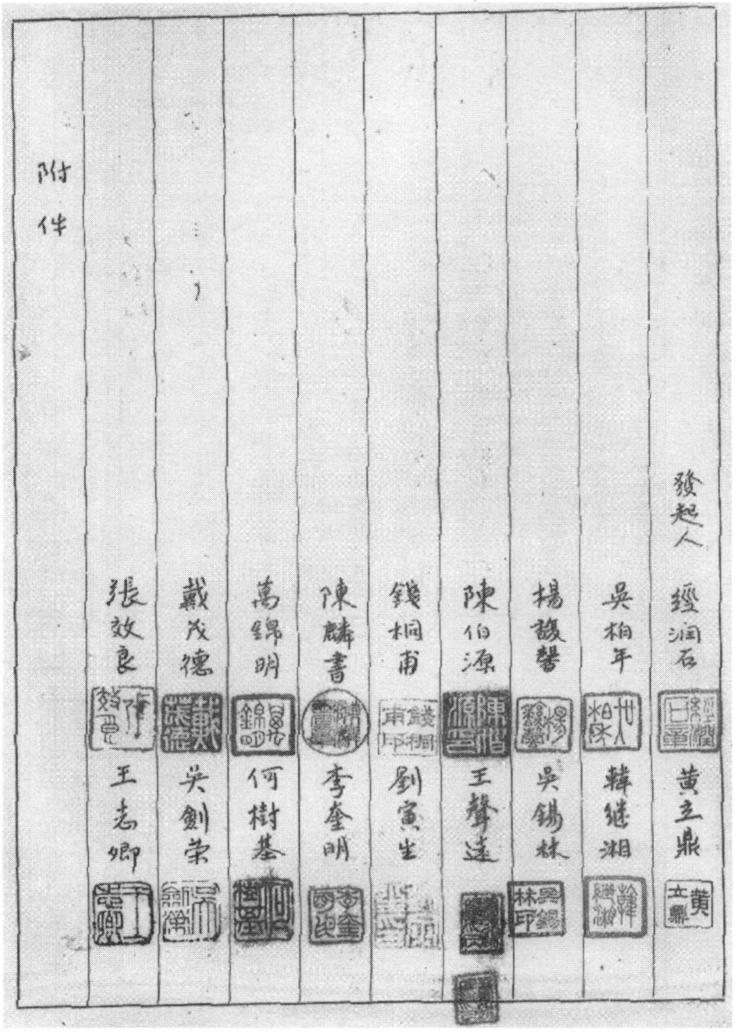

附件

發起人

經潤石 黃立鼎
吳柏年 韓繼湘
楊誠馨 吳錫林
陳伯源 王馨達
錢桐甫 劉寅生
陳麟書 李奎明
萬錫明 何樹基
戴茂德 吳劍棠
張效良 王志卿

九成股份有限公司營業計劃書

資金之[illegible]應從產之機構在實業但無股票市場為之
周轉則企業家無從集資之途徑投資人以選擇之機緣此股票
事業之所以見重於經濟社會也同仁等鑒此特徵求九成
股票股份有限公司之組織集資國幣貳百萬元專以代客買
賣國內各種有價證券為業務以服務社會為目的茲擬
就營業計劃書擬供 察覽

甲 資金之來源

股本 國幣二〇〇〇〇〇〇元

乙 資金之運用

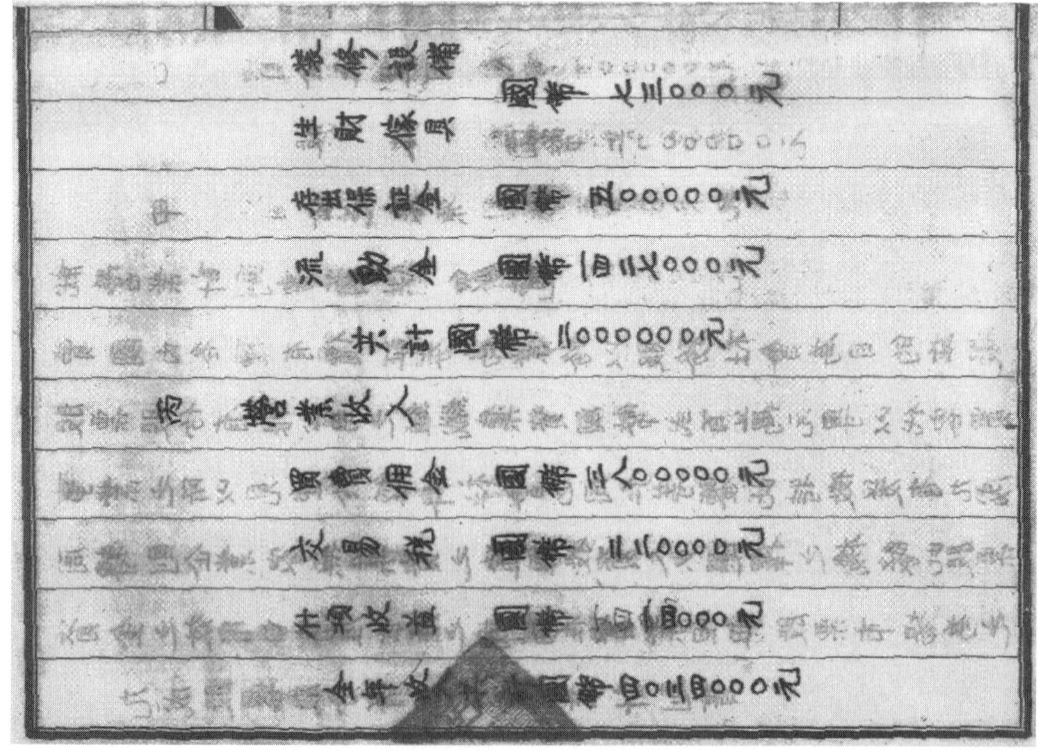

裝修設備 國幣七三〇〇〇元

生財傢具

存出保證金 國幣五〇〇〇〇〇元

流動金 國幣一四二七〇〇〇元

共計國幣二〇〇〇〇〇〇元

丙 營業收入

買賣佣金 國幣三八〇〇〇〇〇元

交易稅 國幣二二〇〇〇〇元

什項收益 國幣一四〇〇〇元

全年收入 國幣四〇三四〇〇〇元

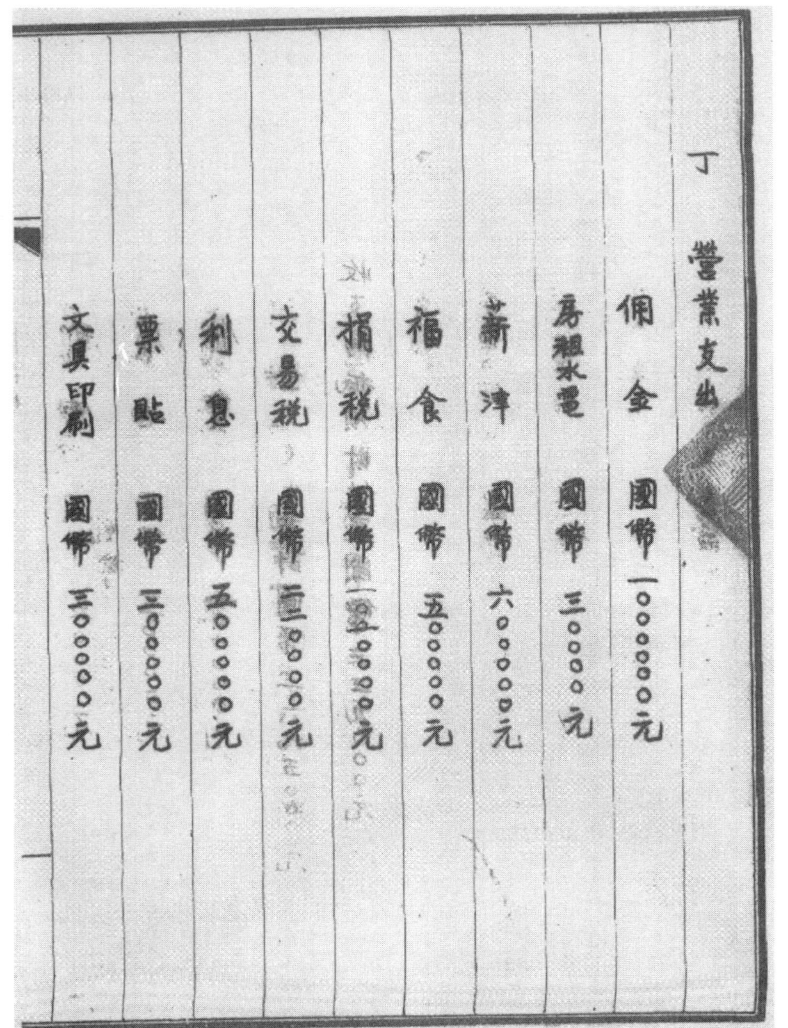

丁 營業支出

項目	幣別	金額
俸金	國幣	一〇〇〇〇〇元
房租水電	國幣	三〇〇〇〇元
薪津	國幣	六〇〇〇〇〇元
福食	國幣	五〇〇〇〇〇元
捐稅	國幣	一五〇〇〇〇元
交易稅	國幣	三〇〇〇〇元
利息	國幣	五〇〇〇〇〇元
票貼	國幣	三〇〇〇〇〇元
文具印刷	國幣	三〇〇〇〇〇元

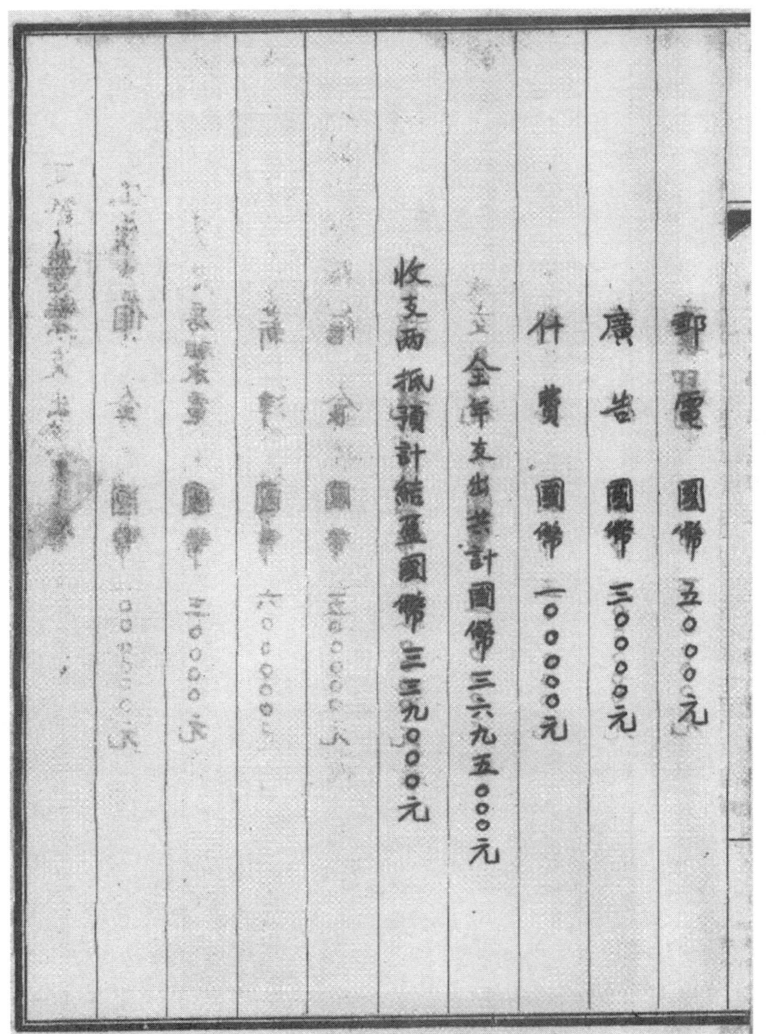

項目	幣別	金額
郵電	國幣	五〇〇〇元
廣告	國幣	三〇〇〇〇元
什費	國幣	一〇〇〇〇〇元

全年支出共計國幣三六九五〇〇〇元

收支兩抵預計結虧國幣三三九〇〇〇元

呈為呈請 派員查驗資本事。竊具呈人等依照公司法股份有限公司之規定，在上海寧波路四四六弄五號設立九成股票股份有限公司，資本總額國幣弍百萬元，分為弍萬股，每股壹百元，一次收足，所有股份均由發起人自行認足，並經依法呈准備案在案。茲以所有股款共計國幣弍百萬元，業已如數繳齊，復經召集發起人會議，通過章程，選任董事監察人，理合遵照公司法第九十一條之規定，備文呈請

鈞局派員查驗資本，俾便依法聲請設立登記，以符法定手續，實為公便。

謹呈

上海特別市經濟局

具呈人 九成股票股份有限公司

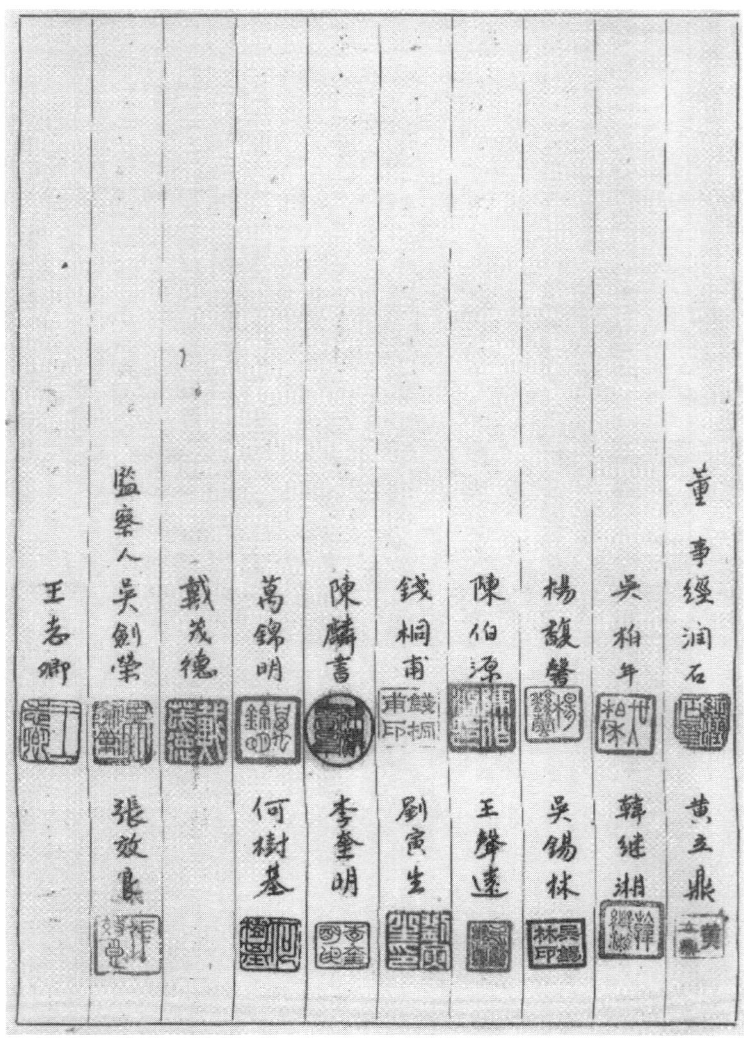

董事 經潤石 黃立鼎

吳柏年 韓繼湘

楊韻馨 吳錫林

陳伯源 王鑅遠

錢桐甫 劉寅生

陳麟書 李奎明

萬錦明 何樹基

戴茂德

監察人 吳劍棠 張效良

王志卿

呈為組設股份有限公司備具文件費稅，仰祈
鑒核轉呈
實業部准予登記給照事。竊 商公司 設於上海甯波路四四六弄五號，專以投資於經營
買賣國內各種有價證券為業務，資本總額國幣貳百萬元，分為貳萬股，每股
壹百元，一次收足，所有股份均由發起人認繳足額，曾呈請
鈞局核准備案暨查驗資本各在案。茲特遵照公司法第一〇九條之規定，開具應
行登記事項並依照公司登記規則第二十九條之規定，加具各項附件，隨繳登記執
照費國幣叁千元，貼照印花稅費肆元，備文呈請
鈞局鑒核轉呈
實業部准予登記發給執照，實深公感。謹呈

中華民國三十三年五月日

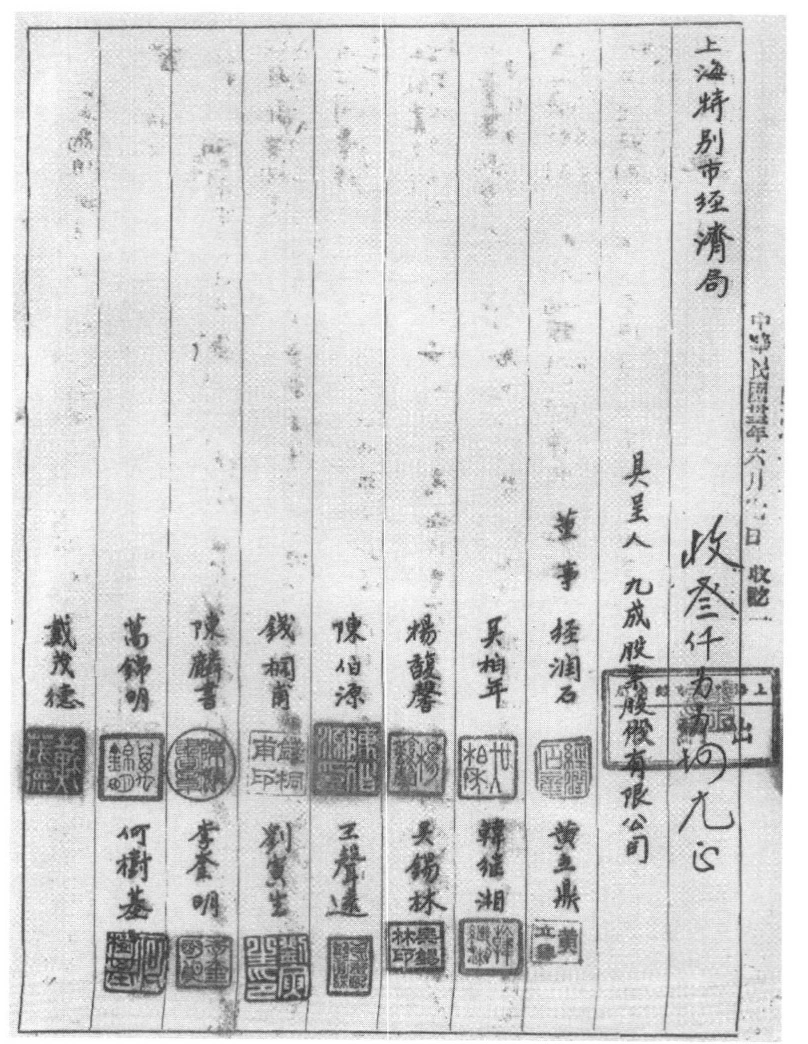

中华民国三十三年六月　日　收

上海特别市经济局

具呈人　九成股票股份有限公司

董事　程润石　黄立鼎

吴柏年　韩继湘

杨馥馨　吴锡林

陈伯涼　王声远

钱桐甫　刘宪生

陈麟书　李奎明

葛锦明　何树基

戴茂德

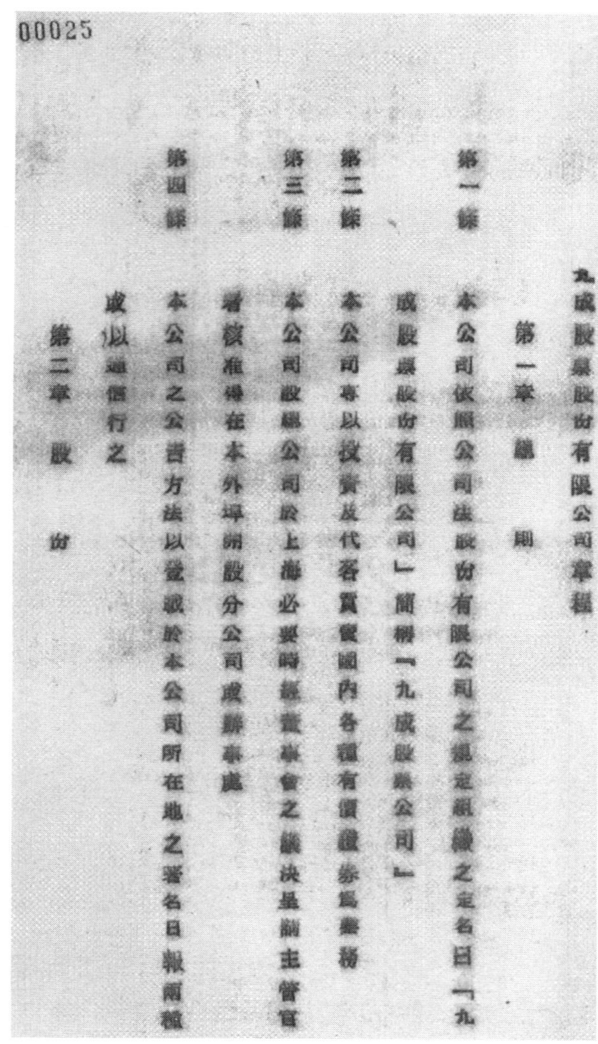

00025

九成股票股份有限公司章程

第一章　总则

第一条　本公司依照公司法股份有限公司之规定组织之定名曰「九成股票股份有限公司」简称「九成股票公司」

第二条　本公司专以投资及代客买卖国内各种有价证券为业务

第三条　本公司设总公司於上海必要时经董事会之议决呈请主管官署核准得在本外埠设分公司或办事处

第四条　本公司之公告方法以登载於本公司所在地之著名日报两种或以通信行之

第二章　股份

00026

第五條　本公司資本總額定為國幣貳百萬元計分貳萬股每股國幣壹百元一次繳足

第六條　本公司股息定為週年一分於股款繳到之日起算如無盈餘時不得提本作息

第七條　本公司股東以中華民國人民為限

第八條　本公司股票為記名式由董事五人署名蓋章加蓋本公司圖記編號填發

第九條　股東應將姓名住址報明本公司記入股東名簿如有以堂名別號或公司團體為戶名者亦應將代表人真姓名住址報明本公司

00027

第十條　股東應將印鑑式樣交存本公司凡領取股息紅利或對本公司行使股東權利時以原存之印鑑為憑

第十一條　股票或印鑑之圖章如有遺失或毀滅時股東應即書面報告本公司並將失滅原由自行登報公告三天聲明作廢自公告最後之日起經過二個月而無糾葛發生得邀同保證人出具保證書送經本公司審核無訛後方得換領新股票或更換新印鑑

第十二條　股東如有轉讓或贈與等情事移轉其股份所有權時應由授受雙方填具聲請書邀同原股票送經本公司審核無訛後方得辦理過戶手續凡未經過戶手續者本公司仍認原股票署名之股東為股東

00028

第十三條 股東因股票過戶或失誤等情事請領新股票時本公司得酌收手續費及應貼之印花稅費

第十四條 股東常會開會前一個月內臨時會開會前十五日內均停止股票過戶

第三章 股東會

第十五條 本公司股東會分常會及臨時會兩種

甲、常 會 每年總決算後三個月內舉行一次由董事會定期召集之

乙、臨時會 遇必要時得依公司法之規定由董事會召集之

第十六條 股東會之決議除公司法另有規定外應有股東過半數代表股

00029

份總額過半數之出席並以出席股東表決權之過半數同意行之可否同數時取決於主席

第十七條 股東之表決權每一股爲一權但一股東而有十一股以上者其十一股以上之股份以九折計算零數不滿一權者不計

第十八條 股東因事不能出席股東會議時得委託其他出席股東爲代表但應具委託書

第十九條 股東會開會以董事長爲主席董事長因事缺席時由出席股東於常務董事中推定一人代之

第二十條 股東會議決事項應作成決議錄由主席簽名蓋章連同股東簽名簿代表委託書一併保存於本公司

00030

第四章 董事監察人及職員

第廿一條 本公司設董事十五人於有股份六十股之股東中選任之監察人三人於有股份貳十股之股東中選任之

第廿二條 董事組織董事會主持公司業務設常務董事五人由董事互推之董事長一人由常務董事互推之常務監察人一人由監察人互推之

第廿三條 董事任期三年監察人任期一年連選均得連任

第廿四條 董事監察人當選後如任期內有缺額時得各以原選次多數依次遞補但以補足原任期爲限

第廿五條 董事會每三個月舉行一次必要時由董事長臨時召集之並以

00031

董事長爲主席董事長因事缺席時由常務董事互推一人代之

第廿六條 董事會之決議應有全體過半數之出席並以出席董事過半數之同意行之可否同數時取決於主席

第廿七條 監察人除依法執行職務外並得列席董事會陳述意見但無表決權

第廿八條 董事會議決事項應作成決議錄由主席簽名蓋章保存於本公司

第廿九條 本公司設經理一人由董事會就董事中推選之執行董事會議決事項並綜理本公司一切事務設副經理若干人協助辦理本公司事務由經理推薦得董事會同意後聘任之

第卅條 本公司其他職員由經理任免之

第五章 決算

第卅一條 本公司營業帳目每屆國曆十二月底決算一次由董事會造具左列各項表冊於股東會開會前三十日交監察人審核簽署後提出於股東會請求追認

一、營業報告書

二、資產負債表

三、財產目錄

四、損益計算書

五、盈餘分配案

第卅二條 本公司每屆決算如有盈餘先提十分之一爲法定公積金次提應納國稅再提股息壹分其餘依下列百分率分配之

一、股東紅利 百分之六十五

二、董事及監察人酬勞 百分之拾

三、經副理及其他職員獎勵金 百分之廿五

第六章 附則

第卅三條 本公司各項辦事細則由董事會按照本章程主旨擬訂之

第卅四條 本章程未盡事宜悉依公司法股份有限公司之規定辦理

第卅五條 本章程經股東會議決呈請主管官署核准之日起施行修改時亦同

姓名	經歷	認股數目	備註
經潤石	國信染織廠董事長	壹千五百股	
黃立鼎	振源錢莊總經理	壹千股	
吳柏年	上海市布廠業同業公會理事 上海市布號業同業公會監事	伍千○伍拾股	
韓繼湘	五源証券公司經理	伍百股	
楊馥馨	源泰號經理	壹千五百股	
吳錫林	三新實業社董事長	貳千○五拾股	
陳伯源	中國保險公司副經理	伍百股	
王聲遠	鴻盛源號經理	壹千股	
錢桐甫	晋泰號經理	陸百股	
劉寅生	球手雪茄烟廠經理	柒百股	
陳麟書	元興號經理	捌百股	
李奎明	四川美豐銀行襄理	陸百股	
葛錦明	慶成錢莊襄理	陸百五拾股	
何樹基	綸華染織廠副经理	玖百五拾股	
戴岱德	震豐染織廠经理	柒百股	
吳劍榮	豐泰染織廠经理	伍百股	
張啟良	華業公司经理	伍百股	
王志卿	大豐棉布莊经理	伍百股	
		以上共計貳萬股	

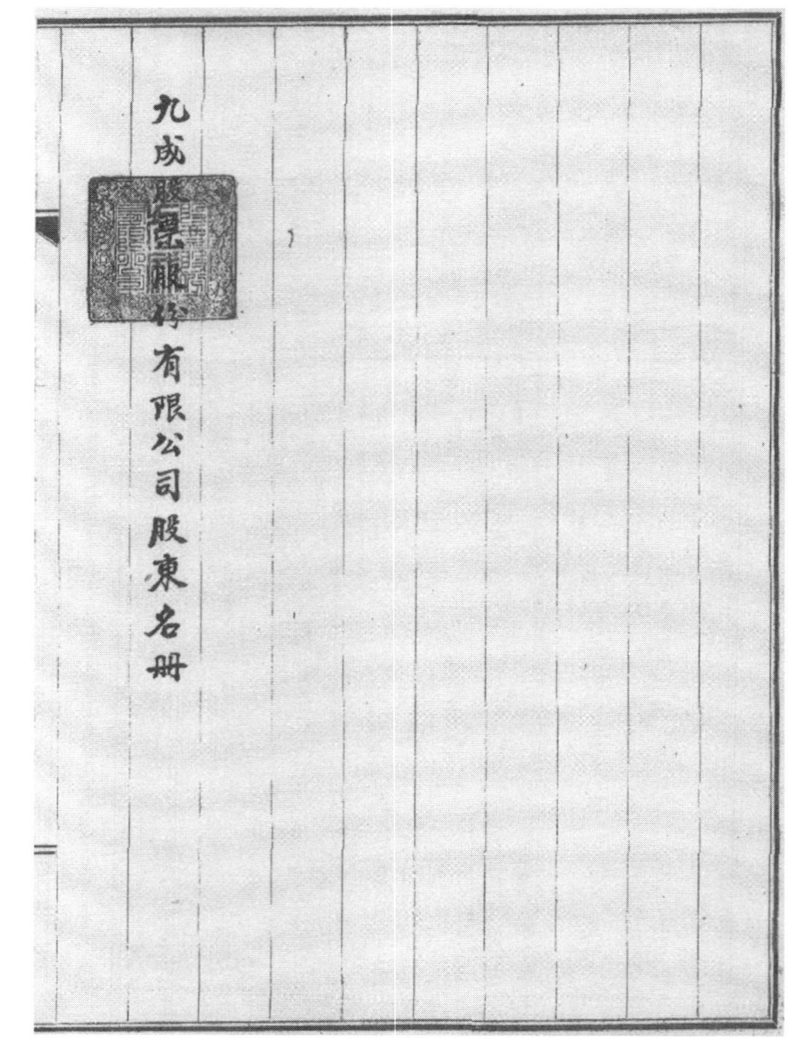

九成股份有限公司股東名冊

户名	代表人姓名	股數	金額	已繳金額	繳款日期	取得股份日期	住址
潤記	經潤石	一五〇〇	一五〇〇〇〇元	繳足	三十年一〇月一五日	仝上	上海洛陽路九五一號
鼎記	黃主鼎	一〇〇〇	一〇〇〇〇〇元	仝右	仝右	仝上	上海滄州路二〇四號
柏記	吴柏年	五五〇	五五〇〇〇元	仝右	仝右	仝上	上海寧波路四四六弄五號
湘記	韓継湘	五〇〇	五〇〇〇〇元	仝右	仝右	仝上	上海北無錫路七三號
馨記	楊馥馨	一五〇〇	一五〇〇〇〇元	仝右	仝右	仝上	上海南無錫路二六號
錫記	吴錫林	二〇五〇	二〇五〇〇〇元	仝右	仝右	仝上	上海静安寺路静安新村三號
源記	陳伯源	五〇〇	五〇〇〇〇元	仝右	仝右	仝上	上海北山西路福蔭里12號
鍾記	王聲遠	一〇〇〇	一〇〇〇〇〇元	仝右	仝右	仝上	上海九江路429號内254號
恭記	錢桐甫	六〇〇	六〇〇〇〇元	仝右	仝右	仝上	上海天津路恒源里五號

祥記	劉寅生	七〇〇	七〇〇〇〇元	仝右	仝右	仝上	上海山海關路470號
書記	陳麟書	八〇〇	八〇〇〇〇元	仝右	仝右	仝上	上海新昌路六一弄三四號
奎記	李奎明	六〇〇	六〇〇〇〇元	仝右	仝右	仝上	上海河南路521號
錦記	萬錦明	六五〇	六五〇〇〇元	仝右	仝右	仝上	上海天津路福綏里10號
健記	何樹基	九五〇	九五〇〇〇元	仝右	仝右	仝上	上海寧波路四四六弄五號
德記	戴茂德	七〇〇	七〇〇〇〇元	仝右	仝右	仝上	上海寧波路四四六弄三號
吳榮記	吳劍榮	五〇〇	五〇〇〇〇元	仝右	仝右	仝上	上海泰山路泰展里20號
效記	張效良	九〇〇	九〇〇〇〇元	仝右	仝右	仝上	上海寧波路四四六弄五號
志記	王志卿	五〇〇	五〇〇〇〇元	仝右	仝右	仝上	上海福建路521號
以上共計貳萬股貳百萬元							

九成股票股份有限公司董事監察人名單

職別	姓名	籍貫	住址
董事長	經潤石	浙江上虞	上海洛陽路九五一號
常務董事	黃立鼎	浙江餘姚	上海滄州路二〇四號
常務董事	吳柏年	浙江餘姚	上海寧波路厚益坊五號
常務董事	韓繼湘	浙江吳興	上海北無錫路七三號
常務董事	楊馥馨	上海市	上海南無錫路二六號
董事	吳錫林	浙江餘姚	上海靜安寺路靜安新村三號
董事	陳伯源	浙江上虞	上海北山西路福蔭里
董事	王聲遠	山東黃縣	上海九江路四二九號內五四號

董事	錢桐吉	江蘇吳縣	上海天津路恒滋里五號	
董事	劉寶生	浙江鄞縣	上海山海關路四七〇號	
董事	陳麟書	浙江鄞縣	上海新昌路六一三四號	
董事	李奎明	浙江上虞	上海鳳陽路[illegible]號	
董事	萬鶴明	江蘇吳縣	上海天津路福綏里十號	
董事	何樹基	浙江餘姚	上海寧波路四六弄五號	
董事	戴蘭德	浙江台州	上海寧波路四六弄五號	
常務監察	吳劍業	江蘇句容	上海泰山路泰辰里三〇號	
監察人	張啟良	浙江平湖	上海寧波路四六弄五號	
監察人	王志卿	江蘇無錫	上海福建路五三一號	

上海特別市經濟局批 市經二字第二五四一號

具呈人 經潤石 等

呈一件為九成股業股份有限公司呈請備案由

呈件均悉，准予備案。仰即知照。

此批。件存。

局長 繆夫深

中華民國三十三年五月四日

上海特别市经济局批市经二字第二七七四號

具呈人 经润石 等

呈一件為九成股票股份有限公司股款繳足請予查驗由

呈悉。據稱該公司股款繳齊，業经派員查驗

相符，仰即知照。

此批。

局長 徐天深

中華民國三十三年五月二十四日

案據九成股票股份有限公司董事暨發起人经润石等

呈請設立登記等情，附各项應備件費等，據此查該公司

業經本局核准備案，及派員查驗股款各在案，茲據呈請核

轉登記前來，經核所附各件，尚無不合，除抽存附件備查

及依照公司登記規則第十六條之規定，留支办公費五十元外，

理合檢同原附件各乙份，登記費二千九百[illegible]元，留支办公費收據

乙紙，印花税費四元，備文呈請

鑒核，准予登記給照，實為公便。

謹呈

實業部部長陳

附呈原呈副本，公司章程，股東名簿，营業概況書

核准備案批示抄本，驗資報告書乙份，登記費二千九百[illegible]十元

印花税費四元，留支办公費收據乙紙。

经纪人执照影本

董监名单

登记事项表

全銜局長徐〇〇

呈為發起組織股份有限公司懇請備案事竊具呈人等現擬集資國幣壹百萬元
分為二萬股每股國幣五十元在上海地方發起設立大中華股票股份有限公司
將原有大中華股票號（執有　實業部頒華商證券交易所經紀人執照第一六
五號）由合夥改為股份有限公司專以買賣華商股票兼營內國公債以及其他
有關業務所有股份均由發起人等自行認足不再向外招募茲謹遵公司法施行
法第二十三條之規定加具營業計劃書發起人姓名住址及認股數目清冊備文
呈附
核尚乞准予備案以利進行謹呈
上海市經濟局

具呈人大中華股票股份有限公司全體發起人

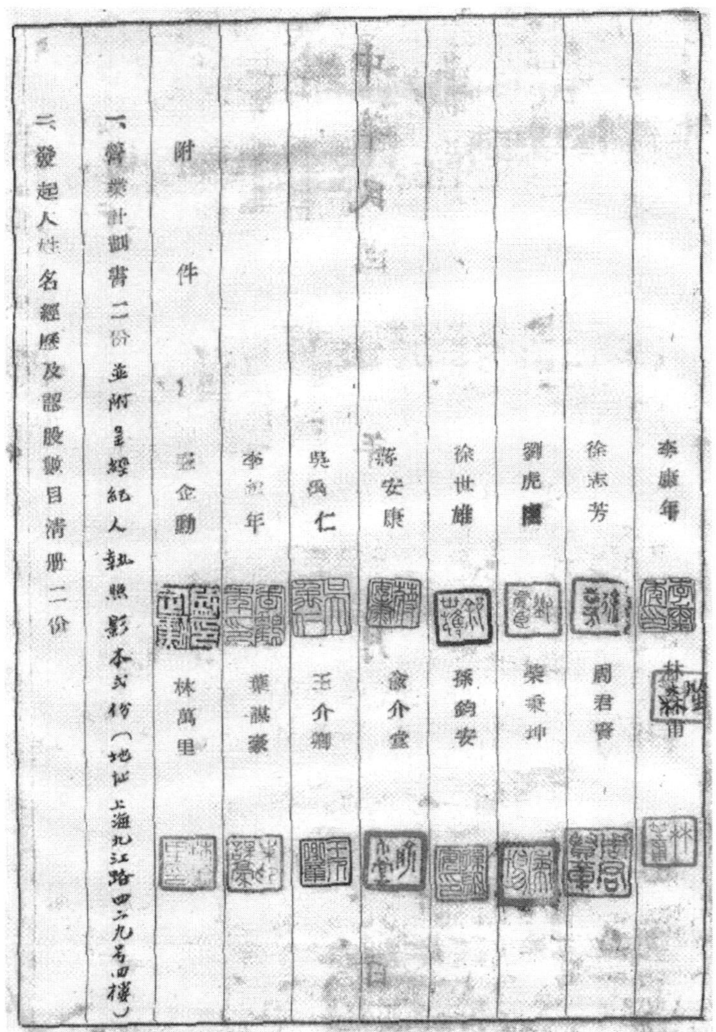

李康年	徐宗芳	劉虎[illegible]	徐世雄	蔣安康	吳為仁	李紀年	孟企勳
林森甫	周君會	榮乘坤	孫鈞安	徐介堂	王介卿	華謀豪	林萬里

附件

一、營業計劃書二份並附呈經紀人執照影本一份（地址上海九江路四二九號四樓）

二、發起人姓名經歷及認股數目清冊二份

國民政府實業部交易所經紀人執照

牌號 大中華

代表人 林萬里

據右開申請人遵章呈請發給上海華商證券交易所經紀人執照到部核與上海華商證券交易所經紀人登記規則第二條規定資格相符合給執照以資憑證

部長 陳君慧

兼商業司司長 闕國賢

中華民國三十二年十一月二十六日

右給大中華代表人林萬里收執

00005

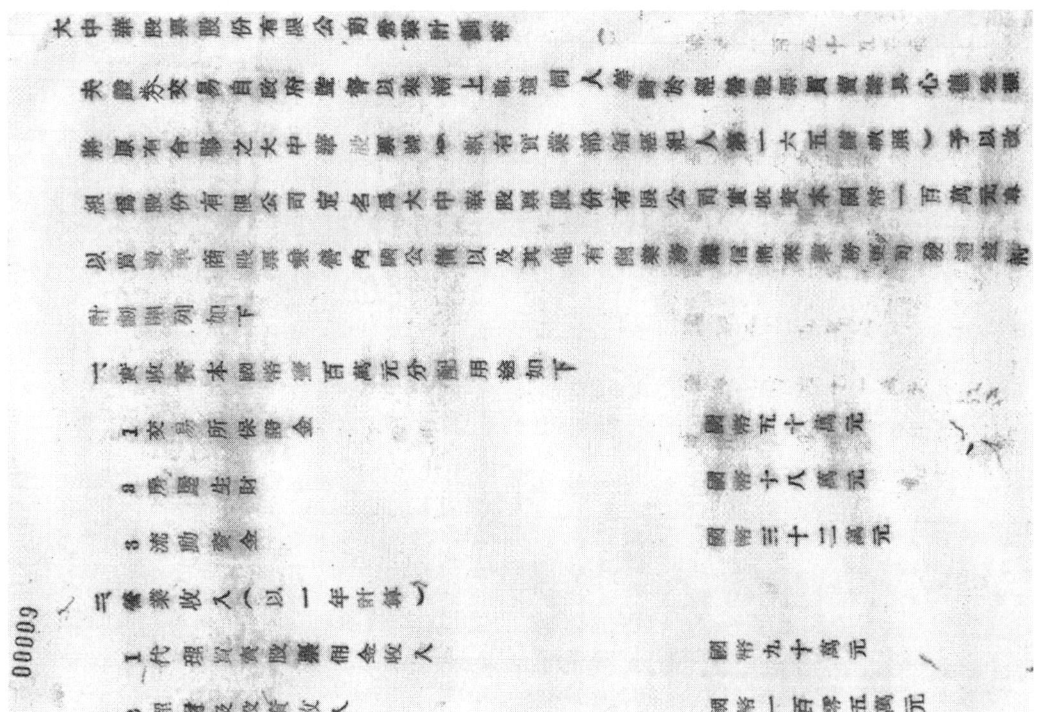

大中華股票股份有限公司營業計劃書

夫證券交易自政府監督以來漸上軌道同人等對於經營股票買賣業具心得爰擬將原有合夥之大中華股票號（執有實業部頒經紀人第一六五號執照）予以改組爲股份有限公司定名爲大中華股票股份有限公司實收資本國幣一百萬元專以買賣華商股票兼營內國公債以及其他有關業務藉信將來業務更可發達茲將計劃臚列如下

一、實收資本國幣壹百萬元分配用途如下

1 交易所保證金　國幣五十萬元

2 房屋生財　國幣十八萬元

3 流動資金　國幣三十二萬元

二、營業收入（以一年計算）

1 代理買賣股票佣金收入　國幣九十萬元

2 理財及投資收入　國幣一百零五萬元

00009

每年預計收入　　國幣一百九十五萬元

三、營業支出（以一年計算）

1 薪工　　國幣五十六萬元

2 營運費用　　國幣二十捌萬元

3 財務費用　　國幣三十二萬元

4 營業費用　　國幣四十五萬元

每年預計支出　　國幣一百六十一萬元

四、收支相抵每年預計盈餘約計　　國幣三十四萬元

大中華股票股份有限公司章程

第一章　總則

第一條　本公司依照公司法股份有限公司之規定組織之定名爲大中華股票股份有限公司

第二條　本公司股東以中華民國國民爲限

第三條　本公司專門代理買賣華商股票兼營內國公債

第四條　本公司設立於上海

第五條　本公司之公告以登載於上海之通行日報或用通函行之

第二章　股份

第六條　本公司資本總額定爲國幣壹百萬元分爲二萬股每股國幣五十元一次收足

第七條　本公司股息定爲週息壹分每年於舉行股東常會後發給之但無盈餘時不得提本作息

第八條　本公司股票概用記名式由董事五人以上署名蓋章並加蓋本公司圖記發行之

第九條　本公司股東取得股份時或用堂名別號法團名義爲戶名者其代表人均應將其印鑑住所報告本公司存查遇有變更時亦同

第十條　股份因買賣讓與或抵押而轉讓時應由轉讓人與具過戶書簽名蓋章報請本公司核明過戶其因繼承關係請求變更戶名者應提出相當證據本公司認爲必要時並得令其覓具妥保

第十一條　股票汚損或欲分合時得向本公司請求掉換但汚損程度至不易辨認時本公司得令登報公告或覓具妥保

第十二條　股票或印鑑遺失或毀滅時應即以書面報告本公司掛失並登載上海通行日報二種各三日以上自登報日起經過二個月無聲明異議經審核無訛者方得覓具妥保補領新股票或更換新印鑑

00029

第十三條　股票過戶或補領股票酌收手續費及其應貼之印花稅費

第十四條　股東常會前一個月臨時股東會前十五日內停止股票過戶

第三章　股東會

第十五條　股東會分常會臨時會二種於每年結帳後三個月內由董事會召集之臨時會由董事會或監察人認為必要時或有股份總額二十分之一以上之股東以書面提出理由請求時由董事會召集之

第十六條　股東常會應於一個月前臨時會應於十五日前通知各股東

第十七條　股東會之召集如股東因事不能出席時得具委託書簽名蓋章委託本公司其他股東為代表但其代表者連其本人所有之表決權至多以全體股東表決權總數五分之一為限

第十八條　股東會主席由董事長任之缺席時由股東就董事中公推一人任之但臨時股東會之主席得由出席股東公推股東一人任之

第十九條　股東表決權每股一權但一股東之股份超過十一股者其超過數均以九折計算零數不滿一權者不計

第二十條　股東會除公司法有特別規定者外以股份總數過半數之股東出席出席股東表決權過半數之同意行之可否同數時取決於主席

第四章　董事監察人及職員

第廿一條　本公司設董事十三人監察人二人凡本公司之股東均得被選為董事或監察人

第廿二條　董事任期三年監察人任期一年連選均得連任

第廿三條　董事會設董事長一人常務董事四人由董事中互選之開會時以董事長任主席如因事缺席時由常務董事一人任之

第廿四條　董事會須有過半數董事之出席以出席董事過半數之同意決議之董事因事不能出席會議時得委託出席董事為代表但每人以代表一人為限

00030

第廿五條　本公司設經理一人副經理二人均由董事會聘任之其他職員由經理任免之

第廿六條　經理執行本公司對內對外一切業務副經理輔佐之但遇重要事項須經董事會議決

第五章　會計

第廿七條　本公司以每年一月一日起至十二月底止為一會計年度每屆年終辦理總決算一次董事會應將營業報告書資產負債表財產目錄損益計算書及分配盈餘案送交監察人查核署名蓋章後提出於股東常會報告各股東

第廿八條　每年度總決算時如有盈餘先提法定公積十分之一及應繳之稅款次提付股息週息一分如再有盈餘按下列各項分配之

一、股東紅利　百分之六十五

二、董事監察人報酬　百分之十

三、經副理及職員酬勞　百分之二十五

第六章　附則

第廿九條　本章程如有未盡事宜悉照公司法股份有限公司之規定辦理之

第三十條　本公司發起人姓名住所列後

李康年　上海南京路中國國貨公司

林筆甫　上海新開路慈孝村五號

柴秉坤　上海虎邱路五洲保險公司

徐世雄　上海南京路慈淑大樓湯興廠

劉虎臣　上海山東路久安麥廠

周君賢　上海太康路精益皮革公司

葉謀豪　上海虎邱路國華投資公司

俞介堂　上海南黃坡路中裕新泰綢莊

吳禹仁　上海天津路四五一號

00031

王介卿	上海永康路興顯南里卅八號
盛企勳	上海寧波路興顯里康裕莊
李鶴年	上海正陽路森潤木行
徐志芳	上海九江路證券大樓四一五號
孫鈞安	同上
蔣安康	同上
林萬里	上海河南路錦興大樓大華股票號

00032

大中華股票股份有限公司股東名簿

戶名	代表人	認繳股份	金額	繳款日期	地址
李康年	李康年	二千股	國幣十萬元	卅三 二 十五	上海南京路中國國貨公司
林笙甫	林笙甫	二千股	國幣十萬元	卅三 二 十五	上海新閘路慈孝村五號
徐志芳	徐志芳	一千八百股	國幣九萬元	卅三 二 十五	上海九江路證[illegible]太樓
孫鈞安	孫鈞安	一千四百股	國幣七萬元	卅三 二 十六	同右
蔣安康	蔣安康	八百股	國幣四萬元	卅三 二 十六	同右
柴秉坤	柴秉坤	二千股	國幣十萬元	卅三 二 十六	上海虎邱路五洲公司
徐世雄	徐世雄	一千八百股	國幣九萬元	卅三 二 十六	上海南京路慈淑大樓
葉謀豪	葉謀豪	六百股	國幣三萬元	卅三 二 十六	上海虎邱路國華公司
俞介堂	俞介堂	一千股	國幣五萬元	卅三 二 十六	上海南黃陂路中裕新泰
王介卿	王介卿	六百股	國幣三萬元	卅三 二 十六	上海永康路興顯南里
吳禹仁	吳禹仁	六百股	國幣三萬元	卅三 二 十六	上海天津路四五一號
李鶴年	李鶴年	六百股	國幣三萬元	卅三 二 十七	上海正陽路森潤木行
盛企勳	盛企勳	六百股	國幣三萬元	卅三 二 十七	上海寧波路興仁里康裕
劉虎臣	劉虎臣	二千股	國幣十萬元	卅三 二 十七	上海山東路久安裘廠
周君賢	周君賢	貳千股	國幣十萬元	卅三 二 十七	上海太康路精益公司
林萬里	林萬里	二百股	國幣一萬元	卅三 二 十七	上海河南路錦興大樓
合計		貳萬股	國幣壹百萬元正		

00011

大中華股票股份有限公司發起人姓名住址經歷及認股數目清冊

姓名	經歷	住址	認股數目
李康年	中國國貨公司經理	上海南京路	二千股計十萬元
林筌甫	天晨糖果公司經理	上海新聞路蒸孝村五號	二千股計十萬元
徐惠芳	中華股票公司經理	上海九江路證券大樓四樓	一千八百股計九萬元
孫鈞安	中華股票公司協理	同右	一千四百股計七萬元
蔣安康	中華證券公司協理	同右	八百股計四萬元
樂秉坤	五洲保險公司董事長	博物院路	二千股計十萬元
徐世雄	鴻興織造廠經理	上海南京路慈淑大樓	一千八百股計九萬元
羅麟康	國華工業投資公司協理	上海虎邱路	六百股計三萬元
俞介堂	裕新參綢莊經理	上海南黃陂路中	一千股計五萬元
王介卿	怡德股票號經理	上海永壽路興順南里卅八號	六百股計三萬元

00012

姓名	經歷	住址	認股數目
吳禹仁	實裕棉布號經理	上海天津路四五一號	六百股計三萬元
李鶴年	森潤木行經理上	上海正陽路	六百股計三萬元
盧金勳	康裕錢莊副經理	上海寧波路興仁里	六百股計三萬元
劉虎臣	久安染廠經理	上海山東路	二千股計十萬元
周君賢	精益皮革公司經理	上海太原路	二千股計十萬元
林萬里	大華股票號經理	上海河南路鑄興大樓	二百股計一萬元
共計	股份總數二萬股計國幣一百萬元正		

00033

大中華股票股份有限公司營業概算書

收入項下

一、代理買賣股票收入 國幣九十萬元

二、理財及投資收入（買賣華商股票） 國幣一百零五萬元

以上共計收入國幣一百九十五萬元

支出項下

一、薪水 國幣五十六萬元

二、管理費用 國幣二十八萬元

三、營業費用 國幣四十五萬元

四、財務費用 國幣三十二萬元

以上共計支出國幣一百六十一萬元

收支相抵約計盈餘國幣三十四萬元

盈餘分配（按照本公司章程第二十八條之規定）

一、法定公積 國幣三萬四千元

二、所得稅 國幣三萬五千五百五十元

四、股息 國幣十萬元

五、股東紅利 國幣十一萬零七百九十二元五角

六、董事監察人報酬 國幣一萬七千零四十五元

七、經副理及職員酬勞 國幣四萬二千六百十二元五角

00034

大中華股票股份有限公司發起人選任董事監察人名單

本發起人等於民國三十三年二月十八日在本公司籌備處開會選舉董事及監察人茲將當選人名單及權數列下

董事

姓名	權數	姓名	權數
李康年	一六二二五權	林焦甫	一五五二四權
徐赤芳	一六三七五權	閔君賢	一六二二五權
劉虎臣	一六二二五權	柴秉坤	一四四二四權
徐世謙	一六四〇四權	孫鈞安	一六七六四權
蔣安康	一六〇四三權	俞介堂	一六五八四權
王介卿	一五六八四權	葉謀豪	一六七六四權
盛企勳	一六七六四權		

監察人

姓名	權數	姓名	權數
吳禹仁	一七四八五權	李鶴年	一七四八五權

查全體發起人之表決權依照本公司章程第十九條之規定計算共為一八〇二六權上列各人所得權數均過總權數之半依法應為當選

發起人會臨時主席 李康年 

0003 5

大中華股票股份有限公司登記事項表

公司名稱 大中華股票股份有限公司 公司地址 上海九江路證券大樓六樓

所營事業 專門代理買賣華商股票兼營內國公債

資本總額 國幣壹百萬元 每股金額 每股國幣五十元

已繳股款 一次繳足均爲現金

公告方法 以登載於上海通行之日報或用通函行之

董事監察人姓名住址及選任年月日

	姓名	住址	選任年月日
董事	李康年	上海南京路中國國貨公司	卅三 二 十八
	林笙甫	上海新閘路慈孝村五號	卅三 二 十八
	徐志芳	上海九江路證券大樓四一五號	卅三 二 十八
	孫鈞安	上海九江路證券大樓四一五號	卅三 二 十八
	蔣安康	同右	卅三 二 十八
	葉秉坤	上海虎邱路五洲保險公司	卅三 二 十八
	徐世雄	上海南京路慈淑大樓鴻興廠	卅三 二 十八
	葉謀豪	上海虎邱路國華投資公司	卅三 二 十八
	俞介堂	上海南黃坡路中裕新泰綢莊	卅三 二 十八
	王介卿	上海永康路興順南里卅八號	卅三 二 十八
	盛企勳	上海寧波路興順里廣裕莊	卅三 二 十八
	劉虎臣	上海山東路久安絲廠	卅三 二 十八
	周君賢	上海太康路精益皮革公司	卅三 二 十八
監察人	吳禹仁	上海天津路四五一號	卅三 二 十八
	李龍年	上海正陽路森潤木行	卅三 二 十八

中華民國三十三年二月十八日

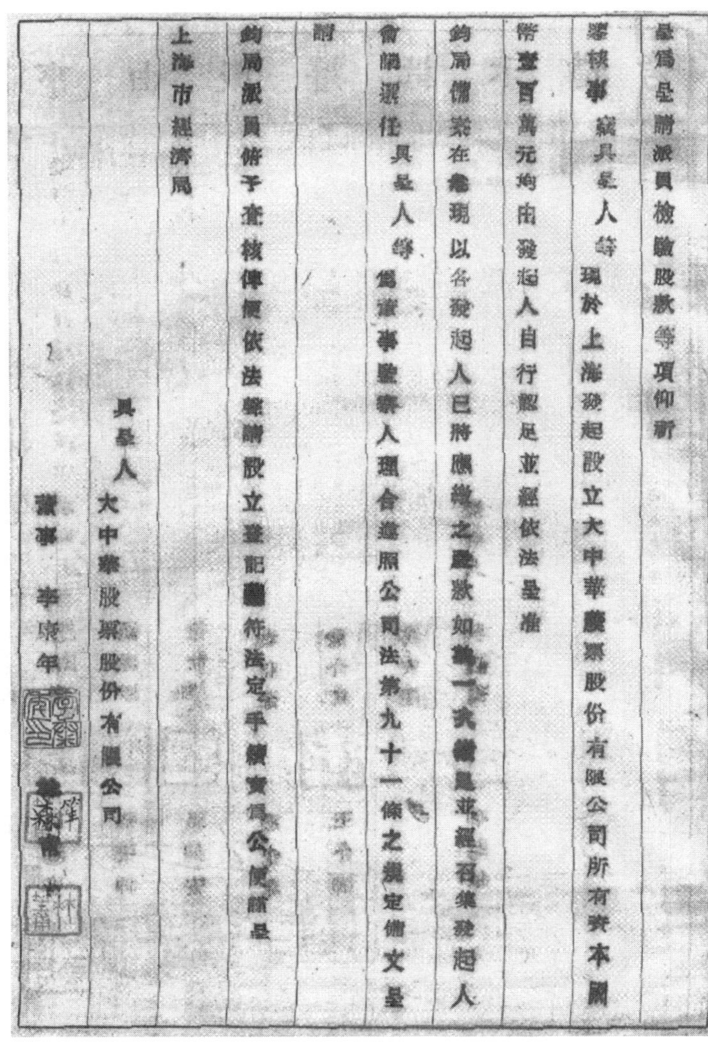

呈爲呈請派員檢驗股款等項仰祈

鑒核事竊具呈人等 現於上海發起設立大中華股票股份有限公司所有資本國

幣壹百萬元均由發起人自行認足並經依法呈准

鈞局備案在卷現以各發起人已將應繳之股款如數一次繳足並經召集發起人

會議選任具呈人等 爲董事監察人理合遵照公司法第九十一條之規定備文呈

請

鈞局派員俯予查核俾便依法聲請設立登記藉符法定手續實爲公便謹呈

上海市經濟局

具呈人 大中華股票股份有限公司

董事 李康年

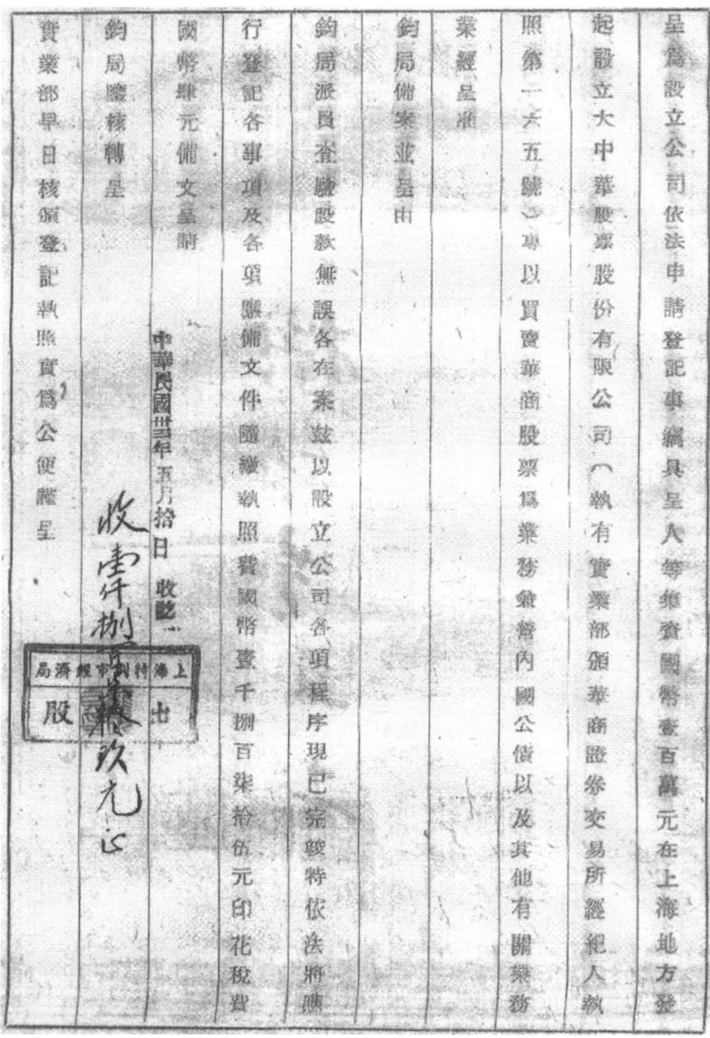

呈為設立公司依法申請登記事竊具呈人等集資國幣壹百萬元在上海地方發
起設立大中華股票股份有限公司（執有實業部頒華商證券交易所經紀人執
照第一六五號）專以買賣華商股票為業務兼營內國公債以及其他有關業務
業經呈准
鈞局備案並呈由
鈞局派員查驗股款無誤各在案茲以設立公司各項程序現已完竣特依法將應
行登記各事項及各項應備文件暨繳執照費國幣壹千捌百柒拾伍元印花稅費
國幣肆元備文呈請
鈞局鑒核轉呈
實業部早日核頒登記執照實為公便謹呈

中華民國廿三年五月拾日 收訖

上海特別市社會局 出 股

收壹仟捌[illegible]玖元正

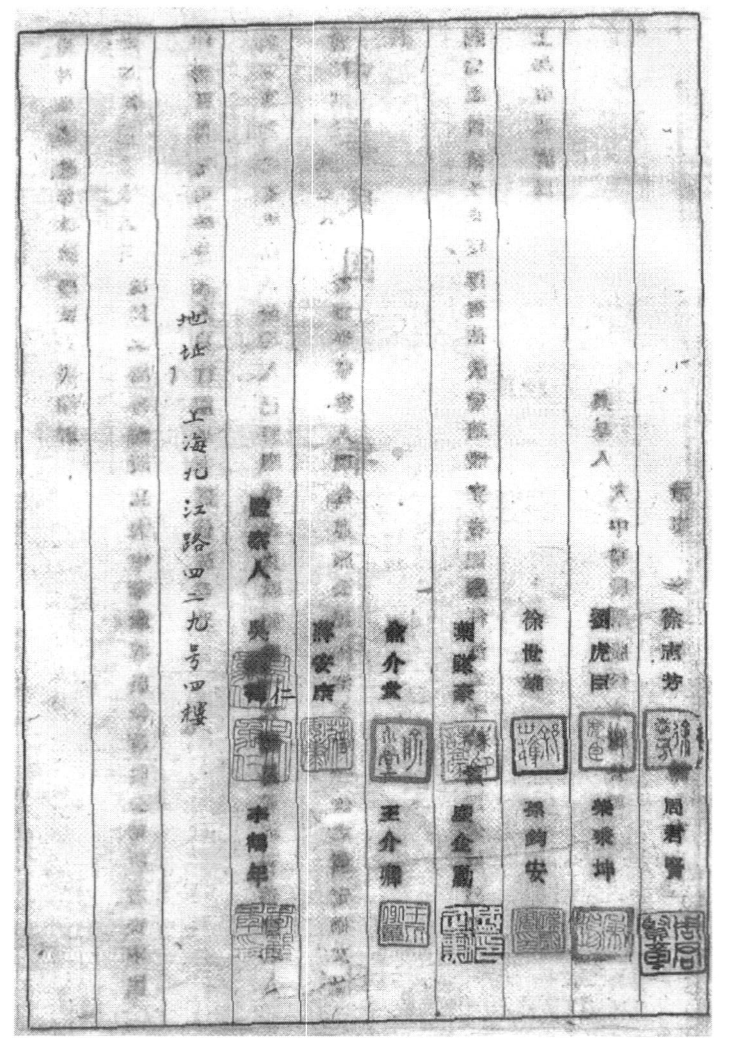

發起人
徐肅芳 周君實
劉虎臣 葉乘坤
徐世楨 孫鈞安
蕭[illegible] 盧金勳
俞介棠 王介聯
蔣安康
監察人 吳[illegible] 李耀年

地址：上海九江路四二九号四樓

上海特別市經濟局

具呈人大中華股票股份有限公司全體董監

附件

一、公司章程二份

二、股東名簿二份

三、營業概算書二份

四、選任董事監察人名單二份

五、登記事項表二份

六、依公司法施行法第二十三條規定呈准備案影本二份

七、依公司法第九十一條規定驗資批文影本二份

八、執照費國幣一千八百七十五元印花稅費國幣四元

董事 李康年 林笙甫 徐志芳 周君賢 柴秉坤 劉虎臣 徐世雄 孫鈞安 葉謀森 盛企勳 俞介堂 王介卿（代） 蔣安康

監察人 吳瑞仁 朱鶴年

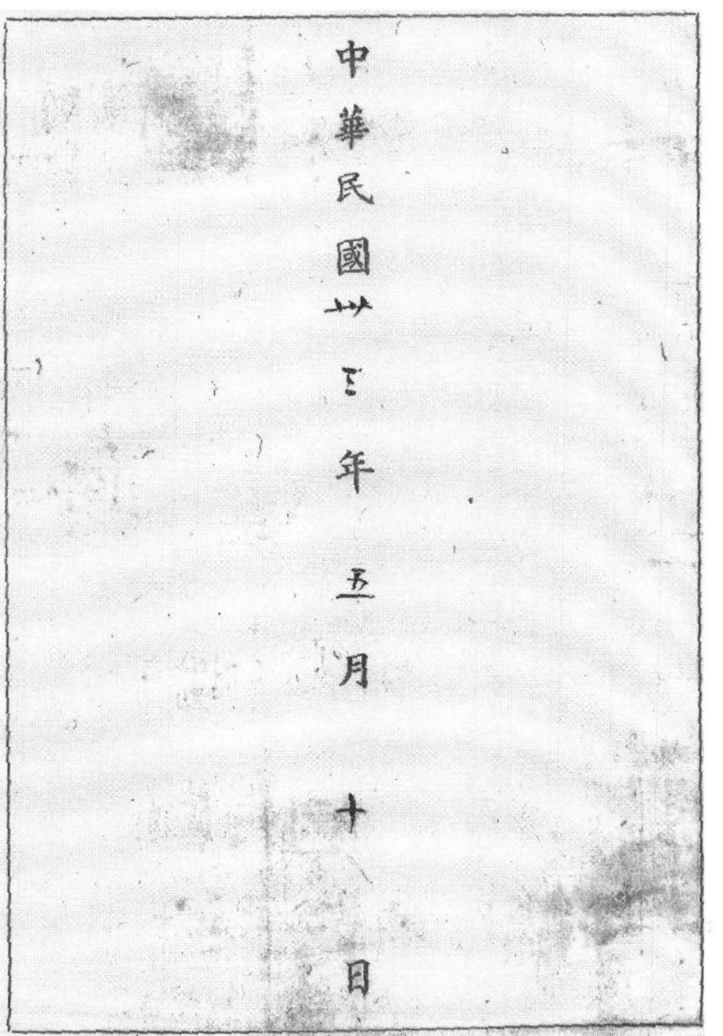

中華民國卅三年五月十日

00034

萬利證券商行股份有限公司發起人會決議錄

日期 民國三十三年五月十日下午二時
地點 本公司
出席 到股東一
主席 公推沈西生君爲主席
記錄 周振綸君

甲、報告事項

一、主席報告，略稱今日到會股東一二二戶共計三十九萬四千股核計三，五四七，二二權均足法定數可以開會報告籌備經過從略

乙、討論事項

一、訂立公司章程案
決議 由發起人李延棟君宣讀章程草案計八章三十條經股東略加修正通過

二、選舉董事七人及監察人三人
選舉結果
沈西生得三三七五三〇權
梁信民得三二六七一八權
金釈君得三一六四五〇權
錢竹平得三〇四五七九權
李延棟得二九四一二四權
王守如得二八六〇二九權
唐行久得二三〇〇二〇權
當選爲董事

00035

何兆麟得二九九六一八權
徐耀梁得二七六四八二權
王德全得二九九六九九權
當選爲監察人

三、依照公司法第一〇三條之規定檢查股款案
決議、推股東王德全及何兆麟君爲檢查人檢查股款通過

丙、散會

主席沈西生

萬利證券商行股份有限公司營業計劃書（以國幣爲單位）

實收資本國幣肆百萬元支配用途如下：

房屋生財　國幣伍拾萬元

各項保證金　國幣壹百萬元

流動資本　國幣貳百伍拾萬元

共計肆百萬元

全年營業收入

各項手續費　國幣貳拾肆萬元

各項利息　國幣伍拾萬元

全年營業支出

房租水電　國幣陸萬元

薪工伙食　國幣拾貳萬元

各項開支　國幣陸萬元

全年統計盈餘國幣伍拾萬元

00014

萬利證券商行股份有限公司發起人姓名經歷住址及認股數目清單

姓名	經歷	住址	認股數目 股數	認股數目 股款
沈西生	前漢口銀行公會會長 漢口大陸銀行經理	上海寧波路231号	陸萬股	陸拾萬元
錢竹平	萬壽山酒樓董事長	上海钜鹿路820弄31号	肆萬股	肆拾萬元
王守如	建龍機械廠經理	上海新閘路安富坊9号	肆萬股	肆拾萬元
李廷棟	前大貿易公司經理	上海[illegible]203弄45号	肆萬股	肆拾萬元
梁信民	生亞化裝品廠經理	上海新昌路97弄115号	伍萬股	伍拾萬元
周和甫	公益五金号經理	上海钜鹿路307弄2号	肆萬股	肆拾萬元
金祝居	蘇淮商業銀行監察	上海[illegible]月邨86号	伍萬股	伍拾萬元
沈叔禾	前復興銀行總管理處秘書	上海寧波路231号	肆萬股	肆拾萬元

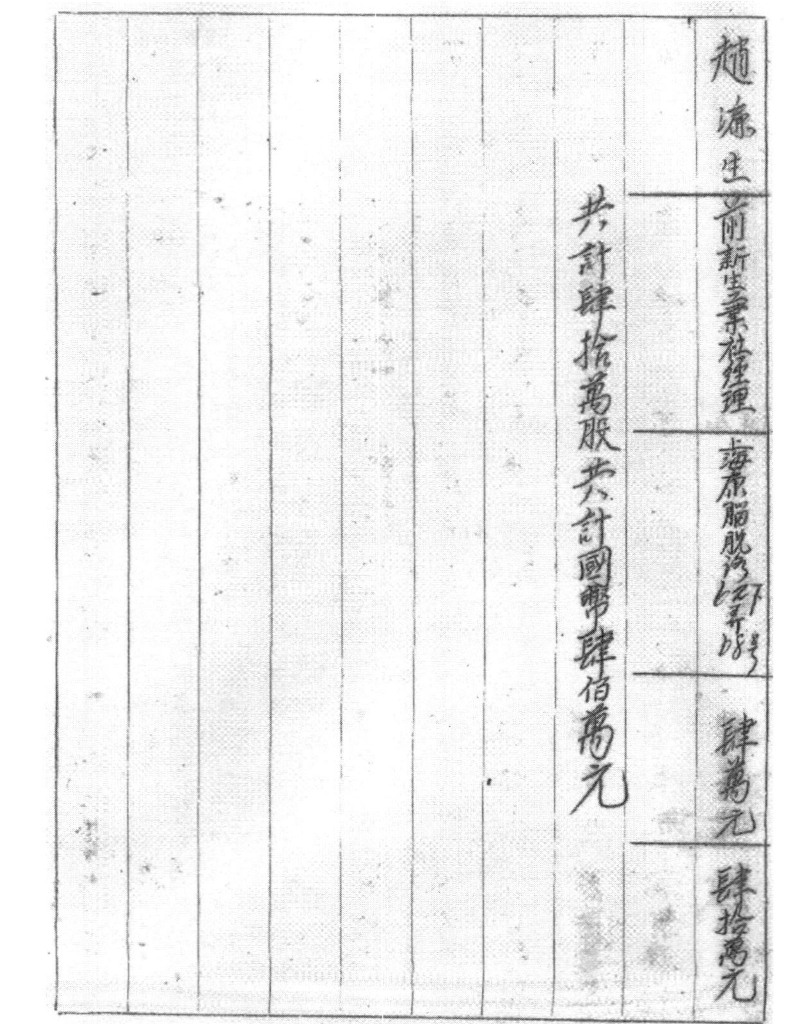

趙濂生	前新生業挂經理	上海康腦脫路[illegible]	肆萬元	肆拾萬元

共計肆拾萬股共計國幣肆佰萬元

00017

上海特別市經濟局簽呈

上

奉 派調查萬和證券商行股份有限公司備案由
經與該負責人接洽所陳各情尚屬相符擬請
准予備案

職許建基謹呈 五、十七

擬准 五、十七、

如擬 五、十八

上海特別市經濟局批　字第　號

具呈人沈雨生等

呈一件呈為萬利證券商行股份有限公司[illegible]章程由

呈悉，件均准予備案，仰即知照

此批　件存

萬利證券商行股份有限公司章程

第一章　總則

第一條　本公司遵照公司法股份有限公司之規定組織之定名為萬利證券商行股份有限公司

第二條　本公司設總公司於上海

第三條　本公司公告登載上海通行日報或通函為之

第二章　營業

第四條　本公司以經營證券買賣及其他有關之事業為業務

第三章　股份

第五條　本公司資本總額定為國幣肆百萬元分為肆拾萬股每股拾元一次收足

第六條　本公司股東以中華民國國民為限

第七條　本公司股票為記名式由董事五人署名蓋章編號填發

第八條　本公司股票如以法人登記記名者股東應將其代表人姓名住址報告本公司變更時亦同如數人同有者應指定一人為代表

第九條　股東應將其印鑑式樣送交本公司存證凡領取紅利及與本公司有用書面事件概以此印鑑為憑嗣後有變更時亦須函告本公司

第十條　股票如有遺失燬滅之事股東應即函告本公司並於公司所在地及失事地點自在新聞紙登載通告經過兩個月如無糾葛發生始得邀保證人出具保證書向本公司補取新股票

第十一條　凡換取過戶或補發股票每次酌收手續費其各項規則由董事會另定之

第十二條　每屆股東常會前三十日臨時會前十五日內股票停止過戶

第四章　股東會

第十三條　本公司股東會分常會臨時會兩種

一、常會於每屆總決算後三個月內由董事會召集之

二、臨時會遇必要時依公司法之規定召集之

第十四條　本公司股東每股有一表決權一股東而有十一股以上者自十一股起以九折計算奇零之數不計

第十五條　股東得委託本公司其他股東代表出席股東會議但應出具委託書

第十六條　股東會決議應由股份總數過半數者之出席以出席表決權之過半數行之

第十七條　股東開會以董事長為主席董事長有事不能出席時由常務董事代之

第五章　董事及監察人

第十八條　本公司設董事七人由股東會於持有本公司股份壹千股以上之股東中選任之設監察人三人於持有本公司股份伍百股以上之股東中選任之

第十九條　董事任期三年監察人任期一年連選均得連任

第二十條　董事組織董事會主持公司業務方針並互推一人為董事長二人為常務董事

第廿一條　董事開會以董事長為主席董事長有事不能出席時由常務董事代之

第廿二條　董事開會以董事過半數出席行之其決議以出席董事過半數行之可否同數時取決於主席

第廿三條　監察人除依法行使其監察職權外得列席董事會議並得陳述意見但無表決權

第廿四條　董事常會每月舉行一次臨時會遇必要時由董事長召集之

第六章　職員

第廿五條　本公司設總經理一人協理二人經理一人由董事會聘任之副經理二人由總經理推薦于董事會任用之其他職員由總經理任免之

第七章　會計

第廿六條　本公司賬目均須日清月結每年六月底辦理半年決算十二月底為總決算期應由董事會造具左列各項表册經監察人查核後提交股東會請求承認

一、營業報告書

二、資產負債表

三、財產目錄

四、損益計算書

五、公積金及紅利分派之議案

第廿七條　本公司每屆決算所得純益先提十分之一為公積金次提應繳之所得稅其餘為紅利按一百份分派股東得七十份董事監察人總經理及其以下全部辦事人員合得三十份由董事會分配之

第八章　附則

第廿八條　本公司印鑑祇供公司事務之使用概不得擅自使用為担保等情

第廿九條　本章程未盡事宜悉遵公司法及關係各法令辦理

第三十條　本章程自經股東會議決呈請　主管官署核准之日實行修改時亦同

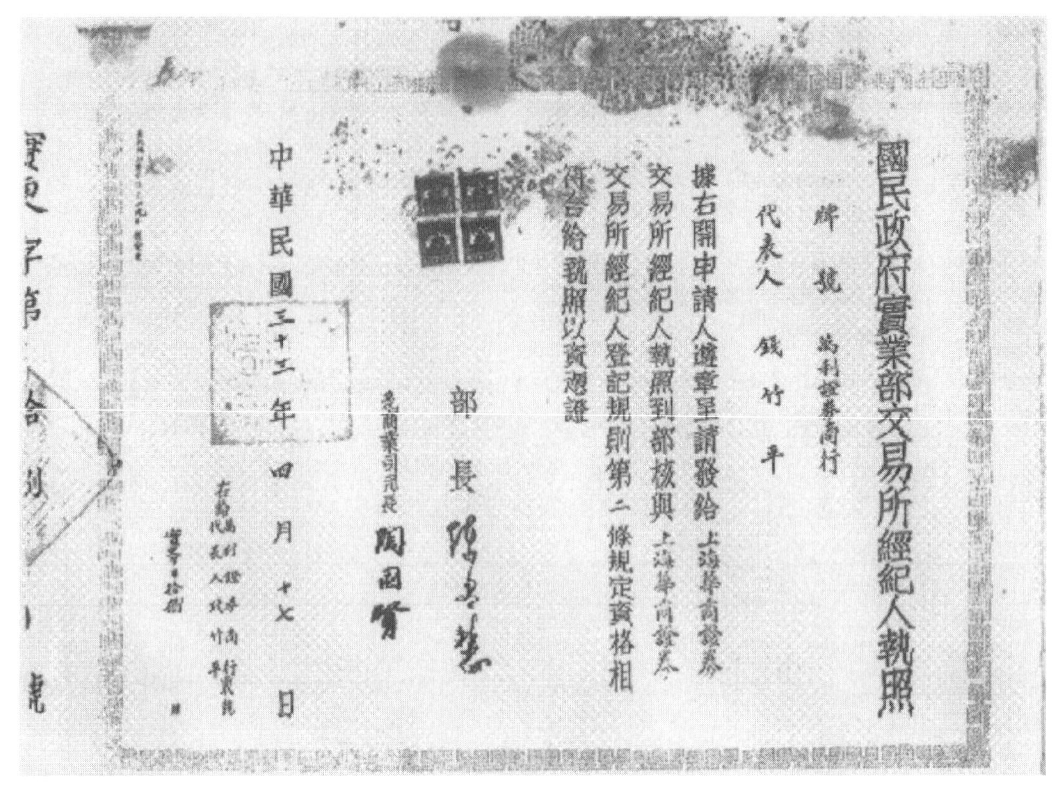

國民政府實業部交易所經紀人執照

牌號 萬利證券商行

代表人 錢竹平

據右開申請人遵章呈請發給上海華商證券交易所經紀人執照到部核與上海華商證券交易所經紀人登記規則第二條規定資格相符合給執照以資憑證

部長

兼商業司司長

中華民國三十三年四月十七日

（二）战时上海华商证券经纪人及其公会

SC0002

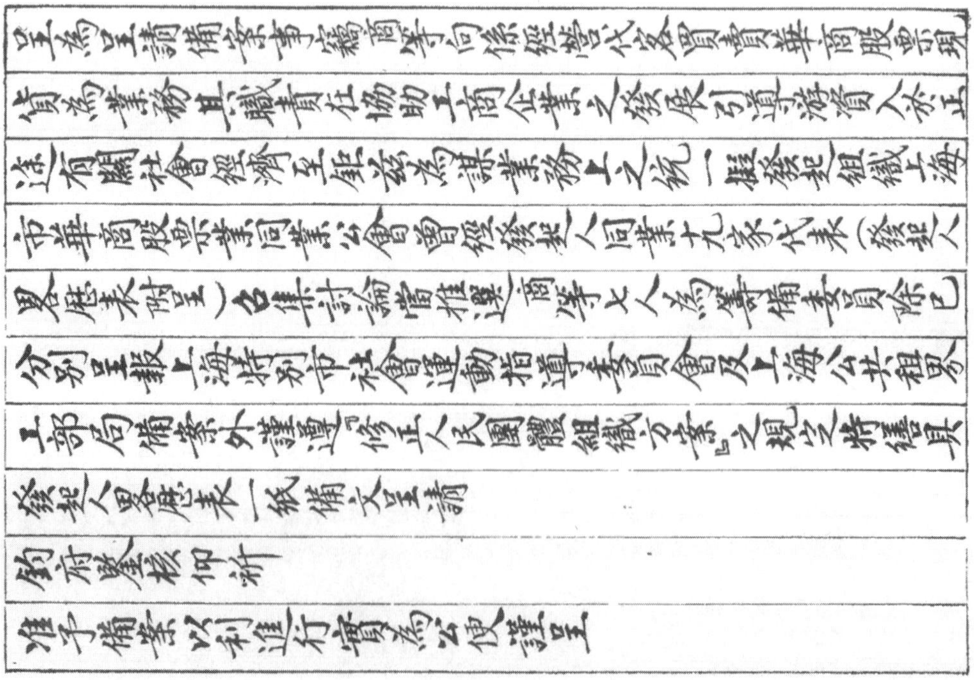

呈為呈請備案事竊商等同係從業代客買賣華商股票現

值為業務上職責在協助工商企業之發展引導游資入於正

途有關社會經濟至鉅茲為謀業務上之統一擬發起組織上海

市華商股票業同業公會曾經發起人同業十九家代表（發起人

履歷表附呈）召集討論當推選商等七人為籌備委員除已

分別呈報上海特別市社會運動指導委員會及上海公共租界

工部局備案外謹遵照修正人民團體組織方案之規定繕具

發起人履歷表一紙備文呈請

鈞府鑒核仰祈

准予備案以利進行實為公便謹呈

SC0003

上海特別市市政府

具呈人 俞明時 張孝賢 徐寄安 鄭學謙 鄭家駒 姚兆瑭 王瀛生

附呈發起人畧歷表一紙

000002 SC0004

團體名稱 上海市華商股票業同業公會

會址 九江路四三九號証券大樓八樓六一三號

姓名	性別	年齡	籍貫	學歷	經歷	現在職業及其地位	黨籍	住址或通訊處	蓋章	備考
俞明時	男	三六	浙江			興業股票公司經理		九江路証券大樓廿一號		
鄭家駒	男	三七	廣東			長城股票公司經理		寧波路四七號		
張孝賢	男	二六	浙江			永昌股票公司副經理		九江路証券大樓四五號		
徐寄安	男	三七	浙江			中華股票公司經理		九江路証券大樓三四號		
鄭學謙	男	三三	浙江			中國股票公司經理		江西路三一六號		
王瀛生	男	三七	浙江			五豐股票公司總經理		北無錫路七三號		
姚兆瑭	男	三一	江蘇			新豐股票公司經理		中央路卅四號		
袁漢良	男	四七	浙江			貿大股票公司經理		九江路証券大樓一號		
王椒升	男	四一	浙江			泰益股票公司協理		北京路二七〇號		
張寶甫	男	四二	浙江			永安股票公司經理		北京路三六六號二樓七十五號		

人民團體組織用表之二

SC0005

姓名	性別	年齡	籍貫	學歷	經歷	現在職業及其地位	黨籍	住址或通訊處	蓋章	備考
朱軼羣	男	三四	浙江			新孚股票公司經理		九江路一一三号三〇八号		
臧績人	男	二八	江蘇			大生股票公司經理		北京路五三号		
王雨亭	男	五〇	江蘇			福康股票公司經理		九江路二五〇号		
周倫樣	男	三七	浙江			華商股票公司經理		中央路廿四号		
王敦夫	男	三八	浙江			上海股票公司經理		漢口路四四一號三二四号		
方善樞	男	三六	浙江			東方股票公司經理		中匯大樓六〇七号		
孫文呈	男	二六	浙江			亞洲股票公司經理		外灘匯豐大樓三〇一号		
胡靜秋	男	三九	浙江			國華股票公司經理		中央路廿四號		
胡可燮	男	三〇	浙江			南洋股票公司副經理		江西路二四六號		

附註

一，如係國民黨員黨籍欄內應填明黨證字號

二，如發起組織工商同業公會應於備考欄內填明代表商號名稱並在蓋章欄內蓋用商號章住址欄內填商號住址

SC0011

案奉

鈞府訓令滬市三字第一〇一九八號內開：

「據商民俞明時等呈稱：竊商等經營代客買賣華商股票現貨爲業務其職責在協助工商企業之發展引導游資入於正途有關社會經濟至鉅茲爲謀業務上之統一擬發起組織上海市華商股票業同業公會會經發起人同業十九家（發起人略歷表附呈）召集討論當推選商等七人爲籌備委員除已分別呈報上海特別市社會運動指導委員會及上海公共租界工部局備案外謹遵「修正人民團體組織方案」之規定特繕具發起人略歷表一紙備文呈請鈞府鑒核仰祈准予備案以利進行實爲公便等情：附發起人略歷表一紙

■ SC0012

，前來，查該商民等發起組織該公會，是否合法，合行抄發
原附件令仰該局詳查具復，以憑核奪。此令。」
等因；計抄發該略歷表一紙，奉此，遵即派員前往調查，據報略稱
：「經查各該商號均係經營政府註冊之股票為業務，而以買賣現貨
為範圍，該會發起人咸屬各該商號之經理或協理，公會組織亦屬需要
，除面飭遵照人民團體組織方案辦理外，合將調查經過具報」等情
，據此，理合據情呈復，仰祈
鑒核。謹呈
市長陳

社會局局長凌憲文

000014

第三科

最速件
密件

SC0021

科5-2972

卅五年十月五日上午十一時到

簽呈

華商股票業同業公會組織與暫停進行之經過

一 本年七月廿四日據俞明時鄒學浩徐寄安鄒家駒張季賓王瀛生姚兆璋
等申請組織上海特別市華商股票業同業公會經派葉允平調查查得該
業以代客買賣華商股票為業務以現貨為範圍組織公會為穩定市價防
止投機宗旨純正擬准組織等語。

二 八月一日又據張德欽金爾甘諸尙一毛家華俞遠甫楊志千張金林等申
請組織上海特別市證券業同業公會經派朱祖謨查報查得各發起人所
營之業務均以代客買賣華商股票為大宗性質完全與俞明時等申請組
織之華商股票業相同擬令雙方合併組織等語。

SC0022

三　以上二案經於八月十四日與社會局等第七次聯絡會議決定合併組織
並派余明時張德欽鄔事舍王震生鄔家駒張孝愛姚光清諸尚一金潤甘
等九人為籌備員指定余明時為第一次籌備會召集人名稱沿用華商股
票業同業公會許可證書准予頒發。

四　八月廿五日據余明時呈爲遵示於廿七日下午三時假冠生園召集籌備
會請派員出席經派葉允平出席指導當推定余明時爲籌備主任。

五　九月一日呈報籌備員略歷表及籌備會印鑑經派朱礼謨審核尚無不合
准予備案。

六　九月十九日呈報籌備完竣定於廿三日假新都飯店開成立大會請派員
出席旋於廿二日晤興亞院財務官小原書記官花水以日本軍當局竭力

SC0023

取締投機此項組織足以惹起投機之風當答以公會組織與市場營業顯
係如金紗布等業均組有公會而仍遵當局意旨未組市場是其明證小
原財務官仍以暫停進行爲請並謂實業部頒佈之管理股票商條例日本
方面意見正由大使館提出與實業部交涉中以是於廿二日下午令飭暫
停進行惟迄今已逾一旬究應如何辦理之處謹請
鑒核祇遵。

實業部

上海特別市社會運動指導委員會

0R0015

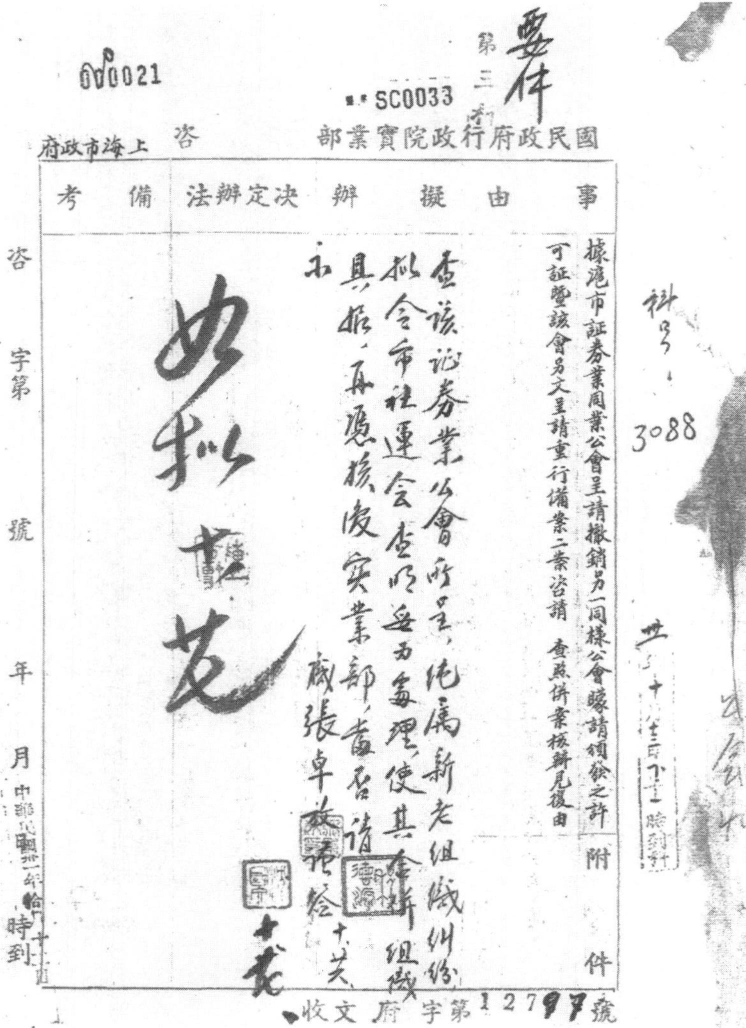

第三 要件

0021

SC0033

國民政府行政院實業部 咨 上海市政府

事由	擬辦	決定辦法	備考
據滬市証券業同業公會呈請撤銷另一同樣公會暨請頒發之許可証暨該會另文呈請重行備案二案咨請查照併案核辦見復由	查該證券業公會所呈，純屬新老組織糾紛，擬令市社運會查明妥為處理，使其合併組織具報，再憑核復實業部，當否請示。張卓成 十.六.	如擬 花 十.七	

科3 - 3088

廿六年十月十三日下午二時到

咨 字第 號 年 月

收文府字第12797號

SC0034

國民政府行政院實業部 咨 商字第927號

案據上海特別市証券業同業公會主席委員張文煥等呈稱：

「呈為聲明事實請求撤銷曚請頒發之許可証事竊敝公會成立在民國十八年早向上海市商會登記手續完備有案可稽自民國二十六年事變後因戰事關係會務停頓本年上海特別市商會成立敝公會隨自八月起恢復會務即於同月十五日呈報該整委會奉函復准予入會俟另發登記証等由各在案敝公會因已在靜候該整委會頒發登記証為避免分歧計故未向鈞部另案呈報詎料此時忽有所謂上海特別市華商股票業同業公會籌備處及上海特別市証券業同業公會籌備處者先後成立登報號召自稱已向

SC0035

上海特別市社會運動指導委員會領到許可証云云然依照敝公會會章會員包括專營及兼營買賣股票公債票及各項有價証券之公司商號範圍極廣遍詢同業各會員咸稱並不知情更無加入其他類似之組織而工商同業公會在同一區域內一業以一會為限又為工商同業公會法第五條所明文規定敝公會既成立在先該華商股票業同業公會籌備處及証券業同業公會籌備處性質與敝公會雷同自無許其重複設立之理矧該會等既非敝公會會員所組織顯係別有用心意圖假用名義而損碍敝公會之既得權益況當局正在嚴令制止非法投機之際豈容聽請設立為特據實陳明仰請鈞部轉咨上海特別市社會運動指導委員會迅予撤銷上海特別市華商股票業同業公會籌備處及上海特別市証券業同業公會籌備處所領之許可証並制止其非法活動至為德便」

SC0036

又據該會另案呈稱：

「呈為原有同業公會申請重行備案事溯自民國八年華商証券交易所成立以後凡我華商証券股票同業為謀促進業務矯正營業上弊害並適應環境需要起見乃於民國十八年六月依法組織上海市證券業同業公會即經呈報前社會局備案暨加入上海市商會為會員各在案自我　國府還都以來對於各種人民團體各部會管理權之劃分業經訂立原則（見中華日報本年八月三十一日專電）屬會理合檢同章程商會會員証書（影本）及職員名單等件具文申請鈞部重行備案仰祈賜准批示俾資遵循實為公便」

各等情，並附會章兩份，職員名單兩紙，上海市商會會員証書影本兩幀，據

SC0037

此，查工商同業公會法第五條規定，在同一區域內同業設立公會，祇以一會為限，來呈所稱是否屬實，除以「呈悉，候轉咨上海市政府飭查核辦，所請備案亦應查照工商同業公會第三條及該法施行細則第八條規定，呈由市政府核准轉部業經檢同該會原呈會章及職員名單等件咨送上海特別市政府併案核辦，仰候市府示遵可也」等語，批示該會知照外，相應檢同原附件，併案咨請查照核辦並見復為荷。

此咨

上海特別市政府

計附會章兩份，職員名單兩紙，上海市商會會員證書影本兩幀。

部長 [illegible]

SC0038

上海特別市證券業同業公會重要職員名單

姓名	性別	年齡	籍貫	現任會內職務	職業及其地位	通訊處	備考
張文煥	男	五四	嘉興	主席委員	證券交易所理事長	漢口路四二二號	
姚蔭鵬	男	五三	吳縣	常務委員	前任證券交易所理事	同上	
孔頌馨	男	五〇	慈谿	同上	證券交易所監察人	同上	
周午三	男	五〇	海寗	同上	證券交易所經紀人	同上	
陳永青	男	五一	餘姚	同上	前任證券交易所理事	同上	
富渭元	男	五九	蕭山	執行委員	證券交易所經紀人	同上	
沈長賡	男	四八	吳縣	同上	證券交易所常務理事	同上	
朱達君	男	四二	硖石	同上	證券交易所經紀人公會會長	同上	
鮑梅舫	男	五一	鄞縣	同上	證券交易所經紀人	同上	

姓名	性別	年齡	籍貫			
鄒鶴白	男	四八	崇明	同上	證券交易所理事	同上
袁良圭	男	四九	慈谿	同上	證券交易所經紀人	同上
張拜言	男	五二	嘉定	同上	同上	同上
胡柏年	男	五四	紹興	同上	同上	同上
朱鼎彝	男	四三	吳縣	同上	同上	同上
王本滋	男	五六	慈谿	同上	證券交易所監察人	同上
彭杏生	男	五一	鄞縣	監察委員	同上	同上
劉韞儲	男	四八	吳縣	同上	證券交易所經紀人	同上
莫杏林	男	五〇	德清	同上	前任證券交易所理事	同上

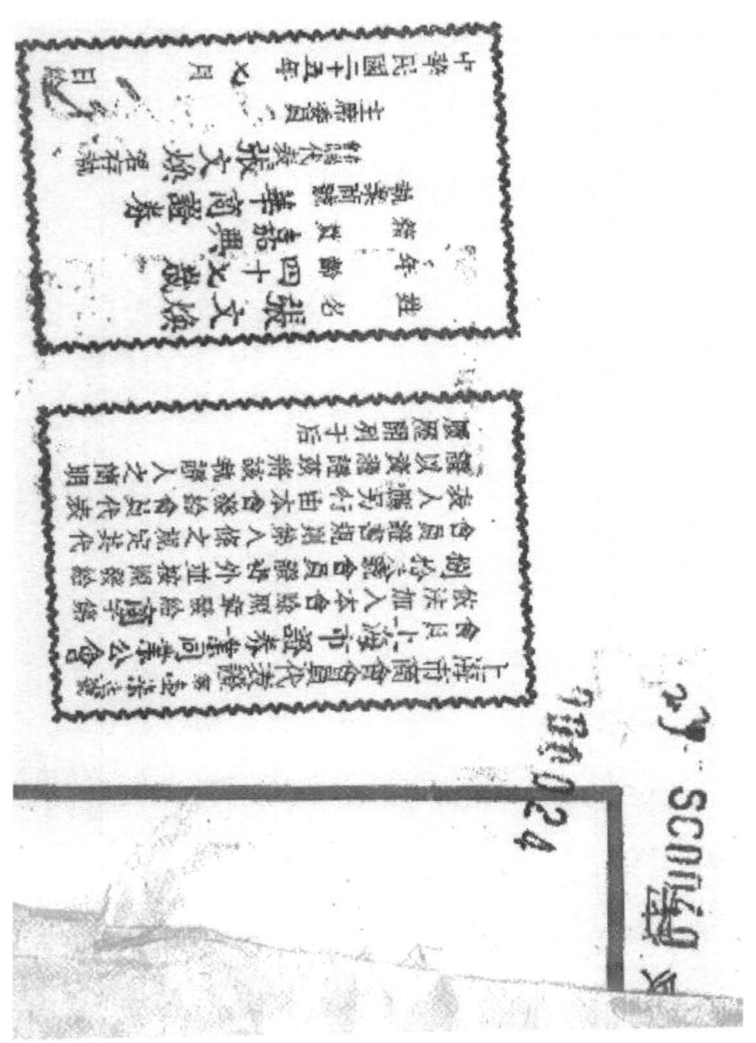

上海市商會會員代表證 第[illegible]號

會員上海市證券業同業公會依法加入本會除照章發給商字第捌拾壹號會員證書外並按照發給會員證書規則第八條之規定其代表人應另行由本會發給會員代表證以資證明茲將該執證人之簡明履歷開列于后

姓名 張文煥
年齡 四十七歲
籍貫 嘉興
執業商號 華商證券
會員代表 張文煥 君存執
主席委員
中華民國二十五年七月 日給

上海市證券業同業公會章程

第一章 總則

第一條 本公會係上海華商經營證券業務之公司商號所組織定名曰上海市證券業同業公會簡稱上海證券業公會設事務所於上海漢口路證券里

第二條 本公會之宗旨如左

一 聯合在會同業研究業務及經濟事項

二 提倡互助促進證券業務之發達

三 矯正營業上之弊害

四 調查國內外發行之政府公債地方公債及公司債公司股票

本公會依照部頒工商同業公會規則第六條之規定不以本公會名義而爲營利事業

第二章 會員

第三條 凡在上海華商證券交易所充當經紀人之公司商號皆爲本公會會員

第四條 有左列資格之一者得加入本公會爲會員

一 專營買賣股票公債票及各項有價證券之公司商號

二 兼營買賣股票公債票及各項有價證券之公司商號而特設證券部者

三 現充或曾充證券交易所之理事監察或經紀人資望素孚能爲同業謀利益者

具有前項各款資格而欲入會者須經會員二人以上之介紹並須

填具願書送請本會審查通過並照章繳費後方得爲本公會會員

第五條　凡入會之公司或商號應推定一人爲代表行使會員之權利其代表人以有權代表各該公司商號之重要職員充之

第六條　每一會員有一選舉權及被選舉權

第七條　會員如有左列事項之一時即喪失會員之資格失去應享本公會一切權利

一　依第四條入會之會員請求退會時

二　個人或代表之公司商號受破產之宣告時

三　受法律處分褫奪公權時

四　被本公會開除時

前項第二款第三款之情形如係公司商號之代表得由該公司商號撤換之

第八條　開除會員限於左列事項並須經會員三分之二以上之決議

一　不繳入會費或常年費時

二　有不正當行爲及有妨害本公會之名譽時

三　違背本公會宗旨經勸告無效時

第三章　職員

第九條　本公會設執行會員十五人執行本公會一切事務

第十條　本公會設常務委員五人辦理尋常會務由執行會員互選之再由常務委員互推主席委員一人爲本公會對外代表

第十一條　執行會員之任期定爲三年每年改選三分之一但再被選者仍得連任其頭二次應改選之委員以抽籤定之

第十二條　執行委員均爲義務職

第十三條　本公會酌設事務員若干人承執行委員之命辦理會務其任免由執行委員會行之

第四章　會　議

第十四條　本公會會議分爲左列二種

一　常會每年二次於三月及九月由執行委員會召集之

二　臨時會由執行委員會認爲必要時或有會員十人以上之連署將會議目的通告執行委員會要求開會時召集之

條十五條　會員大會須有會員二分之一以上出席方可開會經出席會員三分之二以上同意方可決議

第十六條　會議事項與會員本身有關係時該會員無表決權如經執行委員認爲有退席之必要時得通知該會員隨時退席

第十七條　會員大會之決議事項應載明議事錄由主席及列席會員二人簽名後存於會所各會員於辦公時間内得索閲議事錄各項案卷及賬簿但不得攜出

第五章　會　費

第十八條　凡爲本公會之會員及續經本公會承認入會之會員均有擔負本章程所定會費之義務

第十九條　會費分爲二種

一　入會費每會員伍拾元於入會時一次繳納此款彙集爲本公會基金非經會員會議決不得動用

二　常年費每員每月繳納貳元爲本公會經費由執行委員編製

預算決算於大會時報告之

第六章　附　則

第二十條　本公會辦事規則由執行委員會議訂之

第廿一條　本公會內得附設證券業同人俱樂部其細則另訂之

第廿二條　本章程如有未盡事宜悉照部頒工商同業公會章程辦理之

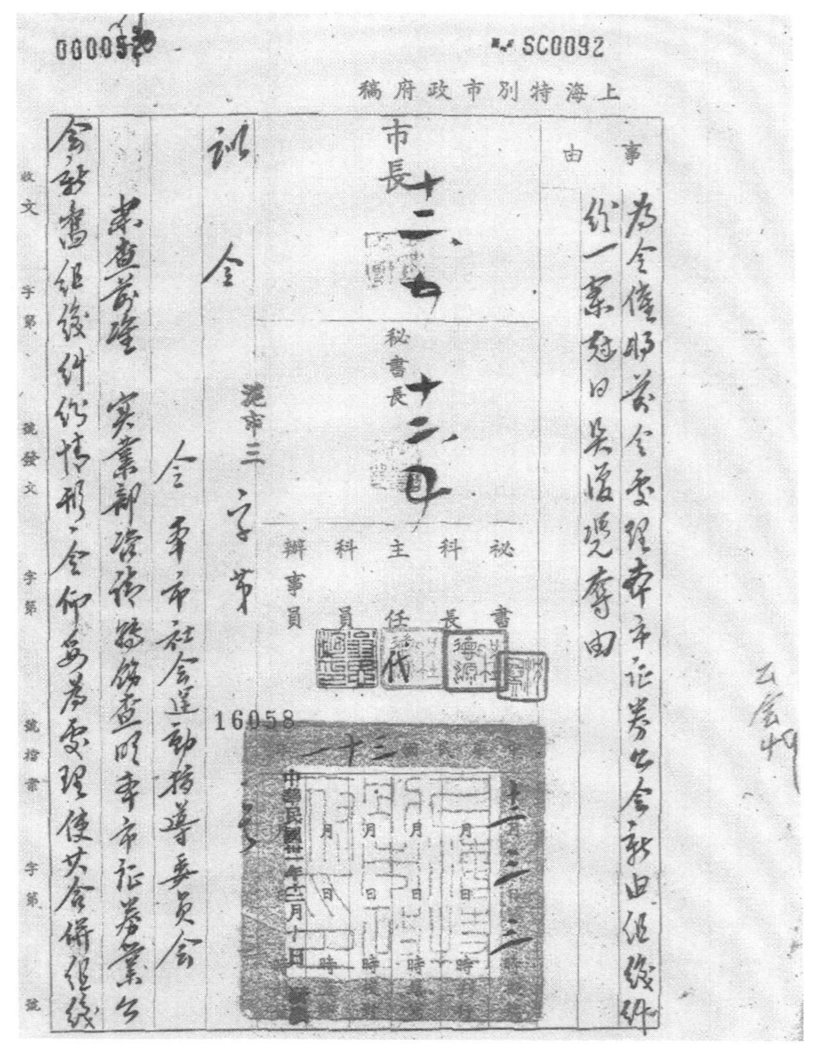
SC0051

00005

SC0092

上海特別市政府稿

事由	市長	秘書長	秘書	科長	主任科員	辦事員
	十二	十二				

訓令　滬市三字第　號

16058

中華民國卅一年十二月十日

SC0093

與指前情一案，迄今多時，未據呈復前來，合亟令
催，仰即遵照辦理，呈復憑核為要。
此令。

市長 陳○○

監印 羅衍理
校對 程元壽

SC0095

業奉
鈞府訓令滬市三字第一四六七二號略開：
「為准實業部咨開：『據上海特別市証券業同業公會主席委員張文煥等呈稱：為呈報恢復會務並呈經上海市商會准予入會經過及聲請撤銷本市華商股票業同業公會暨證券業同業公會朦請上海特別市社會運動指導委員會頒發之許可證書並停止活動』又據該張文煥等呈送會章及商會會員證書（影本）職員名單重行申請備案各等情，除批復外，相應檢同原附件，倂請查照核辦見復等由，並據該同業公會主席張文煥等先後呈同前情到府，據查該同業公會所呈各節純屬新舊組織糾紛，似可予以合併組織，俾免紛歧，合亟令仰該會查明實情，妥為處理，並將辦理情形具報備核，此令。」
等因，並附證券業公會會章職員名單及證書影本各一件下會，奉此，遵查本業，前據本市商民

SC0096

朱宗培等申請組織「上海特別市證券業同業公會」，曾由本會派員查明，該業以買賣統一公債為主要業務，當經呈請

行政院社會運動指導委員會轉咨徵詢意見，並經本會派員詳查，確屬需要，當批復朱宗培等准予組織，並呈復社會運動指導委員會各在案。嗣復迭據本市商民俞明時等及張德欽等先後申請組織「上海特別市華商股票業同業公會」及「上海特別市證券業同業公會」，據經分別派員查明各該發起人等所營業務，均以經營華商股票為主要業務，業務性質既同，自應合併組織，經由本會擬定雙方合併籌組，並確定會名為「上海特別市華商股票業同業公會」，並委派俞明時張德欽等九人為該會籌備員，負責籌備。當於九月三日呈報

鈞府鑒核在案。旋於同月廿二日，准財務當局通知，「『股票』『證券』業等，關係金融非細，應統籌辦理」等語，因即分飭該華商『股票』『證券』兩籌備會暫緩進行去後，復據前上海市證券業同業公會主持人張文焕等呈報「恢復會務，請求撤銷騰組之本市『華商股票業』及『證券業』兩同業

SC0097

公會」等情，亦經飭該張文焕等停止活動各在案。奉令前因，理合將辦理本案經過，備文呈復，至應否召集合併組織之處，仰祈

鑒核示遵，實為公便。

謹呈

上海特別市政府

上海特別市社會運動指導委員會主任委員 孫鳴岐

中華民國三十二年三月十二日

校對 張笑天
監印 陸慕鈞

SC0098

SC0105

國民政府行政院實業部　咨

商字第20號

案准

貴府滬市三字第一六五五六號咨：據本市社會運動指導委員會呈報處理「上海特別市證券業同業公會」「上海特別市華商股票業同業公會」組設經過情形，及應否召集該兩同業公會合併組織一案，咨請查照核辦等由；准此，查各該同業公會關係各項股票、證券之買賣，在「恢復交易所」一案未經解決以前，自應暫緩進行，准咨前由，相應復請查照為荷！

此咨

上海特別市政府

部長梅思平

案據中央信託股份有限公司許建屏等呈稱：

「竊查華商股票業商自經鈞局頒照營業後尚無任何集體組織為謀齊一步驟增進同業福利協助政府施行經濟政策計議由全體業商自動聯合依照現行條例請求准予進行組織華商股票業同業公會伏乞鑒核批示實為公便」

等情；據此，查本局前經遵照奉頒取締上海股票業商買賣華商公司股票暫行規則第二條規定，先後核准該中央信託股份有限公司等股票業商三十五家，並經分批造具名冊報請

鈞府轉咨

實業部備查各在案。茲據呈請組織華商股票業同業公會前來，核與奉頒工商同

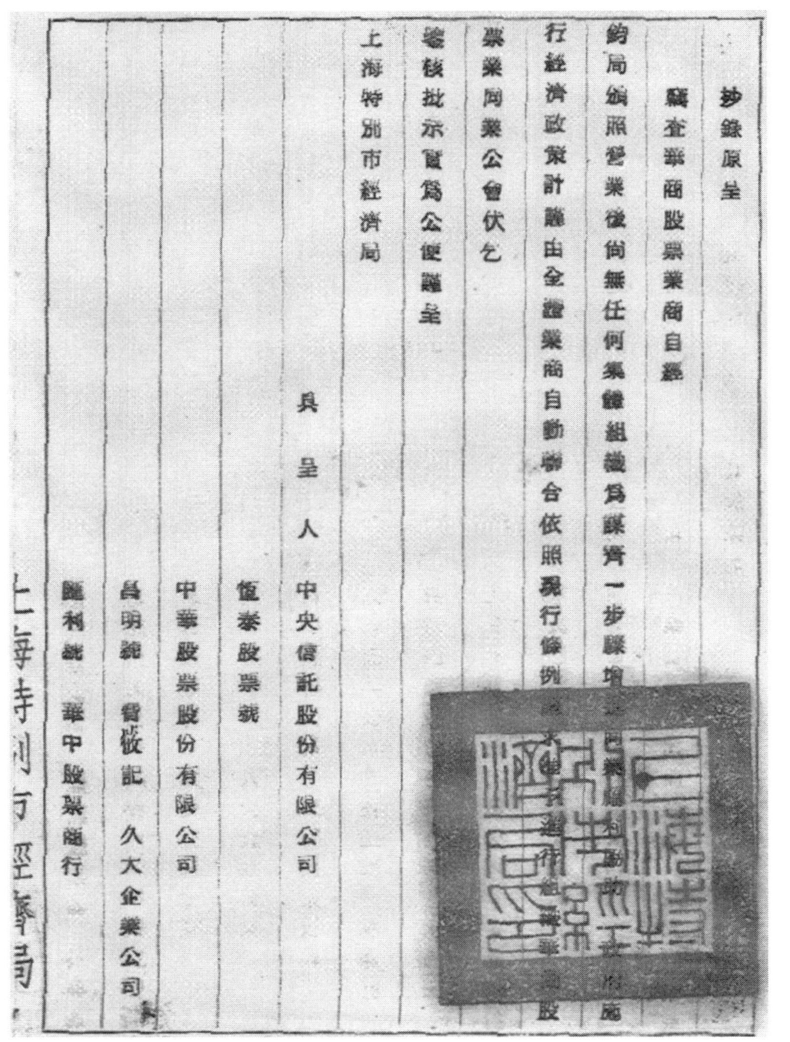

抄錄原呈

竊查華商股票業商自經

鈞局頒照營業後尚無任何集體組織爲謀實一步驟增[illegible]施

行經濟政策計議由全體業商自動聯合依照現行條例[illegible]股

票業同業公會伏乞

鑒核批示實爲公便謹呈

上海特別市經濟局

具呈人 中央信託股份有限公司

恒泰股票號

中華股票股份有限公司

昌明號 晉蔭記 久大企業公司

匯利號 華中股票商行

上海特別市經濟局

萬興股票號 亞洲股票號 昌興號

環球企業公司證券部 新豐股票行

新昌股票行 大信企業公司

大華股票號 大公股票公司

新孚股票公司 五福股票公司

五豐股票公司 益豐號 承德行

長城股票股份有限公司 永昌號

國泰股票股份有限公司 寶豐華行

礼誠股票號 存德股票號

通易信託股份有限公司 鑫豐股票股份有限公司

三樂實業公司股票部 光元股票號 中國股票股份有限公司

央業股票號 華商股票號

業公會暫行條例規定尚符，惟究應如何辦理之處，本局未敢擅專，除令呈

實字仰候示，並批飭知照外，理合據情具文呈請

鑒核示遵。

謹呈

市長陳

附抄呈原呈一件

經濟局局長王志莘

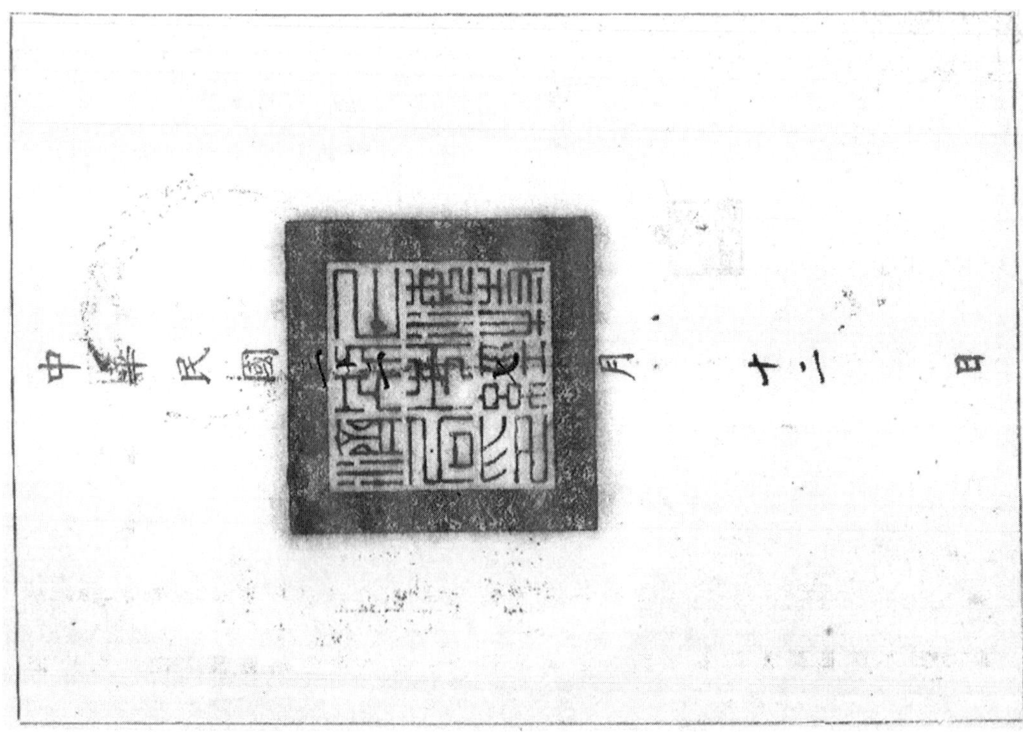

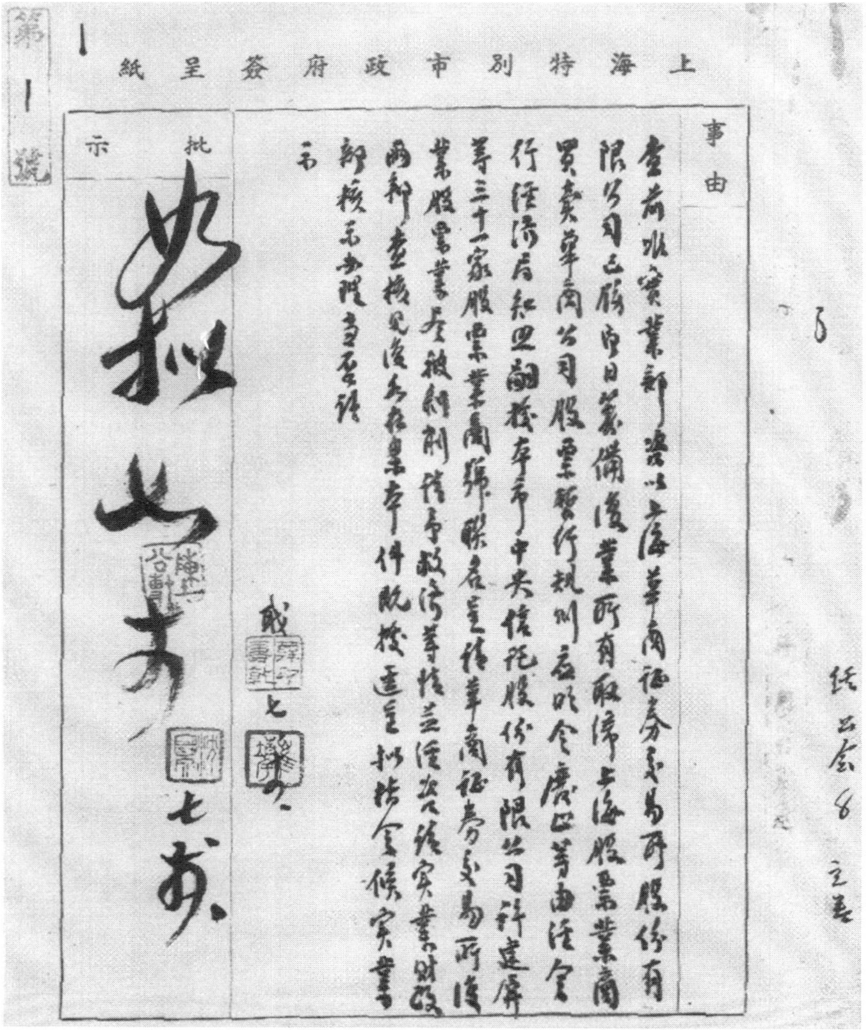
上海特別市政府簽呈紙

第 一 號

5

紙 字 8 之 表

事由

查前准實業部咨以上海華商證券交易所股份有
限公司已經定日籌備復業所有取締上海股票業商
買賣華商公司股票暫行規則應明令廣告等由經令
行經濟局知照嗣據本市中央信託股份有限公司許建屏
等三十一家股票業商聯瞬名呈請華商證券交易所復
業股票業者被取消經濟等情並經次長核實業財政
兩部查核見復各在案本件既據遞呈抄請令飭實業
部核示合併陳明呈請
示

批示

如擬

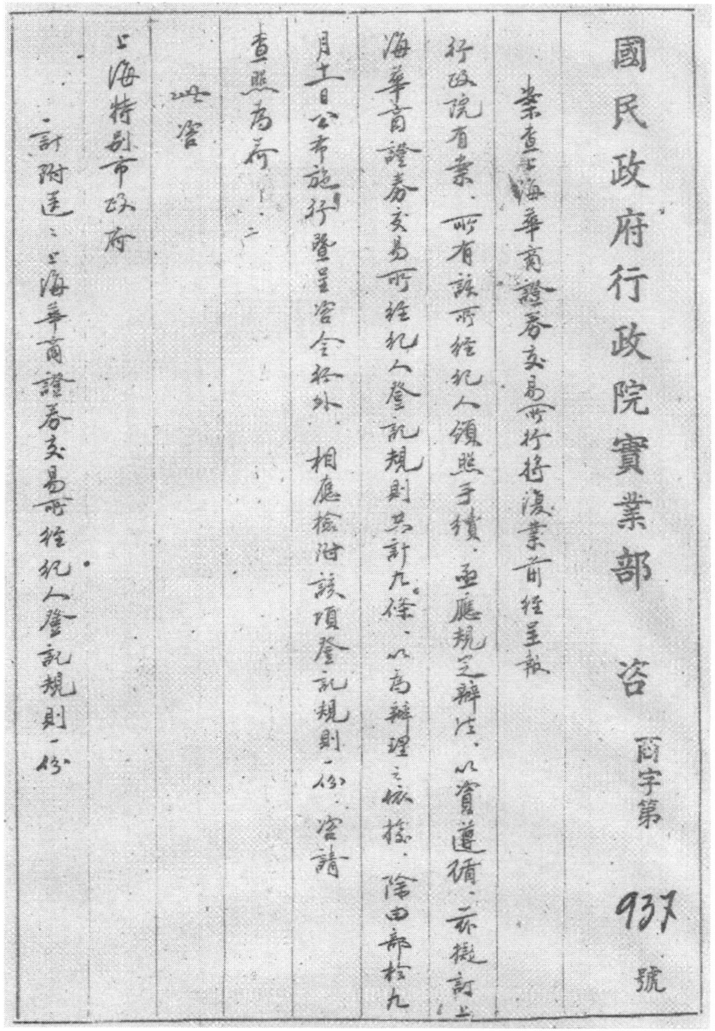
國民政府行政院實業部　咨　商字第937號

案查上海華商證券交易所擬將復業，前經呈報
行政院有案。所有該所經紀人須照手續，亟應規定辦法，以資遵循。茲擬訂上
海華商證券交易所經紀人登記規則共計九條，以為辦理之依據，除由部於九
月十一日公布施行暨呈咨外，相應檢附該項登記規則一份，咨請
查照為荷！
此咨
上海特別市政府
計附送上海華商證券交易所經紀人登記規則一份

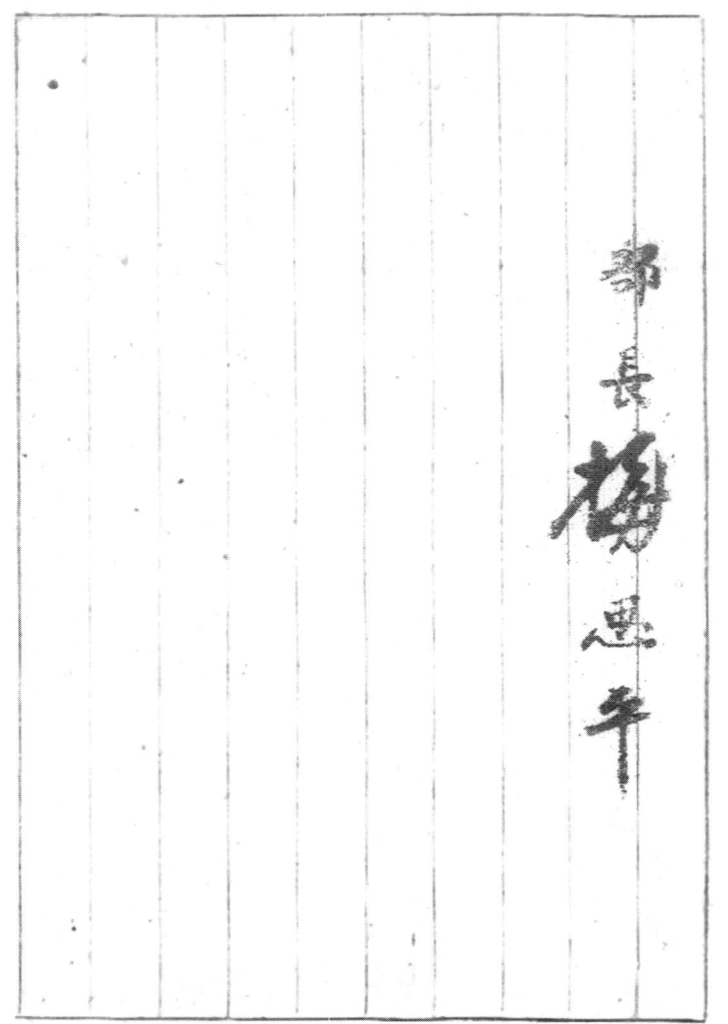

上海華商證券交易所經紀人登記規則

第一條　凡欲爲上海華商證券交易所經紀人者應由交易所轉呈實業部核准發給執照

第二條　凡合於交易所法第十一條之規定並具有資本實收總額在國幣壹百萬元以上者始得申請爲經紀人

第三條　合於前條規定資格之人民或公司商號呈請登記時應塡具申請書登記事項表資本證明文件及代表人商事履歷書及其證明文件並繳納執照費國幣壹千圓印花稅四元

第四條　經紀人經實業部審查合格者分別發給執照不合格者原件費發還

第五條　實業部置經紀人登記簿於核給執照時將名稱組織資本地址代表人經歷及執照號數等項分別登記

第六條　交易所置經紀人登錄簿記載列事項

一、前條所載事項
二、開始業務年月日
三、登錄事項之變更
四、停止執行業務之原因及年限
五、曾否受懲戒

第七條　經紀人領到執照開始執行業務前應具申請書登錄事項表申請交易所登錄並繳存保證金伍拾萬元以現金與代用證券各半繳納由交易所收交實業部指定之銀行保管並由保管銀行給予存證

第八條　經紀人佣金章程由交易所擬具呈請實業部核定之

第九條　本規則自公布日施行

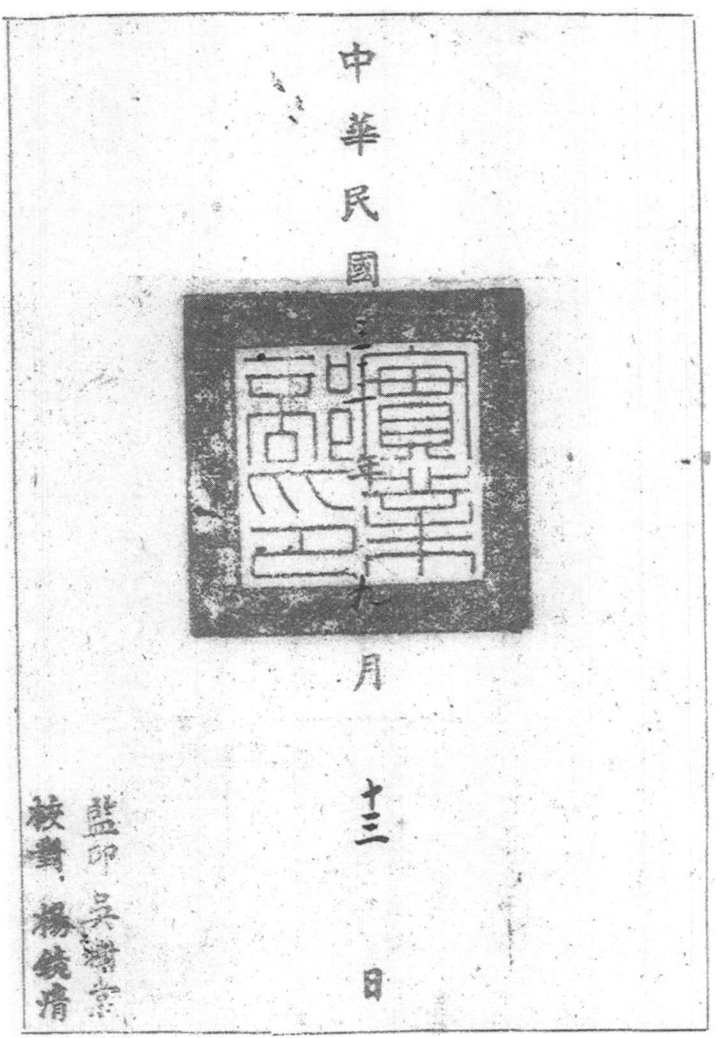
中華民國二十年九月十三日

監印　吳樹崇
校對　楊銑清

（三）抗战胜利后上海证券交易所经纪人及其公会

上海市證券交易所市場籌備委員會規定及審查經紀人資格小組委員會第一次會議討論事項（經初度修正）

(一)經紀人名額　不超過三百名

(二)經紀人營業範圍　經紀人得買賣交易所市場開拍之債券及股票，並得就債券股票中選擇其一或專營之

(三)經紀人資格

甲、中華民國人民具有左列資格者

一、年滿三十歲以上者

二、高級中學畢業或有同等學力 [illegible]

四、曾經經營或管理證券投資業務

五、須有銀行錢莊信托公司或大公司廠商二家之推薦

六、所有財產須在五十萬元以上

乙、中華民國法人具有左列資格者

一、銀行錢莊信托公司投資或企業公司曾經合法登記註冊並在本區域內營業四年以上

二、投資或企業公司如為股份有限公司或有限公司其資本須在五十萬元以上，如為無限公司兩合公司或股份兩合公司其資本須在五十萬元以上

0000024 SC0027

三、法人經紀人之代表人以中華民國人籍者為限，並須有甲項第一、二、三、四款之資格

四、合夥組織之證券字號資本須在五十萬元以上，其代表人準用前項第三款之規定

丙、凡證券公司或經營證券業務之廠商公司依法登記取得中國法人資格者，得申請為經紀人，其在交易所開業以前尚未取得法人資格者得暫准申請為臨時經紀人，限于六個月內依法取得中國法人資格，逾期即撤銷之

丁、凡有左列情事之一者不得為經紀人

一、無行為能力者

二、受破產之宣告者

三、褫奪公權尚未復權者

四、處一年以上之徒刑在執行完畢或赦免後未滿三年者

五、依交易所法第四十六條至第五十三條之規定被處刑罰在執行完畢或赦免後未滿五年者

六、被交易所處除名處分後未滿五年者

0000025 SC0028

0000026
SC0029

(四) 经纪人不得兼营

经纪人不得兼营同类业务并不得为他经纪人之董事无限责任股东或合伙人

(五) 经纪人不得转让

经纪人不得转让如无意营业时应申请废业

(六) 申请及审查手续

甲、凡欲为经纪人者须填具本会定式之经纪人申请书及其商事履历书连同证明文件等送交本会审查

乙、本会收受经纪人申请书截止后应于两星期内审查完毕通知申请人

丙、经纪人申请书经审查合格后应由申请人于一星期内将经纪人身份保证金如数缴清同时由本会呈报财经两部核准注册请发营业执照

经纪人身份保证金分债券股票二种每种暂定为五千万元其百分之四十须缴纳现款其余百分之六十得以有价证券或房地产代用之但房地产不得超过百分之三十

凡申请人经审查后认为不合格者在一年内不得再申请为经纪人

经纪人申请书及其履历书所填报之事项不论何时发现有不实情事者得随时撤销其经纪人之资格并永远不得再申请为经纪人

0000121
SC0152

閱 已復因事不克出席 以呈 石渠 十六

敬啟者本公會自本月四日開始籌備以來業告就緒謹訂於本月十九日(星期六)下午一時假座上海證券交易所舉行成立大會屆時恭請

貴臨出席指導昌勝企盼之至此致

上海證券交易所

錢理事新之

上海證券交易所經紀人公會籌備委員會謹啟

三十五年十月十[illegible]日

中華民國　年　月　日

上海市證券交易市場籌備委員會規定經紀人通則

附件

發文華字第33號

上海市證券交易市場籌備委員會規定經紀人通則

第一條　經紀人名額不得超過三百名

第二條　經紀人得買賣交易所審定之債券及股票並得就債券股票兩項中選擇一項或兼營之

第三條　經紀人分個人及法人兩種

第四條　甲、個人經紀人須具左列資格

一、中華民國人民年在三十歲以上者

二、高級中學畢業或有同等學力

三、品行端正信譽優良

四、曾經經營或管理證券投資業務

1

五、須有銀行錢莊信託公司或六公司廠商二家之推薦

六、具有財產在五千萬元以上但個人經紀人之證券字號如係合夥組織者其資本須在五千萬元以上

乙、法人經紀人須具左列資格

一、銀行錢莊信託公司投資或企業公司證券公司曾經合法登記註冊並在本區域內營業五年以上

二、投資或企業公司證券公司如屬股份有限公司或有限公司其資本須在壹萬萬元以上如屬無限公司兩合公司或股份兩合公司其資本須在五千萬元以上

三、凡法人經紀人須有一代表人其代表人須有甲項第一二三

四款之資格非中華民國國籍者不得入市場

丙、凡向營證券業務之外商曾在本區域內營業五年以上依法登記取得中國法人資格者得申請為經紀人其在交易所開業以前尚未取得法人資格者聲請為經紀人如審查合格應即為臨時經紀人限六個月內依法取得中國法人資格逾期即撤銷之

丁、凡有左列各款情事之一者不得為經紀人

一、無行為能力者

二、受破產之宣告者

三、褫奪公權尚未復權者

四、處一年以上之徒刑在執行完畢或赦免後未滿五年者

丁、依交易所法第四十六條至第五十三條之規定被處刑罰在執行完畢或赦免後未滿五年者 4

戊、在交易所受除名處分後未滿五年者

第五條　經紀人不得兼營同類業務並不得為他經紀人之董事無限責任股東或合夥人

第六條　經紀人不得兼職如無意營業時應申請歇業法人之代表人須經交易所同意方得更換

第七條　申請及審查手續

甲、凡欲為經紀人者須填具本會定式之經紀人申請書及其個人履歷書連同證明文件等送交本會審查

乙、本會收受經紀人申請書截止後應于兩星期內審查完畢通知申請人但無論合格與否申請書以及證件等概不發還

丙、經紀人申請書經審查合格後應由申請人於一星期內將經紀人保證金如數繳存同時由本會呈報財經兩部核准註冊請發營業執照然後填具本會定式志願書詳填入所手續並由交易所公告之

經紀人保證金分債券股票兩種每家暫定為五千萬元其百分之四十須繳納現款其餘百分之六十得以有價證券或房地產代用之但房地產不得超過百分之三十有價證券或房地產之代用價格由交易所隨時核定公告之 5

呈為呈送審查合格經紀人名單附具意見並檢同申請書

仰祈

俯賜核准發給經紀人營業執照事竊局會奉

令積極籌備以來關於經紀人申請事宜經於七月九日起

登報公告先後送會申請者計個人經紀人三百五十七名又法

人經紀人七十一名先由局會經紀人資格審查小組分別整理

作初步之審查再行提交[illegible]會逐次開會審核對於申

請者之資格不厭求詳嚴加查考務求[illegible]精歷兼

旬而於昨日（十六日）全部審查完竣一致通過計合格個人經

紀人二百[illegible]名法人經紀人六十名共二百[illegible]名核與上海證券

丁、凡申請人經審查後認為不合格者在一年內不得再申請為經紀人

戊、經紀人申請書及其履歷書所填報之事項不論何時發現有不實情事者得隨時撤銷其經紀人之資格並永遠不得再申請為經紀人

6

交易所暫行營業細則第六條之規定尚屬相符理合向
具名單附具意見檢同各該經紀人原申請書二百□十□份
備文呈送仰祈
俯賜核准註冊迅予發給經紀人營業執照以便分別轉
發實為公便謹呈
經濟部
財政部

呈為呈請事竊屬會關於審查經紀人事宜曾於本月二
十日由穎委員吾昌擴同審查合格經紀人名單暨申請書
呈請
鑒核在案茲經穎委員赴會報告奉　諭對於經紀人初步
審查結果所有法人經紀人拾四家個人經紀人貳拾捌家尚
待覆審當因查法人經紀人利安證行中庸證行永德證
券公司好華公司億佳公司海維公司等六家與其他久大
證券公司等經歷相等信譽甚佳查與屬會　前呈准之
上海證券交易所暫行營業細則第六條丙項臨時經紀
人資格之規定尚屬相符理合據情呈請

鈞部賜予重行審定，其餘未經核定之經紀人容後

查送再行呈請核奪。謹呈

經濟部部長王

財政部部長俞

上海市證券商業同業公會主任委員杜鏞

中華民國卅五年八月二十四日

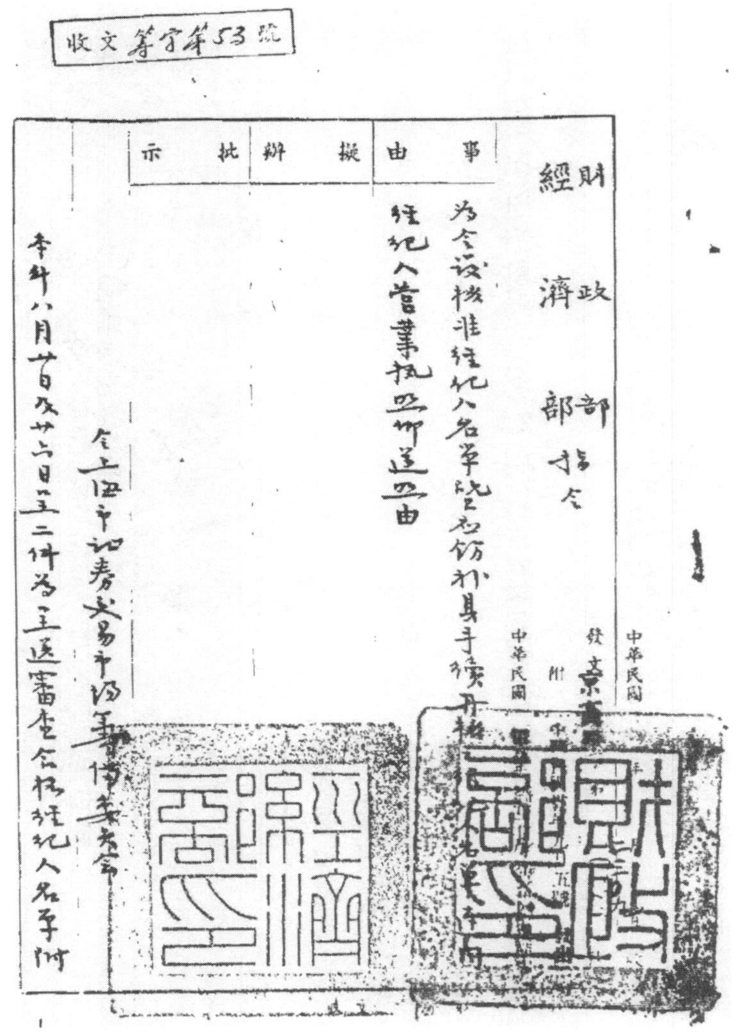

收文 籌字第53號

財政部
經濟部 指令

事由	擬辦	批示
為令設核准經紀人名單抄送仿行具手續并將經紀人營業執照申送由		

本年八月廿日及廿六日呈二件為呈送審查合格經紀人名單附……

令上海市證券交易所籌備委員會

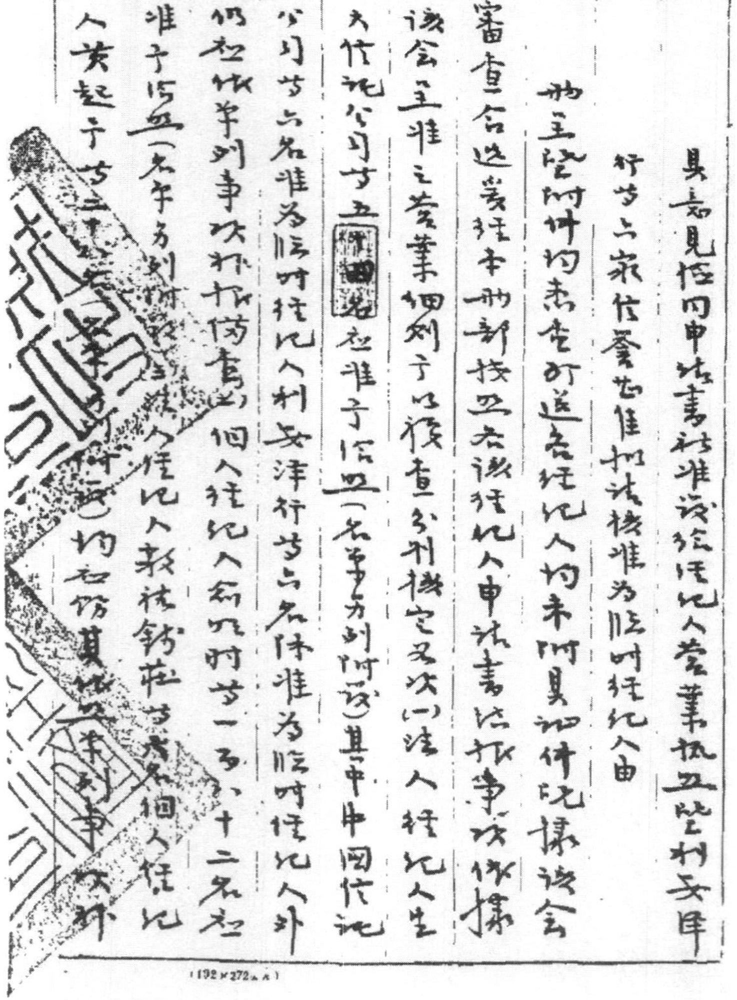

具悉。查該申請書請准[illegible]經紀人營業執照[illegible]
行號六家[illegible]請核准為臨時經紀人由
兩呈暨附件均悉。查所送各經紀人均未附具證件，既據該會
審查合格，送經本部核對，各該經紀人申請書結報事項，依據
該會呈准之營業細則予以複查，分別核定：(一)法人經紀人生
大經紀公司等五名准予給照（名單另列附錄），其中中國經紀
公司等六名准為臨時經紀人外，津行號六名仍准為臨時經紀人外，
仍應依[illegible]列事項補報備查。(二)個人經紀人[illegible]等一百八十二名應
准予給照（名單另列附錄），個人經紀人[illegible]等[illegible]名個人經紀
人黃起予等[illegible]（[illegible]附錄）均[illegible]

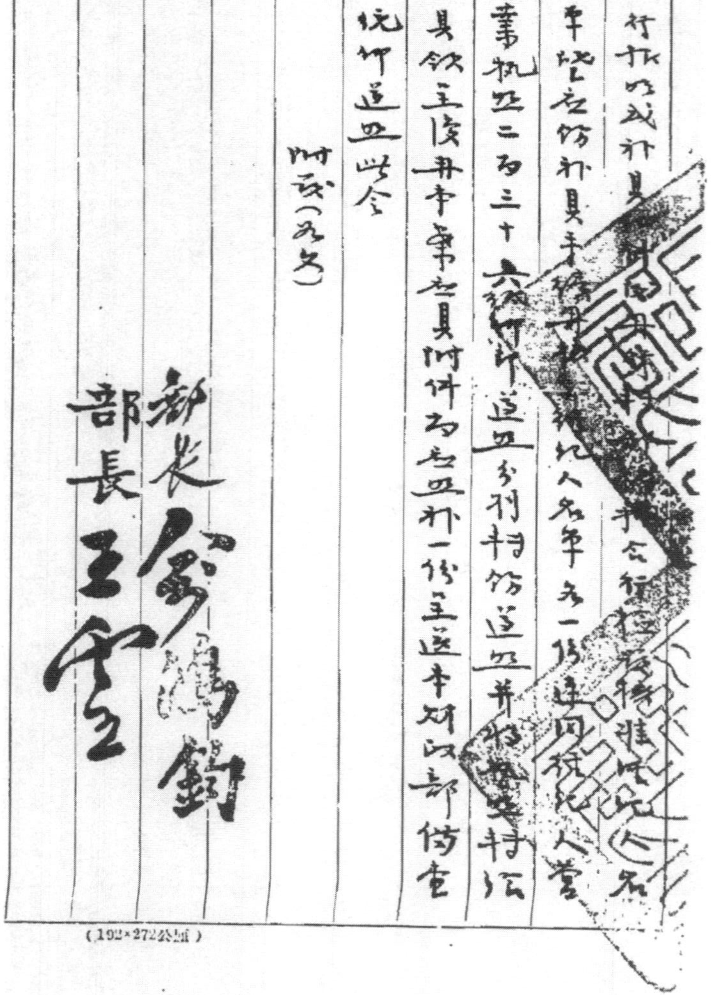

行報明或補具[illegible]手續[illegible]經紀人名
單暨各該補具[illegible]經紀人名單各一份，連同經紀人營
業執照二百三十六份，[illegible]附錄，分別轉飭遵照，並[illegible]
具領呈繳，再未具附件各照補一份呈送本部，以憑備查
此令
附錄（名單）

部長 [illegible]
部長 [illegible]

發文 籌字第94號

逕啓者案奉
財政經濟部高商字第二三〇九[一〇一七五]號指令內節開法人經紀人敦裕錢莊
等六名個人經紀人黃起予等二十八名均遞防其依照單列事項補行報明或補
具證件後再行轉部核辦等因奉此茲特遂抄部令關於
台端應行補具手續各點列后即希
迅行遵照辦理尅日函送來會以憑彙轉爲盼此致

啓

中華民國[illegible]日

部令應行補具手續

審查結果

核防處理情形

敦裕錢莊	九江路214号
中貿銀行	廣東路93号
南洋企業公司	江西路246号
國華工業投資公司	虎丘路
亞中證券號	寧波路144號
福源錢莊	寧波路70號
黃起予	龍門路160弄1号
邊定遠	中正中路540弄6号
樊剛庭	南京路哈同大樓114号
潘子熊	中央路24号704室
莊叔豪	九江路69号
許道賡	九江路45号308室
曹嘯谷	博物院路14号三樓32号
諸葆忠	中正東路260弄205室
徐子爲	中正東路中匯大樓208号
劉念仁	四川路33号707室
應光紙	漢彌登大廈405-7号
陶蓀雲	安遠路金城里23号
孫道勝	中正東路147号617室
陸紀中	北京西路218弄11号
范季美	愚園路岐山村四号
孫師方	大西路425号
楊誠恕	富民路古柏公寓46号
鍾夏生	古拔新村三弄11号
張法堯	林森中路1200弄1194号
諸菉真	襄陽南路306弄38号
王紹均	永康路171号
汪肅厓	愛麥虞限路172号
陳德忠	南昌路432号
杜維屏	華格臬路216号
唐珊	愚園路749弄101号
周嘉琛	本樓230号，博物院路75号
卯長春	四本樓隔樓6号
許自強	本樓448室

收文 第75號

財政部
經濟部 指令

事由：令上海市證券交易市場，本年十月十七日呈一件為未奉核准手續又就自願放棄之經紀人名額由補送証件及申請書祈鑒核示遵由

呈件均悉查補具手續之經紀人經……如次(一)法人經紀人國華工業投資公司一名等廿一名應准予給照(名單另文附發)(二)個人經紀人許自強等三名(名單另文附發)……

中華民國 年 月 日 收

收文 字第 號

卅五年十一月十五日呈部

年	月	日	申請書號數	姓名	補行報明或應行補具證件事項
35	9	17	法人 6	敦裕錢莊	公司登記手續正在辦理中，附奉上海市社會局批示影本
		18	29	中貿銀行	公司登記手續正在辦理中
		11	36	南洋企業公司	決定增資為國幣捨億元，並已在政府限期內完成增資手續
	✓	18	43	至中銀行	申請書上已改正為「至中銀行」
	✓	25	53	國華工業投資公司	設立登記已奉部令核准並發給設字第3429號執照在案，附執照影本
		13	63	福康錢莊	現正依法呈請社局及登記中，附係永祥會計師辦理註冊登記證明書
	✓	17	個人 1012	黃廷于	二開證券號副理，胡伯記證券號會計主任等職(附證件)
	✓	16	1118	諸慕真	仍以「諸慕真」為經紀人姓名
	✓	16	1144	邱長春	大康成證券號股東兼任經理，元一行總經理(各附證件)
	✓	4	1185	汪爾炎	恒益股票號協理 證件一紙
	✓	9	1186	周嘉樑	福大增記證券號與福大增記號費係一家
	✓	25	1130	許自強	中興證券號營業主任，永豐協記證券號職員 證件各一紙
	✓	17	1140	秦師方	證券業同業公會會員，中孚銀行支行主任兼辦證券事宜，新華公所經紀人(附證件)
	✓	14	1141	唐 琳	福康證券號協理 證件二紙
	✓	17	1151	杜維屏	美國證券市場證明書一件
	✓	17	1154	徐道勝	上海證券物品交易所第八十六號經紀人鎮昌號代理人，德勝證券號副理
	✓	17	1170	諸葆忠	新來、中康、合成等洋行證件各一紙，前證券公會證書一紙
	✗		1190	邊定遠	
	✓	26	1199	曹爾𠫭	興泰證券號股票公司經理 聘書一件
	✓	29	1200	王紹均	曾任上海華商證券交易所第二十號經紀人同德號副理(附證件)
	✓	25	1205	范季美	通易信託公司經理，上海華商證券交易所創辦人、前任理事長(附證件)
	✓	16	1236	楊斌恕	四行儲蓄會信託部供職共十有七年主辦中外股票證券之管理及保管事宜(附證件)
	✓	24	1242	徐子為	曾任中國通商銀行辦事員辦理保管公債股票工作
	✗		1248	莊叔豪	
	✓	19	1251	潘子熙	民國廿九年組設新康證券號自任經理以迄最近(附證券業同業公會證明書)
	✓	17	1252	陳德崇	前任永豐證券號協理(附證件)
	✓	17	1253	樊剛庭	以「樊剛庭」為準(附浙江實業銀行證明書一件)
	✓	18	1274	聶光坻	前在上海金城銀行總行服務任職信託部創辦共同信託投資(附證件)
	✓	17	1309	張法堯	曾任上海華商證券交易所第八十號經紀人經理，謹昌證券號經理(各附證件)
	✓	16	1332	陶傑霖	豐大證券號代理人，證券交易所經紀人，金城銀行證券科等職(證件附後)
	✓	17	1339	許道廣	美盛洋行，美東銀公司業務部經理，嘉和股票公司經理(附證件)
	✗		1343	劉念仁	
	✓	26	1350	鍾夏生	曾任北平證券物品交易所第十七號經紀人、經紀人公會常務理事，上海信託公司業務(附證件)
	✓	16	1357	陸紀中	請以「陸紀中」名為準

第列事項補具手續後再行核辦部核辦（三）個人經紀人曹嘯谷
名所送證件顯非事實應不予照准此外補充之個人經紀人呂
佑生等三名均未附具證件既據該會報稱學資均合規定並
經本兩部按照各該經紀人申請書填報事項及依據該會呈准
之營業細則予以複查准予給照再前次核准給照之臨時經紀人
利安洋行等六名經飭將代理人補報備查在案該會並應催飭
迅予補報勿延合行檢發複審核准經紀人名單續請核准經紀
名單複審攸仍應飭補具手續之經紀人名單暨複審以不予照
准之經紀人名單各一份連同經紀人營業執照計卅五紙（自二百卅
七號至二百六十一號止）並發還再冊先祇原送證件五夾許道賡證

件[illegible]送證件
應各將影本或抄本檢呈本財政部備查

此令

附件

部長 俞鴻鈞
部長 王雲五

迳启者：查
贵　月　日函申请为本所经纪人一案，业经呈奉
财政经济两部核准，并令饬到所。兹将入所手续开列于后，希迳
依照所定程序，前来本所洽办为荷。此致

公司
先生

所启

应办手续，计开：

一、凭附上向财务处缴纳保证金，计股票经纪人每市场每市场现金二千万元及代用品有价证券或房地产叁千万元，共五千万元。有价证券以在本所试行上市股票为限，按市价七折计算。房地产代用价格，不得超过百分之三十。本所得指定银行代为估价及办理他项权利登记手续，费用均由经纪人负担。

二、将附上及印鉴卡一式两份，填送秘书室核对。

三、将附送之志愿书，填送秘书室。

上开手续完毕后，再办理本所通知之下列手续：

四、接洽本所第二次通知后，来所抽签，以定经纪人号数。

五、经纪人申请时为本附带申请代理人及电话生，故应附带申请而现时任职者，向秘书室索取申请表，填就移外，并另拟订姓名（每市场二人）备查。

六、填送场务科及会计科用印鉴卡一式三份。

七、向财务处缴纳电话及号码灯保证金共三十万四千元，以便装设对讲电话。

八、向财务处缴纳执照费五万元，凭收据向秘书室洽领执照。

注意：附送暂行营业条细则系特修正印行更正

九、向秘书室请领名牌证章。

附注：(1) 本函附送一至三项应需附件计：申请函一件，印鉴卡二纸，志愿书一纸及暂行营业细则一册。

(2) 四至九项应需附件，于本行通知时随附。

附五

迳启者：查

贵公司申请为本所经纪人，业经呈奉核准在案，兹附上特制专用空白印鉴卡两份，请签盖后连同应缴保证金，凭本函向本所财务处缴纳为荷。此致

公司

先生

启 三十五年十一月 日

附覆函一纸，印鉴卡两份。

附注：(一) 印鉴卡上图章照下式大小 □

(二) 图章须用硬质

逕復者：接准

大函附下空白印鑑卡兩份均悉。茲送上敝經紀人印鑑卡兩份，函請

登存，以後敝經紀人向

貴所財務處領取現金及代用品，以此印鑑卡上所蓋（簽章）圖

章為憑，相應函達，即希

查照為荷。此致

上海證券交易所秘書室

附印鑑卡兩份

（簽名蓋章請與經紀人申請書上所蓋印鑑相符）　具

中華民國三十五年　●　月　日

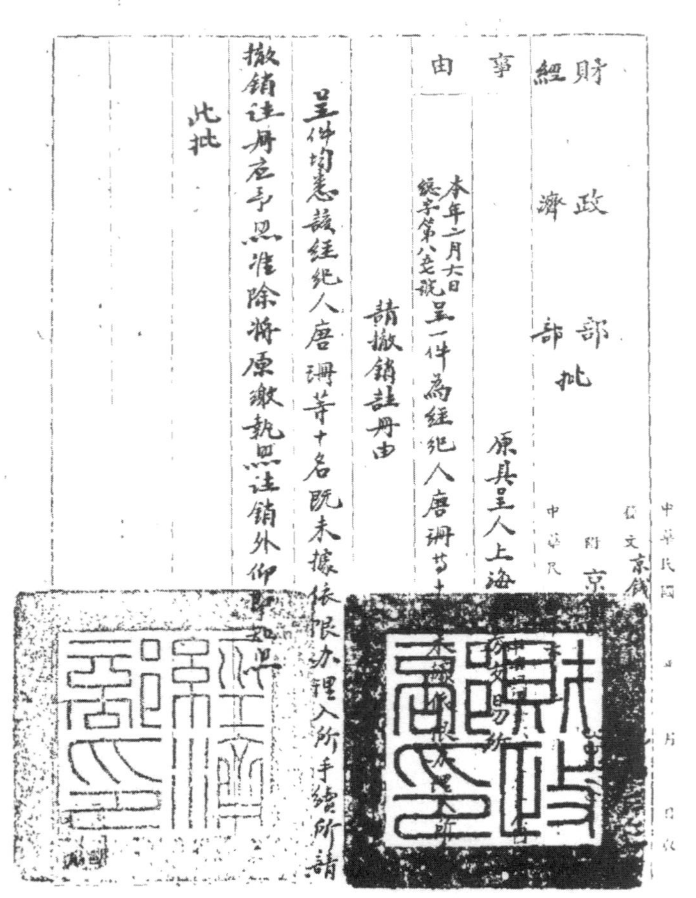

財政部
經濟部　部批

事由：本年二月六日綏字第八五號呈一件為經紀人唐翊芬等十名請撤銷註冊由

原具呈人上海證券交易所：本年二月六日綏字第八五號呈一件，為經紀人唐翊芬等十名請撤銷註冊由。

呈件均悉。該經紀人唐翊芬等十名既未據依限辦理入所手續，所請撤銷註冊應予照准。除將原繳執照註銷外，仰即知照。

此批。

收文總字第912號

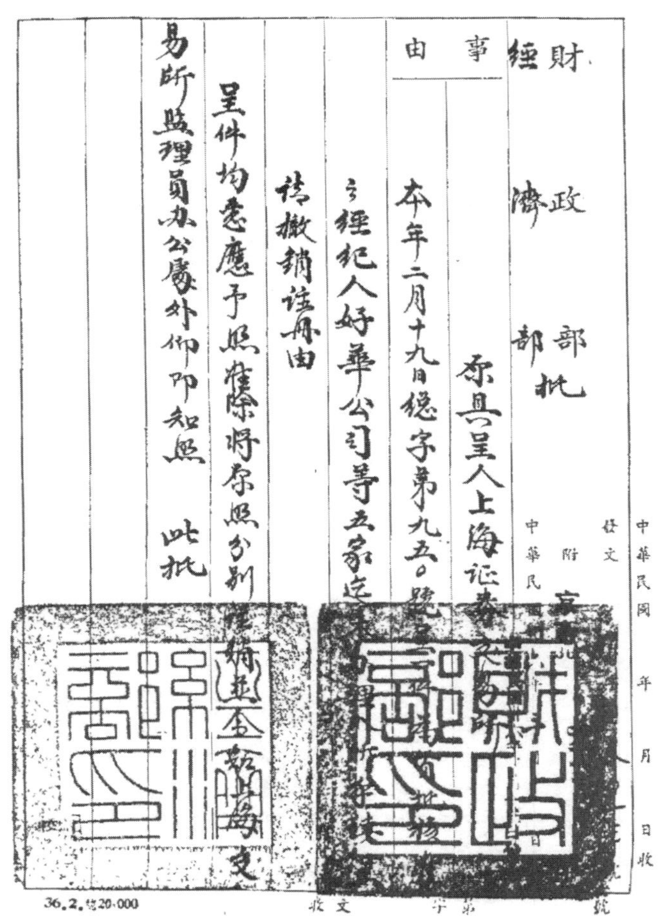

收文總字第976號

財政部
經濟部 批

事由

原具呈人上海證券[illegible]

本年二月十九日總字第九五〇號呈[illegible]

為經紀人好華公司等五家[illegible]

請撤銷註冊由

呈件均悉應予照准除將原照分別註銷並令知上海交
易所監理員辦公處外仰即知照 此批

收文總字第990號

財政部
經濟部 批

事由

原具呈人上海[illegible]

本年二月十九日總字第九五二號呈一件為[illegible]

撤銷註冊檢同原執照[illegible]

呈件均悉該經紀人許道慶既未營業所請撤銷
註冊應予照准除將原照註銷並令知上海證券交易所監理員
辦公處外仰即知照此批

上海市信託商業同業公會

0000043 SC0050

請逕函籌備委員會申請 六、十六

新之先生大鑒日前晤
教至深幸慰比由政府敦請吾
公籌備上海證券交易所復業積極進行不遺餘力緬維
賢勞殊深佩仰信託業向以引導游資趨於正軌為職
志歐美各國工商業募集股款或公司債等多經由信託公
司之手是信託公司為企業家與投資者之重要媒介其有
裨於資本市場之發展此為人所熟知之事實 敝信託同業各
會員現正力圖創新業務以為國家復興建設之前驅政府

中華民國　年　月　日

會址暫設：上海北京東路一〇九號　電話一二九二二三

上海市信託商業同業公會

0000044 SC0051

字第　號第二頁

亦正草擬信託法以謀發展我國之信託業是信託業與
證券業兩相聯繫互為表裡將來證券交易所成立 敝信託
同人極盼能附
驥尾共策進行至於申請充任經紀人尤盼予以特別便
利無任企感此頌
台祺

[illegible]啟

中華民國三十五年六月十二日

會址暫設：上海北京東路一〇九號　電話一二九二二三

上海市证券交易市场筹备委员会公告 第一号

案奉财政经济两部会令为奉行政院训令设立上海市证券交易市场指定筹备委员并须〔?〕蒙规程及应行办理事项等附件限期办理本会当即遵令分别积极进行关于经纪人申请事宜经订立章则呈部核准并奉财政经济两部京钱已字第五三〇号京商35丙字第五五九八号指令经予修正备案在案（印有简章备索）凡本市银行钱庄信托公司投资或合业公司证券公司曾经合法登记注册暨个人曾经经营或管理证券投资业务志愿承充经纪人者可向本会领取法人或个人经纪人申请书（每份酌收纸张印刷费国币壹千元）依式填就连同应备文件全部仅于七月二十日前送交本会审查其有向曾经营证券业务之外商曾在本区域内营业五年以上者得依照法人经纪人办理均俟本会审查通过呈财经两部核准注册发给营业执照特此公告

中华民国三十五年七月九日 地址本市汉口路四二二号

收文壽字第16號

逕啟者查此次
貴市場籌備開業關於申請經紀人各項規定業經登報公告並製發申請書分別填報在
案茲會各會員以利害關係切身特於本月十日召開第六次全体理事會詳加討論僉認對
於申請辦法及表式尚有可以修改之處爰議決三點建議
貴會採擇請將原案並其理由錄陳如左
(一)申請為經紀人時請暫免與其代理人同時申請俟經紀人本人核准後再由該經紀
人申請其代理人
(理由)按申請書補充事項欄內有擬派代理人一項申請時勢須同時填寫查經
紀人申請書原以經紀人本人為主体代理人為附屬今主体既未核准其所屬
之代理人自無同時確定之必要申請時一時尚無確當之代理人可資依用則無從
填報如有合格之代理人信誉能力均極優良已經聘定填報甚至代理人辭去他項
職務來就該經紀人不邀核准則申請人極端為難基此實情故議請暫免同時申
請
(二)法人經紀人與個人經紀人之申請其間寬嚴各異應請對於法人經紀人從嚴審查並限
制其所佔名額藉以維護個人經紀人之地位
(理由)查法人經紀人除證券公司外其餘於證券買賣盡屬副業性質而個人經紀人則以
證券為專業在戰前華商證券交易所開業時期法人經紀人絕無僅有所有銀行錢
莊以及投資企業公司之買賣證券均由一般經紀人代辦而成為經紀之委託人今於
法人經紀人之申請限制太寬勢將多佔經紀人名額則以證券為專業之個人經紀人之
業務勢將大受影響且按照銀行法交易所法亦有未合之處既經

貴會公告姑不具論惟不得不請從嚴審核法人經紀人並限制其名額

(三)經紀人保證金每種(債券或股票)五千萬元其須繳納現金部分請一律以有價證券及房地產充之並請對有價證券或房地產同等使用

(理由)保證金之征收原求其確實價值足以盡保證責任而已代用品之有價證券或房地產必按市價折合計算其實際價值較之現金實為超過足增加保證金之確實性況現時滬地指息極高將來幣值如何又難逆料是使經紀人無形中負擔利息損耗幣值風險應請在不減低保證金數額並其實在價值之原則下免繳現金全數以有價證券或房地產代用繳充之

以上三點如荷

採納即希

見覆並施行為荷專致

上海證券交易所市場籌備委員會

啓

民國卅七年七月十六日

逕啓者茲經本所理事會議決每一經紀人得雇用營業員五名

用特專函通知即希

貴經紀人迅將擬派營業員之姓名地址先行函報到所以憑

登記為荷此致

貴經紀人

上海證券交易所經紀人雇用營業員暫行辦法

第一條　上海證券交易所（以下簡稱本所）為便於經紀人處理證券買賣業務起見得准經紀人雇用營業員每一經紀人暫定以五人為限但如事實需要得向本所申請經本所核准增加之

第二條　營業員可設置營業所並應有獨立會計

第三條　經紀人申請雇用營業員應填具該員商事履歷書連同證明文件二寸照片各二份送交本所審查經核准後發給證書加貼照片並依法向主管機關登記

第四條　經紀人應與營業員訂立合約載明下列各項

一營業員之姓名

二營業員之營業地址

三營業員之資本

四營業員如係合夥組織其合夥人姓名及合夥契約副本

五經紀人對營業員之酬勞方式

六合約時效

經紀人並應將合約副本送本所存查

第五條　營業員應遵守下列各規定

一應將「第　號經紀人營業員」字樣冠於自己姓名之上

二不得用自己名義代客買賣

三不得入本所市場交易

四不得同其他經紀人逕自交易或兼任其他經紀人之營業員

五會計應照本所規定辦理

六應隨時接受本所及部派監理員之查詢

七營業員之帳冊文件應隨時受本所及部派監理員之檢查

八不得違反本所營業細則各項規定及一切公告

九營業員證書不得轉讓或出借

營業員不遵守上列規定或有不正當之行為時應由該經紀人負其責任本所並得令其撤換轉報主管機關

第六條　經紀人對於所屬之營業員應負其在交易買賣上發生之一切責任

第七條　營業員有更動時經紀人應即向本所報告並將原證書繳銷

第八條　營業員證書費每張國幣壹萬元

第九條　本辦法經本所理事會通過施行變更時亦同

經紀人接裝電話暫行辦法

一　經紀人裝置電話應依據本辦法由本所統籌辦理

二　經紀人原有自動電話准予恢復此後添置須事先徵得本所同意

三　經紀人與核定營業員准接對講電話但每一營業員暫以一具為限

四　經紀人與委託人間因事實需要亦准接對講電話但須先向本所登記經核准後始得裝接本所發現有情弊時經紀人應即遵照本所通知拆除

五　經紀人辦公室與經紀人住宅間亦得接對講電話但亦須先經本所核准

六　本所得派員隨時調查經紀人電話裝接情形

上海證券交易所經紀人公會

[illegible]字第五號

逕啓者查

貴所研究營業員及經紀人地位問題一案經本會第三次常務理事會議議決推派楊錫卿俞明𡸁吳國棻三位代表參加相應函達即希

查照爲荷此致

上海證券交易所

理事長 陳[illegible] 啓

中華民國[illegible]月卅日

會址：漢口路證券大樓一二一室　電話：九八〇七〇

上海證券交易所經紀人雇用營業員修正暫行辦法草案

第一條　上海證券交易所（以下簡稱本所）為便於經紀人處理證券買賣業務起見特准經紀人雇用營業員向本所申請登記其名額由本所酌量經紀人之營業狀況核減之

第二條　經紀人申請雇用營業員應填具聲請書履歷書連同證明文件二寸照片各二份送交本所審查合格時再由該委任書經核准後發給證書附貼照片並依法繳納登記費

第三條　營業員之資格應為品行端正信譽優良並具有熟習證券交易之能力者

第四條　營業員應設置營業所並應有獨立會計

第五條　經紀人雇用營業員應由具委任書載明下列各項

一、營業員之姓名

二、營業員之營業地址

三、營業員之資本

四、經紀人給予營業員之報酬方式

五、委任時效

經紀人並應將委任書副本送本所核查委任書所載事項有變更時應隨時報告本所

第六條　營業員應遵守下列各規定

一、應將門牌　與經紀人　營業員上字樣冠於自己姓名之上不得另立牌號

二、不得用自己名義代客買賣

三、不得入本所市場交易

四、不得向其他經紀人委託交易或兼任其他經紀人之營業員

五、除通市場或所屬經紀人營業所外不得另有其他營業處所

六、會計應照本所規定辦法

七、營業員遇經紀時接受本所及指派監理員之查詢其帳簿文件應隨時受本所及指派監理員之檢查

八、不得違反本所營業細則各項規定及一切公告

九、營業員登記證應揭掛於營業所顯明處並不得轉讓或出借

營業員不遵守上列規定及有不正當之行為或本所認為不符第三條之規定時應由該經紀人撤其委任本所並得令其繳銷登記證書

第七條　經紀人對於所雇之營業員以其在交易上發生之一切責任

第八條　營業員有更動時經紀人應即向本所報告並將原登記證繳銷

第九條　營業員之登記費每名國幣[illegible]元

第十條　本辦法經本所理事會通過施行修正時亦同

收文總字第1245

上海證券交易所經紀人公會

交字第三九號

逕啟者接奉
貴所蘇總字第一三五〇號函囑研究經紀人雇用營業員修正暫行辦法草案一節業經敝會交付審查討論結果認為自設處所會計獨立之營業員無設置之必要茲將理由與建議臚列於后：

(一)理由

1.查交易所法第十六條上段規定「無論何人不得以代辦介紹或傳達交易所買賣之委託為營業」是則

第一頁

上海證券交易所經紀人公會

設置營業員似與該條文有所抵觸

2.營業員經營之業務亦即經紀人之業務設置營業員後徒然於委託人與經紀人間多一分利械梏對於經紀人有損無益

3.查目前固有經紀人名額應付現有證券交易已覺人浮於事無再行設置營業員之必要

4.營業員中請簡易名額亦邇難於管理日久勢必助長黑市易滋流弊基於上述各點營業員毋需

第二頁

設置惟應付目前之需要起見特向
貴所建議兩項如左：

(二)建議

1、設立經紀人分辦事處　凡經紀人因業務需要請求設立分辦事處　貴所應予從速核准則於事實上有設置營業員之利而無其弊

2、經紀人牌號准予轉讓　查已經核准之經紀人自尚未正式開始營業或已營業而交易清淡者每以

未能轉讓牌號為憾事同時有意經營證券業務而苦無經紀人位置者亦不乏其人為調劑起見似以准予轉讓牌號為宜此點對於整個證券市場關係頗鉅應請　貴所採擇施行並將暫行營業細則第十一條予以修改庶　貴所及經紀人之業均有莫大裨益

綜上所述係敝會認為確係兼籌並顧對症發藥之適當措置除經敝會第二十次常務理事會決議通

上海證券交易所經紀人公會

過並記錄在卷外相應函達即希
查照办理並予
惠復為荷此致
交易所

理事長 [illegible] 啓

第五頁

上海證券交易所經紀人公會

文字第50號

逕啓者茲據敝會會員蘇佩珞函稱頃接上海財政局來函命敝經紀人前往登記領照等情但敝經紀人已有財政部所發營業執照未知是否尚需上海財政局登記領照因事關全體經紀人行動特函請貴會致函上海財政局及交易所詳詢一切再將應行辦法轉告各會員是爲至盼等情到會據此相應函達即希
查照核示或呈部請求指示以憑轉知各會員遵辦爲荷此致
上海證券交易所

理事長 [illegible] 啓

五月廿六日

發文總　卅六　六　十

爲經紀人前經請准給照營業應否再依營業牌照稅
法請領營業牌照呈請核示由

據屬所經紀人公會函以各會員經紀人近接上海市財政局通知依照營
業牌照稅法繳納牌照稅領照營業惟其重複請予解釋前來查屬所各經紀人
均經
鈞部及　部頒給營業執照准許開業在先是否必須再向地方政府請領
營業牌照不無疑義核與上海金融業及航業等亦因已經領有部頒營業執
照對於向地方政府請領營業牌照問題正在請示之中與屬所經紀人公會請
求解釋者實屬同一情形究竟屬所經紀人是否依照交易所法及其施行細則
規定請准給照營業之外尙須再依營業牌照稅法請領營業牌照始准營業事
關法律疑義屬所未便擅專除分呈外理合具文呈請
鑒核示遵謹呈
部部長

上海證券交易所理事長杜　鏞

發文總字第1685

收文總字第1893

財政部
經濟部 批

原具呈人上海證券交易所

本年六月十六日總字第一六八五號呈一件為經紀人
經請准給照營業應否再依營業牌照稅法請領
營業牌照並呈請核示由

呈悉。查該所經紀人除經本兩部核發營業執照外，仍應
依法請領營業牌照並弁納稅，仰即知照。此批。

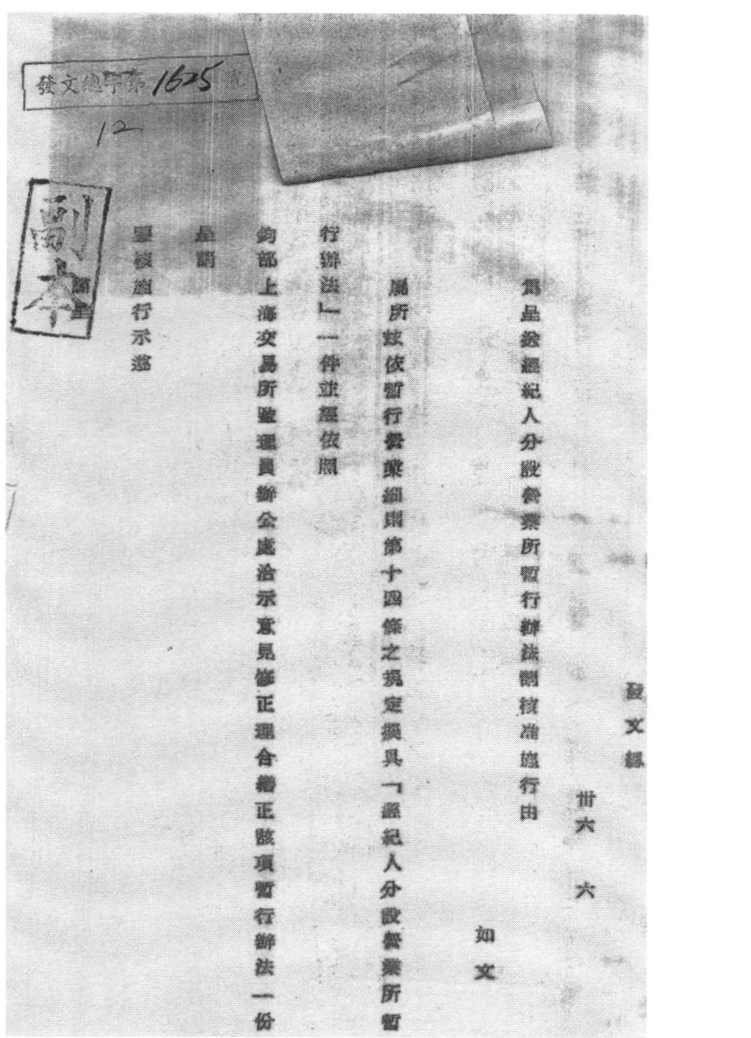

發文總字第1625號

12

為呈送經紀人分設營業所暫行辦法祈核准施行由

發文 卅六 六

如文

屬所茲依暫行營業細則第十四條之規定擬具「經紀人分設營業所暫行辦法」一件並經依照
鈞部上海交易所監理員辦公處洽示意見修正理合繕正該項暫行辦法一份
具文
呈請鑒核施行示遵

部部長

上海證券交易所理事長杜 鏞

附呈經紀人分設營業所暫行辦法一份

上海證券交易所經紀人分設營業所暫行辦法

第一條 經紀人分設營業所應敘明原因及設址一個月前須先向本所申請並附具本辦法第二、三、四、七條等事項並經核准登記發給證明書後方得設立開業並登記事項有變更時應報本所查核

第二條 經紀人分營業所應標明「第××號經紀人×××分營業所」字樣每一經紀人以分設二所爲限

第三條 經紀人分營業所不得另行召集資本或另立字號並不得以分營業所爲交易之主體

第四條 經紀人分營業所之地址應通知本所同意

第五條 經紀人分營業所得裝置直通電話至總營業所但不得裝其他對外電話凡經紀人須與客戶通話電話皆應經由總營業所

第六條 經紀人設立分營業所應派定營業負責人駐所辦理

第七條 經紀人應負其分營業所對客戶及本所之一切責任

第八條 經紀人分營業所應設置本所規定之會計帳冊並遵照下列規定：

一、每日應將本所場內買賣交易由總營業所合併辦理

二、每日交易應有帳簿記錄

三、經紀人年終時結帳應將分所帳目合併編製報告本所

第九條 經紀人分營業所應隨時接受本所及部派監理員之查詢其所營業之帳冊文件應隨時受本所及部派監理員之檢查

第十條 經紀人分營業所之營業有不合本所規定或本所認爲營業清淡無設立必要時得撤銷之經紀人總營業所歇業或受制裁時其分營業所亦同樣辦理

第十一條 經紀人分營業所違反第一條之規定未經本所核准發給證明書擅自營業者該經紀人應受停業或撤銷登記之處分

第十二條 經紀人分營業所違反第五條之規定分營業所裝置直通總營業所以外之其他對外電話者除撤銷該分營業所外該經紀人並應受停業之處分

第十三條 本辦法經本所理事會通過呈准施行修改時亦同

收文總字第1803號

財政部
經濟部 部批

事由

原具呈人上海證券交易所

三十六年六月四日總字第一六二五號呈一件為呈擬經紀人分設營業所暫行辦法請核准施行由

呈件均悉所請應從緩議仰即知照 此批

京商36

中華民國三十六年 八月 九日

發文總字第1947號

副本

發文 卅六 七 廿

為呈報屬所前經同意經紀人分設營業所六家請備案由

如文

查屬所暫行營業細則第十四條規定：「經紀人請設置營業所其分設營業所者須預徵本所同意並向本所登記」屬所於上年十一月起曾先後依據該項規定同意各經紀人分設營業所六處迨本年四月起各經紀人以業務發達紛請分設營業所屬所深覺有統籌辦法之必要經擬具經紀人分設營業所暫行辦法呈奉

鈞部批示：應從緩議自應遵照除本年四月份起

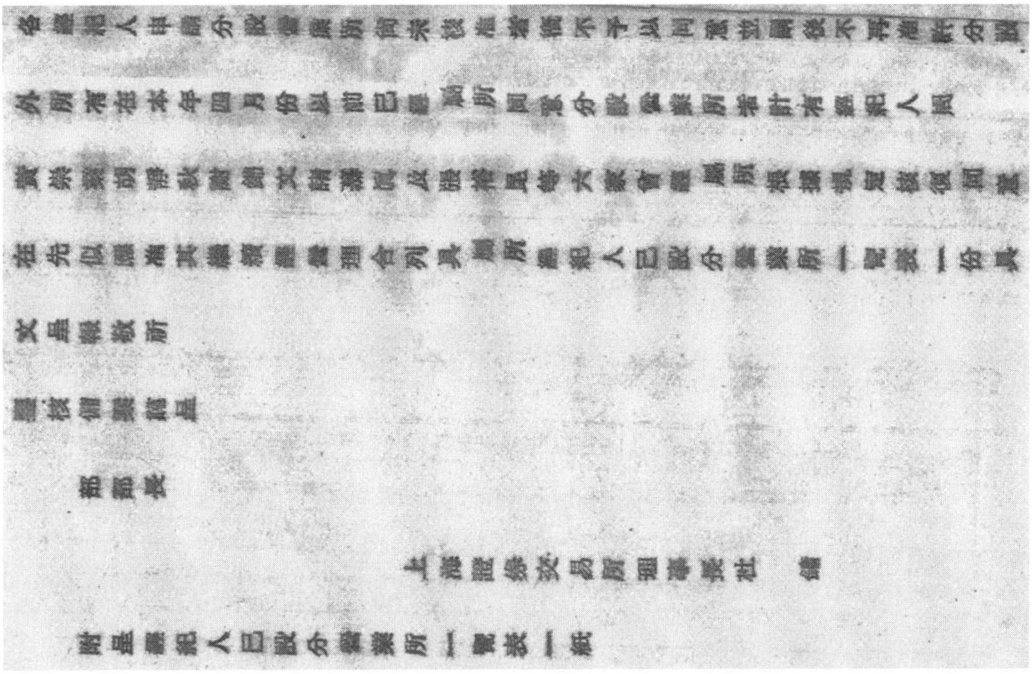

本經紀人申請分設營業所尚未經本所核准者不予公開並嗣後不再准許分設

外所有本年四月份以前已經本所同意分設營業所者計有經紀人周

黃榮業胡靜秋謝錦文諸泰辰以及張裕良等六家曾經本所[illegible]

茲先以通告其營業地點日期合列具本所經紀人已設分營業所一覽表一份具

文呈請鑒核

謹呈[illegible]

[illegible]部長

上海證券交易所理事長杜　鏞

附呈經紀人已設分營業所一覽表一紙

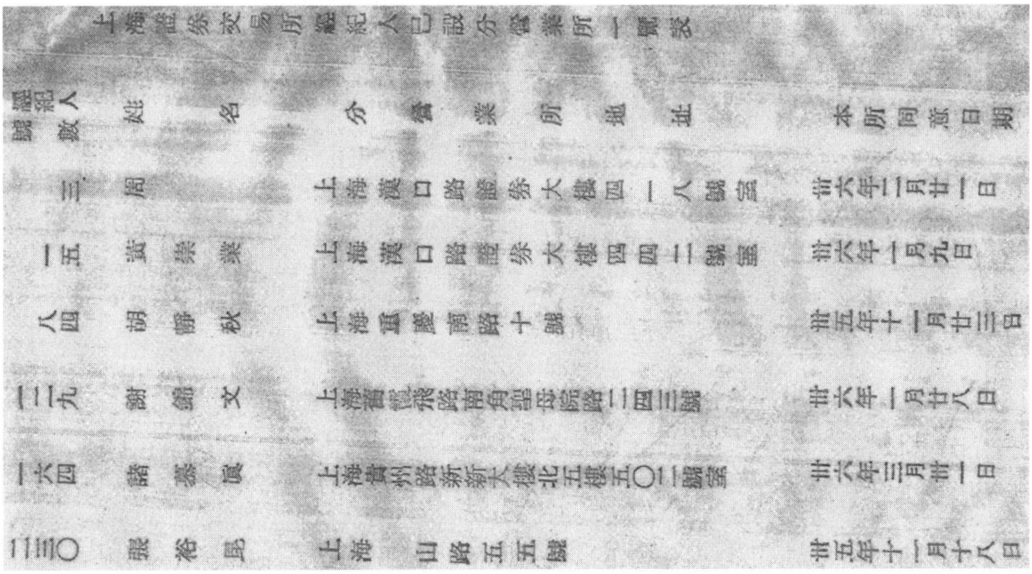

上海證券交易所經紀人已設分營業所一覽表

經紀人號數	姓名	分營業所地址	本所同意日期
三	周	上海漢口路證券大樓四一八號室	卅六年二月廿一日
一五	黃榮業	上海漢口路證券大樓四四二號室	卅六年一月九日
八四	胡靜秋	上海福建南路十號	卅五年十一月廿三日
一二九	謝錦文	上海[illegible]路一四三號	卅六年一月廿八日
一六四	諸泰辰	上海貴州路新新大樓北五樓五〇二號室	卅六年三月卅一日
二三〇	張裕良	上海　山路五五號	卅五年十一月十八日

收文□□第1959號

事由	奉令關於經紀人擅設分營業所情事應切實注意取締函希查照由
附件	
擬辦	
決定辦法	

財政經濟部上海交易所監理員辦公處

文別：公函

中華民國

案奉財政部財錢己字第一六六三號、經濟部京商弘字第五七一二四號指令節開：「關於經紀人設立分營業所一節，前據上海證券交易所擬訂設立分營業所暫行辦法前來，當經批示暫從緩議在案。嗣後對於擅設分營業所情事，務須洽照該所切實注意取締」等因，相應函達，即希

查照為荷。此致

上海證券交易所

監理員 王鰲堂 [illegible]

收文總字第2055號

財政經濟部 批

事由

原具呈人上海證券交[illegible]

本年七月二十九日揽字第一九四七號呈乙件為呈報[illegible]同意

經紀人分設營業計六家抄同清單請備案由

呈件均悉准予備案仰即知照 此批

發文籌字第65號

副本

逕啓者按照上海證券交易所股份有限公司暫行營業細則第六十七條規定「經紀人保證金照第四條分債券股票兩種每種定爲五千萬元其百分之四十須繳納現金其餘百分之六十得以有價證券或房地產充之但房地產不得超過百分之三十有價證券或房地產之代用價格由本所擬定呈奉核定公告之」查

貴處交來之經紀人申請書經本會審查合格呈經核准茲爲趕速裝設電話線起見請於八月廿九日中午十二時前攜帶此函將保證金中百分之四十現金部份開具九月二日期上海證券交易所抬頭支票向上海漢口路四二二號上海證券交易所財務處一次繳清取具存證倘不如期繳納認作自動放棄其餘百分之六十代用品部份本會正在呈部請核中俟得批令再行通知繳納專此奉達卽希

台洽爲荷此致

先生

公司

上海市證券交易市場籌備委員會 啓

中華民國三十五年八月二十七日

金城銀行總行信牋

函總字第三九八號第 全 頁

逕啓者近悉
貴所籌備就緒行將開幕所收各經紀人繳納之保證金爲數當必甚鉅敝行以敝行暨浙江興業銀行浙江實業銀行新華信託銀行中國實業銀行上海商業銀行中南銀行鹽業銀行大陸銀行四明銀行中國通商銀行四行儲蓄會等皆與前華商證券交易所交往有素自具有相當關係且前華商證券交易所之舊股東此次加入
貴所擎付股款亦俱有相當協助所有上述保證金專款一項可否請
貴所將該項保證金酌存商業銀行以便稍盡效勞爲此奉商如何尚祈
察奪示復無任企荷此致
上海證券交易所籌備處

中華民國卅五年八月卅日

上海江西路二百號 電話一二四〇〇 電報掛號七〇〇七

K. C. No. 6409. 5000 /10-34

逕啓者查敝所各經紀人繳納之保證金截至目前止現金部份共收國幣伍拾肆億陸千萬元業經本所於本年九月十八日彙繳
貴行由 貴行國庫局掣給第〇六六四號收據一紙係開明
財政部及經濟部指撥按此項保證金於經紀人繳來時敝所掣給臨時收據並依照兩部核准之暫行營業細則囑來換取存證遇經紀人違反本所營業細則之規定而受違約處分即須動用其本人無違營業而撤銷註冊於帳目結清時亦須立即發還經紀人現經
貴行收入國庫將來如欲提撥發還勢須呈 部指撥不獨手續紛繁複抑且轉

五卅 九 六廿 一

緣敝所為適應商情妥速提取起見擬請
貴行將收存國庫之上項經紀人保證金移存
貴行業務局由本所另立專戶隨時洽提並請優給利息以恤商艱相應函達
統希
查照辦理見復為荷此致
中央銀行

啓

卅五 九 廿六 二

查敝所各經紀人繳納之保證金其現金部份計分債券市場及股票市場兩種會員每戶各貳千萬元股票市場保證金計二百三十一戶共收肆拾陸億貳千萬元債券市場保證金肆拾貳戶共收捌億肆千萬元業經敝所於本年九月十八日彙繳
貴局入帳嗣據在案茲特撿送經紀人債券股票兩市場保證金清單各壹份
即希 查收存核見覆為荷此致
中央銀行國庫局

啓

附清單二份共九紙

卅五 十 一 全

收文 214號

財政經濟部 通知

事由：通知上海證券交易所

案准中央銀行三十五年九月卅日滬央庫字第八〇一號公函稱：

「准貴部京商第三三二五、京商第三五九七號函略以查上海證券交易所暫行營業細則業經貴兩部核准備案依照規定関於經紀人保證金及交易證據金均應向本行繳納又関於證券之交割事項亦經核定在本行或由本行委託之銀行行之囑查照并與該所逕洽等由除上項經紀人交易證據金及證券之交割事項由本行業務局办理另行函報外其應繳之保證金已由該交易所彙交國幣伍拾肆億陸千萬元於九月十八日繳存本行國庫局當經列收保管金項下「財政經濟部上海市證券交易所經紀人保証金專户」之帳除掣給第664號收據交由該交易所轉奉外相應函復即希查照」

等由除以「查前據該所來呈請將經紀人保証金由貴行國庫局改存業務局經已照准並函達貴行有案茲准前由所有該所已存國庫局之經紀人保証金仍請貴行撥交業務局保管如該項金額有因經紀人歇業經由貴行發還者則就發還後所存之數額撥交保管相應函請查照辦理見復」等語函復查照辦理外特此通知

收文 216號

上海證券交易所 收文 字第二一六號

來文機關	財政經濟部
文別	批
附件	

批示

中華民國卅五年十一月六日 時收到

此係緊急之件歸 處限 日辦完

理事長 常務理事 總經理 主任秘書 經副襄理

復本所發文第一二七號

事由：為批復(一)保証金現金部份改存業務局可准照辦但不給息(二)保証金代用品跌價時其差額准以代用品補繳(三)交易証據金准改由該所收納後每月彙繳中央銀行(四)所請修改營業細則一節准如原擬修改仰即遵照由

擬辦：一、擬通知財務處、六公告並通函經紀人、修改營業細則第六十六、六十七兩條。

卅五.十一.六

歸檔 類 項

收文 216號

財政經濟部批

事由

原具呈人上海證券交易所

本年十月二日總字第一二七號呈一件為經紀人繳納保証金及交易證據金由

收貯保証金代用品部份跌價時仍飭補繳代用品由

中央銀行委託他行办理并請修改營業細則第六十六

及六十七兩條條文由

呈悉查交易所經紀人保證金係於其不履行買賣契約時移抵賠償之用為適應機宜所請將保證金現金部份改存中央銀行業務局可准照辦但不給付利息又保證金代用品跌價時其因跌價所生之差額准以代用品補繳毋庸繳

中華民國卅五年十一月五日

納現金再交易證据金原請撥改由該所收納後每月彙繳中央銀行另立專戶存儲遇有動用情事由該所開具文據撥亦仍照辦至關於營業細則第六十六條准照原擬改訂暨原第六十七條經紀人接得本所通知後每次應如限向中央銀行補繳現金應改為經紀人接得本所通知後每次應如限向本所補繳代用品轉存中央銀行除函達中央銀行查照辦理并令知上海交易所監理員辦公處外仰即遵照

此批

財政部

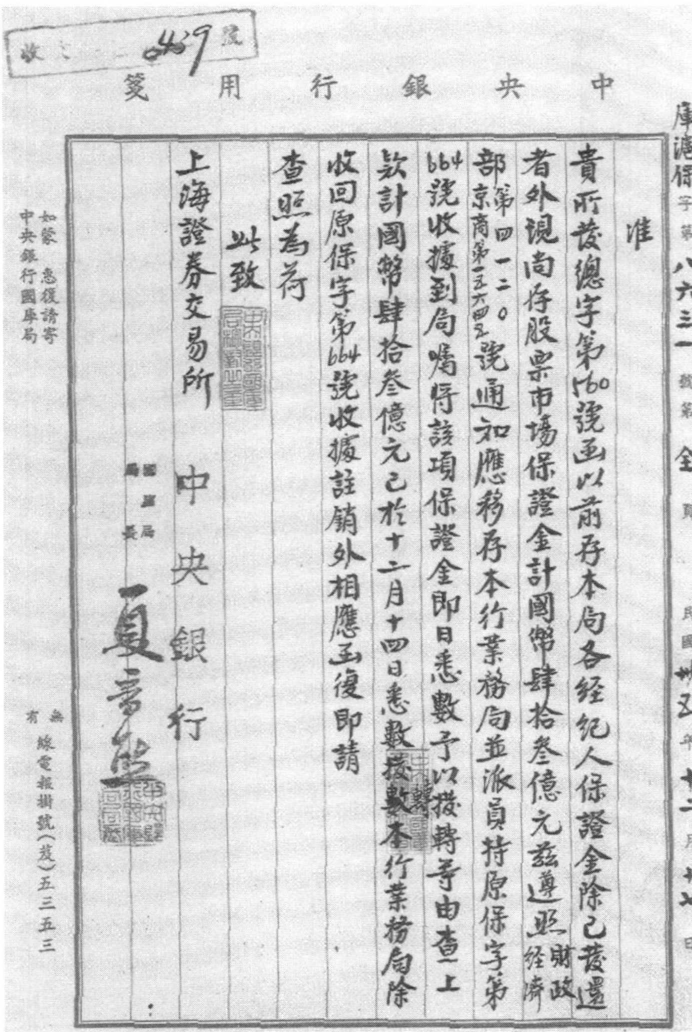

收文 6429 號

中央銀行用箋

庫滬保字第八六三一號 第 全 頁 民國卅五年十二月十七日

准

貴所發總字第1560號函以前存本局各經紀人保證金除已發還者外現尚存股票市場保證金計國幣肆拾叁億元茲遵照財政經濟部第四一二〇 京商第三五六四五號通知應務存本行業務局并派員持原保字第664號收據到局囑將該項保證金即日悉數予以撥轉等由查上款計國幣肆拾叁億元已於十二月十四日悉數撥交本行業務局除收回原保字第664號收據註銷外相應函復即請

查照為荷

此致

上海證券交易所

中央銀行

國庫局 局長 夏晉熊

如蒙急復請寄中央銀行國庫局

有無線電報掛號（英）五三五三

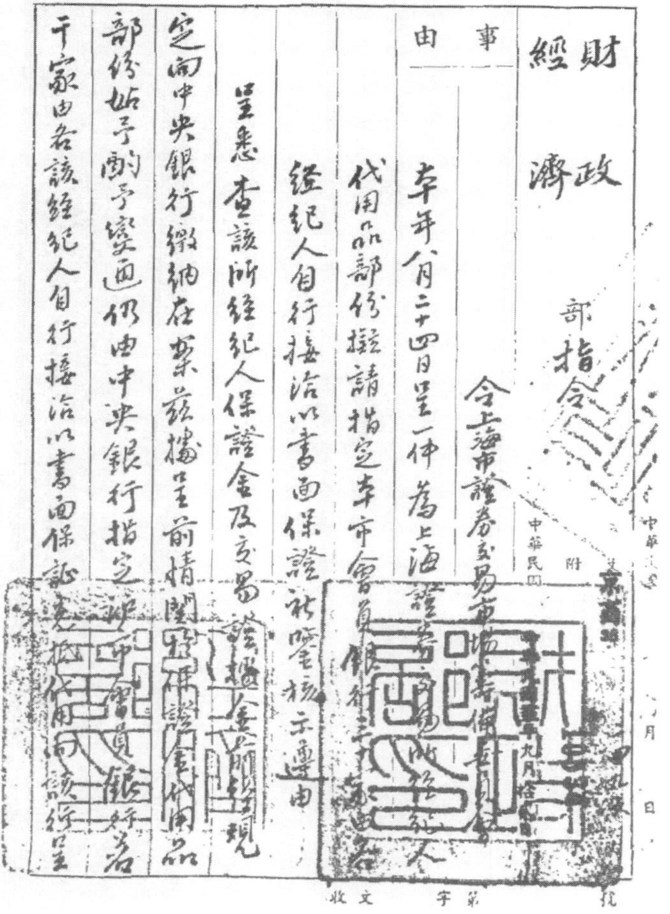

收文 第 63 號

財政 經濟 部指令

令上海市證券交易所

事由：本年八月二十四日呈一件為上海證[illegible]代用品部份擬請指定本市會員銀行[illegible]經紀人自行接洽以書面保證祈鑒核示遵由

呈悉。查該所經紀人保證金及交易證據金前經規定向中央銀行繳納在案。茲據呈前情，關於保證金代用品部份，姑予酌予變通，仍由中央銀行指定之[illegible]銀行若干家，由各該經紀人自行接洽以書面保證[illegible]代用[illegible]該行呈繳，並限令各該[illegible]銀行查照[illegible]項保證調換代用品[illegible]即遵照轉知。

此令

財政部長 俞鴻鈞

經濟部長 王雲五

收文 號

中央銀行業務局

中華民國卅五年九月廿一日 業總字第八八六九號

摘由：函爲指定二十六家銀行辦理證券交易所經紀人代用品部份書面保證事宜抄同名單希查洽由

案准財政部第二二八五號、經濟部京商35第一〇五三〇號會公函略開「據上海市證券交易市場籌備委員會本年八月二十四日呈關於上海證券交易所經紀人保證金一節經查該所經紀人保證金及交易證據金前經規定向貴行繳納在案關於保證金代用品部份姑准酌予變通仍請貴行指定滬市會員銀行若干家由各該經紀人自行接洽以書面保證充抵代用向貴行呈繳並限令各該經紀人於該所開業之日起一個月內將此項保證調換代用品除指復外囑查照辦理」等由准此茲經本行指定本市銀行業同業公會各理監事銀行浙江實業銀行等二十六家辦理證券交易所經紀人代用品部份書面保證事宜相應抄同指定二十六家銀行名單一紙隨函附奉即希查洽辦理爲荷

此致

上海證券交易所

附件

中央銀行

業務局副局長

發文 29 號

證交開拍日期

由本日該所理監事聯席會議決定

經紀人保證金代用品繳納辦法已奉 部令核定

（本報訊）證券交易所於昨日上午繼續演習交易；下午演習全體對賬手續。結果甚爲良好；各賬亦軋平無誤。但爲手續純熟起見，今日將舉行最後一次演習。并聞該所定於本日（十四日）午後四時，召開第二次理監事聯席會議，討論重要事宜。開拍日期，亦將由此次會議決定。

又證券交易所爲便利經紀人起見，對經紀人應繳之六成保證金代用品，曾呈請經財兩部採取變通辦法，暫以行莊書面保證代。昨奉指令准予變通，由中央銀行指定滬市會員銀行若干家，由經紀人自行接洽，以書面保證，抵充代用，向中央銀行呈繳。並限令各該經紀人，於證交開業之日起一個月內，將此項保證調換代用品。現該所已與中央銀行接洽，並函各經紀人照辦，以便遵照理事會所決定日期開拍。又聞交易所代收之交易稅辦法，尚在呈部核示中，該所當局希望能于定期開拍前，接奉指令，或不致影響開拍日期云。

公告第　　號

查本所規定經紀人保證金定為債券及股票兩市場各五十萬元除百分之四十現金部份已於本年八月二十七日通知各經紀人繳納外其餘百分之六十有價證券及房地產代用品部份經於本年八月二十四日呈請

經濟
財政兩部酌予變通辦理茲奉

經濟
財政兩部會令指復略開「關於保證金代用品部份姑予酌予變通仍由中央銀行指定滬市公營銀行若干家由各該經紀人自行接洽以書面保證充抵向該行呈繳並限令各該經紀人於該所開業之日起一個月內將此項保證調換代用品除函中央銀行查照辦理見復外仰即遵照轉知此令」等因自當遵辦正辦理間復准中央銀行業務局來函指定本市銀行業同業公會各理監事銀行浙江實業銀行等二十六家辦理本所經紀人代用品部份書面保證事宜附同指定二十六家銀行名單一紙合行抄同名單一紙公告各經紀人知照限於本年九月二十七日前遵向附單所列之指定銀行接洽辦理取具本所指定之每市場國幣叁千萬元之書面保證呈由本所分別繳中央銀行並應候本所通知於開業後一個月內具備代用品向中央銀行調回上項書面保證以符部令特此公告

附抄中央銀行業務局指定廿六家銀行名單一紙

中央銀行業務局指定廿六家銀行名單

浙江實業銀行　浙江興業銀行　中匯銀行　上海綢業銀行
金城銀行　新華銀行　中國墾業銀行　上海銀行
國華銀行　中國農工銀行　聚興誠銀行　中華銀行
四明銀行　中南銀行　中貿銀行　大陸銀行
中國企業銀行　中國實業銀行　中國國貨銀行　江海銀行
中國工礦銀行　中國通商銀行　浙江建業銀行　廣東銀行
國信銀行　鹽業銀行

收文 261號

上海證券交易所經紀人公會

發字第十四號　第一頁

逕啓者　按奉證字第三三四號
大函承示關於做會各會員保證金現金部份弍仟萬元業經
貴所呈奉財政經濟兩部批示各節謹敬洽悉惟值茲證券業務
清淡高利貸嚴重時期做會各會員深感應付為難勢
不得不另籌補救之道茲查
貴所營業細則第六十七條之規定使做會各會員備交標花
殊系窒碍擬請參酌左列各點予以修正俾恤商艱
一、時現金部份弍仟萬元改為其他代用品

會址：漢口路證券大樓一二一室　電話：九〇八〇七〇

第二頁

二、或保證準備與現金部份兩共伍仟萬元全部改爲銀行

保證

三、提供保證之代用品除已核准之上市證券外請暫行指
定房地產公債與尚在審議中之未上市股票或其
他公司債券

以上三項辦法實爲助長發展經營證券業務者之必要條件
蓋現金保證代以其他代用品則拆息不致暗耗更能減少高
利貸之威脅再者保證金伍仟萬元如能全部改爲銀行保

第三頁

證則可免除證券接受及市價漲落有逾額或不足時發還
及補繳之煩至提供保證品範圍寬放之後亦可避免刺激上市
股票之波動而可憑已往經驗自由裁量任意選擇夫擔保品
恐防意外而限具有保證之性質則凡屬確有價值之證券
財產自宜均可作爲保證之品似無嚴格限制之必要總之欲
謀證券市場順利推進必需解除各種經紀人之桎梏爲首要
事關各會員切身利害未便緘默用敢再行縷陳亟請
核轉　財政經濟兩部迅予審議修正剋日施行以恤商艱至爲

上海證券交易所經紀人公會

咸章此致

上海證券交易所

理事長

卅五年十二月十四日

第四頁

會址：漢口路證券大樓一二一室　電話：九〇八〇七〇

文 415 號

據屬所經紀人來函以值此業務清淡高利貸嚴重時期深感應付爲難爾請將保證金現金與代用品部份兩共五千萬元全部改用銀行書面保證則拆息不致暗耗且可免除證券授受及市價漲落時補繳與發還之煩並獻議修正屬所暫行營業細則第六十七條條文等情查屬所暫行營業細則第六十七條規定經紀人保證金分債券股票兩種每種定爲五千萬元其百分之四十須繳納現金其餘百分之六十得以有價證券或房地產充之所有各經紀人應繳每市場現金保證金貳千萬元均經照繳由屬所彙繳中央銀行收入國庫至保證金代用品部份前經呈准變通暫由中央銀行指定滬市會員銀行二十六家出具書面保證充抵各在案茲據函陳各節經屬所詳加審察深覺經紀人所感嚴重之困難在乎高利貸之壓迫倘保證金現金部份貳千萬元准予發還改用指

定銀行書面保證同時將保證金代用品部份三千萬元已與繳納之銀行書面
保證展延施行其屬以有價證券或房地產繳納者仍准照舊辦理上亦無法強制
為體恤經紀人計似可酌予採納如荷
核准則照下列辦法辦理
一、將鈞所暫行營業細則第六十七條修正為：
「經紀人保證金照第四條分債券股票兩種每種定為五千萬元其百分之
四十應繳納指定銀行之書面保證其餘百分之六十以有價證券或房地產
充之並得用指定銀行之書面保證抵充但房地產不得超過百分之三十
前項有價證券或房地產之代用價格由本所議定呈奉核定公告之跌價
滿二成時經紀人接得本所通知後每次應如數向本所補繳代用品轉存
中央銀行其漲回原價時由本所分別通知發還之」
二、請轉洽中央銀行國庫局將鈞所繳存之經紀人現金保證金撥款撥由鈞所
具領分別轉發
是否有當理合備文呈請
鑒核施行示遵謹呈
財政部部長
上海證券交易所理事長杜　鏞

副本

逕啓者茲據本所經紀人來函以值此業務清淡高利貸嚴重時期深
感應付爲難術請將保證金現金與代用品部份兩共五千萬元全部改用
銀行書面保證則拆息不致暗耗且可免除證券授受及市價漲落時補繳
與發還之煩並獻議修正本所暫行營業細則第六十七條條文等情查本
所暫行營業細則第六十七條規定「經紀人保證金分債券股票二種每
種定爲伍千萬元其百分之四十須繳納現金其餘百分之六十得以有價
證券或房地產充之」所有各經紀人應繳每市場現金保證金貳千萬元
均經照繳由本所彙繳中央銀行收入國庫當保證金代用品部份前經呈

卅五　十一　廿

壹

准變通暫由中央銀行指定滬市會員銀行二十六家出具書面保證充抵各
在案茲據函陳各節經本所詳加審察深覺經紀人所感嚴重之困難在乎高
利貸之壓迫倘保證金現金部份貳千萬元准予發還改用指定銀行書面保
證同時將保證金代用品部份叁千萬元已變通繳納之銀行書面保證展延
施行其願以有價證券或房地產繳納者仍准照繳事宜上亦無甚窒礙爲體
恤經紀人計似可酌予採納除分呈　財經兩部外相應抄附副本一份函請
督洽爲荷此致

財政
經濟部上海交易所監理員辦公處

啓

附件

卅五　十一　廿

貳

收文 458號

財政
經濟 部批

原具呈人上海證券交易所

事由
三十五年十一月廿五日滬字第四五五號呈一件為擬經紀人繳納保證金全部改用銀行書面保證辦法請核施行由

呈悉。所請將經紀人現金保證金全部改用銀行書面保證辦法礙難照准。關於保證金代用品部份前經准予變通由中央銀行指定滬市會員銀行出具書面保證抵充，此項變通辦法准續展至明年一月底止，屆期仍應依照原規定辦理。又其續展書面保證期內，經紀人對於代用品不願以有價證券或房地產繳納者，其有關於該所暫行營業細則第六十七條毋庸改訂，除函達中央銀行外，仰即遵照。此批

財政部長
經濟部長

財政部

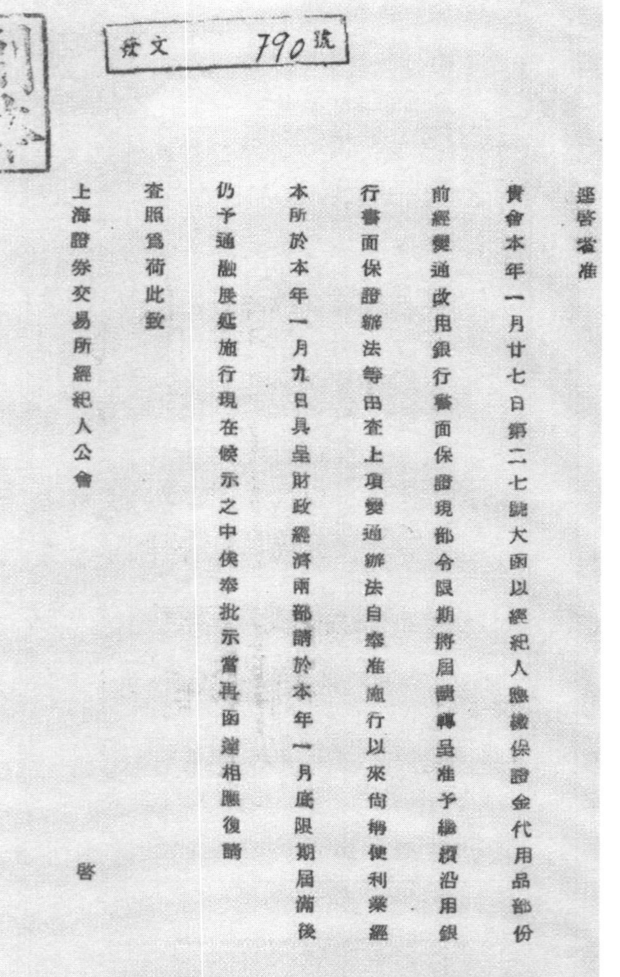

發文 790號

逕啓者准

貴會本年一月廿七日第二七號大函以經紀人應繳保證金代用品部份

前經變通改用銀行書面保證現部令限期將屆請轉呈准予繼續沿用銀

行書面保證辦法等由查上項變通辦法自奉准施行以來尙稱便利業經

本所於本年一月九日具呈財政經濟兩部請於本年一月底限期屆滿後

仍予通融展延施行現在候示之中俟奉批示當再函達相應復請

查照爲荷此致

上海證券交易所經紀人公會

啓

卅六 一 廿八 全

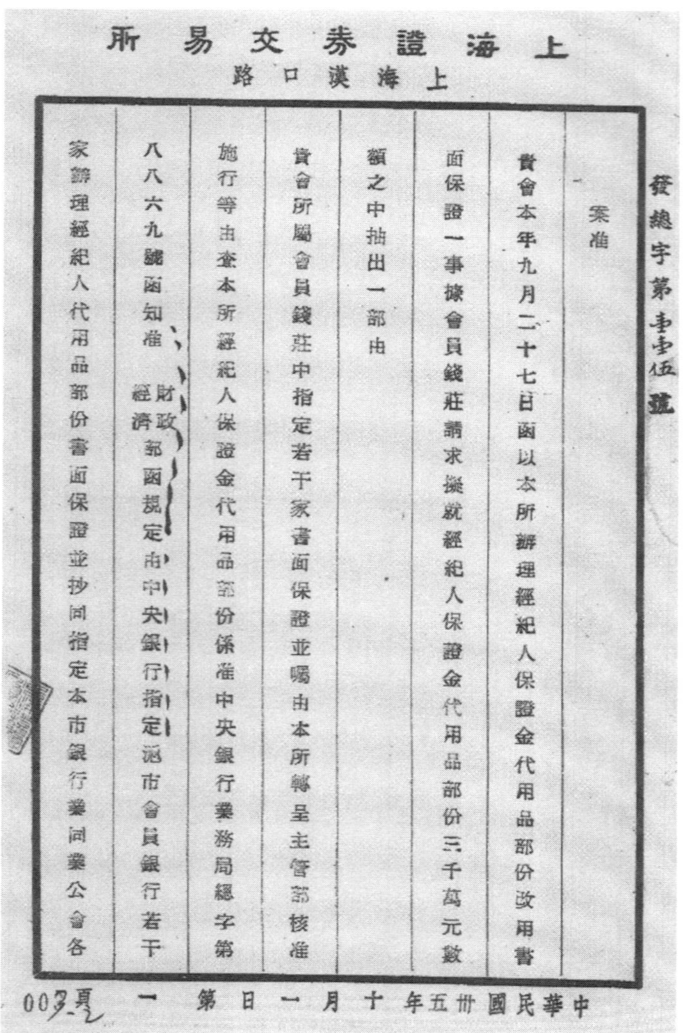

上海證券交易所

上海漢口路

發總字第[illegible]號

案准

貴會本年九月二十七日函以本所辦理經紀人保證金代用品部份改用書

面保證一事據會員錢莊請求擬就經紀人保證金代用品部份三千萬元數

額之中抽出一部由

貴會所屬會員錢莊中指定若干家書面保證並囑由本所轉呈主管部核准

施行等由查本所經紀人保證金代用品部份係准中央銀行業務局經字第

八八六九號函知准財政經濟部函規定由中央銀行指定滬市會員銀行若干

家辦理經紀人代用品部份書面保證並抄同指定本市銀行業同業公會各

中華民國卅五年十月一日 第一

003頁

上海證券交易所

上海漢口路

理監事銀行浙江實業銀行等二十六家名單過所即依照辦理對於

貴會會員錢莊未經列入深爲遺憾即希

查照轉知爲荷此致

上海市錢商業同業公會

上海證券交易所　啓

中華民國卅五年十一月一日　第二頁　004

收文　194號

上海證券交易所經紀人公會

查本會各會員均陷入不敷出境況大約每一經紀人每月至少開支約需壹仟萬元而目前平均營業收入每月祇有叁百萬元左右收支兩抵約虧柒百萬元至於資本折息尚屬不計在內如此情形實屬賠累太鉅再言各家資本則經調查普通約在六仟萬元左右經支付保證金後已屬無可再有餘資運用是以現金保證部份切盼能得設法取回以輕負担而資運用否

會址：漢口路證券大樓一二一室　電話：九八〇七〇

收文 36號

交字第13号

逕啓者敝會會員第一九九號經紀人上海個業銀行函稱敝經紀人前繳證券交易所公債市場部份現金保證國幣弍仟萬元該所開幕兩月有餘尚未開拍敝經紀人頗受損失用函特請貴會代向交易所交涉暫行發還一俟開拍有期再行繳付等情到會查貴所公債市場開拍無期敝會會員所繳公債現金保証金似可暫予普遍發還一俟開拍有期再行繳付據陳前情相應函請

則長此以往勢頻絶境也

上海證券交易所經紀人公會

理事長 陳靜民

上海證券交易所經紀人公會

查照准予發還以恤商艱並希

見復為荷此致

上海證券交易所

理事長陳[illegible]啟

三十五年十一月十四日

會址：漢口路證券大樓一二一室　電話：九八〇七〇

發文 384號

據本所第十四號經紀人萬吉生第一六七號經紀人孫劍風第一九九號經紀人上海綢業銀行來函以本所債券市場開拍無期所繳該市場現金保證金二千萬元長此擱置利息虧耗甚鉅請求發還等情核屬實情業經備文呈請

財政經濟兩部予以發還在案茲以各該經紀人亟待運用申請提早發還前來相應函達敬煩

惠予通融將上開各經紀人債券市場現金保證金各二千萬元共六千萬元即行撥交本所具領轉發爲荷此致

中央銀行國庫局

啓

卅五　十一　十八

金

案奉

財政部京財公二字第四五八七號訓令內開「案查前經該所呈請指示開拍公債種類並擬發各該債條例及標要以便進行開拍等情當經本部呈請行政院核示茲奉指令略開留從緩議等因合亟令仰知照此令」等因奉此查本所尚有經紀人債券部份現金保證金國幣陸萬捌千萬元（附清單）彙存

貴行國庫局前御經紀人請求以債券市場開拍有待紛請發還前來經本所於十一月二十日呈請

卅五 十一 廿五

一

財經兩部轉洽

貴行賜予撥還在案現債券市場開拍一案既奉令暫從緩議則經紀人所繳債券市場現金保證金自應一律暫行發還相應函達即希

督照請即將該項保證金國幣陸萬捌千萬元撥交本所具領以便轉發經紀人爲荷此致

中央銀行國庫局

啓

附清單一紙

卅五 十一 廿五

二

逕啓者查本所個人經紀人應以經紀人本人為限今閱報載個人經紀人所登廣告有祇以證券號具名而不載個人經紀人姓名者與本所暫行營業細則規定個人經紀人之旨不合為此專函通知嗣後凡本所個人經紀人向外廣告必須載明「上海證券交易所市場經紀人某某人（姓名）」字樣相應函達即希

查照為荷此致

貴經紀人（個人）

上海證券交易所公告　第　號

查本所經紀人，均經呈奉

經濟財政兩部核准註冊，各客户委託交易，應認明核准註冊之負責經紀人，以保自維權益。至經紀人設立營業所者，不論其為獨資或合夥，所有招牌、廣告、通知、通信等，均應載明核准註冊之負責經紀人號數名稱或姓名，俾明責任，以符法令，而杜流弊。特此公告。

310

逕啟者：查本所對個人經紀人，祇認個人，不認字號，並規定經紀人不得轉讓。但個人經紀人中，不乏設有證券字號，以為營業之所，證券字號設遇變故，經紀人猶可推卸責任，不予承認，殊足引起糾紛。為謀經紀人責任分明起見，本所茲令個人經紀人取銷所設證券字號名稱，改稱「上海證券交易所第〇〇號經紀人〇〇〇營業所」，俾名實顯然，責任攸睐，相應函達，請煩查照研究，示復為荷，此致

徐顧問律師士浩
秦顧問律師待時
吴顧問律師麟坤

所砥

000 13-7

發文滬字第3964號

查本所經紀人均經呈報　財政經濟兩部核准註册並給營業執照並規定經紀人不得轉讓有案所有各經紀人名稱自應以本所給予規定之號數及部頒執照所載之名稱爲名稱其以證券字號爲名稱或且臨時變更者殊與規定不合除分函[illegible]申[illegible]定外[illegible]於各經紀人間貴局申請備　查此時照附具部頒執照影本以「上海證券交易所第某某號經紀人某某某」爲名稱不得改用其他任何名義以昭身份相關函達即希　查照爲荷此致

局

卅七　四　廿一

全

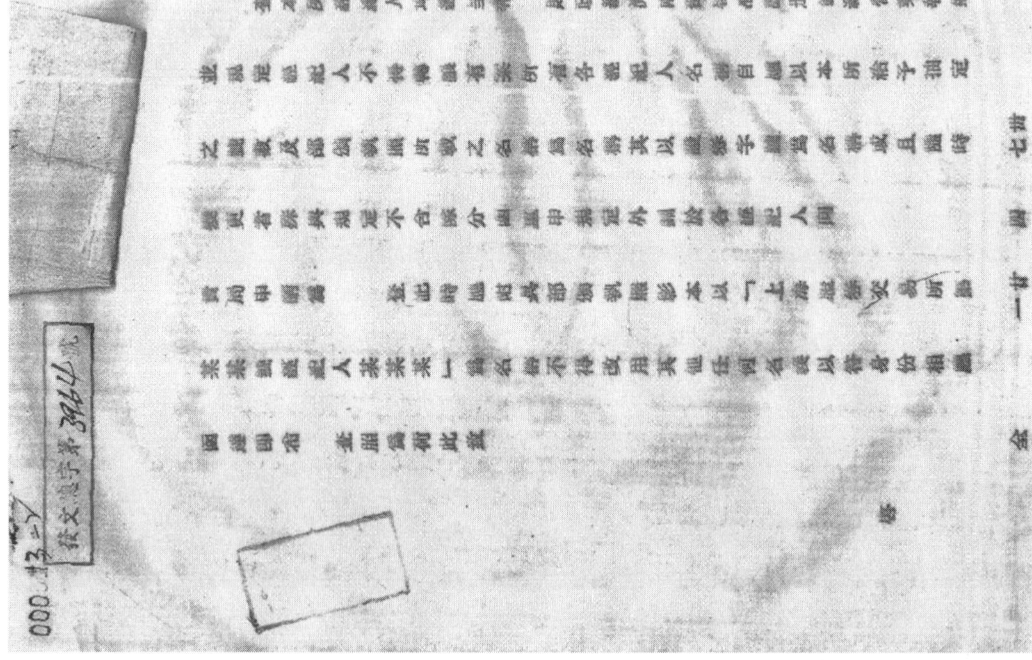

為簽呈經紀人向本地主管機關登記时應以部頒執照所載名稱以防糾紛由
經紀人牌號不得出租轉讓兩部曾有訓令前查經簽呈意見四点凡個人經紀人應以個人為主体不得合夥組織設立字號以防糾紛在卷查現時個人經紀人均已有字號之設立依法應向社會局為商業登記財政局為牌照登記直接稅局為納稅登記倘登記時以其現行之合夥字號為名義則將來尚須再加更改否則與本所規定似有牴觸本所似宜事先行文各有關機關凡本所個人經紀人申請登記时應根據部頒營業執照所載名稱即"上海證券交易所第〇〇號經紀人〇〇〇"不得用任何其他名稱以符合其身份是否有當敬請
鑒核 謹呈
楊協理
加閱公令、 稽核科汪 治
四月十九日

收文集字第4900號

000035

上海市社會局用箋

商(37)字第17832號第 頁

接准
貴所發總字第四四三三號來函以經紀人於請准商業登記後如因自動申請歇業或因案奉令撤銷註冊或經紀人退夥暨死亡等情事致喪失其經紀人資格時應將所領營業執照呈繳註銷商業登記亦應予以撤銷等情經查經紀人如有上項情事則其營業特權即已喪失自應聲請撤銷商業登記相應函復即希
查照為荷
此致
上海證券交易所

上海市社會局 啓

中華民國三十[illegible]年六月八日發出

收文　178號

交字第壹號

逕啟者：查本會於本年十月十九日召開成立大會，通過章程，並選舉理監事，揭曉結果，計當選陳静民、俞明時、吳禮門、楊元慴、裘良圭、史久哉、林宗靖、胡静秋、朱鼎熒、俞明岳、沈光衍、蘇佩昭、董榮蓀、袁虬初、曹懋德、徐振清、鄭學誥、吳國英、宋傳漢、楊錫卿、龔禮達、金誦甘、盧德綬、周漢卿、穆壯武等二十五人為理事，吳文會、吳仕森、朱達君、王乃徐、朱開頤、龔懋德、洪賚成、邱鈺麟、胡銘紳、劉梧齋、劉柏森等十一人為候補理事，楊長和、努志康、阮公純、俞子毅、韓繼湘、王仕丹、汪一鶚等七人為監事，王馨廸、張丹秋、王椒升等三人為候補監事，旋於本月二十一日第一次理監事聯席會議，互選陳静民、俞明時、林宗靖、吳禮門、史久哉、裘良圭、沈光衍、胡静秋、楊錫卿等九人為常務理事，阮公純為常駐監事；復經同日第一次常務理事會議互推陳静民為理事長，除章程俟印就另陳外，相應報請查照為荷。此致

上海證券交易所

上海證券交易所經紀人公會

理事長　陳靜[illegible]

中華民國三十五年十月二十三日

發文總　卅六　十　廿

如文

爲呈送經紀人公會章程敬祈備案由

查 屬所經紀人依照 鈞所暫行營業細則第三十一條之規定組織經紀人公會業於三十五年十月十九日成立旋據該會將通過章程錄送 屬所認可經核尚屬妥酌修正發與該會去後函酌量改補充以期盡善茲據該會三十六年十月十四日函送繕正章程一式六份請察轉備案前來並經 屬所復核認可除分報外理合檢同該會章程一份具文呈報敬祈

鑒核備案謹呈

部部長

上海證券交易所理事長杜　鏞

附呈經紀人公會章程一份

上海證券交易所經紀人公會章程

上海證券交易所經紀人公會章程

第一章 總則

第一條 本會根據上海證券交易所暫行營業細則第三章之規定組織之定名爲上海證券交易所經紀人公會

第二條 本會以增進會員營業上之共同利益及矯正一切弊害爲宗旨

第三條 本會會所設於上海證券交易所內

第四條 本會之公告應揭示於本會會所或登載於上海通行之日報

第二章 會務

第五條 本會辦理之會務如左

一 會員間或會員與非會員間爭議之調解事項

二 上海證券交易所暫行營業細則規定之公斷及評議事項

三 有關證券交易法規及辦法之研究改善與建議事項

四 會員對委託人收取佣金標準之擬訂事項

五 有關本業之各項研究與調查統計及刊物編輯與出版事項

六 會員業務規約之議訂事項

七 會員紀律之維持事項

八、會員權利之維護事項

九、會員福利事業之舉辦事項

十、其他有關事項

第六條　本會辦理會務情形每年應編製工作報告分發各會員

第三章　會員

第七條　凡上海證券交易所之經紀人均為本會會員

法人經紀人以上海證券交易所核准之代表人為會員代表

第八條　凡本會會員均應填具入會志願書

會員對於入會志願書內所填各項如有變更時應於五日內書面報告本會更正之

第九條　會員從業之代理人及營業員之任免均應報明本會以資備查

第十條　本會會員應享之權利如左

一、選舉權及被選舉權

二、提出議案及表決權

三、請求為本身合法利益之維護

四、依法令及本會規章所載各項應享有之一切權益

第十一條　本會會員應盡之義務如左

一、遵守一切有關法令及上海證券交易所各項有關章則公告與本會一切章則及決議之規定事項

二、擔任本會指派或選派之職務

三、遵本會之指示及調查

四、按期繳納會費

五、準時出席本會各項會議

第十二條　本會會員有違反有關法令及上海證券交易所各項有關章則公告與一切章則決議之行為者得經本會會員大會或理監事聯席會議之決議予以警告或暫停止其應享權利

第十三條　本會會員喪失其經紀人資格時應即退會

第十四條　本會會員退會時其已繳會費概不退還

第十五條　本會會員負有維持業務紀律及同業信譽並應切實遵守一切法令章則及本會業務規約

第四章　理監事及職員

第十六條　本會設理事二十五人候補理事十一人監事七人候補監事三人均由會員大會用記

名投票選任

候補理事及候補監事以次多數任之

第十七條 理事候補理事監事候補監事任期均為一年連選得連任

第十八條 理事或監事如遇缺額時以候補理事或候補監事依次遞補以補足前任之任期為限

第十九條 理監事因左列情形之一應予解職

一 因不盡職責經會員大會決議將其解職者

二 因不得已之事故自請解職者

第二十條 理事組織理事會互推九人為常務理事由常務理事中互推一人為理事長常務理事輪流常務辦公其細則另訂之

第廿一條 監事組織監事會互推一人為常務監事

第廿二條 監事及候補理事均得列席理事會理事及候補監事均得列席監事會分別陳述意見但無表決權

第廿三條 理事會議每月舉行一次常務理事會議每兩星期舉行一次遇有必要時均得召開臨時會議均由理事長召集之

第廿四條 監事會議每三月舉行一次必要時得舉行臨時會議均由常務監事召集之

第廿五條 理事會議常務理事會議監事會議開會時須有理事常務理事監事過半數之出席其決議均應依出席人數過半數之同意行之可否同數時取決於主席

第廿六條 理事會議常務理事會議之主席均由理事長任之理事長缺席時互推常務理事一人代之監事會議之主席由常務監事任之常務監事缺席時互推到會監事一人代之

第廿七條 理事會議常務理事會議監事會議遇有事實上之需要時本會重要職員亦得被邀列席以備諮詢

第廿八條 本會對外以理事長為法定代表人

第廿九條 理事會議常務理事會議監事會議決議事項均應記入決議錄由主席簽名蓋章保存於本會

第三十條 常務理事會議決議事項應報告於理事會議

第三十條 本會理事常務理事監事遇有開會不能出席時得委託其他理事常務理事監事付與全權代表到會如既不出席亦未委託代表者則對於決議事項事後不得主張異議

第卅一條 本會理事會議常務理事會議監事會議之職權如左

甲理事會議

一 執行會員大會議決事項

二 會務之規劃與確定事項

三 預算之核定事項

四、決算之核定及決算書類之編製事項

五、會員大會之召集及議案之擬定事項

六、總書主任之任免事項

七、各項重要章則之制定事項

八、每年工作報告之編製核定事項

乙、常務理事會議

一、本會日常會務之處理事項

二、理事會議議案之提議事項

三、應經理事會議核定事宜之審查事項

四、應經理事會議提出於會員大會討論事宜之草擬事項

五、理事會議授權辦理之事項

六、理事會議常事務之處理事項

七、總書主任待遇之規定事項

八、核定及計劃本會重要事項

九、各項重要報告之審核事項

十、重要契約之簽訂事項

十一、其他重要事項

丙、監事會議

一、監察理事會職員之職守事項

二、財產保管之稽查事項

三、款項出入之審核事項

四、理事會提出會員大會請求承認之決算書類之審核事項

五、文件簿據之查閱事項

六、其他監察事項

第廿二條 監事對於監察事項得各自行使職務及報告意見但關於監事會之事務應以過半數之同意行之

第廿三條 本會理監事會議之決議得隨時提請會員會議追認事項

第廿四條 本會設總書主任一人秉承理事長綜理事務處理日常會務由理事長提請理事會議任免之

第廿五條 本會得聘專家顧問分組辦事並設辦事人員若干人分辦各項事務均由理事長任免之

第廿六條 本會組織系統另定之

第五章 會員大會

第卅七條　會員大會每年於二月間以通召開一次由理事會定期召集之必要時或經會員十分之一以上請求時理事會得隨時召集臨時會員大會

第卅八條　會員大會開會時除有特別規定者外須有會員過半數之出席方得決議以出席會員過半數之同意行之可否同數時取決於主席

第卅九條　會員大會之主席由理事長擔任之理事長缺席時互推理事會常務理事一人代之臨時會員大會之主席由臨時會員公推之

第四十條　會員大會決議事項應記入決議錄由主席簽名蓋章保存於本會

第四十一條　會員不能出席會員大會時得出具委託書委託他會員付與全權代表到會但每一會員至多以代表會員二人爲限如因未出席亦未委託代表者對於決議事項後不得主張異議

第四十二條　理事會應將左列書表及監事會查核報告書提交會員大會請求承認之

一 工作報告書

二 資產負債表

15

三 財產目錄

四 前期收支決算書

五 本期收支預算書

第四十三條　會員大會對於左列各款事項之決議須以全體會員三分之二以上之出席出席會員三分之二以上之同意行之如遇出席會員過半數而不滿三分之二時得以出席會員三分之二以上之同意假決議將其結果通告各會員定期另行召集會員大會議決行之

一 變更章程

二 第十九條規定理監事之罷免

第四十四條　會員大會對於不遵守之會員得決議處罰其會務

第六章　經費及會計

第四十五條　本會經費分左列三種

一 入會費

二 月費

三 特別費

第四十六條　本會經費之數額及徵收方式由理事會決定之

16

第四十七條　本會每屆年終應編造決算一次並連同編製之各項決算書表依照第四十二條之規定辦理之

第四十八條　本章程未盡事宜得隨時修改之

第四十九條　本章程經會員大會通過後並經上海證券交易所認可代呈經濟財政部備案後施行修正時亦同

上海證券交易所經紀人公會 35

收文第3463號

文字七八號

第二頁

逕啓者查敝會於本年二月廿六日召開第二屆會員大會改選理監事經揭曉結果計當選穆壯武楊長和沈光衍林宗靖楊錫卿龔懋德龔禮達吳禮門裘良圭周漢卿史久裁曹懋德胡靜秋王乃徐董兼蔭施子敏朱閬暉鄭正偉朱玉龍黃國棟徐懋棠羅殿臣胡銘紳俞明時陳永森等二十五人為理事陳國華蘇佩珩俞明岳朱傳漢韓繼湘劉柏森吳國英邵長春袁虬勃等九人為候補理事陳靜民吳仕森葛慶祺張裕昆朱鼎彝周一愚尹東昇等七人為監事吳志廉馬燮元陳萬里等三人為候補監事涂理事長常務理事常駐監事容候

會址：漢口路證券大樓一二一室　電話：九〇八〇七〇

36

上海證券交易所經紀人公會

推定再行函陳外先此報請

查照為荷此致

上海證券交易所

上海證券交易所經紀人公會啓

中華民國[illegible]年[illegible]月[illegible]號

會址：漢口路證券大樓一一二一室　電話：九〇八〇七〇

25

收文第　號

上海證券交易所經紀人公會

文字第七九號

逕啟者敝會於三月五日召開第二屆第一次理監事聯席會議郎席推選王乃徐楊長和裘良圭林宗端與惠德周漢甫朱玉龍朱淵頤施子敏等九人為常務理事朱淵彝為常駐監事並於同日舉行第二屆第一次常務理事會議公推王乃徐為理事長用特函報即希

查照為荷此致

上海證券交易所

上海證券交易所經紀人公會啓

廿七年三月六日

會址：漢口路證券大樓一一二一室　電話：九〇八〇七〇

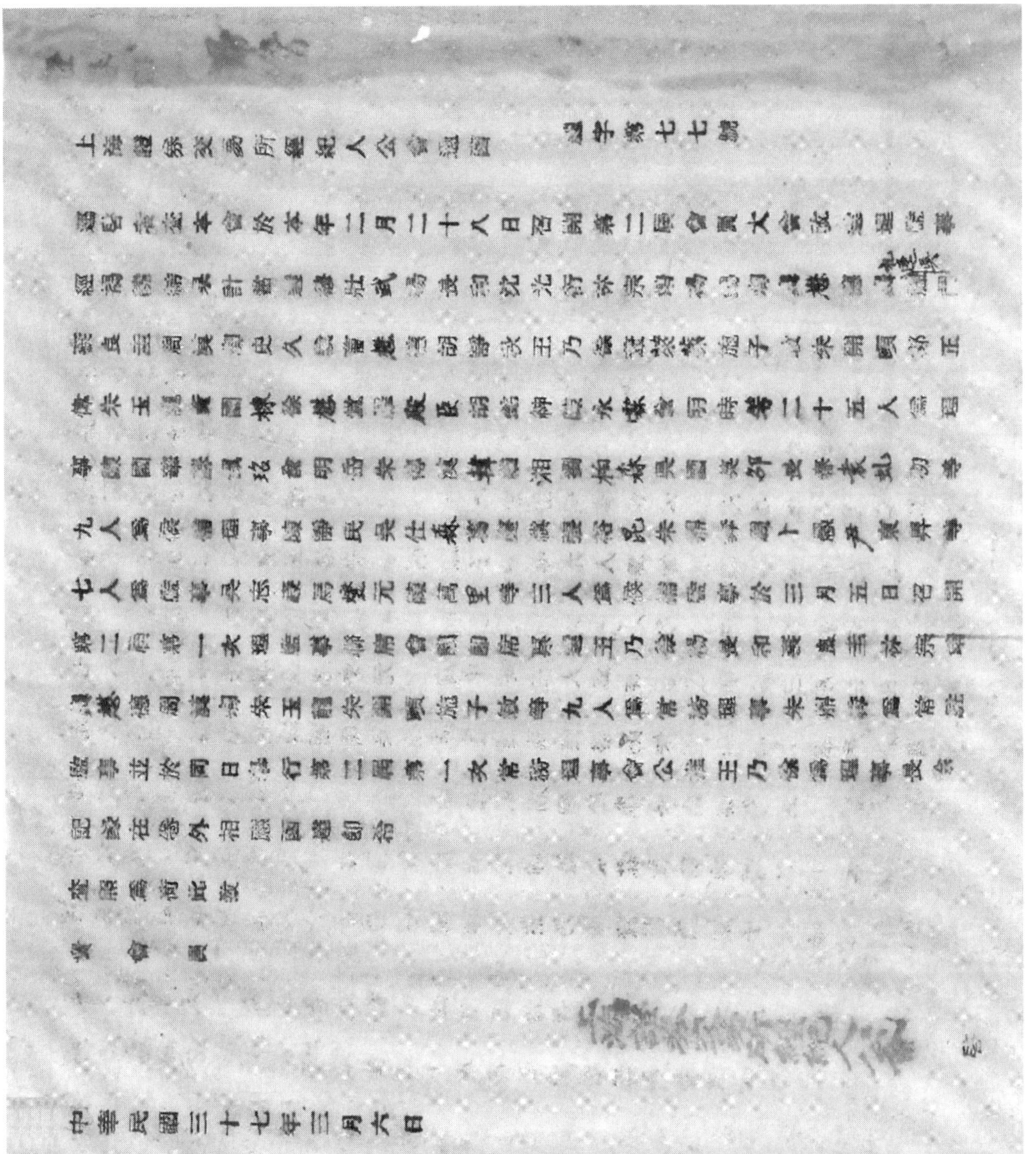

上海證券交易所經紀人公會通函　滬字第七七號

逕啟者：本會於本年二月二十八日召開第二屆會員大會，改選理監事，經揭曉，計當選理事[illegible]壯武、湯長和、沈光衍、孫宗陶、[illegible]、蔡良[illegible]、周[illegible]、史久[illegible]、童慈[illegible]、胡學[illegible]、王乃徐、[illegible]、施子[illegible]、朱開[illegible]、邵正偉、朱玉[illegible]、黃國棟、徐懋[illegible]、[illegible]啟臣、胡[illegible]紳、陸永[illegible]、金羽時等二十五人為理事，陳國華、[illegible]玹、俞明岳、朱[illegible]、韓[illegible]湘、劉柏森、吳[illegible]、邵[illegible]、袁[illegible]初等九人為候補理事，[illegible]民、吳仕森、[illegible]、朱[illegible]、卜[illegible]、尹東昇等七人為監事，吳志[illegible]、[illegible]元、[illegible]萬里等三人為候補監事。於三月五日召開第二屆第一次理監事聯席會，[illegible]互選王乃徐、湯長和、[illegible]孫宗陶、[illegible]慈[illegible]、朱玉龍、朱[illegible]、施子敬等九人為常務理事，朱[illegible]為常務[illegible]監事，並於同日舉行第二屆第一次常務理事會，公推王乃徐為理事長。除記錄在卷外，相應函達，即希查照為荷。此致

貴會員

上海證券交易所經紀人公會　啓

中華民國三十七年三月六日

上海證券交易所經紀人公會

節略

溯自
貴所開業以來迄逾匝月市面不振本會各會員業務清淡
入不敷出賠累至鉅不謀挽救勢頻絕境其影響政府倡導資
本市場圓滑經濟振興實業之宏旨實非淺鮮可謂危不容
緘默爰將癥結所在敢為縷陳於左：
(一)本會各會員為財政經濟兩部核准之經紀人其經營證券乃為合法
業務在政府市場自應對於各經紀人能有明確保障非經紀人
而為證券之買賣者應予嚴厲取締如此則目前之場外黑市

上海證券交易所經紀人公會

交易亦可消滅於無形而本會各會員之業務自可得有保障能
有復蘇之望
(二)目前經營場外黑市之所以盛行者其主要原因為開做期貨(每日以貼
息方法而不為實貨之收解多方每日貼出日息一角四五分空方每日貼
進日息一角左右買賣雙方祇收佣金千分之一且可免稅)及現貨交割手
續之簡捷(當日銀貨兩訖)其吸引力之偉大不可言喻本會各會員
咸認欲謀業務之發展與夫轉變目前市面之生氣厥惟從速試行六
天遞延交割之辦法使外埠有志投資者便於買賣調撥頭寸亦可

從容應付交易或可賴以繁榮
(三)自設營業所之營業員流弊殊多助長黑市除妨害本會各會員之業務甚巨外其對於交易所法似亦有所抵觸且目前交易清淡原有各經紀人似已嫌過多實無再行設置營業員之必要為維護本會各會員之權益起見應請
貴所暫緩辦理營業員之登記
(四)本會各會員之交易全賴電話傳遞而其中對講電話尤佔重要以其運用靈便為敏迅速實為不可或缺之工具在

貴所籌辦之時為杜樂起見將以前各經紀人之對講及自動電話綫概予截斷並規定申請裝置辦法以致迄至目前大部份經紀人之電話尤未能儘量恢復影響業務至深且鉅切盼
貴所能儘速將以前截斷之各經紀人對講與自動電話予以恢復而對於各經紀人申請新裝電話勿論對講或自動者均予迅速照裝以便應用而利市況之圓滑
(五)目前本會各會員之業務清淡不容諱言雖尚有其他因素惟上列各點尤為重要而其最關各經紀人切膚之痛者莫如現金保証

貳佰萬元之呆滯不能運用當此高利貸時會之下爲減輕負擔起見一致要求將此項現金保証亦予改用銀行保証辦法良以各會員資金週轉在在需要而此鉅款現金每月坐耗拆息三四百萬元之鉅良深痛苦

(六)查證券市場之欲求發展必須設法導游資於證券一途所謂利導之法似宜對於投資於證券者政府予以種種便利如由國家銀行訂定辦法可以低利押款與證券持有人務使人民樂於投資證券而改變囤積之風是則物價漲風可戢而產業資本得以正當

尋求證券市場其可繁榮當能預卜也

竊查本會各會員與

貴所唇齒相依關係緊密休戚相共其興替盛衰互爲聯繫矚念前途良深焦慮本同舟共濟之旨深望

貴所對於上陳各節迅賜採納從速實施是所企幸臨諸不勝迫切待命之至

上海證券交易所經紀人公會

理事長　陳靜民

文字第九號 第一頁

逕啓者茲有左列各點應請
查照辦理並希賜復爲荷
(一)查本會爲發展業務挽救危機起見曾擬具改進辦法六
點繕成節略一份面陳
貴所王總經理携京向有關當局商洽要求實行茲悉
貴總經理業已返滬對於前項辦法迄尚未奉正式答復良用
焦慮爲特專函奉達即請 查照見復
(二)查 貴所市場內所裝電話及錄碼電燈係

第二頁

貴所營業上必要之設備及裝置所有費用自應由
貴所負擔茲據各會員紛來報稱拉牽
貴所通知派繳押櫃羣情惶惶殊難承擔應請
貴所收回成議以減輕各會員之額外負擔而示体恤
(三)爲便於在營業時間內與在場各會員聯絡起見擬請
貴所發給入場証章兩枚以資應用
(四)遞延交割開將實行各會員已繳之保証金五千萬元擬請
貴所准予移抵用作遞延交易之証金並規定其遞延交易額

第三頁

壹億萬五千萬元，尚不再加繳保証金
(五)停業經紀人已繳之現金保証金應請
貴所儘速發還，以免賠累
(六)前貴所籌備委員會出給本會各會員現金保証金之臨
時收據，請從速換給正式收據，以清手續而昭鄭重
(七)各會員繳付銀行保証書迄未領到營業執照，請
貴所從速發給，以利業務
以上各點除經本會第四次常務理事會議議決紀錄在卷外相

第四頁

應函請
貴所迅予核辦，無任公感。此致
上海證券交易所

上海證券交易所經紀人公會　啓
理事長　陳靜民

十一月九日

發文 320 號

逕啓者查本所開市以來

貴經紀人從未入場交易依照本所暫行營業細則第八十九條規定經紀人於取得資格後兩個月仍不在本所作交易者應加處分相應函達請於本年十一月十六日前入場交易否則得受上項規定之處分至希

督照爲荷如有特殊情形不能入場交易者[illegible]即詳述前來以憑核辦此致

第一一八號經紀人吳[illegible]

第一五六號經紀人劉[illegible]

第二〇八號 " [illegible]

第二二七號 " 陶[illegible]

第七號 " 新中公司

第九二號 " 川鹽銀行上海分行

第一〇三號經紀人[illegible]

第一三〇號 " [illegible]

第一二〇號 " [illegible]

第一〇七號 " 中國實業銀行

第一八二號 " [illegible]

第一九五號 " 中央信託局

啓

卅五 十一 九

收文總字第 115 號

上海證券交易所

逕啓者本所暫行營業細則第八十九條暨同條第十項規定經紀人每六個月所付本所經手費平均每月不滿三十萬元者得呈請停止其營業或撤銷其註册茲查貴經紀人自本所開業以來六個月內（自三十五年九月十六日至三十六年三月十五日止）所繳本所經手費共　　元平均每月不滿三十萬元自應照章辦理但如有特殊理由應請詳函聲敘並將六個月最低限額之經手費壹百捌拾萬元予以補繳足數經本所認可者當可例外相應函達即希查照見覆爲荷此致

第　　號經紀人　　公司 先生

啓

中華民國三十六年三月十九日

副本

迳启者：查本所法人经纪人其属外商公司者，应经合法注册取得中华民国法人之资格，

贵公司申请为本所法人经纪人，前经转奉核准照会经纪人执照并予批注，依规定应自三十五年九月九日起六个月内完成法人登记程序，再行换照，逾期此照作废等字样，据照上项注销，至三十六年三月八日适为六个月，兹

贵公司法人登记已经完成，请将原发临时执照及核准登记文件检附送本所，以凭核发换照，否则应将临时执照缴还本所，即予撤销。

相应函达，即希

查照（办理并见复）为荷，

此致

第六号经纪人新丰公司

第五〇号经纪人新中商洋行

第七九号经纪人久大证券公司

第八一号经纪人久和公司

第一二〇号经纪人利安洋行

第一二六号经纪人合丰公司

所启

20

發文總 卅六 四 廿

爲呈復各臨時經紀人辦理法人登記情形請鑒核由

奉

鈞部 通知以中國信託公司等十二家前經姑准爲
臨時經紀人核發營業執照並限於六個月內完成法人登記程序現已逾期飭
剋定期限責令迅請登記並將辦理情形具報等因查列示臨時經紀人十二家
內中匯證股票公司、永德證券公司、好華公司、偉仲公司及海維公司等
五家業經撤銷註冊並將各該臨時經紀人執照先後以滬字第四一四、七七

21

九及九五〇號文呈送註銷在案其餘七家曾經分別通知辦理據分報辦理情
形如左：

一、中國信託公司前已領得 財政部三十五年八月外銀字第六號執照同年
九月復向 經濟部呈請登記迄今未奉批示是否可以根據 財政部所頒
外銀字第六號執照呈請換照

二、合盛公司已呈奉上海市社會局批復仰依法聲請設立登記正在續向
經濟部申請登記中

三、利安洋行已委託湯筮會計師代辦申請登記手續

四、久大證券公司已委託中信會計師事務所代辦申請登記手續

五、新中庸洋行已向上海市社會局申請登記中

22

六、久和公司已委託大同法律會計事務所呈請上海市社會局轉呈　經濟部
申請登記
尚有新豐公司一家其辦理情形尚未據報俟再催詢並俟各該臨時經紀人將
法人登記完成後即行呈報換照外理合呈復
鑒核備呈
部部長
上海證券交易所理事長杜　鏞

88

發文錄

卅六　七

爲呈復臨時經紀人辦理公司登記情形請換發久大
證券公司及新中庸洋行新照祈核示由

如文

查屬所臨時經紀人辦理法人登記一案前經呈奉
鈞部　批示限文到一個月內完成公司登記程序否
則即予撤銷臨時經紀人資格仰遵照辦理具報等由當經轉知各臨時經紀人
遵照其中中國信託公司一家業經呈奉批復換發註字第二六三號執照合處
公司利安洋行及久和公司三家已據函報完成公司登記程序並於本年六月
十二日檢同臨時經紀人執照暨換照費等以總字第一六八三號文呈請換照

87

在案玆將其餘三家辦理情形分報如左

㈠久大證券公司已經　部頒給有限公司設字第三四八號執照玆附呈設字第三四八號執照攝影本一紙註字第二七號臨時經紀人執照壹件換照費國幣伍萬元請予換發新照

㈡新中庸洋行函報已奉　部京商36字第五三〇三一號批示准予設立並頒發設字第四二八號執照惟該項執照係令由上海市社會局轉給尚未奉到玆附呈註字第二八號臨時經紀人執照壹件換照費國幣伍萬元擬請換發新照公司登記執照攝影本如須補呈俟該經紀人奉到再就送所另行呈送

㈢新豐公司公司登記據函報已于去年十二月初呈請上海市社會局轉呈核

88

辦曾奉該局本年一月八日批示開「呈件均悉費款照收所請設立登記已轉呈經濟部核辦矣仰即知照費件存轉」等由並附送批示影本請求轉呈勿予撤銷臨時經紀人執照並准予換照前來該公司登記手續是否即可核准無從臆測應如何辦理請　核示

理合檢同㈠㈡兩項附件具文呈復敬祈

鑒核示遵謹呈

部部長

上海證券交易所理事長杜　鏞

附呈註字第二七、二八號臨時經紀人執照各壹件換照費國幣拾萬元

中國銀行匯票壹紙

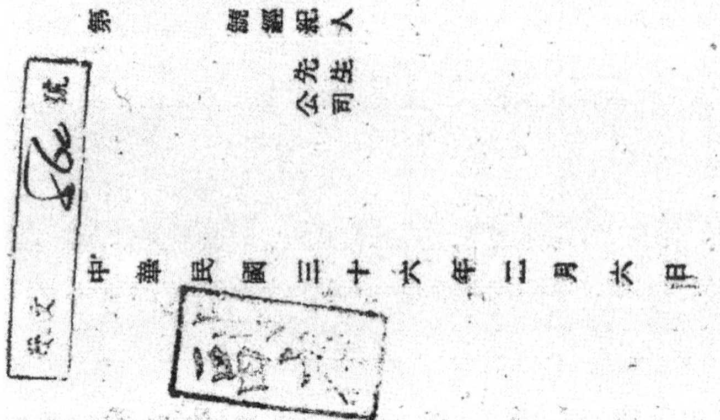

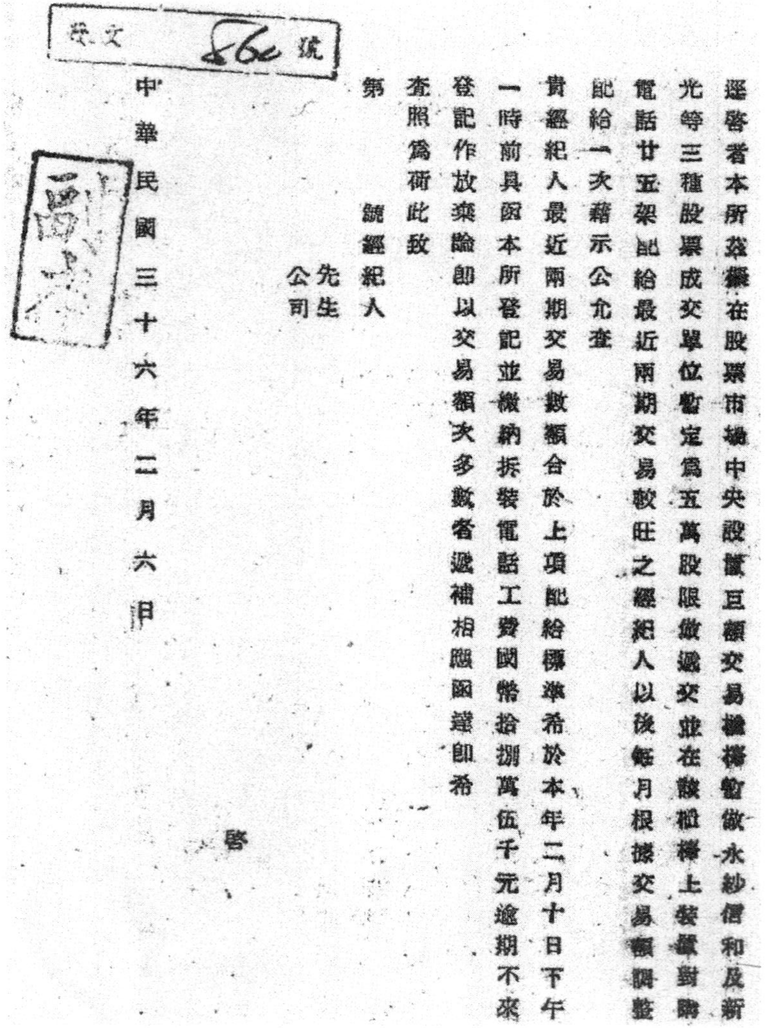

逕啓者本所茲據在股票市場中央設置巨額交易撮合盤做永紗信和及新光等三種股票成交單位暫定爲五萬股限做遠交並在該櫃檯上裝置對講電話廿五架配給最近兩期交易較旺之經紀人以後每月根據交易額調整配給一次藉示公允查

貴經紀人最近兩期交易數額合於上項配給標準希於本年二月十日下午一時前具函本所登記並繳納拆裝電話工資國幣拾捌萬伍千元逾期不來登記作放棄論即以交易額次多數者遞補相應函達即希

查照爲荷此致

第　　號經紀人　先生／公司

啓

中華民國三十六年二月六日

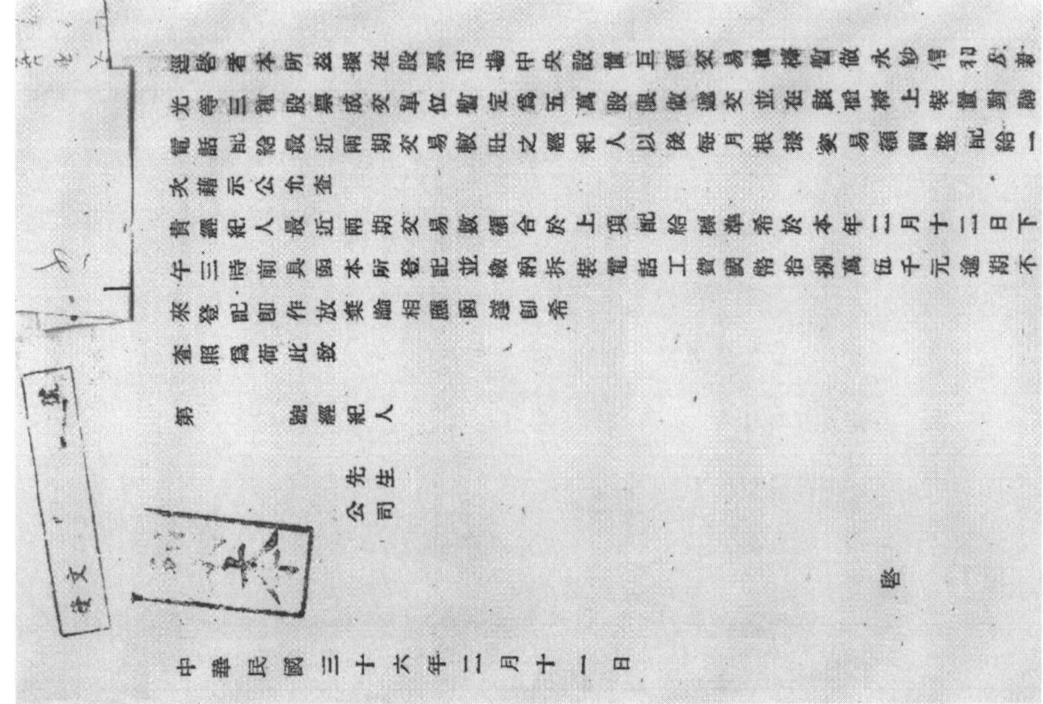

逕啓者本所茲據在股票市場中央設置巨額交易撮合盤做永紗信和及新光等三種股票成交單位暫定爲五萬股限做遠交並在該櫃檯上裝置對講電話配給最近兩期交易較旺之經紀人以後每月根據交易額調整配給一次藉示公允查

貴經紀人最近兩期交易數額合於上項配給標準希於本年二月十二日下午三時前具函本所登記並繳納拆裝電話工資國幣拾捌萬伍千元逾期不來登記即作放棄論相應函達即希

查照爲荷此致

第　　號經紀人　先生／公司

啓

中華民國三十六年二月十一日

逕啓者接
貴經紀人本年二月十一日大函祇悉查本所此次試設巨額[illegible]機因限於地
位所裝對講電話係採配給法配給標準有二㈠以經紀人所交經手費總額
之多　排定名次配給㈡以經手費除內轉帳部份之金額排定名次除按第
一標準已選配者外其餘依次補上共得三十九名均已交納拆裝電話工費
並抽定電話位次
貴經紀人以不合上列兩項標準故未配給深爲遺憾惟上項辦法規定每月
按實際成交額調整一次以示公允今後祇須增加經手費或遞增加配給額

卅六　二　三十　一

時自有列入配給之機會相應函復即希
亮詧爲荷此致
第一三七號經紀人
曾潤身先生
啓

卅六　二　三十　二

收文總字第888號

上海證券交易所經紀人公會

文字二九號　第一頁

逕啓者前爲
貴所設置巨額交易櫃枱並配給電話事迭據敝會
會員聲称其辦法仍欠公允請予設法改善藉謀機會
均等經於本月十日文字第二八號函達查照洽辦在案
詎距今半月有餘仍未見復敝會各會員紛紛來會祇
詢用再函達即希
查照見復以憑轉知爲荷此致
上海證券交易所

會址：漢口路證券大樓一二一室　電話：九八〇七〇

六、政府的证券监管

（一）抗战爆发前的政府证券监管

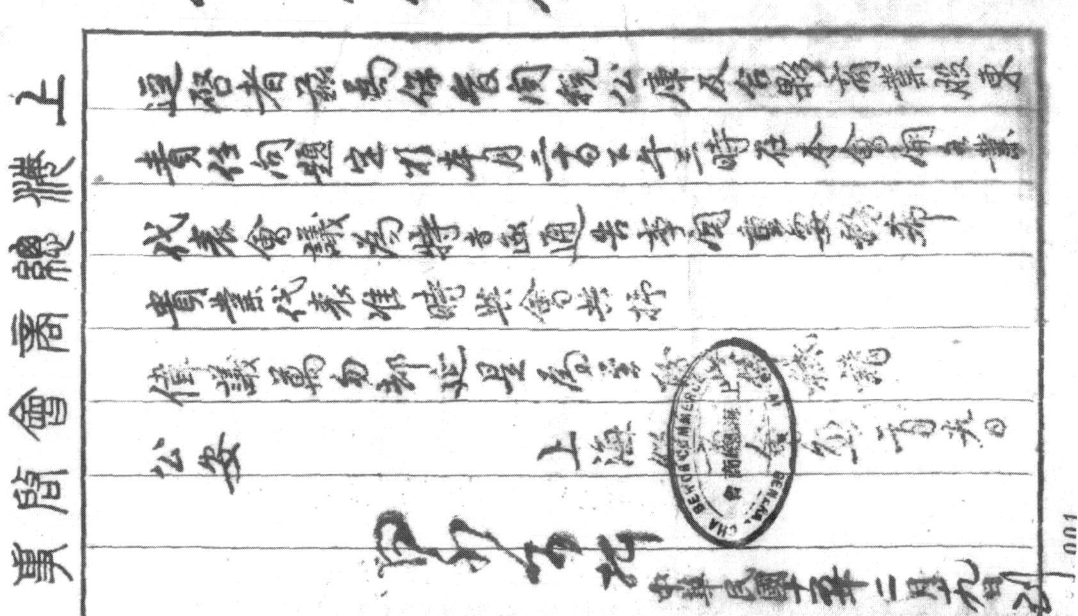

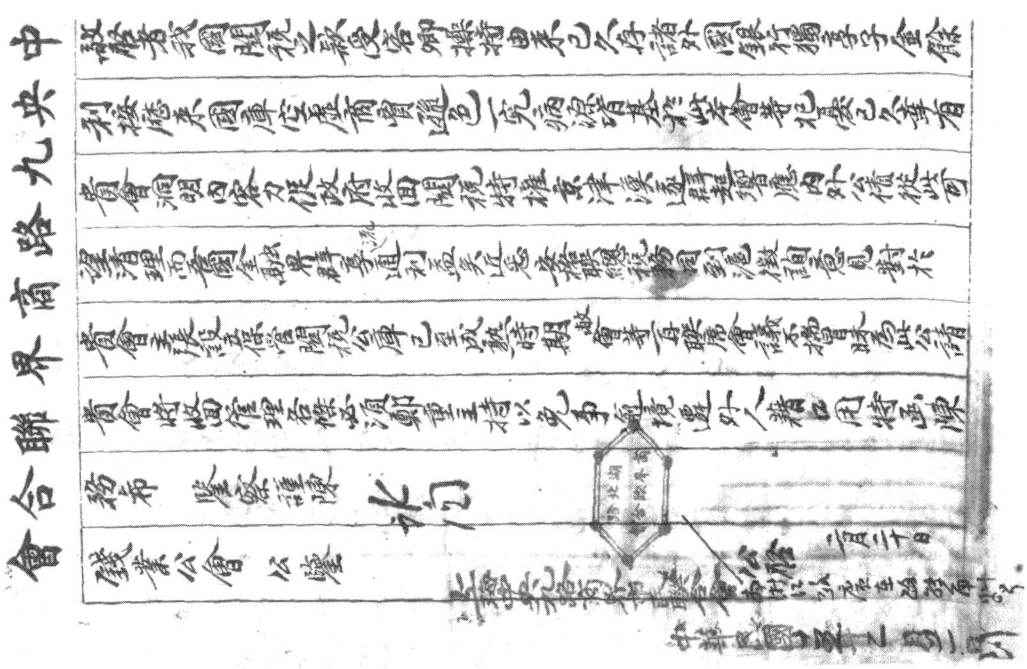

上海總商會用箋

逕啓者，關稅公庫事，上星期六各業代表聯席會議議決，公推兩商會、銀錢兩公會四團體組織關稅公庫，俟成，會由四團體各推舉委員最多七人爲要，亟達務祈貴會將推定委員姓名函報敝會，以便從速成立，至希查照辦理是爲至禱，此致

上海錢業公會

上海總商會

副會長 一月廿三

中華民國十六年二月廿三日到

002

上海總商會用箋

逕啓者，前經各業議決組織關稅公庫，俟成，會推南北商會、銀錢兩公會各業代表七人，曾經錄案奉達，請爲推舉在案。茲縣商會方面早已推定人員，報告到會，務希貴會迅將推定人員姓名開示，俾資感盼，此致

錢業公會

上海總商會啓 三月四日

中華民國十六年三月 日到

復上海總商會

逕復者兩奉

大函以各業議決組織閩税公庫促成會囑由公

會推舉代表開送姓名等因本公會當提昨日

交會員會議僉以此事關係重要尚應考慮周

詳現时不派代表各等語相應函復即希

察照為荷此復

上海總商會

中華民國十五年三月十一日 上海錢業公會啓

003

上海總商會用箋

逕啓者昨准

大函以閩庫促成會委員尚待考慮現時暫不派代表

等因查是項委員縣商會銀行公會與敝會均已推

定祇待

貴會方面舉出即可成立乃讀

尊示暫不推派以致不能進行曷勝焦灼此事係由各

業代表共同議決推舉四團體辦理當時

貴會代表亦經列席一致贊同無論如何應請

勉徇衆意共襄厥成雖
来示係經
貴會會員議決然衹云暫不派代表不過時間遲速
問題似尚非完全否決現在他團體既已推定事實
勢難延緩
貴會根據原議經考慮後提早推定出席人員亦
無與原議案根本相違之處為特掬誠函達務懇
查照迅予推定函復過會以便從速成立共策進

行無任公感此致
上海錢業公會

上海總商會
副會長

民國十五年三月十二日

三月十三號

上海總商會啓事

逕啟者今日下午開關稅公庫委員會到倪遠甫歐予鎔王曉籟黃明道李馥蓀徐新六朱吟江沈燮臣秦潤卿方椒伯孫景西（倪遠甫代表）陳光甫顧馨一諸君討論結果公推陳光甫王曉籟穆君擔任起草委員會簡章以便下星期三再開會議時繼續討論查是項委員會經各業代表聯席會議議決公推兩商會及銀錢兩公會四團體組織現縣商會銀行公會及敝會均已推定代表務請

貴會根據原議

迅推代表從速

005

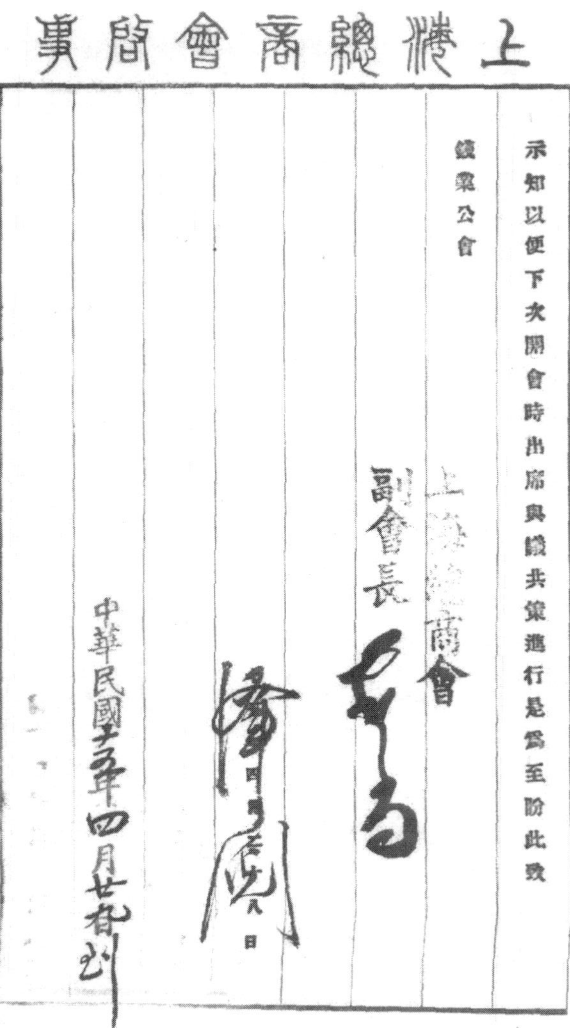

上海總商會啓事

示知以便下次開會時出席與議共策進行是爲至盼此致

錢業公會

上海總商會

副會長 [signature]

中華民國十五年四月廿七日

逕復者，接准四月二十八日
大函，以關稅公庫委員會業已起草，委員會商定（下星期再開會議），須委員
會經各業代表聯席會議公推兩商會及銀錢兩公會四團體組織，現
兩商會及銀行公會均已推定代表，錢業公會根據原議，迅推代表等語，
均已奉悉。查前次各業代表會議時，敝會長秦潤卿君當場答稱茲事
體大，須俟會議後再行奉聞，嗣經致函敝業駿派代表諸公，
察酌伏思關稅公庫，極為切要，諸公碩畫宏謨，全深欽仰，惟敝業於本屆年會時議決本公會嗣
後非關本業之事，概不與聞，公庫委員會關係重大，非敝業所能擔任，依照議決案，對於公庫委員會不便推派代表，
茲此函復，即祈
鑒察為荷，此致
轉達委員會
006

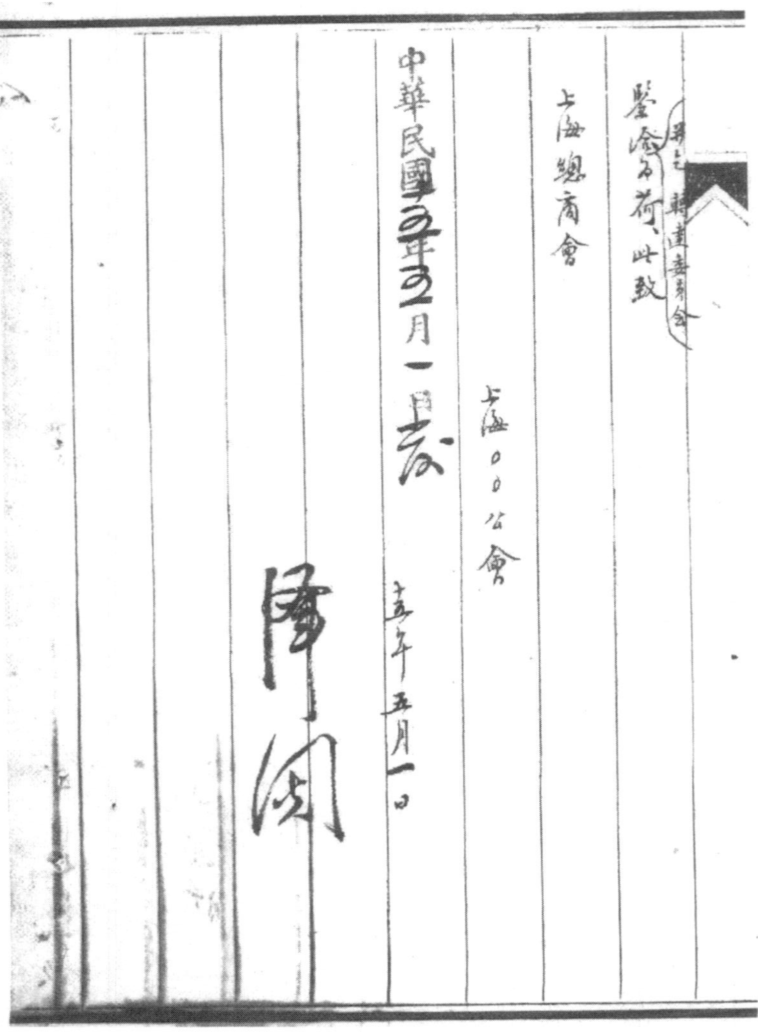
鑒察為荷，此致
轉達委員會
上海總商會
上海○○公會
中華民國十五年五月一日發
十五年五月一日

外国银行公会致钱业公会函译文

迳启者：本月十七日敝会召集委员会会议，因证券交易所之交割方法决妥当，经议决拟组一委员会，对于此事详细研究，以便筹拟妥善计划，俾该项交割得臻完美。此项委员会拟由
贵会、上海证券交易所、中国银行、公会汇丰银行及花旗银行会同组织，并由劳勃思君（译音）充该委员会秘书之职。兹将
贵会同意，即希公推代表一人加入，并盼
示复为荷。此上
钱业公会
会长先生

外国银行公会秘书 劳勃思启

十二月卅日

（八）

组织委员会妥订证券交易所交割方法

迳复者：接奉去年十二月卅日
来函，内开
贵会因议筹交易所交割方法，拟组一委员会讨论，敝
会委派代表列席等情，均已聆悉。敝人并业已将
尊函于上次敝会会董会议时提出讨论，当经议决
委派秦润卿君为出席代表，惟秦君不谙西语，
届时拟加派敝会顾问冯协南君会同出席，
是否可行，即希
示复为荷。开会日期并盼
见示为荷。
此上
○○○

財政部公函　部字第33號

逕啟者查本部前以債市狂跌鑒於金融前途深堪顧慮特規定以上月二十四日收盤價格為最低價格以維債市當經令飭監理員轉令華商證券交易所及證券物品交易所遵照在案旋據華商證券交易所迭次呈請前來以為長此限制買賣失其平衡且交割時期恐多糾紛並歷陳困難情形請予取消最低價格查此事關係金融至鉅擬請

貴會召集各會員銀行會同兩證券交易所妥擬辦法以期無負本部維護金融之本意相應函達即希

查照辦理為荷此致

銀行同業公會

財政部長

敬啓者自財部提議徵收交易稅以來上海各交易所經紀人紛紛請
求政府體恤商隱分別緩免旋由立法院審核修改惟於國債一
項並未特別提出蠲免敝所經紀人等迭次開會討論以公債交易政
府若與普通公司股票同一征稅非特涉及苛細開東西各國未
有之創例而於今日經濟奇絀之際復於國債推行之途加之束
縛聽念國計其危害實有不忍言者爲此不揣檮昧瀝陳種
種謹乞
貴會據情呼籲另附詳稿尚希

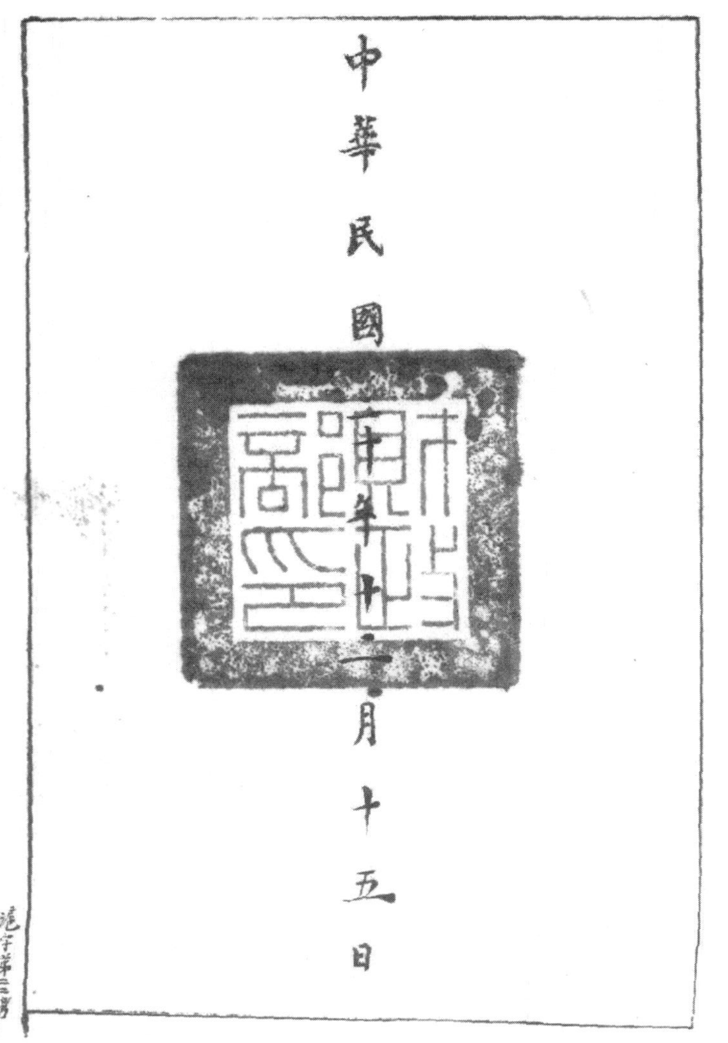

中華民國 年 一 月十五日

滬字第二二號

上海華商證券交易所

上海漢口路

逕復者接准
貴會九月十一日函開查據各會員銀行面稱會員等向上海華商證券交易所所做八月份公債交易照該所定章應於八月三十日交割乃屆時該所並不實行交割至今時閱兩星期於八月份交易如何辦法亦無隻字通知查會員等此項交易多係買進七月份賣出八月份原為套利營業並非投機買空賣空當七月份

中華民國　年　月　日　第一頁

上海華商證券交易所

上海漢口路

卓裁并望即日
賜予代遞實為
公便敬致
上海市銀行業同業公會
上海華商證券交易所啓
上海華商証券交易所經紀人公會啟

廿四年二月廿三日　時刻

中華民國廿四年二月廿三日　第二頁

交割時時局業已緊張以素信交易所對於
交易有確實保障均如期備現收貨今該所
於八月份交易既未責令買方收貨又未别籌办
法坐令失契約之時效表商場之信用該所似
不能不負其責應請公會函催該所即日實行
交割等語查核所稱係屬實情相應函請貴
所迅予查明辦理並盼見復等情查 敝所八月
份公債交易掉期至九月份係奉 財政部

准辦理節經錄令公告市場週知在案准函
前因除據情呈請 財政部核辦外特先奉
復即希
查照為荷此致
上海市銀行業同業公會

上海華商證券交易所

逕啟者前因八月分公債交易華商証券交易所延不交割業由公會函催該所迅予交割據聞該所尚未答復日來突見报載上海華商証券交易所經紀人公會啟事略稱八月期交易經本所公告奉財部令准照八月十三日記帳價格掉至九月期並由該會擬定办法（一）按月息一分掉期一個月照收佣金更換成單（二）自願了結得向所劃帳（三）一律照收本特証據金等語殊深詫異查此次滬戰發生八月份公債交易交割困難日前由財政部召集關係方面討論辦法經決定由交易所具文呈部請求延期交割俟時局稍定再行办理股交等語當討論時會員等亦有在座以該所不能履行契約情有可原延期交割亦屬無可如何詎料報載該所公告延期交割已一變而為掉期既大背討論時原議且查所定办法尤屬祇顧片面利益不符事實法理謹列舉如下

一際此長期抗戰不能預期何日終了每月須办此無謂而且繁重之手續有何必要

二、交易所收取佣金原為營業應得,今准此一節
交易所兩收取買賣雙方每數次之佣金,該所僅須
每月掉換成單計算利息,不負其他一切責任,每
月即有優厚佣金收入,實為不當利得,在該所自
計誠為得矣,其如無此情理何。

三、八月交易數額甚鉅,該所平時所收本特証未知
如何處理,今在此困難金融極嚴重時期,再向買
賣雙方收取巨數本特証,在未繳全契約信用
之該所在此悠久之長時期中有何保障管理之

辦法

試閱畧舉上述三點,掉期辦法已屬絕對不能照
辦,會員等為維持
財政部當時討論原議意旨及昭示公允起見,應由
公會函請
財政部迅賜將該所原定處理有期交易辦法予
以糾正,一面另籌妥允辦法,令該所遵辦,至會員
等之意,一併畧陳於下,藉供採擇:

一、所有有期公債交易,照財政部討論時原議一律

延期交割為可以交割時再行交割賣方應得價款自八月份交割日起至實行交割前一日止按月息一分計算在交割時一併算給原成單繼續有效不必另办手續

二 照第一條办理後有買賣雙方自願軋帳了結者即照根據經紀人公會所定第二條办法办理

以上不過為補偏救弊起見雖屬公允而一時不獲解決倘為免於拖延必須求一公允解決起見懇請大會易於議定

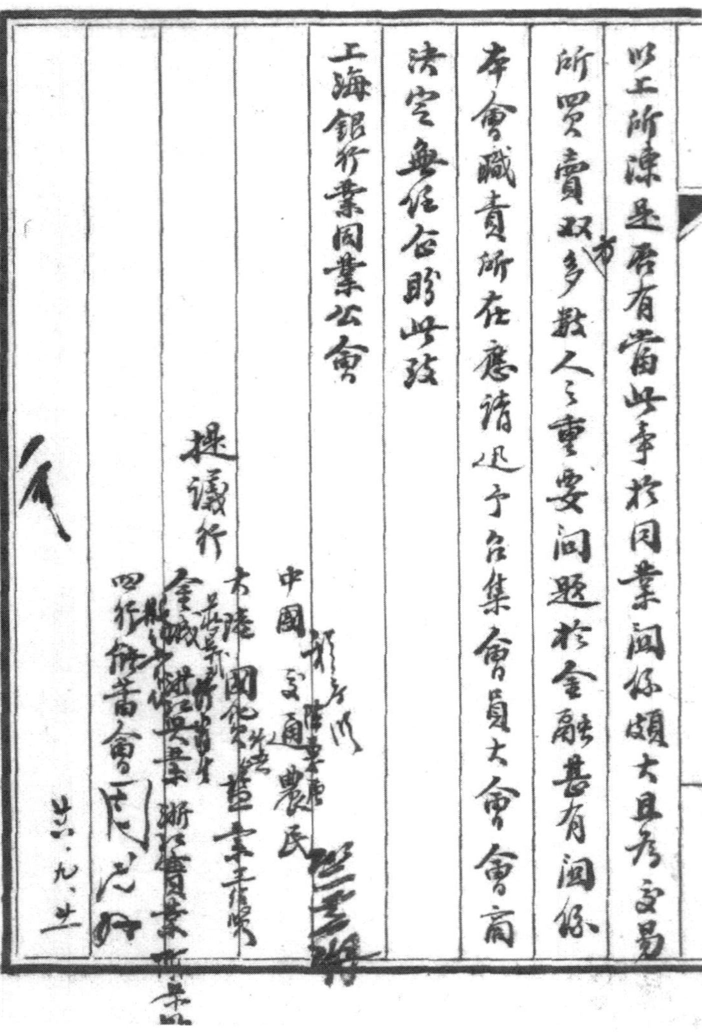

以上所陳並希有當此事於同業關係頗大且為交易所買賣雙方多數人之重要問題於金融甚有關係本會職責所在懇請迅予召集會員大會會商決定無任盼禱此致

上海銀行業同業公會

提議行 中國 交通 農民 大陸 國貨 墾業 金城 浙江興業 浙江實業 四行儲蓄會

廿六、九、廿

呈財政部文　廿六年九月二十五日發

呈爲呈請事竊查上海華商證券交易所對於八月份公債買賣交易未能依照契約履行交割前經該所呈准
鈞部援照一二八滬戰事變辦法延期交割原屬事非得已但一二八滬戰事變爲時甚暫今則我政府決定長期抗戰爲時未可預期當此國難金融極度嚴重之時該所倘能按照成例將買賣交易一律結價了結俾各方直接可弗因長期抗戰而使此項交易無期遲延間接使各方資金長久呆擱不能活動轉於市面金融多所影響本埠其他各交易所處理期貨買賣交易不乏先例乃閱九月十七日各報載有該所經紀人公會啓事略稱八月期交易經本所公告奉　財政部令准照八月十三日記帳價格掉至九月期並由該會擬定辦法一、按月息一分掉期一個月照收佣金更換成單二、自願了結得向所剔根三、一律照收本特證據金等語依其所定辦法祇圖片面利益絕未顧及事實法理試舉其理由一、際此長期抗戰不能預期何日終了轉瞬九月將終自必再議變更該所買賣交易既未能顧全契約信用每月反須辦此繁重之手續似屬無謂二、交易所收取佣金原爲業務應得今僅特此一筆交易而收取買賣雙方無數次之佣金該所只須每月掉換成單計算利息不負其他一切

責任每月卽有優厚之佣金收入實爲不當利得三、八月期交易數額甚鉅該所平時所收本特證據金未知如何處理今向買賣雙方收取巨數本特證據金在此悠久之長期中有何保障管理之辦法基於上述各節該所雖有公告聞買賣雙方仍多未照實行屬會會員亦深以此事與同業關係甚多且爲交易所買賣雙方多數人之重要問題關涉金融更鉅紛請召集會議當經屬會於本月廿一日召開全體銀行業會議詳爲討論僉以該所公告辦法斷?有因緣爲利之嫌似非有以糾正不足以昭公允同時並認此事解決之方不外結價了結與延期交割兩途如結價了結則[illegible]卽不成問題否則八月期交易卽應遵照當初
鈞部召集各關係方面討論時原議一律延期至認爲可以交割時再行交割所有買方應貼於賣方按月一分之利息自八月份交割日起至實行交割前一日止在交割日一併算給原成單繼續有效不必另辦手續如買賣雙方有自願軋帳了結者卽照報該所經紀人公會所定第二條辦法辦理總之延期交割辦法仍係暫時性質究應如何統籌解決之方以免長此拖延素仰
鈞部高瞻遠矚必早籌及此區區一得之愚無非聊供
採擇是否有當理合呈請
督查施行謹呈
財政部　具呈人上海銀行業公會主席委員

財政部批　滬錢字第34號

批上海市銀行業同業公會

呈一件為上海華商證券交易所對於八月份公債買賣交易未能依照契約履行交割究竟應如何統籌解決之方呈請察核施行由

呈悉。查此案業據華商證券交易所呈請核示到部，經部查核，為履行契約免除糾紛，批令該所將掉期至九月份全部交易如期辦理交割在案，仰即知照。

此批

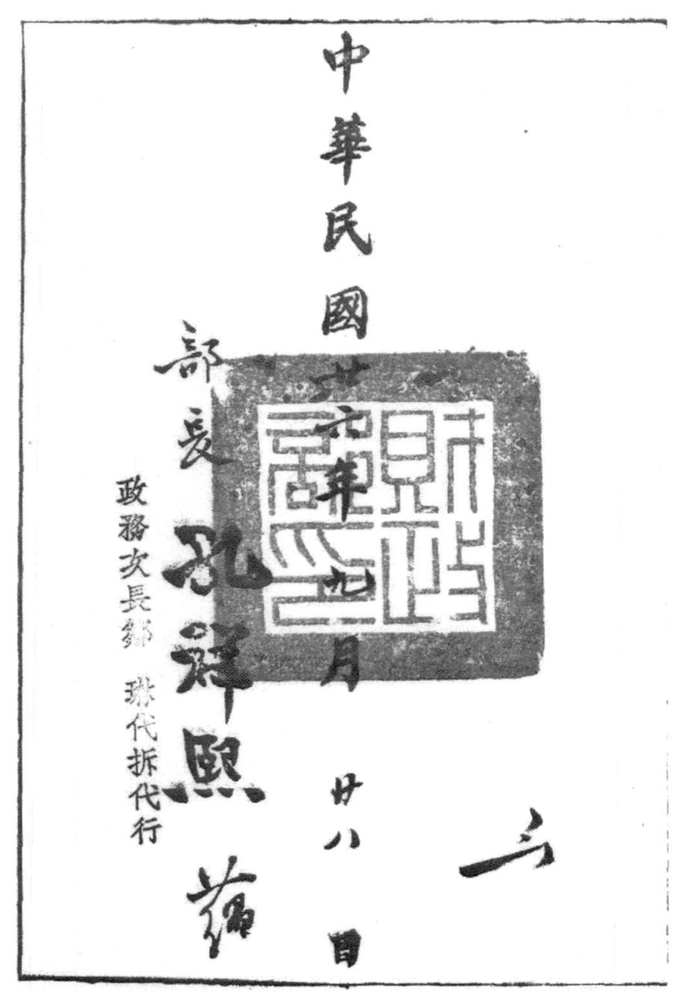

中華民國廿六年九月廿八日

部長 孔祥熙

政務次長鄒琳代拆代行

呈為應該經紀人交割困難情形懇請延期仰祈
鑒核示遵事。案奉
鈞部錢字第卅二號批令,同閏呈悉。並據上海市銀行業
同業公會及該所經紀人公會請求到部。查此項交易,純係
業經分別批示外,仰即遵照辦理具報。此批。等因;奉此,遵
即函知經紀人公會並於本市場定九月廿九日辦理交割,去後
各經紀人以抗戰時期金融停滯,戰區及外埠委託人流
離失所,或通訊為難,截經會商,困難實多,無法遵辦,此停
頓,經銀行公會提議由官商銀行各推代表三人,本所及
經紀人代表各三人,會同本所派理事尹韻笙、沈長賡、
郭篤向,經紀人推朱達君、吳禮門、楊叔舞為代表,並推告
發於本月十三日由銀行公會秘書長林康侯先生邀集

第　頁

上海華商証券交易所

在銀行公會集議,僉等以本所及經紀人參加會議之由
經紀人代表就交割困難各點詳細陳述,銀行代表深為諒解,
允將各銀行應交之款約九千萬元左右,照部定限價收回,
而其餘之五千萬元尚無着落,乃就其他適當方法儘量交
換,並見會議一部交割,既屬不宜,全部交割,實無辦法,惟有全
部借價可以解除各方責任,不過交易所法無此規定,本所亦無
先例可援,因係金融機構之前途信用,尚有待於更進一步之討
論。其次為延期交割,將現存交易延期至廿七年一月一日交割,一
月卅日應收之息票歸賣方收取,抵充五個月之延期利息(八月
底至一月底約合月息八厘),至二月一日以前局勢好轉,則隨時提前
辦理,其利息照月息一分計算,即以此兩項辦法待經紀人公會
與本所商洽,後於十月十七日召集經紀人全體會議,將兩次會商

上海華商証券交易所

經過情形而略報告並以交割問題經紀人首肯其術要端如何困
難很宜商決辦法不應議論紛紜再事延宕嗣經多經紀人首表
意見一致表決延期至二月一日交割會後報告林康侯先生請其
轉商各銀行代表之諒解並約期會議具體辦法昨得面復已經
分別轉達不泥再行會商爲特將本所根據經過情形呈請
財政部核奪此款呈等代表本所出席會議及商決延期交
割之經過情形也惟本所對於經紀人之八月份交易已經照八月
十三日之記帳價格以月息一分掉期至九月份而經紀人對於是項人
之掉期手續尚未完全與以債款券息月期不一致果錢稅以市面
期上債息需擬免延期利息不但計算不便後亦易滋糾紛似應
規定適當利息以使買賣等情核此查九月份現存交
易自應迅令辦理交割本所要方設法勉力進行困難未瑞選

未敢備而經紀人所稱瑞境困難亦係實情勉強辦理轉多糾紛
現經銀行界及各方之諒解酌量展延似尚合理並與
鈞部体恤商艱免除糾紛之至意無違背謹將交割困難
及商決延期經過情形備文轉呈
鑒核所有延期利息計算方法另案呈報陳請
批示祗遵謹呈
財政部
上海華商證券交易所理事長張○○
中華民國廿年十月廿九日

快郵代電 9119

上海銀行業同業公會覽據上海華商証券交易所理
事長張文煥呈稱據經紀人公會函以展期至本年二
月交割之該所期貨交易現仍以滬市環境辦理困難
請准照上年八月十三日記帳價格連同九六公債結價了結
轉呈准如所請等情經部查核所請既經該所經紀人
公會申請並經該所覆核轉呈爲維大縣案免除糾紛
起見姑准如請辦理除批示並分行外合亟電仰該公會
轉行各銀行知照財政部艷漢錢印

存件議決分錄各行

財政部特定用紙之二

一件爲　　　　　　　　　　　　第　　號

上海市銀行業同業公會執行委員會決議案　廿六、六、六下午二時

吳常委蘊齋主席

主席報告查關於上年八月份展期至本年二月交割
之公債期貨現奉部令准照上年八月十三日記帳價格
結價了結副已由經紀人公會辦理結價手續惟該會交議
有解決數項茲擇其有關銀行業有關係者三點（照錄於后）
提出討論結果決一致籌證
一、佣金　八月份交易照了結計算兩面收佣
二、墊付証金利息　經紀人代客户所墊付每萬元要面如何證
以百元按月五厘計息算收

上海市銀行業同業公會稿紙

三、領回存利中儲紅票 應仍請代表會努力向各銀行設
法挽回

議決

一、八月份交易佣金本會各銀行准照中、中、交、農已實行辦
法一律以一二五算給

二、墊付証金利息及領回存利中儲紅票兩項本會各銀
行未便承認難照辦

附帶議決一項

查此次八月份公債期貨交易既遵照部令結價了結經紀人
對於本會各銀行經手交易有未能如期了結者應由各該銀行逕予訴追
以重功令

經紀人公會建議案

本日大會議決通過結價了結辦法如下

佣金、八月份交易照了結計算兩面收佣

墊付證金利息、經紀人代客戶所墊付每萬票面

特証陸百元按月五厘計息算收

墊款手續及蓋章、由經紀人具函請公會收付歸

還墊款並覆函證明

墊款商墊、經紀人因在非常時期金融緊縮對

于墊款得向委託人商墊

未來抽還事宜、向交易所商辦每經紀人過户時

加用經紀人公會入會志願書一份過户介紹人須負

責[illegible]聯繫墊款事務
套利墊款，墊款不敷再由套息交易所之經紀人加
墊之數，請大會追認，加入前墊之款合併計算價差
計算辦法，九六自八月至一月照五月計算，收月賬連用
統一照八月十三日記賬價格結價，而前八月至九月交易所
向經紀人收付差金照數收回
關於套利中斷紅票領回一事，應仍請代表會負責力
向各銀行設法挪回，並將各號中斷數額抄示公會
以便彙集

（二）汪伪政府对上海证券市场的监管

國民政府行政院實業部 咨 字第939號

查交易所監理員暫行規程，前經本部會同財政部於民國三十年十一月九日修
正公布並呈請
行政院備案各在案。茲以前項暫行規程第一條，尚有未臻完善之處，實有
再行修正之必要，當經本部會同財政部擬定，於該條條文後，增添一項，文
曰：「上項設有交易所地方，於必要時得設置交易所監理委員會，其組織
規則另定之」等語，以便實施。除會銜公布暨呈咨函令外，相應檢同再修
正交易所監理員暫行規程一份，咨請
查照，為荷！

此咨

上海特别市政府

計附送：再修正交易所監理員暫行規程一份。

部長 梅思平

中華民國三十一年九月　日

監印 吳樾常

校對 楊鏡清

交易所監理員暫行規程

第一條　凡設有交易所地方設置交易所監理員若干人由實業財政兩部派充之、

上項設有交易所地方於必要時得設置交易所監理委員會其組織規則另定之

第二條　監理員承實業財政兩部部長之命依照交易所法交易所交易稅條例及本規程之規定執行交易所之監督檢查事項

第三條　監理員得隨時檢查交易所及經紀人關於營業一切簿據文件

第四條　監理員得隨時監察交易所及經紀人關於營業一切行為

第五條　監理員認為必要時得令交易所及經紀人編製營業概況及各種表冊

第六條　監理員如發覺交易所及經紀人關於營業之簿據文件及關於營業一切行為有虛偽及違法等情事應即據實呈報實業財政兩部核辦

第七條　監理員對於交易所一切事項認為有應行糾正或取締之必要時應隨時呈請實業財政兩部核辦

第八條　監理員每月須將交易所之營業情形市場概況及各種關係表冊抄類於次月十日以前呈報實業財政兩部查核

第九條　監理員須將每月工作情形編成報告於次月十日以前呈報實業財政兩部查核

第十條　監理員不得參加交易所買賣違者以瀆職論

第十一條　監理員得酌用辦員若干人其名額薪給呈由實業財政兩部核定

第十二條　本規程自公布日施行

國民政府行政院實業部　咨　字第943號

案查上海華商證券交易所復業一案，前經本部會同財政部令飭該所遵
照去後，本部據該所呈復略稱：「本年七月二十四日下午二時假座香港路銀行
公會俱樂部開會，出席股東共計二六三人，股數合計四九七七八股，權數併計四四
三七二權，承鈞部駐滬辦事處康處長蒞會指導，仰見鈞長重視證券
流通，扶植工商企業之至意。當日開會決議事項計分三點：一、以本所原有資
本總額為舊法幣壹百貳拾萬元，分為六萬股，每股二十元，此數已自幣制更變
後，折為國幣陸拾萬元，核與原有資本總額已不相符；又本所資產比因經濟
變動，價值激增，估計約值六七十萬元，此次復業為適應戰時經濟及經紀業
務機構起見，自非增加資本不足以資運用。理事會擬定增資辦法：本所資本
折為國幣六十萬元，分為叁萬股，每股二十元，原股份每壹股贈與新股份十
一股，照此辦法增資以後各股東名下總計股份七十二萬股，即國幣一千四百四
十萬元，其餘國幣五百六十萬元，折作股份二十八萬股，分配與本所職員及所
員作為酬股及酬勞，則全體股東對於上述增資數額均無異議，惟對於分配
與本所職員及所員之部分，有少數股東不表同意，經往復表決，理事會所
擬辦法全部通過。（三）本所章程自民國二十二年七月二日以後迄未修訂，經濟
情形今昔迥異，擬仍就原有章程，遇事必多扞格，且與此次復業增資，增加章程內
容頗有變動，不如全部修訂，較合實際，理事會擬就具章程修正草案提
經股東臨時會討論通過。以上各項應有理事會負責呈請鈞部令准備案，均由理事會

震澄函請辭職，依照交易所法暨本所章程各規定，應補選理事三人，併附選候補理事二人，以符定額。當經股東臨時会依法補選，結果李恩浩得三三〇六六權，邵樹華得二二三七四權，陈子培得三〇三〇七權，當選為理事；朱如堂得二一九四六權，張長春得二〇三三七權，當選為候補理事。所有以上議決各点均記明股東臨時会決議錄，除當選理事及候補理事之履歷書另行添具呈請核准駐册外，理合先將此次召集股東臨時会決議經過據實陳明，檢同決議錄、原有章程及修正章程各一份，一併備文呈报，仰祈鑒核示遵，實為公便"等情，並繕具股東臨時會議決議錄一份，請予備案前來。經即以准予備案，仍仰遵將籌備計劃具报核奪等語批復各在案。惟查証券交易所营業，關係金融至鉅，監督稍有未週，易滋流弊。茲依據修正交易所監理員暫行規程第一條第二項之規定，會同財政部於上海設置交易所監理委員會，宜責專司其事，並擬具交易所監理委員会組織規則十七條，以利推行。除會銜公布暨呈咨函令外，相應檢同前項組織規則一份，咨請

查照，為荷！

此咨

上海特別市政府

計附送：交易所監理委員會組織規則

部長 [illegible]

中華民國三十七年九月十六日

監印 吳樹□
校對 □□□

交易所監理委員會組織規則

一、實業部財政部依據交易所監理員暫行規程第一條第一項之規定，於上海設置交易所監理委員會（以下簡稱監委會）

二、監委會承實業財政兩部之命，依據執行交易所一切監督稽查事宜

三、凡各種有價證券非經監委會之核准不得登場

四、監委會得隨時監察交易所及經紀人關於營業一切有違法令之行為，並得隨時檢查關於營業之一切簿據文件

五、監委會認為必要時得令交易所及經紀人編製營業概況及種種表冊

六、交易所職員或經紀人對於監委會之命令或查詢事項有不服從或故意延宕者，監委會得依據嚴予處分，並呈報實業財政兩部備案

七、監委會如發覺交易所及經紀人關於營業之簿據文件及關於營業之一切行為有虛偽及違法等情事，應即據實呈報實業財政兩部核辦

八、監委會對於交易所一切事項認為有應行糾正或取締之必要

000008

隨時爲適當之指導並遇有重要事項應擬具意見呈請實業
財政兩部核办
九、監委會應月須編造工作報告並將交易所之營業情形市場概
況及各種関係表冊按類於次月十日以前呈報實業財政兩部
查核
十、監委會職員不得參加交易所買賣違者以瀆職論
十一、監委會設主任委員一人委員四人至六人均由實業財政兩部
會同指派之
十二、監委會設秘書一人至二人承主任委員之命辦理日常會務
十三、監委會設總務稽核兩組
甲、總務組　办理文书会计庶務等事宜
乙、稽核組　办理交易所造送之表冊檢查經紀人之業務帳據
財產等及檢討市場價格變動之原因
每組設組長一人組員若干人
十四、監委會所屬職員由主任委員呈請實業財政兩部[illegible]委派之
十五、監委會因繕寫文件及其他事務得酌用雇員
十六、監委會办事細則另定之

十七、本規則自公佈日施行

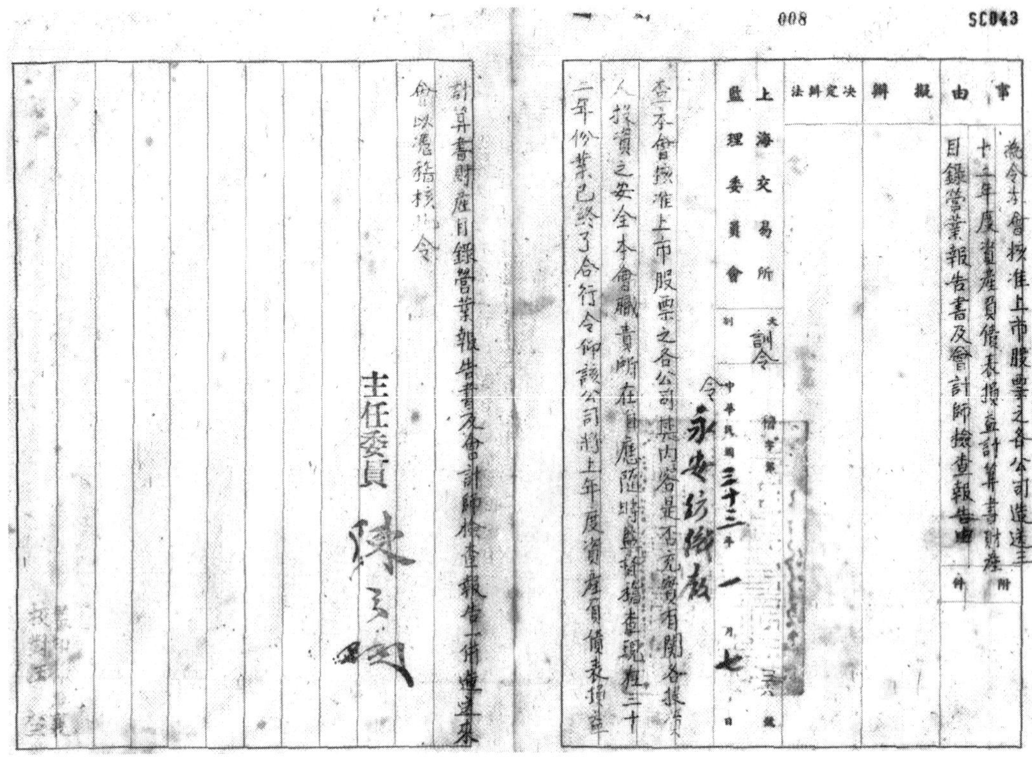
008 SC043

事由：為令本會核准上市股票之各公司造送三十二年度資產負債表損益計算書財產目錄營業報告書及會計師檢查報告由

附件

擬辦

決定辦法

上海交易所監理委員會訓令 稿字第　號 中華民國三十三年一月七日

令永安紡織公司

查本會核准上市股票之各公司其內容是否充實有關各股東投資之安全本會職責所在自應隨時嚴予稽查現在三十二年份業已終了合行令仰該公司將上年度資產負債表損益計算書財產目錄營業報告書及會計師檢查報告一併造送來會以憑稽核此令

主任委員 陳

（三）战后的政府证券监管

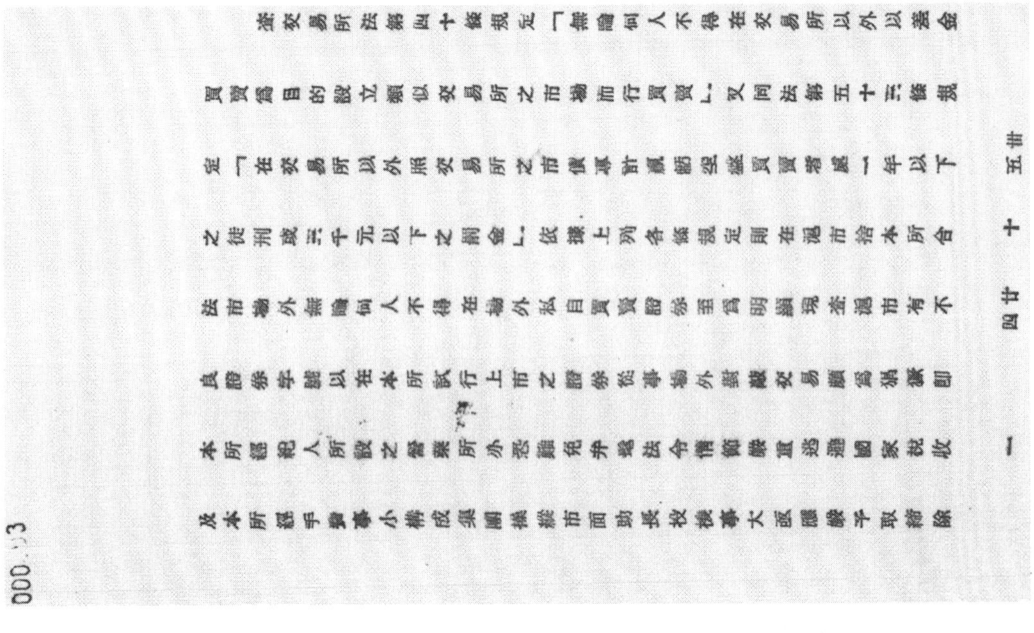

查交易所法第四十條規定「無論何人不得在交易所以外以差金
買賣為目的設立類似交易所之市場而行買賣」又同法第五十二條規
定「在交易所以外用交易所之市價違背前條規定經營買賣者處一年以下
之徒刑或三千元以下之罰金」茲據上列各條規定則在滬市除本所合
法市場外無論何人不得在場外私自買賣證券至為明顯現查滬市有不
良證券字號以在本所試行上市之證券於市場外擅做交易藉為掩護即
本所經紀人所設之營業所亦恐難免并與法令牴觸殊宜迅謀取締以收
及本所經手買賣事小擾亂金融操縱市面助長投機事大應予取締除

五卌 十 四廿 一

000.93

快郵代電

南京財政部部長王（手写：经济 财政 俞）鈞鑒查交易所法第四十條規定無論何人不得在交易所以外以差金買賣爲目的設立類似交易所之市場而行買賣又同法第五十三條規定在交易所以外照交易所之市價專計贏虧空盤買賣者處一年以下之徒刑或三千元以下之罰金依據上列各條規定則在滬市捨 屬所合法市場外無論何人不得在場外私自買賣證券至爲明顯茲查滬市若干不良證券字號以在 屬所試行上市之證券從事場外對敲交易顛爲猖獗卽 屬所經紀人所設之營業所難免效尤弁髦法令情節嚴重逃避國家稅收及 屬所經手費事小構成集團操縱市面助長投機事大亟應

卅五 十 廿五

一

電請

財政經濟部呈院轉令上海市政府暨淞滬警備司令部對於上項證券黑市嚴加取締外相應函請

貴處惠予援法查辦以儆不法而抑投機仍希

見復爲荷此致

財政經濟部上海交易所監理員辦公處

卅五 十 廿四

二

嚴予取締檢懸鈞部迅令大部上海交易所監理員辦公處並呈院轉令上海市政府暨淞滬警備司令部對於上項證券黑市會同局所協力取締以安社會經濟而益國家稅收仍候批示祗遵上海證券交易所理事長杜鏞叩有

卅五 十 廿五 二

收文 198號

000 10

上海市警察局訓令

市警行(35)字第一八七七號
中華民國卅五年十一月廿二日發

令證券交易所

據報本市有少數商號并非證券交易所經紀人而經營股票買賣，作場外黑市交易，經員警查覺，則自稱係某某號經紀人之業務員兼僱員。查此種業務員人員是否經經濟部核准并取得法律地位，能否自由買賣，本局有明瞭之必要，合行令仰查明具報，以憑核辦。

此令。

局長 宣鐵吾

監印 章德
校對 徐應

國楨市長勛鑒：敬啟者，本所開業以來，場外証券黑市交易依然猖獗，並有愈來加厲之勢。查該項場外交易多屬不良証券，陳開利用私裝對講電話買賣本所核准上市交易較繁之証券，但皆不當交割，而買賣數額極巨之所謂對敲交易，不啻為變相之賭博投機。按交易所法規定，買賣有價証券之市場均認為交易所，非依法不得設立（該法第四條），凡買賣有價証券之交易所每一區域以設立一所為限（該法第二條），則該項私營場外交易實屬違法無疑，殊不予以嚴厲取締，勢足擾亂金融，妨碍治安，影響本所營業，違其章制，循其餘事，足以社會輿論沸然。亟盼依法取締，予以根絕，藉經與有關方面商定緊急處置辦法五項：（一）由本所負責調查上海市違法經營黑市證券交易字號，（二）由上海市警察局協同財經兩部上海交易所監理員辦公處所經營証券黑市交易字號予以查封

本月三日報載……

（三）由警察局予行搜檢帳冊，交監理員辦公處帶走查閱，其情節嚴重者送請法院依法究辦；（四）由上海市公用局、警察局將上開經營黑市各字號所用之私裝對講電話一律拆除，將電話機電話線帶局保管；（四）由警察局傳諭上開經營黑市交易字號之負責人，並令取保停止營業，限期清理結束，以後不得再營黑市交易；（五）由上海市政府及警察局公告嚴禁證券黑市交易，藉維事體。大德此項辦法，仰祈鑒核，並令屬予以施行，轉飭警察局、公用局協同辦理，以杜黑市流弊，不勝公感。專肅敬頌

勛祺

所啟

發文 一 277

000 14

副本

案奉

貴局市警行(35)字第一八一三號訓令以有少數商號經營股票買賣作場外黑市交易經查覺後則稱係某號經紀人之業務員應將此項業務員是否合法具復等因查本所呈奉　財政經濟兩部核准之暫行營業細則第二十七條規定：「經紀人所雇用承接業務之營業員應填具商事履歷書暨其證明文件各二份送交本所存轉備案」依照手續經紀人雇用之營業員應由本所核准後發給營業員證書並呈報　財政經濟兩部備案方爲合法惟本所自開市後即照上項規定通知各經紀人填報營業員商事履歷書暨證明文件並規定每一經紀人雇用營業員以五人爲限因填報者不多尚待彙核故迄至目前止本所並未核准任何經紀人之營業員更未報部備案相應函復敬希

詧照爲荷此上

上海市警察局

啓

卅五　十一　五　二

存件 3 东所上吴市长函 关于取缔黑市 〇件 周

一件 収悉

吴市长致警察局宣铁吾 俞叔平 函

铁吾
叔平 吾兄勋鉴：证券黑市极多，奉
宋院长面谕应协助证券交易所予以取缔，兹嘱该所及财经两部交
易所监理处派员前来晋见，吾
兄即请饬属严厉执行，至布告一层可由警局代办府稿，即予公布
事后补判。又拆卸电话一事，已商得交易所方面同意，另行办理（由交
易所开具清单送府转饬公用局拆除），不必同时举行。特此奉达，即问
勋祺

弟 吴国桢 手上 十一、十三

敬啓者查經濟緊急措施方案頒行以前本市金鈔狂騰激起物價波動證券市價亦受其刺激幸本所嚴格執行價格升降限度之規定故金鈔市價雖如脫韁之馬證券變動幅度不失正常自方案頒行以後嘗明當局作有效措施金鈔投機買賣悉經制止物資囤積操縱亦干禁例社會游資勢必大量集中於證券市場為其正當之出路游資流入證券市場愈多則對物價之壓力愈減故應積極鼓勵本所實驗即為引導社會游資促進經濟事業自應把握時機因勢利導加緊管制以副政府特准設立本所之至意惟查本市向有證券黑市其交易方式以對敲為主性質實為賭博不良字號

六卅　三　五　一

利用私裝電話從事客戶與字號及字號與字號間之直接買賣成交數額
雖無統計據約計數倍於本所成交之數每次成交動輒數十萬股此項對
敲交易永無實物貨款之交割買方按日貼息賣方按日貼進與交易所法 六卅
第五十三條之規定適相刺謬且進出利率及進出價格相差懸殊悉由經 三
營黑市者根據本身利益決定從中中飽上下其手成交以後按當日最後 五
價格計算盈虧於次日收付清訖至交易了結為止此種黑市對敲與合法
交易使游資流入證券市場為截然兩事如不加消滅則為害至烈茲舉其 二
流弊之犖犖大者

一、市價劇烈波動時經營黑市者多空無法軋平自作輸盈倒帳之事不一
而足客戶行莊受累者不在少數於社會治安金融穩定均有影響
二、經營黑市者運用貼息之升降以壓迫多空從而興波作浪妨礙正當投 六卅
資人之利益 三
三、政府特准設立本所之宗旨在引導社會游資發展工商企業因對敲黑 五
市之存在阻礙本所合法證券市場之健全發展
四、證券交易稅為國家稅源之一法律規定證券交易須由本所代徵交易 三
稅今場外黑市均不納稅投資人為逃避稅負不經本所而入黑市影響

國稅收入
五對敵僞非法交易且私裝電話有違警章足資藉端生事妨碍治安而經
警之者并經法令處之綦然積久遂成社會作奸犯科之習尚隱憂堪虞 卅六
此項非法營業每經取締稍稍歛跡但日久玩生且變本加厲除未經政府 三
核准登記之證券字號專作黑市營業之外即註册經紀人中亦有利令智 五
昏與黑市暗通聲氣未能潔身自愛者當今經濟緊急措施下社會觀聽一
新金鈔投機既被遏阻游資轉向證券勢所必至證券非法黑市自應及時 四
廓清本所庶能仰體國策發揮證券市場之管制作用惟取締之道端賴斷

然處置首須剪除對敵字號私裝之電話線沒收其電話機並逮捕主犯依
法嚴辦始能奏效此則必須仰賴行政力量以執行之
鈞座受中樞重任穩定經濟取締投機卓著成效然上述證券非法黑市一 卅六
日不除則如爲山九仞功虧一簣今後游資流入證券市場者益多如黑市 三
對敵不先肅清則危險甚大本所不敢緘默用特縷陳前情仰祈 五
鑒核俯賜採納不勝迫切待命之至謹上
淞滬警備司令部司令宣 五

本所為取締場外對敲交易，對於私裝對講電話，自
經本所協助辦理。經於本年三月五日至七日、及十日十一日會同
警察局暨電信局在證券大樓分層調查，查得非法私裝之對講
電話二百四十三具，已拆電話之對講機、小對講機及自備業已損壞拆除
之電話在內。茲將各電話通話地點，根據調查紀錄，分列經紀人與
非經紀人（對講電話未及）非經紀人私裝對講電話
表各一份，函請
查照為荷。此致
財政部上海貨物稅局、上海電信局、警察局[illegible]
附表兩份計十紙
[illegible]

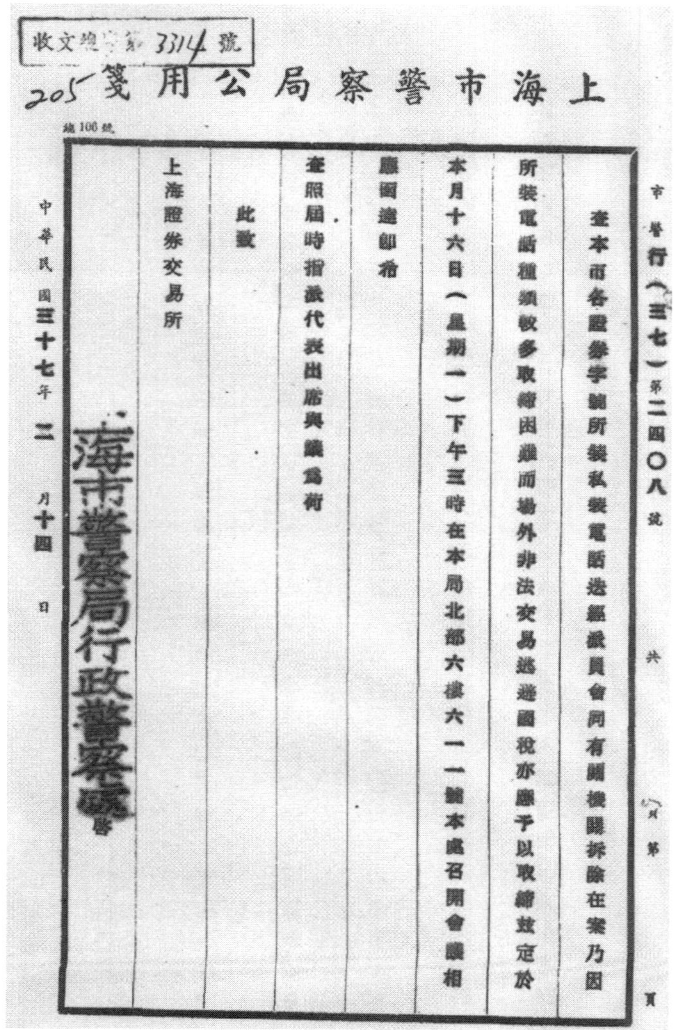

上海市警察局公用箋 205

收文總字第3314號

市警行（三七）字第二四〇八號

查本市各證券字號所裝私裝電話迭經派員會同有關機關拆除在案乃因所裝電話種類較多取締困難而場外非法交易逃避國稅亦應予以取締茲定於本月十六日（星期一）下午三時在本局北部六樓六一一號本處召開會議相應函達即希查照屆時指派代表出席與議為荷

此致

上海證券交易所

上海市警察局行政警察處啓

中華民國三十七年二月十四日

上海市警察局召集拆除对講電話會議紀錄

日期 民國三十七年二月十六日下午三時

地点 行政處

出席人員 上海證券交易所
財政部上海交易所監理員办公處
上海金融管理局
社會局
公用局
警察局

江洽 程雅康 張芳谔 莊叔賢 喬漢祥 阮光鋭 曹茂良

主席 阮光鋭

討論事項

(一)私装对講電話應如何處置案。

決議：对私装对講電話概應予以拆除並对違犯者加重處罰、（加重處罰亦法擬呈市府公佈施行）另請證券交易所將已核准之对講電話列单通知警察局，俾據以取締。

(二)電話公司裝置未經交易所核准之对講電話應如何處置案。

決議：由警察局派員查明各經紀人由電話公司裝置未經交易所核准之電話列单通知證券交易所限令申請登記逾限不申請登記或未經核准者再由證券交易所通知警察局派員會同公用局勒拆。

(三)證券場外非法交易應如何取締案。

決議：(一)由證券交易所將全部經紀人姓名號址抄送警察局備查，凡非經紀人而經營證券者由警察局依法嚴予取締。

(二)證券場外交易，多賴对講電話，関於一般对講電話之限制及取締由金管局會同公用局擬定办法提經濟會報決定施行。

(三)經紀人倘有場外交易情事由財政經濟兩部派駐上海證券交易所監理員办公處查明處分

上海市警察局召開處置對講電話及證券場外交易會議紀錄

地點：上海市警察局行政處

時間：卅七年五月十一日下午三時

出席人：

上海證券交易所 汪治

財政部經濟部上海交易所監理員辦公處 程維康

上海市社會局 周咏辛

公用局第二處用戶科 盧立英

上海金融管理局 張芳詩

上海市警察局 曹茂良 林秀美 阮光銘

主席：阮光銘

記錄：

報告事項

主席報告（從略）

討論事項

一、凡經證券交易所核准之對講電話應如何處置案

決議：1如有核准證地址不符者應由警察局先行暫封將核准證吊銷送還證券交易所

2有核准證而有代客買賣行為者擬請即將電話拆除並將核准證吊銷送還證券交易所一面將負責人送法院懲辦（指跨而言）

二、電話公司裝置之對講電話應如何處置案

決議：1凡在二月十六日以前裝置之對講電話無證券交易所核准證者由警察局會同公用局一律拆除

2在二月十六日以後已向證券交易所申請者先予暫封限十日內提出核准證明後方得使用無核准證者由警察局會同公用局拆除

三、私裝對講電話經拆除後倘有復裝者應如何處置案

決議：仍照總監會報決議案辦理（罰鍰拘禁）

四、證券場外交易應如何處理案

決議：1由財政經濟兩部派駐上海證券交易所監理員辦公處會同警察局經常派員至各證券字號記錄交易報以備查考

2凡非經紀人而經營證券交易者由警察局依法嚴予取締

發文

副本

中華民國 卅五 十 廿三

海華商證券公

SC0018

上海市證券交易市場籌備委員會前奉

經濟部京商字第八六五八號訓令內開「查上海專以證券買賣爲業務之字號公司爲數頗多現在大半尚未呈准登記是項證券字號公司其不爲證券交易所之經紀人者在交易所復業後是否應任其存在或應予取締本部亟待核定合行令仰核議具復」等因茲由本所擬具呈復文稿暨「管理代客買賣證券爲業務之商號公司暫行辦法」各一件備文抄奉

聞煩 惠予研究示復爲荷此致

徐顧問永祚

啓

会

附抄件二份

SC0012

管理代客買賣證券為業務之商號公司暫行辦法

一、凡不論經營或兼營代客買賣有價證券為業務之商號公司均依本辦法管理之

二、凡經營代客買賣有價證券之商號公司均應向當地主管官署呈請核准登記後方得營業

三、凡在已設證券交易所之區域內經營代客買賣有價證券之商號公司以交易所之經紀人及其營業員為限

四、凡經呈請核准之經紀人均應遵守交易所法及交易所之營業細則

五、凡經紀人所雇用之營業員均應遵守下列規定

(一)證券交易所為便於經紀人處理證券買賣業務起見得准經紀人雇用營業員每一經紀人暫定以五人為限但如事實需要得向交易所申請經交易所核准增加之

(二)經紀人申請雇用營業員時應由經紀人填具該營業員之商事履歷書連同證明

SC0013

文件二寸半身照片各三份送交交易所經審查核准呈轉備案後發給証書

(三)經紀人應與營業員訂立合約載明下列各項

一、營業員之姓名

二、營業員之營業地址

三、營業員之資本

四、營業員如係合夥組織其合夥人姓名及合夥契約副本

五、經紀人對營業員之酬勞方式

六、合約時効

經紀人並應將合約副本送交交易所存查

(四)營業員可設置營業所並應有獨立之會計

(五)營業員應遵守下列各項

一、應將「第　號經紀人營業員」字樣冠於自己姓名之上

二、不得用自己名義代客買賣

三、不得入交易所市場交易

四、不得向其他經紀人逕自交易或兼任其他經紀人之營業員

五、會計制度應照交易所規定辦理

六、應隨時接受交易所及部派監理員之查詢

七、營業員之帳冊文件應隨時受交易所及部派監理員之檢查

八、不得違反交易所營業細則各項規定及一切公告

九、營業員不遵守上列規定及有不正當之行為時應由該經紀人負其責任交易所並

SC0015

得令其撤換轉報備案

(六)經紀人對於所屬之營業員應負其在交易買賣上發生之一切責任

(七)營業員有更動時經紀人應即向交易所報告由交易所呈轉備案並將原証書繳銷

六、凡在未設證券交易所區域內之經營證券買賣之商號公司均應遵守下列規定

(一)經營代客買賣有價証券之商號公司除法律另有規定外應具左列資格

一、個人以中華民國國籍為限法人以呈准登記註冊者為限

二、具有殷實資產者

(二)證券商號公司應備具帳冊由當地主管官署得隨時查核之

(三)不得買賣非經政府認可發行之證券

(四)不得經營以差金買賣為目的之交易

SC0016

(五)不得收受存款

(六)不得有任何操縱行為

(七)不得經營買空賣空之交易

(八)應繳應繳之各稅

七、凡不合上列規定之證券商號公司一律不准營業

八、本辦法自公佈日施行

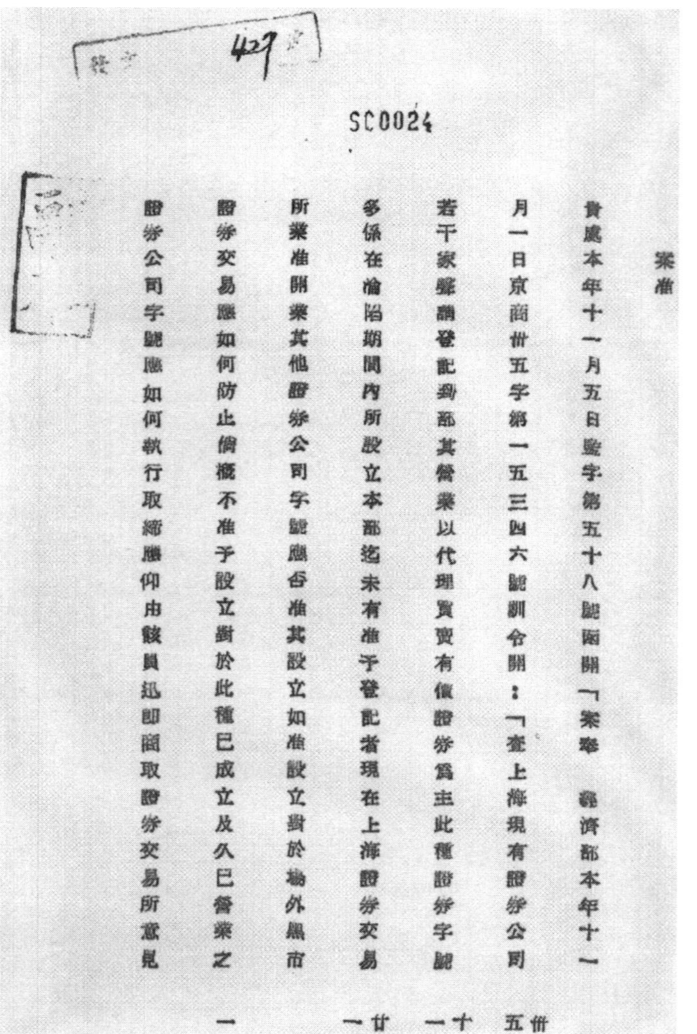

SC0024

427

案准

貴處本年十一月五日監字第五十八號函開「案奉 經濟部本年十一月一日京商卅五字第一五三四六號訓令開：「查上海現有證券公司若干家業請登記到部其營業以代理買賣有價證券為主此種證券字號多係在淪陷期間內所設立本部迄未有准予登記者現在上海證券交易所業准開業其他證券公司字號應否准其設立如准設立對於場外黑市證券交易應如何防止倘概不准予設立對於此種已成立及久已營業之證券公司字號應如何執行取締應仰由該員迅即函取證券交易所意見

卅五 十一 廿一 一

妥為核議具復為要」等因相應轉達至希查照擬具意見送核以便呈復
為荷」等因准此查凡在設有證券交易所之區域內以經營或兼營代客
買賣證券為業者應限於呈部核准之經紀人凡非經紀人不得申請登記
其已設立備有營業處所者根據交易所法第十六條第四十條之規定應
由當地主管官署嚴格取締以符法令而利稅收附具說明至希
會照詳複並飭 轉陳為荷此致
經濟部上海交易所監理員吳
附「取締非經紀人經營或兼營代客買賣證券說明」一份

啓

卅五 十一 廿一 二

取締非經紀人經營或兼營代客買賣證券說明

一、證券交易所為政府特許營業之一種在已設證券交易所之區域內代客買賣證券為營業者自當以該所之經紀人或會員為限非經紀人一律不准代客買賣證券凡銀行業依據銀行法令得兼營買賣證券業務者在設有證券交易所之區域內應向交易所為經紀人之申請使特別法規間不相牴觸

二、未在交易所上市之證券大都由買方賣方直接授受成交或由不設營業處所之掮客居間成交除外國公司證券外交易極少現有「證券公司或字號」大都係代客買賣上市證券間有經營未上市證券者亦為數極少蓋在現狀下欲恃未上市證券買賣維持一公司或字號之開支恐為事實所不易辦到倘准許以經營未上市證券開設公司或字號則必致假借名義造成上市證券之黑市既難于稽查復影響稅收

現今上海證券交易所二百餘經紀人均願兼營未上市證券課納交易稅將來未上市證券買賣不致感到困難

該所正謀陸續增加上市證券之種類規模較大之公司及外國公司之證券均在接洽之中將來不上市證券將益見減少

三、目前上海證券交易所公債市場尚未開拍而所謂「證券公司或字號」甚多經營公債希望對該所開拍公債提早核准以杜黑市而增稅收

四、上海證券交易所經紀人除法人應用其原有名稱外個人均應以「××交易所第××號經紀人×××」名義爲一切對外行爲其營業處所亦稱爲「×××交易所第××號經紀人×××營業所」自可與「證券公司或字號」有顯著之差別使執行取締者易于辨別

五、上海證券交易所暫行營業細則規定經紀人得雇用承接業務之營業員現有「證券公司或字號」確具優良成績者自可向該所申請爲經紀人其個人能接洽客戶者亦可向經紀人洽議受僱爲營業員不必自行設置營業處所

六、非經紀人而設有「公司字號」等營業處所代客買賣證券者以違反交易所法論由當地主管官署禁止其營業拆除其招牌行市之設備並吊扣其帳冊簿據展令定期清理於必要時並按交易所法第四十七條及第五十三條控訴其負責人

發文總字第1318

SC0036

發文總　卅六　七

爲據報載上海市證券商業同業公會通告辦理整備登記闡明屬所態度與立場呈請鑒核由

如文

本年七月十日上海新聞報金融日報等報載有上海市證券商業同業公會證字第一號通告一件爲社會部電查該會所屬會員商號已否呈准登記一案奉上海市社會局令飭將所屬會員商號已否登記情形造冊呈報遵轉通告各會員辦理登記等語查滬市以證券買賣爲業務之字號公司爲數頗多其中一部份前經鈞准爲本所經紀人並經本所規定其營業地址須標明經紀人號碼及[illegible]稱俾資識別此外則均非經紀人此種非經紀人之證券字號公

司在　鈞所開業後應否任其存在或予取締前上海證券市場籌備委員會曾奉
三十五年八月八日京滬字第八三五八號訓令飭核議具覆同年十一
月五日　鈞所准上海交易所監理員辦公處證字第五八號公函以奉
京滬三五字第一五三四六號訓令對於未准登記之證券字號公司應
否准其設立一案轉飭擬具意見送核等由當以「凡在設有證券交易所之區
域內以經營或兼營代客買賣證券爲營業者應限於呈部核准之經紀人凡非經
紀人不得申請登記其已設立備有營業處所者擬援交易所法第十六條及第
四十條之規定應由當地主管官署嚴格取締以符法令」並附具「取締非經
紀人經營或兼營代客買賣證券說明」一件於三十五年十一月廿一日備函
發送鈞署照轉呈各在案迄今多時未奉核示諒在深鑒焦慮之中茲據報載滬

告事關將來上海證券市場之體系與管理現在黑市非法交易又見猖獗此事
出入至爲重大　鈞所爲明瞭實際與立場理合抄同報載通告各文暨附具之「
取締非經紀人經營或兼營代客買賣證券說明」一份呈請
鑒核仍候
批示祗遵謹呈

上海證券交易所理事長杜　鏞

附呈抄錄報載通告及說明各一份

三十六年七月十日新聞報

上海市證券商業同業公會通告　證字第一號

逕啟者案奉六月廿六日社會局滬社六字第一九二四二號訓令內開「社會部五月京組三字第三一九七六號代電略以上海市證券商業同業公會所屬會員商號已否呈准經濟部登記飭查明具報以憑核辦爲要等因奉此合行令仰該會將所屬會員公司商號各營組織性質已否登記造冊呈報以憑轉呈其尚未登記者並應依照組織性質按照公司法或商業登記法之規定來局申請登記再該業係特種營業凡聲請登記時須附呈主管官署核准證件影本併仰遵照」等因奉此當經本會第十二次常務理事會議舉行商討僉認爲與各會員有切身利害關係自應依法申請登記除分函外特此登報公告至希　各會員即日來會洽辦聲請登記手續爲要此致　各會員商號（應繳常年費一年每月肆萬元會員證費五萬元）會址九江路四二九號一二一室

公告 第一五[illegible]号

自本日（十三日）起市場各經紀人[illegible]

[illegible]百分之十[illegible]現金特此公告

副本

發文滬字第1115號

邇來者自政府頒行經濟緊急措施方案後金鈔停止買賣游資轉向證券因
上市股票流通額有限並以公司估值增資頻傳及證券將充行[illegible]法定準備
等等利多消息致股價逐日上漲雖經本所嚴格執行價格升降限度使其不
失正常而走勢仍極堅挺論爲各券關切本所認爲股價上升如係自然現象
似不宜輕加干涉以激起劇烈波動對於股市過度激漲現象本所自當隨時
密切注意並審愼考慮遏制辦法時論有主張縮小價格升降限度者自不失
爲方法之一足以縮小每日價格漲跌之幅度但並無影響股價漲勢之作用
且升降限度縮小後漲跌易達限度反足刺激人心並易爲多方拉停或空方

卅六　三　三十

壹

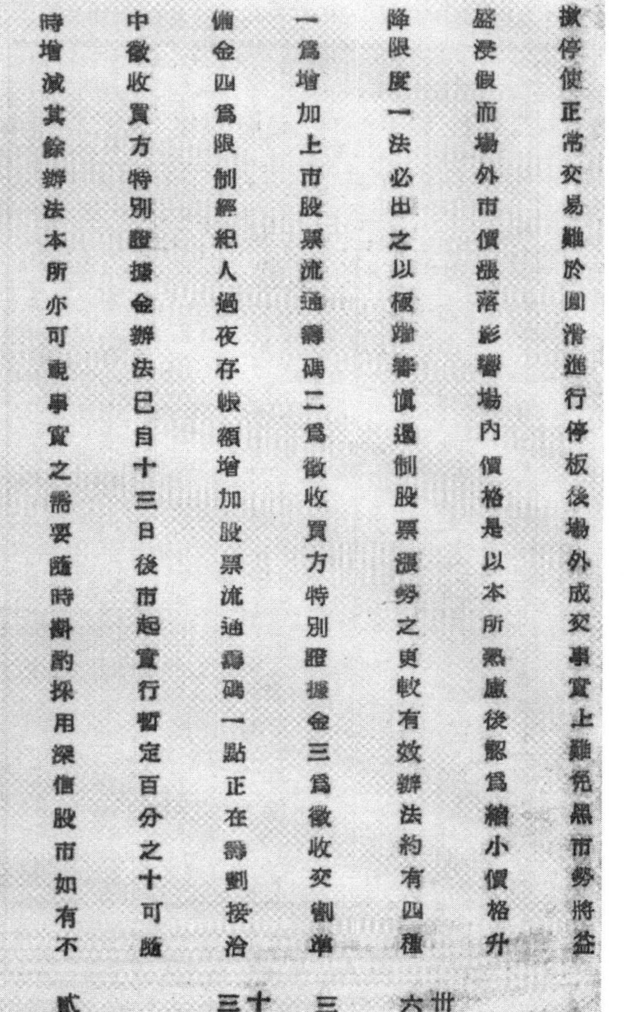

搬停使正常交易難於圓滑進行停板後場外成交事實上難免黑市勢將益
盛浸假而場外市價漲落影響場內價格是以本所熟慮後認爲縮小價格升
降限度一法必出之以極端審愼遏制股票漲勢之更較有效辦法約有四種
一爲增加上市股票流通籌碼二爲徵收買方特別證據金三爲徵收交割準
備金四爲限制經紀人過夜存帳額增加股票流通籌碼一點正在籌劃接洽
中徵收買方特別證據金辦法已自十三日後市起實行暫定百分之十可隨
時增減其餘辦法本所亦可視事實之需要隨時斟酌採用深信股市如有不
正常之激漲現象不難遏制本所爲正社會觀感起見會發表遏制股票投機

卅六　三　三十

貳

辦法之書面談話一件刊登十三日滬市各報相應檢同原稿一份函請

查照爲荷此致

財政經濟部上海交易所監理員辦公處

附件

啓

卅六　三　十三　余

上海證券交易所經紀人公會

交字第三三號　　第一頁

逕啓者查　貴所於本日下午所出第一五六號公告「自本日後市起逕近交割買方之交易依照成交之價銀徵收特別證據金百分之十概收現金」一節似有偏利空方激動行市之可能當由敝會緊急常務理事會議決三項办法(一)緊急措置應買賣雙方同樣處理(二)緊急措置不应在臨開市前公佈以後应在事前至少一天以上公告之(三)徵收特別證據金应採取累進制除記

會址：漢口路證券大樓一二一室　電話：九〇八〇七〇

上海證券交易所經紀人公會

錄在卷並由出席各常務理事面謁貴所請
求改善外相應函請
查照辦理並希
見復為荷此致
上海證券交易所

上海證券交易所經紀人公會
理事長 [illegible] 啓
三十六年三月十三日

第二頁

會址：漢口路證券大樓一一二一室　電話：九八〇七〇

第一

逕啓者查本所於本年三月十三日後市起暫徵遞延交割交易買方特別證
據金一成事前曾由本所楊協理陳溥與
貴處吳監理員面洽同意並以總字第一一〇三號函達在案本案茲經本月十
十七日本所第十一次常務理事會討論議決：「特別證據金辦法暫維原
狀俟市面穩定時取銷如遇市面劇變應再收特別證據金時可向買賣雙方
徵收之」紀錄在卷相應函達即希
查照爲荷此致
財政部
經濟部上海交易所監理員辦公處
啓

卅六　三　十八　余

收文總字第1028號

上海證券交易所經紀人公會

交 字第三四 號　　第一頁

逕啓者本月十八日敝會召開第十七次常務理事會議將決議各點臚陳如左：

一、關於解釋征收買方特別証據金問題

查 貴所於本月十三日下午所出第一五六號公告自本日後市起遇近交割買方之交易依照成交價銀征收特別証據金百分之十 概收現金一案並未聲叙理由致使各方疑竇叢生且當時股市尚稱平穩並無暴漲暴落情事而所須緊急措置祇征買方亦有偏利

會址：漢口路證券大樓一二一室　電話：九八〇七〇

一、市場公告 第156號

自三月二十日後市起各經紀人所做遇近交割賣方之交易依照成交價銀徵收特別証據金百分之十概繳現金特此公告

空方之嫌造成股市慘跌之風波事失平衡拔格物議
報章宣騰有口莫辯而首當其衝者乃為做會各會員
對於一般客戶之責難無法應答業務頓受影響其
有形無形之損失不可言宣窃思此項措置在事前或
應保守機密無庸詳釋在施行之後既遭一致之反響自
無再事守口如瓶之必要所以要求
貴所將此項實施緊急措置之重要緣由及何以不採平
衡制止之情形詳為公佈說明用釋群疑而維我從事

上海證券交易所經紀人公會

証券業者之信譽
二、關於取消征收特别証據金問題
自 貴所頒佈征收特别証據金以來各經紀人之業務頓形
清淡事實俱在毋庸諱言復按
貴所送來之成交單並証此語之不虛目來市面已趨平
穩為維護各經紀人之正常業務計
貴所所頒前項辦法似可撤銷俾能適應環境趨入自然
狀態惟在宣佈撤銷與實行撤銷之間應予相當時

會址：漢口路證券大樓一二一室　電話：九〇八〇七〇

間免蹈覆轍

三、關于証據金之存儲問題

查各經紀人所繳証據金為數極巨該項証據金有自客戶繳來者有由各經紀人代墊者客戶之款各經紀人應負保障償還之責自墊之款亦係血汗之資金是以對於此項証金如何存儲自為關切更以從前証交措置失當致有所收証據金迄未理楚各經紀人之賠累殊多有鑒前轍爰擬由敝會推派代表會同

貴所組織保管委員會共籌妥策如此則

貴所之責任可以減輕而事經公開各經紀人亦可無慮在

該會未成立以前為昭大信計應請

貴所將所收証據金之存儲情形按日通知敝會俾明真相並要求按存拆計息（和所得稅）貼還各經紀人藉保權益

以上三項均經決議通過並記錄在卷相應函達即希

查照辦理惠予賜復為荷此致

收文第一〇二八號擬簽

一、查此出售先送關於物件關於所陳一二兩點，因特別證據含有商務措施，且昨已假

清，似可不必置答。

二、第三點證據金融借款問題，本所既負有保護

專責，如有於借款有擬衡，仍未便由外人干

涉，為維持計，似宜對所提意見所擬，似不未便照

辦，應否

核奪

請 董事長示遵

先洽 三、

上海證券交易所

上海證券交易所理事長 張嘯林 三十三、三、二九 啓

第六頁

公告第一七八號

第一五八號公告徵收通知買方特別證據金現金一成又第一七二號公告擬徵通知賣方特別證據金現金一成之辦法自三十八年三月二十日開市起暫行取銷特此公告

收文字第1052號

密

事由	奉部令為安定股票市場防止投機規定辦法七項函達查照辦理見復
附件	
擬辦	
決定辦法	
財政經濟	部上海交易所監理員辦公處
文別	公函
	中華民國

案奉

財政部京錢己字第八七三三號
經濟部京商拓字第三七〇六號訓令

查為安定滬市股票市場前經本兩部令行該處會同上海證券交易所洽商縮小股票升降限度並擬具辦法呈核在

案并查近日市場股票價格變動仍劇為防止投機操縱起見
特規定辦法八：一、遞延交割應縮短期間至多不得超過五天
二、計降限度在未依前令擬具縮小辦法呈核以前暫照原規
定縮小三分之一 三、該所經紀交易權是否足以助長投機應由
監理員核議具復倘認有暫行停止之必要可由監理員先令
停設仍報部備核 四、所有場外交易應由監理員會同當地
軍警及有權機關切實執行取締並將取締情形隨時具報
五、從速增加多種股票上市俾市場籌碼加多買賣不致集中
於某一種或某數種股票而致引起漲風 六、以為兩擔保之二
成應證據金應自文到三日起一律改用現金繳納 七、為防止經
紀人過度交易應由交易所開送特別證據金並限定以現金
繳納其繳納成數由監理員會同場所決定辦理報部[illegible]

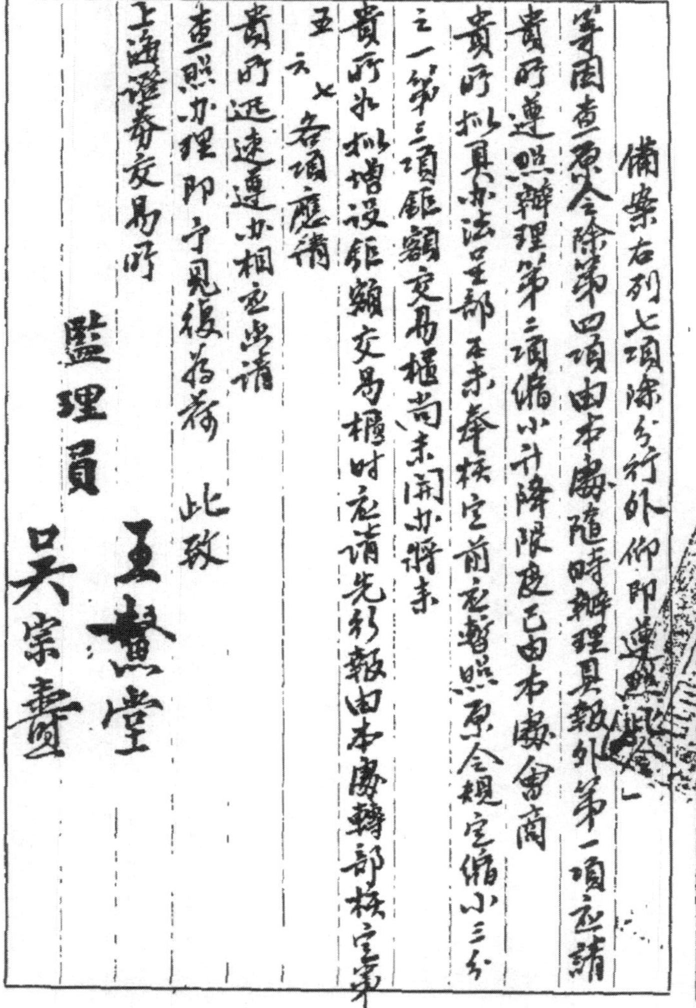

備案右列七項除分行外仰即遵照
等因查原令除第四項由本處隨時辦理具報外第一項應請
貴所遵照辦理第二項縮小計降限度已由本處會商
貴所擬具辦法呈部在未奉核定前應暫照原令規定縮小三分
之一 第三項經紀交易權尚未開辦將來
貴所如擬增設經紀交易權時應請先行報由本處轉部核定第
五、六、七各項應請
貴所迅速遵辦相應函請
查照辦理即希見復為荷 此致
上海證券交易所

監理員 王[illegible]堂
吳宗燾

發文綜字第一一八三

卅六 三 廿三

為滬陳 鈞部通知施行之防止投機操縱辦法七項中除三四五各項已切實遵行並繼續辦理外其餘各項應請暫緩施行仰祈 示遵由

案奉三十六年三月二十日

鈞部京錢巳第八二四二號 京商ㄅ三ㄨㄧㄖ上號通知奉悉查上海股市前曾尤進直線上漲職所深恐激漲之下繼以暴跌影響市面爲預防計爰於三月十三日商准上海交易所監理員辦公處公告自當日後市起加徵遞交買方特別證據金現金一成以限制過分投機實施後投機氣氛銳減一週間價格約跌百分之三十旋又商准上海交易所監理員辦公處於三月十九日下午公告自三月二十日後市起徵遞交買方特別證據金現金一成二十日前市價又回小職所鑒於徵收特別證據金已無繼續實施之必要遂於三月二十日午商准上海交易所監理員辦公處公告自當日後市起取消特別證據金此項公告發表以後市價雖有起落幅度尚屬平穩職所管理證券市場之原則厥爲求其穩定目前市面已趨正常

鈞部通知施行之防止投機操縱辦法七項中第一二六七各項本

鈞部安定市面之意旨擬請暫緩施行茲分陳管見仰祈

鑒核

一、鈞部通知辦法第一項關於縮短遞延交割期間至多不得超過五天

查遞延交割交易實際交易至多僅合五天若將交割期間再行縮短勢將

加劇市價之變動且目前交易者利居多尤以散戶漸見踴躍爲數佳一部

游資計期間實不宜縮短

弎、辦法第二項關於價格升降限度照原規定縮小三分之一

查縮小升降限度除限制當日漲落幅度外並不能影響其趨勢反之如升降限度過狹極易漲停或跌停適足刺激人心助長漲跌之走勢況場內漲跌停板交易無法再做僞交易私移場外將更不易遏制故升降限度於必要時當再根據實際情形斟酌調整

叁、辦法第六項關於以書面擔保之二成本證據金改用現金繳納

查滬所經交存證實方多以現品換交約佔總額七八成如將本證據金之二成書面保證改繳現金在平時買方負擔過重而賣方所受影響甚少勢必引起劇烈變動激漲固非所宜暴跌爲患尤烈故似應暫維現狀不予更變

四、辦法第七項關於開徵特別證據金

查滬所開徵特別證據金之辦法情形已詳前文此純爲臨時措施藉以遏制過度波動嗣後如有需要自當隨時商准證理員辦理

綜上所陳

鈞部防制投機操縱辦法七項中除三四五各項已切實遵行並繼續辦理外其餘各項辦法考慮目前情形似無施行需要以免刺激市價應請暫緩施行竊以認爲證市變動如能不失正常無直線暴漲暴跌現象則當受加維護培植其發揮資本市場之機能俾得盡量吸收游資投入生產途徑非特有利產業且亦有助於穩定物價奉令前因理合據實呈復是否有當仰祈

上海證券交易所理事長杜 鑒

主字第 弍 號第 壹 頁

案准財政部上海直接稅局本年九月廿四日稅字第二二〇六號訓令開：「查証券交易稅條例業經國府於本月二十日明令公佈依據該條例第八條規定應自公佈之日起施行是凡為証券買賣行為應於公佈日起依法納稅惟該項條例僅據報紙刊載部令尚未正式奉頒應俟令到實施則追溯補繳並致手續紛繁必有扞格難行之處茲為

財政部上海交易所監理員辦公處 箋

地址：上海漢口路證券大樓 電話：

收文 81號

玉字第貳號第貳頁

謀稽征事宜補苴罅漏計擬請貴處迅予
通知上海證券交易所轉飭各經紀人自該條
例公佈施行之日起應即依法將應納捐款扣
存並俟部令奉到後再行公告將扣存捐款報解
國庫藉符功令
等由相應函達
貴所查照見復爲荷此致
上海證券交易所

財政部經濟部上海交易所監理員辦公處啟

財政經濟部上海交易所監理員辦公處

地址：上海廣東路口證券大樓　電話：　號

證券交易稅條例

第一條　凡在交易所買賣有價證券依本條例征收交易稅

第二條　交易稅按買賣約定價格征收之其稅率如左：

一、各種有價證券在萬元以下數目按萬元計算現貨交易按萬分之五征收交易期限在七日以內者按萬分之十五征收逾七日者按萬分之二十征收

二、政府發行之公債除現貨交易應免征交易稅外凡履行交易期限在七日以內者按萬分之五征收逾七日者按萬分之十征收

第三條　在交易所買賣成交時應向買方行為當事人依前條規定稅率征收交易稅並由原經紀人負責代扣交由交易所彙繳經紀人不依規定代扣或代扣不足額時交易所應負責代繳

第四條　交易所應將逐日成交數量價格及應納稅額於次日填具清單報告於主管征收機關並將稅款逕解國庫

第五條　各地主管征收機關得隨時檢查交易所或經紀人之成交簿其成交數量及價格

第六條　交易所未依期限報告或怠繳稅款者得科以壹萬元以下之罰鍰隱匿不報或為虛偽之報告者除照補稅額外併科以所漏稅額十倍以上三十倍以下之罰鍰

第七條　前條罰鍰由法院以裁定行之

對於前項裁定得於五日內向該管上級法院抗告但不得再抗告

交易所因經紀人違反規則受處分所得轉責於經紀人

第八條　本條例自公佈日施行

發文 129號

副本

竊查證券交易稅條例彙經

國民政府於本年九月二十日明令公佈施行屬所業於九月二十五日遵照開征已呈報在案茲細譯該條例原文似尚有應請考慮之處僅就管見所及謹陳如次

㈠原條例第一條開「凡在交易所買賣有價證券依本條例征收交易稅」查有價證券現時在場外交易黑市買賣者頗多茲規定在交易所買賣者徵稅則場外之交易買賣轉可逃避徵繳不啻獎勵非法交易不但妨礙屬所業務且將影響政府庫收似宜規定凡買賣有價證券概依本條例徵收交易稅則黑市買賣政府得依法取締在場外不上市證券之交易亦可有稽考管理

㈡原條例第二條一項開「各種有價證券在萬元以下數目按萬元計算現貨交易按萬分之五征收交易期限在七日以內者按萬分之十五征收逾七日者按萬分之二十征收」查屬所所徵之經手費僅收貨值萬分之七。五茲期貨交易稅率七日以內者較現貨高出兩倍逾七日者高出三倍似嫌過重可否酌減

㈢原條例第三條二項開「政府發行之公債除現貨交易稅外凡履行交易期限在七日以內者按萬分之五征收逾七日者按萬分之十征收」內有「除現貨交易稅外」一句意義尚未明瞭現貨稅率既無規定似爲免稅不知是否係「除現貨交易免稅外」句內誤脫「免」字又按公債條例人民均得自由買賣及抵押之規定吾國幅員廣大持債人分佈各地尤以戰時公債一種海外僑胞認購甚多寄遞費時政府爲獎勵人民儲蓄及流通公債起見公債買賣無論現貨期貨可否明定概予免稅

以上各節是否有當理合呈報
鈞部鑒核
俯賜採納轉呈核奪施行並請
批示祗遵實爲公便謹呈
財政部部長俞

上海證券交易所理事長杜鏞

收文 172號

上海證券交易所 收文 字第一七二號

來文機關	財政部
文別	訓令
附件	
批示	
中華民國卅五年十月廿五日 時收到	此係緊急之件歸 處室限 日辦訖
理事長	
常務理事	劉
總協理	
經副襄理	
復本所發文第一二九號	
事由	為(一)所請修正交易規條例一節核無必要(二)取締場外交易規定由部統籌辦理中(三)報載交易規條例有脫落之處俾仰知照由
擬辦	報告理事會
歸檔	第 類 項

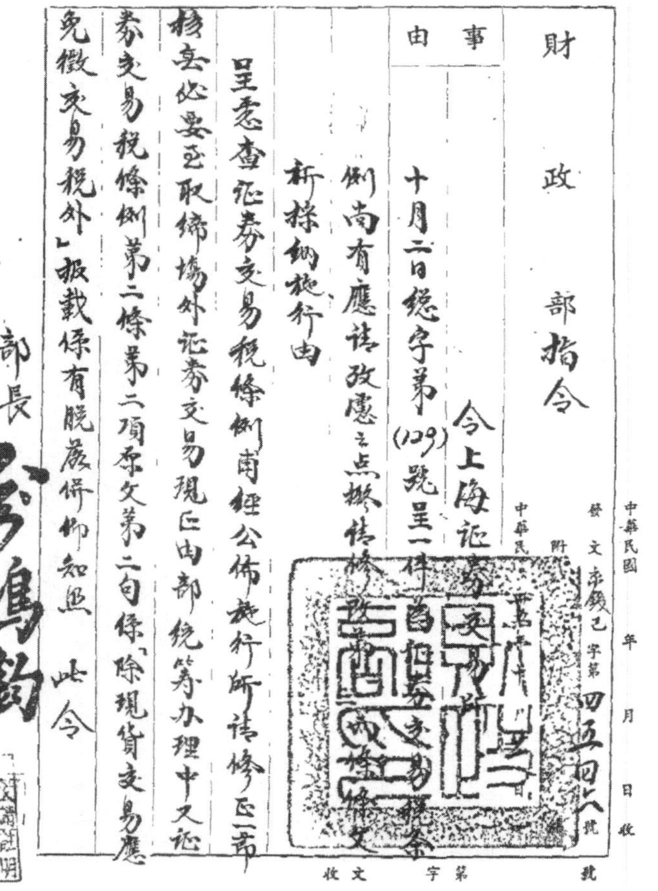

收文 122號

中華民國　年　月　日收
發文京錢已字第四五四八號

財政部指令

事由：十月二日總字第(129)號呈一件，[illegible]例尚有應請攷慮之点擬請修改條文，祈採納施行由

令上海証券交易所

呈悉。查証券交易税條例甫經公佈施行，所請修正一節，核無必要。亟取締場外証券交易，現正由部統籌辦理中。又証券交易税條例第二條第二項原文第二句係「除現貨交易應免徵交易税外」，報載係有脱落，仰即知照。此令

部長 俞鴻鈞

交易所税條例

第一條　本條例依據特種營業税法第三條之規定制定之。

第二條　凡依法以股份有限公司組織設立之交易所，均按本條例課征交易所税。

第三條　交易所税應就其總收益額按百分之六計征。

前項總收益係指經手費及上市費等總額，不得減除任何開支。

前項上市費包括初期上市費、常年上市費、變更上市登記費。

第四條　交易所應將每日交易種類數量價值及其收益等造具清單，於次日呈報當地主管征收機關查核。

第五條　交易所税按月報繳，交易所應於每月初五日內將上月之

財政部上海直接税局

交易實況及總收血彙造清冊報請當地主管征收機關核定稅額并於接到繳款通知書後三日內將稅款逕繳當地國庫、

第六條　主管征收機關遇有必要時得會同交易所監理員隨時抽查交易所各項有關賬冊

第七條　交易所不依第四條第五條規定申報繳稅者得科以壹千萬元至叁千萬元之罰鍰如隱匿不報或為虛偽之報告者除照補應納稅額外并得科以漏稅額十倍以上三十倍以下之罰鍰

前項罰鍰不適用罰金罰鍰提高標準條例之規定

第八條　前條罰鍰由法院裁定行之

對於前項裁定得於五日內向該管上級法院抗告但不得再抗告

第九條　本條例自公佈日施行

財政部上海直接稅局

附件

修正交易所監理員暫行規程

第一條 凡設有交易所地方設置交易所監理員之人由財政經濟部派充之

第二條 監理員承財政經濟部部長之命令依照交易所法及本規程之規定執行交易所之監督檢查事項

第三條 監理員得隨時檢查交易所及經紀人關於營業一切簿據文件

第四條 監理員得隨時監察交易所及經紀人關於營業一切行為

第五條 監理員認為必要時得令交易所及經紀人編制營業概況及各種表冊

第六條 監理員如發覺交易所及經紀人關於營業之簿據文件及關於營業一切行為有虛偽及違法等情事應即據實呈報財政經濟部核辦

第七條 監理員對於交易所一切事項認為有應行糾正或取締之必要應隨時呈報財政經濟部核辦

第八條 監理員每月須將各交易所之營業情形市場概況及各種關係表冊書類於次月十日以前呈報財政經濟部查核

第九條 監理員須將每月工作情形編成報告於次月十日以

前呈財政部查核

第十條 監理員及所屬辦事人員不得參加交易所買賣，違者以瀆職論

第十一條 監理員辦公處設秘書二人、稽核四人至六人、辦事員六人至八人、雇員八人至十二人

第十二條 本規程自修正公布日施行

收文 籌字第58號

財政部訓令 財人字第666號

中華民國 年 月 日發

令上海證券交易所籌備處 廿五 九 四

事由

茲派王鰲堂為上海證券交易所監理員，除

公布外，合行令仰知照。此令

部長 [illegible]

收文等字第57號

經濟部訓令

中華民國三十六年九月　日　發文京商字第10341號　附件

事由：令知本部派吳宗燾為上海交易所監理員由

令上海市證券交易市場籌備委員會

茲依修正交易所監理員暫行規程之規定經派吳宗燾為上海

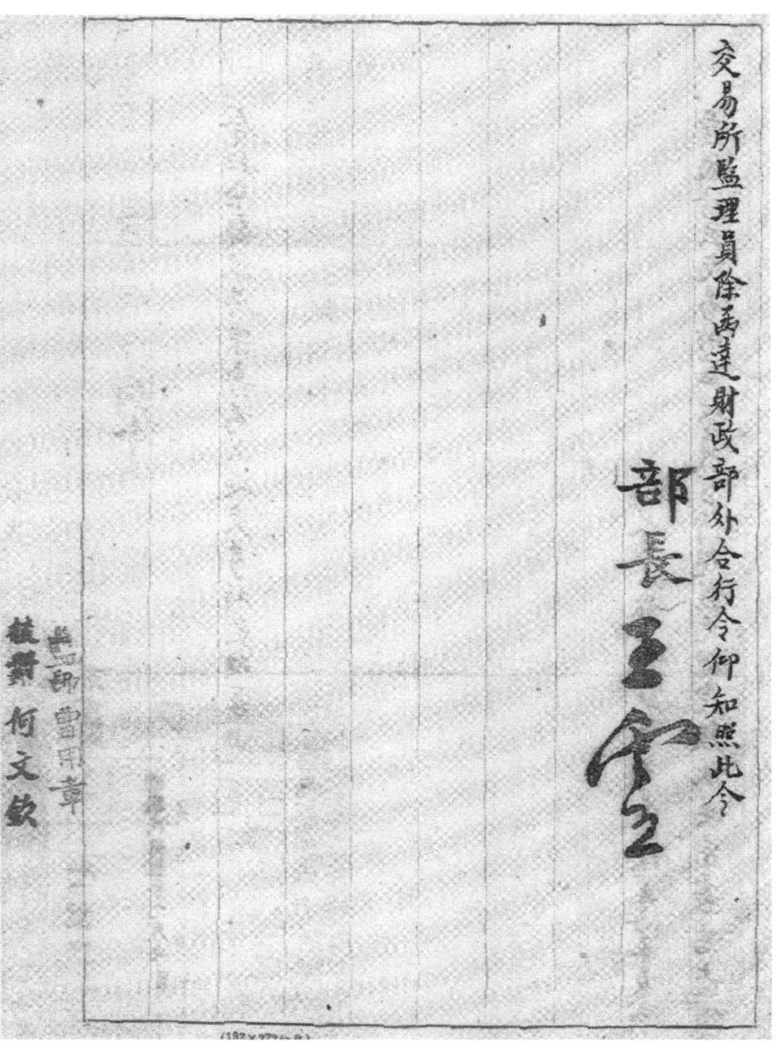

交易所監理員除函達財政部外合行令仰知照此令

部長　王雲五

監印　曹用章

校對　何文欽

收文滬字第1958號

事由	函達到職日期由
擬辦	
決定辦法	
附件	

財政經濟部上海交易所監理員辦公處

文別：公函

中華民國三十六年八月八日發出

監

案奉

經濟部本年七月廿四日京人北字第一一四四五號令開：「茲派蔡樹為上海交易所監理員。此令。」

等因，遵於八月一日到處就職，除分呈備案外，相應函達，即

希查照為荷。此致

上海證券交易所

經濟部派監理員蔡樹

收文… 5050號

事由	奉令飭將本處名稱上原有經濟部字樣改為工商部已於七月十三日遵照改稱函達查照由
擬辦	
決定辦法	
附件	

財政經濟部上海交易所監理員辦公處

文別：公函

中華民國 年 月 日 監(37) 號

案奉

工商部本年七月十二日京總字第七〇二八〇號訓令開：「查本部依法改組成立，本部長已於本月六日到部視事，業經令知在案。所有接管前經濟部各直轄機關，其名稱上原有經濟部字樣，應改為工商部三字，以明職責。除呈報行政院備案外，合行令仰該處於文到三日改稱具報。」等因；奉此，遵於七月十三日將本處原名依照改稱為「財政工商部上海交易所監理員辦公處」，除呈報並分行外，相應函達，即希查照為荷。此致

上海證券交易所

監理員 蔡澍 鰲堂

收文總字第5064號

事由：函達就職日期希查照由

擬辦

決定辦法

財政部、工商部上海交易所監理員辦公處

文別：公函

中華民國　監(37)字第1233號

中華民國卅七年七月廿三日

附件

案奉

工商部本年七月十五日京人37字第〇〇〇九號令開：

「茲派沈雲龍為上海交易所監理員，此令」

等因奉此，遵於七月廿一日到處就職，除呈報

財政部、工商部備案外，相應函達，即希

查照為荷　此致

上海證券交易所

商部派監理員沈雲龍

收文總字第1375號

事由	奉令本處財政部派監理員王鰲堂呈准辭職遺缺由秘書王傳福暫行兼代函希查照由
附件	
擬辦	
決定辦法	

財政經濟部上海交易所監理員辦公處

文別：公函

中華民國 監(37)字 1377 號

中華民國卅七年拾月廿三日發出

案奉

財政部本年十月十八日財人(一)字第五七五一號訓令內開：「查該處監理員王鰲堂呈請辭職業予照准，所遺職務着派該處秘書王傳福暫行兼代，除分令外，合行令仰知照。」等因，奉此，遵於本年十月廿二日到差視事，除呈報外，相應函達，即希查照為荷。此致

上海證券交易所

監理員 王傳福 兼代

收文總字第5411號

事由	函達就職日期希查照由
擬辦	
決定辦法	
附件	

財政
經濟部上海交易所監理員辦公處

文別：公函

中華民國　　監（　）字第　　號

中華民國卅七年十二月拾一日到 1411

案奉

工商部三十七年十一月十七日京人37字第二五三號令開：「茲派杜俊東為上海交易所監理員此令」等因，奉此，遵於十二月六日到處就職，除呈報

工商
財政部備案外，相應函達，即希

查照為荷。此致

上海證券交易所

工商部派監理員 杜俊東

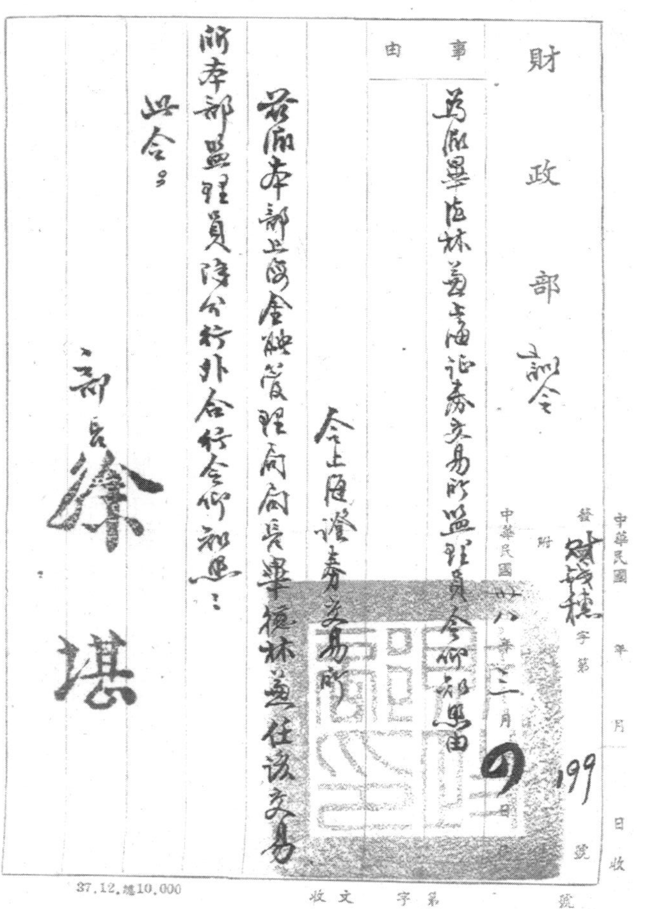

收文总字第5676号

财政部训令

事由：为派毕柱林兼上海证券交易所监理员令仰知照由

发 财钱稳字第 号

中华民国卅八年三月 日 附 199

令上海证券交易所

兹派本部上海金融管理局局长毕柱林兼任该交易所本部监理员，除分行外，合行令仰知照。

此令。

部长 徐堪

收文 字第 号

37.12.10,000

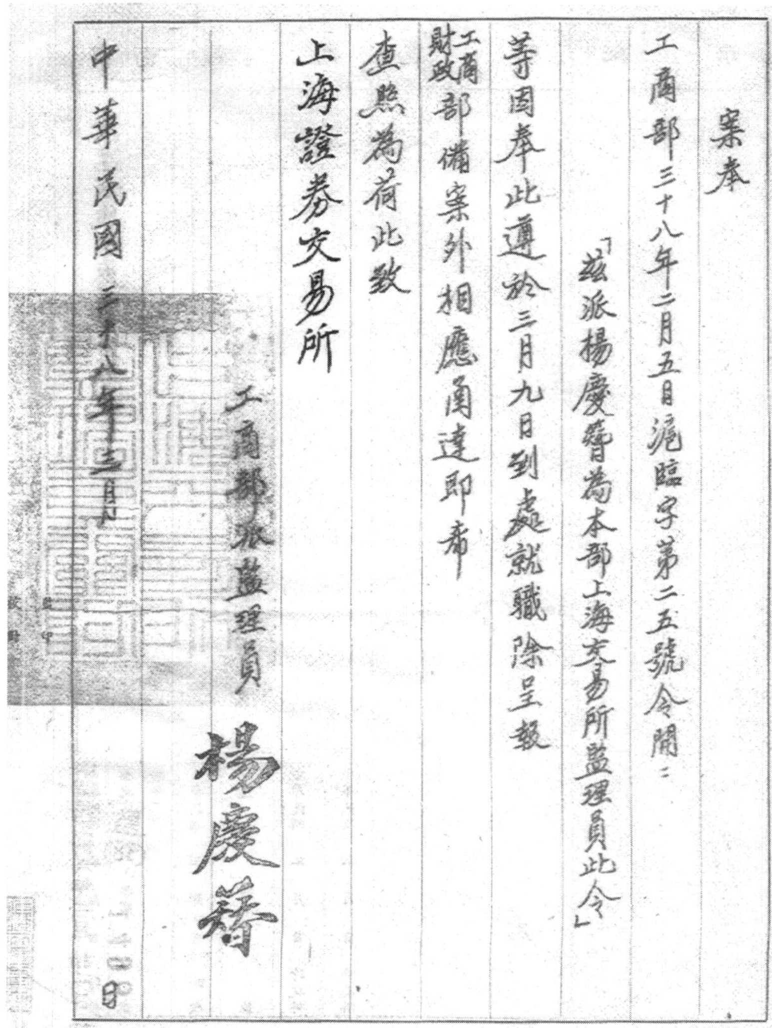

案奉

工商部三十八年二月五日沪临字第二五号令开：

"兹派杨庆簪为本部上海交易所监理员，此令"

等因，奉此，遵于三月九日到处就职，除呈报

工商部、财政部备案外，相应函达，即希

查照为荷。此致

上海证券交易所

工商部派监理员 杨庆簪

中华民国三十八年三月 日

收文 137號

事由	為派稽核徐美熙等前來貴所調查場務計算稽核各科之工作情形希惠予接洽由
附件	
擬辦	
決定辦法	
財政部上海交易所監理員辦公處	
文別	公函
中華民國	

查本處成立伊始，對於貴所場務計算稽核各科工作情形亟應明瞭，茲派稽核徐美熙、朱其旭、許威百、徐仁華、程炳驥、李道川等前來調查，至希惠予接洽為荷。

此致

上海證券交易所

監理員 王鰲堂 吳宗燾

收文 144號

事由	為函請將所有各經紀人姓名分項列單彙送備查由
附件	
擬辦	
決定辦法	
財政部上海交易所監理員辦公處	文別 公函

查本處對於各經紀人營業情形亟應[illegible]

貴所將所有各經紀人姓名字號地址電話分[illegible]

即希

查照為荷 此致

中華民國 [illegible]

監[illegible]

上海證券交易所

監理員 [illegible]

收文 337號

事由	函請將各號經紀人開立之證券字號牌名列表送處以便稽考由
附件	
擬辦	
決定辦法	

財政/經濟部上海交易所監理員辦公處

文別 附

中華民國

兹查本市新康永記證券號虧損倒閉情形各

一六四號經紀人懋

貴所前送經紀人名單內所列之一六四號經紀人為沈錫榮並未註明新康永記字號

該新康永記證券號是否係由一六四號經紀人所設報經

貴所有案本處無法稽考茲為便於考查起見各經紀人如經設有合[illegible]

貴所查明列表送處以憑查核用特函達至希

查照辦理並見復為荷此致

上海證券交易所

監理員 王鰲堂 吳宗壽

校對 阮奕華

監印 程邦正

收文346號

准

貴處本年十一月九日監字第六十六號大函飭將各經紀人附設之營業字號牌名列表送備查核等由查本所經紀人分法人與個人兩種除法人經紀人應具有合法之組織外個人經紀人祗認個人不認字號本所亦不強制陳報是以礙難列送相應函復敬希

亮詧爲荷此致

財政經濟部上海交易所監理員辦公處

啓

卅五　十一　三十　全

收文總字第936號

事由	爲函請將業經核准之各經紀人營業員及分辦事處詳細列單送處以憑查考由
擬辦	
決定辦法	
財政經濟部上海交易所監理員辦公處	文別：公函
	中華民國
附件	

案查

貴所各經紀人前亦附設營業員及分設辦事處所

貴所將業經核准各經紀人之營業員及分辦事處詳細列單送處以利查核嗣後如有此項新核准事項並希隨時轉告相應函請

收文總字第1034號

事由	函請將各上市股票申請上市時所填報各表件抄錄副本送處供核備後新股票上市時亟應將所填表件分送本處由
附件	
擬辦	
決定辦法	

財政經濟部上海交易所監理員辦公處

文別：公函

查本處現以亟要明瞭各上市股票之公司內
貴所將現行各上市股票申請上市時所填報各項
票申請上市時並應將所填表件分送本處以備查考用特函達即希
查照辦理見復爲荷此致

中華民國

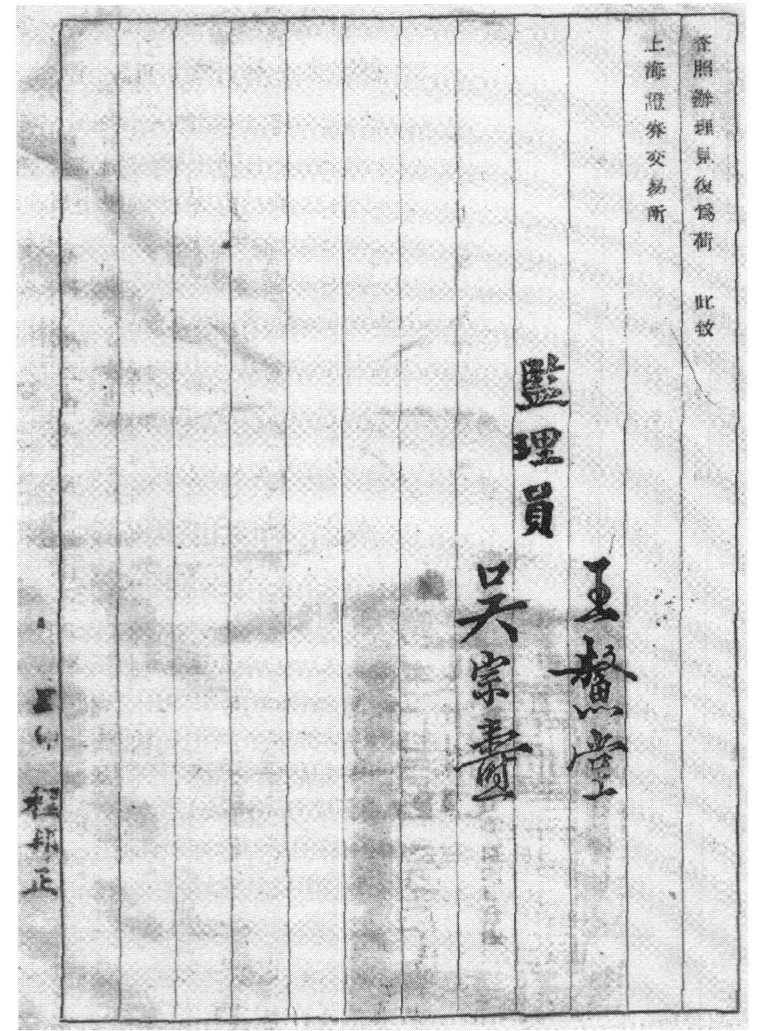

查照辦理見復爲荷　此致

上海證券交易所

監理員　王鰲堂　吳宗壽

上海證券交易所

監理員 王鰲堂 吳宗燾

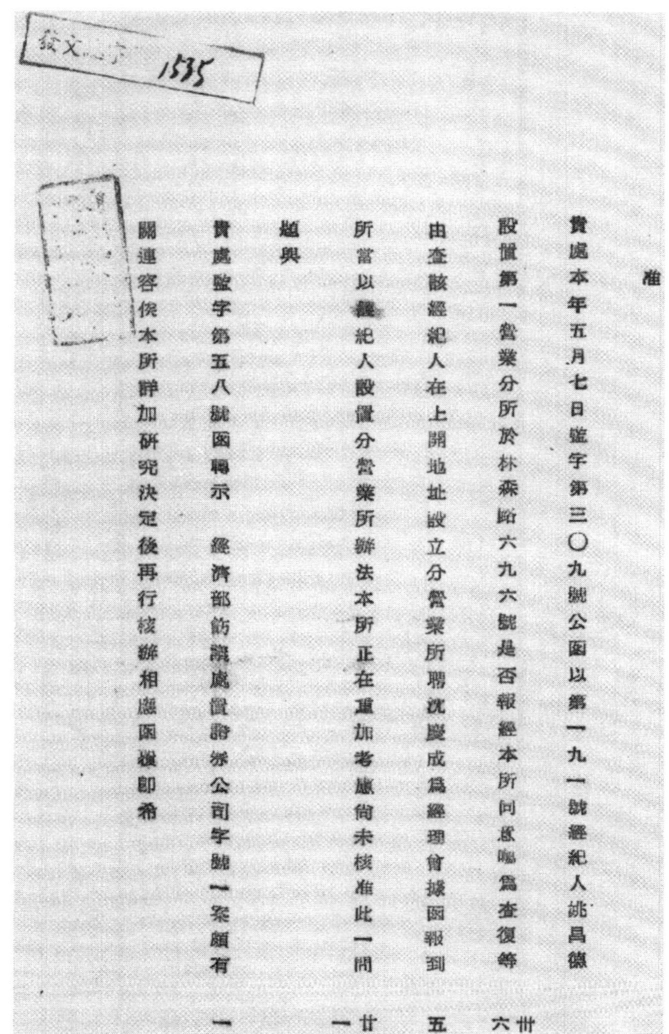

發文字 1535

准

貴處本年五月七日監字第三〇九號公函以第一九一號經紀人姚昌德設置第一營業分所於林森路六九六號是否報經本所同意囑為查復等由查該經紀人在上開地址設立分營業所聘沈慶成為經理曾據函報到所當以經紀人設置分營業所辦法本所正在重加考慮尚未核准此一問題與

貴處監字第五八號函囑示 經濟部飭議處置證券公司字號一案頗有關連容俟本所詳加研究決定後再行核辦相應函復即希

六卅 五 一廿 一

查照爲荷此致

財政經濟部上海交易所監理員辦公處

啓

卅六 五 廿一 二

查一五二號經紀人曾於三十五年十月三日申請於華山路一號以營業員関係裝置對講電話一隻經本所核准在案旋以營業員辦法尚須修正致對該處之營業員身份迄未正式核准備案至該經紀人之帳冊所載自稱西號本所無案可稽既未經本所核准備案其營業員及分營業所之身份似均未能成立該處如無代客買賣行為似可視為客戶

謹呈

楊協理

稽核科

上海證券交易所

收文總字第1507號

事由	擬辦	決定辦法
據查報第一五二號經紀人之買賣日記帳內間有「西號」之戶名查西號究為第一五二號經紀人之營業抑為客戶相應函請查明見復由		
附件		

財政部上海交易所監理員辦公處

文別　函

中華民國

查第一五二號經紀人與國孚營業狀況經派
「該經紀人買賣賬目中有西號字樣二戶頗疑為該號之場外交易機構當於
三月十八日前往檢查該西號設於華山路一號榮康酒家之二樓門口有招牌書
康證券號分辦事處字樣裝有對講電話一具通一五二號經紀人處房中有男女

卅七年三月廿四日下午壽李收到 龍

客戶六七人當即將該西號之賬簿攜回並當場查詢該西號負責人關季蓮據關
稱本人係一五二號經紀人潤亨號之客戶其對講電話係在戰前裝置營業處係
向一五二號經紀人租賃所有交易進出甚少係親友交易略取佣金等語」
復據附呈該經紀人申辯書稱
「謹呈者敝經紀人剏自開業以還對于交易所法及上海證券交易所營業細
則及一切有關法規無不恪力遵循惟恐隕越關于此次鈞處所垂詢之華山路一
號二樓潤康號為敝經紀人之分辦事處一節查與事實不符用將經過詳情申述
如下敝經紀人在前華商證券交易所時代即以潤亨證券號為營業牌號當時為
擴展營業起見曾在華山路一號二樓設有西區辦事處通有對講電話經營代客
買賣證券業務迄勝利後即宣告停業當時因停業解散之職友關季蓮黃鑫芳等
生計關係情商轉借該辦事處原址經營另星證券業務更改營業牌號為潤康號
所有資本均由彼等自行籌集敝經紀人並無參加[illegible]月上海證券交易所開

業後該號闞季蓮君曾請求敝經紀[illegible]申請登記爲營業員但迄尚未奉
批准故該號業未辦營代客業務祇由[illegible]身投資買賣證券以博微利聊資糊口而
敝經紀人對于該號所委託買賣交易亦完全按照普通客戶看待並無歧異之處
蓋敝經紀人對于該號始終未有股本參加該號所委託一切交易應付佣金稅款
亦無不全部照收況該號所用牌號並無一五二號經紀人分辦事處字樣註明顯
與敝經紀人毫無連繫關係事實昭然自鈞處派員澈查以後敝經紀人爲慎重計
已將該號一切委托買賣交易自三月十八日起全部停止代辦且該號亦已於是
日自動解散用將經過始末詳陳如上尚祈垂鑒是禱」

各等情據此查該潤康號經營上市股票與第一五二號經紀人之關係雖該經紀人帳
冊列有西號記載究竟該潤康號曾否由第一五二號經紀人聲請爲營業員或分營業
所

貴所是否核准有案如未經

貴所批復關於該潤康號究應認爲第一五二號經紀人之分營業所或營業員抑爲客戶
相應函請
查核見復以便核辦爲荷

此致

上海證券交易所

監理員 王鰲堂 吳宗壽

發文總字第2916號

逕啓者本年十二月十一日上午十時許淞滬警備司令部經濟組派員十餘人前來本所當有數人進場巡視至十二時退去下午二時正當後市開盤該部警員又臨市場監視干值交易以致市場停頓相應函達即希

查照爲荷此致

財政經濟部上海交易所監理員辦公處

啓

卅六 十二 十一 全

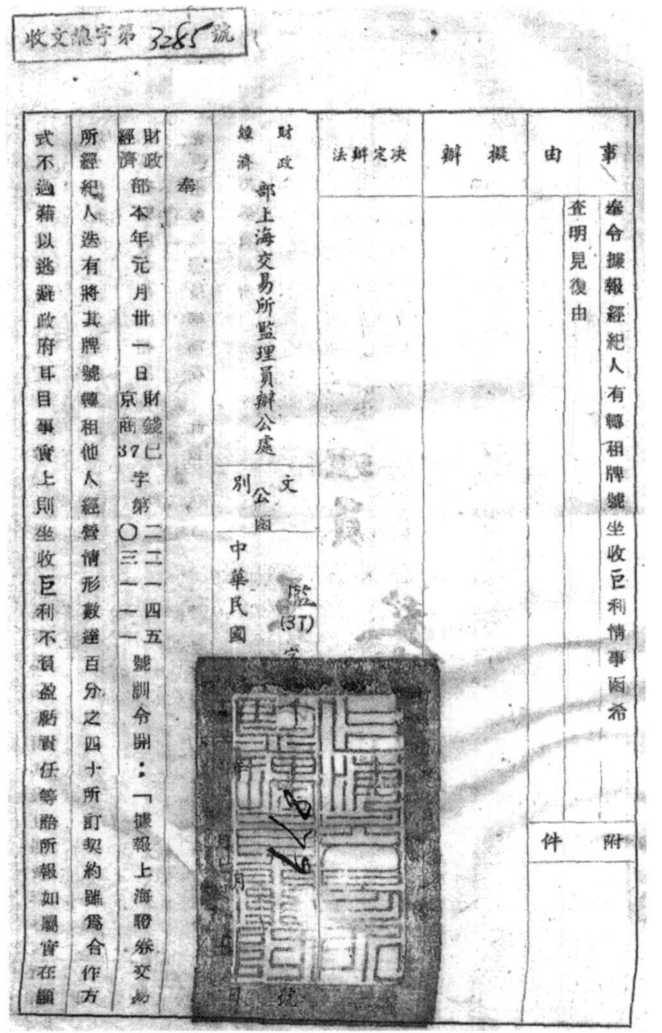

收文總字第3285號

事由	奉令據報經紀人有轉租牌號坐收巨利情事函希查明見復由
擬辦	
決定辦法	
附件	

財政經濟部上海交易所監理員辦公處

文別 公函

中華民國(37)監字 年 月 日 號

奉

財政經濟部本年元月卅一日財錢已/京商37字第二二一四五/〇三一一一號訓令開：「據報上海證券交易所經紀人迭有將其牌號轉租他人經營情形數達百分之四十所訂契約雖爲合作方式不過藉以逃避政府耳目事實上則坐收巨利不負盈虧責任等語所報如屬實在顯

遵該所營業細則之規定合行令仰該處密洽該所迅即查明具報以憑核辦再該所除
現有經紀人及以前業經聲請尚待補正手續者外目前尚無增加經紀人名額必要仰
即轉行知照」等因相應函達即希
查照密復以憑核轉爲荷　此致
上海證券交易所

監理員　王鰲堂　蔡澍

發文滬字第[illegible]

准
貴處監87字第一一四六號公函以准上海市警察局函以經紀人使用附
檔帳單有便利做場外交易之嫌轉囑將經紀人記錄交易之帳單式樣及　卅七
其記載方式予以規定等由查本所前經規定經紀人在市場內交易均須　七
填製場帳四份其中一份爲經紀人留底並其代客買賣記錄亦經本所於　三十
開業前召集各經紀人講解會計制度中列有買賣日記帳格式一種迄今
大多數經紀人均已採用當再轉飭注意依式辦理惟關於查核經紀人有　一
無場外交易情事似仍以敝法查獲其一切交易記錄送由本所與場帳核

對爲安僞僅從帳單格式上判斷則即使經紀人將場外交易記錄於規定格式之帳頁上於收盤後仍可將其銷毀或予以隱匿並不記入正式帳冊似仍未能收便利稽查場外交易之效相應檢同原擬定買賣日記帳格式兩份隨函奉復即希查照爲荷此致

財政／經濟部上海交易所監理員辦公處

附帳式兩份

啓

卅七 七 三十 二

03

逕啓者茲爲套利交易成交便利起見規定套利交易暫行辦法如左並定於本月十二日（星期四）前后起試辦

㈠股票種類　暫定永紗信和兩種

㈡交易地位　雙方均爲套利交易時在指定交易檯前集中交易（如對方爲普通交易時仍在各交易檯前依原有買賣方式照舊交易）

㈢成交單位　暫定伍萬股

㈣時價單位　暫定壹角

㈤時價方法　以時現價價格與遠交價格相比之差額例如八元壹角九元壹角等等

㈥成交價格　以當時現交買進價格爲根據例如套利時價八元成交而當時現交買進價爲四五〇元即現交價爲四五〇元遠交價爲四五八元

(六)升降限度　以現貨價格為標準（限於雙方均為套利之交易）

(七)買賣手續　以遞交之進出為準例如買進現貨賣出遞交者手心向外賣

出現貨買進遞交者手心向內

(八)填報表式　即用現在所用之場帳分別現交遞交仍由賣方依式填報

買方簽章後投入交易籃內

(九)其他各項　本證據金現品遞交追加證據金經手費交易稅及交割手

交割期限均依照原有現交及遞交辦法辦理[illegible]報表單亦一併計算出」

分別填製

上列辦法除公告市場外用特函達即希

查照為荷此致

各經紀人

中華民國三十五年十二月九日　上海證券交易所啓

逕啓者查本所開做套利交易旨在誘導遊資納入正軌經紀人代客套利應恪守代客買賣之原則不得用為調度資金之方法近查本所個人經紀人中有登載集團套利廣告揭櫫保息及紅利辦法者並近吸收存款顯屬違反本所暫行營業細則第二十一條之規定再套利交易必須在場作成如用內轉帳方式成交則足滋生流弊茲為防微杜漸增進經紀人信譽起見規定管理套利交易辦法自即日起施行相應抄附辦法一份即希

查照辦理為荷此致

各經紀人

啓

附辦法一份

中華民國三十六年二月二十二日

上海證券交易所管理證券套利辦法

一、本所個人經紀人接受客戶委託套利之交易應於場內成交不得以內轉帳方式成交並應於交易成立後持成交單或清單向本所業務處稽核科請求蓋章證明

二、本所個人經紀人之帳册對於代客套利有關之科目應獨立表示並註明代客套利字樣不得與其他科目混雜

三、本所個人經紀人代客集團套利時應將每期帳目公告於各委託人

四、本所個人經紀人代客套利對委託人交付之本金除套利實得利息外不得有保息或紅利之支付

上海證券交易所修正管理證券套利辦法

一、本所經紀人接受客戶委託套利之交易應於場內成交不得以內轉帳方式成交並應於交易成立後持成交單或清單向本所業務處稽核科請求蓋章證明

二、本所經紀人之帳册對於代客套利有關之科目應獨立表示並註明代客套利字樣不得與其他科目混雜

三、本所經紀人代客集團套利時應將每期帳目公告於各委託人

四、本所經紀人代客套利對委託人交付之本金除套利實得差額外不得有保息或紅利之支付但銀行錢莊信託公司之法人經紀人不以經紀人名義受託套利者除外

發文 329號

逕啓者本所前曾擬訂遞延交割暫行辦法呈請核示施行茲奉

財政經濟部錢四三九四號京錢字第一六〇〇七號批示內開「呈件均悉當以所謂一節爲便

該所交易繁旺市場融通尚不無必要經擬定暫予試辦三個月俟有成效

再准正式賡續辦理呈奉行政院本年十一月五日節京伍字第八二四〇

號指令准予照辦等因函達中央銀行外仰即遵照並就已核准上市股票

中擇其行情較爲穩定者先行辦理至期貨交易該所亦應着手籌備妥擬

辦法報部核奪統仰遵照此批」等因奉此遵即決定于十一月十四日後

市起辦理除擬訂「暫行試辦遞延交割辦法」於本日公告市場及通函

卅五 十一 十一

各經紀人週知外相應檢附該辦法兩份即希

督洽爲荷此致

財政經濟部上海交易所監理員辦公處

啓

附件

卅五 十一 十一

二

股票市場 公告市五十五號

頃奉財政經濟部令准暫行試辦遞延交割三個月茲定于本月十四日（星期四）後市試行開做其試行辦法暫定如下

對此公告

計開

一、股票種類 永紗 信和 美亞 景福 新光 永公

暫以以上六種先行試做遞延交割之交易其成交單位與交易方式與現期交易同至現期交易仍照常開做惟為[?]帳應分別使用不得混雜

二、交割期限 暫定每星期五為交割期每期遞延交割之交易於星期四後市起開做至次星期三前市止星期三後市及星期四前市祇做現期交易與間期遞延交割之交易同日交割如遇放假日依次提前行之所有交割辦法與現期交割現行辦法同

三、本證據金 按照成交價銀百分之三十征收之其中百分之十應以現金繳納其餘百分之二十得以上市證券代用之代用價格以市價七折為標準在交割清楚後全部發還之如遇買賣數量軋平時亦得於翌日發還之

四、追加證據金 如因市價漲跌發生損額時按照損額征收之如某種交易發生損額而他種交易有盈餘時得依抵冲後之淨損額繳納之在交割清楚後或損額回復時發還之

前項所稱「損額」及「盈額」係依據當日記帳價格計算之價銀與原成交總價銀之差額。

五、現品提交 賣方以供交割用之證券提前交與本所者得免繳各項證據金如遇買賣數量軋平時得於翌日發還之惟中途不得換繳證據金。

前項現品提交之收據如作為其他交易之證據金代用品時該證券作現貨論

六、經手費 與現期交易同

七、交易稅 暫按照現貨交易稅率徵收

八、對帳辦法 與現貨交易現行辦法同惟須另製「買賣報告單」每種證券一份送交本所其餘「收付清單」「買賣清單」「差額報告單」毋庸填製

逕啓者查本所遞延交割之交易試辦以來成績便利茲定於本月十日（星期一）前市起除原有遞交照常辦理外同時加做遞交一期其辦法暫定如左

一、交易起訖　每星期一前市開始星期六前市爲止下星期二交割

二、場帳區別　在特製場帳未印就前同時所做兩期遞交凡星期五交割者應在每頁場帳右上角標明「5」字星期二交割者在同樣地位標明「2」字以資識別事關重要切勿遺忘

三、對帳用之相互對帳表及買賣報告單亦應同樣分別標明「5」或「2」字樣

四、其他各項辦法一概與現行遞交辦法同

上項暫定辦法除公告市場外相應函請

查照爲荷此致

貴經紀人

啓

中華民國三十六年二月七日

副本

發文總字第 943 號

逕啓者查本所開做遞延交割交易關於經紀人應繳之本證據金代用品部份前經呈准酌予變通由承辦經紀人保證金代用品書面保證案內指定之滬市會員銀行二十六家以書面保證抵充並由本所商准滬市錢商業同業公會指定殷實錢莊十家參加承辦此項辦法部令限期至三十六年一月底爲止旋以限期將屆擬請准予展延施行經呈奉

財政部 京錢己字第七一四〇
經濟部 京商88字三三九八四 號批示「來呈關於遞交交易關於經紀人本證據金代用品書面保證辦法准予展延施行等情核尚可行該項書面保證抵充辦法准續展至本年四月底止期滿仍須依照原規定以有價證券繳納

卅六 二 十八　壹

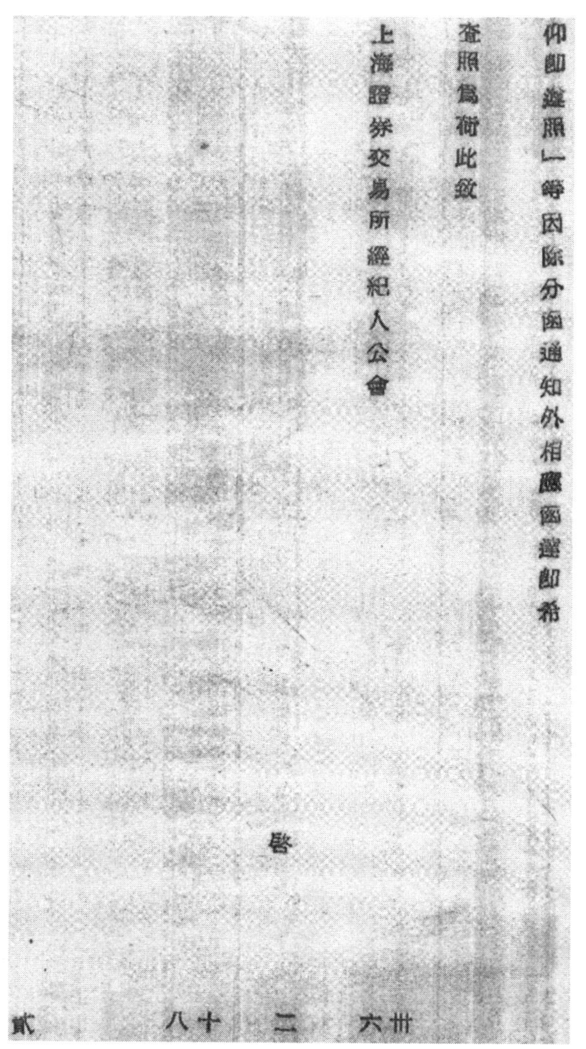
仰即查照□等因除分函通知外相應函達即希
查照爲荷此致
上海證券交易所經紀人公會
卷
卅六 二 十八
貳

收文□字第862號

上海證券交易所 收文 字第八六二號	
來文機關	財政部 經濟部
文別	批
附件	
批示	
復本所發文第	七五八號
事由	為(一)復准所請遷交易期滿繼續辦理期限仍暫定三個月(二)遷交易所規準候由本財政部呈報核示(三)關於期貨一節姑准存案,仰遵照由
擬辦	擬呈理事會 […] 三六、二、廿二
理事長	
常務理事	
總協理	
主任秘書	
經副襄理	
中華民國卅二年弍月廿二日時收到	
此係緊急之件歸楊協理處(室)限 日辦訖	
歸檔 類 項	理收第一二三號 第一屆第十次常理會報告

歸卷

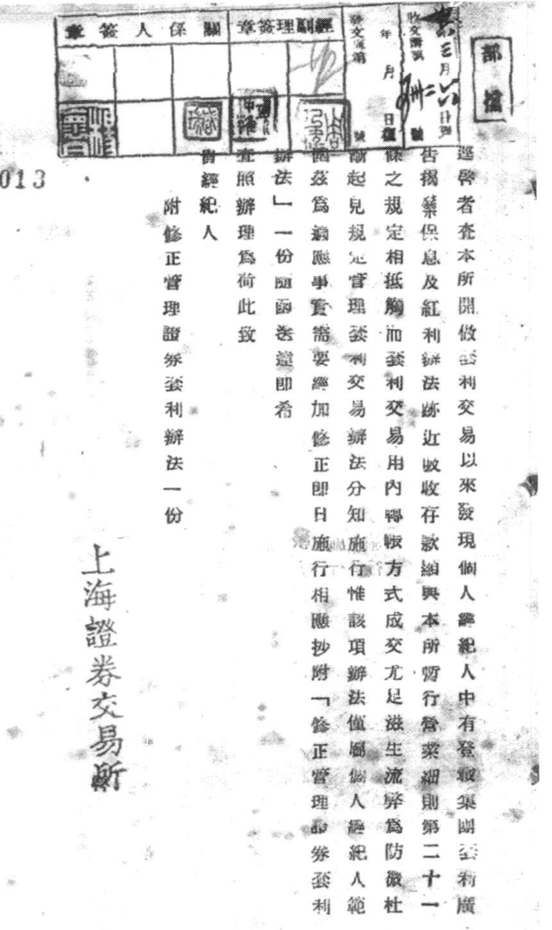

013

逕啓者查本所開做套利交易以來發現個人經紀人中有登報集團套利廣告揭櫫保息及紅利辦法跡近吸收存款殊與本所暫行營業細則第二十一條之規定相抵觸而套利交易用內轉帳方式成交尤足滋生流弊為防微杜漸起見規定管理套利交易辦法分知施行惟該項辦法僅屬個人經紀人範圍茲為適應事實需要經加修正即日施行相應抄附「修正管理證券套利辦法」一份隨函奉達即希查照辦理為荷此致

各經紀人

附修正管理證券套利辦法一份

上海證券交易所

中華民國三十六年三月五日

014

上海證券交易所修正管理證券套利辦法

一、本所經紀人接受客戶委託套利之交易應於場內成交不得以內轉帳方式成交並應於交易成立後持成交單或清單向本所業務處稽核科請求蓋章證明

二、本所經紀人之帳冊對於代客套利有關之科目應獨立表示並註明代客套利字樣不得與其他科目混雜

三、本所經紀人代客集團套利時應將每期帳目公告於各委託人

四、本所經紀人代客套利對委託人交付之本金除套利實得差額外不得有保息或紅利之支付但銀行錢莊信託公司之法人經紀人不以經紀人名義受託套利者除外

上海證券交易所稿紙

發文第 字第	00275號
發	財政部錢幣司　呈件
為	臚陳試辦遠期交易實際情形暨各方面情形再請予以正式辦理呈祈核示　由
附件	表一份
擬稿	三六年十一月十一日
送繕	年　月　日
發行	年　月　日
歸卷	年　月　日
復總收文第	號

理事長	
常務理事	
總經理	
協理	
主任秘書	
經副襄理	
秘書	
主任	
擬稿	
繕校	

秘文2-1/36-IX3000(建)

查本所兼辦遠期交易業務，於本年九月底試辦期滿，請正式辦理一案，經呈奉鈞部財錢乙字第一四一〇二號（京商36第六六四五八）通知，已呈奉行政院核准，仍依上次規定辦法，自本年十月一日起再予繼續試辦三個月等因到所。茲再將本所試辦遠期業務實際情形暨有關各問題，詳細臚陳如次，以說明遠期之有正式辦理之需要。

一、實際業務情形　本所於三十五年十一月十四日起開始試辦遠期交易，選定永安紗廠、信和紗廠、美亞綢廠、景福衫襪廠、新光內衣廠及上海永安等公司六種股票，兼做遠期交易。旋於同月二十一日續將華商電氣及勤興衫襪兩公司股票，加入兼做遠期交易。試辦以來，為時已將一年，對於吸收游資及協益扶助股市，尚有貢獻。茲將一年來遠期成交股數、金額及

753

金多抵数額，列表附備考為次。

二、匯兑與市場影響　上海為全國性之市場，故上海游資數字，可視為全國游資之代表。今春以前，大量游資之出路，以黃金美鈔為對象。自本年二月間，政府嚴格取締金鈔交易後，社會游資即轉趨證券市場。根據滬行本年五月份之每日統計，分列如次：

（甲）平均每日匯入金款一千七百四十餘億元。

（乙）匯出存帳每日平均金款（代表本行利息）一千二百六十餘億元。

（丙）滬行收存本證抵押金每日平均金款六百五十餘億元。

（丁）匯出實際交割每週平均金款四百九十餘億元。

按同時五月份上海商業行莊之存款總額為六千五百餘億元，而滬行匯換所平均匯換款為九千三百十億元，根據上列數字，其與證券市場之關係，分析如次：

（甲）滬行每日匯出款佔行莊存款總額百分之二六·六，而滬行匯換所交換總額百分之一八·七。

（乙）每期匯出交割日，交換所增加票據數字約增加百分之三十。

（丙）匯出存帳金款約佔行莊存款總額百分之二十。

（丁）本證抵金約佔行莊存款總額百分之十。

（戊）匯出實際交割之款約佔行莊存款百分之八。

根據以上分析，足徵在此時期，上海行莊存款百分之二十六·六，需靠交換所交換總額百分之二十，均與證券交易發生聯繫，而被吸住。

三、吸住游资之效用　上海现有庞大数额之游资，日以追逐利润是务，按目前市场利息，近月息二角左右，票据交换所每日交换之金额，不问其作何用途，均须负担此项黑市利息，是游资不归证券，即入物资或非法金钞交易。苟游资一经侵入物资市场，则物价即起剧烈之波动，其于国计民生上之严重影响，自不容忽视。欲平物价，并取缔金钞黑市，自宜加强游资之疏导，而繁荣证券市场，使股市之周转活泼，尤为疏导游资之有效方法，庶可树立人民正当投资之对象，以抑制囤积居奇之恶风，而游资之流入生产途径，自可水到渠成也。

四、证交与物价之关系　证券市场吸住游资之作用，略如上述，其唯一之效果，即系减轻游资对物价之压力，不论新公司发行股票，或旧公司增资募债，以出售新证券方式，获取资金，以扩张生产时，游资即通过证券市场，流入生产者之手，若股交旺盛，物资市场投机囤积之购买力，自可因以压低，物价自趋平稳矣。按沪所开业迄今以来，股交成交款最巨之日，达四千六百余亿元，设当时此巨款之游资，不流入股市，而入米市或纱市，则米价纱价之腾涨，自必惊人。论者有谓股价足以领导物价，按诸事实，殊不尽然，兹将本年六月份与十一月上旬物价与股价分列如次：

20支特双马	六月份平均九，三七二千元	十一月上旬平均二五，〇三〇千元	增167%
龙头细布	二九二千元	九四四千元	增223%

米	四二六千元	六七〇千元	增57%
生油	五七九千元	一七四一千元	增200%
白煤	一六九一千元	七九〇〇千元	增367%
股價指數	100%	一二八%	增28%

足徵物價猛漲，股價落後，股價領導物價之說，不攻自破。

五、遞交之利弊得失　遞交之利，在使證券市場交易繁盛，吸收大量游資，便利投資，其對市場影響，已大果見著。說者有謂股市過度活躍後，吸收游資過多，足以攘奪長期生產資金。實則目前社會資金游離性極大，加以市場利息之高昂，此項資金，徘徊出入於證券物資或非法金鈔之買賣，決不從事於長期生產之投資，故股市所吸收之游資，並不擷取生產資金，而股市繁榮後，廠商亦可乘機募股投資，於經濟上貢獻更多。或謂遞交足以助長投機，實則市場內合法遞交業務，可範之以證管制，如能管制得法，以引導證券交易為急，倘於合法市場內，正為消滅場外黑市投機之有效對策。助長投機之說，實為片面看法，與事實不符。

六、歐美證券市場之遞交辦法　按之倫敦證券交易所營業細則之規定，該所全年有二十四個交割日（第九十六條）會員所作交易，不得遞延交割超過成交後二十七個交割日（第九十四條）此項辦法，戰時曾經停止，今則早已恢復。但紐約證券交易所除通常之兩日交割外，亦有約定遞延一星期或兩星期交割之例，其辦法較倫所遞交每週五五割一次者，为期更长。欧美国家取法如此，推行并无窒碍，职所递交办法，亦职有例可援。

查职所试办递交业务以来，其间于试办期满奉准续试办者，已先后四次。每届期满之时，往往引起市场上之揣测，因之谣诼繁兴，影响于股市者，实非浅鲜，自非安定市面之道。递交既有举办之必要，试办以来，复办已达四次，为时非暂，成效已彰，实应准予正式办理，以安人心，而免周折。若以今后环境变异为虑，则将来政府对递交办法认为有修正必要时，自可指令职所遵行，初不因已经正式办理而有所拘束也。奉刻前因，理合将试办递交各方面情形暨应予正式办理之缘由，具文呈请

鉴核示遵。谨呈

财政部部长俞

经济部部长陈

附表一份

全衔理事长杜 ○

收文　字第517號

已覆

上海證券交易所收文字第五一七號

來文機關	財政部上海直接稅局
文別	通知
附件	
事由	為奉部令轉知關于遞延交易稅暫按現貨稅率征收一節未便照准應依照交易稅條例按規定期貨稅率自開做日起按實際交易額計算代扣繳庫由
復本所發文第	四二五號
批示	
擬辦	
中華民國	卅六年五月拾日時收到
此係緊急之件歸	處定限日辦訖
長 / 事 / 理	
常務理事	
總協理	[illegible]
主任 / 經副襄理	
歸檔	類　項

收文總字第1383號

財政部訓令　　[illegible]字第30525號

令上海証券交易所

事由：

查遞延交割証券交易課税一案前據[illegible]所本年三月二日發滬字第八二三號函為請[illegible]執請准暫照現貨稅率課征等情經已轉呈核示茲奉行政院本年四月十二日從五字一三四三五號指令准予照[illegible]并以本年為期即自卅五年十一月十四日起至卅六年五月十三日止除分令上海直接稅局外合行令仰知照此令

部長俞鴻鈞

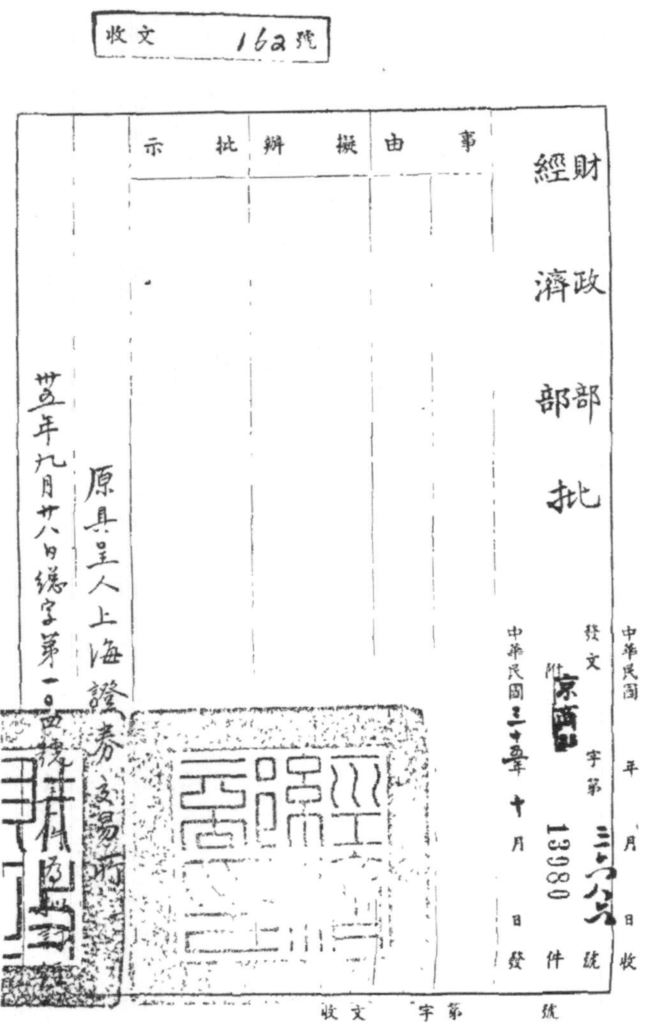

收文 162號

財政部
經濟部 批

發文 [illegible]字第 13080 號

中華民國三十五年十月 日發

原具呈人上海證券交易所

卅五年九月廿八日總字第一[illegible]號

紀人保證金代用品之種類及[illegible]

呈悉。查經紀人保證金代用品有價證券部份，其半數[illegible]

為該所試行上市之證券，半數應為政府發行之公債，其價格概

按市價七折計算；未上市之公債照面額七折計算，除函達中央銀

行並令知上海交易所監理員外，仰即知照。此批。

(192×272公分)

校對 何文欽
監印 [illegible]

收文 391

事由	為請查明新亞藥廠及麗安百貨公司內部資產負債情形見復由
附件	
擬辦	
決定批示	

財政經濟部上海交易所監理員辦公處

文別：公函

中華民國[illegible]年[illegible]月六日發出　監字第[illegible]號

查近日證券交易市面平穩，外界傳說紛[illegible]，頗騰報載，有新亞藥廠及麗安百貨兩家將陷於[illegible]者情，據新亞藥廠及麗安百貨兩股票均係貴所上市證券，其內部最近資產負債實際情形如何，應請貴所核明詳為見示，以備查考。相應函達，即希查照辦理見復為荷。此致

上海證券交易所

監理員　王鰲堂　吳宗壽

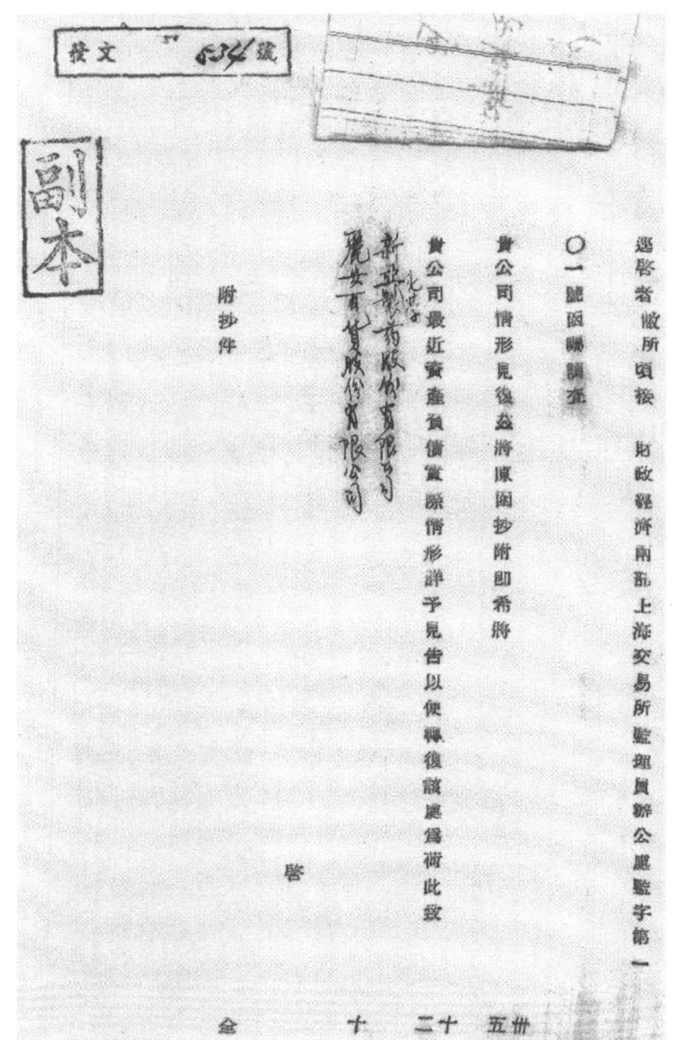
發文 634號

副本

逕啟者：敝所頃接財政經濟兩部駐上海交易所監理員辦公處監字第一〇一號函略開：查

貴公司情形見復，茲將原函抄附，即希將

貴公司最近資產負債實際情形詳予見告，以便轉復該處為荷。此致

新亞製藥股份有限公司

麗安百貨股份有限公司

附抄件

啓

卅五　十二　十　全

收文 418號

麗安百貨股份有限公司

總管理處用箋

總字第六十一號　第全頁　（覆函請註明本公司發文號次）

逕復者：接奉總字第五三四號大函，略以接奉財政經濟兩部駐上海交易所監理員辦公處函屬調查敝公司情形，希開示最近資產負債情形，以便轉復等由。奉此，茲特錄奉敝公司本年九月三十日止試算表一份，至希察核。至最近敝公司資產負債之實際情形，確實良好，惟十月及十一月份試算表因外埠分店賬略一時未能齊集，難以求得準確數字，當待年終總結算後一併詳告。敝公司平時業務鬱抱穩健，對外亦無甚負債，至本月十三日止行莊欠款總額僅壹千叁百叁拾萬元，外間所傳純屬無稽。專此奉復，並祈據情轉復為荷。此致

上海證券交易所

附九月份試算表一份

麗安百貨股份有限公司 總經理 [signature] 啟

中華民國三十五年十二月十四日

總管理處（電話九一三一五　上海南京路四六二號　電報掛號四六四一）

第一店：上海森林中路七〇七至七一一號　電話七七一四八號

南京分店：南京升州路弓箭坊三九號　電報掛號四六四一

杭州分店：杭州驛橋皇諸巷四十九號　電報掛號四六四一

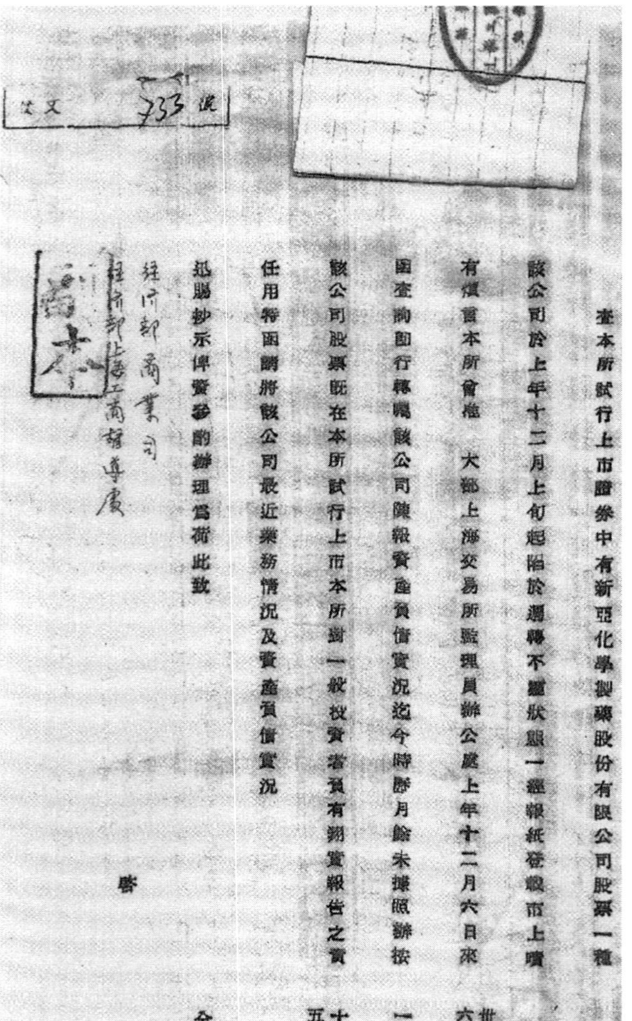

發文 733號

查本所試行上市證券中有新亞化學製藥股份有限公司股票一種
該公司於上年十二月上旬起陷於週轉不靈狀態一經報紙登載市上嘖
有煩言本所曾准　大部上海交易所監理員辦公處上年十二月六日來
函查詢即行轉飭該公司陳報資產負債實況迄今時將月餘未據照辦按
該公司股票既在本所試行上市本所對一般投資者負有翔實報告之責
任用特函請將該公司最近業務情況及資產負債實況
迅賜抄示俾資參酌辦理為荷此致
經濟部商業司
經濟部上海工商輔導處
啓
卅六　一　十五　全

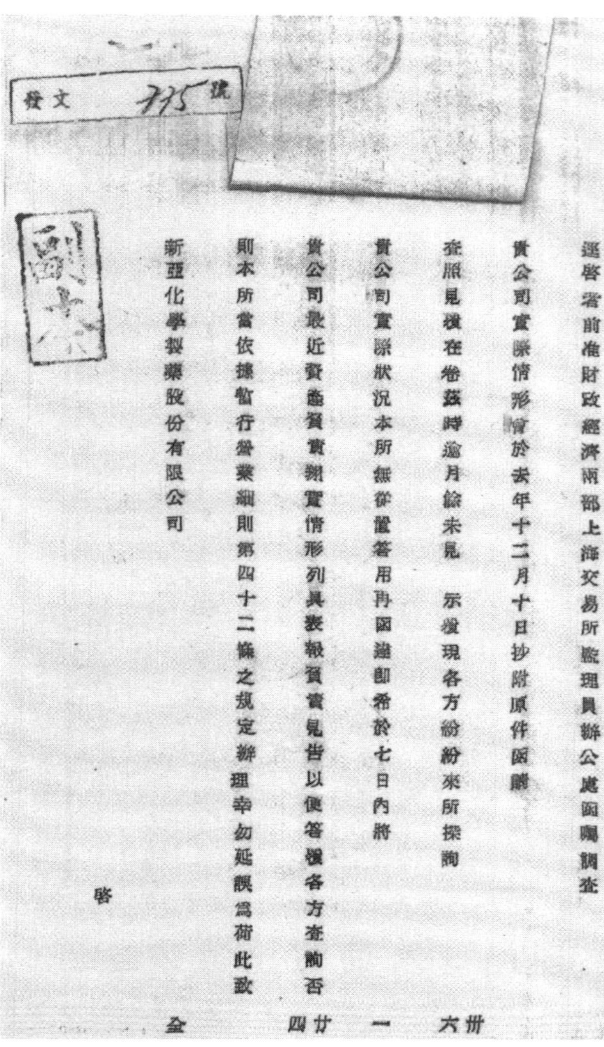

發文 735號

逕啓者前准財政經濟兩部上海交易所監理員辦公處函囑調查
貴公司實際情形曾於去年十二月十日抄附原件函請
查照見覆在卷茲時逾月餘未見　示復現各方紛紛來所探詢
貴公司實際狀況本所無從置答用再函達即希於七日內將
貴公司最近資產負債翔實情形列具表報賚會見告以便答覆各方查詢否
則本所當依據暫行營業細則第四十二條之規定辦理幸勿延誤為荷此致
新亞化學製藥股份有限公司
啓
卅六　一　廿四　全

收文 744 號

經濟部用箋

准

貴所三十六年一月十五日總字第七三三號函以試
行上市股票中有新亞化學製藥股份有
限公司一家於上年十二月上旬起陷於週轉
不靈狀態囑抄示該公司最近業務情況
及資產負債實況俾資參酌辦理等
由到司查該公司三十五年度營業報
告書表尚未據呈報本部關於該公

經濟部用箋

司最近業務經營及資產負債情形無
可稽考應請逕向該公司洽詢准函前
由相應復請
查照此致
上海證券交易所

經濟部商業司啓 月 日

收文 724 號

經濟部上海工商輔導處 公函

事由	函復新亞化學製藥公司困難呈由
擬辦	
批示	准

發文 36 字第 三一七 號

中華民國 年 月 日 收

收文 字第 號

貴所卅六年九月十五日發總字第七三三號函略以新亞化學製藥股份有限公司最近業務情形及資產負債實況查復等由查生產事業臨時貸款審核委員會對于該廠整理已有適當辦法現正進行中該廠困難當有解決之望相應復請查照為荷此致

上海證券交易所

兼處長 歐陽崙

監印

校對

收文 1260

上海新亞化學製藥股份有限公司用箋

丁字第482號第乙頁

逕啓者前准貴所總字第八六七號大函略以現三十五年度業經終了請依照規定將編具之表冊送所備查等由准此因敝公司分支機構太多故關於決算手續辦理需時總期多日至爲抱歉茲先送上三十五年度決算表暨財產目錄各乙份即請詧收至本年三個月營業表報正在編製稍緩時日再行送奉相應函復務希

中華民國　年　月　日

總公司 上海新閘路一〇四四號 電話 三九八〇〇轉接各線

第一廠 第二廠

有線電報掛號 五六七七

上海新亞化學製藥股份有限公司用箋

字第　號第式頁

詧照至紉公誼此致

上海證券交易所

附件式本

新亞化學製藥股份有限公司

總經理 [illegible]克民

中華民國卅六年四月十八日

總公司 上海新閘路一〇四四號 電話 三九八〇〇轉接各線

第一廠 第二廠

有線電報掛號 五六七七

收文 409號

上海證券交易所經紀人公會

文字二十七號　第一頁

逕啓者本月十一日各報披露宋院長爲解救經濟危機促進經濟復興起見特召集金融領袖商討具體辦法組織四聯總處生產事業貸款臨時審核委員會主持其事是則政府對於生產事業之協助與發展至爲關切證券業務雖非生產機構而間接影響整個社會經濟至深且鉅並經營證券之經紀人或證券持有人倘能將各種證券向四聯總處申請低利押款或充作貼現之担保品非獨籌碼可以加多周轉得以靈活且可使證券

會址：漢口路證券大樓一二一室　電話：九八〇七〇

發文總字第1646號

副本

逕啓者准

貴公司本年四月十八日丁字第四八二號大函附送三十五年度決算表暨財產目錄各一份照收祇悉經報准財政經濟部上海交易所監理員辦公處三十六年六月五日公函以

貴公司資負狀況欠佳未知最近有否改善囑轉知抄送最近資產負債表或月終試算表送處查核等由相應函達即希

查照抄送一式二份以便存轉爲荷此致

新亞化學製藥股份有限公司

啓

卅六　六　五　余

上海證券交易所經紀人公會

第二頁

本身之信誉藉以增進人民自願樂於投資企業藉以繁榮高利貸逐漸消滅證券市場助長復興產業之使命應可完成故證券市場與產業機構休戚相共唇齒相依挽救之道不容偏廢也用佈區區之陳請轉函四聯總處鑒核採擇施行是所企荷此致

上海證券交易所

理事長 啓

卅五.十二.

會址：漢口路證券大樓一二一室　電話：九八〇七〇

發文 495號

副本

逕啓者茲解奉 敝所 經紀人謄據金肆億零捌百玖拾捌萬叁千陸百伍拾元整即希

查收爲開上海證券交易所經紀人謄據金戶以後如須簽領此項存款即憑

敝所 協理兼財務處經理顧宗尚或財務處代理副經理呂澤華簽之印鑑領取特將顧兼經理及呂代副理會簽之印鑑一份隨函附送并請

查收存驗爲荷此致

中央銀行業務局

附件

啓

金 卅五 十二 二

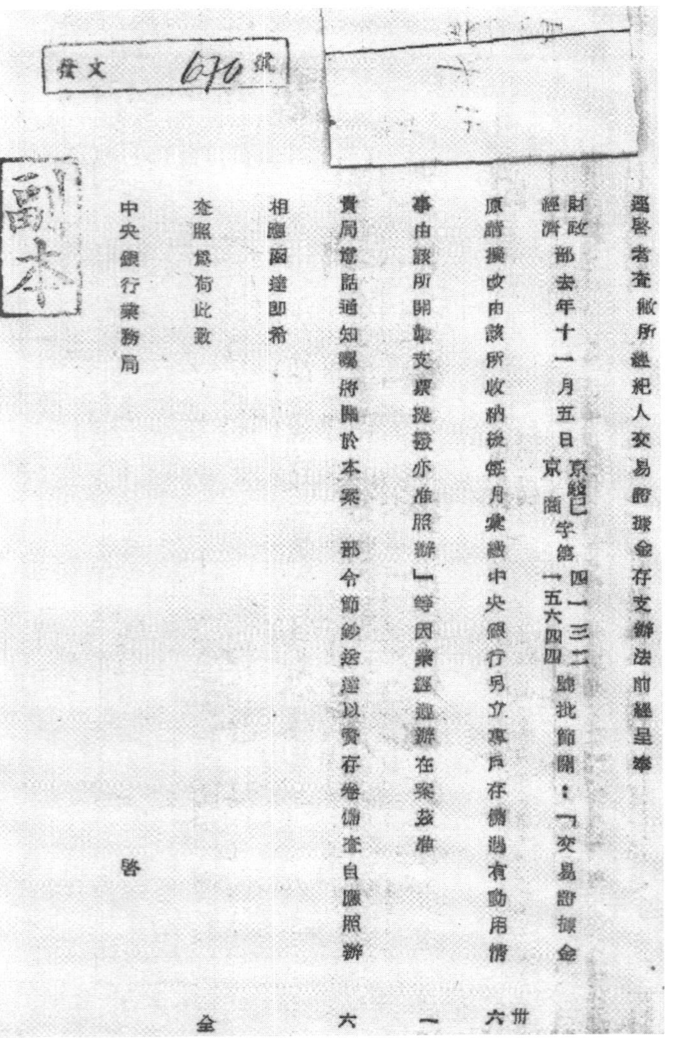

發文 670號

副本

逕啓者查敝所經紀人交易證據金存支辦法前經呈奉

財政經濟部去年十一月五日京錢已京商字第四一三二一五六四四號批飭開：「交易證據金

原請撥交由該所收納後每月彙繳中央銀行另立專戶存儲遇有動用情

事由該所開具支票提撥亦准照辦」等因業經遵辦在案茲准

貴局電話通知囑將關於本案　部令節鈔送達以資存卷備查自應照辦

相應函達即希

查照爲荷此致

中央銀行業務局

啓

卅六　一　六　全

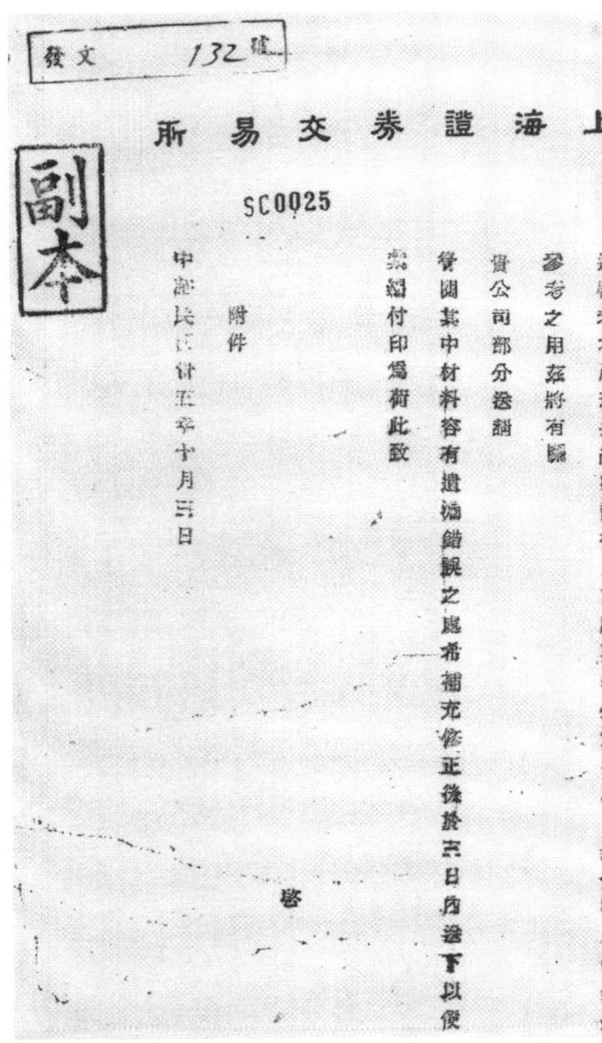

發文 132號

上海證券交易所

副本

SC0025

逕啓者本所現彙編試行上市股票各公司概況手册一種以備各界

參考之用茲將有關

貴公司部分送請

詧閲其中材料容有遺漏錯誤之處希補充修正後於三日内送下以便

彙編付印爲荷此致

啓

附件

中華民國卅五年十月三日

發文 867 號

SC0063

上海證券交易所

副本

逕啓者查本所暫行營業細則第四十條甲項第三款規定：「申請公司應將每屆營業年度終了所造具公司法第二二六條規定之各表册送交本所」現三十五年度業經終了相應函請

貴公司依照上項規定將編具之營業報告書資產負債表財產目錄損益表及盈餘分派之議案等表册迅即送所備查爲荷此致

股份有限公司

啓

中華民國三十六年二月七日

發文滬字第 5143 號

SC0177

上海證券交易所

逕啓者本所茲爲明瞭上市廠商自本所成立以後歷次增資後資本之運用及其生產技術之改進等情形特印製「上市廠商現金增加資本及其運用情形調查表」一種以便查核統計供對外發表各廠商業務發展改進狀況皆有裨於

貴公司之營業信譽用特隨檢同調查表一份倘希惠予合作詳細塡列寄下爲荷此致

啓

附表一紙

中華民國三十八年三月十日

收文 158號

SC0002

事由	擬辦	決定辦法
爲奉兩部令轉據[illegible]不諭呈請變更上海證券交易所辦法以利人民投資一案抄發原呈請核辦見復由		

附件 如文

財政經濟部上海交易所監理員辦公處

文別 函

中華民國

發文

案奉

財政經濟部本年十月十五日京商[illegible]字第[illegible]號訓令開：「案准行政院秘書廳本年九月十八日[illegible]據京[illegible]不諭呈請變更上海證券交易所辦法以利人民投資一案，奉諭：交財政經濟兩部。等因，通知到部。查上海證券交易所於開業時經以新光內衣公司等

SC0003

六十家股票呈由本兩部核准試行上市在案。目前該所股票交易並不盛旺，成交數額頗爲低微，尚無以發揮吸收游資之力量。應由該處督促該所對於業務進行務須妥爲籌劃，期於短期內可獲開展，而維滬市規模較大之公司其所發行之股票或公司債有合於上市之條件者，該所尤應設法勸導參加，以期引誘投資，消滅場外交易，藉裕稅收。奉交前因，合行抄發原呈，令仰遵照，並將遵辦情形具報。此令。」等因，抄發原呈一件。奉此，相應抄同原呈函達，查照籌擬辦法見復爲荷。此致

上海證券交易所

附抄原呈一件

監理員 王鰲堂 吳宗燾

監印 程郭正

收文 158號

SC0004

抄原呈

呈為呈請事查上海証券交易所籌備委員會擬具申請上市開拍之股票迄今祗六十餘份而其中十分之九多屬敵偽時期上海投機家新創利用交易所吸收資金之工具其範圍極小專以操縱股票為目的故此次籌備會開辦股票上市申請此項小型公司即爭先申請以求一逞至於戰前設立歷史悠久之公司既恥與為伍復鑒於申請手續之麻煩多望而卻步因此証券交易所如貿然開業而以此等小公司股票作為買賣籌碼則社會資金既為此等投機家吸收復將轉用於屯積貨物躉金涯徒為國家財政增壓力蓋此等公司設立之目的即在於此也而競交易所籌委會應將全國大公司廠商之股票自動懸牌開拍而免除申請之煩瑣手續以促進人民投資之興趣至於小型公司應嚴格選擇

SC0005

俾免人民誤投資金蒙受損失並仿照紐約証券交易所例先在Curb Exchange開拍滿三年後經過審查再得升入交易所正式開拍以保障人民之資金交易所籌委會如貿然將小型投機股票作為開拍籌碼而不能將殷實股票自動開拍結果必然引起投機狂潮影响財政金融必非淺鮮屆時政府再加蒞礼中紡公司石油公司等股份必有困难因市面資金早因投機狂潮而消耗殆盡矣鈞座於查閱申請上市之股票即可明瞭十分之九以上為社會上從沒有聞者也其內容不堪設想有地位之老公司多未辦理申請即准南路礦公司亦未見申請上市開拍也故証券交易所開業應以開拍大公司廠商之殷實股票為限惟此種股票始能引導人民之投資而不致使資本市場崩潰也今開籌委會諸公並未採取此項見解敵偽時期創立之一般小公司股票

SC0006

仍得上市開拍而殷实之公司反因未申請而不能開拍結果将
居投機操縱必較敵偽時期更本加厲而資本市場經必毀於一旦
也謹呈

發文　213號

SC0010

接准
貴處本年十月十八日監字第三九號公函以奉　財政經濟部訓令抄發施
不逾呈請變更證券交易辦法以利人民投資一案原文飭本所就滬市規
模較大之公司擇其所發行之股票或公司債有合於上市條件者設法勸
導參加以期引誘投資消滅場外交易藉裕稅收抄同原附件囑查照籌擬
辦法見復等由查本所辦理滬市各公司申請證券上市須經驗格審查後
轉呈　財政經濟部核辦自開始初次呈奉核准試行上市之二十家外已核有
七家審核呈核以後當可逐漸增加至滬市組織規模較大之公司亦當相

卅五　十　廿二　一

SC0011

機設法勸誘將其所發證券來所申請上市惟公司規模之大小殊乏具體
標準內容是否充實證券流通性如何尤須逐一詳探因之勸誘目標抉擇
兼籌如蒙轉商　經濟部依據各公司註册成案擇其規模較大而內容充
實者酌示名冊則尤便分頭勸導而利進行相應函復即希
查照爲荷此致
財政
經濟部上海交易所監理員辦公處

啓

卅五　十　廿二　二

發文總字第1185

SC0024

發文總

卅六　三

爲奉通知改善營業管理三點呈復鑒核由

呈

鈞部　號通知以准奉交部所對敵內幕密報抄發原報告飭
將營業管理部份三點儘量設法改善報核等因查證券交易在昔年初創時期
以籌碼有限交易不多經營者祇有自己與顧客對做往往同時報出買賣兩價
行市其中差額即爲證券商之利潤當時證券商之買賣無法律之限制不受政
府之監督亦無共同遵守之同業規約發爲漫無拘束之營業嗣後交易增加業

SC0025

務盛旺之時待有機會從中作買空賣空吃敲操縱及覬斷狀詐等行爲而投機之名亦有由來迨後政府立法管制但一般病態依然存在初未消滅上年九月屬所奉准成立秉承政府國策實施規定章則買賣有一定之手續授受有明白之責任處處以保障社會公衆利益爲前提對於操縱狀詐等行爲自嘗嚴加制裁而經紀人間往往因買空賣空有厚利可圖狃於吃敲陋習不願受繩墨之束縛暗中經營黑市交易推波助瀾擾亂市面此爲目前證券市場之癥結所在亟須對症發藥作有效之斷然處置以冀市場之益臻健全至屬所營業管理方法無時不按實際情形隨時改進逐步實施奉抄件所列三點自當注意但所報未盡詳實敬分陳如次：

㈠原報告稱：「場內買賣不便使客戶久候時日於市價漲落快速時買易

SC0026

失寬」暨「大量交易不易成交」兩點查屬所開業以來經紀人交易技術之純熟與時俱進初以黑市猖獗交易不集中屬所市場屬所交易清淡成交自不能如理想之迅捷最近黑市經嚴格取締較前斂跡遷來屬所每日交易額有時達八九千萬股（金額達貳千壹百餘億元）創吾國交易所成交額之最高紀錄交易技術運用靈活經紀人及客戶均稱便捷而場內大量交易亦能圓滑進行屬所爲貫徹改進擬設置巨額交易檯俾成交單位較普通交易檯之成交單位爲巨將來開做以後大量交易之成交自更容易

㈡原報告稱：「買戶交款後須隔日始克領到股票投機者無法週轉抵押以致蒙受損失」查屬所交割事宜由中央銀行指定中國交通兩銀行辦理收款均屬銀行票據例於當日下午四時轉解軋現收到後方敢發貨故有隔日發

SC0033

出證券之規定並非故意逃避現已由 鈞所 特定保管收據一種於收款時舉給
俾經紀人得以作抵押或交割之用不久即可實施
㈢原報告末節所稱內轉帳云云亦與事實不符 鈞所 認可之內轉帳交易有
明白之規定須同一經紀人同時接受兩個以上客戶之委託其所做交易之種
類及買賣價格均屬相同者始得以內轉帳報所不合上述情形者概不得以內
轉帳辦法曾經公告市場有案原報告所稱殊非事實
奉知前因除分呈外謹合具文呈復敬祈
鑒核轉呈
上海證券交易所理事長杜 鏞

SC0034

上海證券交易所 收文 字第二六四〇號	
來文機關	李資森君
文別	呈
附件	
批示	
長事理	
事理務常	
理協總	
書秘任主	
理襄副經	
此係緊急之件歸業務處室限 日辦訖	
中華民國卅六年十一月八日時收到	
復本所發文第 號	
事由	為檢討一年以來証券市場發展趨勢建議改善方策冒昧函陳希鑒詧由
擬辦	張 汪副理研究 速研究 杏時
歸檔 類 項	

北平市私立燕冀中學校

SC0035

敬啓者自去歲 貴所開業以來國人無不深切期待其日趨繁榮
奠定我國民族產業資本市場之基礎開業以後適逢我國經濟危機之
秋格於環境發展固未如理想對於吸收游資減輕物價之壓力確有不
可抹殺之事實至於業務上之一切措施
貴所執事諸公屢屢為適應需要銳意改進之苦心殊已作最大努力不能
不表深切敬意證交前途發展如何關係我國民日後經濟百年大計至深且
鉅對其發展之歸趨令人感到異常之關切
回顧過去一年之中雖曾有極度繁榮吾人冷静看來不能視為正常

北平市私立燕冀中學校

SC0036

其主要因素在於通貨膨脹幣值下跌游資氾濫投機狂熱造成暫時之畸形
發展觀乎近来經濟局勢略呈穩定而證券市場則每況愈下將来果如美
貸成功經濟長期穩定國營事業股票上場債券開拍爾時局勢實屬不堪設
想近據報載 貴所以業務清淡正謀研討對策傳聞對於現貨交易擬仿照場
外開盤辦法等等 鄙人以愛護 貴所之資格對此略有所感謹以管見所及擬具後列芻
議敬希 指正
檢討一年以来發展趨勢令人關切者有如下數端
一 對於上場之各種股票較開業之初發展極不均衡例於熱門股中永安紗廠美

北平市私立燕冀中學校

SC0037

亞鋼廠、新光內衣、景福紡織等，無論其上漲倍數及成交數額，俱有驚人之距離。其他冷門股更無待言矣。

二、對於場外交易始終無主動控制或抗衡方策，雖曾有數度主管官廳屢取締場外交易，結果依然如故，無庸諱言，迄至現在場內永安紗廠現貨每日收盤價格往往不能表示為真實價格，吾人追溯場外歷久不能消滅者，因場外有場外之優除記金問題外，既有多空貼息之便利，更對於每日調度資金靈活，隨意交割，與在場內交易所受拘束及呆板情形不可同日語也。

三、場外多空貼息方法在利率高昂之下，實有助長拋空搨擻，使投資者畏足不前，阻礙股票正常發展，實匪淺鮮。

北平市私立燕冀中學校

SC0038

四、現在大部交易完全集中永安紗廠一種，對於其他股票興趣漸淡，而完全放棄之傾向日深刻化。

依上述數種情形觀察，其原因在於一般買賣股者，其基本目的無概念，莫不以追求利潤為前提，演成必然之結果。此與證券市場當初創設之本旨大相徑庭。長此以往，如不設法改善，惟有使熱門股愈熱，冷門股愈冷，現在偶有新上場股票殊不引人如何注意，況現在上場股票僅三十餘種，而如此現象將來如再增加，實屬不堪設想。目前當前急務為應付前述弊端，對於現行之遞延交易制度變更辦法，以資為必要。

改善方案

一遲延交易改為每日交割無限期遲延制 原則上自成交之翌日即可履行交割
遲延期間規定三十日內為猶豫期間期內隨意交割或了結屆期亦無庸負責
對方由買賣之一方將餘額轉掉下月之同期日（繳納半額手續費）

二所方代收股票 將來依事實需要另行設立交割公司專門辦理此項業務
臨時由所方暫兼辦理本日交易每日於特定時間內依各經紀人之需要申請
收交數額所方綜核計算如交貨之數額多於收貨數額時（例如交貨股數二千萬

收貨者股數一千八百萬股其餘二百萬股為所方代收數額）餘額由所方代收價款暫
為墊付其代收股數每日於市場公佈之如收貨者數額多於交貨數額此謂超過不
足其不足數額每日於市場公佈之

三遲延費之計算

依前項收交情形所方為調節股票流通圓滑起見逐日決定遲延費（甲）所方代收
股票時依其代金核其利息（此謂正息或稱順息）捨去零尾決定每股若干按照存股
額由買方支付賣方收入（乙）如所方計算交割數額不足時為促進交貨計則制定相
反之遲延費每股若干按日累加假定第一日每股伍角第二日仍無交貨時增加為

北平市私立燕冀中學校

SC0041

一九弟三日為壹元五角依此累加至十日最高額為止十天以後按每日五元計算（此謂反息或稱遞息）由賣方支付買方收入（丙）如收交全無變方俱無遲延費

如此措買場外交易自必向場內集中且增加業者之興趣且基於遲延費之作用對於持有股票者（而）將保障對於制止拋空亦不無裨益同時一般遲用之不能集中於某一種股票推進其他股票普遍發展

最後希望證交當局對於達成證券交易所重要使命為謀求根本繁榮起見樹立遠大計劃督促政府對全國主要都市迅速設立證券交易所使全國之股

北平市私立燕冀中學

SC0042

票流通區域擴大使利各經紀人與各地相互間之套利交易增加業務之收入（研討如何使全國人民證券思想之普及徹底推行人民資金投資於生產事業以及協助經紀人業務之革新等等俱為繁榮證交主要施策 鄙人才疏學淺以上所述之各項一切辭不達意或措詞失當在所難免謹以熱誠愛護中國證券之起見合座之中肯時賜詞尚祈鑒諒此致

上海證券交易所 台鑒

鄙人 李資霖拜啟 十一月廿六

林森中路三九八號 五鳳里十號 李寄

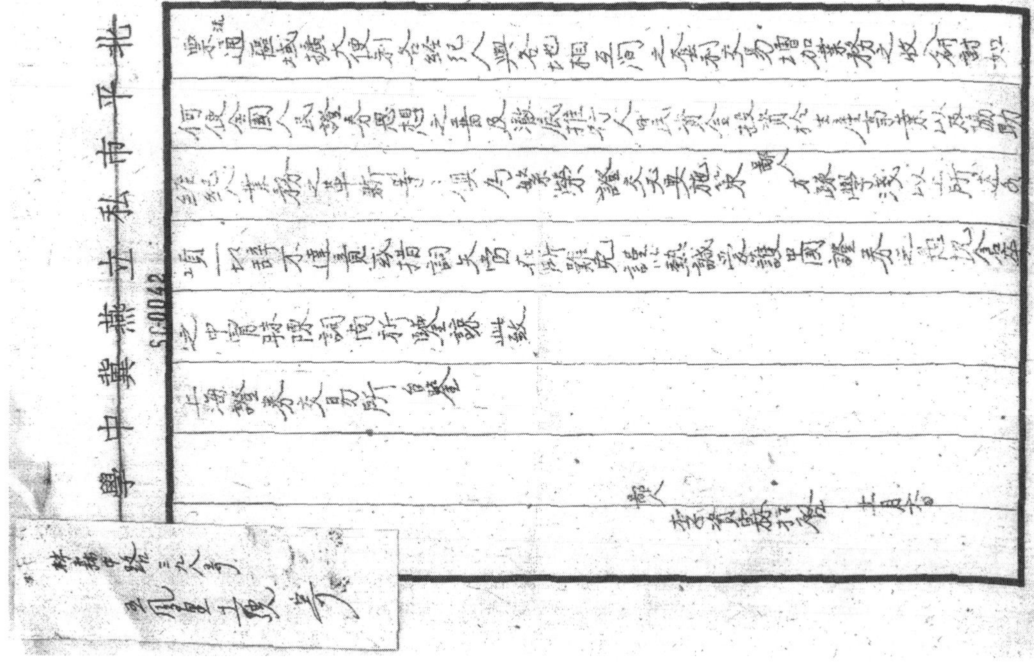

改善方案第二項「由市代收股票」措施無據且事實上亦不可能，因之第一項「隨意交割」一方掉期均無法办理，第三項「遞延費」亦失（都）依據矣。

穉三谨签 十六、十、

SC0043

上海證券交易所

SC0044

送協理

報告

稽字第八十九號 第一頁 共二頁

中華民國三十六年十一月十六日

調查事由	李資燊君建議改善遞交方策之研究（收文第二六四〇號）
調查人員姓名職別	陸善熾 稽核

被調查者	身分	姓名	經紀人號數	牌號	負責人	組織	重要合夥人	資本額	地址

調查情形

李資燊君鑒於現時証券市場集中永紗一門，冷熱各股無均衡發展，对於場外交易無法消滅，故而場外拋空猖獗，影響市價正常發展，建議改善之方策，將遞交交割期限展名義上仍訂有定期，但屆期可自由掉入次期，且期內任何一日皆可交割，該項辦法為永遠可以遞延而不可隨时收解之制度，因隨时收解之故，進出二方數額並不相等，其不平衡部份由交易所代墊股票或代付價款，復由交易所視察收解情形，每日决定遞延費解貸

調查情形

趁進收貨時由存帳之多方貼出空方貼進反之則發生反息收解平衡時無遞延費

建議辦法之特點厥為針對場外交易使貼息無從進行有時空頭反而貼出有時多

頭皆無利息則強當場外者主要之利息差額收入大受打擊有自然淘汰之可能但

該辦法其他方面缺點尚多似未能付諸實施也

一、建議辦法所謂健使冷熱各股均衡發展實無把握因交易仍可能集中於冰

炒一種

二、交易所代墊股票或代付價款於法無據於事理亦不可能蓋籌碼太大微使專組

交割公司辦理手續費所入難與龐大資本相配抑且代墊之後萬一發生風潮倒帳

危險殊大

三、遞延費之決定無一定計算法則可據則不免為任意的掛牌使外界誤會交易

所着掛牌高低正反而操縱市面此外計算工作太繁人事支出增加而經手費收

常收 1. 11/38 1x500

入並不比例增加(掉期交易必減少)

四、因遞延費或有或無或正或反使很錢界查利交易無從着手復因遞交有現交無

異(可隨時收貨)則現遞間之掉期交易亦大見減少

五、遞交可以隨時交割實不成其為遞交而屬現交之每天掉期故遞延費之貼進貼

出亦無法律根據蓋現交何得遞延也

謹呈

楊協理

稽核科 呈

SC0049

竊查邇來股市趨勢深滔天危乎民資廠有被若干公司廠商有投機行爲之主
持人壟斷剝削之處間接損及生產界之信譽其影響及於生產前途與社會安
全殊非淺鮮其不當非常時期所取昭然若揭用敢瀝陳 愚見尚祈 政府有關
當局迅詳對策亟予遏制不宜惠及小民亦卽挽救民族於危殆否則其他之公
司廠商繼起效尤甚至生產前途趨於斷送之末路矣查平民爲保持其少數辛
勞所得之幣值作小額投資儲蓄爲便於換取現幣起見對股票之爭購已成爲
唯一之對象間接扶植工商原乃一良好之現象但市上股票之持有人因其本
身勤於謀利怠於勞作及爲買賣過戶之便利起見多感股票過戶手續之多餘
與冗繁有於增資換取新股票時仍領取改領各廠公司廠商現備之記名股票
轉省手續近查各廠公司復繼股東增資所有散戶之股權漸被集中於其主持

SC0050

人所指定之數個股戶此後股東會之取決事項均被此數個有權而無多值資
本之股戶所操縱其不贊有之重要議決事項均得順利通過日久玩生甚至重
要事之重選提名皆爲主持人圈內之有關人物相互推選其後有串流弊之大
微可想見是爲民生之大敵社會之蟊賊毋庸置議矣查政府制訂之公司法無
形中已爲若輩摧殘無餘失却原有之控制力 民有見於此用敢瀝陳較爲顯著
之意見數條藉爲政府及有關當局之參考作控制似合法而不法者鑒始未萌
營處恕所難免尚乞 鑒原是幸：
一、各公司廠商舉行股東會或臨時股東會應於各大報端登載公告日後仍留
有若干日之充分時間以爲未過戶之各股東自由過戶之機會不應於公告
之日起立即停止過戶

SC0051

二股東為公司之主人於主人要求過戶時不應納取任何費用使持票而非本人記名之散戶不致貪圖小利而裹足不使持票人可有之股權集中於各該主持人之指定各戶以遂主持人之私慾

三股票者即持有各公司廠商之資產分配權但在股東大會時其取決權得隨依下述規定辦理以免大戶股權過重損及大多數散戶利益亦即不願有大魚噬吞小魚之弊使小民亦有生存於投資之機會及至普及衆生使物盡民有相得益彰古諺曰「不患寡而患不均」是故應規定每單位股有一權十單位股以上二分之一百單位股以上四分之一依此權衡類推之（其原有部份仍得保留之例如十八單位股即十加四計十四股權也）

四各公司廠商於增資時如求手續簡捷持票各戶有厭煩過戶手續願領現值

SC0052

股票者其所發股票應為不記名式否則其皆列之若干虛戶不應在股東大會時佔有選決權並應公告其不佔股權額於股東大會股東會之股權分配情形亦應於會前一日油印分發各股東備查

五商辦之公司與工廠雖屬民營但其股份非為少數擁資者所有尤其今日平民爭購股票之時亦即為大多數平民所有其與國營者已相去不遠其間之區別不外一為地方性一為全國性而已在斯幣值日易之日其流動資產現金一項應與國營事業機關同等辦理統繳存入國家銀行內支用使幣制貶值之利益歸屬政府無形之收入以使政府不失發行之原旨不應使少數公司廠商主持人乘機漁利投機取巧不惟損及股東權益間接助長若輩擾亂國計民生使生靈塗炭之行為

SC0053

六股本升值不得超過法定之生活指數此乃指送贈股份而言至現金認股部份
最高不得超過股東會議日之開盤市價五分之一其有特殊需要仍可於再次
大會通過後增認
七其他經制辦法皆應參酌國營事業辦法辦理如有關各部會及審計部有權
隨時派員抽查其財政狀況及生產進度同時政府亦應負責扶植其中如生產
貸款供給外匯代營國外貿易部份性之統購統銷等等
八民有公司與工廠可先由政府發起公告集股承辦之其不足部份亦由政府暫
墊由第一次股東創立會中公推董監事及負責人自後政府墊付部份逐漸收
回使其純屬民營似此循環進行國內公司與工廠林立在政府所負有關於國
計民生之收入實大再董監事之名額政府及股東會均應視其範圍之大小決定

SC0054

之名額固越多越佳也
九景福衫襪廠於去秋增資後不及半載以迅雷不及掩耳之辦法又欲股東鉅
額認股而增資其手段更較上次為毒辣在法律上似難厚責其非但在事實
上應由政府及證券交易所派員調查屬相並作下列之處置：（甲）宣佈
股東會議於事前實行民之選舉各項（乙）將已收認股款暫存國家銀行
或分別發還（丙）宣佈董監事並應加倍名額（丁）停止購買港廠或重
新估價決定（戊）調查執事人有否吃黑情事再行決定撤換與控訴（已
）政府核准由反對景福組織增資代表團組設小組監事會協助監事監視
認股款用途
上述辦法應由政府及有關當局超越各該股東會之議決權如公司法之硬性

SC0055

規定切實控制之並由有關當局隨時勘察流弊設法糾正之苟若公司組織穩固大衆羣向投資美金鈔貶值再則投資增加生產發展產品增多囤積斂跡物價漸趨穩定工商發展失業減少人民生活安定人民購買力加強產品銷路流暢循環互利國家漸臻富強康樂之境地平民之儲蓄投資悉有保障人民皆願爲股東再若政府規定各公司與工廠全體執行人及職友應得之年功紅利亦應以股票作價權充果則主人即職友職友即主人相互監視相互爲用協力同心成功有望工業化新中國之產生有此爲禱矣民生主義不期實現於微渺間此正其時國家興衰實利賴之再國是同例合併聲明理合備文懇請伏乞

鈞鑒施行不勝企禱之至

此呈

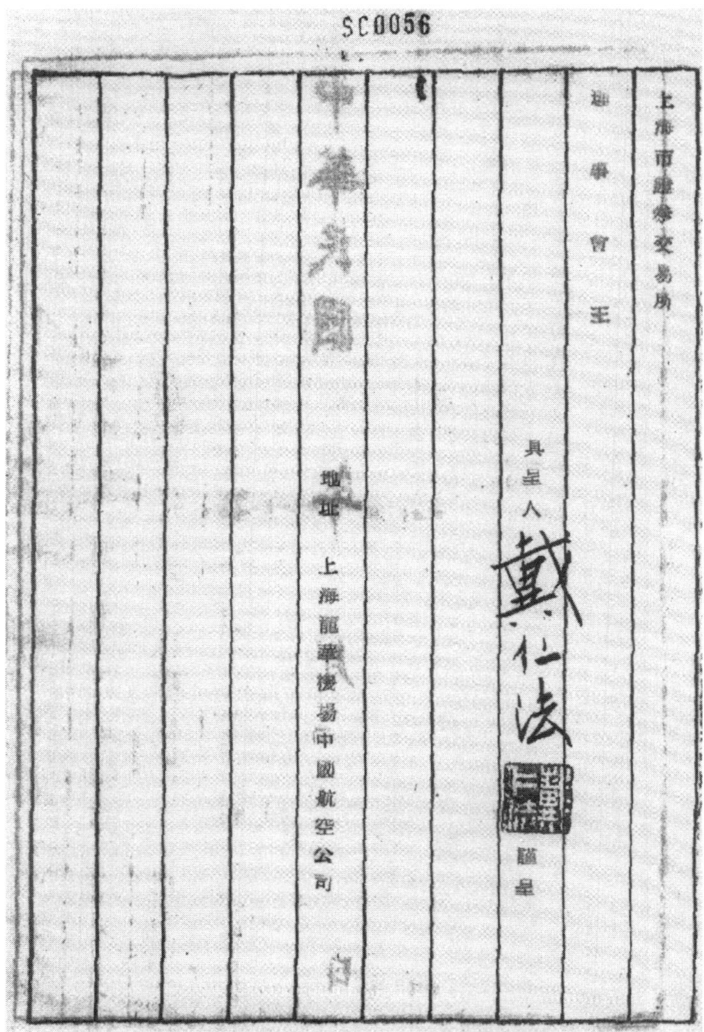

SC0056

上海市證券交易所

理事會 王

具呈人 戴仁法 謹呈

中華民國

地址 上海龍華機場中國航空公司

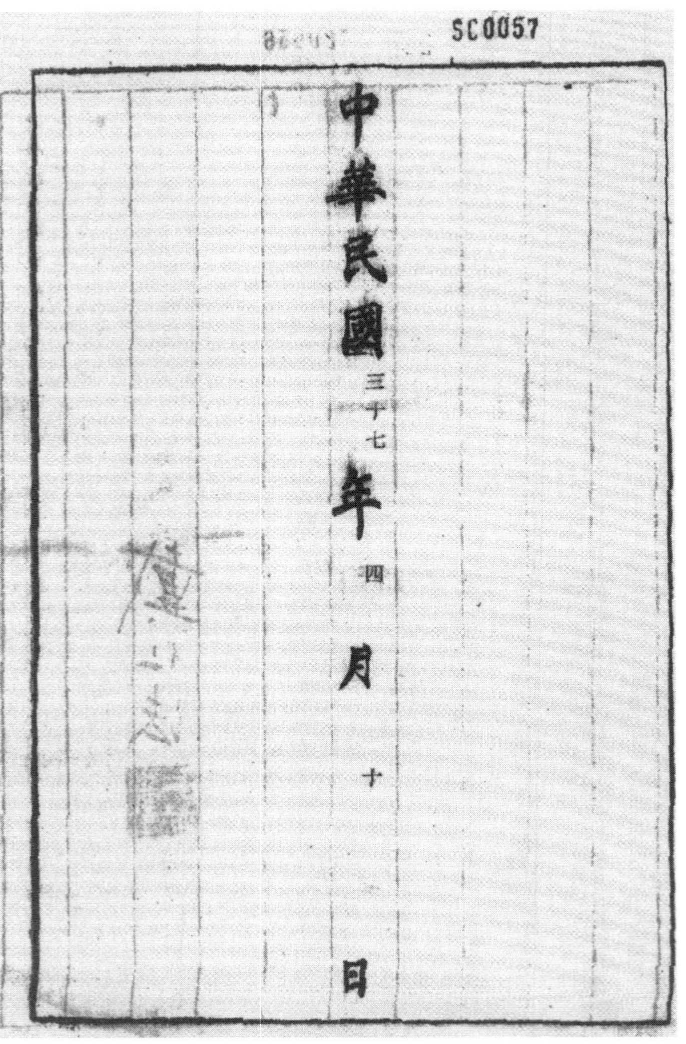
SC0057

中華民國三十七年四月十日

SC0058

汪副理擬復函

簽呈對戴仁法君向本所建議各点之意見

戴仁法君鑒於生產事業發展之不正常來函本所建議九点（收文第三九二九號）所述時下購入股票者往往急於過戶致股權仍屬於已出售者易致公司主持人或大股東之操縱所言切中時弊惟建議各点或屬修正公司法之意見或屬管制工商辦法之提議茲就建議內容分別檢討如下：

一、建議召開股東會公告後須隔若干日方停止過戶，為防止公司當局操縱股東會

該項建議不無理由尤以上市公司其股票買賣頻繁者為甚，查公司法一六一條規定在召開股東常會前一個月內或召開股東臨時會前十五天內股票不得轉讓即應停止過戶而公司法第一八〇條規定股東常會之召集應於一個月前臨時股東會之召集應於十五天前通知各股東，如公司能於停止過戶前數日宣布召開股東會則股票持有人得向公司申請過戶以便出席股東會

SC0059

二、建議公司不應向股東收過户費用。按過户費大部為印刷成本，為數極微，不致為小股東所不能負担，再則此種因股東个人股權移轉而發生之費用，似不應由公司負担而轉嫁於全体股東。

三、建議限制大股東之股權，按公司法一七四條訂定每股一權，但得以章程限制之，股東席得於股東會上議決於章程中限制之，或修改章程以限制之。

四、建議公司增資時往々由董事會先墊繳股款，則應給不記名式股據或將墊繳之增資股份取銷股權，以免操縱股權。查不記名式股票本係法所許可（第一六二條）至墊繳股份，既繳股款，何得取銷股權，但公司為避免有操縱之嫌，應發給原户名之股據，股東於辦理增資時，亦得推收董事會户名之股據，而要求本人姓名之股據。

五、建議商營公司援國營事業之例，將現金存入國家銀行，以免投機漁利，

SC0060

查國家銀行與商業銀行任務各異，况現今工商業通常為舉債營業，現金存數極為有限，即使存入國家銀行，亦少收縮通貨之效。

六、建議股本升值不超過生活指數，現金增資不超過市價五分之一。查升值限度「工礦運輸事業重估固定資產價值調整資本辦法」已有規定，較生活指數為低，現金增資，實無限制之理由。

七、建議對商營公司援國營事業之例，有關各部會及審計部得抽查其財政狀况，政府並應加扶植。查工商業之主管機関為工商部，不宜受制於多數機関，反致妨碍其正常發展。至政府扶植方面，如生產貸款外滙結滙辦法，輸出入管制，均已有具体辦法。

八、商營公司得由政府發起投資之，按官商合營，在若干重工業自屬相宜，但無普遍規定之必要。

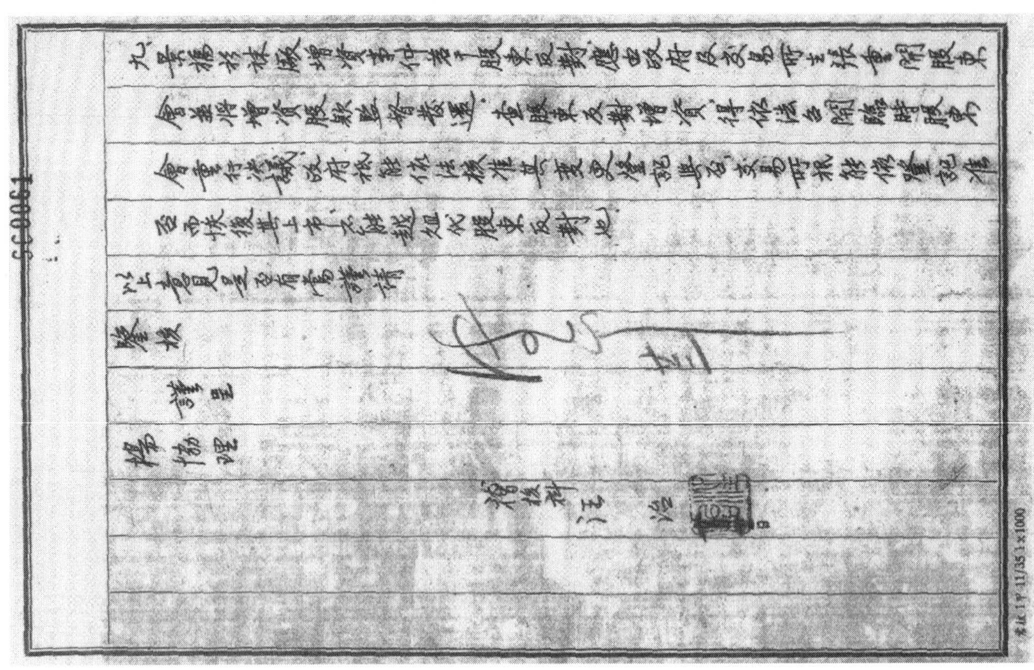

SC0061

九、景福衫襪廠增資事件，若干股東反對，應由政府及交易所主張重開股東會並將增資股款監督發還。查股東反對增資，得依法召開臨時股東會重行決議，政府祇能依法核准其變更登記與否，交易所祇能依登記准否而恢復其上市，不能越俎代股東反對也。

以上意見是否有當，謹請

鑒核

謹呈

楊協理

稽核科 汪治

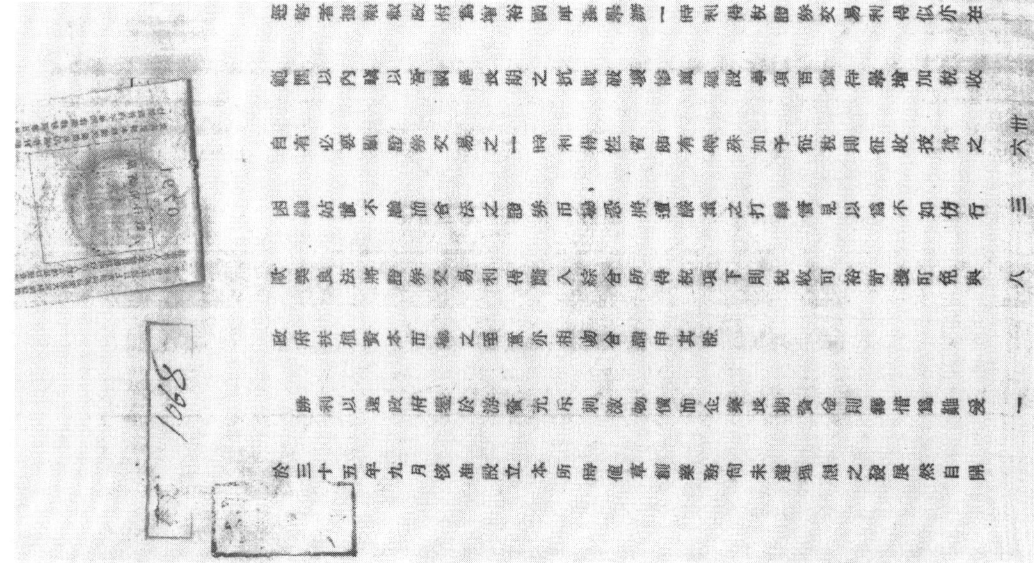

1068

延聲者據報載政府爲增裕國庫並舉辦一時利得稅證券交易利得似亦在範圍以內竊以吾國經長期之抗戰破壞慘重建設事項百廢待舉增加稅收自有必要顧證券交易之一時利得性質殊有特殊如予征稅則征收技術之困難姑置不論而合法之證券市場恐將遭嚴重之打擊管見以爲不如仿行歐美良法將證券交易利得歸入綜合所得稅項下則稅收可裕苛擾可免與政府扶植資本市場之亟意亦相吻合謹申其說

勝利以還政府鑒於游資充斥刺激物價而企業長期資金則籌措爲難爰於三十五年九月核准設立本所時値草創業務尚未達理想之發展然自開

卅六 三 八 一

征證券交易稅以來代征稅款已達國幣拾餘億元之巨如加征一時利得稅勢利者課稅損失者不予津貼則投資人價格上有利可獲者因顧慮稅負而致不願出售交易次數勢必頓減市場靈活性及供求調整之作用勢必受其限制此其一

按證券交易稅條例第一條規定「凡在交易所買賣有價證券征收交易稅」對不上市證券之場外交易不在課稅範圍以內無異優待場外交易故棄正當稅源立法流弊不可忽視且發行證券之公司以場外交易可以免稅亦將使以證券上市之願望為之減弱以滬地而論證券黑市交易向甚猖獗

六卅 三 八 二

上市證券在黑市成交者為數尤巨此類交易既逃交易所應收之經手費復逃避政府應課之交易稅於社會秩序之影響甚為嚴重若加征證券交易一時利得稅對於合法市場之交易益見不利對場外及黑市交易不啻為叢驅雀益使其助長猖獗影響所及必致稅收日減而合法證券市場亦必有不能存在之一日屆時市上游資不入證券黑市即用作囤積居奇激動物價凡此種種背與政府政策背道而馳此其二

自政府頒行經濟緊急措施方案後國營事業以發行股票方式移歸民營已由經濟進入實行階段將來其他大規模之工商業亦勢必以其股票或公

六卅 三 八 三

司證通過交易所爲轉以收效實繪目前本外上市證券僅有二十六種本國
公司股票其他重要工商業之證券今後必將陸續上市使本所得盡其溝通
工商業與投資者之媒介作用同時證券業務之發展亦必直接增加交易稅 卅六
收間接因工商業之興盛亦可增加各項有關稅收故振興證券交易乃爲國 三
家培植其要稅源之良策此其三 八

由上所述可見證券交易一時利得稅如果征收將使合法證券市場之交
易數減市場機構失去活力非特本稅收入難期旺盛即現行之證券交易稅 四
亦必遭不良之影響而重要稅源將受摧殘加仿行美國現行辦法證券交易

損益結年並計益者併入綜合所得稅課征損者併入下期並算不必分筆交
易計算而盈者課稅損者不予補貼以致限制交易于合法證券市場以不須
有之打擊在稅收方面亦屬得不償失也 卅六

管蠡之見不知是否有當敬祈 三

鑒納參考示遵爲荷此上 八

財政部直接稅署

啟 五

790

收文總字第1308號

財政部代電

事由	擬辦	批示

上海證券交易所覽據直接稅署簽呈該所本年三月八日滬字第(1068)號代電請免征證券交易利得稅一案轉請核示前來查證券買賣所得

中華民國　年　月　日

復京直字

收文　字第　號

係屬一時所得性質依法應課征一時所得稅特種過分利得稅應在免征之列惟證券交易經紀人及證券交易所本身之業務係屬代理業及金融信託業之範圍除應課征營利事業所得稅外其獲有利得者應依法征收特種过分利得稅至綜合所得稅係就個人所得除課征分類所得稅外其所得總額超过六十萬元者課稅对象個人證券買賣之所得除課征分類所得稅外其全年所得總額超過六十萬元者自應依法課征綜合所得稅仰即知照財政部　印

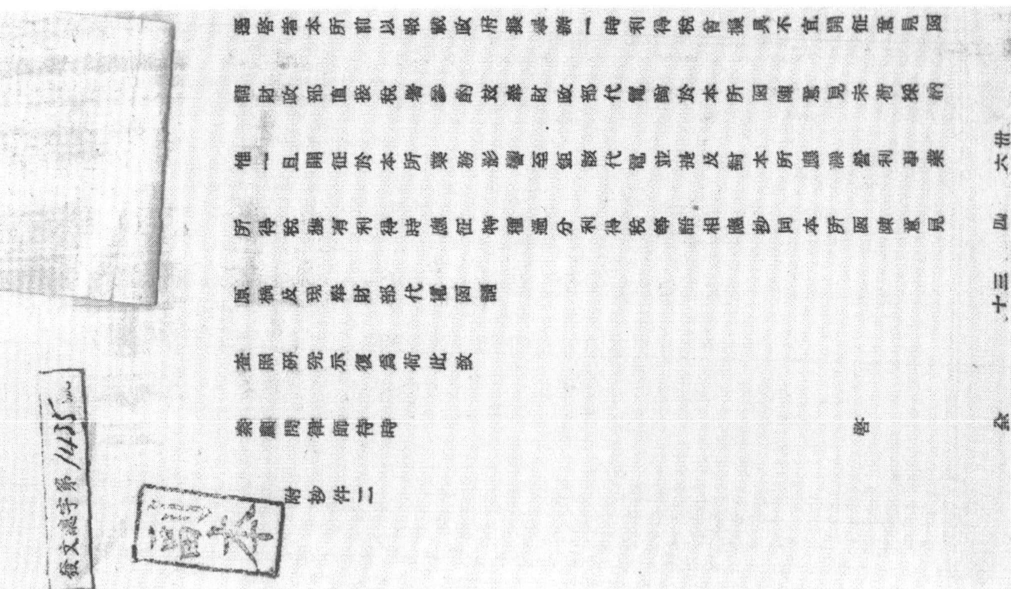

發文滬字第1435號

副本

逕啓者本所前以報載政府擬舉辦一時利得稅曾擬具不宜開征意見函
請財政部直接稅署酌核奉財政部代電飭於本所函陳意見未荷採納
惟一旦開征於本所業務影響至鉅該代電並提及對本所應課營利事業
所得稅擬有利得時應征特種過分利得稅等語相應抄同本所函陳意見
原稿及現奉財部代電函請
查照研究示復爲荷此致
秦[illegible]開律師待時　　　　　　　　啓
附抄件二

卅六　四　十三　發

茲規定股票單證明的辦法如左特此公告

一、客戶要求經紀人取得經本所證明之股票單子，經紀人不得拒絕，經紀人拒絕爲證明時，客戶得逕請本所證明，未經本所證明之股票單子倘發生糾葛，客戶不得向本所要求對該經紀人徵收證金主張優先權之請求

二、經紀人有答覆本所每一股票單子相當之協帳號碼及其他情之義務

三、凡確有相當協帳之股票單子本所蓋具證明圖章及經辦人私章（印鑑式樣可來所索取）

四、股票單證明事務由本所營業科辦理（市秦路[illegible]樓一二〇室）

五、恢復時間於假期日（元旦上一日之假中）之次日上午九時開始、

案准

貴處監字第一九五號公函以本所第一四一號公告規定成交單證明辦法

關於客戶對經紀人之保證金主張優先權問題及證明無截止之期兩點囑 卅六

重加考慮見覆等由查經紀人代客所爲之合法買賣如遇發生糾葛客戶自 三

得向本所提出對該經紀人之保證金主張優先權本所第一四一號公告㈠ 八

項所稱：「未邀本所證明之成交單倘發生糾葛客戶不得向本所爲對該

經紀人繳所證金主張優先權之請求」一節係指未能獲得本所證明而言 壹

意即並無[illegible]帳根據由非法買賣所產生之成交還[illegible]不得主張優先權換言

之即客戶對合法交易主張優先權時應先經本所證明其交易確爲合法
並確有憑據之根據方得有所主張茲爲使文義顯達起見將「未經本所
證明之成交單」一語修正爲「未能獲得本所證明之成交單」俾易了
解至證明僅列開始之時而無截止之期蓋此項證明係屬要求優先權之
初步手續交易所法第三十七條對優先權之主張亦未有期限之規定本
所似未便僅加限制相應函復即希
查照爲荷此致
財政經濟部上海交易所監理員辦公處

啓

卅六 三 八 貳

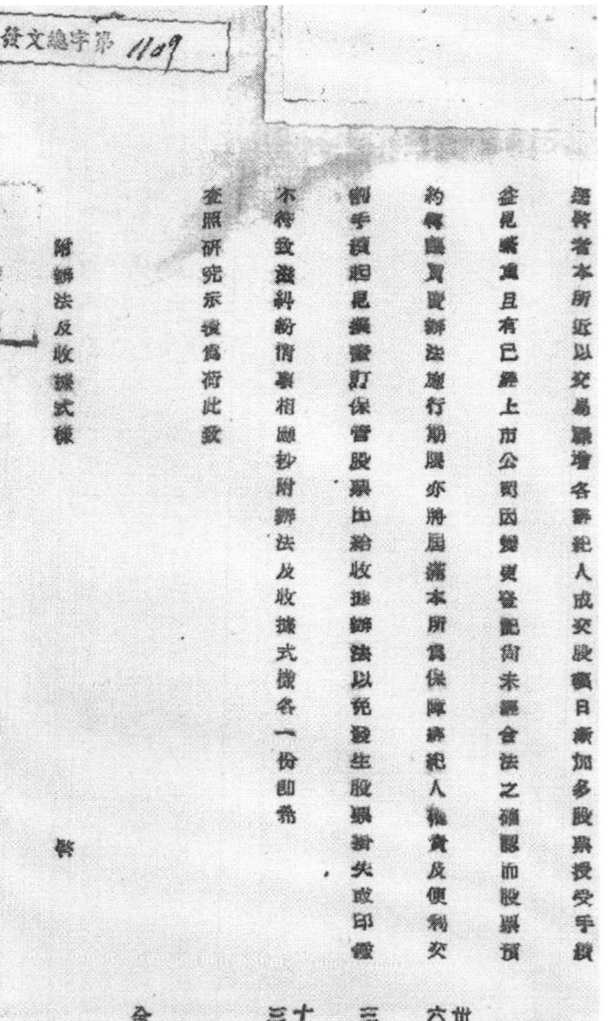

發文總字第1109

逕啓者本所近以交易額增各經紀人成交股數日漸加多股票授受手續
益見繁重且有已經上市公司因變更登記尚未經合法之確認而股票須
約轉讓買賣辦法施行期限亦將屆滿本所爲保障經紀人權責及便利交
割手續起見擬審訂保管股票出給收據辦法以免發生股票遺失或印鑑
不符致滋糾紛情事相應抄附辦法及收據式樣各一份即希
查照研究示復爲荷此致

附辦法及收據式樣

啓

卅六 三 十三 余

上海證券交易所保管股票出給收據暫行辦法

一、所有現遞交割項下之股票及現品提交或充證據金及保證金代用品之股票概由本所辦理過戶手續過入本所戶名

二、過戶手續辦妥後由本所交銀行或錢莊保管

三、本所按交割上之需要依據成交單位分別出給股票保管收據嗣後經紀人即可憑據辦理交割

四、如成交單位變更或經紀人須分割時隨時可向本所洽辦分割手續不另受手續費用

五、買入經紀人如須掉換股票須於先一日通知本所

六、經紀人以收據掉換股票時須付本所墊付之過戶費

七、所有保管費用悉由本所負擔至保管收據紙張及印刷成本暫由本所負擔

八、保管收據之掛失其辦法與股票掛失同

九、股票發行公司如遇發給股息或增予權利以及增減資本情事持據者得隨時來所洽辦

十、股票收據背面之買賣記錄表經紀人須逐欄填註並各留印鑑存所備查

十一、自本辦法施行之日起凡現遞交割均於交割日當日下午取貨如遇收貨經紀人交來票據發生退票情事時該收據應由各該經紀人立即交還本所

發文 1175

上海證券交易所

逕啓者查敝所遴與上市股票各公司接洽頻繁爲謀密切聯繫起見擬請

貴公司指定負責人一位以便敝所臨時逕行接洽以資迅捷相應函達即希

查照並將指定人員姓名職位及電話號碼函示爲荷此致

股份有限公司

啓

中華民國三十六年三月二十二日

財政經濟部通知

事由

通知上海証券交易所

查股份有限公司組織之交易所依交易所法第卅四條應繳存營業保証金於國庫其數額依照同法施行細則第五條應為資本總額之百分之一以通用貨幣繳納該所係為股份有限公司組織資本金額為國幣十億元應繳營業保証金計[illegible]依法逕向國庫繳納並呈報備查特此通知

中華民國　年　月　日

發文京　字第　號

1472

財政經濟部批

事由：原具呈人上海証券交易所本年四月二十四日總字第一三七二號呈一件為奉飭繳營業保証金[illegible]折抵繳庫請核示由

呈悉。該所應繳營業保証金應依法以國幣繳存仰即遵照。此批。

中華民國　年　月　日

發文京　字第　號

發文急字第1507號

逕啓者查本所經紀人保證金代用品部份及遞延交割交易本證據金代用品部份改用指定行莊書面保證辦法限期屆滿呈請展延施行一案曾准貴會交字第四七號大函請即辦理並經呈奉財政部錢九八一八號、經濟部京商38字第四二九五〇號批復「所有該所經紀人保證金代用品部份及遞交交易本證據金代用品部份均應改用美金債券繳納并按票面金額以七折計算至原訂書面保證辦法應即於文到之日廢止除令知上海交易所監理員辦公處并函達中央銀行外仰即遵辦並轉行遵照」等因自應遵照辦理除通函各經紀人將原繳保證金代用品部份及遞

卅六 五 十六

一

交交易本證據金代用品部份之代用品及書面保證均即改繳美金債券外相應函達即希

查照爲荷此致

上海證券交易所經紀人公會

啓

卅六 五 十六

二

逕啓者查本所經紀人應繳保證金代用品部份及遲延交割交易本證據
金代用品部份準　財政經濟兩部批示改用獎金公債繳納一案經通知
經紀人遵照去後各經紀人以實行困難曾請變通辦理當經于本月十七
日函請　財政經濟部上海交易所監理員辦公處轉呈兩部核辦在未奉批示
前暫照舊辦法辦理各在案是日（星期六）前市因人衆意紛雖經開市
未能開做交易十九日自應照常開市相應函請
貴部於是日上午開市時派員蒞所指導無任公感此上
淞滬警備司令部

啓

卅六　五　十九　發

本年五月十七日上午本所市場因代用品改繳獎金公債案發生後
羣情惶恐雖按時開市並延長集會時間至下午十二時三十分但各經紀
人均未做成交易五月十九日前市照常開市初時市價下沉各股多徵跌
至限度旋即回升市況尚稱穩定相應函達即希
查照爲荷此致
財政經濟部上海交易所監理員辦公處

啓

卅六　五　十九　發

發文組

卅六　五

爲經紀人公會函請變更本所證據金代用品部份暨以
上市股票與獎金債券並行繳納抵充轉呈核示由

查本所經紀人保證金代用品部份及遲延交割交易本所證據金代用品
部份改用指定行莊書面保證辦法展期屆滿呈請展延施行一案呈奉
鈞部　批示「所有該所經紀人保證金代用品部份及
遲交交易本所證據金代用品部份均應改用獎金債券繳納并按票面金額以七
折計算至原訂書面保證辦法應即於文到之日廢止仍遵辦並轉行遵照」等因
自應遵照辦理當即轉行經紀人公會轉知各經紀人將原繳保證金代用品部
份及遲交交易本所證據金代用品部份之代用品及書面保證均即改繳獎金債
券各經紀人聞訊後僉以保證金代用品部份及遲交交易本所證據金代用品部
份全部改繳獎金債券深感籌繳艱難經集議後於五月十六日深夜向所[illegible]旋推
舉經紀人公會三十六年五月十七日來函略稱「各經紀人爲擁護政府推行經
濟政策願將保證金代用品部份之三千萬元認購獎金債券至於遲交本所證據
金代用品部份請依照現行貴所營業細則之規定仍將有價證券（即目前上
市之二十六種股票）與獎金債券（按照票面金額）並行繳納抵充」等語
查本所遲延交割暫行辦法第三項末段規定「此項證據金三分之一應以現
金繳納其餘三分之二得以有價證券代用」前經呈奉
鈞部　批示核准在案現據經紀人公會函陳繳納本所

據金代用品部份辦法顯與規定不合且此項證據金代用品應責成由該經紀
部通交易所轉飭該經紀人於目前證據金債券內公開買賣之時尤其有因
據令以上市股票並行證明以便令飭後保證金代用品部份改繳美金債券予
據據該經紀人於五月遵辦者業經先行函達並經理員辦公處轉飭該經紀人
批示前仍照舊辦法辦理外理合具文呈請
鑒核示遵謹呈

上海證券交易所理事長杜　鏞

關於各經紀人保證金代用品部份及逐日交割交易未將證據金代用品
部份奉令改用美金債券繳納一案准
貴會交字第四九號大函以示保證金代用品部份三千萬元各經紀人應繳
納美金債券並交本所證據金代用品部份則仍將目前上市之廿六種股票
以美金債券並行繳納抵充等由當經據情轉呈並奉
財政部 錢已字第一〇三五一號 京錢字第五〇一五一號 通知開「案據上海交易所監理員辦公
處本年五月十七日監字第三三八號呈轉代電為經紀人遵繳保證金代
用品部份改用美金債券業七折計算一案准該所函據字第一五一一

號函知經紀人為難情形電請核示等情到部當經以「查關於上海證券
交易所經紀人保證金代用品部份及遞交交易本證據金代用品部份前
以原訂書面保證辦法業已滿期經由本兩部參酌該所現實情形及市場
狀況將原訂辦法予以廢止責令改以美金債券繳納要為加強營業保障
而於防杜投機買賣安定證券市場亦均有裨益業經飭行遵辦乃據報章
所載該所經紀人竟有妄加推測藉罷市以為要挾者殊有未合應由該處
會同交易所切實傳諭詳誡嗣後市場營業務須遵守政府法令不得擅自
罷市藉端要挾引起不良影響如有故犯准由該處查明為首鼓動及滋事

卅六　五　卅一　二

之經紀人據實呈報定予嚴懲不貸至各該代用品改用美金債券繳納一
節仍應遵照前令辦理惟舉辦之初經紀人在手續方面或尚有準備不及
情事茲特規定關於保證金代用品改用美金債券部份准如該交易所所
擬限於本年五月底前一律辦理完竣仍按票面金額七折計算至遞交交
易本證據金代用品亦應以美金債券按照票面金額七折計算繳納在美
金債券尚待洽購以前得暫以現金繳納抵充仍限於六月十五日以前洽
購完妥於十六日起即須徹以美金債券繳納絕不再事通融各經紀人應
知承銷國家債券係屬國民應有之義務而交易所為特種營業所有市場

卅六　五　卅一　三

上一切事項亦應遵守政府命令毋得稍有違延致干法辦上開規定應由該處督飭該交易所於文到之日公告遵行關於違交交易本證據金其未購得與金債券者准暫以現金抵充一節并限於公告之次日起實行」等語指飭遵辦在案除函達中央銀行外仰即遵照特此通知」等因關於保證金代用品部份五月底認購期限經紀人或不及辦理准財政經濟部上海交易所監理員辦公處監字第三六九號公函展限至本年六月四日辦竣至違交本證據金代用品部份仍限於六月十五日前購繳完妥其尙待洽購者六月一日起應以現金抵充除公告市場並通函各經紀人外相應函

卅六 五 卅一 四

達即希

查照爲荷此致

上海證券交易所經紀人公會

啓

卅六 五 卅一 五

文字第 號　字第 號　第一頁

逕啓者 接奉發總字第一六〇五號
大函轉頒 財政 經濟部 錢已字第一〇三五一號 京商字第五〇一五一號 通知内開各節均經洽
悉 敝會於本日召集常務理事會議 僉認既奉 部令自當遵
轉除已分函各會員知照並登報外 對於 部令各節時來實施吾同
業均感切身困難不得不縷晰陳明尚祈 察照
一、身份保証金代用品三千萬元改繳美金債券限以本月四日為止 實
覺為期過促 良以敝會各會員原繳 貴所之代用品既未嘗[?]說
明可以暫先發還俾資調劑勢必另籌款項以購繳此項美

逕啓者 接奉發總字第一六〇五號

金債券而二百餘家經紀人規模互異景況各殊恐在此短短三
日之内誠難全部辦齊為免逾限而顧事實困難起見懇准展
限至本月十五日為止以恤商艱
二、目前上市之股票不能充為通交証按金之代用品揆之實情難
稱脗合蓋 貴所既准上市之有價証券均經詳密審查始准上
市交易若謂變更向來辦法一概不得在 貴所之内抵繳証金核
與法律事實同感矛盾且 貴所奉令設立為提倡企業投
資促進經濟復員調劑金融使工商企業資金易於集措執有

證券者便於運用是以目前上市之各種股票似應通融准與美
金債券同樣可以提供抵繳為證據金至於代用品原係代替現金
如以現金繳付證據金者完無不可
三、美金債券為政府最近所發行敝會會員等亦當以十足償額
認購故為維護國信減輕各經紀人額外負担起見務祈准予十
足抵繳身份保證金及證據金
敝會各會員經營證券業務與 貴所唇齒相依同舟共濟同負繁
榮本市場之使命以期仰副 政府之宏旨務以政令欲其推

行盡利當以顧及事實為首要我證券經紀人均為代客買賣
當茲美金債券尚未普遍認購時期倘必規定每一客戶繳付證
據金以美金債券為限各經紀人之營業勢必十分清淡影響
貴所業務以及政府稅收至巨此生活高漲營業開支激增之時我全体同業
深感前途之危急難安緘默統祈 鑒察暫准參照原有辦法
及事實困難情形酌予變通並迅
賜覆以安群情再上月十七日以事起倉卒各客戶以並無美金
債券無法交易群相觀望以致各經紀人雖全体入場營業終

上海證券交易所經紀人公會

以來頗客戶委託買賣形成有行無市之現象外界不明訛傳

罷市良深遺憾乃奉　部令于此亦有訓示不能不特附為陳明

以正視聽並希

洞鑒為荷此致

上海證券交易所

理事長　　　啓

卅六年六月九日

第六頁

會址：漢口路證券大樓一二一室　電話：九〇八〇七〇

收文總字第1603號

發文總　一六四五

卅六　六　五

為呈復經紀人保證金及遞交本證據金代用品改繳美金債券一案辦

理情形暨經紀人希望遞交本證據金代用品仍准以美金債券上市股票

或現金並行繳納並陳明繳交辦理情形併祈核示由

事

鈞部　通知以經紀人保證金代用品部份及遞延交割

交易本證據金代用品部份改用美金債券七折計算一案嗣經紀人有妄加

推測罷市要挾情事飭切實傳諭勸誡嗣後務須遵守政府法令不得擅自罷業

要挾並指示經紀人保證金代用品部份照原案如換限本年五月底一律辦竣

遞交本證據金代用品部份亦仍用美金債券照票面金額七折計算限六月十

五日以前購備完妥在尚待洽購前准暫以現金抵充飭於文到之日公告進行
等因自應遵照正辦理間准上海交易所監理員辦公處監字第三六九號公函
略以本案經紀人保證金代用品部份改繳美金債券原定五月底限期經紀人
咸不及辦理應予展限至本年六月四日一律辦竣照錄
鈞令暨照遵辦等由屬所即於當日（五月三十一日）公告市場並分別通
函各經紀人及經紀人公會傳達
鈞諭各經紀人接得屬所傳諭後表示對於政府命令自當嚴遵除保證金代用
品部份改繳美金債券已在遵辦外並發起集體認募美金債券以爲擁護政府
政令之事實表現惟遞交本證據金代用品原應由客戶備繳如必須全部以美
金債券繳納限制過嚴客戶因而裹足反足以造成場外黑市之猖獗因此遞交

本證據金代用品部份仍請准以美金債券（按面值十足計算）屬所試行上
市之股票政現金並行繳納以安市面所陳尚係實情又關於續辦遞延交割交
易一案前經呈奉
鈞部　　　　　　　　批示准自文到之日起續辦壹個月俟屆滿後
再行報核等因上項批令屬所於五月三十日奉到即經遵行現計爲期無多轉
瞬即屆根據屬所經驗觀察深覺倘屆遞交滿期之時不預籌　殊與引起市場
騷動現遞交本證據金代用品部份繳納辦法改變後風險更見減少擬請展長
續辦期限並盼早日核示遵行合併呈請
鑒核示遵謹呈
　部部長　　　　　上海證券交易所理事長杜　鏞

發文　字　1677

逕啓者茲介紹敝所經紀人代表陳靜民林宗琦俞明時等三人謁前

晉謁詢

賜見指示爲禱

此上

啓

卅六　六　十一　仝

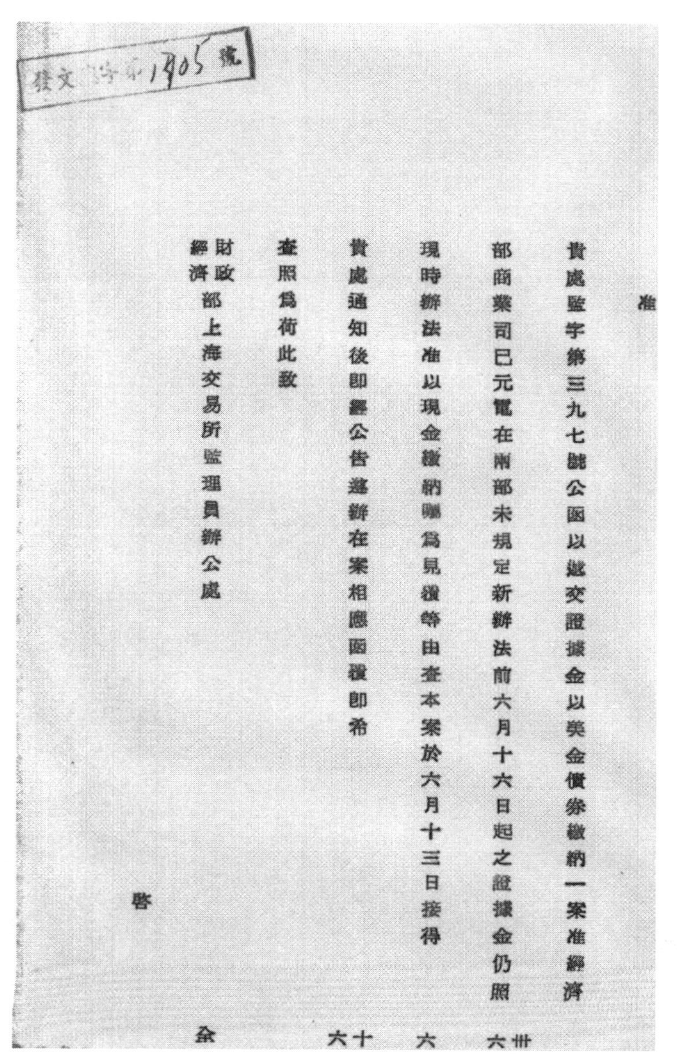

發文　字第1905號

准

貴處監字第三九七號公函以繳交證據金以美金債券繳納一案准經濟

部商業司巳元電在兩部未規定新辦法前六月十六日起之證據金仍照

現時辦法准以現金繳納囑爲見復等由查本案於六月十三日接得

貴處通知後即經公告遵辦在案相應函復即希

查照爲荷此致

財政
經濟部上海交易所監理員辦公處

啓

卅六　六　十六　仝

發文總字第1759

發文錄

卅六 六

為呈報經紀人保證金代用品部份改繳獎金債券情形請備案由

查屬所經紀人應繳保證金代用品部份前奉

鈞部 批示改用獎金債券繳納并按票面金額以七折計算當經轉諭各經紀人分別遵照辦理茲查全體經紀人中除第五十一號經紀人莊鑅周尚未照辦已予暫停入場交易處分並公告外其餘各經紀人均已遵照改繳獎金債券並按票面金額七折計算理合具文呈報敬祈

鑒核備案謹呈

部部長

上海證券交易所理事長杜 鏞

上海证券交易所对上市股票流通办法（卅六年七月十二日常务理事会通过）

一、证券公司对股票持有人申请换发新证及补发遗失股票时，应立即受理，并在股票上加盖公司图章，注明日期。

二、证券公司对股票补发应迅速办理，股票一经补发，应立即通知本所，以便揭示公告市场，所有因补发而发生之任何责任，均由该公司完全负责。

三、经纪人代理卖出股票，须负责及保证该股票并未挂失，如在交割中之股票发现挂失情事，均须依照民法第三百五十条及本所营业细则第七十四条之规定负完全赔偿损失之责，倘违反前项规定时，本所得照营业细则第八十九条处分之。

四、依前条之规定，如因证券公司办理过户之股票，须将其挂失，如发现挂失股票，应立即通知本所揭示公告及由责任经纪人负责之，本所得予停止其本所营业处理

办理。

五、前项经纪人所卖出之股票须令其挂失，如发现挂失股票，应立即报告本所，并由该经纪人负责之。